LA VRAIE

HISTOIRE COMIQUE

DE

FRANCION

COMPOSÉE

PAR CHARLES SOREL

SIEUR DE SOUVIGNY

NOUVELLE ÉDITION, AVEC AVANT-PROPOS ET NOTE

PAR

ÉMILE COLOMBEY

PARIS
ADOLPHE DELAHAYS, ÉDITEUR
4-6, RUE VOLTAIRE, 4-6

1858

HISTOIRE COMIQUE
DE
FRANCION

PARIS. — IMP. SIMON RAÇON ET COMP., RUE D'ERFURTH, 1.

AVANT-PROPOS

Chez nous, le véritable roman de mœurs date de *Francion*. C'est là que, pour la première fois, se trouve nettement accusée la préméditation de peindre la société telle qu'elle est, de flageller des ridicules et des vices contemporains. Jusqu'alors, on n'avait guère songé à prendre sur le vif que les moines et autres papelards. Charles Sorel, lui, nous fait monter tous les degrés de l'échelle sociale. Son héros est un coureur d'aventures pour qui il n'y a qu'un pas de la rue de Glatigny au Louvre. Courtisans et courtisanes, tire-soie et tire-laine, coupe-bourses et coupe-jarrets, pages et rustres, orfévres et marchands d'orviétan, procureurs et sergents, écoliers et pédants en *us*, poëtes et épistoliers, tout ce monde bariolé parle et s'agite autour de nous, non comme des pantins auxquels l'auteur prêterait une voix et dont il ferait mouvoir les fils, mais comme des personnages de chair et d'os. Foin de la fantaisie! nous sommes en pleine réalité. Qu'importe s'il se rencontre des physionomies quelque peu chargées en couleur? La vie est sous l'enluminure, et sur la plupart des masques on peut mettre un nom. C'est ce que nous faisons, à mesure que l'occasion s'en présente, principalement dans le cinquième livre, qui abonde en renseignements curieux sur les gens de lettres de l'époque:

La scène est transportée chez un libraire de la rue Saint-Jacques, dont la boutique est une officine où se fabriquent les réputations du jour. Le cénacle est rassemblé: voici des auteurs de toute sorte et de tous grades.

Celui-ci élabore lentement un ouvrage qui, depuis longtemps annoncé avec fracas, attend, pour se produire, que l'admiration anticipée dont il est l'objet soit arrivée au diapason voulu. Un gentilhomme, auquel il est dédié, s'est chargé d'en préparer le succès à la cour, et s'acquitte de son rôle de claqueur comme s'il était de moitié dans le chef-d'œuvre. De plus, des légions de poëtereaux s'abattent aux pieds du fétiche et l'enivrent de leur encens : « Il y en a qui semblent être gagés du Roy pour donner des vers à tous les auteurs du temps. L'on voit leurs noms par tous les livres; et sans cela leurs œuvres ne seroient pas imprimées, car elles ruineroient les libraires. »

— Celui-là, d'un caractère plus tranché que le précédent, aspire franchement « à la tyrannie, » et grommelle en caressant ses moustaches en croc : « Il y a encore de petits esprits rebelles qui ne sont point venus faire la révérence; ce sont de petits comtes Palatins qui ne veulent pas reconnoître leur empereur; mais je les ferai bien venir à la raison. »

— Cet autre, qui est un épistolier de profession, et qui est drapé à la Balzac, réclame un silence religieux et lit une lettre fraîchement sortie de sa plume, « la plus extravagante et la plus impertinente qu'on puisse trouver. » Il articule « les mots avec un ton de comédie et semble mordre à la grappe. » Ses « auditeurs allongent un col de grue et à tous coups, avec une stupéfaction et un ravissement intrinsèque, roulent les yeux en la tête comme un mouton qui est en colère; le plus apparent d'eux à chaque période s'écrie : « Que voilà qui est bien! » Et la même exclamation de s'échapper successivement de toutes les bouches. On croirait être à cet écho de Charenton qui répète sept fois ce que l'on a dit. » Mais ces applaudissements ne sont que prêtés : il faut les rendre.

— Après l'épistolier, c'est le tour d'un poëte qui fait ronfler les plus brillantes métaphores et s'arrête entre les stances pour donner à l'admiration le temps d'éclater.

Les lectures achevées, une grande discussion s'ouvre sur des questions de grammaire et de prosodie. On se demande, entre autres choses, si l'on doit dire : « Il eût été mieux, ou il eût mieux été; » si l'on peut faire rimer « Saint-Cosme avec royaume. » Difficultés qui demeurent insolubles. De guerre lasse, l'illustre compagnie se rend à la Croix-de-Lorraine ou dans tout autre cabaret; et là, entre les pots, la discussion se termine par « de bons mots de gueule. »

En résumé, *Francion* est un document précieux, non-seulement pour l'histoire littéraire, mais aussi pour l'histoire des mœurs, des usages et des modes du dix-septième siècle[1]. Nous ne nous appesantirons pas sur ce dernier point; nous laisserons au lecteur le soin de l'apprécier chemin faisant. Il est inutile de montrer du doigt ce qui saute aux yeux. L'échantillon que nous venons de donner suffit comme avant-goût de l'œuvre.

---

[1] De nos jours, M. Eug. Maron est, croyons-nous, le premier qui se soit efforcé de tirer *Francion* de l'injuste oubli dans lequel il était tombé. (Voir son très-remarquable travail sur le *Roman de mœurs au dix-septième siècle*, inséré dans la *Revue indépendante* de février 1848.)

Ainsi que nous l'avons dit ailleurs [1], l'entrée en matière du *Roman comique* et du *Roman bourgeois* est une entrée en campagne. C'est la révolte de l'esprit gaulois contre le bel esprit, une manière de fronde dont Honoré d'Urfé est le Mazarin. Mais il est bon de constater que Sorel est descendu dans la lice vingt-neuf ans avant Scarron, et quarante-quatre ans avant Furetière. C'est à lui que revient l'honneur d'avoir ouvert le feu contre l'*Astrée* et les romans à la suite. Le début de *Francion* ressemble à une fanfare: « Nous avons, dit Sorel, assez d'histoires tragiques qui ne font que nous attrister; il en faut maintenant voir une qui soit toute comique et qui puisse apporter de la délectation aux esprits les plus ennuyés. » Et ce que l'auteur promet, il le donne avec usure. A force de vouloir s'éloigner des fadeurs à la mode, il tombe dans des gaietés rabelaisiennes; écarts regrettables, mais qu'on ne pourrait, sans injustice, lui imputer à crime. N'est-ce pas le propre de toute réaction de dépasser le but proposé?

Du reste, on dirait que Sorel ne se laisse aller à de telles licences que pour se créer des textes de sermons. Il est peu de chapitres où il ne lui arrive de monter en chaire pour fulminer contre la dépravation des mœurs [2]. Citons un exemple. Il s'agit d'une drôlesse de l'âge et du métier de la Macette de Régnier; cette drôlesse, qui a nom Agathe, a eu pour gouvernante une ribaude dont elle esquisse ainsi le portrait : « Pour ne vous point mentir, il n'y avoit aucun scrupule en elle, ni aucune superstition... Elle ne sçavoit non plus ce que c'étoit des cas de conscience qu'un toupinambou; parce qu'elle disoit que, si l'on lui en avoit appris autrefois quelque peu, elle l'avoit oublié, comme une chose qui ne sert qu'à troubler le repos. Souvent elle m'avoit dit que les biens

---

[1] *Revue française*, livraison du 20 août 1857.
[2] Partout et toujours il prétend ne pas avoir tracé une seule ligne sans parti pris de moralisation. Aucune indignation n'égale la sienne lorsqu'il songe aux écrivains dénués de principes. « Autrefois, s'écrie-t-il dans la préface du *Berger extravagant*, il n'y avoit personne qui prît la hardiesse de mettre un livre en lumière s'il n'estoit rempli d'une doctrine nécessaire et s'il ne pouvoit servir à la conduite de la vie ; mais aujourd'hui le recours des fainéans est d'écrire et de nous donner des histoires amoureuses et d'autres fadaises, comme si nous étions obligés de perdre notre temps à lire leurs œuvres, à cause qu'ils ont perdu le leur à les faire. Ce sont des petits bouffons, des faiseurs d'airs de cour et des gens que l'on n'estime qu'un peu plus que des joueurs de violon... Cela fait que l'imprimerie nous est à charge, et, grâce à nos beaux écrivains, le peuple, voyant tant de recueils de folie que l'on lui donne pour des livres, en a tellement ravalé le prix des lettres, qu'il ne met point de différence entre un auteur et un bateleur ou un porteur de rogatons, et que si un honnête homme vient à écrire, il ne sçauroit plus voir son nom qu'à regret sur le frontispice de son ouvrage et est contraint de désavouer son enfant légitime. »

de la terre sont si communs, qu'ils ne doivent être non plus à une personne qu'à l'autre; et que c'est très-sagement fait de les ravir subtilement, quand l'on peut, des mains d'autrui : Car, disoit-elle, je suis venue toute nue en ce monde, et nue je m'en retournerai; les biens que j'ai pris d'autrui, je ne les emporterai point; que l'on les aille chercher où ils sont, et que l'on les prenne, je n'en ai que faire. Hé quoi! si j'étois punie après ma mort pour avoir commis ce qu'on appelle larcin, n'aurois-je pas raison de dire à quiconque m'en parleroit que ç'auroit été une injustice de m'avoir mise au monde pour y vivre, sans me permettre de prendre les choses dont on y vit? » Agathe, qui a pratiqué ces excellentes maximes et a mené joyeuse vie, se plaît à conter des historiettes galantes, hérissées de détails scabreux. Et l'auteur de couronner le tout par les réflexions suivantes : « Nous avons vu ici parler Agathe en termes fort libertins; mais la naïveté de la comédie veut cela, afin de bien représenter le personnage qu'elle fait. Cela n'est pas pourtant capable de nous porter au vice, car au contraire cela rend le vice haïssable, le voyant dépeint de toutes ses couleurs. Nous apprenons ici que ce que plusieurs prennent pour des délices n'est rien qu'une débauche brutale, dont les esprits bien sensés se retireront toujours. » Comment ne pas amnistier des gravelures qui se couvrent de motifs aussi triomphants?

Malgré les nombreux correctifs introduits dans son œuvre, Sorel n'a jamais cessé d'en décliner la paternité. Historiographe de France, il eut jusqu'à la fin la pudeur de son état. La première édition de ce livre, qui est de 1622 [1], est intitulée : *Histoire comique de Francion, fléau des vicieux*. Presque toutes les autres éditions portent ce titre uniforme : LA VRAIE HISTOIRE COMIQUE DE FRANCION, COMPOSÉE PAR NICOLAS DE MOULINET, SIEUR DU PARC. C'est toujours sur le compte de ce fantastique « gentilhomme lorrain » que Sorel met son péché de jeunesse (il avait environ vingt-trois ans en 1622). Nous lisons dans sa *Bibliothèque françoise* [2] : « On tient que ce peut être lui (Sorel) qui a composé une *Histoire comique* remplie de choses qu'il inventa et d'autres qu'il avoit ouï dire; mais quelques personnes sçavent assez qu'on a confondu ceci avec un livre *du sieur du Parc*, auteur de ce temps-là, qui y a mêlé des contes fort licencieux, et que d'autres encore y ont travaillé. Cet ouvrage n'est ni meilleur ni plus digne d'être approuvé pour avoir été imprimé quantité de fois en l'état qu'il est, ni pour avoir été traduit en quelques langues. Il ne se trouvera

---

[1] Barbier fait dater de 1625 cette première édition.

[2] La *Bibliothèque françoise de M. C. Sorel, ou le choix et l'examen des livres françois, qui traitent de l'éloquence, de la philosophie, de la dévotion et de la conduite des mœurs, et de ceux qui contiennent des harangues, des lettres, des œuvres mêlées*, etc. — 1664.

point aussi qu'il ait été imprimé par les soins ou par les ordres de celui à qui on l'attribue, et il ne doit point répondre des fautes d'autrui. Depuis un grand nombre d'années, ceci a été abandonné aux libraires, qui y ont ajouté faute sur faute. Il se trouve quelques contes qui sont assez agréables; mais il seroit à souhaiter qu'on n'y eût point mêlé des choses qui offensent les âmes pures [1]. » Ce désaveu est des plus entortillés; en le pressant bien, on pourrait en tirer un demi-aveu. Ne semble-t-il pas, en effet, ressortir de cette citation que *Francion* n'est rien moins qu'étranger à Sorel? Les « quelques contes qui sont assez agréables, » voilà sa part; le sieur du Parc « y a mêlé des contes fort licencieux, et d'autres *encore* y ont travaillé; » voilà pour le reste.

Sorel dit ailleurs : « Pour un livre qui ait la vraie forme d'un roman, on nous met en jeu l'*Histoire comique de Francion*, laquelle a été imprimée pour la première fois il y a plus de quarante ans et qui semble autorisée, en ce que depuis si longtemps plusieurs se plaisent autant à la voir que le premier jour, après plus de soixante impressions de Paris, de Rouen, de Troyes et d'autres lieux, outre qu'elle a été traduite en anglois, en allemand et en quelques autres langues. On croit que ce soit là un préjugé pour elle; néanmoins on peut dire que les peuples s'abusent souvent; que les choses qui les divertissent sont celles qu'ils aiment le mieux, sans prendre garde à leurs défauts, et qu'il y a quantité de livres fort méchans que l'on imprime beaucoup de fois. Quelques gens sages et retenus ne manquent point de condamner le livre dont nous parlons... On peut répondre que, lorsqu'il fut fait, il étoit le plus modeste d'entre les livres facétieux; qu'alors le *Parnasse satirique*, la *Quintessence satirique*, le livre intitulé le *Moyen de parvenir*, et quelques autres semblables qui étoient entre les mains de beaucoup de gens, se trouvoient remplis de paroles impudiques, au lieu que celui-ci étoit plus retenu, et que, s'il pouvoit blesser par le sens et par l'imagination en de certains lieux, au moins son langage étoit dans des termes honnêtes, et que ceux qui ne le lisoient point à mauvaise intention n'y voyoient rien de fort nuisible; que si, depuis, la mode étoit passée de tels livres envers quelques personnes, celui-ci leur a paru trop libre, on n'a pas sçu empêcher pourtant le cours d'un ouvrage que d'autres gens aiment bien de la sorte qu'il est, tellement qu'on en a réitéré les impressions; qu'à en parler sainement il n'y a rien là que des descriptions naïves des vices de quelques hommes et de tous leurs défauts, pour s'en moquer et les faire haïr, ou de quelques tromperies des autres, pour nous apprendre à nous en garder; que, si quelques scrupuleux du siècle y trouvent à redire, ils doivent penser que cela n'a

---

[1] Page 556.

pas été fait pour les personnes qui veulent vivre dans une retraite religieuse, et qui n'ont aucun besoin de sçavoir ces choses, mais que cela est pour ceux qui, ayant à demeurer dans le monde, ont besoin de sçavoir ce qui s'y fait, afin de se déniaiser [1]... » Chacune de ces lignes est une révélation; on sent, nonobstant certaines réserves, que Sorel combat *pro domo sua*. Avec quelle complaisance il s'étend sur les « soixante impressions de Paris, de Rouen, de Troyes et d'autres lieux, » et sur les traductions « en anglois, en allemand et en quelques autres langues! » Sorel ne se contente plus, comme tout à l'heure, de faire une apologie timide de *Francion*; il va droit aux passages les plus scabreux et prend en main leur défense. Ses arguments le trahissent d'une façon péremptoire : ils sont les mêmes que ceux du lambeau de sermon que nous avons cité.

Cette question de paternité est d'ailleurs formellement tranchée par Gui Patin [2], qui raconte, à la date du 14 juin 1657, qu'il a trouvé chez un malade « M. Sorel, l'AUTEUR DU FRANCION [3], du *Berger extravagant* et de plusieurs autres bons livres. » Ce n'est pas là une attribution faite à la légère, sur la foi d'un bruit, mais en pleine connaissance de cause; car le spirituel médecin était à peu près la seule personne qui reçut les confidences de l'historiographe. « Il est, écrit-il à Charles Spon, il est homme de fort bon sens et taciturne; *il n'y a guères que moi qui le fasse parler et avec qui il aime à s'entretenir* [4]. »

Gui Patin ajoute : « Je ne suis point sçavant comme lui, mais nous sommes fort de même humeur et de même opinion, presque en toutes choses; il n'est ni bigot, ni Mazarin, ni Condé. Depuis le 4 juillet de l'an passé, que nous y perdîmes ce bon M. Miron [5], qui étoit fort son ami, il ne m'en parle jamais que les larmes ne lui en viennent aux yeux, quoiqu'il soit bien stoïque. » Le même jour, Gui Patin répond en ces termes à une demande que lui a adressée son confrère Falconet : « Je puis bien vous dire des nouvelles de M. Sorel, puisqu'il y a trente-cinq ans qu'il est mon bon ami. C'est un petit homme grasset, avec un grand nez aigu, qui regarde de près, âgé de cinquante-quatre ans, qui paroît fort mélancolique et ne l'est point. Il est fils d'un procureur au parlement... Ce M. Ch. Sorel a fait beaucoup de livres françois, entre autres *Francion*, le

---

[1] Même ouvrage, p. 173-175.
[2] Par Ménage (voir plus loin, livre X, *note*) et par Tallemant des Réaux (voir plus loin, Av. p. 9).
[3] Ce n'est qu'une répétition, comme cela résulte de la lettre qu'on va lire.
[4] Lettre du 25 novembre 1655.
[5] Miron, président aux enquêtes, et François Charpentier, conseiller aux requêtes, se réunissaient souvent chez Gui Patin, place du Chevalier-du-Guet. On les appelait les trois docteurs du quartier.

Berger extravagant, l'*Ophize de Chrysanthe*, l'*Histoire de France* et une *Philosophie universelle*. Il a encore plus de vingt volumes à faire, et voudroit bien que cela fût fait avant que de mourir, mais il ne peut venir à bout des imprimeurs. Il est fort délicat, et je l'ai souvent vu malade. Néanmoins il vit commodément, parce qu'il est fort sobre. Il est homme de fort bon sens, et taciturne, point bigot ni Mazarin. » Point bigot ni Mazarin... Gui Patin ne peut se lasser de le répéter.

Après le portrait, la caricature. Furetière a donné à Charles Sorel le pseudonyme plus que transparent de *Charroselles*. «......Ce nez, dit-il, qu'on pouvoit à bon droit appeler son éminence, et qui étoit toujours vêtu de rouge, avoit été fait en apparence pour un colosse; néanmoins il avoit été donné à un homme de taille assez courte. Ce n'est pas que la nature eût rien fait perdre à ce petit homme, car ce qu'elle lui avoit ôté en hauteur, elle le lui avoit rendu en grosseur; de sorte qu'on lui trouvoit assez de chair, mais assez mal pétrie. Sa chevelure étoit la plus désagréable du monde, et c'est sans doute de lui qu'un peintre poétique, pour ébaucher le portrait de sa tête, avoit dit:

> On y voit de piquans cheveux
> Devenus gras, forts et nerveux,
> Hérisser sa tête pointue,
> Qui tous mêlés s'entr'accordants,
> Font qu'un peigne en vain s'évertue
> D'y mordre avec ses grosses dents.

« Aussi ne se peignoit-il jamais qu'avec ses doigts, et dans toutes les compagnies c'étoit sa contenance ordinaire. Sa peau étoit grenue comme celle des maroquins, et sa couleur brune étoit réchauffée par de rouges bourgeons qui la perçoient en assez bon nombre. En général, il avoit une vraie mine de satyre. La fente de sa bouche étoit copieuse et ses dents fort aiguës, belles dispositions pour mordre. Il l'accompagnoit d'ordinaire d'un ris badin dont je ne sçais point la cause, si ce n'est qu'il vouloit montrer les dents à tout le monde. Ses yeux, gros et bouffis, avoient quelque chose de plus que d'être à fleur de tête. Il y en a qui ont cru que, comme on se met sur des balcons en saillie hors des fenêtres pour découvrir de plus loin, aussi la nature lui avoit mis des yeux en dehors, pour découvrir ce qui se faisoit de mal chez ses voisins. Jamais il n'y eut un homme plus médisant ni plus envieux; il ne trouvoit rien de bien fait à sa fantaisie. S'il eût été du conseil de la création, nous n'aurions rien vu de tout ce que nous voyons à présent. C'étoit le plus grand réformateur en pis qui ait jamais été, et il corrigeoit toutes les choses bonnes pour les mettre mal. Il n'a point vu d'assemblée de gens illustres qu'il n'ait tâché de la décrier; encore, pour mieux cacher son venin, il faisoit semblant d'en faire l'éloge, lorsqu'il en faisoit en effet la censure, et il ressembloit à ces bêtes dangereuses qui en pensant flatter égratignent; car il ne pouvoit souffrir la gloire des autres; et autant de choses qu'on mettoit au jour, c'étoient autant de tourmens qu'on lui préparoit... Sa vanité naturelle s'étoit accrue par quelque réputation qu'il avoit eue en jeunesse, à cause de quelques petits ouvrages qui avoient eu quelque débit [1]. »

Un de ces « petits ouvrages, » celui-là même que nous réimprimons, a eu, il faut l'avouer, un certain « débit, » car, comme nous l'avons vu, le nombre de ses éditions s'élève à plus de soixante [2]. Furetière parle plus légèrement qu'il ne le devrait d'un livre qui a, pour ainsi dire, engendré le *Roman bourgeois*, et qui, avec le *Berger extravagant* (autre « petit ouvrage » du même Ch. Sorel), n'a pas peu contribué à détrôner la pastorale. Ce dédain, comme chacun des traits lancés contre notre auteur, atteste une animosité profonde, animosité dont la cause est restée inconnue : on n'en trouve trace nulle part. Le *Roman bourgeois* date de 1666; or, en 1658, dans sa *Nouvelle allégorique*, Furetière avait dit de Sorel que c'était un auteur « d'excellents livres satiriques et comiques, qui s'étoit rendu formidable aux quarante barons [3]. » Et Sorel, dans sa *Bibliothèque françoise* (1664), lui avait rendu la monnaie de sa pièce : « M. de Furetière, écrit-il, nous a donné, il y a quelques années, la *Relation des guerres de l'éloquence* (il veut parler de la *Nouvelle allégorique*), laquelle contient une fort agréable description des différends de divers auteurs du siècle, représenté sous le nom de généraux d'armée et de capitaines. Si quelques-uns y sont en des places où ils ne voudroient pas estre, ils devoient tâcher d'en meriter une meilleure. » Il ne pouvait guère s'attendre aux violentes attaques dirigées contre lui dans le *Roman bourgeois*. Au moment où la publication de ce livre était annoncée, préparant la deuxième édition de sa *Bibliothèque françoise*, ne s'est-il pas hâté d'en faire l'éloge par avance, sur la foi des amis de Furetière? Il l'annonce lui-même en ces termes : « Voilà qu'on nous donne un livre appelé le *Roman bourgeois*, dont il y a déjà quelque temps qu'on a ouï parler et qui doit être fort divertissant suivant l'opinion de diverses personnes. Comme on croit que cet ouvrage a toutes les bonnes qualités des livres comiques et des burlesques tout ensemble, quand on l'aura vu, on le mettra avec ceux de son genre, selon le rang que son mérite pourra lui apporter. » La

---

[1] *Roman bourgeois*, édition elzévirienne, p. 220-222.

[2] *L'Histoire de Francion* a été imprimée plus de soixante fois. *Bibliothèque universelle des romans*, juillet, 1er vol., 1781, p. 65.

[3] Par son *Rôle des présentations françoises faites aux grands ours de l'Éloquence françoise* (1646), et par son *Discours sur l'Académie Françoise, établie pour la correction et l'embellissement du langage, pour sçavoir si elle est de quelque utilité aux particuliers et au public* (1654).

deuxième édition de la *Bibliothèque françoise* ne paraît qu'en 1667. Sorel a le temps de lire le livre où il est si maltraité et de remplacer par quelques phrases acidulées celles que nous venons de rapporter. Il s'en garde bien : il a le bon esprit de conserver sa première rédaction. Et d'ailleurs pourquoi se reconnaîtrait-il dans « Charroselles? » Il a, comme lui, le nez long et la taille courte, d'accord; mais il n'a que cela de commun avec ce cuistre : c'est ce que n'aurait pas dû oublier Furetière.

Pour être juste, nous devons adresser le même reproche à Sorel, qui n'a vu dans Balzac qu'un pédant à blasonner. Le *grand épistolier*, l'*éloyiste général*, comme on le qualifiait, avait des ridicules de toute sorte : il se plaisait à afficher en tête de ses lettres les noms des plus hauts personnages ; il vantait tout le monde avec une fatigante monotonie et se vantait lui-même avec une outrecuidante vanité. Rien de plus vrai; mais ce sont les ridicules d'un homme que Bayle, sans marchander, appelle *la plus belle plume de France*. « On ne sçauroit, ajoute-t-il, assez admirer, vu l'état où il trouva la langue françoise, qu'il ait pu tracer un si beau chemin à la netteté du style. Il ne faut pas trouver étrange que ses écrits sentent le travail. L'élévation et la grandeur étoient son principal caractère; on ne va point là sans méditation [1]. » On sait que Bayle ne loue qu'à bonnes enseignes. Il se rencontre dans cet éloge avec Tallemant des Réaux, qui se regarde comme forcé de reconnaître le talent de Balzac. « Il est certain, dit-il, que nous n'avions rien vu d'approchant en France, et que tous ceux qui ont bien écrit en prose depuis, et qui écriront bien à l'avenir en notre langue, lui en auront l'obligation [2]. » Nous regrettons que Sorel ait jeté sur les épaules de Balzac la souquenille d'Hortensius.—Qu'il ne se retranche pas derrière le désaveu de son œuvre. « Sorel, dit l'auteur des *Historiettes*, a voulu, dans le *Francion*, railler de lui (Balzac) en la personne de son pédant Hortensius. » C'est ce qu'on appelle faire d'une pierre deux coups. Mais ouvrons encore la *Bibliothèque françoise*. Après avoir médiocrement loué Balzac, Sorel parle de tous ceux qui, à sa suite, ont été possédés de la manie épistolaire : « Pource que chacun, continue-t-il, n'y réussissoit pas au gré de tout le monde, et que plusieurs se faisoient moquer d'eux, imitant M. de Balzac fort à contre-temps. Cela donna sujet à quelqu'un de dresser de petits dialogues pour s'en divertir, et de les insérer dans l'*Histoire comique de Francion*, lorsqu'on l'imprimeroit pour la seconde fois, ce qui étoit aisé à faire, ce livre ayant été amplifié par diverses personnes. On y a introduit un pédant Hortensius... [3] » Sorel essaye de donner le change en insinuant que ce

[1] *Dict. hist.* (1820), t. III, p. 67.
[2] *Historiettes*, 1ʳᵉ éd., III, p. 153.
[3] P. 110.

grotesque est la charge, non de Balzac, mais d'un méchant imitateur de ce dernier. Tallemant nous édifie à ce sujet ; le passage que nous venons de rapporter n'a de prix que parce qu'il nous renseigne sur un point qu'il ne nous eût pas été permis d'élucider ailleurs [1] : à savoir que le personnage d'Hortensius n'a été « introduit » que dans la seconde édition.

Avant de finir, disons le peu que l'on connaît de la vie de Sorel. Il était le neveu de Charles Bernard [2], historiographe de France, lequel atteint, en 1635, d'une paralysie générale, donna, en sa faveur, la démission de cette charge. Sorel la remplit jusqu'au jour où on la lui enleva. Il n'avait d'autre passion que celle des lettres ; il supporta la perte de sa place comme il avait subi le retranchement des rentes, sans se plaindre. Léger d'argent et affamé d'indépendance, il avait accepté chez son beau-frère, substitut du procureur général, un modeste logement, où il vivait libre de tous liens. Il mourut garçon (vers 1674), et sans pouvoir être taxé d'ingratitude, car il resta pur de toute protection. Ses livres sont nombreux [3], mais aucun d'eux n'est précédé d'un hommage : c'est là une vertu de quelque poids, dans le siècle des dédicaces. Elle rachète amplement la prétention puérile qu'avait l'auteur de *Francion* d'être de la même famille qu'Agnès Sorel.

[1] Nous avons vainement cherché la première édition de *Francion*, qui ne contient que sept livres. Nous n'avons trouvé que l'édition de 1632 (dans laquelle manque le XII° livre) et celles de 1641 et de 1721 : c'est cette dernière que nous reproduisons ; elle renferme le texte courant, comme nous avons pu le constater en la conférant avec la précédente.

[2] Il termina deux ouvrages, que cet oncle avait laissés inachevés et qui sont intitulés : 1° *Généalogie de la Maison royale de Bourbon, avec les portraits et éloges des Princes qui en sont sortis et les Remarques historiques de leurs illustres actions depuis Saint Louis jusqu'à Louis XIII*. Paris, 1634 et 1636, in-fol., 2 vol.; 2° *Histoire de Louis XIII jusqu'à la guerre déclarée contre les Espagnols en 1635, par Charles Bernard, avec un Discours sur la vie de cet historien*. Paris, 1646, in-fol.

[3] Les principaux ouvrages de Charles Sorel sont, après *Francion* :
Les *Nouvelles françoises* ; l'*Orphize de Chrysante* ; le *Berger extravagant* ; *Histoire de la monarchie françoise* ; la *Science universelle* ; la *Maison des jeux* ; *Rôle des présentations faites aux grands jours de l'éloquence françoise* ; *Discours sur l'Académie françoise établie pour la correction et l'embellissement du langage* ; *Polyandre* ; *Relation de ce qui s'est passé au royaume de Sophie, depuis les troubles excités par la rhétorique et l'éloquence* ; la *Bibliothèque françoise* ; *Description de l'île de la Portraiture*.

A FRANCION

Cher Francion, à qui pourrois-je dédier votre Histoire qu'à vous-même? Ce seroit vous faire tort que de l'aller présenter à un autre; car, s'il est besoin d'en donner le jugement, qui est-ce qui se trouve plus capable de le faire que vous, qui sçavez toutes les règles qu'il faut observer pour bien écrire? Je me sentirai plus glorieux, si je reçois votre approbation, que si j'avois la faveur de tout un peuple; mais je crains bien pourtant que, si vous me voulez juger à la rigueur, je ne sois pas tout à fait exempt de faute. Je ne doute point que, si vous eussiez voulu prendre la peine de mettre par écrit vos aventures, au lieu que vous vous êtes contenté de me les raconter un jour de vive voix, vous eussiez fait tout autre chose que ce que j'ai fait; mais je ne veux point entrer aussi en comparaison avec vous. Il suffit que l'on connoisse que j'ai travaillé avec tout le zèle et le soin qu'il m'étoit possible; que, si j'ai pris la hardiesse de toucher à des choses qui sembloient n'appartenir qu'à vous, ç'a été parce que vous m'en avez donné la licence, et que je n'ai pas voulu laisser écouler cette occasion de vous témoigner mon amitié, craignant qu'elle ne fût prise par un autre. Il est vrai que vous avez longtemps résisté à mon dessein, n'étant pas d'avis que les actions de votre jeunesse fussent publiées; mais nous avons aussi considéré ensemble qu'encore que vous vous soyez quelquefois laissé emporter à la débauche et à la volupté vous vous êtes arrêté vous-même sur des endroits bien glissans, et, gardant toujours de très-bons sentimens pour la vertu, vous avez même fait quantité de choses qui ont servi à punir et à corriger les vices des autres. D'ailleurs, vous avez toujours témoigné une telle générosité, que cela dissipe tout le blâme que l'on vous pourroit donner; et l'on sçait bien que maintenant toutes vos mœurs sont pleines de gravité et de modestie; de sorte que vous en êtes d'autant plus louable de ce que vous êtes délivré de tant d'attraits et de charmes qui vous attiroient de tous côtés, et que vous avez choisi courageusement la meilleure voie. Cela étant fort certain, il ne me semble point que votre réputation puisse courir de risque, si je fais une Histoire de vos aventures passées, vu que je les ai déguisées d'une telle sorte, y ajoutant quelque chose des miennes, et changeant aussi votre nom, qu'il faudroit être bien subtil pour découvrir qui vous êtes. Qu'il suffise au peuple de se donner du plaisir de la lecture de tant d'agréables choses, et d'en tirer aussi du profit, y apprenant de quelle sorte il faut vivre aujourd'hui dedans le monde, sans vouloir pénétrer plus outre. Pour ce qui est de moi, je serois assez content, quand même ce que j'ai fait ne plairoit qu'à vous seul, lorsque vous prendrez la peine de le lire, pour voir quels écueils vous avez évités; et ce me sera toujours assez de gloire de sçavoir que vous me tenez pour

Votre très-affectionné Serviteur,

Du Parc.

AVIS AUX LECTEURS

C'EST ici un ouvrage du sieur du Parc, qui s'est assez fait connoître par les aventures de Floris[1] et de Cléonte, et celles de Phinimène et de Chrysaure, dans son livre des Agréables diversités d'amour. Il est vrai que ces histoires ont un style fort poétique et fort figuré, mais tel qu'il convenoit au sujet et à la mode du temps, pendant lequel on ne trouvoit point agréable de parler des mignardises d'amour avec des paroles simples. Or il faut avouer qu'il a très-bien réussi dans cette manière d'écrire, et qu'il a même fait paroître par ses applications, qui se trouvent de tous côtés, qu'il entendoit l'histoire et la fable, et qu'il étoit aussi fort bien instruit dans la plus secrète philosophie; mais, comme il avoit l'esprit souple, il varioit son style selon les desseins qu'il prenoit, et nous avons eu de lui d'autres pièces où il s'est efforcé de mettre moins de paroles et plus de choses. Entre toutes celles qu'il a faites, il faut avouer qu'il n'y en a point qui égale cette Histoire comique de Francion, laquelle il fit la dernière, étant las de tant d'histoires tragiques qu'il avoit composées, comme il déclare dès l'entrée du livre. L'on y remarquera une grande différence de ses autres ouvrages; car il sçavoit bien qu'en ce lieu-ci il falloit écrire simplement

[1] Sorel se trahit dès les premières lignes, car il a publié lui-même, dans son extrême jeunesse, un livre intitulé : les *Amours de Floris*.

comme l'on parloit, sans user d'aucune afféterie; et, puisqu'il quittoit une matière triste pour une joyeuse, il étoit besoin que l'on y vît beaucoup de changement. Ceux qui affectionnent ce livre diront qu'il n'y a point de comparaison des autres à lui, et que l'auteur y a tout autrement réussi, ce qui les étonne merveilleusement; mais qu'ils prennent garde aussi que l'on n'écrit jamais mieux que quand l'on ne suit que la nature et son génie. Le sieur du Parc étoit d'une conversation fort agréable et fort joviale, tellement qu'il se plaisoit bien plus à écrire des choses sérieuses avec un langage coulant que de se contraindre pour écrire à la mode de son siècle, ainsi qu'il avoit fait quelquefois pour plaire à quelques dames. Enfin, l'on peut dire qu'il avoit trouvé son talent. L'on cherche tant, que l'on rencontre ce qui nous est propre. Ses Diversités d'amour *furent imprimées en l'an 1614. Depuis, il fit encore deux ou trois livres, et entre autres un, des* Fidèles affections, *où son style commençoit de se changer petit à petit; car, en effet, même il y avoit plusieurs personnes qui se lassoient de la mode ancienne, et qui demandoient quelque nouveauté. Enfin, il ne se donna plus d'autre but que Francion et ses diverses fortunes. Mais il y avoit longtemps possible qu'il se préparoit à cette histoire-ci; car, dedans celle de* Floris et Cléonte, *et en d'autres lieux, vous trouverez qu'il parle déjà de Francion. Il écrivit donc les aventures de ce cavalier, auxquelles il donna le titre d'*Histoire comique; *et ce fut à l'envi de du Souhait*[1], *Champenois, et comme pour le braver, à cause qu'auparavant du Souhait avoit donné le même titre à quelques contes qu'il avoit ramassés. Il y avoit de la contention entre ces deux esprits, qui étoient d'un même temps; mais notre auteur a bien précédé celui-là, comme l'on peut voir par le bon accueil que l'on a fait à son ouvrage, au lieu que celui de du Souhait a demeuré dans l'obscurité, et n'a été imprimé qu'une fois. Néanmoins il y a eu beaucoup de gens qui, à cause de ce livre d'*Histoire comique *que du Souhait avoit déjà fait, ont cru qu'il avoit encore fait celui-ci; mais nous ne devons pas demeurer dans cette pensée. Cette* Histoire comique de Francion *fut imprimée pour la première*

---

[1] Auteur des *Divers Souhaits d'amour;* des *Amours de Glorian et d'Ismène;* des *Amours de Poliphile et de Mélonimphe*, etc.

fois en l'an 1622, mais il n'y avoit que sept livres. Quelques autres livres suivans étant venus entre les mains des libraires, après la mort de du Parc, on les fit promptement imprimer, d'autant que ce que l'on avoit déjà vu avoit été reçu parfaitement bien ; mais l'on dit que, parce qu'il y avoit eu des brèches en cet original, il y eut quelques gens qui aimèrent tellement cet ouvrage, qu'ils prirent la peine de le réparer et d'y insérer quelques contes de leur invention, qui s'y trouvèrent fort à propos. Or, parce que cela parloit de choses qui sembloient être fort récentes, beaucoup de personnes y étoient abusées, et prenoient le livre entier pour tout nouveau, et ne s'alloient point imaginer que ce fût du Parc qui en fût aucunement l'auteur. D'ailleurs, comme le langage devient plus poli chaque jour, il se peut faire que l'original de notre auteur n'avoit pas toutes les douceurs qui sont venues depuis ; mais l'on avoit remédié à cela, et l'on avoit réformé les façons de parler qui n'étoient plus en usage, tellement que, comme peu de chose fait grand bien en ces occasions-là, cela aidoit à tromper le monde, et l'on attribuoit ce livre à des personnes qui n'y avoient pas beaucoup contribué. Mais, tant y a, que depuis il a eu si bonne chance, que chacun l'a voulu voir, et il s'est imprimé plusieurs fois ensuite de la seconde, sans qu'il y eût guère de changement, et l'histoire ne contenant toujours que onze livres. Il étoit à croire que l'auteur en avoit fait douze, et chacun demandoit ce douzième ; mais personne ne le pouvoit donner. C'est en quoi je voudrois prendre ceux qui penseroient attribuer cette histoire à d'autres ; car à quoi tenoit-il qu'ils n'en donnoient la fin ? Mais il falloit attendre cela du vrai auteur, et que l'on cherchât ce qu'il en avoit fait de son vivant. Enfin, il est arrivé qu'un homme, qui demeuroit avec le sieur du Parc à l'instant de sa mort, est revenu d'un long voyage, et a déclaré à quelqu'un qu'il avoit chez lui beaucoup de manuscrits, lesquels il falloit feuilleter. L'on y trouva une copie de la plus grande part de l'Histoire comique, qui étoit plus ample en quelques lieux que celle que nous avions, et qui avoit un autre commencement et une autre fin, et même ce douzième livre tant souhaité. L'on a tant fait, que l'on a eu ceci pour le faire imprimer, tel que nous le voyons maintenant, et l'on a réformé ce qui étoit à réformer, comme, par exemple, cette épître aux grands, et le narré de la préface du livre de Francion, qui étoient du corps de l'histoire, y ont été insérés, au lieu que l'on avoit mis tout cela au commencement du livre à faute d'autre chose[1]. Aussi a-t-on bien vu que cela devoit être ainsi; car même l'on a trouvé une autre épître liminaire adressée à Francion, laquelle devoit être au commencement de l'histoire, ainsi que l'on l'a mise. Or nous voyons dans le onzième livre que Francion avoue qu'il a fait un ouvrage qu'il appelle les Jeunes Erreurs, lequel même a été publié, à ce qu'il dit, et néanmoins nous n'avons point sçu qu'il se soit imprimé un tel livre; mais ce n'est aussi qu'une feinte, et du Parc a pris plaisir de faire dire cela à Francion, pour donner à songer aux lecteurs : car ce n'est point là qu'il a appris les aventures de ce cavalier, puisqu'il confesse, dans son épître, qu'il les lui a racontées de sa propre bouche. Toutefois c'est à sçavoir si ce n'est point encore ici une autre fiction d'esprit, ou si ce Francion étoit véritablement quelque gentilhomme ami de du Parc, dont il avoit entrepris d'écrire la vie, et duquel il avoit eu quelques mémoires. Mais cela n'importe de rien; il suffit que nous reconnoissions l'excellence du livre. Au reste, en ce qui est de ces choses modernes qui ont été mises ici, parce que l'on les a trouvées fort bien enchâssées dedans l'histoire, et qu'elles étoient trop connues pour être désormais oubliées, il les y a fallu laisser; mais néanmoins tout cela est arrangé avec tel ordre, que nous pouvons dire que nous avons maintenant la vraie histoire de Francion, ayant été corrigée sur les manuscrits de l'auteur. Et, pour ce qui est de ces choses étrangères, nous ne disons point si elles sont meilleures ou pires que le principal du livre, car il y a différentes espèces de beautés. Il faut considérer aussi que cela est en si petite quantité, au prix de ce qui a été fait par du Parc, que cela n'est pas considérable, et que, quand cela n'y seroit pas, l'histoire n'en vaudroit guère moins; tellement que l'on ne l'y laisse que pour rendre plus satisfaits les plus curieux, qui ne veulent rien perdre de ce qu'ils ont vu une fois dans les livres, joint que c'est une maxime, qu'en ce qui est de ces livres de plaisir il est permis d'y changer plus librement qu'aux autres. Toutefois il est certain que, si l'on a ajouté quelque

[1] Voy. livre XI.

*chose à celui-ci, ce n'a pu être que selon les desseins du premier auteur, lesquels il a été besoin de suivre; tellement que l'honneur lui est dû de tout ce que l'on y a pu faire. Nous devons considérer, d'un autre côté, que nous ne manquons point de trouver beaucoup de personnes qui assurent que le tout doit être d'un même auteur, et que ces choses, que l'on soupçonne être d'un autre que de du Parc, ne sont pas arrivées si nouvellement, qu'il n'en ait pu avoir connoissance; si bien que cela pouvoit être compris dans les derniers livres de son histoire, et c'est à tort que, pour deux ou trois discours, l'on soupçonne tout le reste. Chacun doit demeurer dans cette opinion, et ne point croire qu'autre que le sieur du Parc soit auteur de l'*Histoire comique de Francion *tout entière; car pourquoi l'attribuera-t-on à un autre, puisque même il ne se trouve personne qui se l'attribue? Aussi nous a-t-il laissé cette agréable pièce en un tel état, qu'elle se pouvoit faire estimer sans aucun aide, et que les embellissemens que l'on y a pu apporter ne sont pas capables de lui ôter l'honneur qu'il mérite; de sorte qu'il ne faut point aussi que les vivans pensent s'attribuer la gloire des morts. Il y a beaucoup de choses à dire pour la recommandation de son ouvrage; mais à quoi cela sert-il, puisque le voici présent, et qu'il n'y a qu'à le considérer pour voir combien il est estimable*[1].

[1] Sorel, sous le couvert du sieur du Parc, est en belle situation pour se louer tout à son aise : on voit qu'il ne s'en est pas fait faute.

HISTOIRE
COMIQUE
DE FRANCION

LIVRE PREMIER

Nous avons assez d'histoires tragiques qui ne font que nous attrister; il en faut maintenant voir une qui soit toute comique, et qui puisse apporter de la délectation aux esprits les plus ennuyés. Mais néanmoins elle doit encore avoir quelque chose d'utile, et toutes les fourbes que l'on y trouvera apprendront à se garantir de semblables, et les malheurs que l'on verra être arrivés à ceux qui ont mal vécu seront capables de nous détourner des vices. Ceux qui ont le jugement bon en sçauront bien faire leur profit; car il y a ici quantité de propos sérieux, mêlés parmi des choses facétieuses; et il y a quelques remontrances qui, encore qu'elles soient courtes, ne laisseront pas de toucher vivement les âmes, pourvu qu'elles y soient disposées. C'est aussi un grand avantage d'être instruit par le malheur des autres, et de ne pas entendre les enseignemens d'un précepteur rechigné et déplaisant, mais ceux d'un agréable maître de qui les leçons ne sont que des jeux et des délices. Or c'étoit ainsi que faisoient les anciens auteurs dedans leurs comédies, qui instruisoient le peuple en lui donnant de la récréation. Cet ouvrage-ci les imite en toutes choses; mais il y a cela de plus, que l'on y voit les actions mises par écrit, au lieu que, dans les comédies, il n'y a que les paroles, à cause que les acteurs représentoient tout cela sur le théâtre. Puisque l'on a fait ceci principalement pour la lecture, il a fallu décrire tous les accidens, et, au lieu d'une simple comédie, il s'en est fait une histoire comique que vous allez maintenant voir.

La nuit étoit déjà fort avancée, lorsqu'un certain vieillard, qui s'appeloit Valentin, sortit d'un château de Bourgogne avec une robe de chambre sur le dos, un bonnet rouge en tête et un gros paquet sous le bras. Que si, contre sa coutume, il n'avoit point ses lunettes, qu'il portoit toujours à son nez ou à sa ceinture, c'est qu'il alloit s'employer à une chose où il ne désiroit rien voir, de même qu'il ne vouloit pas être vu de personne. S'il eût fait clair, il eût même eu peur de son ombre; si bien que, ne cherchant que la solitude, il commanda à ceux qui étoient demeurés dedans le château qu'ils haussassent le pont-levis; en quoi ils lui obéirent, comme en étant le concierge pour un grand seigneur auquel il appartenoit. Après s'être déchargé de ce qu'il portoit, il se mit à se promener aux environs, aussi doucement que s'il lui eût fallu marcher dessus des œufs sans les casser; et, comme il lui sembla que tout le monde étoit en repos, jusqu'aux crapauds et aux grenouilles, il descendit dedans le fossé pour y faire en secret quelque chose qu'il avoit délibéré. Il y avoit fait mettre le soir de devant une cuve de la grandeur qu'il la faut à un homme qui se veut baigner. Dès qu'il en fut proche, il ôta tous ses habits, hormis son pourpoint, et, ayant retroussé sa chemise, se mit dedans l'eau jusqu'au nombril; puis il en ressortit incontinent, et, ayant battu un fusil[1], il alluma une petite bougie, avec laquelle il alla par trois fois autour de la cuve, puis il la jeta dedans, où elle s'éteignit. Il y jeta encore quantité de certaine poudre qu'il tira d'un papier, ayant en la bouche beaucoup de mots barbares et étranges qu'il ne prononçoit pas entièrement, parce qu'il marmottoit comme un vieux singe fâché, étant déjà tout transi de froid, encore que l'été fût prêt à venir. Ensuite de ce mystère, il commença de se baigner et fut soigneux de se laver par tout le corps sans en rien excepter. Après être sorti de la cuve, il s'essuya et se

---

[1] Briquet.

revêtit : tous ses gestes et toutes ses paroles ne témoignèrent rien que de l'allégresse en remontant sur le bord des fossés. Voici le plus fort de cette besogne achevé, dit-il ; plaise à Dieu que je puisse aussi facilement m'acquitter de celle de mon mariage; je n'ai plus qu'à faire deux ou trois conjurations à toutes les puissances du monde, et puis tout ce qu'on m'a ordonné sera accompli. Après cela, je verrai si je serai capable de goûter les douceurs dont la plupart des autres hommes jouissent. Ah ! Laurette, dit-il en se retournant vers le château, vraiment tu ne me reprocheras plus, les nuits, que je ne suis propre qu'à dormir et à ronfler. Mon corps ne sera plus dedans le lit auprès de toi comme une souche; désormais il sera si vigoureux, qu'il lassera le tien, et que tu seras contrainte de me dire, en me repoussant doucement, avec tes mains : Ah ! mon cœur, ah ! ma vie, c'est assez pour ce coup. Que je serai aise de t'entendre proférer de si douces paroles, au lieu des rudes que tu me tiens ordinairement ! En faisant ce discours, il entra dans un grand clos plein de toute sorte d'arbres, où il déploya le paquet qu'il avoit apporté de son logis. Il y avoit une longue soutane noire, qu'il vêtit par-dessus sa robe de chambre; il y avoit aussi un capuchon de campagne, qu'il mit sur sa tête, et il se couvrit tout le visage d'un masque de même étoffe, qui y étoit attaché. En cet équipage, aussi grotesque que s'il eût eu envie de jouer une farce, il recommença de se servir de son art magique, croyant que, par son moyen, il viendroit à bout de ses desseins.

Il traça sur la terre un cercle dedans une figure triangulaire, avec un bâton dont le bout étoit ferré; et, comme il étoit prêt à se mettre au milieu, un tremblement lui prit par tous les membres, tant il étoit saisi de peur à la pensée qui lui venoit que les démons s'apparoîtroient bientôt à lui. Il eût fait le signe de la croix, n'eût été que celui qui lui avoit enseigné la pratique de ces superstitions lui avoit défendu d'en user en cette occasion, et lui avoit appris à dire quelques paroles pour se défendre de tous les assauts que les mauvais esprits lui pourroient livrer. Le désir passionné qu'il avoit de parachever son entreprise, lui faisant mépriser toute sorte de considérations, le contraignit à la fin de se mettre à genoux dedans le cercle vers l'Occident. Vous, démons, qui présidez sur la concupiscence, qui nous emplissez de désirs charnels à votre gré, et qui nous donnez les moyens de les accomplir, ce dit-il d'une voix assez haute, je vous conjure, par l'extrême pouvoir de qui vous dépendez, et vous prie de m'assister en tout et partout, et spécialement de me donner la même vigueur pour les embrassemens qu'un homme peut avoir à trente-cinq ans ou environ. Si vous le faites, je vous baillerai une telle récompense, que vous vous contenterez de moi. Ayant dit cela, il appela par plusieurs fois Asmodée, et puis il se tut en attendant ce qui arriveroit. Un bruit s'éleva en un endroit un peu éloigné; il ouït des hurlemens et des cailloux qui se choquoient l'un contre l'autre, et un tintamarre qui se faisoit comme si l'on eût frappé contre les branches des arbres. Ce fut alors que l'horreur se glissa tout à fait dans son âme, et j'ose bien jurer qu'il eût voulu être à sa maison et n'avoir point entrepris de si périlleuse affaire. Son seul recours fut de dire ces paroles niaises qu'il avoit apprises pour sa défense: Oh! qui que tu sois, grand mâtin qui accours à moi tout ébaudi, la queue levée, pensant avoir trouvé la curée qu'il te faut, retourne-t'en au lieu d'où tu viens et te contente de manger les savates de ta grand'mère. Ces paroles sont fort ridicules; mais celles dont se servent les principaux magiciens ne le sont pas moins, tellement qu'il pouvoit bien y ajouter foi. Il se figuroit qu'il y avoit là-dessous quelque sens mystique de caché; et, ayant craché dans sa main, mis son petit doigt dans son oreille, et fait beaucoup d'autres choses qui étoient de la cérémonie, il crut que les plus malicieux esprits du monde étoient forcés de se porter plutôt à faire sa volonté de point en point qu'à lui méfaire. Incontinent après il vit un homme à trente pas de lui, lequel il prit pour le diable d'enfer qu'il avoit invoqué. Valentin, je suis ton ami, lui dit-il, n'aie aucune crainte; je ferai en sorte que tu jouiras des plaisirs que tu désires le plus; mets peine à te bien traiter dorénavant.

Ces propos favorables modérèrent la peur que Valentin avoit eue en l'âme à l'apparition de l'esprit. Enfin, comme il fut disparu, sa frayeur s'évanouit entièrement. Un pèlerin, dont le vrai nom étoit Francion, lui avoit encore ordonné une chose à faire, dont il se souvint, et s'en alla en un endroit désigné pour l'exécuter.

Il lui étoit avis qu'il embrassoit déjà sa belle Laurette; et, parmi l'excès du plaisir qu'il sentoit, il ne se pouvoit tenir de parler lui tout seul et de dire mille joyeusetés, se chatouillant pour se faire rire. Étant arrivé à un orme, il l'entoura de ses bras, comme le pèlerin lui avoit conseillé. En cette action, il dit plusieurs oraisons, et après il se retourna pour embrasser l'arbre par derrière, en disant : Il me sera aussi facile d'embrasser ma femme, puisque Dieu le veut, comme d'embrasser cet orme de tous côtés. Mais, comme il étoit en cette posture, il se sentit soudain prendre les mains, et, quoiqu'il tachât de toute sa force de les retirer, il ne le put faire; elles furent incontinent liées avec une corde, et, en allongeant le cou, comme ces marmousets dont la tête ne tient point au corps, et qu'on élève tant que l'on veut avec un petit bâton, il regarda tout autour de lui pour voir qui c'étoit qui lui jouoit ce mauvais tour.

Une telle frayeur le surprit, qu'au lieu d'un homme seul qui se glissoit vitement entre les arbres après avoir fait son coup, il croyoit fermement qu'il y en avoit cinquante, et, qui plus est, que c'étoient tous de malins esprits qui s'alloient égayer à lui faire souffrir toutes les persécutions dont ils s'aviseroient; jamais il n'eut la hardiesse de crier et d'appeler quelqu'un à son secours, parce qu'il s'imaginoit que cela lui étoit inutile, et qu'il ne pouvoit être délivré de là que par un aide divin, joint qu'il étoit vraisemblable à son opinion que, s'il se plaignoit, les diables impitoyables redoubleroient son supplice et lui ôteroient l'usage de la voix, ou le transporteroient en quelque lieu désert. Il ne cessoit donc d'agiter son corps aussi bien que son esprit, et, pour essayer s'il pourroit sortir de captivité, il se tournoit perpétuellement à l'entour de l'orme; de sorte qu'il faisoit beaucoup de chemin en peu d'espace, et quelquefois il le tiroit si fort, qu'il le pensa rompre ou déraciner.

Ce fut alors qu'il se repentit à loisir d'avoir voulu faire le magicien, et qu'il se souvint bien d'avoir ouï dire à son curé qu'il ne faut point exercer ce métier-là, si l'on ne veut aller bouillir éternellement dedans la marmite d'enfer. Ayant cette pensée, sa seule consolation fut de faire par plusieurs fois de belles et dévotes prières aux saints, n'osant en adresser particulièrement à Dieu, qu'il avoit trop offensé. Cependant la belle Laurette, qui étoit demourée au château, ne dormoit pas; car le bon pèlerin Francion la devoit venir trouver cette nuit-là par une échelle de corde qu'elle avoit attachée à une fenêtre, et elle se promettoit bien qu'il lui feroit sentir des douceurs dont son mari n'avoit pas seulement la puissance de lui faire apercevoir l'image.

Il faut savoir que quatre voleurs, ayant un peu auparavant appris qu'il y avoit beaucoup de riches meubles dedans ce château, dont Valentin étoit le concierge, s'étoient résolus de le piller, et, pour y parvenir, avoient fait vêtir en fille le plus jeune d'entre eux, qui étoit assez beau garçon, lui conseillant de chercher le moyen d'y demeurer quelque temps pour remarquer les lieux où tout étoit enfermé, et pour tâcher d'en avoir les clefs, afin qu'ils pussent ravir ce qu'ils voudroient. Ce voleur, prenant le nom de Catherine, étoit donc entré il y avoit plus de huit jours chez Valentin pour lui demander l'aumône, et lui avoit fait accroire qu'il étoit une pauvre fille dont le père avoit été pendu pour des crimes faussement imputés, et qu'elle n'avoit pas voulu demeurer en son pays à cause que cela l'avoit rendue comme infâme. Valentin, étant touché de pitié au récit des infortunes controuvées de cette Catherine, et voyant qu'elle s'offroit à le servir sans demander des gages, l'avoit retirée volontiers dedans sa maison. Ses services complaisans et sa façon modeste, qu'elle savoit bien garder en tout temps, lui avoient déjà acquis de telle sorte la bienveillance de sa maîtresse, qu'elle avoit eu d'elle la charge du maniement de tout le ménage. On se fioit tant en elle, qu'elle avoit beau prendre les clefs de quelque chambre, voire les garder longtemps, sans que l'on craignit qu'elle fît tort de quelque chose et que l'on les lui redemandât.

Le jour précédent, en allant à l'eau à une fontaine hors du village, elle avoit rencontré un de ses compagnons qui venoit pour savoir de ses nouvelles, pendant que les autres étoient à un bourg prochain, en attendant l'occasion favorable à leur entreprise. Elle lui avoit assuré que, s'ils venoient la nuit, ils auroient moyen d'entrer dans le château pour y piller beaucoup de choses qui étoient en sa puissance, et qu'elle leur jetteroit l'échelle de corde qu'un d'eux lui avoit baillée en secret il n'y avoit que deux jours. Les trois voleurs n'avoient donc pas manqué à venir à l'heure proposée; et, comme ils furent descendus dans les fossés du château, ils virent avaller[1] une échelle de corde par une fenêtre qui étoit au côté de la grande porte. L'un d'eux siffla un petit coup, et on lui répondit de même; ils regardèrent tous en haut, et aperçurent une femme à la fenêtre, qu'ils prirent pour Catherine, encore que ce ne fût pas par ce lieu-là qu'elle leur avoit promis de les faire monter.

Il y en avoit un entre eux, appelé Olivier, qui, touché de quelque remords de conscience, s'étoit reconnu depuis peu de jours et avoit promis à Dieu en lui-même de quitter la mauvaise vie qu'il menoit; mais ses compagnons, ayant affaire de son aide, parce qu'au reste il étoit fort courageux, ne l'avoient pas voulu laisser partir de leur compagnie, pour toutes les prières qu'il leur en avoit faites, et l'avoient menacé que, s'il s'en alloit sans leur congé auparavant que d'avoir assisté au vol du château, ils n'auroient point de repos qu'ils ne l'eussent mis à mort, quand ce devroit être par trahison. Comme il se vit au fait et au prendre, il dit derechef aux voleurs qu'ainsi qu'il ne vouloit point avoir sa part du butin qu'ils alloient faire, il ne désiroit pas avoir sa part de la peine et du péril. Néanmoins, lui ayant été reproché qu'il faisoit cela par crainte et par bassesse de courage, il fut contraint de monter tout le premier à l'échelle de corde, craignant que ses compagnons ne le tuassent.

Quand il fut sauté de la fenêtre dedans une chambre, il fut bien étonné de se voir embrasser amoureusement par une femme qui vint au-devant de lui, et qui ne ressembloit en façon du monde à Catherine. C'étoit madame Laurette, qui le prenoit pour Francion, parmi l'épaisseur des ténèbres de la chambre, car elle avoit éteint la lumière.

Olivier, connoissant la bonne fortune qui lui étoit arrivée, songea qu'il étoit besoin d'empêcher que ses compagnons ne vinssent troubler ses délices. Il quitta donc soudain Laurette, pour obéir à la prière qu'elle lui faisoit d'ôter l'échelle; et, trouvant qu'un de ses compagnons y étoit déjà attaché, il ne laissa pas de la tirer à soi jusqu'à la moitié, de la lier à un gond de la fenêtre, par l'endroit où il la tenoit. Le voleur jugeoit, au commencement, que, pour quelque occasion, il le vouloit ainsi lever jusqu'au haut, de sorte qu'il ne s'en don-

---

[1] Descendre.

noit point de tourment en l'esprit; mais, comme il vit qu'il le
laissoit là, il commença d'avoir quelque soupçon qu'il lui voulût jouer d'un trait de l'infidélité qu'il avoit déjà témoignée.
Toutefois il monta par l'échelle jusqu'à la fenêtre de Laurette, mais Olivier l'avoit fermée tout bellement, de manière
que, n'osant bucquer[1] contre, de peur d'être découvert par
quelqu'un du château, il lui sembla qu'il lui étoit nécessaire
de descendre. Il se glissa le plus bas qu'il put le long de la
corde, qui n'étoit pas assez longue pour le mener jusqu'à
terre; et, par hasard, en passant par devant une fenêtre qui
étoit remparée d'un treillis de fer, il y demeura attaché par
son haut de chausses, qui fut traversé d'un gros barreau pointu,
où il s'empêtra si bien qu'il lui fut impossible de s'en retirer.

Sur ces entrefaites, Francion, ne voulant pas manquer à
l'assignation que sa maîtresse lui avoit donnée, s'étant approché du château, et ayant vu d'un autre côté Catherine avec
une échelle à une fenêtre, il crut que c'étoit Laurette. Il fut
prompt à monter jusqu'en haut et se mit à baiser cette servante. Qui est-ce? lui dit-elle. Est-ce toi, Olivier, ou un autre?
Es-tu fol de faire tant de sottises en un temps où il nous faut
songer diligemment à nos affaires? Laisse-moi aller aider à
monter à tes compagnons. Crois-tu qu'avec l'habit j'aie aussi
pris le corps d'une fille?

Francion, qui avoit déjà connu qu'il se méprenoit, en fut encore rendu plus assuré par ces paroles, qu'il oyoit bien n'être
pas proférées par la bouche agréable de Laurette. Il ne s'amusa guère à chercher ce qu'elles vouloient signifier, parce
qu'il s'imaginoit qu'il n'y avoit point d'intérêt. Il dit seulement
à Catherine, qu'il reconnoissoit pour la servante, que sa maîtresse lui avoit accordé qu'il passeroit cette nuit-là avec elle,
et qu'il étoit venu pour jouir d'un si précieux contentement.
Catherine, qui avoit autant de finesse qu'il en faut à une personne qui exerce le métier dont elle faisoit profession, chercha en son esprit des moyens de se défaire de lui, sur l'imagination qu'elle avoit qu'il nuiroit à son entreprise. De le
mener droit à la chambre de sa maîtresse, ainsi qu'il désiroit,
elle ne le trouva pas fort à propos, d'autant qu'il lui sembla qu'il
faudroit possible qu'elle fût employée à faire la sentinelle ou

---

[1] Heurter.

quelque autre chose à l'heure que ses compagnons viendroient pour accomplir leur intention. Elle lui fit donc accroire que Laurette étoit malade, et qu'elle lui avoit donné charge de lui faire savoir qu'il ne la pouvoit voir pour cette fois-là. Francion, très-marri de cette aventure, fut forcé de reprendre alors le chemin de l'échelle. Il étoit au milieu, lorsque Catherine, qui avoit une âme méchante et déloyale, voulant se venger de l'obstacle qu'il lui étoit avis qu'il mettoit à ses desseins, donna à ses bras toutes les forces que sa rage pouvoit faire accroître, et se mit à secouer la corde pour le faire tomber. Comme il se vit traité de cette façon, après s'être glissé un peu plus bas, il connut bien qu'il lui falloit faire le saut, de peur que ses membres ne fussent froissés en se choquant contre la muraille. Ses mains quittent donc la prise de l'échelle, et tout d'une secousse il s'élance pour se jeter à terre; mais il fut si malheureux, qu'il tomba droit dans la cuve où Valentin s'étoit baigné, contre les bords de laquelle il se fit un grand trou à la tête. L'étonnement et l'étourdissement qu'il eut en cette chute le mirent en tel état, qu'il demeura évanoui et n'eut pas le soin de s'empêcher d'avaler une grande quantité d'eau, dont il pensa être noyé. Catherine, qui entendit le bruit qu'il fit en tombant, se réjouit en elle-même de son infortune, et retira son échelle quelque temps après, pensant que ses compagnons ne viendroient pas cette nuit-là.

Le voleur, qui étoit demeuré à terre, voyant qu'Olivier, qui étoit entré dans le château, ne songeoit point à lui, et que son autre compagnon étoit attaché en l'air en un lieu dont il ne se pouvoit tirer, n'eut point espérance que leurs desseins dussent avoir une bonne issue. Il se figura que l'on trouveroit encore ce pendu le lendemain au même lieu, et qu'il n'y avoit rien à gagner à demeurer proche de lui que la mauvaise fortune de se voir pendre après d'une autre façon en sa compagnie.

Une certaine curiosité aveugle et conçue sans aucun sujet le convie à se promener par tout le fossé avant que d'en sortir. Étant arrivé à la cuve où étoit Francion, il voulut voir ce qui étoit dedans. Ayant connu que c'étoit un homme, il le tira par le bras et lui mit la tête hors de l'eau; puis, étant poussé d'un désir de rencontrer de la proie, lequel il ne quittoit jamais, il fouilla dedans ses pochettes, où il trouva une bourse à demi pleine de quarts d'écus et d'autre monnoie, avec une bague dont la pierre avoit un éclat si vif, que l'on apercevoit sa beauté malgré les ténèbres. Cette bonne rencontre lui bailla de la consolation pour tous les ennuis qu'il pouvoit avoir, et, sans se soucier si celui qu'il déroboit étoit mort ou vivant ni qui l'avoit mis en ce lieu-là, il s'en alla où le destin le voulut conduire.

Olivier, qui avoit en ses mains un butin bien plus estimable que celui de cet autre voleur, tâcha d'en jouir parfaitement, dès qu'il eut fermé les fenêtres de la chambre, par lesquelles il eût pu entrer quelque clarté qui l'eût découvert. Laurette, avec une mignardise affectée, s'étoit recouchée négligemment sur le lit, en attendant son champion, qui dressa son escarmouche sans parler autrement que par des baisers. Après que ce premier assaut fut donné, la belle, à qui l'excès du plaisir avoit auparavant interdit la parole, en prit soudainement l'usage, et dit à Olivier en mettant son bras à l'entour de son cou, le baisant à la joue, aux yeux et en toutes les autres parties du visage : Cher Francion, que ta conversation est bien plus douce que celle de ce vieillard radoteur à qui j'ai été contrainte de me marier ! que les charmes de ton mérite sont grands ! que je m'estime heureuse d'avoir été si clairvoyante que d'en être éprise ! Aussi jamais ne sortirai-je d'une si précieuse chaîne. Tu ne parles point, mon âme, continua-t-elle avec un baiser plus ardent que les premiers; est-ce que ma compagnie ne t'est pas aussi agréable que la tienne l'est à moi ? Hélas ! s'il étoit ainsi, je porterois bien la peine de mes imperfections. Là-dessus, s'étant tue quelque temps, elle reprit un autre discours : Ah ! vraiment j'ai été bien sotte tantôt d'éteindre la chandelle; car qu'est-ce que je crains ? Ce vieillard est sorti de céans afin d'aller, je pense, se servir des remèdes que tu lui as appris pour guérir ses maux incurables. Il faut que je commande à Catherine qu'elle apporte de la lumière : je ne suis pas entièrement de l'opinion de ceux qui assurent que les mystères de l'amour se doivent faire en ténèbres; je sais bien que la vue de notre objet ranime tous nos désirs. Et puis, je ne le cèle point, ma chère vie, je serois bien aise de voir l'émeraude que tu as promis de m'apporter; je pense, tu as tant de soin de me complaire, que tu ne l'as pas oubliée. L'as-tu ? dis-moi en vérité ?

Rien ne pouvoit garantir Olivier de se découvrir alors, se voyant conjuré par tant de fois de parler, comme s'il eût été Francion. Mais, songeant bien que Laurette pourroit se courroucer excessivement, connoissant qu'elle avoit été déçue, il se proposa de chercher tous les moyens de l'apaiser. Il se tira de dessus le lit, et, comme il avoit assez bon esprit, s'étant mis à genoux devant elle, il lui dit : Madame, je suis infiniment marri que vous soyez trompée comme vous êtes, me prenant pour votre ami. Véritablement, si vos caresses n'eussent échauffé mon désir, je ne me fusse pas porté si librement dans le crime que j'ai commis. Prenez de moi telle vengeance qu'il vous plaira; je sais bien que ma vie et ma mort sont entre vos mains.

La voix d'Olivier, bien différente de celle de Francion, fit connoître à Laurette qu'elle s'étoit abusée. La honte et le dépit la saisirent tellement, que, si elle n'eût considéré que l'on ne pouvoit faire que ce qui avoit été fait ne le fût point, elle se fût par aventure portée à d'étranges extrémités. Le plus doux remède qu'elle sut appliquer sur son mal, et celui qui eut de plus remarquables effets, fut de considérer que celui qu'elle avoit pris pour Francion lui avoit fait goûter des délices qu'elle n'eût pas possible trouvé plus savoureuses avec Francion même, et dont elle ne se pouvoit repentir d'avoir joui.

Toutefois elle feignit qu'elle n'étoit guère contente et demanda à Olivier avec une parole rude qui il étoit. Voyant qu'il ne lui répondoit point à ce premier coup, elle lui dit : O méchant! n'es-tu point un des valets de Francion? N'as-tu point tué ton maître pour venir ici au lieu de lui? Madame, dit Olivier, se tenant toujours à terre, je vous assure que je ne connois pas seulement le Francion dont vous me parlez. De vous dire qui je suis, je le ferai librement, moyennant que vous me promettiez que vous ajouterez foi à tout ce que je vous dirai, de même que je vous promets de ne vous conter rien que de véritable. Va, je te le promets sur ma foi, dit Laurette.

Vous avez une servante qui s'appelle Catherine, poursuivit Olivier : sçachez qu'elle est en partie cause de l'aventure qui est arrivée. Je m'en vais vous apprendre comment. Vous croyez que ce soit une fille; véritablement vous êtes bien

2.

déçue, car c'est un garçon qui s'est ainsi déguisé, afin de donner entrée céans à des voleurs. Il avoit promis de jeter cette nuit une échelle de corde par une fenêtre pour les faire monter. La débauche de ma jeunesse m'avoit fait sortir de la maison de mon père pour me mettre en la compagnie de ces larrons-là ; mais je me délibérai, il y a quelques jours, de quitter leur misérable train de vie. Nonobstant, ayant trouvé l'échelle que vous aviez jetée pour votre Francion, et que je prenois pour celle de Catherine, il m'a fallu y monter, étant en délibération toutefois non point d'assister au vol, mais de chercher ici quelqu'un à qui je pusse découvrir la mauvaise volonté de mes compagnons, pour les empêcher d'exécuter leur entreprise. Qu'ainsi ne soit, madame, prenez la peine de regarder par quelque fenêtre, vous verrez un des voleurs pendu à l'échelle de corde que je n'ai qu'à demi tirée. C'est une chose bien claire que, si j'étois de son complot, je ne l'eusse pas traité de la sorte.

Laurette, étonnée de ce qu'elle venoit d'apprendre, s'en alla regarder par une petite fenêtre, et vit qu'Olivier ne mentoit point. Elle ne lui demanda pas d'autres preuves de son innocence, et, voulant sçavoir ce que faisoit alors Catherine, elle l'appela pour lui apporter de la lumière, après avoir fait cacher Olivier à la ruelle de son lit. Catherine, étant venue aussitôt avec de la chandelle allumée, et voyant le beau sein de Laurette tout découvert, fut chatouillée de désirs un peu plus ardens que ceux qui eussent pu émouvoir une personne de sa robe. L'absence de son maître et la bonne humeur où il lui étoit avis qu'étoit sa maîtresse lui semblèrent favorables ; car Laurette cachoit la haine qu'elle venoit de concevoir contre elle sous un bon visage et avec des paroles gaillardes : D'où viens-tu? lui dit-elle. Quoi ! tu n'es pas encore déshabillée, et il est si tard ? Je vous jure, madame, que je ne sçaurois dormir, répondit Catherine, j'ai toujours peur ou des esprits ou des larrons, parce que vous me faites coucher en un lieu trop éloigné de tout le monde ; voilà pourquoi je ne me déshabille guère souvent, afin que, s'il m'arrive quelque chose, je ne sois pas contrainte de m'en venir toute nue demander du secours. Mais vous, madame, est-il possible que vous puissiez être toute seule sans aucune crainte? Mon Dieu, je vous supplie de me permettre que je passe ici la nuit, puisque monsieur n'y est pas. Je dormirai mieux sur cette chaise que sur mon lit, et si je ne vous incommoderai point; car, au contraire, je vous y servirai beaucoup, en vous donnant incontinent tout ce qui vous sera nécessaire. Non, non, dit Laurette, retourne-t'en en ta chambre, je n'ai que faire de toi; et, puisque j'ai de la lumière, je n'aurai plus de crainte. Ce n'est que dans les ténèbres que je m'imagine, en veillant, de voir tantôt un chien, tantôt un homme noir, et tantôt un autre fantôme encore plus effroyable. Mais vraiment, interrompit Catherine, en faisant la rieuse, vous avez un mari bien dénaturé. Eh Dieu! comment est-ce qu'il s'est pu résoudre à vous quitter cette nuit-ci, ainsi qu'il a fait? Où est-il donc? Est-il allé prendre des grenouilles à la pipée? Pour moi, je vous confesse que, toute fille que je suis, je me trouve plus capable de vous aimer que lui. Allez, allez, vous êtes une sotte, dit Laurette : quoi! les premiers jours que vous avez été céans vous avez bien fait l'hypocrite; à qui se fiera-t-on désormais? Ce que je dis n'est-il pas vrai? reprit Catherine. Eh! que seroit-ce donc si je vous avois montré par effet que je suis même fournie de la chose dont vous avez le plus besoin, et que Valentin ne peut pas mieux que moi vous rendre contente? vous auriez bien de l'étonnement. Vraiment, voilà de beaux discours pour une fille,. dit Laurette. Allez, ma mie, vous êtes la plus effrontée du monde ou vous vous êtes enivrée ce soir; retirez-vous, que je ne vous voie plus. Que c'est une chose fâcheuse que ces gens-ci! autant de serviteurs, autant d'ennemis; mais quoi, c'est un mal nécessaire.

Catherine, qui étoit entrée en humeur, ne se souciant pas de l'opinion que sa maîtresse pourroit avoir d'elle, s'en approcha pour la baiser et lui faire voir après qu'elle ne s'étoit vantée d'aucune chose qu'elle n'eût moyen d'accomplir. Elle s'imaginoit qu'aussitôt qu'elle auroit montré à Laurette ce qu'elle étoit, elle concevroit de la bienveillance pour elle et ne chercheroit que les moyens de la pouvoir souvent tenir entre ses bras. Mais Laurette, sçachant bien ce qu'elle sçavoit faire, l'empêcha de parvenir au but de ses desseins, et la poussa hors de sa chambre, en lui donnant deux ou trois coups de poing, et lui disant force injures.

Tout leur discours avoit été entendu d'Olivier, qui sortit

de la ruelle, et dit à Laurette qu'elle avoit bien pu connoître, par les paroles et par les actions de Catherine, qu'elle n'étoit pas ce qu'elle lui avoit toujours semblé. Laurette, reconnoissant cette vérité apparente, lui dit qu'elle vouloit mettre ordre à cette affaire-là ; qu'elle vouloit empêcher que Catherine ne fît entrer des voleurs dans le château cependant que l'on n'y songeroit pas, et qu'elle désiroit aussi la punir de ses méchancetés. Avisez, madame, ce qu'il est besoin de faire, dit Olivier, je vous assisterai en tout et par tout. Je m'en vais trouver Catherine, répliqua Laurette; suivez-moi seulement de loin, et venez quand je vous ferai quelque signe, afin de la lier avec des cordes que vous porterez quand et vous[1]. Laurette, ayant dit cela, prit la chandelle, et s'en alla jusques en la chambre de la servante : Viens-t'en avec moi dans cette salle basse, lui dit-elle, porte la lumière. Pourquoi faire ? madame, répondit Catherine. De quoi te soucies-tu ? répliqua Laurette, tu le verras quand tu y seras.

Quand elles furent entrées en la salle, Laurette dit à Catherine : Ouvre la fenêtre, et monte dessus pour voir ce que c'est qui est attaché au haut de la grille et qui remue à tous momens ; cela m'a mise en peine tout à cette heure en y regardant de là haut. Or c'étoit le voleur, qui étoit demeuré là attaché.

Catherine, qui n'en sçavoit rien, après avoir eu la témérité de toucher en bouffonnant les tetons de sa maîtresse, mit le pied sur un placet, et de là sur la fenêtre, où elle ne fut pas plutôt, qu'Olivier, qui attendoit à la porte, s'approcha, au signe que lui fit Laurette, laquelle, ayant pris une grande chaire, monta dessus, et empoigna fermement sa servante, tandis que, d'un autre côté, Olivier lui lioit les bras par derrière à la croisée. Ce n'est pas tout, dit Laurette en riant, lorsqu'elle se vit assurée de sa personne, il faut voir si elle est ce qu'elle s'est vantée d'être. En disant cela, elle lui troussa la cotte et la chemise, et les lui attacha tout au-dessous du cou avec une aiguillette ; de sorte que l'on pouvoit voir sans difficulté ses parties. Olivier commença alors à s'en gausser, tellement que son compagnon et Catherine le reconnurent à sa parole. Ah ! ce dit l'un, je te supplie de m'aider à m'ôter d'ici ; car voilà le jour qui vient, et, si l'on me trouve en cet état, je te laisse à

---

[1] Pour : avec vous.

juger ce qui en arrivera. Je ne te sçaurois secourir, répondit Olivier, car il y a une grille de fer entre nous deux. Ma foi, tu fais bien de ne vouloir plus te tenir davantage en l'air, car c'est un élément qui t'est tout à fait contraire, et tu ne mourras jamais autre part; c'est ta prédestination. Tu nous as donc trahis ainsi? interrompit Catherine; perfide! si je tenois ton cœur, je le dévorerois maintenant. Ne parle point de tenir, lui répondit Olivier, car tu ne peux plus jouir de tes mains. Laissons-les là, dit Laurette; qu'ils se plaignent tout leur saoûl, personne ne viendra à leur secours que les sergens et le bourreau.

Ayant tenu ce discours, elle convia Olivier de remonter en sa chambre, où ils ne furent pas sitôt, qu'il fut ravi de cette beauté, qu'il ne pensoit pas être si merveilleuse qu'elle étoit lorsqu'il en avoit joui sans lumière. L'ayant considérée attentivement, il prit la hardiesse de cueillir sur sa lèvre quelques baisers, qui ne lui furent point refusés, parce que Laurette, le trouvant de bonne mine, n'étoit pas fâchée qu'il recommençât le jeu où il avoit déjà montré qu'il étoit des plus savans. Lui, qui lisoit ses intentions dedans ses yeux mourans et lascifs, ne laissa pas échapper la favorable occasion qu'il avoit de tâter derechef d'un si friand morceau.

Ils se mirent après à discourir de plusieurs choses. Olivier parla principalement de la bonne fortune qu'il avoit eue, et fit des sermens à Laurette qu'il n'estimoit rien au prix, non-seulement celles qui lui pouvoient arriver, mais celles qui pouvoient venir en son imagination. Vous avez beaucoup de sujet de remercier le ciel d'une chose, dit Laurette, c'est de la faveur qu'il vous a départie, en faisant que, lorsque je vous ai vu tantôt sur le milieu de l'échelle, vous prenant pour un mien serviteur, je me suis venue mettre sur une chaire en attendant que vous fussiez monté jusques ici; car, si je me fusse tenue à la fenêtre, j'eusse bien vu que vous n'étiez pas celui que j'attendois, et, je ne vous le cèle point, qu'infailliblement vous eussiez été très-mal reçu de moi, au lieu que vous l'avez été si bien, que vous ne vous en sçauriez plaindre avec raison. Je ne doute point que vous ne m'eussiez maltraité, repartit Olivier, et, si je ne m'en offense aucunement, car quelle bienveillance pourriez-vous avoir pour un homme inconnu qui vous surprend, au lieu de celui que vous avez dès longtemps pratiqué?

Mais je vous assure que, si je ne suis pareil en mérite ou en beauté de corps à celui à qui vous aviez donné assignation, je lui suis pareil en désir de vous servir, et n'ai pas moins que lui d'affection pour vous.

Ces démonstrations d'amour attirèrent beaucoup d'autres entretiens à leur suite, qui furent un peu interrompus par les embrassemens dont ils goûtoient les délices tout autant de fois qu'il leur étoit possible.

Quand Laurette vit que le soleil étoit levé, se figurant que son mari ne tarderoit plus guère à revenir, elle pria Olivier de se cacher dedans le foin de l'écurie jusques à tant que, le pont-levis étant abaissé, il eut le moyen de s'en aller. Après qu'il lui eut dit adieu et qu'il lui eut donné une infinité d'assurances de se souvenir toujours d'elle, il s'accorda à se mettre en tel endroit qu'elle voulut, et la laissa retourner en sa chambre, où elle s'enferma, en attendant le succès de l'aventure de Catherine.

Il étoit, ce jour-là, dimanche, et trois jeunes rustres du village s'étoient levés du matin pour aller à la première messe, et de là à un bourg prochain, défier à la longue paume [1] les meilleurs joueurs du lieu. Le curé ne fut pas assez matineux à leur gré. En attendant qu'il fût sorti du presbytère, ils s'en allèrent promener à l'entour du château, où ils aperçurent aussitôt le voleur se tenant d'une main à l'échelle de corde et de l'autre à la grille de fer. Ils virent aussi Catherine toute découverte jusques au-dessus du nombril, et la prirent pour un hermaphrodite. Ils s'éclatèrent de rire si fort, que tout le village en rètentit; de sorte que le curé, en boutonnant encore son pourpoint, sortit pour voir ce qui leur étoit arrivé de plaisant. Leur émotion étoit si grande, qu'ils ne se pouvoient presque plus soutenir, et ne faisoient autre chose que joindre les mains, que se courber le corps en cent postures, et se heurter l'un contre l'autre, comme s'ils n'eussent pas été bien sages. Leur bon pasteur, ne jetant les yeux que sur eux, ne voyoit pas la cause de leurs risées, et ne cessoit de la leur demander, sans pouvoir tirer de réponse d'eux, car il leur étoit impossible de parler, tant ils étoient saisis d'allégresse. Enfin le curé, en tirant un par le bras, lui dit : Eh! viens çà, Pierrot; ne veux-tu pas me conter ce que tu as à rire? Alors

[1] La longue paume se dit quand on joue à ce jeu dans une grande salle, ou campagne qui n'est point fermée. (*Dict. de Trévoux.*)

ce compagnon, se tenant les côtés, lui dit à plusieurs fois qu'il regardât à l'une des fenêtres du château. Le curé, levant la vue vers ce lieu, aperçut ce qui les émouvoit à tenir cette sotte contenance, et n'en jeta qu'un éclat de risée fort modéré, pour faire le sérieux et le modeste. Vous êtes de vrais badauds, dit-il, de faire les actions que vous faites pour si peu de chose : l'on connoît bien que vous n'avez jamais rien vu, puisque le moindre objet du monde vous incite à rire si démesurément que vous semblez insensés. Je ris, quant à moi, mais c'est de votre sottise : que sçavez-vous si ce que vous voyez n'est point un sujet qui vous devroit inciter à jeter des larmes? Nous sçaurons tantôt du seigneur Valentin ce que tout ceci veut dire et quels jeux l'on a joués cette nuit en sa maison.

Comme le curé achevoit ces images, il arriva près de lui beaucoup de paysans qui, étonnés du merveilleux spectacle, interrogèrent le voleur et Catherine, qui les avoit mis là; mais ils n'en surent tirer de réponse. Les pauvres gens baissoient honteusement la tête, et il n'y eut que le voleur qui dit à la fin que l'on le tirât du lieu où il étoit, et qu'il conteroit tout de point en point. Le curé dit à ceux qui l'accompagnoient qu'il falloit avoir patience, que Valentin eût ouvert le château, et il y en eut qui tournèrent à l'entour, afin de voir s'il n'y avoit point quelqu'un aux fenêtres pour l'appeler. Une plaintive voix parvint à leurs oreilles, du creux du fossé qu'ils côtoyoient; ils jetèrent leurs yeux en bas, et aperçurent la cuve d'où il n'y avoit pas longtemps que Francion étoit sorti après être revenu de pâmoison. Il s'étoit senti si foible qu'il avoit eu beaucoup de peine à se retirer d'un si mauvais lieu, tellement qu'il étoit couché auprès pour se reposer. Comme les paysans le virent tout en sang, ils descendirent vers lui, et l'un d'eux s'écria : Miséricorde! c'est mon hôte, ce dévot pèlerin qui demeure en ma maison depuis quelques jours. Mon cher ami, reprit-il en se retournant vers lui, qui ont été les traîtres qui vous ont si mal accoutré? Otez-moi d'ici, repartit Francion, secourez-moi, mes amis; je ne vous puis maintenant rendre satisfaits sur ce que vous me demandez. Quand il eut dit ces paroles, les villageois le retirèrent de là, et, comme ils le portoient à son hôtellerie, ils rencontrèrent un de ses valets qui fut bien étonné de le voir en l'équipage où il étoit. Ce qu'il trouva de plus expédient fut d'aller querir un barbier, qui arriva comme l'on dépouilloit son maître auprès du feu pour le mettre au lit. Il vit sa plaie, qui ne lui sembla pas fort dangereuse et, ayant mis dessus un premier appareil, il assura qu'elle seroit guérie dans peu de temps.

Tandis, tous les habitans du village s'assemblèrent devant le château pour voir le soudain changement d'une fille en garçon. Ceux qui avoient déjà pris leur plaisir de cette drôlerie s'en alloient dire à leurs voisins qu'ils s'en vinssent à la grande place, et qu'ils n'y auroient pas peu de contentement. Le bon fut que les femmes, qui ont bien plus de curiosité que les hommes, et principalement en ce qui est d'une plaisante aventure, voulurent sçavoir ce que c'étoit que leurs maris avoient vu. Elles s'en allèrent en troupe jusques au château, où elles ne furent pas sitôt, qu'ayant aperçu Catherine, elles s'en retournèrent plus vite qu'elles n'étoient venues. Celles qui étoient de belle humeur rioient comme des folles, et les autres, qui étoient chagrines, ne faisoient que grommeler, s'imaginant que tout avoit été préparé à leur sujet et pour se moquer d'elles. C'est bien en un bon jour de dimanche qu'il faut faire de telles badineries, disoit l'une; encore si l'on attendoit après le service, cela seroit plus à propos à carême prenant. Oh! le monde s'en va périr sans doute : tous les hommes sont autant d'Antechrists. Ne vous enfuyez pas, ma commère, dit un bon compagnon; venez voir la servante de Valentin, elle montre tout ce qu'elle porte. Le diable y ait part, lui répondit-elle. Sur mon Dieu, lui répliqua-t-il, vous avez beau faire la dédaigneuse, vous aimeriez mieux y avoir part que le diable. Va, va, lui dit une autre bien résolue, nous ne voulons pas avoir seulement part à un morceau; nous le voulons avoir tout entier. Je le sçais bien, reprit le rustre; vous ne vous enfuyez de ce joyau que l'on vous a fait voir que parce que aussi bien est-il trop loin de vous : il y a un fossé et une grille entre deux; et puis vous aimeriez mieux le manier que le regarder. Merci Dieu, lui dit la femme en se courrouçant, si tu m'échauffes une fois les oreilles, je manierai le tien de telle façon, que je te l'arracherai et le jetterai aux chiens.

Ainsi les femmes eurent plusieurs brocards; mais je vous ssure qu'elles rendirent bien le change. Au moins, si elles ne jetèrent des traits aussi piquans, elles dirent tant de paroles et tant d'injures, et se mirent à crier si haut toutes ensemble, qu'ayant étourdi tous les hommes elles les contraignirent d'abandonner le champ de bataille, comme s'ils se fussent confessés vaincus.

Quelques villageois, s'éloignant du reste de la troupe, s'en allèrent à cette heure-là près du clos où étoit Valentin, qu'il ouïrent crier à haute voix. Ils s'approchèrent du lieu où ils l'avoient entendu, ne croyant pas que ce fût lui. Ils furent infiniment étonnés de voir cet épouvantail, couvert d'habillemens extraordinaires, attaché à un arbre. En se tempêtant la nuit, son capuchon lui étoit tombé sur les yeux, de telle sorte qu'il ne voyoit goutte et ne sçavoit s'il étoit déjà jour. Au défaut de ses mains, il avoit fort secoué la tête pour le rejeter en arrière; mais toute la peine qu'il y avoit prise avoit été inutile. Il ne voyoit point les paysans et oyoit seulement le bruit qu'ils faisoient en se gaussant de cet objet qui se présentoit à leurs yeux, non moins plaisant que celui qu'ils venoient de voir en la grande place.

L'opinion qu'il avoit eue toute la nuit, que les démons s'apprêtoient à le tourmenter, lui donna alors de plus vives atteintes qu'auparavant; car il s'imagina que c'étoient eux qui s'approchoient, et commença d'user des remèdes que Francion lui avoit appris pour les chasser. Les paysans le reconnurent alors à sa voix, et, entendant les niaiseries qu'il disoit, et considérant l'état où il étoit, ils crurent fermement qu'il avoit perdu l'esprit, et, en s'ébouffant de rire, s'en retournèrent vers leur curé, pour lui conter ce qu'ils avoient vu. Sans doute, dit-il, voici la journée des merveilles : je prie Dieu que tout ceci ne se tourne point au dommage des gens de bien. Lorsqu'il fut à l'entrée du clos, apercevant déjà Valentin entre les arbres, il lui dit : Est-ce donc vous, monsieur, mon cher ami ? eh ! qui est-ce qui vous a mis là ? Valentin, oyant la voix de son pasteur, modéra un peu sa crainte, parce qu'il vint à se figurer que les plus méchans diables qui fussent en enfer ne seroient pas si téméraires que de s'approcher de lui, puisqu'une personne sacrée étoit en ce lieu. Hélas ! monsieur, répondit-il, ce sont des démons qui m'ont ici attaché et m'ont livré des assauts plus furieux que tous ceux dont ils ont jadis persécuté les saints ermites. Mais comment, dit le curé, n'avez-vous point couché chez vous cette nuit? Vous ont-ils porté en ce lieu-ci, sans que vous en ayez senti quelque chose? Ne sont-ce point des hommes mêmes qui vous ont accommodé de la sorte? Valentin ne dit plus mot alors, parce qu'il songea que celui qui parloit à lui pouvoit être un démon qui avoit pris une voix pareille à celle de son curé pour le tromper; car il avoit lu que les mauvais esprits se transforment bien quelquefois en anges de lumière. Cela fit qu'il recommença ses conjurations, et qu'il dit à la fin : Je ne veux point parler à toi, prince des ténèbres; je te reconnois bien; tu n'es pas mon curé, dont tu imites la parole. Je vous montrerai bien qui je suis, dit le curé en lui ôtant le capuchon. Eh quoi, sire Valentin, avez-vous perdu le jugement, pour croire que tous ceux qui parlent à vous sont des esprits? Pourquoi vous forgez vous ces imaginations? Faut il que je vous mette au nombre de mes ouailles égarées?

Valentin, jouissant de la clarté du jour, reconnut que tous ceux qui étoient autour de lui étoient de son village, et perdit tout à fait les mauvaises opinions qu'il avoit conçues, quand il vit qu'ils se mettoient à le délier.

Le curé voulut sçavoir de lui par quel moyen il avoit été mis là. Il fut contraint de raconter les enchantemens que lui avoit appris Francion, et de dire aussi pour quel sujet il les avoit voulu entreprendre. Quelques mauvais garçons, en ayant entendu l'histoire, s'en allèrent la publier partout à son infamie; si bien qu'encore aujourd'hui l'on s'en souvient, et, lorsqu'il y a quelqu'un à froide queue, l'on lui dit par moquerie qu'il s'en aille aux bains de Valentin.

Après que le bon curé eut fait plusieurs réprimandes à son paroissien, sur la pernicieuse curiosité qu'il avoit eue, il le mena voir le plaisant spectacle qui étoit au château, dont Valentin, aussi étonné que les autres, ne put rendre aucune raison. A l'instant, un homme de bonne conversation et de gentil esprit, se trouvant là, dit : Vous voilà bien empêchés, messieurs, vous ne vous pouvez imaginer la cause de ce que vous apercevez : je m'en vais vous la dire en trois mots. Ce compagnon, que vous voyez pendu à l'échelle, étoit amoureux de Catherine : il la vouloit aller voir sans doute; mais, pour lui montrer qu'il perdoit ses peines, elle lui a découvert son devant, lui faisant connoître qu'elle n'est pas ce qu'il pensoit. Tenez, il est demeuré là en contemplation tout éperdu.

Cette ingénieuse imagination plut infiniment à la compagnie, qui pensa qu'elle sçauroit bientôt des choses plus véritables, d'autant que les valets de Valentin ouvrirent à l'heure le château; mais ils entrèrent en admiration aussi grande de voir tout le mystère que s'ils n'eussent point été du logis.

L'on eut bientôt détaché le voleur et Catherine, et l'on ne manqua pas à leur demander des nouvelles de leur affaire, vu que personne n'en pouvoit rien dire. Le péril où ils étoient les avoit fait résoudre à ne point répondre à toutes les interrogations que l'on leur feroit, sçachant bien que leur cause étoit si chatouilleuse, qu'ils l'empireroient plutôt en parlant que de l'amender. L'on eut beau dire à Catherine, par plusieurs fois : Pour quelle occasion est-ce qu'étant garçon vous avez pris l'habit de fille, jamais l'on n'en put tirer de raison. Laurette, étant descendue, fit l'étonnée au récit de cette aventure, et, s'étant retirée petit à petit à la cour, pendant que tout le monde étoit dans la salle, elle s'en alla retrouver celui qui avoit passé la nuit avec elle, et, lui ayant derechef dit adieu, le fit déloger promptement.

Le juge du lieu arriva là-dessus, ne désirant pas que rien se passât sans qu'il en fît son profit. Il voulut persuader à Valentin qu'il falloit faire des informations; que le dessein de Catherine et de son camarade ne pouvoit être bon et qu'ils avoient entrepris de voler son bien ou son honneur. Mais Valentin, qui sçavoit bien ce que c'étoit que de passer entre les mains ravissantes de la justice, ne voulut faire aucune instance, parce qu'il ne trouvoit point de manque à son bien. Tout ce qu'il désiroit étoit de sçavoir par quel accident ces personnes-là avoient été attachées à sa fenêtre. Quant au procureur fiscal, il ne voulut point faire de poursuite, d'autant qu'il voyoit bien qu'il n'y avoit rien à gagner; et puis les parties ne parloient point, et, qui plus est, on ne pouvoit point trouver des preuves contre elles.

Après que la messe fut dite, l'on donna congé à ces pauvres gens de s'en aller où ils voudroient; et je vous assure que, deux ou trois lieues durant, ils furent poursuivis de tant de personnes qui leur firent souffrir tant de martyre, qu'il n'est point de punition plus rigoureuse que celle qu'ils eurent.

Voilà comme ceux qui ont l'inclination portée au mal ne réussissent jamais bien dans leurs desseins, et reçoivent le salaire tel qu'ils le méritent : tout ce que nous avons vu jusques ici nous l'enseigne. Valentin, qui se vouloit servir de la science noire et diabolique, a été moqué de tout le monde, et ceux qui se vouloient enrichir par leurs larcins ne l'ont pas sçu faire et ont été tourmentés merveilleusement. Quant à Laurette, qui faisoit un faux bond à son honneur, elle n'a pas été punie sur l'heure ; mais ce qui est différé n'est pas perdu. Pour ce qui est de Francion, il eut assez de mal pour sa vicieuse entreprise ; néanmoins, comme il étoit fort résolu, il souffrit tout cela plus patiemment que les autres.

Il étoit à l'hôtellerie, où, son homme lui ayant fait le récit de tout ce qui s'étoit passé, il se prit à rire de si bon courage, que la douleur de ses esprits fut quasi apaisée par son excès de joie ; néanmoins son jugement ne put avoir de lumière parmi l'aventure, encore qu'il se souvînt des propos que Catherine lui avoit tenus. Ce qui lui donna le plus de contentement fut le récit de l'état où le curé avoit rencontré Valentin.

Le barbier vint le visiter comme l'on lui alloit donner à dîner ; et, voyant que l'on lui apportoit du vin, il dit qu'il ne falloit pas qu'il en bût, à cause que cela lui feroit mal à la tête. Francion, ayant ouï cet avis si rigoureux, lui dit : Mon maître, ne me privez point de cette divine boisson, je vous en prie, c'est le seul soutien de mon corps ; toutes les viandes ne sont rien au prix. Ne savez-vous pas que par moquerie on appelle les mauvais médecins des médecins d'eau douce, parce qu'ils ne sçavent faire autre chose que de nous ordonner d'en boire ? Je crois que leur prince Hippocrate n'étoit pas de cette humeur ; aussi l'hypocras[1], qui est le plus excellent breuvage

---

[1] Selon Ménage, l'invention de ce breuvage serait, en effet, due à Hippocrate. L'hypocras se compose de vin, de sucre, de cannelle et autres épices. Il était très à la mode au dix-septième siècle, ainsi que le constate Loret dans sa quarante-huitième lettre :

> Je me fortifia le cœur
> De cette excellente liqueur ;
> De toutes les liqueurs l'élite,
> Que l'unique Régnier débite,
> De ce précieux hypocras,
> Bon pour les maigres et les gras.

que nous ayons, en porte-t-il son nom, à cause qu'il l'a aimé ou qu'il l'a inventé. J'ai connu un jeune gentilhomme qui avoit mal aux jambes; l'on lui défendoit le vin, comme vous me faites, de peur d'empirer sa douleur : sçavez-vous ce qu'il faisoit? Il se couchoit tout au contraire des autres, et mettoit ses pieds au chevet, afin que les fumées de Bacchus descendissent à sa tête. Quant à moi, qui suis blessé en l'autre extrémité, je suis d'avis de me lever et me tenir droit, à celle fin que, voyant que le vin que je boirai descendra à mes pieds plutôt que de monter à ma tête, vous ne soyez pas si sévère que de me l'interdire. De fait, Francion, ayant dit ces paroles, demanda ses chausses à son valet pour se lever. Le barbier, lui voulant montrer son sçavoir, essaya de lui prouver que les raisons qu'il avoit données ne valoient rien du tout, et qu'elles étoient plutôt fondées sur des maximes de l'hôtel de Bourgogne[1] que sur des maximes des écoles de médecine. Là-dessus il vint à lui discourir en termes de son art barbares et inconnus, pensant être au suprême degré de l'éloquence en les proférant, tant il étoit blessé de la maladie de plusieurs, qui croient bien parler tant plus ils parlent obscurément, ne considérant pas que le langage n'est que pour faire entendre les conceptions, et que celui qui n'a pas l'artifice de les expliquer à toutes sortes de personnes est taché d'une ignorance presque brutale. Francion, ayant eu la patience de l'écouter, lui dit que tous ses aphorismes n'empêcheroient pas qu'il ne se levât; mais toutefois qu'il ne boiroit point de vin, et que ce qu'il en avoit dit n'étoit que par manière de devis. C'est à faire aux esprits bas, continua-t-il, à ne point pouvoir de telle sorte commander sur eux-mêmes qu'ils ne sçachent restreindre leurs appétits et leurs envies; pour moi, bien que j'aime ce breuvage autant qu'il est possible, je m'abstiendrai facilement d'en goûter, et je ferois ainsi de toute autre chose que

> Bon pour monsieur et pour madame,
> Qui réjouit le corps et l'âme,
> Et dont il en vend à la Cour
> Des trente bouteilles par jour.

[1] Le théâtre de l'hôtel de Bourgogne, situé rue Mauconseil, à l'endroit où, en 1784, fut construite la halle aux Cuirs, était célèbre par les quolibets qu'y débitaient Gauthier-Garguille, Gros-Guillaume, et autres farceurs.

je chérirois uniquement. Votre tempérance est remarquable, repartit le barbier, je n'ai pas les ressorts de l'âme si fermes qu'ils puissent ainsi commander à mon corps; car je vous assure bien que, quand Galien même m'auroit dit que l'usage du vin me seroit nuisible, je ne m'en priverois pas, et que, si, sans en avoir, l'on me mettoit auprès d'une fontaine d'eau, je ne laisserois pas de mourir de soif. Mais, monsieur, poursuivit-il, il n'est pas croyable que vous ne sentiez maintenant du mal, et néanmoins vous ne vous pouvez pas tenir de gausser. Si vous me connoissiez particulièrement et si vous sçaviez de quelle sorte un homme doit vivre, vous ne trouveriez rien d'étrange en cela, lui répondit Francion; mon âme est si forte, qu'elle repousse facilement toute sorte d'ennuis et jouit de ses fonctions ordinaires parmi les maladies de mon corps. Monsieur, reprit le barbier en souriant, vous me pardonnerez si je vous dis que vous m'obligez à croire que l'opinion que l'on a de vous en ce village-ci est véritable, qui est que vous êtes très-sçavant en magie; car autrement vous ne supporteriez pas si patiemment que vous faites le mal que vous avez. L'on dit même (je ne le sçaurois croire pourtant) que tout ce qui est arrivé cette nuit chez Valentin s'est fait par votre art; que vous avez métamorphosé la servante du logis en garçon; que vous l'avez rendue muette, et que vous n'avez pas véritablement une plaie à la tête, mais que vous abusez nos yeux. Ce qui donne ces pensées-là aux bonnes gens, c'est que l'on n'a pu trouver la cause de pas un de tous ces succès.

Cette plaisante imagination mit tellement notre malade hors de soi, qu'il pensa mourir de rire. Là-dessus il acheva de s'habiller, et s'assit à table avec le barbier, qui ne demanda pas mieux que de dîner avec lui. Or çà, lui dit Francion, ne savez-vous point si je suis maintenant en la bonne grâce de Valentin? En quelle manière parle-t-il de moi? Je ne vous le cèle point, répondit le barbier, il en parle comme du plus méchant sorcier qui soit au monde. Il dit qu'au lieu que vos secrets lui devoient apporter quelque bien ils lui ont causé beaucoup de maux. Encore qu'il y ait longtemps qu'il soit assuré de cela, il n'a pas laissé d'essayer tout maintenant s'il se porteroit plus vaillamment au combat contre sa femme qu'il n'a accoutumé de faire; mais jamais il n'a eu la force:

de sorte qu'il a été contraint de contracter une paix honteuse avec Laurette. Il n'y a rien que sa porte de derrière qui soit ouverte, et je vous assure bien qu'elle l'est de telle façon, qu'il ne peut retenir une liquide et sale matière qui en sort à chaque moment. Il a fallu qu'il m'ait prié, comme son bon compère, de lui bailler une drogue qui ira refermer les ouvertures et apaiser les séditions de ces rebelles, qui, ne se tenant pas aux lieux ordonnés, s'enfuient sans demander congé. Dois-je craindre qu'il ne prenne quelque vengeance de moi? reprit Francion. Je ne vous en ai encore rien dit, répondit le barbier, parce qu'il m'a semblé que vous avez bien le moyen d'éviter, par votre science, toutes les embûches qu'il vous sçaura dresser; néanmoins je vous assure, à cette heure, qu'il n'épargnera pas toute la puissance qu'il a pour vous jouer un mauvais tour. Je m'en vais gager qu'il fera assembler les plus vaillans du village pour vous venir ce soir enlever et vous mettre en prison dans le château. Cela ne m'empêchera pas de boire à sa santé avec ce verre d'eau, que je m'en vais aussi emprisonner, répliqua Francion; puis il changea de discours et acheva de prendre son repas.

Comme il se levoit de table, plusieurs habitans arrivèrent à l'hôtellerie, poussés de curiosité de le voir. Ils demandoient tous: Où est le pèlerin? où est le pèlerin? à si haute voix qu'il l'entendit distinctement. Incontinent il fit fermer la porte avec les verrous, et, quoique ces gens-là heurtassent, disant tantôt qu'ils avoient affaire d'un coffre qui étoit dedans la chambre, tantôt qu'ils vouloient parler au barbier, ils ne purent obtenir que l'on leur ouvrît l'huis. A la fin, ils jurèrent tant de fois qu'il y avoit un homme blessé dans le village, qui se mouroit à faute d'un prompt remède, qu'il fallut faire sortir le barbier; mais, comme ils pensoient entrer dedans la chambre, Francion et son valet se présentèrent à l'entrée les pistolets à la main, protestant de les tirer contre ceux qui seroient si téméraires que d'approcher.

Les paysans, qui n'avoient pas coutume de se jouer avec de pareilles flûtes, demeurèrent tous penauds, et, s'en retournant, laissèrent refermer la porte. Il en revint encore d'autres en plus grand nombre, qui perdirent leurs peines ni plus ni moins que les premiers. Francion, à qui leur importunité déplaisoit infiniment, se résolut de s'en délivrer le plus tôt qu'il pourroit. Ayant appelé son hôte, il le paya de ses écots, lui communiqua son dessein, et le pria d'atteler une petite charette qu'il avoit, pour le faire conduire à un bourg où il seroit moins inquiété. L'hôte attacha deux cerceaux à sa charette, pour soutenir une couverture, et, ayant mis au fond toutes les besognes [1] de Francion, il l'avertit qu'il étoit heure de partir. Il monta dedans et se coucha dessus la paille, cependant que l'on le tiroit hors la taverne par une porte de derrière, qui rendoit emmi [2] les champs; son valet alloit après, monté sur son cheval, et, en cet équipage, ils traversèrent le pays, sans que personne du village les vit.

Le bon fut que quelques-uns retournèrent à l'hôtellerie aussitôt qu'ils en furent partis, et, ne les trouvant point dedans leur chambre, ni en pas un autre lieu, eurent opinion qu'ils étoient disparus par art de nécromance.

Pendant le chemin, Francion se mettoit à discourir, tantôt avec un jeune garçon qui conduisoit la charrette, et tantôt avec son serviteur. Quand je songe aux aventures qui me sont arrivées ce jour-ci, disoit-il à son valet, je me représente si vivement l'instabilité des choses du monde, qu'à peine que puis-je tenir d'en rire. Cependant j'en ai pour mes vingt escus et pour une bague que j'ai perdue, je ne sçais en quelle sorte. Il faut que ceux qui m'ont porté ce matin à l'hôtellerie aient fouillé dans mes pochettes. Un remède contre ce mal, c'est d'avoir de la patience, dont je suis, Dieu merci, mieux fourni que de pistoles. Mais considérez un peu l'agréable changement : il n'y a pas longtemps que j'étois couvert d'habillemens somptueux, et maintenant j'ai une cape de pèlerin; je couchois sous les lambris dorés des châteaux, et je ne couche plus qu'aux fossés, sans aucun toit; j'étois sur des matelas de satin bien piqués, et je me suis trouvé dedans une cuve pleine d'eau, pensez pour y être plus mollement; je me faisois traîner dans un carrosse, assis sur des coussinets, et voici que je suis encore trop heureux d'avoir pu trouver une méchante charrette, où je me vautre dedans la paille, de telle sorte que je ne méritai jamais le nom de paillard à plus juste raison.

[1] Son bagage.
[2] Au milieu.

Son serviteur lui répondit le mieux qu'il lui fut possible, afin de lui donner de la consolation; mais il en prenoit bien lui tout seul. Monsieur, poursuivit-il, je ne me fâche que de ce que je vous vois ainsi là dedans, cela n'est guère honorable; aussi, pour conduire les criminels au supplice avec plus d'ignominie, l'on les met dedans une charrette, je n'étois pas d'avis que vous entrassiez en celle-là.

Francion répondit là-dessus qu'il sentoit plus de mal que l'on ne pensoit en l'entendant ainsi goguenarder, et qu'il n'avoit pas assez de force pour se tenir à cheval.

Il aperçut que la nuit venoit petit à petit, mais il ne s'en mit point en peine, parce que le charretier lui assura qu'il n'y avoit plus qu'une demi-lieue jusqu'au bourg : de fait il disoit la vérité; néanmoins ils n'y purent pas arriver, d'autant qu'une de leurs roues eut quelque chose de rompu. Ils passoient de fortune alors par un petit village où ils furent contraints de s'arrêter devant le logis d'un charron; mais la nuit vint tout à fait auparavant que leur charrette fût raccommodée, de sorte qu'il leur fallut chercher un gîte. Ils s'en allèrent droit à la taverne du lieu, qui étoit fort mal pourvue de toutes choses, et, ayant pris là un repas qui ne leur chargeoit pas beaucoup l'estomac, ils demandèrent où ils pourroient coucher. Je n'ai que deux lits dedans ma chambre haute, dit le tavernier, encore sont-ils occupés. Les deux hommes qui sont venus avec moi se coucheront dedans l'écurie ou autre part, dit Francion; mais, pour moi, il faut que je sois sur un lit, je vous le payerai plutôt au double. Monsieur, dit l'hôte, il y a là-haut un gentilhomme couché tout seul; je m'en vais m'enquérir de lui, s'il voudroit bien vous faire place à l'un de ses côtés.

Ayant dit cela, il monta à la chambre, d'où il revint avec une fort bonne réponse pour Francion, qui incontinent alla trouver le lit, où l'on consentoit qu'il prît son repos. Monsieur, dit-il à ce gentilhomme qu'il y vit couché, si je ne me portois point mal, la nécessité ne me forceroit pas à vous incommoder comme je vais faire; je m'en irois plutôt passer la nuit volontiers, couché tout à plat sur un lit qui ne pourroit branler si tout l'univers n'étoit en mouvement, et où je n'aurois pour rideaux que les cieux; toutefois le sujet qui me fait venir ici perdra tout à fait la puissance qu'il a eue à me persuader de m'y tenir, si je connois que vous ne m'y souffriez pas de fort bon cœur. Monsieur, répondit le gentilhomme, ne dites point que je recevrai de l'incommodité, il est impossible que vous m'en apportiez; néanmoins je serois prêt à en endurer, s'il ne tenoit qu'à cela pour vous rendre du service. Je sortirois même d'ici, et vous y laisserois tout seul, pour vous donner le moyen d'y dormir plus à requoi[1], si je ne considérois que vous penseriez que je le ferois par dédain.

Une courtoisie si remarquable que celle de ce gentilhomme ne fut pas mal reconnue par Francion, qui se servit des termes les plus affables qu'il pût inventer pour le remercier ainsi qu'il le méritoit.

Comme il fut couché, le gentilhomme lui fit sçavoir que sa bonne mine, qu'il avoit remarquée, et où il éclatoit je ne sçais quoi de noble et de non vulgaire, étoit un charme qui l'invitoit à lui faire un nombre infini d'offres de service. Francion, qui portoit un nom qui lui étoit véritablement dû, pour sa franchise accoutumée, lui répondit sans feintise, qu'il lui rendoit grâces de la bonne volonté qu'il avoit pour lui; mais qu'encore qu'il y allât de son intérêt il ne trouvoit pas bon qu'il fondât son jugement sur de bien foibles apparences, qui sont ordinairement trompeuses, et qu'il devoit se figurer que souventefois l'on trouve, par la communication, qu'une méchante âme loge dessous un beau corps de qui l'on a été déçu. Je sçais bien que je ne me trompe point, dit le gentilhomme, et que tant plus je vous fréquenterai, tant plus je reconnoîtrai la vérité de ce que les traits de votre visage m'ont dit. Je tiens que les règles de la physionomie ne sont point menteuses. Selon ce qu'elles m'enseignent, je vois beaucoup de bonnes choses en votre personne; et puis j'ai connu un jeune gentilhomme qui vous ressembloit parfaitement bien, lequel étoit le plus estimable que j'aie jamais pratiqué. Toutes ces choses me donnent une extrême envie de sçavoir qui vous êtes, de quel pèlerinage vous venez, et qui c'est qui vous a blessé à la tête comme vous êtes. De vous faire maintenant connoître tout à fait qui je suis, et vous réciter beaucoup d'aventures qui me sont arrivées, je ne le puis pas faire, dit Francion, à

[1] En repos.

cause que je n'ai pas le temps qu'il me faudroit pour une semblable traite; et puis je désirerois bien me reposer. Je vous dirai seulement les dernières choses qui me sont avenues dont vous ne laisserez pas, je m'assure, d'être infiniment bien satisfait. Encore qu'il semble que l'on devroit celer tout cela, je vous le découvrirai de tout point, d'autant qu'il m'est aisé à voir que je ne puis confier mon secret plus assurément.

Sçachez donc que je m'appelle Francion, et qu'étant il y a quelques jours à Paris, non point en l'habit que vous m'avez vu, mais en celui de courtisan, je rencontrai, en faisant la promenade à pied par la rue, une bourgeoise, la plus aimable que je vis jamais. Aussitôt la fièvre d'amour me prit avec une telle violence, que je ne sçavois ce que je faisois. Le cœur me battoit dedans le sein plus fort que cette petite roue qui marque les minutes dans les montres; mes yeux étinceloient davantage que l'étoile de Vesper, et, comme s'ils eussent été attirés par une chaîne à ceux de la beauté que j'avois aperçue, ils les suivoient tout partout. La bourgeoise étoit mon pôle, vers lequel je me tournois sans cesse; en quelque endroit qu'elle allât, je ne manquois point à y porter mes pas. Enfin elle s'arrêta dessus le pont au Change[1], et entra dans la boutique d'un orfévre. Étant passé outre jusqu'à l'horloge du Palais, je me sentis si fort piqué de passion, qu'il fallut nécessairement que je rebroussasse chemin pour revoir mon cher objet. Je m'avisai d'entrer au lieu où étoit la belle, pour acheter quelque chose tout exprès, et, comme je ne sçavois que demander, je fus longtemps arrêté sur ce mot : Montrez-moi; enfin, je dis : Montrez-moi un des plus beaux diamans que vous ayez. Le marchand, étant empêché à faire voir un collier de perles à ma déesse, ne put pas sitôt venir à moi, dont je fus plus aise que s'il m'eût baillé sa marchandise pour néant; car je pouvois considérer avec attention des yeux qui brilloient davantage que ses pierreries, des cheveux plus beaux que son or, et un teint dont la blancheur étoit plus grande que celle de ses perles orientales. Un peu après, il m'apporta ce que je

---

[1] On comptait sur ce pont, d'un côté, cinquante boutiques d'orfévres, et, de l'autre, cinquante-quatre boutiques de changeurs.

lui avois demandé, et, en ayant sçu la valeur, je m'adressa à la bourgeoise, que je priai courtoisement de me montrer son achat, afin de trouver occasion de l'accoster. Une autre de sa compagnie, qui tenoit le collier, me le montra de fort bon gré, et lui dit après, en le lui rendant : Tenez, la fiancée, retournons-nous-en au logis, il est déjà tard.

Je connus, par ces paroles, que cette jeune mignarde étoit sur le point d'être mariée, et que c'étoit qu'elle achetoit tout ce qui lui étoit de besoin. Il y avoit avec elle un bon vieillard qui déboursoit tout l'argent : je le pris du commencement pour son père; mais je fus étonné lorsque, après qu'ils s'en furent allés, l'orfévre me dit : Regardez, monsieur, voilà le fiancé; n'est-il pas bien digne d'épouser une telle femme que celle-ci? Je ne lui répondis que par un souris, et commandai tout bas à un de mes laquais de suivre ces gens-là pour voir en quel logis ils entreroient.

L'orfévre ne me put rien dire de leurs noms ni de leurs qualités pour cette heure-là; mais il me promit qu'il en apprendroit quelque chose d'un de ses amis qui les connoissoit. Après avoir acheté un diamant de fort peu de valeur et avoir commandé que l'on me fît un cachet de mes armes, je m'en retournai à ma demeure ordinaire, où mon laquais, qui étoit infiniment bien instruit aux commissions amoureuses, me vint rapporter tous les tenans et les aboutissans du logis de celle que j'appelois déjà ma maîtresse. Qui plus est, il me dit que le nom du vieillard qui l'accompagnoit étoit Valentin, comme il avoit appris, par hasard, d'un homme qui lui avoit dit adieu tout haut dans la rue. Le lendemain, je ne manquai pas à faire mes promenades par devant la maison où mes délices étoient enfermées. J'eus le bien de voir ma bourgeoise à sa porte, et la saluai avec une contenance où elle put bien remarquer quelque chose de l'affection que j'avois pour elle.

De là j'allai quérir mon cachet sur le pont au Change, où l'orfévre me confirma ce que mon laquais m'avoit dit, que le fiancé s'appeloit Valentin, et me dit, de surplus, qu'il étoit à un grand seigneur nommé Alidan, dont il avoit toujours fait les affaires. Quant à la fiancée, il m'assura qu'elle s'appeloit Laurette; mais il ne me put rien dire au vrai de son extraction.

Qu'étoit-il besoin de sçavoir tant de choses inutiles? Aussi je ne m'en informai point davantage. Tout ce que je tâchai de faire fut d'accoster la gentille Laurette. De vingt fois que je passois par devant son logis, il n'y en avoit guère qu'une qui me fût favorable pour me la faire voir. Un soir, la trouvant toute seule à sa porte, je l'abordai gracieusement, et lui demandai si elle ne savoit point où demeuroit un je ne sais quel homme, dont j'inventois le nom tout exprès. Quand elle m'eut répondu qu'elle ne le connoissoit point, je contrefis l'étonné, disant qu'il m'avoit assuré lui-même que son logis étoit en cette rue-là, et je ne quittai pas pourtant cette mignonne. Elle, qui se doutoit presque de mon dessein, entama tout incontinent un autre discours, et me demanda si je n'étois pas de son quartier, vu qu'elle m'y voyoit souventefois. Je lui répondis que non, et lui dis résolûment qu'elle avoit tant de charmes qu'elle m'y attiroit tous les jours, bien que je fusse d'un lieu fort éloigné. Elle me répliqua qu'il falloit que ce fût un autre sujet plus puissant qu'elle qui m'y amenât; puis elle commença à se mettre tout à fait dans les termes d'une ingénieuse humilité. Je ne pus souffrir qu'elle s'abaissât de cette sorte, et la relevai jusques aux astres du firmament. Ma conclusion fut celle que l'on prend d'ordinaire, de dire que tant de parfaites qualités qu'elle possédoit faisoient que je n'avois rien de si cher que l'honneur de me pouvoir nommer son esclave.

Ce fut bien alors qu'elle me fit paroître combien elle étoit fine à ce jeu-là; car, voyant qu'elle n'avoit pas affaire à un novice, elle déploya tout ce qu'elle avoit de subtil et d'artificieux: je vous assure, à ma honte, que je vis quasi l'heure que j'étois déferré

Cela fit que je l'aimai encore davantage, et ces gentillesses non vulgaires, dont elle usa envers moi, furent comme qui jetteroit de l'huile dedans un feu. Ses noces, qui se firent bientôt après, ne me causèrent aucune fâcherie; car je me doutois bien que je ne me devois pas affliger de ce que ce vieillard coucheroit avec elle auparavant moi, et qu'aussi bien n'auroit-il pas son pucelage, que je croyois qu'elle n'avoit plus il y avoit longtemps. Au reste, l'espérance m'étoit comme un baume salutaire dont j'adoucissois la douleur de toutes mes plaies. Il me sembloit qu'il étoit infaillible que Laurette, belle et jeune, ne fût fort aise de trouver un ami qui fît, au lieu de son époux, une besogne qui ne pouvoit pas demeurer à faire, et qui est la principale du ménage. Il faut un bon Atlas pour ne point succomber à un faix si pesant que celui de satisfaire aux amoureuses émotions d'une femme. Valentin n'avoit pas, à mon avis, des épaules assez fortes pour le supporter; il étoit besoin que quelqu'un lui aidât. Donc je m'imaginois que ma fidélité me feroit choisir de Laurette, pour cette affaire, entre tous les hommes du monde.

Tandis que je me flatte par cette pensée, voici un accident qui arrive, dont je ne me doutois pas, c'est que Valentin sort de Paris pour toujours avec tout son train. Je m'enquiers du lieu de sa retraite : l'on m'apprend que c'est en ce pays-ci et en un château qui appartient à son maître, dont nous ne sommes éloignés que de quatre lieues. Je me fâche, j'enrage et me désespère de l'absence de Laurette, sans laquelle il ne m'étoit pas avis que je pusse vivre. Enfin, je me résous à laisser toutes les bonnes fortunes que j'attendois auprès du roi pour venir ici tâcher de recueillir celles de l'amour. J'arrivai il y a cinq jours au village où est Valentin, ayant pris l'habit de pèlerin à un bourg proche d'ici, où je laissai tous mes gens, excepté le valet que vous avez vu tantôt.

Je fis accroire à tout le monde que je venois de pèlerinage de Notre-Dame de Montferrat; mais j'étois un grand trompeur, car j'allois à celui de Laurette. Les femmes me demandoient des chapelets, et je leur en donnois de beaux, dont je n'avois pas manqué à me garnir. J'allai jusques au château, où je trouvai Valentin, qui me reçut courtoisement et prit, avec des remercîments fort honnêtes, un de mes chapelets, que je lui présentai. Je lui demandai la permission d'en bailler un autre à madame sa femme; il me l'accorda librement, de sorte que je lui en portai un en sa présence. Et d'autant que l'heure de dîner étoit venue, il me pria de prendre mon repas chez lui; je n'en fis pas grande difficulté, car j'avois peur qu'il ne cessât de m'en supplier avec une si grande instance, et rien ne m'étoit tant à désirer que de demeurer en sa maison. Il fut soigneux de s'enquérir de ma patrie et de la condition de mes parens; je lui forgeai là-dessus des bourdes nonpareilles.

Les discours que je lui tins après ne furent que de foi, de

pénitence et de miracles; si bien qu'il me prenoit déjà pour un petit saint qui auroit quelque jour place dedans le calendrier. Cette bonne opinion fit qu'il ne feignit point de me laisser seul avec sa femme, pendant qu'il s'alloit occuper à quelque affaire domestique. Soudain je m'approchai de Laurette, qui ne pouvoit croire à ses yeux de me voir déguisé de la sorte que j'étois. Je lui dis, avec ma première modestie: Croiriez-vous bien, madame, que la charité m'a fait prendre la hardiesse de vous venir adresser une prière de la part d'une personne que vous tourmentez cruellement, et qui n'attend du secours que de votre main? Je veux parler de Francion, que vos perfections ont vaincu. Je ne vous supplie pour lui que d'ordonner comment il vivra désormais. Je ne m'étonne point si vous avez pris cette peine, me dit Laurette, car c'est pour vous-même que vous intercédez. Étant vêtu en pèlerin, je suis pèlerin, lui répondis-je, et par ainsi le pèlerin vous implore pour Francion. Là-dessus je lui appris la passion incomparable qui m'affligeoit pour elle, et lui assurai que je n'étois venu en ce pays-ci et que je n'avois changé d'habit que pour la voir.

Comme elle étoit subtile à trouver des matières d'ingénieuses réponses dans mes discours, elle dit incontinent: Puisque vous jurez que vous n'êtes venu ici que pour me voir, vous serez le plus déloyal du monde, si vous m'importunez de vous départir un autre bien plus grand que celui-là. Je lui représentai la rigueur qu'elle exerçoit dessus moi, en expliquant mes propos à ma ruine, en un sens contraire à celui qu'ils devoient avoir, et lui fis paroître qu'elle me rendoit tout désespéré si elle ne me donnoit de l'allégement. La mauvaise, tout au contraire de ce que j'attendois, voulut m'étonner par les menaces qu'elle me fit, de découvrir à Valentin qui j'étois et le sujet de mon voyage; mais je lui dis que cela ne m'épouvantoit guère, parce qu'après la perte de ses bonnes grâces celle de mon honneur ni de ma vie ne me touchoient point.

Quelque petit trait de douceur, que je remarquai en ses dernières paroles, me promit des faveurs singulières. A n'en point mentir, je ne fus pas trompé; car, lorsque je parlai à elle depuis, lui ayant tenu des discours qui eussent apprivoisé l'âme d'un tigre, ils eurent du pouvoir sur la sienne qui n'est pas des moins humaines. Que me sert-il d'allonger mon histoire par tant de contes inutiles? Enfin je vainquis celle qui m'avoit vaincu ; elle rechercha aussi diligemment que moi l'occasion d'assouvir ses désirs.

Valentin, à qui elle avoit baillé encore de bien avantageuses impressions de ma piété et de mon sçavoir en toutes choses, voyant un jour que je ne le visitois point, me vint chercher en mon hôtellerie, où ma franchise l'obligea à me découvrir sa plus secrète affaire, qui étoit qu'il se trouvoit bien empêché en son ménage, parce qu'il avoit épousé une jeune femme fringante, qui ne demandoit qu'à folâtrer, et que Saturne n'étoit pas bien accouplé étant avec Vénus.

Du premier abord je me doutai qu'il me vouloit faire entendre couvertement qu'il y avoit à refaire à ses pièces; néanmoins j'attendis qu'il se fût mieux expliqué, sans lui témoigner que je sçavois sa pensée. Je le consolai sur ce sujet comme je trouvai à propos, et, sur la fin, il me demanda si moi, qui avois étudié, qui avois voyagé, et qui avois fréquenté les plus sçavans personnages de l'Europe, je n'avois point appris quelque recette, qui fût propre à guérir son mal. Ce n'est pas tant pour mon plaisir que je désire de me voir sain en cette partie que pour celui de ma femme, continua-t-il; car, quant à moi, je me sens assez satisfait de ce que j'ai. Je demeurai quelque temps à songer, et, une insigne invention m'étant venue en l'esprit, je lui répondis que tous les remèdes qu'enseigne la médecine ne lui pouvoient de rien servir, et qu'il n'y avoit que ceux de la magie qui le pussent assister. Lui, qui est assez gros chrétien, se résolut d'accomplir tout ce que je lui ordonnerois, si j'étois docte en cet art. Pour lui persuader que l'on n'en pouvoit plus savoir que je faisois, je lui montrai beaucoup de petites gentillesses qui se font naturellement, lesquelles il prit néanmoins pour des miracles; comme de faire sonner l'heure dans un verre avec une bague, et de transmuer l'eau en vin avec une poudre que j'y metois secrètement.

Francion rapporta, là-dessus, les choses qu'il avoit commandé de faire à Valentin, qui sont celles-là même que j'a dit qu'il fit. Il raconta qu'il avoit comploté avec Laurette d'aller passer la nuit avec elle cependant, et que son valet, ayant contrefait le démon et lié Valentin à un arbre, afin qu'il ne s'en retournât point au château, lui avoit aidé à monter à une échelle, et s'en étoit allé dormir; de sorte qu'il ne l'avoit point secouru, quand il étoit tombé dans une cuve. Il n'oublia pas à lui dire aussi tout ce qui étoit arrivé le matin de la servante de Laurette. Il ne put dire pourtant comment tout cela s'étoit fait et ne parla point de l'aventure d'Olivier, qui lui étoit inconnue; mais enfin il ne laissa rien en arrière de ce qu'il savoit assurément.

En tout cela, l'on voit clairement que ses mœurs étoient fort perverties, et qu'il se laissoit merveilleusement emporter aux délices, et que néanmoins il étoit trompé par de faux charmes, et qu'il ne jouissoit point du bonheur qu'il s'étoit figuré, étant au lieu de cela en un très-mauvais équipage; ce qui doit servir d'exemple et d'instruction pour ceux qui veulent mener une pareille vie, leur faisant connoître que c'est un très-mauvais chemin.

LIVRE SECOND

L'ENVIE que Francion avoit de prendre du repos fit qu'il pria celui qui étoit couché à son côté d'attendre au lendemain, s'il vouloit émouvoir quelques questions sur les succès qu'il lui avoit récités, ou s'il désiroit apprendre quelque autre chose de lui. Le gentilhomme, l'ayant donc laissé dormir, se mit en après si fort à penser aux plaisans succès qu'il venoit d'entendre, qu'il le pensa réveiller en riant à gorge déployée. Toutefois il eut tant de puissance sur soi, qu'il ne se donna point la liberté de rire autrement que dedans le cœur. Dès qu'il avoit ouï le nom de Francion, il avoit bien reconnu le personnage qu'il avoit pratiqué en sa jeunesse; mais ses actions et la vive peinture de son humeur le faisoient bien mieux reconnoître que toute autre chose. Néanmoins il se proposa de ne lui pas découvrir sitôt qu'ils avoient eu ensemble autrefois de particulières familiarités. Enfin, ayant beaucoup d'imaginations en son esprit, il se laissa vaincre par les charmes du sommeil, qui le rendirent assoupi insensiblement.

Il y avoit dedans l'autre lit de la même chambre une certaine vieille, qui, arrivant des champs toute lasse, s'y étoit couchée de fort bonne heure. Son premier sommeil étoit déjà achevé, et déjà elle avoit perdu toute la puissance et toute l'envie de dormir, quand Francion avoit été sur la fin de son conte; de façon qu'elle avoit entendu qu'il étoit amoureux de madame Laurette, que personne ne connoissoit si bien qu'elle. Il avoit parlé d'une voix assez haute au commencement, et, si elle n'eût point encore été endormie à l'heure, elle eût bien pu sçavoir comment il s'appeloit. Cela lui eût donné une parfaite connoissance de lui; car elle l'avoit ouï souvent nommer à la cour.

Ne sçachant donc pas qui il étoit, elle eut une telle curiosité de l'apprendre et de voir son visage, que, deux heures après, elle se mit en la ruelle de sa couche, et tira du feu d'un fusil d'Allemagne, qu'elle portoit toujours, dont elle alluma une chandelle; puis elle prit le chemin du lieu où il lui sembloit que celui qui avoit tant discouru étoit couché. A la voir marcher toute nue en chemise, d'un pas tremblant avec la lumière en sa main, l'on eût dit que c'étoit un squelette qui se remuoit par enchantement. Elle tira tout bellement un rideau du lit de Francion, et retroussa un peu la couverture qui cachoit son visage, qu'elle n'eut pas sitôt vu, qu'elle ne fut pas en peine de chercher qui c'étoit, car elle se l'imagina incontinent.

Les pensées qu'il y avoit si longtemps que Francion avoit toujours eues de Laurette agitoient encore son esprit à l'heure, en un songe si turbulent, qu'après avoir proféré trois ou quatre paroles mal arrangées il se jeta hors du lit. La vieille, tout éperdue, se retira à côté dessus une chaire, posant son chandelier sur un coffre d'auprès. Francion, s'étant tourné d'un côté et d'autre, se jeta sur elle en disant : Ah ! ma belle Laurette, je vous tiens, à ce coup; il est impossible que vous m'échappiez.

Le gentilhomme, qui s'étoit réveillé au bruit que la vieille avoit fait pour allumer sa chandelle, et qui n'avoit pas pourtant voulu parler encore, se prit tellement à rire, que tout son lit en trembloit. Pour ce qui est de la vieille, elle embrassa Francion aussi étroitement comme il l'embrassoit, et, pour répondre à ses caresses, le baisa de bon courage, étant bien aise de trouver une occasion qui ne s'étoit guère offerte à elle depuis la perte du pucelage de Vénus, à la naissance de laquelle je pense, tant elle avoit d'âge, que la pointe de ses attraits étoit déjà tout émoussée.

Mais le compagnon de lit de Francion la priva d'un si cher contentement, car il tira son gentil baiseur par le derrière de sa chemise, et puis après il le fit remettre au lit. Comment, monsieur, lui dit-il, votre Laurette ressemble à la même laideur, ou vous ne la connoissez guère bien, puisque vous prenez cette femme-ci pour elle? Ah! mon Dieu, répondit-il en se frottant les yeux, laissez-moi dormir; que me voulez-vous dire? Levez la tête, ajouta l'autre, et regardez qui est celle que vous avez embrassée. Comment? qu'ai-je embrassé? dit Francion en s'éveillant en sursaut. Eh! comment, vous ne vous souvenez point de m'avoir tenue si longtemps entre vos bras, dit la vieille en souriant, et montrant deux dents qui étoient demeurées en sa bouche, comme les créneaux d'une vieille tour que l'on a battue en ruine. Oui, il est vrai, et si vous m'avez baisée et tout. Francion, l'ayant regardée autant que ses yeux chargés et assoupis lui pouvoient permettre, lui répondit : Ne te glorifie point de ce que j'ai fait; car apprends que je prenois ta bouche pour un retrait des plus sales, et qu'ayant envie de vomir j'ai voulu m'en approcher, afin de ne gâter rien en cette chambre et de ne jeter mes ordures qu'en un lieu dont l'on ne pût accroître l'extrême infection. J'y eusse possible après déchargé mes excrémens en te tournant le derrière; et, si j'ai touché à ton corps, c'est que je le prenois pour quelque vieille peau de parchemin que je trouvois bonne à torcher un trou où ton nez ne mérite pas de flairer. Ah! monsieur, dit-il en se tournant vers le gentilhomme, vous me voulez donc persuader que j'ai caressé cette guenuche embéguinée? Ne connoissez-vous pas qu'elle n'a rien qui ne soit capable d'amortir l'affection et de ressusciter la haine? Ses cheveux serviroient plutôt aux démons pour entraîner les âmes chez Pluton qu'à l'amour pour les conduire sous ses lois. Si elle subsiste encore au monde, c'est que l'on ne veut point d'elle en enfer, et que les tyrans qui y règnent ont peur qu'elle ne soit la furie des furies mêmes. Apaisez-vous, dit le gentilhomme, vous ne recevez point de honte à l'avoir embrassée : ses yeux, qui luisent davantage que les ardens que l'on voit la nuit auprès des rivières, vous ont attiré dedans ce précipice. La chassie qu'ils jettent est si gluante, qu'elle peut servir d'excuse à votre désir, s'il s'y est arrêté.

Alors la vieille, tenant sa chandelle à la main, s'approcha du lit et dit à Francion : Si vous aviez considéré que je suis votre bonne amie Agathe, qui vous a toujours fait plaisir à Paris, vous ne me diriez pas tant d'injures. Ah! c'est donc vous, répondit Francion en faisant l'étonné, je vous connois; il n'y a pas un mois que je suis guéri du mal que vous me fites gagner chez Janeton. Quand cela seroit, dit Agathe, vous ne m'en devriez point imputer de faute ; aussi vrai que voilà la chandelle de Dieu, la petite effrontée m'avoit juré qu'elle étoit plus nette qu'une perle d'or riant. Vous voulez dire d'Orient, interrompit le gentilhomme. C'est mon[1], mais il n'importe comment je parle, répond Agathe, je m'entends bien.

Ce discours cessé, le gentilhomme pria Francion de dire quelle rêverie il avoit eue quand il s'étoit levé, pensant être auprès de Laurette. Il lui répondit qu'il vouloit passer tout le reste de la nuit à dormir, et que le lendemain il lui conteroit le plus plaisant songe qu'il eût jamais ouï.

Agathe éteignit donc la chandelle, s'en retourna dans son lit, et les laissa jusques au jour suivant, qu'ils se levèrent tous trois à pareille heure. Le gentilhomme, sçachant que Francion étoit venu dans une charrette, lui offrit une autre commodité, et lui conseilla de la renvoyer; ce qu'il fit, priant le charretier de ne dire à personne où il l'avoit mené. Ayant fait déjeuner Agathe en leur compagnie, le gentilhomme lui demanda en secret d'où elle venoit et où elle alloit. Elle dit qu'elle venoit de Paris et qu'elle alloit voir Laurette, afin de gagner ses bonnes grâces pour un financier qui étoit infiniment amoureux d'elle. L'espoir du gain te fait

---

[1] Locution populaire. Dans *c'est mon*, il faut sousentendre *avis*, qu'on a retranché pour abréger; mais il se dit d'ordinaire ironiquement. *Dict. de Furetière.*

faire cela, dit le gentilhomme. Oui, monsieur, répondit-elle. Si une autre personne que le financier t'en promet un plus grand, tu l'assisteras bien plutôt, répliqua-t-il. Je te prie donc de faire en sorte que tu amènes Laurette à mon château pour voir son Francion, qu'elle chérit beaucoup, comme tu pourras sçavoir d'elle. Si tu fais cela, je te rendrai la plus contente du monde ; et ne te soucie, nous ferons alors fête entière. Sois seulement secrète maintenant et ne découvre point qui je suis. Agathe promit à celui qui parloit à elle de faire de la fausse monnoie pour lui s'il étoit besoin, et après elle s'en retourna vers Francion, à qui elle parla de ses amours. Vous aimez une malicieuse femme, lui dit-elle, je m'assure que Laurette n'auroit point de regret de vous voir noyé, pourvu qu'elle eût vos habits ; elle ne fait rien que pour le profit. Je le crois bien, dit Francion ; car, m'ayant ouï dire que j'avois une fort belle émeraude, elle me la demanda, et, dès que je lui eus promis de la lui donner, elle me fit meilleur visage qu'auparavant. Je vous ai entendu cette nuit conter votre histoire, ajouta Agathe : vous dites qu'une servante vous fit choir du haut en bas d'une échelle ; c'étoit sans doute sa maîtresse qui lui avoit commandé d'en faire ainsi, et par aventure lui aidoit-elle, la mauvaise. Ne connoissez-vous pas bien que l'impossibilité qu'elle disoit être à l'aller voir n'étoit qu'une menterie ? Elle vous eût bien fait entrer dans le château autrement que par une fenêtre, si elle n'eût voulu mettre un plus grand prix à ses faveurs par cette difficulté. Le pont-levis étoit haussé, dit Francion, je ne pouvois entrer par un autre lieu. Elle vous pouvoit faire venir au château de jour, reprit Agathe, et vous faire cacher en quelque endroit. Cela eût été fort périlleux, repartit Francion. Vous l'aimez, je le vois bien, ajouta Agathe : vous ne pouvez croire qu'il y ait de la malice en son fait ; vous vous imaginez que toutes les vertus se sont tellement fortifiées dans son âme, qu'elles en défendent l'approche à tous les vices. Possible vous figurez-vous qu'elle est encore aussi pucelle que quand sa mère l'enfanta, à cause que vous sçavez que Valentin ne lui a pu faire une grande violence ; mais je vous veux ôter ces imaginations et vous conter toute sa vie, afin que vous sçachiez de quel bois elle se chauffe. Aussi bien fait-il si mauvais temps, que, ne pouvant encore sortir d'ici à cause de la pluie, il nous faut quelque entretien.

Comme elle disoit cela, le gentilhomme s'approcha d'elle, et témoigna qu'il seroit fort joyeux d'entendre les contes qu'elle feroit, lesquels ne pouvoient être autres qu'agréables. Après donc s'être un peu arrêtée et avoir dit qu'elle vouloit conter ses actions aussi bien que celles de Laurette, elle commença ainsi :

Je ne feindrai point, mes braves, de vous dire mes jeunes amourettes, d'autant que je connois que vous n'avez pas des esprits de cruche, comme beaucoup d'autres, et que ce m'est une gloire d'avoir suivi la bonne nature. Je vous dis donc que mon père, ne me pouvant toujours nourrir à cause de sa pauvreté, me mit, à l'âge de quinze ans, à servir une bourgeoise de Paris dont le mari étoit de robe longue. Et, ma foi, c'étoit la plus mauvaise femme que je vis jamais. Bon Dieu ! comment le croiriez-vous bien ? Il eût mieux valu que celui qui l'avoit épousée eût épousé un gibet ou qu'il eût été attaché à une chaîne de galère que d'être lié à elle par mariage, car il n'eût pas eu tant à souffrir. Dès le matin elle se mettoit à jouer et à faire gogaille[1] avec ses voisines. Monsieur étoit-il revenu du Châtelet fort tard, il avoit beau dire que la faim le pressoit, elle ne se mettoit aucunement en devoir de lui faire apprêter à dîner, parce que, pour elle, elle étoit saoûle, et lui sembloit que les autres l'étoient de même. Qui plus est, s'il pensoit ouvrir la bouche pour crier, il étoit forcé à la clore aussitôt, de peur de l'irriter davantage ; car elle l'étourdissoit de tant d'injures, qu'il falloit qu'il fût armé de la patience de Job pour les souffrir. Encore que ce fussent ses affaires qui l'avoient empêché de revenir de bonne heure, elle lui disoit que c'étoit son ivrognerie et qu'il venoit de trinquer quelque part. Quand il voyoit cela, il prenoit son manteau et s'en alloit prendre son repas ailleurs ; mais il rendoit sa cause pire, car elle faisoit en sorte que quelqu'une de ses voisines sçavoit le lieu où il alloit, et puis elle lui disoit : Vous voyez, notre maison lui pue, il n'y vient point, ni pour la table ni pour le lit ; puis elle se plaignoit tant, que quelqu'un de ses parens lui en faisoit des réprimandes. Je vous laisse à penser si elle n'exerçoit pas

---

[1] Grande chère avec bruit et réjouissance. (*Dict. de Trévoux.*)

de plus notables rigueurs dessus moi. Dieu sçait combien de fois elle m'a fait souper par cœur, les jours qu'elle étoit de festin chez ses compagnes, et combien de horions elle m'a baillés, principalement quand je ne lui agençois pas bien quelque chose : lorsqu'elle s'habilloit, elle tenoit toujours une épingle dans sa main, dont elle me piquoit le bras quand je n'y songeois point. Une fois, la servante de cuisine ne se trouva pas sur le dîner à la maison : c'étoit un vendredi ; il fallut que je fisse une omelette. Parce que j'y mis un mauvais œuf et qu'il tomba de la suie dedans, madame prit tout et m'en fit un masque, me le plaquant au visage. Si je n'avois pas bien fait ma besogne, quand il venoit quelqu'une de ses voisines la visiter, tout leur entretien étoit là-dessus. Ma servante fait ceci, elle fait cela, par-ci par-là ; c'est une diablesse presque entière, il ne lui faut plus que des cornes. La mienne l'outrepasse en mauvaiseté, disoit l'autre, je vous veux conter de ses tours. Sur cela, elle commençoit à en enfiler de toutes sortes : qu'au lieu qu'un muid de vin avoit accoutumé de durer trois mois, il n'en duroit plus que deux depuis qu'elle lui avoit baillé la clef de la cave ; qu'elle avoit bien reconnu qu'elle buvoit dans le pot quand elle en alloit tirer, et que, pour en être certaine, elle avoit frotté d'encre les bords du couvercle de la chopine, si bien qu'elle étoit revenue avec un croissant noir à son front ; que, si elle l'envoyoit en message, elle y mettoit une journée, et qu'elle n'étoit jamais lasse de deviser, spécialement avec des galefretiers [1], qui lui faisoient l'amour. Ainsi se passoit toute leur belle conversation.

Mais je vous assure que, quand je pouvois rencontrer la servante dont la maîtresse avoit tant dit de mal, je savois bien trouver ma langue et ma mémoire pour lui redire tout de point en point. C'étoit alors que nous nous entredisions nos infortunes et que nous savions bien dire autant de choses de ces madames qu'elles en avoient dit de nous : c'est un souverain plaisir que de médire, lorsque l'on est offensé ; aussi ne nous y épargnions-nous pas.

Il faut que je vous conte comment et pourquoi je sortis d'avec cette maîtresse : elle étoit fort somptueuse en habil-

---

[1] Vauriens. Du mot espagnol *gallofero*, qui signifie mendiant.

lemens, et son plus grand contentement étoit d'y passer toujours ses voisines ; de sorte que, quand elle voyoit que quelqu'une avoit une robe à la mode ou quelque autre chose, elle enrageoit de n'en avoir point aussi : c'étoit alors qu'il falloit bien nécessairement qu'elle se portât à une extrémité très-fâcheuse ; car elle étoit contrainte de faire des caresses extraordinaires à son mari, pour tirer la moelle de sa bourse. Ah ! mon fils, mon mignon, disoit-elle en le baisant, endureras-tu toujours que cette petite gueuse du coin de notre rue, qui étoit au cagnard [1] il n'y a pas longtemps, me morgue quand elle me rencontre, comme si je n'étois rien à sa comparaison, à cause qu'elle a une plus belle robe que moi ? Souffriras-tu toujours que je ne paroisse qu'un torchon au prix d'elle, et qu'étant en sa compagnie l'on me prenne pour sa chambrillon ? Ne sçais-tu pas que la charge qu'a son mari n'est pas si honorable que la tienne et qu'elle ne vaut que douze mille francs, au lieu que celle que tu as, étant loyalement appréciée, en vaudroit plus de quinze mille ? Je n'ai point eu de robe ni de jupe depuis celle de mon mariage ; donne-moi pour en avoir d'autres.

Voilà les discours qu'en ses nécessités elle tenoit à son mari ; et, l'ayant sçu amadouer, lui promettant de lui obéir en toutes choses dorénavant, elle obtenoit quelquefois tout ce qu'elle vouloit de lui.

Voulant donc un jour avoir un collier de plus grosses perles qu'elle n'avoit, elle résolut d'aller à son secours ordinaire ; mais monsieur étoit alors d'une humeur si revêche, qu'il la rabroua comme elle méritoit. La douceur ne lui pouvant servir de rien, elle vola à l'autre extrémité et commença de chanter pouille à son mari : elle lui reprocha que, sans elle, il eût été à l'hôpital ; que les moyens qu'elle lui avoit apportés l'avoient relevé du fumier, et que cependant il ne lui vouloit pas bailler une chétive somme d'argent dont elle avoit nécessairement affaire. Elle lui représenta qu'il n'étoit fils que d'un paysan, et qu'en sa jeunesse il avoit porté la hotte aux vendanges. Pour se revanger, il lui dit que les villageois, gens simples et sans méchanceté, valoient bien les marchands trompeurs, comme étoit son père. Là-dessus, il lui déduisit

[1] Chenil.

les fraudes et les usures du défunt sire; ce qui la mit en colère davantage. Comment, vilain, dit-elle en faisant le pot à deux anses, tu es donc si audacieux que de médire de celui qui a pris tant de peine à acquérir le bien dont tu jouis? Ah! par sainte Barbe! les marchands sont bien plus à priser que des coquins de procureurs comme toi. Tu t'es vanté que la plupart du bien que tu possèdes a été gagné par ton industrie; mais tu mens, faux traître! tout vient de mon pauvre père, de qui Dieu ait l'âme. Hélas! continua-t-elle en pleurant, il fit une grande faute de me donner à un juif comme tu es. Après ceci, elle lui reprocha que le peu qu'il avoit de son côté n'avoit encore été acquis que par des larcins qu'il avoit exercés sur ses parties, et lui dit ensuite tous ses péchés si ouvertement, que, s'il eût eu envie d'aller à confesse à l'heure même, il eût fallu seulement qu'il l'eût écoutée, pour apprendre tout au long de quelles choses il se devoit accuser devant le prêtre. C'étoit là une belle commodité; il n'avoit qu'à la battre la veille des bonnes fêtes, s'il avoit envie de se remémorer en quoi il avoit péché, et le miroir de confession ne lui étoit pas nécessaire.

Un villageois étoit alors dans l'étude avec le clerc, où il entendit, entre autres discours, que ma maîtresse disoit à son mari qu'il l'avoit trompé depuis peu, et lui avoit fait payer six écus de quelque expédition qui n'en valoit pas un. Son intérêt le pressant, il entra tout échauffé au lieu où se faisoit la dispute, et s'écria : Monsieur mon procureur, rendez-moi cinq écus que vous avez pris plus qu'il ne vous faut; voilà votre femme qui vous le témoigne. Mon maître, assez empêché d'ailleurs, ne lui répondit point. Il redoubla alors ses cris; et cependant ma maîtresse cessa les siens, qui lui avoient presque écorché la gorge, et, lui laissant vider le nouveau différend, elle sortit de la maison tellement en fougue, que ses yeux eussent épouvanté ceux qui l'eussent fixement regardée. Moi, qui la suivois toujours par la ville autant que son ombre, je n'y manquai pas encore à cette fois-là; j'entrai avec elle chez un de ses parens, où elle publia la méchanceté et l'avarice de son mari, et dit pour conclusion qu'elle vouloit être séparée. Le parent, qui entendoit le trictrac de la pratique, fit faire les procédures.

Enfin, parce qu'elle étoit amie du lieutenant civil de ce

4

temps-là, duquel je ne veux rien dire, sinon qu'il étoit aussi homme de bien que quelques autres de son étoffe, elle fut séparée de biens.

Elle se tint donc toujours au logis où elle s'étoit retirée, et bien souvent de lestes mignons de ville la venoient visiter; entre autres il y en eut un d'assez bonne façon qui, comme je le reconduisois un soir dessus les montées avec une chandelle, essaya de me baiser. Je le repoussai un peu rudement, et vis bien qu'il s'en alla tout triste, à cause de cela. Quelques jours après, il revint, et fit glisser dedans ma main quelques testons [1], qui me rendirent plus souple qu'un gant d'Espagne; non pas que je fusse prête à lui accorder la moindre faveur du monde, je veux dire seulement que j'avois une certaine bienveillance pour lui.

Je n'eusse pas pu croire qu'il me voulût tant de bien qu'il faisoit, si une femme inconnue, que je rencontrai à la halle, ne m'en eût assurée, et ne m'eût dit que j'avois le moyen de me rendre la plus heureuse du monde, si je voulois aller demeurer avec lui. Je devois alors être bien glorieuse, et me croire bien plus belle que ma maîtresse, puisqu'un de ses pigeons sortoit de son colombier pour venir au mien; aussi me souviens-je qu'elle avoit été jalouse de moi étant avec monsieur, et qu'elle n'avoit pas voulu aller une fois aux champs, craignant qu'en son absence il ne me fît coucher au grand lit.

Vous riez, messieurs, de m'entendre parler de la sorte. Eh quoi ! ne sçauriez vous croire que j'aie été belle ? ne se peut-il pas faire qu'en un lieu de la terre raboteux, plein d'ornières et couvert de boue, il y ait eu autrefois un beau jardin, enrichi de toutes sortes de plantes et émaillé de diverses fleurs ? Ne peut-il pas être aussi que ce visage ridé, couvert d'une peau sèche et d'une couleur morte, ait eu en ma jeunesse un teint délicat et une peinture vive ? Ignorez-vous la puissance

---

[1] Ancienne monnaie, qui fut frappée pour la première fois sous Louis XII, et dont un édit de Henri III défendit le cours. Sa valeur, qui était d'abord de dix sous, s'éleva jusqu'à douze sous six deniers. Sur une de ses faces était gravée la *teste* du roi; de là le nom de teston. — On employait ce mot, aux seizième et dix-septième siècles, pour désigner l'argent en général :

Certain quidam amoureux de testons.
REGNIER.

des ans, qui ne pardonne à rien? Oui, oui, je puis dire qu'alors mes yeux étoient l'arsenal d'amour, et que c'étoit là qu'il mettoit l'artillerie dont il foudroie les cœurs. Si j'y eusse pensé alors, j'eusse fait faire mon portrait : il m'eût bien servi à cette heure, pour vous prouver cette vérité; mais, las! en récompense il me feroit plus jeter de larmes maintenant que mes amans n'en jetoient pour moi, car je regretterois bien la perte des attraits que j'ai eus. Néanmoins, ce qui me console, c'est que, tant que j'en ai été pourvue, je les ai assez bien employés, Dieu merci. Il n'y a plus personne en France qui vous en puisse parler que moi; tous ceux de ce temps-là sont allés marquer mon logis en l'autre monde.

Celle qui en sçavoit le plus y est allée presque des premières; c'est la dame Perrette, qui me vint accoster à la halle. Elle me donna autant de riches espérances qu'une fille de ma condition en pouvoit avoir, et me pria de venir chez elle tout aussitôt que j'aurois pris mon congé de ma maîtresse. Je ne faillis pas à le demander dès le jour même, sur l'occasion qui se présenta, après avoir été criée pour avoir acheté de la marée puante.

Le paquet de mes hardes étant fait, j'allai trouver celle dont les promesses ne me faisoient attendre rien moins qu'un abrégé du paradis. Voyez comme j'étois simple en ce temps-là; je lui dis : Ma bonne mère, comment est-ce que vous n'avez pas pris la bonne occasion que vous m'avez adressée? Pourquoi est-ce que vous n'allez point servir ce monsieur, avec qui l'on fait si bonne chère, sans travailler que quand l'on en a envie? C'est que je t'aime plus que moi-même, dit-elle en se prenant à rire. Ah! vraiment tu n'en sçais guère : je vois bien que tu as bon besoin de venir à mon école. Ne t'ai-je pas appris qu'il t'aime, et ne vois-tu pas que pour moi je ne suis pas un morceau qui puisse chatouiller son appétit? Il lui faut un jeune tendron comme toi, qui lui serve aussi bien au lit qu'à la table. Là-dessus, elle chassa de mon esprit la honte et la timidité, et tâcha de me représenter les délices de l'amour. Je prêtai l'oreille à tout ce qu'elle me dit, je goûtai ses raisons et suivis ses conseils, me figurant qu'elle ne pouvoit faillir, puisque l'âge et l'expérience l'avoient rendue experte en toutes choses.

M. de la Fontaine (ainsi s'appeloit ce galant homme à qui

je plaisois) ne manqua pas de venir dès le jour même chez Perrette, d'où il ne bougeoit, tant il avoit hâte qu'elle eût accompli la charge qu'il lui avoit donnée de me débaucher. Quand il me vit, il témoigna une allégresse extrême; et, me trouvant toute résolue à faire ce qu'il voudroit, après avoir bien récompensé sa courratière, il me fit monter en une charrette, qui me porta jusqu'à un gentil logis qu'il avoit aux champs.

Tout le temps que je fus là, s'il me traita pendant le jour comme sa servante, il me traita la nuit en récompense comme si j'eusse été sa femme. Alors je sçus ce que c'est que de coucher avec les hommes, et ne me fâchois que de ce que je n'avois pas plus tôt commencé à en goûter; je m'y étois tellement accoutumée, que je ne m'en pouvois non plus passer que de manger et de boire. Le malheur pour moi fut que M. de la Fontaine devint malade. Il me fut force de souffrir la rigueur du jeûne, encore que je couchasse toujours auprès de lui, parce qu'il disoit qu'il m'aimoit tant, qu'il lui sembloit qu'en me touchant seulement un peu il trouvoit de l'allégement en son mal; mais tout cela ne me rassassioit pas. Je fus contrainte de me laisser gagner par la poursuite du valet, qui étoit si ambitieux, qu'il désiroit être monté en pareil degré que son maître. Nous ne demeurâmes guère à forger ensemble les liens d'une amitié lubrique, et je reconnus par effet qu'il ne faut point faire état de la braverie et de la qualité, lorsque l'on veut jouir des plaisirs de l'amour avec quelqu'un; car celui-ci, avec ses habits de bure, me rendoit aussi satisfaite que son maître avec ses habits de satin.

Enfin, M. de la Fontaine revint en convalescence, et paya tout au long les arrérages d'amour. Son serviteur occupoit aussi la place, lorsqu'il lui étoit possible, de façon que mon champ ne demeuroit point en friche, et que, s'il ne produisoit rien, ce n'étoit pas à faute de n'être bien cultivé.

Je ne sçais quelle mine vous faites, Francion, mais il me semble que vous vous moquez de moi. Êtes-vous étonné de m'entendre parler si librement? La sotte pudeur est-elle estimée d'un si brave chevalier comme vous?

Francion répondit alors à Agathe que la contenance qu'il tenoit ne procédoit que du ravissement qu'il sentoit de l'ouïr discourir avec tant de franchise, et que tout ce qu'il avoit à souhaiter étoit qu'elle parlât bientôt de Laurette.

Toutes choses auront leur lieu, répliqua-t-elle; vous n'aurez point de sujet de vous ennuyer. Le serviteur de M. de la Fontaine, étant entré en mes bonnes grâces, y gagna petit à petit une place plus grande que son maître, parce que l'égalité de nos conditions faisoit que je parlois plus familièrement à lui. Enfin, je ne divisai plus mon cœur en deux parts, je le lui donnai entièrement.

J'eus le vent que mon maître, persuadé par ses amis de quitter sa manière de vie, étoit en termes de se marier. Sa délibération m'en fit prendre une à mon profit, d'autant que je me figurai que lui et la femme qu'il alloit prendre me chasseroient honteusement de la maison. Pour remédier à ce mal, je me délibérai de faire un coup de ma main qui me payât de mes gages, et de faire un trou à la nuit, comme dit le proverbe. Je communiquai mon dessein à Marsaut, qui étoit notre valet, lequel fut tout disposé à me suivre. Mon maître, quelques jours après, fut sollicité de prendre mille livres que l'on lui vouloit donner pour racheter une rente de lui; je les vis conter pièce à pièce, et fis tant, que je découvris que, n'étant guère bien meublé en sa maison, il s'étoit contenté de les serrer en son buffet.

La fortune me montroit un visage aussi riant que j'eusse sçu désirer; car il fut prié d'aller souper en la ferme d'un gentilhomme champêtre, à une grande lieue de la sienne. Dès qu'il fut parti, Marsaut retourna le buffet, et, ayant levé un ais du derrière, en tira la somme entière, puis le raccommoda le mieux qu'il put. Ce qui nous étoit grandement favorable, c'est que c'étoient quasi toutes pièces d'or; de sorte qu'il me fut facile de faire tenir tout dans une petite boîte.

Sur les neuf heures du soir, nous descendîmes dans le jardin pour sortir par la porte de derrière; et déjà Marsaut étoit dehors, lorsque j'entendis que mon maître heurtoit à la grande porte : j'eus si peur qu'il me surprît, que je fermai celle du jardin, et m'en revins à la maison, craignant d'être saisie avec l'argent que j'avois; je m'en allai le cacher la nuit dans une vigne qui étoit en notre clos, où je sçavois bien que l'on n'entreroit de longtemps. Le lendemain, mon maî-

4.

tre, fouillant dedans son buffet, et n'y trouvant plus le rachat de sa rente, mena un horrible bruit par tout le logis; et, voyant que son valet s'étoit absenté dès le soir précédent, n'eut point de soupçon que ce fût un autre que lui qui l'eût dérobé. Quant à moi, je pensai que Marsant n'avoit osé revenir au logis, et qu'il m'attendoit quelque part; mais il ne me fut pas possible de le joindre si tôt, car j'avois perdu alors la résolution de m'en aller sans prendre congé. Enfin, je tâchai d'avancer l'affaire : je dis à mon maître que j'avois appris qu'il étoit sur le point de se marier, et que, cela étant, je ne pouvois plus demeurer chez lui.

Après quelque feinte résistance, il s'accorda à me laisser sortir, et fut, je pense, bien aise de ce que j'en avois entamé la parole la première. J'allai donc un soir déterrer mon argent, et le lendemain, dès le matin, je partis. Avec ce que mon maître m'avoit donné, je m'estimois grandement riche, et mon rendez-vous à Paris fut chez la bonne Perrette, qui me reçut très-humainement. Lorsqu'elle sçut l'argent que j'avois, elle me conseilla de m'en servir pour en attraper davantage, et me fit acheter des habits de demoiselle, avec lesquels elle disoit que je paroissois une petite nymphe de bocages. Mon Dieu ! que je fus aise de me voir leste et pimpante, et d'avoir toujours auprès de moi des jeunes hommes qui me faisoient la cour. Mais les dons qu'ils me faisoient n'étoient pas si grands que j'en pusse fournir à notre dépense qui étoit grande, tant de bouche que de louage de maison, et puis Perrette avoit voulu avoir le bonheur, aussi bien que moi, de traîner la noblesse avant sa mort; de sorte que je me voyois au bout de mes moyens et ne vivois que par industrie. La cour s'étoit éloignée pour quelque trouble, et, en son absence, notre misérable métier n'étoit pas tant en vogue, qu'il nous pût nourrir splendidement.

Un soir, Perrette ayant fait des plaintes avec moi sur la calamité du siècle, nous ouïmes quelque bruit dans la rue : sa curiosité la fit mettre à la porte, pour voir ce que c'étoit; elle fut tout étonnée qu'un homme, en fuyant, lui mît entre les mains un manteau de velours doublé de panne, sans lui rien dire. Je m'imagine que c'est qu'il la connoissoit; car sa renommée étoit assez épandue par la ville, et dans toutes les académies d'amour : elle étoit la lampe qui donnoit la lumière aux femmes de son état.

Le gage qu'elle reçut lui plut extrêmement; nous nous mîmes à le découdre la nuit, de peur qu'il ne fût reconnu en le portant à la friperie. Nous espérions que l'argent de cette vente subviendroit à nos urgentes nécessités; mais voilà que le lendemain l'on heurte à notre porte, comme nous devisions avec un honnête homme qui me venoit voir souvent. La servante ouvre à trois grands soldats, qui demandoient à parler à la maîtresse du logis. Perrette descend pour sçavoir ce qu'ils veulent; ils ne l'eurent pas si tôt envisagée, que l'un d'eux s'approcha d'elle, et lui dit : Mademoiselle, je vous prie de me rendre le manteau que je vous baillai hier au soir en passant par ici. Perrette lui nia qu'elle eût reçu un manteau de lui, et dit qu'elle ne le reconnoissoit point pour prendre quelque chose en garde de sa main. Là-dessus, ils émurent un grand bruit qui me fit descendre pour en sçavoir la cause; mais, dès que je fus en l'allée, je connus qu'un des trois qui demandoient le manteau était Marsaut : je m'en retournai me cacher toute confuse, et tandis la querelle s'alluma tellement, que le commissaire du quartier, en étant averti, s'en vint pour y gagner sa lippée. Voyez un peu la merveille, et comme cet homme de justice étoit équitable : ceux qui querelloient Perrette étoient des voleurs; il les connoissoit pour tels, et néanmoins il assura que le manteau qu'ils avoient dérobé leur appartenoit, comme s'il eût été pris en bonne guerre, et condamna Perrette à le leur rendre. Elle qui sçavoit l'autorité du personnage, et combien il lui importoit de gagner ses bonnes grâces, ne voulut plus faire la rétive; mais, ayant confessé qu'elle avoit reçu le manteau, elle assura qu'elle ne vouloit point de dispute, et qu'elle en passeroit par où l'on voudroit. Elle dit, de surplus, qu'elle l'avoit déjà vendu, et pria les trois soldats auxquels il appartenoit, et M. le commissaire aussi, de venir manger ce qu'elle en avoit retiré.

Aux moindres mots de courtoisie qu'elle eut dit pour les inviter, les voilà prêts à bien faire, et, avant que de remonter, elle envoie sa servante en tous les lieux où il falloit aller pour avoir en un moment le couvert d'une table. Quand je vis entrer Marsaut, je changeai de couleur plus de fois que ne feroit un caméléon en toute sa vie; encore le malheur voulut que celui qui m'entretenoit s'en alla, de sorte que je fus après contrainte de parler à ceux qui étoient demeurés.

Marsaut me regardoit et m'écoutoit avec étonnement nonpareil, car il lui sembloit bien que j'étois la même Agathe avec laquelle il avoit eu par le passé une familiarité si grande; mais mes habits le démentoient. Il fut des mieux trinqué au repas que nous fimes; et, parce que nous avions tous affaire l'un de l'autre, nous nous jurâmes une éternelle amitié et une assistance favorable. Nos conviés s'en retournèrent coucher chez eux, et le lendemain Marsaut ne faillit pas à revenir avec cinq de ses compagnons mieux en ordre que ceux que j'avois déjà vus : me tenant à part, il me dit que je n'avois que faire de cacher ce que j'étois, parce qu'il me reconnoissoit bien. Ma réponse fut que je n'avois aussi jamais désiré de le tenir secret, et qu'il me devoit excuser si le jour précédent je ne lui avois point fait d'accueil, d'autant que je ne le trouvois point à propos, à cause des personnes qui étoient présentes. Là-dessus, il s'enquit de moi, ce que j'avois fait de l'argent de notre maître; et je lui fis accroire qu'il me l'avoit repris, l'ayant trouvé dans mon coffre, et qu'il m'avoit chassée pour ce sujet. Quant à l'état où j'étois, je lui dis qu'il n'en devoit entrer en aucune admiration, vu qu'il pouvoit bien s'imaginer comment je m'y étois mise, et par quel moyen je m'y conservois.

Voilà en un instant notre amitié renouée des plus belles, et ce fut à lui à conter quelle sorte de vie il avoit choisie : il me dit que, ne pouvant plus obéir à des maîtres, il avoit trouvé un brave homme de son pays, qui étoit l'un de ceux que je voyois, lequel l'avoit attiré à chercher, comme lui, l'occasion la nuit et le jour, et à dérober tout ce qu'ils pouvoient; il me conta qu'ils étoient dans Paris grande quantité qui vivoient de ce métier-là, et qui avoient entre eux beaucoup de marques pour se reconnoître, comme d'avoir tous des manteaux rouges, des collets bas, des chapeaux dont le bord étoit retroussé d'un côté, et où il y avoit une plume de l'autre, à cause de quoi l'on les nommoit plumets; que leur exercice étoit, le jour, de se promener par les rues, et y faire des querelles sur un néant, pour tâcher d'attraper quelque manteau parmi la confusion; que, la nuit, ils avoient d'autres moyens différens pour exercer leur volerie; que quelques-uns d'eux avoient l'artifice d'attirer au jeu ceux qu'ils rencontroient, et de leur gagner leur argent par des tromperies insignes; et qu'enfin ils étoient en si bonnne intelligence avec les ministres de la justice, qu'il n'arrivoit guère qu'ils fussent punis, s'ils n'avoient quelque forte partie de qui la bourse fût mieux garnie que la leur. Bref, il m'apprit les affaires les plus secrètes de sa compagnie. Je lui demandai si pas un des siens ne craignoit le supplice. Il me répondit qu'il croyoit qu'il n'y en avoit guère qui y songeassent seulement; que le plus souvent ils s'en alloient même assister à voir pendre leurs compagnons, et qu'ils n'avoient rien devant les yeux qu'un puissant désir de chercher les moyens de passer leur vie parmi le contentement; et que, s'il avenoit que l'on les fît mourir, l'on les délivreroit du souci et de la peine qu'ils pourroient possible avoir un jour pour se retirer hors de la pauvreté. Je voulus encore sçavoir de quelle sorte de gens leurs bandes étoient composées. Nous sommes pour la plupart, ce dit-il, ces valets de toutes sortes de façons qui ne veulent plus servir, et encore, parmi nous, il y a force enfans d'artisans de la ville qui ne veulent pas se tenir à la basse condition de leurs pères, et se sont mis à porter l'épée, pensant être beaucoup davantage à cause de cela : ayant dépensé leurs moyens, et ne pouvant rien tirer de leurs parens, ils se sont associés avec nous. Je vous dirai bien plus, et à peine le croiriez-vous, il y a des seigneurs des plus qualifiés, que je ne veux pas nommer, qui se plaisent à suivre nos coutumes, et nous tiennent fort souvent compagnie la nuit; ils ne daignent pas s'adresser à toutes sortes de gens, comme nous, ils n'arrêtent que les personnes de qualité, et principalement ceux qui ont mine d'être courageux, afin d'éprouver leur vaillance contre la leur. Néanmoins ils prennent aussi bien les manteaux, et font gloire d'avoir gagné cette proie à la pointe de l'épée. De là vient que l'on les appelle tire-soyes, au lieu que l'on ne nous appelle que tire-laines.

Quand Marsaut m'eut conté cela, je m'étonnai de la brutalité et de la vileté de l'âme de ces seigneurs, indignes du rang qu'ils tenoient à la cour, lesquels prenoient pourtant leur vice pour une remarquable vertu. Les plumets et les filous ne me sembloient pas si condamnables, vu qu'ils ne tâchoient qu'à sortir de leur nécessité, et qu'ils n'étoient pas si sots ni si vains que de faire estime d'une blâmable victoire acquise sur des personnes attaquées au dépourvu.

Depuis, Perrette, ayant eu leur accointance, leur servit à recéler beaucoup de larcins, dont elle avoit sa part pour nous entretenir. Le commissaire souffroit que l'on fît tout ce ménage, encore que les voisins l'importunassent incessamment de nous faire déloger, parce qu'il avoit avec nous un acquêt qui n'étoit pas si petit, qu'il n'aidât beaucoup à faire bouillir sa marmite.

Nous jouâmes en ce temps-là beaucoup de tours admirables à des gens qui payoient toujours, malgré eux, l'excessive dépense que nous faisions. Je ne vous en veux raconter qu'un entre les autres, venu de l'invention de Marsaut, qui s'étoit rendu, par l'exercice, un des plus subtils voleurs qui fût en toutes les bandes des Rougets et des Grisons; car les compagnies s'appeloient ainsi. Il continuoit toujours à jouir de moi quand il en avoit envie, et n'étoit point jaloux que d'autres que lui eussent le même bien, pourvu que cela lui rapportât du gain et qu'il n'y eût autre que lui qui fût leur maquereau. De tous côtés il me cherchoit des pratiques, mais non point des communes; car il ne s'y arrêtoit pas seulement. Il ne buttoit qu'aux excellentes, comme étoit celle que je m'en vais vous dire.

Un jeune gentilhomme anglois étoit logé avec lui au faubourg Saint-Germain, et lui avoit une fois dit qu'il ne voyoit point de si belles femmes en France qu'en son pays. Marsaut lui ayant répondu qu'elles se cachoient à Paris dedans les maisons, comme des trésors qui ne devoient pas être mis à la vue de tout le monde, il s'enquit de lui s'il en connoissoit quelqu'une. Je vous veux faire voir la plus belle que je connoisse, ce dit Marsaut, et qui est entretenue par un des plus grands seigneurs de la cour. Après avoir dit cela, il le mène promener, lui contant mille merveilles de mes perfections, et le fait passer par dedans notre rue, où il lui montre ma demeure. Il fallut qu'ils y retournassent par dix ou douze fois pour me voir à la fenêtre, car je ne m'y tenois pas souvent, et encore n'étoit-ce que le soir; ce qui fit que l'Anglois, ayant déjà l'opinion préoccupée, et ne pouvant pas voir parmi l'obscurité les défauts de mon visage, s'il y en avoit, crut que j'étois un chef-d'œuvre de nature. Elle n'est pas ma parente de si loin, lui dit Marsaut en s'en retournant, qu'elle ne m'appelle son cousin à tour de bras. L'Anglois lui demanda s'il m'alloit visiter quelquefois, et s'il n'y avoit point de moyen qu'il y allât avec lui. Comment, monsieur, dit Marsaut, à peine y puis-je avoir entrée pour moi, car le seigneur qui la possède est si jaloux, qu'il a des épies qui veillent sur ses actions et gardent que personne ne parle à elle, principalement en particulier; que, si vous espérez acquérir ses bonnes grâces, je ne pense pas que cela soit facile, encore que votre mérite soit infini; car elle lui a trop bien donné son cœur pour le dégager sitôt.

Cette difficulté augmenta les désirs de l'Anglois, qui ne sortit jamais depuis qu'il ne fît la ronde autour de ma maison, comme s'il l'eût voulu prendre d'assaut. Je fus avertie de ce qu'il me falloit faire, et, à l'heure que mon nouvel amant passoit, je me mettois à la fenêtre pour jeter toujours des œillades langoureuses dessus lui, comme si j'eusse été transie d'amour à son sujet. Un jour Marsaut s'arrêta tout exprès à parler à moi sur ma porte, comme l'autre étoit en notre quartier, et, quand il passa, je dis fort haut: Mon Dieu! qui est cet étranger-là? il a parfaitement bonne mine.

Cette parole, qu'il entendit, lui navra le cœur par l'oreille; mais la passion qu'il eut alors ne fut pourtant rien à comparaison de celle qu'il sentit lorsque Marsaut, étant de retour, lui conta que je m'étois enquise encore bien plus particulièrement de lui après qu'il avoit été passé, et que j'étois si aise de le voir, que je me tenois tous les jours à ma fenêtre à l'heure qu'il avoit accoutumé de venir en ma rue. Voilà un bon commencement pour votre amour, ajouta Marsaut, il faut poursuivre à tout hasard : je me fais fort de vous y servir beaucoup. L'Anglois, tout comblé de joie, embrassa une infinité de fois Marsaut, qui, pour commencer à faire son profit, supplia l'hôte de faire accroire qu'il lui devoit cinquante écus pour l'avoir logé. Il tenoit cabaret chez lui, et s'entendoit avec les filous, qui y menoient boire des dupes pour les tromper au jeu ou leur ôter leur argent de violence; voilà pourquoi il n'avoit garde qu'il ne s'accordât à faire ce que lui demandoit un du métier. Comme Marsaut étoit avec l'Anglois, il lui vint dire qu'il avoit affaire des cinquante écus qu'il lui devoit : Marsaut fit réponse qu'il n'avoit point d'argent à l'heure; l'hôte jure qu'il en veut avoir et qu'il s'en va quérir les sergens pour le faire ajourner. Lorsqu'il s'en fut allé, Marsaut pria le gentilhomme anglois de l'assister en une nécessité si grande, et tira sans difficulté de lui la somme que l'on lui avoit demandée, lui promettant de la lui rendre. Il feignit qu'il s'en alloit rattraper le tavernier pour le contenter, et qu'en considération du plaisir qu'il venoit de recevoir il donneroit jusques à ma maison pour savoir tout à fait si mon cœur pouvoit être échauffé pour un autre que celui que j'aimois déjà.

A son retour, il fit accroire à l'Anglois qu'il m'avoit trouvée entièrement disposée à contracter avec lui une parfaite amitié, et que je ne demandois pas mieux que de jouir de sa communication. Là-dessus, il lui dit qu'il seroit fort à propos qu'il me fît quelque présent, comme d'un poinçon de diamant pour mettre dans les cheveux, parce qu'il avoit remarqué que je n'en avois point, et que je tenois un peu d'une humeur avaricieuse, qui me donnoit de l'inclination à chérir ceux qui me faisoient des largesses. Ce passionné étranger alla aussitôt acheter ce que Marsaut lui avoit dit, et le lui mit entre les mains pour me l'apporter, sur la promesse qu'il lui fit qu'il verroit que j'en parerois ma tête lorsqu'il le feroit parler à moi. En attendant, il voulut la nuit me donner une sérénade, parce qu'il sçavoit racler trois ou quatre accords sur le luth, et s'en vint chanter au bas de ma fenêtre ce bel air nouveau qu'il avoit appris : *Moi foudrois bien guérir du mal que moi sens, Mais moi ne puis pas; Car li belle qui tient li cœur de moi Est toute pleine de rigoureusement.*

Je pensai crever de rire d'entendre de si beaux vers, et, ayant sçu le lendemain l'heure qu'il me devoit venir voir, je me mis sur notre porte, où il m'accosta courtoisement avec Marsaut. Il n'entendoit pas encore bien le françois, aussi ne faisois-je pas son langage corrompu; de manière que notre entretien fut un coq-à-l'âne perpétuel. Quand il m'offroit son affection, je pensois qu'il me reprochât le présent bien plus riche qu'il m'avoit déjà fait, et néanmoins je n'étois pas prête à le lui rendre. Si je louois son mérite, il me répondoit que, s'il eût pu trouver un plus beau diamant que celui qu'il m'avoit envoyé, c'eût été pour moi.

Nous avions bon besoin que Marsaut nous servît de truchement, comme il fit depuis, en me disant en deux mots que le brave chevalier que je voyois se mouroit d'amour pour moi, et en répondant à l'Anglois, suivant mes paroles, que, sur tous les vices du monde, je haïssois l'ingratitude, et serois prompte à reconnoître son affection puisqu'elle étoit jointe à des perfections incomparables dont j'étois éprise.

Là-dessus, Perrette sortit de sa chambre et me dit avec une voix rude, comme si elle eût été en colère : Rentrez ici, à qui parlez-vous là-bas? Je parle à mon cousin, répondis-je ; puis aussitôt, avec une façon craintive et éperdue, je dis adieu à mon serviteur et à mon feint parent, qui lui dit que celle qu'il avoit ouï crier étoit une vieille à qui l'on m'avoit donnée en une étroite garde; que, pour conquêter une si précieuse toison comme ma beauté, il falloit tâcher d'endormir ce dragon veillant, et qu'il étoit vraisemblable que les écus étoient les enchantements les plus assurés. Les liens de son amour étoient attachés si fermement, qu'il consentit bien à détacher ceux de sa bourse; de sorte que le lendemain, étant encore avec Marsaut, et ayant trouvé Perrette à la porte, elle n'eut pas sitôt déclaré, comme par manière d'entretien, qu'elle étoit en peine de trouver de l'argent à emprunter, qu'il s'offrit à lui en apporter autant qu'elle en avoit besoin; et, de fait, à l'instant il s'en retourna chez lui quérir quelques cents francs, ce qui étoit environ la somme dont Perrette se disoit avoir nécessité. Après qu'il la lui eut comptée dedans sa chambre, il dit à l'oreille de Marsaut, qui étoit présent, qu'il songeât à son affaire; et Marsaut, après avoir parlé à l'écart à Perrette, lui vint rapporter qu'elle étoit vaincue par sa courtoisie, et qu'elle manqueroit à la fidélité qu'elle avoit promise à un grand seigneur, pour lui complaire, en le faisant jouir de moi la nuit du lendemain.

L'heure de cette douce assignation venue, il se trouva en notre maison avec un habit tout chargé de passemens d'or; car d'autant que le roi les avoit défendus par un édit [1], lui, qui étoit étranger, se plaisoit à en porter, pour paroître davantage avec une chose qui n'étoit pas commune. Tout son corps étoit curieusement nettoyé et parfumé; car il songeoit qu'ayant à coucher avec la maîtresse d'un grand, accoutumée

[1] En 1613.

aux somptuosités, il ne falloit pas être en autre façon, craignant d'être dédaigné. Lorsqu'il fut au lit près de moi, je vous assure que je ne suivis pas un conseil que Perrette et Marsaut m'avoient donné, de ne lui point départir la cinquième et dernière faveur de l'amour, et de ne le point laisser passer outre la vue, la communication, le baiser et le toucher; car je ne songeois pas tant au gain que l'on m'avoit assuré que je ferois en me montrant un peu revêche qu'au plaisir présent dont j'étois chatouillée. J'avois la curiosité de goûter si l'on recevoit plus de contentement avec un étranger qu'avec un François; et puis celui-là étoit si beau et si blond, que, ma foi, j'eusse été plus fière qu'une tigresse si je n'eusse fait toucher son aiguille au pôle où elle tendoit.

Notre commissaire, qui avoit été averti de cette nouvelle proie, vint pour en avoir sa part, comme nous nous embrassions aussi amoureusement que l'on se puisse figurer. La bonne Perrette lui ouvrit tout bellement la porte, l'admonestant de bien jouer son rôlet. A son arrivée, je me jetai toute en chemise à la ruelle du lit, et mon amant éperdu, oyant dire que l'on me vouloit mener en prison, s'en alloit courir à son épée, lorsqu'un sergent et son recors l'arrêtèrent furieusement par le bras, le menaçant de le loger aux dépens du roi. Ayant eu inutilement son recours aux supplications, il s'avisa de se servir de ce divin métal dont tout le monde est enchanté; et, ayant pris quelques pistoles dans les pochettes de son haut-de-chausses, il en contenta si bien cette canaille, qu'elle le laissa en paix se recoucher auprès de moi.

Voilà la première alarme qu'il eut : mais ce ne fut pas la dernière ni la plus effroyable; car, comme ses esprits se furent réchauffés, après avoir perdu la peur passée qui les avoit glacés entièrement, étant prêt à se donner du bon temps pour ses pistoles, l'on heurta assez fort à notre porte, qui fut incontinent ouverte, et l'un des camarades de Marsaut bien en point entra dedans ma chambre avec trois autres après lui, qui lui portoient toute sorte de révérence, comme à leur maître. Moi qui sçavois la momerie, je fis accroire à l'étranger que c'étoit là le seigneur qui étoit amoureux de moi, et le suppliai de se cacher promptement à ma ruelle. Ce fanfaron de tire-laine, qui s'entendoit des mieux à trancher du grand, demanda à Perrette où j'étois. Elle est déjà couchée, lui répondit-elle, car elle ne vous attendoit pas aujourd'hui, et puis elle avoit un mal de tête qui la travailloit fort. Mon petit page n'est-il pas venu ici tantôt pour vous avertir que je ne manquerois pas à la visiter? répliqua le brave. Nous ne l'avons point vu, lui dit Perrette. Ah! le coquin, répliqua-t-il, je lui apprendrai à m'obéir; il est allé jouer quelque part. Je croyois venir de meilleure heure; mais, ayant vu souper le roi, j'ai été contraint d'entrer avec Sa Majesté dans son cabinet, par son commandement, pour recevoir l'honneur qu'il me vouloit faire de me communiquer quelques-unes de ses plus secrètes intentions : je ne fais quasi que d'en partir tout maintenant, et n'ai pas voulu aller souper en mon hôtel; j'ai commandé à mes gens d'apporter ici mon service. Comme il finissoit ces paroles, ceux qui l'accompagnoient entrèrent dans une garde-robe prochaine, et l'un d'eux vint mettre une nappe sur la table, et les autres apportèrent quelques plats chargés de viande.

Le seigneur, étant assis, se mit incontinent à jouer des mâchoires; et, ayant bu un verre de vin et torché sa moustache, me dit tout haut : Agathe, ma maîtresse, dormez-vous? ferons-nous l'amour cette 'nuit? Alors, comme si je me fusse réveillée d'un profond sommeil, ayant tiré un peu le rideau, je répondis en frottant mes yeux que je ferois tout ce qu'il lui plairoit. Il faut que vous vous leviez, ce me vint dire Perrette, et que vous mangiez un morceau; aussi bien n'avez-vous point soupé. Je pense que tout votre mal ne vient que d'opinion. Il n'importe pas que le mal que j'avois tantôt fût imaginaire ou non, lui répondis-je, puisque je m'en vois guérie entièrement. Ayant dit ceci, je mis un petit cotillon, et, ayant jeté un manteau de chambre sur mes épaules, je sortis par la ruelle, et allai faire la révérence à ce brave seigneur. Après m'avoir saluée, il me dit : Vous aviez en cette ruelle-là quelqu'un qui vous aidoit à vous vêtir, ce me semble, et pourtant je n'en vois sortir personne. Vous me pardonnerez, lui répondis-je il n'y a aucune créature vivante Si est-ce que j'y ai entendu tousser autrement que vous ne faites; et vraiment, continua-t-il en se levant de table, il faut que je sçache qui c'est : Maître d'hôtel, apportez cette chandelle. En achevant ces paroles, il tira tous les rideaux du lit et vit l'Anglois au coin de la ruelle. Alors, avec un visage comme enflammé de colère, il me chanta mille pouilles : Comment, putain, me dit-il, vous vous êtes donc ainsi moquée de moi ? Vous avez contrefait la chaste et la resserrée pour m'attraper; et cependant vous faites venir coucher un gueux avec vous, faveur que vous ne m'avez départie qu'après m'avoir vu en des passions extrêmes. Quel affront à une personne de ma qualité ! Ah ! vous vous en repentirez à loisir : dès demain je renverrai querir tous les meubles de céans, que je vous avois baillés, et vous serez bien étonnée de n'avoir plus personne qui entretienne votre dépense. Perrette et moi nous nous esquivâmes, tandis qu'il tenoit ce discours, comme si nous eussions eu grande peur.

A l'instant, il s'adressa à l'Anglois, et lui dit : Et vous, monsieur le vilain, je vous apprendrai s'il faut suborner les filles de la sorte; prenez-le, maître d'hôtel, gardez-le ici jusqu'à demain, que je le ferai pendre. Moi suis gentilhomme, disoit l'Anglois; moi viens des antiq Rois de Cosse; li grand aïeul de la personne de moi li boulit son vie pu cinq cents fois pour li service de son prince. Moi fera raison à toi. Quelle effronterie ! dit ce seigneur fait à la hâte; tu m'appelles en duel, coquin ! mérites-tu d'être blessé de mes armes ? Va ! si tu n'étois destiné à mourir au gibet, je te ferois battre par le principal marmiton de ma cuisine. L'Anglois regardoit partout si ses habits n'y étoient point, croyant qu'alors qu'il les auroit l'on reconnoîtroit mieux sa noblesse par leur somptuosité; mais, avant qu'il eût été par toute la chambre, le plumet s'en étoit allé, et l'avoit renfermé avec celui qui faisoit le maître d'hôtel. Il n'avoit garde de trouver ce qu'il cherchoit, car, en nous en allant, Perrette et moi, nous avions tout emporté en un galetas, où nous nous étions retirées.

S'imaginant qu'il étoit en un extrême péril, il fit des supplications infinies à celui qui le gardoit de le laisser aller; mais le maître d'hôtel lui répondit que, s'il commettoit cette faute-là, il n'oseroit plus se présenter devant son seigneur, et que tous ses services seroient perdus. L'Anglois chercha ses habits plus que devant, pour y prendre de l'argent et le lui offrir. Ne les rencontrant point, il ôta de son bras un bracelet de perles rondes et fines, et lui dit qu'il le lui donneroit pour récompense, s'il lui faisoit recouvrer sa liberté.

Monsieur, dit le maître d'hôtel en le prenant, votre mérite plutôt que ce don me fait résoudre à vous complaire; car je vous assure que ce que vous me baillez ne vaut pas le quart de ce que je devrois espérer de monseigneur, si je ne le trahissois comme je le fais. Je m'en vais donc vous faire sortir de céans; mais, dès demain, il faut que vous quittiez cette ville-ci et que vous vous en retourniez en votre pays; car, si vous demeuriez dans la France, l'autorité du personnage que vous avez offensé y est si grande partout, que l'on vous condamneroit à la mort sans rémission. Quand vous pourriez trouver vos habillemens à cette heure, vous feriez bien de ne les point prendre, vu que possible en vous en retournant seriez-vous reconnu des gens de notre hôtel.

Le gentilhomme anglois, ayant donc pris seulement un méchant haut-de-chausses qui traînoit dans les ordures, s'en alla aussi vite dans sa maison que si tous les lévriers du bourreau eussent été à sa queue. Dès le lendemain, il ne faillit pas à plier bagage, et je m'assure qu'étant en son pays il s'y vanta encore d'avoir joui d'une des plus merveilleuses beautés de l'univers, maîtresse d'un des plus grands seigneurs de France, et qu'il y raconta glorieusement les aventures qu'il avoit courues en son amour, tenant son argent pour bien employé, et ayant envie de faire composer un roman d'une si remarquable histoire.

Tous ceux qui avoient aidé à le tromper eurent loyalement leur part au gâteau; mais ce fut bien moi qui eus la fève, car j'eus un gain plus gros que les autres. Avec de semblables artifices, nous gagnions honnêtement notre vie: la justice n'entendoit point parler de nous, car nous faisions tout secrètement; et je crois que, de la sorte, nos vices étoient des vertus, puisqu'ils étoient couverts.

La fortune, lasse de m'avoir tant montré son devant, tandis que je montrois le mien à tout chacun, me montra enfin son derrière. La première fois que son revers me fut témoigné, ce fut quand M. de la Fontaine, que j'ai tantôt mis sur les rangs, rencontra Marsaut, qu'il reconnut, et le suivit jusqu'en notre maison, où, de hasard, me voyant à la fenêtre, il me reconnut aussi. Étonné de me voir demoiselle, il s'enquêta de quelques-uns de la rue, qu'il connoissoit, ce que je faisois. L'on lui dit tout ce qu'il en avoit déjà conjecturé. Mes voisins, ayant appris de lui que j'avois été servante, me décrièrent plus que la vieille monnoie; de sorte que je ne sortois point sans recevoir quelque affront. D'ailleurs la Fontaine, rencontrant derechef Marsaut, l'accosta, lui dit qu'il l'avoit volé, et fit un terrible vacarme; mais il ne le put faire mener en prison, parce qu'il arriva à l'instant de ses camarades qui fendirent la presse, le tirèrent de la main des sergens, et, outre cela, dérobèrent deux manteaux à des badauds qui mettoient le nez aux affaires d'autrui.

Marsaut l'échappa belle ce coup-là; mais il n'en fut pas ainsi quinze jours après, que les archers l'encoffrèrent pour avoir volé la maison d'un bourgeois d'autorité : son procès fut expédié en deux jours, et l'on l'envoya en Grève, où son col sçut combien pesoit le reste de son corps [1].

Cette infamie retombant dessus Perrette et dessus moi, à cause qu'il avoit toujours été avec nous, nous craignions qu'il ne nous arrivât quelque malencontre, car nous n'avions plus guère de soutien. Le commissaire, étant venu un jour chez nous, pensoit y avoir sa chalandise accoutumée; il y avoit bien trouvé à qui parler. Trois gentilshommes déniaisés étoient avec moi qui le testonnèrent [2] et lui firent sauter les montées plus vite qu'il n'eût voulu. Il croyoit que Perrette l'avoit trahi : voilà pourquoi dès l'instant il avoit rompu avec nous, et avoit envie de nous faire déloger du quartier. Auparavant que d'en sortir, nous voulûmes prendre vengeance de lui par quelque galante invention. Celui-ci s'appeloit Lucrin, et étoit d'une humeur fort chagrine; mais il y en avoit un autre appelé Morizot, qui demeuroit en une rue plus éloignée, lequel étoit fort jovial et adonné à la débauche. Il venoit quelquefois chez nous; si bien que nous le dîmes à Lucrin, qui s'en formalisa, et nous assura qu'il ne souffriroit pas qu'il entreprît rien sur lui. Pour lui montrer que nous ne mentions point, et que même il médisoit beaucoup de lui, nous l'envoyâmes quérir,

---

[1] Sorel, qui d'ordinaire ne craint pas le gros mot, a reculé ici devant le texte de Villon :

. . . .
Sçaura mon col que mon cul poise.

[2] *Testonner*, accommoder la tête et les cheveux; — donner des coups, particulièrement sur la tête. (*Dict. de Trévoux.*)

comme si nous en eussions eu affaire, ayant fait cacher l'autre en un petit cabinet. Il y avoit alors chez nous quatre gentilshommes, auxquels Morizot demanda ce qu'ils venoient faire avec moi. Ils répondirent qu'ils ne lui en vouloient point rendre compte, et je lui dis aussi que je n'étois pas obligée de lui déclarer mes actions, qu'il n'étoit pas commissaire du quartier, et que Lucrin me l'avoit dit. Là-dessus il répondit que Lucrin avoit menti, et que c'étoit un sot; si bien qu'il sortit de sa cachette et s'en vint le battre à beaux coups de poings. Morizot prit un bâton pour se défendre, et la bagarre commença si furieuse, que nous en eûmes beaucoup de plaisir. Ils se saisirent au corps, s'égratignèrent, se mordirent et se renversèrent à terre, où ils se firent si beaux garçons, qu'ils avoient chacun les yeux pochés au beurre noir, et tout le reste du visage comme du taffetas de la Chine, rouge, bleu et jaune. Il eût été besoin d'aller querir un troisième commissaire pour accorder ceux-ci, qui se gourmoient au lieu de mettre la paix parmi les autres; mais les gentilshommes qui étoient avec nous firent cet office, et l'un d'eux se mit à dire d'une voix effroyable en les séparant : Comment, coquins, êtes-vous bien si osés que de vous battre devant moi ? Voulez-vous apporter du scandale à une si honnête maison que celle-ci ? Si j'entre en furie, je vous mettrai tous deux en capilotade ! Çà, que l'on fasse trêve tout à cette heure; que l'on s'accole, que l'on se baise, et que l'on touche en la main l'un de l'autre !

Alors les commissaires cessèrent leur combat, et demeurèrent honteux de ce qu'ils avoient fait; mais ils ne perdoient pas pourtant leur animosité et n'avoient garde de s'aller accorder sitôt. Là-dessus le gentilhomme dit à un laquais : Que l'on apprête quelque chose pour la collation, et que l'on apporte du vin pour les faire boire ensemble.

L'on n'eut pas le loisir d'aller rien chercher en ville : l'on s'accommoda de ce qui étoit à la maison; il y avoit des œufs de reste du samedi, dont l'on fit une omelette avec du lard, et on l'apporta sur la table en grande pompe et magnificence. Le gentilhomme dit aux commissaires : Çà, il faut que vous mangiez de ceci avec moi, ou je vous mangerai vous-mêmes. En disant cela, il mit le premier la main au plat, et Morizot ne se le fit pas dire deux fois; mais Lucrin, tout honteux et retenu, n'osoit y toucher; si bien que le gentilhomme, lui faisant ouvrir la bouche en lui tenant le menton d'une main, et prenant un morceau d'omelette de l'autre, le lui jeta dedans de la même sorte qu'un maçon plaqueroit un morceau de plâtre dedans un trou qu'il voudroit boucher : il en eut dans les yeux, dans la barbe, et même dans son pourpoint, ce qui fit qu'il mangea puis après de son bon gré. L'on commanda à un laquais d'apporter à boire à Morizot, et l'on lui dit qu'il bût à la santé de Lucrin. Ce résolu y obéit tout à l'heure, et lui dit : Là, monsieur le commissaire, je m'en vais boire à vous, pour vous montrer que je n'ai point de venin sur le cœur; le sage a dit qu'il faut oublier les injures. Il fut alors question de faire boire aussi Lucrin à sa santé; mais il ne prit le verre que comme à regret, et la crainte lui faisoit si fort trembler la main, que la moitié de son vin fut répandu. Je m'en vais donc boire à vous, puisque l'on m'y force, dit-il d'une voix peu assurée. Et, depuis, il ne voulut ni boire ni manger, à quoi l'on ne le contraignit plus : Morizot fit cet office pour lui, et vida toute notre bouteille.

Après cela, ils nous voulurent quitter; et, voyant qu'ils avoient tout déchiré leurs collets pendant leur conflit, ils ne furent pas d'avis de s'en retourner en cet état. Ils prièrent donc les gentilshommes de leur prêter un laquais pour aller vers leurs femmes, leur dire qu'elles leur envoyassent d'autre linge; mais ils répondirent qu'il y avoit trop loin, et qu'ils avoient affaire de leurs gens, et que l'on leur permettoit seulement d'envoyer querir une lingère, qui étoit notre voisine. Elle s'en vint, ayant eu le mot du guet, et n'apporta rien que de grands collets de point coupé, qui n'étoient point à leur usage : encore les faisoit-elle quatre fois plus qu'ils ne valoient. Ils n'en achetèrent donc point, et furent contraints de s'en retourner en l'état où ils s'étoient mis, se cachant le nez dedans leurs longs manteaux, de peur d'être connus ; et il n'y eut que Morizot qui eut l'invention de prendre son mouchoir et de le mettre autour de son col, comme si c'eût été un collet bas.

Le lendemain, les gentilshommes passèrent dedans un carrosse par-devant leurs logis, bien assistés de laquais, et les forcèrent tous deux de s'y mettre aussi, et puis ils me vinrent prendre avec Perrette; et comme si, nous désirant accorder tous, ils eussent voulu nous faire réjouir ensemble, ils nous menèrent à l'hôtel de Bourgogne; mais sçachez que ces drôles avoient parlé auparavant aux comédiens et leur avoient appris le combat des commissaires, qui fut tout le sujet de leur farce. Voyant que l'on se moquait ainsi d'eux, ils se proposèrent d'en avoir la raison; et, quoiqu'ils nous quittassent sans témoigner leur colère, ils résolurent de nous ruiner, et firent la paix ensemble pour se rendre plus puissans contre nous quand l'occasion se présenteroit. Nous n'attendîmes pas qu'ils en vinssent là; et, pour nous mettre à l'abri du malheur, nous abandonnâmes ce quartier, où nous avions une bonne chalandise.

Nous nous retirâmes aux faubourgs, en une méchante maison fort éloignée, où nous regrettâmes bien la bonne chère que nous avions faite par le passé, car nous en faisions alors une bien maigre, n'ayant rien autre chose que quelque peu d'argent que nous avions épargné, qui étoit le reste de nos trop somptueuses dépenses. Cette chétive vie fut, je pense, la principale cause d'une grande indisposition qui prit à Perrette; comme elle étoit merveilleusement triste de se voir ainsi déchue, la bonne dame se sentoit bien défaillir un peu; c'est pourquoi elle fit ce que l'on a accoutumé de faire en cette extrémité. Moi, qui étois comme sa fille, je reçus d'elle des témoignages apparents de bienveillance; de toutes choses qu'elle savoit, elle n'en oublia pas une à me dire, et me donna des conseils dont je me suis bien servie depuis. Pour ne vous point mentir, il n'y avoit aucun scrupule en elle ni aucune superstition; elle vivoit si rondement, que je m'imagine que, si ce que l'on dit de l'autre monde est vrai, les autres âmes jouent maintenant à la boule de la sienne. Elle ne savoit non plus ce que c'étoit des cas de conscience qu'un topinambour, parce qu'elle disoit que, si l'on lui en avoit appris autrefois quelque peu, elle l'avoit oublié, comme une chose qui ne sert qu'à troubler le repos. Souvent elle m'avoit dit que les biens de la terre sont si communs, qu'ils ne doivent être non plus à une personne qu'à l'autre, et que c'est très-sagement fait de les ravir subtilement, quand l'on peut, des mains d'autrui; car, disoit-elle, je suis venue toute nue en ce monde, et nue je m'en retournerai : les biens que j'ai pris d'autrui je ne les emporterai point; que l'on les aille chercher où ils sont, et que l'on les prenne, je n'en ai que faire. Hé quoi! si j'étois

punie après ma mort pour avoir commis ce que l'on appelle
larcin, n'aurois-je pas raison de dire à quiconque m'en parleroit, que ç'auroit été une injustice de m'avoir mise au monde
pour y vivre sans me permettre de prendre les choses dont
l'on y vit?

Après m'avoir tenu de pareils discours, elle expira, et je la
fis enterrer sans aucune pompe, comme elle m'avoit recommandé, parce qu'elle sçavoit qu'il n'est rien de plus inutile.

Quelques nouvelles connoissances me vinrent alors, qui
m'apportèrent un peu de quoi dîner; mais la perte de ma
bonne mère me fut si sensible, avec la mauvaise rencontre
que je faisois quelquefois de personnes qui sçavoient trop mes
affaires, que je résolus de quitter Paris pour m'en aller à la
ville de Rouen. Ma beauté fut encore assez puissante pour
m'amener force chalands; mais, comme j'étois indifféremment une étable à tous chevaux, je me vis en peu de temps
infectée d'une vilaine maladie : que maudits soient ceux qui
l'ont apportée en France! elle trouble tous les plaisirs des
braves gens, et n'est favorable qu'aux barbiers, lesquels doivent bien des chandelles à l'un de nos rois [1], qui mena ses soldats à Naples pour l'y gagner et en rapporter ici de la graine.
Si j'eus quelque bonheur en mon infortune, c'est qu'un honnête et reconnoissant chirurgien, à qui j'avois fait plaisir auparavant, me pansa pour beaucoup moins que n'eût fait un
autre de sa manicle. Je ne vous veux pas entretenir de ces
ordures, encore que je sçache bien que vous n'êtes pas de ces
délicats à qui un récit est d'aussi mauvaise odeur que la chose
même.

C'est assez vous apprendre que j'allai, comme l'on dit, en
Bavière [2] voir sacrer l'empereur, et qu'étant de retour je me
trouvai si changée, que je fus contrainte d'avoir recours aux
artifices. Les fards, les eaux et les senteurs furent mis en
usage dessus mon corps, pour y réparer la ruine qui s'y étoit
faite. Outre cela, je m'étudiai à garder une certaine façon attrayante, et à dire quelques paroles affectées, ce qui enchan-

---

[1] Charles VIII.

[2] Locution particulière aux académies d'amour. *Aller en Bavière*
signifiait se faire traiter. L'étymologie de ce mot se trouve dans le
Dictionnaire de Leroux, auquel nous renvoyons, — pour cause.

toit infiniment ceux sur qui je faisois dessein. Un certain homme, fort riche et sans office, en fut tellement épris, qu'il me retira en sa maison pour m'y gouverner plus librement. A n'en point mentir, il eût bien pu trouver une maîtresse plus belle que moi, aussi le confessoit-il; mais il y avoit quelque chose en mon humeur qui lui plaisoit tant, qu'il me préféroit aux autres. La cause de notre séparation fut qu'il arriva une petite castille [1] entre nous, à cause que je tranchois comme je voulois de son bien, et avec plus de liberté qu'il ne m'avoit permis.

L'exercice de mon premier métier étant encore en ma mémoire, ce fut mon soudain refuge. Je m'y adonnai longtemps, ne refusant aucune personne qui m'apportât ce qui se couche sur le plat. En ce temps-là, un certain coque redouille [2], se voulant marier, eut envie de sçavoir auparavant en quel endroit il faut assaillir son ennemi en la guerre de l'amour, où il n'avoit jamais montré sa valeur. Il me fut adressé par un sien cousin pour lui en donner des leçons. Ayant été chez moi un dimanche après dîner, l'on lui dit que j'étois au sermon, où il s'en alla aussitôt pour m'y trouver. Le prêcheur, tombant sur la première vie de la Madeleine, parloit fort contre les paillardes, et représentoit si vivement les peines qui leur sont préparées en enfer, que mon amant disoit en lui-même qu'il pouvoit bien faire compte d'en aller trouver une autre que moi pour lui octroyer la courtoisie, s'imaginant que je serois touchée de beaucoup de repentirs en oyant cette prédication; mais, sitôt qu'elle fut achevée, et qu'ayant pu m'aborder il m'eut dit la pensée qu'il avoit, je lui fis une réponse que possible trouverez-vous pleine d'impiété : mais il n'importe, je ne suis pas ici pour faire paroître devant vous que je me repens de mes fautes passées. Vrami voire, lui dis-je, j'aurois l'âme bien foible de m'étonner de ce que nous vient de conter ce moine; ne sçais-je pas bien qu'il faut que chacun fasse son métier? Il exerce le sien, en amusant le simple peuple par ses paroles, et le détournant d'aller aux débauches, où l'argent se perd inutilement et où se font les querelles et les batteries; et moi j'exerce aussi le mien, en étei-

---

[1] Querelle.
[2] Niais.

gnant la concupiscence des hommes par charité. Il fut payé de cette sorte; et, comme il avoit l'âme simple, à la mode du vieux temps que l'on se mouchoit sur la manche, il s'étonna fort de mon humeur libertine, qu'il prenoit pour très-mauvaise et répugnante à la bonne religion. Pour vous abréger le conte, je lui enseignai ce qu'il désiroit d'apprendre, mais si malheureusement pour lui, qu'il gagna un chancre, qu'il fut contraint de porter aussi bien que la sphère du ciel porte le sien; qui pis est, il n'eut pas couché huit jours avec sa nouvelle épouse, qu'il lui infecta tout le corps. N'avoit-il pas fait un bel apprentissage, sous ma maîtrise? Enfin, les ans gâtèrent tellement le teint, les traits de mon visage, que la céruse et le vermillon n'étoient pas capables de me rembellir. Petit à petit, le nombre de mes amans s'amoindrissoit, et je n'avois plus chez moi que des faquins, moins chargés d'argent que de désirs d'en avoir. Cela me contraignit à me tirer du rang des filles, et à me mettre du rang des mères, qui cherchent la proie pour leurs petits. Afin de m'acquitter plus accortement de cette charge, je m'habillai à la réformation, et n'y avoit point de pardons où je n'allasse gagner des crottes. Je connoissois les braves hommes à leur mine; et, quand j'avois acquis leur connoissance, je les menois en des lieux où ils recevoient toute sorte de contentement. Si quelqu'un étoit amoureux de quelque fille, j'employois pour lui tout mon pouvoir et faisois tenir finement des lettres à sa maîtresse.

Or, Francion, apprêtez maintenant vos oreilles à ouïr ce que je conterai de Laurette, car je m'en vais entrer en ce sujet-là.

Étant aux champs avec une de mes commères, je me promenois un soir toute seule en un lieu fort écarté, comme je vis passer auprès de moi un homme inconnu qui tenoit quelque chose sous son manteau. Après qu'il fut à vingt pas de moi, j'entendis crier un enfant, ce qui me fit retourner aussitôt, et je connus qu'il falloit que ce fût cet homme qui en portât un. Où portez-vous cet enfant-là, lui dis-je; à qui est-il? S'arrêtant alors, il me dit qu'il l'alloit porter à un village prochain, où il croyoit y avoir une bonne nourrice. Je le suppliai tant, qu'à la fin il me dit que c'étoit un péché secret d'un jeune gentilhomme du pays, qu'il l'avoit fait à une servante de sa mère; mais il ne me voulut nommer personne. Encore que l'obscurité fût grande, je pris la petite créature entre mes

mains pour voir si elle étoit belle, et celui qui me l'avoit
baillée me montra aussitôt les talons, en me disant qu'il alloit parler à un de ses camarades. Le gage qu'il me laissoit
ne me plaisant pas, je le posai dessus l'herbe, et m'en courus
après lui, inutilement toutefois, car il avoit si bonnes jambes
qu'il disparut en peu de temps ; d'ailleurs j'entendois aboyer
un mâtin auprès de l'enfant que j'avois quitté, ce qui me fit
retourner à lui, craignant qu'il ne lui advînt quelque mal. La
compassion me le fit prendre entre mes bras pour le porter
à la maison, où je connus à la lumière que c'étoit une fille parfaitement belle, comme ordinairement sont tous les enfans
qui se font par amourettes, d'autant que l'on y travaille avec
plus d'affection, et que le plus souvent les mères sont belles,
puisqu'elles ont sçu donner de la passion à un homme.

Je connoissois à Rouen une nourrice qui avoit tant de lait
qu'elle s'accorda à nourrir encore ma fille outre la sienne,
moyennant une petite somme que je lui promis. Quand elle l'eut
sevrée, je la pris avec moi, et l'appelai toujours Laurette, ainsi
que celui qui me l'avoit baillée m'avoit dit qu'on l'avoit nommée
sur les fonts. Je ne dépensois guère à la nourrir, parce que
toutes les filles de joie de la ville la trouvoient si bellotte,
qu'elles la vouloient avoir chacune à leur tour en leur maison ;
et certes elle ne leur étoit point inutile, car, en allant avec
elles par les rues, elle étoit cause qu'on ne les prenoit pas
pour ce qu'elles étoient, mais pour des femmes de bien qui
eussent été mariées.

Le jugement lui étant venu, c'étoit à qui lui montreroit le
plus de gentillesses, et à qui lui apprendroit de plus subtils
discours, pour toutes les occasions où elle se trouveroit. Elle
apprit, à voir faire les autres, beaucoup de ruses pour decevoir les hommes ; et, la trouvant déjà fort grande, je la retirai chez moi, craignant qu'elle ne se laissât cueillir la belle
fleur de son pucelage sans en tirer aucun notable profit. Il
ne m'étoit pas avis que Rouen fût une ville digne d'elle, qui
avoit toutes les beautés et toutes les perfections que l'on
sçauroit désirer. Je me résolus de la mener à Paris, où il
me sembloit que je ferois avec elle un gain si grand, qu'il
me récompenseroit de l'avoir élevée. Je n'avois plus alors
les atours de demoiselle ; il y avoit longtemps qu'ils étoient
allés jouer. Je ne lui donnai donc qu'une coiffe à pointe,

comme à la fille d'une bourgeoise, et, avec cela, elle parut si mignarde, que je ne vous le puis exprimer. Quand elle marchoit après moi par la rue, l'un disoit qu'elle avoit un visage d'ange, et l'autre louoit ses cheveux blonds et frisottés, ou son jeune sein qui s'enfloit petit à petit, et dont elle découvroit une bonne partie. J'épiois finement quand quelqu'un la regardoit et la suivoit jusque chez nous; puis je la faisois tenir à la porte, afin qu'en passant il la pût voir encore, et s'empêtrer davantage dans les liens de sa beauté.

Il me sembla bien qu'il étoit temps de la monter aux plus hautes classes, et de lui donner de plus doctes leçons. C'est pourquoi je ne la gouvernai plus en enfant, et commençai à lui apprendre ce qui lui étoit nécessaire pour surgir à un heureux port dans la mer de ce monde.

Depuis, elle ne fut point chiche d'œillades à ceux qui lui en jetaient, et je vous assure bien qu'elle les envoyoit si amoureusement, qu'elle remportoit toujours un cœur en récompense. Voyez un peu l'artifice dont je lui faisois user, afin que chacun m'estimât de celles que l'on appelle femmes d'honneur. Lorsque je me retournais vers elle, elle abaissoit soudain les yeux, comme si elle n'eût plus osé regarder les hommes licencieusement, comme elle avoit fait quand j'avois eu le dos tourné.

Entre les jeunes muguets qu'elle avoit charmés, il y en avoit un plus brave que les autres, nommé Valderan, que je croyois être aussi le plus riche : comme notre voisin, il nous accosta bientôt, et me demanda la permission de nous venir visiter, laquelle je lui accordai avec des remercîments de l'honneur qu'il nous vouloit faire; néanmoins je recommandai bien à Laurette de lui témoigner toujours une petite rigueur invincible, jusqu'à tant qu'il répandît dans ses mains force écus d'or, que je lui disois être des astres qui donnent la qualité de dieux en terre à ceux qui les ont en maniement, ainsi que les planètes, qui sont au ciel, donnent ce même honneur aux intelligences qui les régissent. Je suis sçavante, oui, vous ne le croyez pas; je veux vous montrer que j'ai quelquefois lu les bons livres, où j'ai appris à parler phœbus.

Or mes remontrances n'étoient pas vaines envers Laurette; elle les sçavoit si bien observer, qu'elle ne voyoit pas une fois

Valderan, qu'elle ne se plaignît à lui, à part, que sa tante (qui étoit moi) étoit la plus chiche femme du monde. Mon père m'a envoyée beaucoup d'argent pour me r'habiller tout à neuf, lui disoit-elle, mais elle n'en veut point faire d'emplette pour moi, et je pense même qu'elle l'a employé à ses nécessités particulières, encore que, Dieu merci, elle soit d'ailleurs très-bien payée de ma pension. Après cette menterie, elle ne feignoit[1] point de demander de l'argent à Valderan, pour acheter une cotte ou une robe; et, lorsqu'il lui disoit qu'il auroit bien de la peine à lui donner ce qu'elle lui demandoit, elle lui répondoit: Eh! comment voulez-vous que je connoisse votre affection, si vous ne vous portez en des difficultés extrêmes pour la témoigner?

Par des subtilités semblables, elle tira de lui à la fin quelque peu d'argent: il pensoit que, pour cela, elle fût obligée de se donner toute à lui; mais il fallut bien qu'il quittât cette opinion, lorsqu'il vit qu'elle le dédaignoit plus que de coutume.

En ce temps-là, il y eut un brave et leste financier, appelé Chastel, qui acquit notre connoissance par le moyen d'une fille qui nous servoit, laquelle lui représenta si bien nos nécessités, selon mon instruction, que, pour avoir part à nos bonnes grâces, et tâcher d'obtenir du remède à l'affection qu'il avoit pour Laurette, il nous fit plusieurs largesses, qui captivèrent infiniment notre bienveillance. C'étoit un rieur, qui ne sçavoit ce que c'étoit que ces grands transports d'amour. Il fuyoit tout ce qui lui pouvoit ôter son repos, et ne vouloit point que l'on lui refusât deux fois une chose. Moi, qui connoissois son humeur, je lui faisois le meilleur visage que je pouvois, ainsi que faisoit pareillement ma nièce.

Un soir, nous revenions de la ville comme il venoit de sortir de chez nous, et Valderan nous vint voir en même temps. Laurette prit le miroir selon sa coutume, pour accommoder ses cheveux, et notre servante, la regardant, se prit si fort à rire qu'elle lui demanda ce qu'elle avoit. Elle, qui étoit une délibérée sans dissimulation, lui dit: M. Chastel vient de sortir de céans; vous ne sçavez pas ce qu'il a fait? En vous

---

[1] Feindre signifie ici craindre.

voyant mirer, je me souviens qu'il a pris ce miroir-là, et qu'il y a contemplé son... vous m'entendez bien; il n'est pas besoin que je m'explique.

Ayant dit cela, elle se mit à rire plus fort que devant, et Laurette fit alors un trait nonpareil, pour témoigner une excessive pudeur à Valderan, qui écoutoit tout, et pour réparer l'indiscrétion de la servante; car, comme si elle eût été grandement en colère, elle prit un certain fer, et en cassa la glace du miroir, disant qu'elle ne vouloit jamais voir son visage en un lieu où on avoit vu une si vilaine chose. Valderan lui dit avec un souris modéré qu'elle étoit d'une humeur trop colérique, et qu'il n'étoit rien demeuré dans le verre de l'objet que lui avoit présenté Chastel; néanmoins je sçais bien qu'il loua en soi-même cette action, et qu'il fut bien aise d'avoir une si sage maîtresse, comme paroissoit Laurette en tous ses discours. Cela fut mêmement cause qu'il ne la requit plus avec tant de licence d'alléger son tourment, et qu'il s'imagina qu'il ne pourroit rien avoir d'elle s'il ne l'épousoit; néanmoins, parce qu'il n'avoit guère envie de se lier déjà d'une si fâcheuse chaîne, il se proposa de tenter encore la fortune, et de tâcher de gagner sa maîtresse par les preuves d'une extrême passion.

Chastel avoit tant dérobé le roi pour nous enrichir, que nous eussions été les plus ingrates du monde, si nous n'eussions reconnu sa bonne volonté : aussi lui promîmes-nous de le faire parvenir au but où il visoit; et Laurette, à qui la coquille démangeoit beaucoup, s'y accorda facilement.

La nuit que son gentil pucelage étoit aux abois de la mort, Valderan amena un musicien de ses amis devant nos fenêtres, et lui fit chanter un air qui, avec le son d'un luth, empêcha que je n'allasse prendre mon repos, tant j'ai d'affection pour l'harmonie. Je descendis en une salle basse avec ma servante, pour écouter; et, voyez la vanité de notre amoureux, afin que l'on sçût que c'étoit lui qui donnoit ou qui faisoit donner cette sérénade, il se fit appeler tout haut par quelqu'un qui étoit là. Mais, d'autant que je savois bien que ce n'étoit pas lui qui chantoit, et qu'il m'étoit avis que ce n'étoit pas assez de ne donner que des paroles et de la musique à sa dame, je dis à ma servante qu'elle lui en touchât quelques mots. La chanson étant achevée, elle ouvrit une fenêtre

basse, et, lui, croyant que ce fût Laurette, s'approcha incontinent; mais, comme il vit que ce ne l'étoit pas, il demanda à ma servante où elle étoit. Et croyez-vous, lui dit-elle, qu'elle soit si sotte que de se réveiller pour vous entendre racler deux ou trois méchans boyaux de chat? à quoi sert toute votre viande creuse? Vous avez beau jouer de la mandragore ou de la guiterne, de la lenterne, du cristre, et de l'épine-vinette[1], Laurette n'en fait guère de compte. Vous pensez qu'ainsi que vous passez la nuit à songer à elle, elle la passe à songer à vous? ôtez cela de votre fantaisie; maintenant elle dort dans son lit à jambe étendue. Si vous aimez sa santé, ne faites pas jouer davantage, craignant de la retirer du sommeil: aussi bien n'est-ce pas un grand présent que vous lui faites. Tu es une moqueuse, dit Valderan, je ne lui puis rien bailler de plus sortable à sa qualité que de la musique; car ne sçais-tu pas bien que c'est tout ce qu'on donne aux plus grandes divinités pour les convier à nous aimer et pour les remercier de nous avoir secouru? Vous nous la baillez belle, dit ma servante; vous prenez donc Laurette pour une déité? Voulez-vous voir ce qui est dans sa chaire percée, et si vous aurez bien le courage d'en manger; ce n'est point du nectar ni du maître ambroise. La fin de votre air a été que votre soleil commençoit à paroître à la fenêtre de son palais, et c'étoit moi sans doute que vous preniez pour elle; voilà pourquoi je conjecture que je jette des rayons aussi flamboyans que les siens, ou peu s'en faut. La nuit est tantôt passée, allez-vous-en avec votre luth, monsieur le luthérien, je vous le conseille. Ce ne seroit plus une sérénade que vous bailleriez, et vous feriez l'amour indiscrètement, le faisant en plein jour. Si ma maîtresse étoit aussi mauvaise que toi, dit Valderan, je serois réduit à une extrémité : je pense qu'elle aura meilleure opinion de ma musique. Vous êtes bien de votre pays, répondit ma servante, de penser que, quand elle auroit entendu votre chanson, elle vous aimât davantage. Non, non, si elle lui a plu, elle aimé-

---

[1] La drôlesse malmène les mots comme elle malmène le galant : mandragore est mis pour mandore, petit luth; guiterne (ceci se devine aisément) pour guitare; cristre pour cistre, encore une espèce de luth; enfin épine-vinette pour épinette.

roit bien plutôt celui qui l'a chantée; car, quant à vous, quelle merveille avez-vous faite qu'un autre ne puisse faire? Le plus grand sot du monde peut faire venir chanter ici le plus excellent musicien que l'on puisse trouver. Ce n'e t pas avec la voix que je désire acquérir la bonne grâce de madame, dit Valderan, c'est avec l'affection extrême qu'il me suffit d'avoir fait déclarer par le chant d'un autre. Voilà qui est bien, ma foi, répondit la servante; un homme insensible à l'amour peut faire dire qu'il est passionné aussi bien que vous.

Valderan, voyant qu'il n'y avoit rien à gagner que de la honte avec cette moqueuse, qui disoit la plupart de ses traits piquans selon que je la venois d'enseigner, s'en retourna sans faire continuer la musique, et je m'en allai voir ma nièce, qui étoit entre les bras de Chastel, avec qui elle avoit pris son plaisir au son du luth. Je ne dis pas devant lui qui c'étoit qui avoit fait donner la sérénade, craignant de lui causer de la jalousie; mais le lendemain j'en parlai à Laurette, et, considérant la misère où l'on est quelquefois, en exerçant le métier que je lui faisois prendre, je m'avisai qu'il seroit bon de la marier, et que nous ferions bien, si nous pouvions prendre au trébuchet le passionné Valderan; car je m'imaginois qu'il étoit infiniment riche, et que je passerois en repos le reste de mes jours en sa maison, hors du péril des naufrages que je redoutois. Dès que Laurette le put voir en secret, elle lui assura qu'elle étoit ardemment éprise de ses perfections; mais pourtant qu'il se trompoit, s'il pensoit devoir obtenir quelque faveur sans la prendre pour femme. La passion, dominant alors dessus lui plus que jamais, il prit du papier, et lui écrivit une promesse de mariage, pensant qu'il jouiroit d'elle après; mais, quand il fut sorti et qu'elle me l'eut montrée, je ne me contentai pas de cela : je dis qu'il falloit tout résolument qu'il l'épousât en public, ou qu'il donnât bien du fonds pour jouir d'elle en secret. Comme nous étions sur le point de le faire résoudre à l'un ou à l'autre, nous le vîmes un jour traîner honteusement au Fort-l'Évêque [1], où je pense qu'il est encore détenu prisonnier,

---

[1] La prison du For-l'Évêque, située rue Saint-Germain-l'Auxerrois, était, dans le principe, le siège de la juridiction temporelle de l'évêque de Paris. Elle fut réunie au Châtelet en 1674.

pour avoir affronté plusieurs marchands et autres personnes. Quand nous sçûmes que toute la piaffe n'étoit venue que d'emprunts, nous ne fîmes non plus d'état de lui que de la fange, et sa promesse fut jetée dans le feu comme inutile. En ce temps-là, l'amour du financier se refroidit par la jouissance, et, comme il ne venoit plus voir ma nièce si souvent que par le passé, il ne nous faisoit plus aussi des dons si fréquens. Cela me contraignit de donner entrée chez moi à plusieurs autres braves hommes, à qui j'avois l'artifice de faire entendre nos nécessités. Les uns nous assistoient un peu, et les autres point du tout. Mais aussi étoient-ils traités d'une étrange façon de Laurette, qui leur témoignoit tantôt un dédain, et leur donnoit tantôt un trait de gausserie qui les piquoit vivement. Le plus souvent, en jouant aux cartes avec eux, elle prenoit bien la hardiesse de serrer en bouffonnant tout leur argent à jamais rendre, et elle faisoit cela de si bonne grâce et si à propos, qu'ils eussent eu de la honte à s'en offenser. Il y avoit quelquefois des niais qui vouloient toucher son sein, autant pour lui montrer une belle bague qu'ils avoient au doigt, et lui en éblouir les yeux, que pour autre chose. Elle leur prenoit aussitôt la main, et leur disoit : Qu'elle est effrontée, cette main-ci ! qu'elle est téméraire ! Elle court en tous les endroits où ses désirs la portent, et encore en temps de guerre elle va sur le pays de son ennemi : certes, je la tiens bien la traitresse; je ne la laisserai pas aller qu'elle n'ait payé sa rançon. Puis, en ôtant la bague, elle continuoit : Ah! voici qui aidera à nous satisfaire.

Quelquefois le jocrisse la lui redemandoit en s'en allant; mais elle lui répondoit toujours avec des risées qu'elle lui demeureroit pour la rançon de sa main. M'avez-vous pas appelée tantôt votre plus cruelle ennemie, en me contant vos tourmens? lui disoit-elle : vous deviez songer que depuis nous n'avions point fait de paix ni de trêve. Si, à quelques jours de là, il l'importunoit encore de rendre ce qu'elle avoit pris, et que ce fût une pièce de trop grande valeur pour la dérober de cette sorte, elle la lui bailloit, à condition de lui faire un autre présent à sa discrétion même. Mais quelquefois aussi, voyant qu'elle n'étoit pas de grand prix, elle la retenoit fort bien, ou bien elle disoit qu'elle l'avoit mise en gage; et celui à qui elle appartenoit étoit contraint de l'aller retirer de son argent, s'il la vouloit ravoir.

Elle faisoit une infinité d'autres profitables galanteries, et ne consiléroit point la beauté, la courtoisie ni la gentillesse de personne pour l'affectionner davantage que les autres. Je l'avois avertie de ne se point laisser embéguiner par ces fadaises-là, qui n'apportent pas de quoi dîner, et son humeur libre la portoit assez à suivre mon conseil. Ceux qui étoient prodigues acquéroient seulement ses bonnes grâces; et encore falloit-il qu'ils eussent de la modestie, et qu'ils gardassent le silence, pour parvenir aux suprêmes degrés de la félicité d'amour, d'autant qu'elle vouloit toujours paroître chaste.

Elle ne sortoit guère que les bons jours, et paroissoit si gentille à la maison, coiffée en demoiselle, que les plus belles de la cour lui eussent porté envie. Aussi y eut-il un seigneur nommé Alidan, qui, la voyant en cet état à la fenêtre, en passant par notre rue, la trouva la plus aimable fille du monde, et s'informa curieusement qui elle étoit. Comme il sçut que c'étoit Laurette, dont il avoit ouï faire du récit à des courtisans, il fut encore plus embrâsé, au souvenir des preuves que l'on lui avoit donné beaucoup de fois de son gentil esprit.

Tout aussitôt il se résolut d'acquérir une si belle possession; et, lui étant avis que je ne la donnerois pas pour quelque prix que ce fût, il crut qu'il lui étoit nécessaire de la faire enlever. De tous côtés il nous faisoit épier par ses gens; et, comme j'étois un soir à la ville, il envoya un carrosse devant notre porte: un homme de bonne mine en sortit, qui alla faire accroire à Laurette qu'au lieu d'aller où je lui avois dit en partant j'avois été chez un galant homme, où je l'attendois, et qu'il falloit qu'elle se mît dedans le carrosse pour m'y venir trouver. De mauvaise fortune Laurette était toute vêtue à cette heure-là, si bien qu'elle ne se fit guère prier pour sortir de la maison, parce que même il étoit vrai que j'allois souvent chez celui où l'on lui disoit que j'étois.

Le carrosse étant arrivé en la maison d'Alidan, elle fut reçue de son nouvel amant comme vous pouvez penser. Quoiqu'au commencement elle ne voulût pas permettre que celui qui l'avoit trompée la touchât en aucune façon, à la fin, considérant ses qualités éminentes et le bon traitement qu'il lui faisoit, elle se laissa apprivoiser. Cependant j'étois bien en peine d'elle, et tout mon exercice étoit de m'enquêter si elle n'étoit point chez quelqu'un de ceux qui lui avoient fait l'amour.

Le troisième jour d'après celui de sa perte, je rencontrai un honnête homme de ma connoissance, qui m'apprit le lieu où elle étoit. Je m'y en allai tout de ce pas, et demandai à parler à Alidan, à qui je dis que l'on m'avoit assuré que c'étoit lui qui m'avoit fait ravir une certaine nièce qui vivoit avec moi, et je le suppliai de m'excuser si je prenois la hardiesse de lui venir demander si cela étoit vrai. Après qu'il me l'eut nié, je lui dis : Monsieur, il n'y a qu'un mot qui serve, vous n'avez que faire de me la céler, car aussi bien ne la veux-je pas ravoir, elle est en trop bonne main. Je viens ici seulement pour vous déclarer qu'il ne falloit point que vous vous servissiez de tromperie ni de violence, parce que, si vous me l'eussiez demandée, je vous l'eusse donnée de bon gré.

M'ayant ouï parler avec une liberté si grande, il me découvrit ce qui en étoit ; et, m'ayant fait donner une récompense, dont je me contentai, me mena voir Laurette en son corps de logis de derrière. Elle me fit des excuses, sur ce qu'elle ne m'avoit point mandé de ses nouvelles, et me dit qu'elle n'avoit sçu le faire en façon quelconque. Ce m'étoit une chose bien fâcheuse d'être privée de sa compagnie, et néanmoins la nécessité m'apprit à m'y résoudre. Tantôt Alidan l'envoyoit aux champs, tantôt il la faisoit venir à la ville, et il la faisoit souvent loger ailleurs que dans sa maison. C'étoit alors que je l'allois visiter bien familièrement, et que je faisois bien avec elle mes petites affaires, sans que personne en sçût rien. Autant de mille écus que j'y ai mené de fois de jeunes drôles, qui jouissoient d'elle, tandis que celui qui étoit son maître et son serviteur tout ensemble croyoit qu'elle ne pouvoit faire ouvrir la serrure dont il portoit la clef.

Enfin, comme l'on se lasse d'être nourri toujours d'une même viande, il n'a plus tant adoré les appas de Laurette, et, ne voulant pas néanmoins la quitter tout à fait, mais désirant retâter sans scandale de son mets ordinaire quand bon lui semblera, il s'est avisé de la donner en mariage à Valentin, avec quelques avantages, comme une récompense des services qu'il a reçus de lui. Valentin et elle sont venus demeurer en un château ici proche, où je m'en vais lui présenter les recommandations d'un brave financier, qui obtiendra plus en un jour que Francion n'a fait en trois mois. Ma foi, il le mérite aussi, quand ce ne seroit qu'à cause que son affection est née en un temps remarquable, et pour un charitable sujet. La première fois qu'il vit Laurette, ce fut dans l'église, comme l'on la marioit ; et, considérant que son époux ne lui donneroit pas tout ce qu'elle pourroit désirer, il se proposa, par amitié fraternelle, de lui subvenir. Dans peu de temps, vous le verrez en cette contrée ; car il est si assuré que je m'acquitterai bien de ma charge, que je crois qu'il est déjà parti de Paris.

Êtes-vous content à cette heure, Francion? Voilà tout ce que je vous puis dire de votre maîtresse : l'aimez-vous encore aussi ardemment que vous faisiez?

Je suis plus son serviteur que jamais, répondit Francion, et assurez-vous que, n'étoit que la mémoire est toute récente en son village de certaines folies qui se sont passées, parmi lesquelles on m'a mêlé, je m'y en retournerois, et ferois, je m'assure, plus par mes soumissions et par mes témoignages d'amitié que vous et votre beau financier par l'argent, sur qui vous fondez toute votre espérance. Ira-t-elle aimer un sot, dont elle verra les pistoles plutôt que la personne même qui, je m'assure, n'a aucun mérite, puisqu'en un mot ce n'est qu'un financier? Ah! mon ami Francion, reprit Agathe, vous sçavez bien quelle puissance je vous ai dit que l'argent a sur l'esprit de Laurette. Oui, mais elle est femme, repartit Francion, et n'est pas insensible aux plaisirs qu'on reçoit avec une personne dont le mérite est agréable. Il se peut bien faire que, pour attraper quelques ducats, elle se donnera en proie aux désirs d'un badaud ; mais elle ne le chérira pas pourtant, et, quand elle verra sa bourse vide, elle se videra pareillement de l'affection qu'elle aura feint de lui porter Faites du pire que vous pourrez, Agathe ; aussitôt que le moule de mon timbre [1] sera guéri de sa plaie, j'irai voir secrètement

---

[1] Allusion à sa bourse vide.

ma maîtresse, et recevrai d'elle tout ce que je saurois désirer. Ce discours fini, Agathe prit congé de la compagnie, et monta dans une charrette, où elle avoit fait tout son voyage; puis elle se mit au chemin de la demeure de sa nièce, envers qui elle n'avoit pas envie de faire la chose dont elle avoit menacé Francion; car elle s'étoit résolue de le secourir entièrement sans qu'il s'en aperçût, et de donner de la casse au financier.

Ces malheureuses gens ont toujours été à qui plus leur donne, et à qui plus leur fait espérer. L'on ne voit point pourtant qu'ils en soient plus à leur aise. Leur vie est toute tissue de malheurs; mais leur insensibilité fait que cela ne les empêche pas d'avoir de la gaieté : mais elle est bien fausse et bien éloignée de celle de ceux qui vivent justement. Nous avons vu ici parler Agathe en termes fort libertins; mais la naïveté de la comédie veut cela, afin de bien représenter le personnage qu'elle fait. Cela n'est pas pourtant capable de nous porter au vice; car, au contraire, cela rend le vice haïssable, le voyant dépeint de toutes ses couleurs. Nous apprenons ici que ce que plusieurs prennent pour des délices n'est rien qu'une débauche brutale dont les esprits bien sensés se retireront toujours.

LIVRE TROISIÈME

Comme cette pernicieuse vieille fut partie, laissant ceux qui l'avoient entendue discourir tout satisfaits des facétieux contes dont elle les avoit entretenus, il arriva dans la taverne un carrosse que le gentilhomme qui avoit couché avec Francion avoit envoyé quérir chez soi dès le grand matin. Après dîner, voyant que la pluie étoit passée, il fit tant, que le pèlerin y monta, lui disant qu'il désiroit avoir cet honneur de le traiter en sa maison, où il seroit aussi bien inconnu qu'au bourg où il vouloit aller. Ce m'a été une bonne fortune, continua-t-il, de trouver si à propos un homme dont la connoissance m'est infiniment chère. Je revenois, avec un seul laquais, de voir une mignarde veuve de ce pays-ci, qui s'appelle Hélène : je soupai avec elle fort tard, et, en passant par ici pour m'en retourner en mon château, il m'arriva un accident qui me fit demeurer, et que je bénis, comme la cause de mon bonheur, c'est que mon cheval se rompit une jambe en sautant un fossé ; mais je ne voudrois pas pour cinquante coureurs tels que lui n'avoir eu votre rencontre.

Pour répondre à ces honnêtetés signalées, Francion usa des complimens qui lui semblèrent plus à propos ; et, ayant dit, sur la fin, que, pour récompense, il s'efforceroit de donner son sang et sa vie, et tout ce que l'on lui demanderoit, le gentilhomme lui dit que, pour lors, il ne vouloit rien autre chose de lui, sinon qu'il lui racontât le songe qu'il avoit fait la nuit passée ; si bien que, tandis que le carrosse rouloit à travers les champs, Francion commença ainsi à parler :

Monsieur, puisque votre bel esprit désire être récréé par des rêveries, je m'en vais vous en raconter les plus extravagantes qui aient jamais été entendues, et je mets encore de mon propre mouvement cette loi en mon discours que, s'il s'y trouve des fadaises qui vous ennuient, je les terminerai aussitôt que vous l'aurez dit. Vous ne finiriez jamais, interrompit le gentilhomme bourguignon, si vous attendiez que je vous fisse taire ; car vous ne pouvez dire que des choses qui seront extrêmement à propos et extrêmement délicieuses à entendre. Encore que ce que vous avez songé soit sans raison et sans ordre, je ne laisserai pas de l'écouter attentivement, afin de l'éplucher puis après si bien, que j'en puisse tirer l'explication. Je m'en vais donc vous contenter, dit le pèlerin, bien que je sois assuré qu'Artimidore[1] même demeureroit camus en une chose si difficile.

Après vous avoir donné le bonsoir, à la fin de mon histoire, je me laissai emporter à une infinité de diverses pensées. Je bâtissois des desseins incomparables, touchant mon

---

[1] Pour : Artémidore, — auteur grec du deuxième siècle, à qui l'on doit un *Traité des Songes*.

amour et ma fortune, qui sont les deux tyrans qui persécutent ma vie. Comme j'étois en cette occupation, le sommeil me surprit sans que j'en sentisse rien, et tout du commencement il me sembla que j'étois en un champ fort solitaire, où je trouvai un vieillard qui avoit de grandes oreilles, et la bouche fermée d'un cadenas, lequel ne se pouvoit ouvrir que quand l'on faisoit rencontrer en certains endroits quelques lettres, qui faisoient ces mots : *Il est temps*, lorsque l'on les assembloit. Voyant que l'usage de la parole lui étoit interdit, je lui demandai pourquoi, croyant qu'il me répondroit par signes. Après qu'il eut mis de certains cornets à ses oreilles, pour mieux recevoir ma voix, il me montra de la main un petit bocage, comme s'il m'eût voulu dire que c'étoit là que je pourrois avoir réponse de ce que je lui demandois. Quand j'en fus proche, j'ouïs un caquet continuel, et m'imaginai alors que l'on parloit là assez pour le vieillard. Il y avoit six arbres au milieu des autres, qui au lieu de feuilles avoient des langues menues attachées aux branches avec des fils fort déliés; si bien qu'un vent impétueux, qui souffloit contre, les faisoit toujours jargonner. Quelquefois je leur entendois proférer des paroles pleines de blâme et d'injures. Un grand géant, qui étoit couché à leur ombre, oyant qu'elles me découvroient ce qu'il y avoit de plus secret, tira un grand cimeterre, et ne donna point de repos à son bras qu'il ne les eût toutes abattues et tranchées en pièces; encore étoient-elles si vives qu'elles se remuoient à terre, et tâchoient de parler comme auparavant. Mais sa rage eut bien après plus d'occasion de s'accroître, parce que, passant plus loin, il me vit contre un rocher, où il connut que je lisois un ample récit de tous les mauvais déportemens de sa vie. Il s'approcha pour hacher aussi en pièces ce témoin de ses crimes, et fut bien courroucé de ce que sa lame rejaillissoit contre lui sans avoir seulement écaillé la pierre. Cela le fit entrer en une telle colère, qu'en un moment il se tua de ses propres armes; et la puanteur qui sortit de son corps fut si grande, que je tâchai de m'en éloigner le plus tôt qu'il me fut possible.

Après cela, je ne sais de quelle sorte il avint que je me trouvai dans le ciel; car vous savez que tous les songes ne se font ainsi qu'à bâtons rompus. Voici les plus fantasques imaginations que jamais aucun esprit ait eues; mais écoutez tout sans rire, je vous en prie, parce que, si vous en riez, vous m'émouvrez par aventure à faire le même, et cela fera du mal à ma tête qui ne se porte pas trop bien.

Ah! mon Dieu, vous me tuez de vous arrêter, tant j'ai hâte de savoir vos imaginaires aventures, dit le gentilhomme; continuez, je me mordrai plutôt les lèvres, quand vous direz quelque chose de plaisant. Eh bien! vous vous trouvâtes dans le ciel, y faisoit-il beau?

Voilà une belle demande, répondit Francion, comment est-ce qu'il y feroit laid, vu que c'est là qu'est le siége de la lumière et l'assemblage des plus vives couleurs?

Je reconnus que j'y étois, à voir les astres, qui reluisent aussi bien par-dessus que par-dessous, afin d'éclairer en ces voûtes. Ils sont tous attachés avec des boucles d'or, et je vis de belles dames, qui me semblèrent des déesses, lesquelles en vinrent défaire quelques-uns, qu'elles lièrent au bout d'une baguette d'argent, afin de se conduire en allant vers le quartier de la lune, parce que le chemin étoit obscur en l'absence du soleil, qui étoit autre part. Je pensai alors que de cette coutume de déplacer ainsi les étoiles provient que les hommes en voient quelquefois aller d'un lieu à l'autre.

Je suivois mes bonnes déesses, comme mes guides, lorsqu'une d'elles, se retournant, m'aperçut et me montra à ses compagnes, qui toutes vinrent me bien-veigner [1], et me faire des caresses si grandes, que j'en étois honteux. Mais, les mauvaises, elles ne firent guère durer ce bon traitement; et, comme elles songeoient quel supplice rigoureux elles me feroient souffrir, la plus petite de leur bande commença à rendre son corps si grand, que de la tête elle touchoit à la voûte d'un ciel qui étoit au-dessus, et me donna un tel coup de pied, que je roulai en un moment plus de six fois tout à l'entour du monde, ne me pouvant arrêter, d'autant que le plancher est si rond et uni, que je glissois toujours; et puis, comme vous pouvez savoir, il n'y a ni haut ni bas; et, étant du côté de nos antipodes, l'on n'est non plus renversé qu'ici. A la fin, ce fut une ornière que le chariot du soleil avoit cavée qui m'arrêta, et celui qui pansoit ses chevaux, étant là auprès, m'aida à me relever, et me donna des enseignes,

[1] Faire bon accueil.

comme il avoit été en son vivant palefrenier de l'écurie du roi ; ce qui me fit conjecturer qu'après la mort l'on reprend où l'on va l'office que l'on avoit eu en terre. Me rendant familier avec celui-ci, je le priai de me montrer quelques singularités du lieu où nous étions. Il me mena jusqu'à un grand bassin de cristal, où je vis une certaine liqueur blanche comme savon. Quand je lui eus demandé ce que c'étoit, il me répondit : C'est la matière des âmes des mortels, dont la vôtre est aussi composée. Une infinité de petits garçons ailés, pas plus grands que le doigt, voloient au-dessus, et, y ayant trempé un fétu, s'en retournoient je ne sais où. Mon conducteur, plus savant que je ne pensois, m'apprit que c'étoient des génies qui, avec leur chalumeau, alloient souffler des âmes dans les matrices des femmes, tandis qu'elles dormoient, dix-huit jours après qu'elles avoient reçu la semence; et que tant plus ils prenoient de la matière, tant plus l'enfant qu'ils avoient le soin de faire naître seroit plein de jugement et de générosité. Je lui demandai, à cette heure-là, pourquoi les sentimens des hommes sont-ils tous divers, vu que les âmes sont toutes composées de même étoffe? Sçachez, me répondit-il, que cette matière-ci est faite des excrémens des dieux, qui ne s'accordent pas bien ensemble ; si bien que ce qui sort de leurs corps garde encore des inclinations à la guerre éternelle; aussi voyez-vous que la liqueur de ce bassin est continuellement agitée, et ne fait que se mousser et s'élever en bouillons, comme si l'on souffloit dedans. Les âmes, étant épandues dans les membres des hommes, sont encore plus en discorde, parce que les organes d'un chacun sont différens, et que l'un est plein de pituite, et l'autre a trop de bile, ou bien il y a quelque autre cause de différence d'humeurs. Voilà qui va fort bien, repartis-je ; et à quoi tient-il que les hommes ne soient composés de telle sorte, qu'ils puissent vivre en paix ensemble? Mais, à propos, vous dites que les dieux n'y vivent pas seulement l'un avec l'autre ? Vous avez menti, poursuivis je en lui baillant un soufflet; vous êtes un blasphémateur. Alors ce rustre m'empoigna et me jeta au fond du bassin, où j'avalai, je pense, plus de cinquante mille âmes; et je dois avoir maintenant bien de l'esprit et bien du courage. Cette boisson ne se peut mieux comparer qu'au lait d'ânesse pour sa douceur ; mais néanmoins ce n'étoit point une liqueur véritablement, c'étoit plutôt une certaine fumée épaisse; car, étant sorti de là avec grande peine, je ne trouvai mes habits aucunement mouillés.

Ma curiosité n'étant pas encore assouvie, je passai plus outre, pour voir quelque chose de nouveau. J'aperçus plusieurs personnages qui tiroient une grosse corde à reposées, et suoient à grosses gouttes, tant leur travail étoit grand. Qui sont ces gens-là? que font-ils? demandai-je à un homme habillé en ermite qui les regardoit. Ce sont des dieux, me répondit-il avec une parole assez courtoise; ils s'exercent à faire tenir la sphère du monde en son mouvement ordinaire. Vous en verrez tantôt d'autres, qui se reposent maintenant, les venir relever de leur peine. Mais comment, ce dis-je, font-ils tourner la sphère? N'avez-vous jamais vu, reprit-il, une noix percée et un bâton mis dedans avec une corde, qui fait tourner un moulinet quand on la tire? Oui-da, lui répondis-je, lorsque j'étois petit enfant, c'étoit-là mon passe-temps ordinaire. Eh bien, dit l'ermite, représentez-vous que la terre, qui est stable, est une noix; car elle est percée de même, par ce long travers que l'on appelle l'essieu, qui va d'un pôle à l'autre, et cette corde-ci est attachée au milieu; de sorte qu'en la tirant l'on fait tourner le premier ciel, qui, en certains lieux, a des créneaux qui, se rencontrant dans les trous d'un autre, le font mouvoir d'un pas plus vite, ainsi qu'il donne encore le branle à ceux qui sont après lui. Faites une petite promenade ici proche, et vous verrez un autre secret.

Je tournai du côté qu'il me montra à l'instant, et, au travers d'un endroit des cieux tout diaphane, je vis des femmes qui ne faisoient que donner un coup de main sur un des cercles et les faisoient tourner comme des pirouettes.

Un désir me venant alors de m'en aller à la terre, je demandai le chemin à l'ermite, et lui aussitôt me fit prendre à deux mains la corde que tenoient les dieux, et je me laissai couler jusques au bas, où je me gardai bien d'entrer dans une grande ouverture où elle passoit; car, pour éviter ce précipice, je ne sais de quelle façon l'air me soutint, dès que j'eus remué mes bras, comme si c'eussent été des ailes. Je prenois plaisir à voler en cette nouvelle façon, et ne m'arrêtai point jusques à tant que je fus las.

Je me trouvai près de deux petites fosses pleines d'eaux, où deux jeunes hommes tout nus se plongeoient, en disant par plusieurs fois qu'ils étoient dans les délices jusques à la gorge. Désirant de jouir d'un bonheur pareil au leur, je me déshabillai promptement, et, voyant une fosse dont l'eau me sembloit encore plus claire que celle des autres, je m'y voulus baigner aussi; mais je n'y eus pas sitôt mis le pied, que je chus dans un précipice, car c'étoit une large pièce de verre qui se cassa, et m'écorcha encore toutes les jambes.

Je tombai pourtant en un lieu où je ne me froissai point du tout. La place étoit couverte de jeunes tetons collés ensemble deux à deux, qui étoient comme des ballons sur lesquels je me plus longtemps à me rouler. Enfin, m'étant couché lâchement sur le dos, une belle dame se vint agenouiller auprès de moi, et, me mettant un entonnoir en la bouche, et tenant un vase, me dit qu'elle me vouloit faire boire d'une liqueur délicieuse. J'ouvrois déjà le gosier plus large que celui de ce chantre qui avala une souris en buvant, lorsque, s'étant un peu relevée, elle pissa plus d'une pinte d'urine, mesure de Saint-Denis, qu'elle me fit engorger. Je me relevai promptement pour la punir, et ne lui eus pas sitôt baillé un soufflet que son corps tomba tout par pièces. D'un côté étoit la tête, d'un autre côté les bras, un peu plus loin étoient les cuisses : bref, tout étoit divisé; et ce qui me sembla plus merveilleux, c'est que la plupart de tous ces membres ne laissèrent pas peu après de faire leurs offices. Les jambes se promenoient par la caverne, les bras me venoient frapper, la bouche me faisoit des grimaces, et la langue me chantoit des injures. La peur que j'eus d'être accusé d'avoir fait mourir cette femme me contraignit de chercher une invention pour la faire ressusciter. Je pensai que, si toutes les parties de son corps étoient rejointes ensemble, elle reviendroit en son premier état, puisqu'elle n'avoit pas un membre qui ne fût prêt à faire toutes ses fonctions. Mes mains assemblèrent donc tout, excepté ses bras et sa tête, et, voyant son ventre en un embonpoint aimable, je commençai de prendre la hardiesse de m'y jouer, pour faire la paix avec elle; mais sa langue s'écria que je n'avois pas pris ses tetons mêmes, et que ceux que j'avois mis à son corps étoient d'autres que j'avois ramassés emmi la caverne. Aussitôt je cherchai les siens, et, les ayant attachés au lieu où ils devoient être, la tête et les bras vinrent incontinent se mettre en leur place, voulant avoir part au plaisir, comme les autres membres. La bouche me baisa et les bras me serrèrent étroitement, jusqu'à ce qu'une douce langueur m'eût fait quitter cet exercice.

La dame me força de me relever incontinent, et, par une ouverture d'où venoit une partie de la clarté qui étoit en l'autre, me mena par la main dans une grande salle, dont les murailles étoient enrichies de peintures qui représentoient, en diverses sortes, les jeux les plus mignards de l'amour. Vingt belles femmes, toutes nues comme nous, sortirent, les cheveux épars, d'une chambre prochaine, et s'avancèrent vers moi en faisant le colin-tampon [1] sur leurs fesses. Elles m'entourèrent, et s'en vinrent aussi frapper sur les miennes; de sorte que, la patience m'échappant, je fus contraint de leur rendre le change. Considérant à la fin que je n'étois pas le plus fort, je me sauvai dans un cabinet que je trouvai ouvert, et dont tout le plancher étoit couvert de roses à la hauteur d'une coudée. Elles me poursuivirent jusque-là, où nous nous roulâmes l'un sur l'autre d'une étrange façon. Enfin, elles m'ensevelirent sous les fleurs, où, ne pouvant durer, je me relevai bientôt; mais je ne trouvai plus pas une d'elles, ni dans le cabinet, ni dans la salle. Je rencontrai seulement une vieille, toute telle qu'Agathe en vérité, qui me dit : Baisez-moi, mon fils, je suis plus belle que ces effrontées que vous cherchez. Je la repoussai rudement, parce que j'étois même fâché de ce qu'une créature si laide parloit à moi. Mais, comme j'eus le dos tourné, elle me dit : Tu t'en repentiras, Francion; alors que tu me voudras baiser, je ne voudrai pas que tu me baises. Je jetai les yeux vers le lieu où étoit celle qui parloit à moi, et aperçus, à mon grand étonnement, que ce n'étoit point une vieille, mais cette Lauretto même pour qui je soupire. Pardon, ma belle, lui dis-je alors, vous vous étiez transformée, je ne vous reconnoissois point. En disant cela, je la voulus baiser, mais elle s'évanouit entre mes bras. Un ris démesuré que j'ouïs

---

[1] Ce mot a pris son origine du tambour des Suisses. *Dict. de Leroux.*

alors me fit tourner les yeux vers un autre endroit, où j'aperçus toutes les femmes que j'avois vues premièrement, lesquelles se moquoient de l'aventure qui m'étoit arrivée, et me disoient qu'au défaut de Laurette il falloit bien que je me passasse de l'une d'elles. J'en suis content, ce dis-je, çà, que celle qui a encore son pucelage s'en vienne jouer avec moi sur ce lit de roses. Ces paroles-ci causèrent encore de plus grands éclats de risée; de sorte que je demeurai confus sans leur répondre. Venez, venez, me dit la plus jeune, ayant pitié de moi, nous vous allons montrer nos pucelages. Je les suivis donc jusques à un petit temple, sur l'autel duquel étoit le simulacre de l'amour, environné de plusieurs petites fioles, pleines d'une certaine chose que l'on ne pouvoit bonnement appeler liqueur. Elle étoit vermeille comme sang, et, en quelques endroits, blanche comme lait. Voilà les pucelages des femmes, ce me dit l'une, les nôtres y sont aussi parmi. Aussitôt qu'ils sont perdus, ils sont apportés en offrande à ce dieu, qui les aime sur toutes choses. Par les billets de dessus vous pouvez voir à qui ils ont appartenu, et qui sont les hommes qui les ont gagnés. Montrez-moi celui de Laurette, dis-je à une affétée, qui étoit auprès de moi. Le voilà, Francion, me dit-elle en m'apportant une fiole. Le voilà de fait, ce dis-je, son nom est écrit ici, mais je ne vois point celui du champion qui l'a eu. Apprenez, me répondit la belle, que, quand l'on perd son pucelage, n'étant point mariée, le nom de celui à qui l'on l'a donné ne se met point, parce que l'on veut tenir cela caché; d'autant que, quelquefois la nature nous pressant, il nous le faut bailler au premier venu, qui, ne le méritant pas, nous serions honteuses si l'on le savoit. De là, vous pouvez conjecturer que votre Laurette n'a pas attendu jusques au jour de son mariage à faire cueillir une fleur entièrement éclose, laquelle se fût fanée sans cela, et ne lui eût point apporté de plaisir. Allons, Francion, continua-t-elle, voici un autre temple non moins beau que celui-ci. En achevant ces paroles, elle me fit entrer dans un temple tout joignant, où je vis sur l'autel la statue de Vulcain qui portoit des cornes d'une toise de haut. Toutes les murailles étoient couvertes d'armoiries semblables. Est-ce quelque veneur qui vient ici attacher en trophée les bois de tous les cerfs qu'il prend? dis-je à ma guide. Non, non, me répondit-elle, ce sont des panaches que portent invisiblement les cocus. Alors Valentin sortit du lieu le plus secret du temple, vêtu en ramoneur de cheminée, et paré de cornes d'argent. Ce n'est pas moi qui te fais porter ceci, dis-je en moi-même, mais je le voudrois bien. Les femmes qui étoient entrées, l'ayant vu paroître, commencèrent à le siffler et à lui faire mille niches, qui le contraignirent de se retirer. Les cornes d'argent qu'il porte, me dit-on après son départ, veulent signifier que son cocuage lui est profitable; et, regardez, vous en verrez même en ce lieu de toutes chargées de pierreries : car, quant à celles qui sont simplement de bois, elles démontrent que celui à qui elles appartiennent, ou à qui elles doivent appartenir, est Janin [1] sans qu'il le sache, et n'est point plus riche pour cela. Ayant prié à loisir le dieu Vulcain à ce qu'il me donnât la grâce de plutôt planter des cornes que d'en recevoir, je retournai au temple de l'amour, à qui je fis une dévote oraison, où je le suppliois de me donner le pouvoir de gagner tant de pucelages que j'en couvrisse tout son autel. De là je m'en voulus retourner à la salle des dames; mais je rencontrai Valentin sur la porte, qui, se courbant, me donna de roideur un tel coup de ses cornes dedans le ventre, qu'il m'y fit une fort large ouverture. Je m'allai coucher dans le cabinet des roses, où je me mis à contempler mes boyaux, et tout ce qui étoit auprès d'eux de plus secret : je les tirai hors de leur place, et eus la curiosité de les mesurer avec mes mains, mais je ne me souviens pas combien ils avoient d'empans [2] de long : il me seroit bien difficile de vous dire en quelle humeur j'étois alors; car, quoique je me visse blessé, je ne m'en attristois point, et ne cherchois aucun secours. Enfin cette femme, qui m'avoit auparavant pissé dans la bouche, s'en vint à moi et prit du fil et une aiguille, dont elle recousit ma plaie si proprement, qu'elle ne paroissoit plus après. Venez voir votre Laurette, me dit-elle à l'heure, elle est dedans ma caverne : je la sui-

---

[1] Janin ou Jeannin était, comme Jean, synonyme de nigaud. Il est inutile de dire ce que, par extension, il signifie dans le cas présent.

[2] Un empan était une mesure qui équivalait à trois quarts de pied.

vis, ajoutant foi à ses paroles; et, quand je fus descendu, j'aperçus Laurette en un coin tout immobile : à l'instant je courus l'embrasser; mais, au lieu de sentir une chair douce et délicate, je ne sentis rien qu'une pierre froide, ce qui me fit imaginer que ce n'étoit qu'une statue. Toutefois je voyois les yeux se remuer comme s'ils eussent été vivans, et la bouche, après un mignard souris, me dit : Vous soyez le bienvenu, mon Francion; ma colère est passée, il y a longtemps que je vous attends. La femme qui m'avoit conduit là, me voyant en grande peine alors, m'apprit qu'il étoit inutile d'embrasser Laurette, et qu'elle étoit enfermée d'un étui de verre à proportion de son corps, que l'on voyoit aisément au travers. Cela dit, elle me parla de Valentin, et me fit accroire que j'étois aussi impuissant que lui aux combats de l'amour, mais qu'elle avoit des remèdes pour me donner de la vigueur; car, comme vous le savez, les songes ne sont remplis que des choses auxquelles on a pensé le jour précédent. M'ayant donc fait coucher tout de mon long, elle me fourra une baguette dedans le fondement, dont elle fit sortir un bout par le haut de ma tête; néanmoins cela me causa si peu de mal, que j'étois plutôt ému à rire de cette plaisante recette qu'à me plaindre. Comme je me tâtois de tous côtés, je sentis que la baguette poussa de petites branches chargées de feuilles, et peu après poussa un bouton de fleur inconnue qui, s'étant éclos et étalé, se pencha assez pour réjouir mes yeux par sa belle couleur. J'eusse bien voulu savoir s'il avoit une odeur qui pût aussi bien contenter le nez, et, ne l'en pouvant pas approcher, je coupai sa queue avec mes ongles pour le séparer de la tige. Mais je fus bien étonné de voir que le sang sortit aussitôt par l'endroit où j'avois rompu la plante; et peu après je commençai de souffrir un petit mal qui me contraignit de me plaindre à ma chirurgienne, qui, accourant à moi, et voyant ce que j'avois fait, s'écria : Tout est perdu, vous mourrez bientôt par votre faute. Je ne sais rien qui vous puisse sauver : la fleur que vous avez rompue étoit un des membres de votre corps. Eh! rendez-moi la vie, ce dis-je, vous m'avez déjà montré que rien ne vous est impossible. Je m'en vais mettre tous mes efforts à vous guérir, me répliqua-t-elle; puisque Laurette est ici présente, je crois que, par son moyen, je viendrai mieux à bout de mon entreprise.

Alors elle alla trouer le verre qui couvroit Laurette au droit de la bouche, et lui commanda de souffler dans une longue sarbacane qu'elle fit entrer par en bas dans un petit creux qui étoit à terre, puis elle vint à moi, et, m'ayant tiré la baguette du corps, me retourna, et me mit le cul sur un petit conduit où répondoit la sarbacane. Poussez votre vent, dit-elle alors à Laurette, il faut que vous rendiez ainsi l'âme à votre serviteur, au lieu que les autres dames la rendent aux leurs par un baiser.

A l'heure même, une douce haleine m'entra dans le corps par la porte de derrière, de quoi je reçus un plaisir incroyable. Bientôt après, elle se rendit si véhémente, qu'elle me souleva de terre, et me porta jusqu'à la voûte; puis petit à petit elle modéra sa violence, de sorte que je descendis à deux coudées près de la terre. Ayant lors moyen de regarder Laurette, je tournai ma tête vers elle, et vis que sa châsse de verre se rompit en deux parties, et qu'elle en sortit toute gaie pour venir faire des gambades autour de moi. Je me dressai alors sur mes pieds, parce qu'elle ne souffloit plus dans sa sarbacane, et que je ne pouvois plus être enlevé par son vent. Oubliant toute autre chose, j'étendois les bras pour étreindre son corps; mais à l'instant vous me réveillâtes, et je trouvai que j'embrassois une vieille, au lieu de celle que j'aime tant. Quand je considère que vous me privâtes du bien que j'allois goûter en idée, je dis que vous me fîtes un très grand tort; mais, quand je considère, en récompense, que vous me gardâtes de souiller mon corps en le joignant à un autre auquel je ne saurois penser qu'avec horreur, je confesse que je vous ai beaucoup d'obligation : car certes il me fût avenu du mal en effet, tandis que le bien ne me fût arrivé qu'en songe. Pour ce regard, je conclus que je vous suis infiniment redevable.

En vérité, dit le gentilhomme, je voudrois que vous ne me fussiez point redevable de cette sorte-là, et suis marri de ce que je vous réveillai, d'autant que votre songe eût été plus long, et que le plaisir que je reçois à vous l'ouïr raconter eût été de même mesure : mes oreilles n'ont jamais rien entendu de si agréable. Mon Dieu! que vous êtes heureux de passer la nuit parmi de si belles rêveries! Si j'étois comme vous, je passerois plus des trois quarts de ma vie à dormir;

car pour le moins j'aurois par imagination tous les biens que la fortune me dénieroit. O l'heureux Endymion que vous êtes ! Eh ! dites-moi, de grâce, de quels breuvages usez-vous pour faire de si plaisans songes ? Moi, dit Francion, je bois à l'accoutumée du meilleur vin que je puisse trouver. Si le dieu Morphée me visite quelquefois, ce n'est pas qu'il soit appelé à moi par artifice : il se tient auprès de ma couche de son bon gré. Au reste, je ne trouve point qu'il y ait tant de plaisir à rêver comme j'ai fait que vous deviez souhaiter qu'une pareille chose vous arrivât. Car représentez-vous les inquiétudes que j'ai eues : ne sont-elles pas bien plus grandes que la joie que j'ai ressentie ? L'on m'a battu d'un côté, je suis chu d'un autre, et partout il m'est avenu quelque chose de sinistre. Ce qui me semble le plus facétieux, dit le gentilhomme, c'est que le palefrenier du soleil vous jeta dans le bassin des âmes. Tout aujourd'hui je vous ai vu cracher, et je pense que c'est que vous videz celles que vous y avalâtes. Ma foi, l'imagination en est bonne, dit Francion; mais, or çà, expliquerez-vous bien quelque chose de mon songe, ainsi que vous vous êtes vanté ? Il me faut du terme, répondit le Bourguignon, nous en parlerons à souper entre la poire et le fromage. Encore ne suis-je pas assuré de donner la signification de tant d'énigmes que je ne croyois pas avoir tant d'obscurités, et puis c'est affaire à des niais de vouloir trouver les choses futures ou passées dedans ces fantaisies-là ; monsieur, il faut prendre le temps comme il vient, et ne se point alambiquer l'esprit sur la considération des succès d'aucune chose. Toutefois, si, par manière de passe-temps, vous trouvez bon que je philosophe sur ce songe, je le ferai, sans l'examiner pourtant que comme une fable dont je voudrois trouver l'explication. Voici donc sa mythologie. Il me semble que ce vieillard, que vous avez vu le premier avec son cadenas à la bouche, vouloit représenter les sages personnes qui ne parlent que quand il est temps ; que ces langues babillardes représentoient les personnes médisantes dont le caquet ne se peut étancher. Pour ce géant, qui se colère à cause des satires que l'on a faites de sa vie, c'est quelque prince brutal. Que si vous désirez sçavoir ce que veut dire ce qui vous arriva au ciel, ce ne sont rien que de petites gaillardises, pour se moquer des opinions des philosophes et des astrologues. Ce verre qui se cassa, quand vous chûtes en une caverne, vous montre l'instabilité des plaisirs du monde. Le pissat qu'une femme vous fit boire signifie que les plaisirs que vous cherchez avec les dames ne sont rien qu'ordure; et, si d'un seul soufflet vous mîtes celle-là en diverses pièces, c'est pour vous faire entendre qu'il ne faut presque rien pour rendre les affections des femmes divisées et vagabondes. Que si la tête et les bras voulurent jouir des autres membres, c'est qu'elles veulent que l'on les adore pour tout ce qui est en elles, et qui n'y est pas, et qu'elles s'imaginent y être. Les femmes nues qui s'apparurent à vous ne veulent rien représenter que les délices mondaines en tout ce qu'elles firent. Pour les temples du pucelage et du cocuage, ils sont fort aisés à entendre d'eux-mêmes; et, si Valentin vous donna un coup de ses cornes, c'est qu'il a bien envie de vous battre. Mais vous fûtes guéri incontinent, pour montrer que le mal qu'il vous fera ne vous sera guère nuisible. Quant à Laurette, que vous pouviez voir, mais que vous ne pouviez toucher, c'est possible que vous serez trompé lorsque vous croirez jouir d'elle. Et, pour le remède que l'on donna à votre impuissance imaginaire, et la fleur qui vous sortit de la tête, laquelle vous coupâtes, et le moyen ridicule dont l'on vous conserva la vie, c'est qu'une tête cassée, comme est maintenant la vôtre, ne se peut rien imaginer que des extravagances. Épluchez les autres circonstances, si vous voulez, comme celle des tetons sur lesquels vous tombâtes; pour moi, je ne veux plus devenir fou en contrôlant les folies des autres. Votre raison est très-bonne, dit Francion, et, puisque ma tête est fêlée, je crains que ma cervelle ne s'envole par sa fente.

Pour ce qu'ils dirent là-dessus, et pour moi je ne conclus rien autre chose, sinon que ceux qui se laissent emporter aux vanités du monde y pensent éternellement, et que jamais leur sommeil n'est paisible. Je dirai bien même que je crois qu'ils dorment et qu'ils rêvent toujours; car tout ce qu'ils voient n'est qu'illusion et tromperie : si bien qu'encore que Francion veuille distinguer son songe du reste de ses aventures, si est-ce que je le tiens pour pareil, et je pense que ses actions n'étoient pas alors plus réglées. Toutefois, comme la principale erreur de ceux qui rêvent est de croire qu'ils ne rêvent point, il s'imaginoit alors être fort bien éveillé, et son compagnon aussi; car ceux qui ont le cerveau troublé par la fantaisie du monde ne connoissent pas cet abus. Ils tinrent plusieurs discours assez ingénieux et assez agréables sur le sujet du songe, et enfin ils arrivèrent à un fort beau château, qui appartenoit à ce gentilhomme bourguignon, duquel Francion reconnut, mieux qu'il n'avoit encore fait, la qualité éminente et les grandes richesses par un assez bon nombre de gens qui lui portoient beaucoup de respect, et par les meubles somptueux du logement.

Après qu'il eut soupé, son hôte le conduisit dans une chambre, où, dès l'heure même, il voulut à toute force qu'il se couchât, parce qu'il lui étoit besoin de repos; lui ayant fait débander la plaie qu'il avoit à la tête, et ôter les onguens que le barbier y avoit appliqués, il y fit mettre d'un certain baume très-exquis que l'on lui avoit apporté de Turquie, et qui remédioit en peu de temps à toutes sortes de blessures. Vous me promîtes hier au soir dans la taverne, lui dit-il après, de m'apprendre sans fiction qui vous êtes et de me conter vos plus particulières aventures. Maintenant que nous sommes de loisir, vous vous rendrez quitte de cela envers moi, s'il vous plaît. Monsieur, dit Francion, je serois le plus ingrat du monde, si je ne vous accordois tout ce que vous me sçauriez demander; car véritablement vous me traitez avec une courtoisie des plus remarquables du monde. Ce m'est un grand bonheur d'avoir rencontré un homme qui ne veut que des paroles pour récompense des plaisirs qu'il me fait; je m'en vais donc vous satisfaire au mieux qu'il me sera possible. Son hôte s'étant alors assis sur une chaire proche de son lit, il poursuivit en cette façon :

Puisque nous avons le temps à souhait, il ne sera pas mauvais que je vous dise premièrement quelque chose de mon père : son nom étoit La Porte, son pays étoit la Bretagne, sa race étoit des plus nobles et des plus anciennes, et sa vertu et sa vaillance si notables, qu'encore qu'il ne soit point parlé de lui dans les histoires de France, à cause de la négligence et de l'infidélité des auteurs de ce siècle, l'on ne laisse pas de sçavoir quel homme c'étoit, et en combien de rencontres et de batailles il s'est trouvé pour le service de son prince. Ayant passé ses plus belles années auprès des grands, où il voyoit que sa fortune n'égaloit pas son mérite, il s'en retira enfin tout dépité, et vint demeurer en sa patrie, où il possédoit

7

quelques terres. Sa mère, qui s'étoit remariée depuis la mort de son père, vint à mourir en ce temps-là. Il ne put recueillir la succession sans procès, parce que le mari de la défunte aimoit fort à chicaner, et avoit recélé quelque chose des meubles, autant pour avoir sujet de passer par les mains de la justice que pour faire son profit. Les instances ordinaires furent formées, et le procès se vit en état d'être jugé par le bailly d'une des principales villes de notre pays. Mon père, qui eût mieux aimé aller à l'assaut d'une ville qu'à la sollicitation d'un juge, ou donner trois coups d'épée que d'écrire ou de voir écrire trois lignes de pratique, fut le plus empêché du monde. Il ne sçavoit par quel côté se prendre pour bien mener son affaire; et enfin, considérant la force que les présens ont sur des âmes viles, comme celles des personnes qui sont maintenant élevées aux charges de judicature, il se délibéra de donner quelque chose d'honorable à M. le bailli. Ce qui lui sembla le plus à propos fut une pièce de satin pour lui faire une soutane; et, ayant fait l'achat, il s'en alla recommander son procès à son juge, qui lui assura qu'il lui rendroit la justice. Mon père, laissant son laquais à la porte, avoit pris le satin sous son bras. Le juge, ne sçachant pas ce que c'étoit qu'il portoit, lui demanda : Ne portez-vous pas là un sac? Avez-vous encore quelque pièce à me montrer? Oui, monsieur, ce dit mon père, c'est une pièce de satin qui m'a été baillée par un marchand, en payement de quelque somme qu'il me devoit, et je prends la hardiesse de vous la présenter, afin qu'elle vous fasse souvenir des autres pièces de mon procès. Excusez si ce n'est un don digne de votre mérite. Le bailli, retroussant alors ses moustaches, et regardant mon père avec un œil sévère, lui dit : Comment, monsieur! pour qui me prenez-vous, moi qui suis un juge royal dont la candeur est connue en tous lieux? Croyez-vous qu'il soit nécessaire de me faire des présens pour m'obliger à visiter les pièces d'un procès? Ne sçais-je pas bien à quoi mon devoir m'oblige? Allez, allez, je n'ai que faire ni de vous ni de votre satin : encore que mon office me coûte bien cher, je ne veux point en regagner l'argent iniquement, il me suffit d'avoir de l'honneur et de l'autorité; apprenez à ne plus essayer une autre fois de corrompre ceux qui sont incorruptibles. Est-ce votre procureur qui vous a conseillé cela? Si je sçavois que ce fût lui, je lui défendrois de venir aux plaids d'un an, car il doit être mieux instruit que vous de ce qui concerne ma charge.

Lui semblant, à entendre les paroles et à voir les mines de son juge, qu'il étoit en grande colère, il reprit son satin sous son manteau, et, lui ayant fait une humble révérence, s'en alla sans lui rien dire. La femme, qui l'avoit ouï parler d'une autre chambre, et qui ne désiroit pas laisser échapper le gain qui se présentoit, s'en vint à sa rencontre, et lui dit courtoisement : Monsieur, vous avez vu, mon mari est un peu fâcheux, il n'y falloit pas aller de la sorte que vous y avez été ; baillez-moi votre satin, je lui en ferai trouver le présent agréable. Mon père s'étoit déjà résolu de s'en faire un habit, encore que ce ne fût pas bien sa coutume de porter du noir, parce qu'il le haïssoit infiniment, étant une couleur funeste et mal plaisante, qui n'appartient qu'à des gens qu'il n'aimoit guère, comme bien contraire à son humeur martiale.

Le satin fut donc mis entre les mains de madame la baillevesse, et M. le bailli, ne sçachant pas qu'elle l'eût, se mit à la fenêtre de sa salle, et, voyant mon père passer par la cour, lui dit : Là, monsieur de La Porte, l'on vous pardonne celle-ci, pourvu que vous ne retombiez jamais en une pareille : vous laisserez ici ce que vous m'avez voulu donner; aussi bien vous seroit-ce trop de peine de le remporter encore chez vous. Je l'ai déjà baillé à madame, ce dit mon père. Après ceci, il s'esquiva doucement, et s'en alla droit chez son procureur, qui étoit des meilleurs qui se fassent. Il lui conta tout ce qui s'étoit passé avec son juge; et l'autre dit sincèrement : Vous ne connoissez pas l'homme, l'on le devroit plutôt appeler preneur que bailli; car il prend bien et ne baille guère. Il vous a demandé si c'étoit de mon avis que vous lui offriez un présent, parce qu'il sçait bien que nous tous, qui connoissons son humeur, n'avons garde de conseiller à nos parties de faire comme vous : il falloit tout d'un train donner l'étoffe à sa femme, ou, pour le mieux, la lui faire tenir par un tiers, afin de cacher d'autant plus la corruption, et faire que monsieur conservât la renommée qui court de sa prud'homie.

Or, nonobstant le don que mon père avoit fait, il perdit son procès tout au long, et fallut qu'il payât les frais et les épices, qui se montoient à beaucoup; car le bailli aimoit fort les sauces de haut goût. Son adverse partie avoit sçu, du marchand qui lui avoit vendu le satin, le présent qu'il en avoit fait au juge, et, craignant que cela ne lui fît avoir gain de cause, il avoit été voir aussi le bailli, pour le solliciter; mais, n'osant pas lui rien offrir, parce qu'il sçavoit la coutume du personnage, il s'étoit avisé d'une gentille subtilité, qui couvroit la corruption : c'est que, voyant un beau tableau dedans la salle, il dit qu'il en eût bien voulu avoir un pareil. Il est bien à votre service, répondit la dame du logis. Je vous remercie très-humblement, répliqua-t-il; mais dites-moi ce qu'il vous coûte, je vous en donnerai tout à cette heure le même prix. Six écus, monsieur. Et vraiment en voilà trente-six que je vous baille, lui dit-il en lui mettant entre les mains une bourse. La peine que vous avez eue à l'acheter, et celle que vous aurez à vous accoutumer à ne le voir plus, mérite bien cette somme-là. La femme du bailli, qui entendoit bien à quel sujet il lui donnoit tant d'argent de son tableau, recommanda donc si bien son affaire à son mari, qu'elle lui fit gagner son procès.

Il n'y a chose si cachée au monde, qu'elle ne vienne un jour en évidence. Celle-ci fut publiée par une servante que le bailli avoit chassée après l'avoir bien battue. Pour diffamer son maître, elle ne se trouva depuis en pas un lieu où elle ne contât l'histoire, de sorte qu'il fut décrié partout.

Mon père s'en alla communiquer son affaire à son avocat du parlement, pour savoir s'il seroit bien fondé en appellation. Celui-ci, qui ne dissuadoit jamais personne de chicaner, ne manqua pas à garder sa coutume, et anima mon père à relever son appel par plusieurs raisons : Vous qui êtes noble, lui disoit-il, il faut que vous montriez que vous avez du courage, et que vous ne vous laissez pas vaincre facilement; le procès est une manière de combat où la palme est donnée à celui qui gagne, aussi bien qu'aux jeux Olympiques. Voyez-vous, qui se fait brebis, le loup le mange, comme dit le proverbe; vous avez à vivre aux champs, parmi des villageois opiniâtres qui vous dénieroient ce qui vous seroit dû, espérant de ne vous point payer, si vous vous étiez une fois laissé mener par le nez comme un buffle. Au reste, si vous plaidez en notre illustre cour, il vous adviendra des félicités incomparables : vous serez connu de tel qui n'entendroit jamais parler de vous, et, qui plus est, vous serez immortalisé, car les registres, que l'on garde éternellement, feront mention de vous. Davantage les héritiers que vous aurez, possédant le bien pour lequel vous prenez tant de peine maintenant, béniront votre ménage, et prieront Dieu pour vous tout le temps de leur vie. Ceci vous doit ôter la considération d'un petit ennui passager qui vous dégoûte de poursuivre votre pointe. Je vous conseille donc, pour conclure, de ne point donner de repos à votre partie et de ne point faire d'accord, quand elle vous en parleroit. Il n'est que d'avoir un arrêt entièrement définitif. Ne craignez point qu'il ne soit donné à votre profit; car vous avez une cause infiniment bonne.

Là-dessus il prenoit Barthole et Cujas par les pieds et par la tête, et citoit des lois de toutes sortes de façons, pour prouver le bon droit de mon père, qui crut tout ce qu'il lui disoit, ne sçachant pas qu'il étoit en un lieu où l'on s'entendoit des mieux à supposer de faux titres, à ne se souvenir que des raisons de ceux que l'on affectionnoit, et à juger les procès dessus l'étiquette. L'on lui adressa un jeune procureur de la nouvelle crue, que je m'assure avoir baillé de l'argent pour le faire recevoir (je sçais bien à qui), car il n'y avoit pas apparence que ce fût la grande connoissance des affaires du palais qui lui eût fait obtenir la permission de postuler. Néanmoins, il n'étoit pas si ignorant qu'il ne sçût bien de quelle sorte il falloit accroître son talent; et certes il étoit si bon procureur, qu'il procuroit plutôt pour lui-même que pour autrui. Mon père étoit en une très-mauvaise main; car cet homme-ci se laissa gagner par sa partie, afin de faire double profit, et, au lieu d'avancer l'affaire, il la retardoit, malgré que mon père en eût, lui faisant accroire que toutes les procédures inutiles qu'il faisoit étoient nécessaires. Ses plus ordinaires discours n'étoient que d'argent, dont il assuroit toujours qu'il lui étoit besoin pour faire beaucoup de frais, encore qu'il n'en fallût faire que fort peu : mon père ne laissoit pas pourtant de lui en donner autant qu'il en demandoit, afin de l'induire à apporter plus de diligence en son affaire.

D'un autre côté, l'avocat faisoit des écritures où il ne mettoit que deux mots en une ligne, pour gagner davantage, et, afin de les enfler très-bien, son clerc usoit d'une certaine orthographe où il se trouvoit une infinité de lettres inutiles; et croyez qu'il étoit bien ennemi de ceux qui veulent que l'on écrive comme l'on parle, et que l'on mette pied sans un *d*, et devoir sans un *b*. Outre cela, il usoit d'un certain caractère majuscule rempli de longs traits qui faisoient qu'en une ligne il n'y avoit que deux mots; et le pire étoit qu'il n'y avoit rien que des discours frivoles qui n'éclaircissoient point la matière. Or cet avocat avoit cette gentille coutume que, quand il avoit quelque chose à acheter, il acquéroit, sur les premiers contredits que l'on lui donnoit à faire, tout l'argent qui lui étoit de besoin; car il songeoit auparavant combien il étoit nécessaire qu'il fît de rôles, et il falloit qu'il les emplît après, quand c'eût été d'une chanson[1]. Mon père ne se put tenir de lui dire un jour, en lui payant de pareilles écritures, que tout ce qu'il avoit fait ne servoit de rien; que, pour lui, il en eût autant fait, et possible davantage, encore qu'il ne fût pas du métier, et qu'aussi bien étoit-ce une chose vaine d'alléguer toutes les lois qui y étoient, vu qu'il étoit certain que la cour n'y avoit jamais égard. Il prit ceci au point d'honneur, et une grosse querelle s'émut entr'eux. Mon père, afin de le moins offenser, fit d'une attaque particulière une attaque générale, et se mit à parler contre la bande entière des praticiens, qu'il déchiffra d'une terrible façon : Quelle vilenie, disoit-il entre autres choses, que ces gens-ci exercent publiquement leurs brigandages! Ils ont trouvé mille subtilités pour faire que les biens dont il s'agit n'aillent pas à une des parties, mais demeurent à eux seulement. Les hommes sont-ils si sots que de se laisser tirer par ces sangsues? Ne voient-ils pas bien que tant de procédures fagotées ensemble ne se font que pour les tromper? A quoi servent toutes ces choses, qui ne rendent pas les causes moins obscures? Que ne juge-t-on dès l'instant que les plaideurs comparoissoient? Encore, ce qu'il y a de pire, c'est qu'en toutes ces juridictions il y a diverses manières de procéder : je voudrois bien sçavoir pourquoi. Car que ne me prend-on partout celle qui est la meilleure et la plus courte? Il faut que je m'imagine que c'est

---

[1] Nous avons vu, il y a quelque quinze ans, un clerc d'avoué introduire dans une requête, pour l'allonger, quelques pages d'un roman de Paul de Kock. La page de la requête est taxée à deux francs; elle se compose de vingt-cinq lignes, et la ligne est de douze syllabes. — La vieille chicane a la vie dure.

que l'on veut décevoir plus couvertement ceux qui n'entendent pas le chiquanoux. Vous vous formalisez de peu de chose, dit l'avocat, et j'oserai bien dire que vous vous plaignez sans raison. Est-il rien de plus beau que la façon dont l'on agite les procès ? N'est-ce pas une marque de la grandeur de la justice, que le grand nombre de ressorts qu'elle fait jouer ? Vous autres qui plaidez ne devez-vous pas avoir du contentement à voir marcher cette grande machine ? Quant à la différence des procédures des juridictions, elle est plus louable que blâmable; car ne sçavez-vous pas bien qu'il faut que tout pays ait sa coutume ? Je vous le concède pour vous contenter, répondit mon père; mais je me fâche de ce qu'après tous ces fatras le bon droit n'est point rendu : si l'on le rendoit comme il faut, il n'y a point de longueur ni de chicanerie qui ne fût supportable.

Là-dessus l'avocat dit encore plusieurs choses pour défendre son honorable métier; et néanmoins, à la fin, il fut contraint de conclure qu'il y avoit beaucoup à redire; mais que c'étoit que la Divinité envoyoit ce fléau aux hommes pour la punition de leurs énormes péchés, et force lui fut d'accorder à mon père que c'est à tort que l'on appelle en un mot la chicanerie *pratique*, sans dire de quoi elle est pratique, comme s'il n'y avoit que cette pratique-là, ou qu'elle eût une prérogative si grande sur toutes les autres, que ce fût assez de dire cela seulement pour la faire reconnoître.

Pour revenir au procès, il fut distribué à un conseiller le plus fantasque de tous, car, pour dire vrai, je ne sçais par quelle fatalité la plupart de ces gens-là deviennent à demi fous sur leur vieillesse. Ceux qui ont hanté les cours souveraines s'en étonnent. Les raisons les plus probables sont que, premièrement, pour la plupart, ils sont des âmes abjectes, comme étant nés de parens de basse condition, et que, pour garder leur sotte gravité, ils se séquestrent des bonnes compagnies, et ne passent leur temps qu'à des choses qui les rendent d'autant plus stupides qu'elles sont les plus viles du monde.

Le rapporteur de mon père, parmi sa solitude ordinaire, s'étoit rendu un vrai misanthrope; personne ne se pouvoit vanter de le sçavoir gouverner, de sorte que ses parties ne devoient pas craindre qu'il favorisât l'un plus que l'autre. Tout ce qui pouvoit avenir, c'étoit qu'il ne comprît pas bien l'affaire; et certes c'étoit sa coutume de passer par-dessus, et de croire pourtant qu'il n'y avoit personne qui l'entendît si bien que lui.

La première fois que mon père l'alla voir, il le prit d'abord pour un crieur de trépassés, le trouvant sur sa porte sans aucune suite, et lui pensa demander qui étoit mort au quartier. Mais un jeune homme bien brave, venant parler à lui, lui fit une profonde révérence, ce qui lui donna à connoître que c'étoit le maître du logis. Il s'enquêta qui étoit ce jeune muguet, et l'on lui apprit que c'étoit le clerc de monsieur, qui de palefrenier étoit venu à ce degré où il ne s'oublioit pas à jouer de la harpe.

Pour ce coup-là le conseiller ne fit rien paroître à mon père de son humeur bizarre; mais une autre fois il lui en montra une partie, car il lui dit fort bien, comme il lui racontoit son fait, qu'il étoit un ignorant, qu'il ne sçavoit ce qu'il vouloit dire, et lui amenât son procureur, pour lui mieux expliquer son affaire.

Étant retourné le visiter quelques jours après, il s'aperçut qu'il avoit une épée; je ne sçais quelle fantaisie lui avoit pris à l'heure même de ne vouloir pas que l'on en portât chez lui, non plus que des éperons au palais : tant il y a qu'il ôta incontinent une vieille hallebarde enrouillée d'un râtelier, qui étoit en sa salle basse, et, la brandissant au poing, se vint mettre en son perron sur son quant à moi, comme s'il eût voulu boucher le passage. Mon père lui ayant demandé pourquoi il faisoit cela, il lui dit que, le voyant entrer en sa maison avec des armes, il croyoit qu'il la voulût prendre d'assaut, et qu'il désiroit la défendre.

Ceci n'étoit qu'une matière de risée; mais il avoit bien d'autres choses qui faisoient maudire à mon père l'heure qu'il avoit commencé de plaider; et enfin, quoi que lui conseillât son avocat, il s'en alla trouver son beau-père auquel il parla de s'accorder à telle composition qu'il voudroit. Mon Dieu ! je vous supplie, lui dit-il, retirons-nous à la hâte de ce gouffre, où nous nous sommes imprudemment jetés; autrement nous y serons engloutis. Pour moi, j'aimerois autant être en enfer que de plaider; et je pense que le plus grief supplice que l'on ait inventé pour les damnés, c'est de semer bien du discord entre eux, et de leur faire recevoir des injures dont ils ne peuvent avoir raison, quelques poursuites qu'ils fassent, et quelque peine qu'ils se donnent. Assurez-vous que nous trouverons à la fin que nous ne sommes guère mieux partagés l'un que l'autre. Tout le bien dont nous disputons sera la proie de ces maudites gens, qui ne vivent que du dommage des autres, et qui ne sçauroient désirer d'avoir occasion de s'enrichir, sans souhaiter la ruine et le malheur des familles. Ne vaut-il pas bien mieux que nous gardions notre argent que de le donner à ces personnes-là, qui ne nous en sçauront point de gré, et croiront encore que nous leur serons de beaucoup redevables, nous comptant trois lignes d'écriture une somme hors de raison? Partageons ensemble ce que nous voulions avoir tous deux en entier, ou je vous jure que je suis si harassé des chicaneries passées, que je vous laisserai tout sans disputer dorénavant.

La franchise de mon père plut tant à celui qui auparavant ne vouloit point ouïr parler d'accord, qu'il goûta ses raisons, et lui dit qu'il songeroit à cela plus mûrement. Cependant mon père, ayant vu en son logis une belle fille du premier lit, qui avoit toujours été en pension avec des religieuses, prit dessein de la demander en mariage; ce qu'il fit à la première vue, et l'accord que l'on lui en passa mit fin à toutes les plaidoiries, et rendit camus les procureurs et les avocats.

Un an après qu'il eut épousé cette femme, il eut une fille d'elle, et encore une autre au bout d'un même terme. Quant à moi, je vins au monde cinq années après qu'ils furent joints ensemble, et ce fut en un jour des Rois; comme ma mère, ayant été la reine de la fève, s'étoit assise au bout de la table, où elle buvoit aux bonnes grâces de tous ses sujets d'une soirée, elle sentit une petite douleur qui la contraignit de se jeter sur son lit, où elle ne fut pas sitôt qu'elle accoucha de moi sans sage-femme, si l'on ne veut appeler sages celles de la compagnie qui étoient à l'entour d'elle.

Ainsi je naquis dauphin, et je ne sçais quand ce sera que je me verrai la couronne royale sur la tête. L'on but si plantureusement à ma santé par tout le logis, qu'il y parut bien aux tonneaux de notre cave. Maintenant il ne faut pas s'étonner si je bois bien; car c'est que, me voyant en âge compétent, je veux faire raison à loyale mesure à tous ceux qui m'appelèrent dès ce temps-là au combat du verre, et je pense que je les y vaincrai.

Pour vous le faire court, ma mère, n'étant pas en assez bonne disposition, à son avis, pour être nourrice, me bailla à une femme du village prochain pour me donner à teter. Je ne veux pas m'arrêter à juger si elle fit bien d'endurer que je prisse du lait d'une autre qu'elle, parce qu'en premier lieu je ne suis pas si mauvais fils que je reprenne ses actions, et si je vous assure que cela ne m'importe en rien, d'autant que je n'ai point pris de ma nourrice des humeurs qui déplaisent aux hommes d'esprit et de courage. Il est vrai que je me souviens que l'on m'apprit, comme aux autres enfans, mille niaiseries inventées par le vulgaire, au lieu de m'élever petit à petit à de grandes choses, en m'instruisant à ne rien dire de bas et de populaire; mais depuis, avec le temps, je m'accoutumai à ce qui est de louable.

Il faut que je vous conte, en passant, une petite chose qui m'arriva après que je fus sevré : j'aimois tant la bouillie que l'on ne laissoit pas de m'en faire encore tous les jours. Comme la servante tenoit le poêlon dessus le feu dedans ma chambre, cependant que j'étois encore couché, l'on l'appela de la cour : elle laissa son poêlon à l'âtre, et s'en alla voir ce que l'on vouloit. Tandis un maître singe, que nourrissoit secrètement depuis peu un de nos voisins, sortit de dessous un lit où il s'étoit caché, et ayant vu, pensez, autrefois donner de la bouillie aux enfans, il prit un peu de la mienne et m'en vint barbouiller tout le visage. Après, il m'apporta tous mes habits, et me les vêtit à la mode nouvelle, faisant entrer mes pieds dans les manches de ma cotte, et mes bras dedans mes chausses : je criai beaucoup, à cause que cet animal si laid me faisoit peur; mais la servante, étant empêchée, ne se hâtoit point de venir pour cela, d'autant que mon père et ma mère étoient à la messe. Enfin le singe, ayant accompli son bel ouvrage, sauta de la fenêtre sur un arbre, et de là s'en retourna chez lui. La servante, revenue peu après, et me trouvant en l'état où il m'avoit laissé, fit plus de cent fois le signe de la croix, en écarquillant les yeux et donnant des signes de son étonnement; elle me demanda, avec des caresses, qui m'avoit accommodé ainsi; et, parce que j'avois déjà ouï appeler du nom de diable quelque chose laide, je dis que c'étoit un petit garçon laid comme un diable; car je prenois le singe, qui avoit une casaque verte, pour un garçon. Et j'étois bien en cela aussi raisonnable que ce Suisse qui, trouvant un singe sur la porte d'une taverne, lui avoit donné un teston à changer, et voyant qu'il ne le payoit qu'en grimaces, ne cessoit de lui dire : Parli, petite garçon, vole-vous pas me donner la monnoie de mon pièce? Et c'est de là possible que vient le proverbe [1], quand l'on dit que les grimaces, les gambades ou les moqueries sont monnoie de singe. Ce Suisse n'a pas été seul trompé. Un paysan, apportant un panier de poires à un seigneur, trouva deux gros singes sur la montée, qui se jetèrent sur son panier pour avoir du fruit. Ils avoient de belles casaques de toile d'or et la dague au côté, ce qui les rendoit vénérables, tellement que le paysan, fort respectueux, leur ôta fort courtoisement son chapeau; car il n'avoit jamais vu de tels animaux. Quand il eut fait son présent, le maître de la maison lui demanda pourquoi il ne lui avoit pas apporté un panier tout plein. Il étoit tout plein, monsieur, dit le paysan; mais messieurs vos enfans m'en ont pris la moitié. La rencontre étoit d'autant plus excellente que le seigneur étoit si laid, qu'un rustique pouvoit bien penser que ces singes fussent de sa race. Au reste, cela vous montre que, puisque des hommes d'âge ont pris de tels animaux pour des enfans, je le pouvois bien faire, moi qui étois jeune. Mais, pour notre servante, qui y alloit tout à la bonne foi, considérant qu'il n'étoit point entré d'enfans chez nous, ni personne du monde d'extraordinaire, elle crut fermement qu'un mauvais esprit m'étoit venu voir; et, après m'avoir nettoyé et habillé, elle jeta plus d'une pinte d'eau bénite par la chambre.

Ma mère, étant revenue de l'église, la trouva encore en cette occupation, et lui demanda pour quel sujet elle faisoit cela. Elle lui conta, avec une simplicité très-grande, en quelle

---

[1] « Ce proverbe, dit M. Le Roux de Lincy, est emprunté à l'un des articles du *Livre des Métiers* d'Étienne Boileau, prévôt de Paris sous saint Louis. Au titre II de la seconde partie, intitulé: *Du Péage du petit Pont*, on lit : « Li singes au marchant doit iiij, se
« il pour vendre le porte ; et se li singes est au joueur, jouer en
« doit devant le péagier; et pour son jeu doit estre quites de toute
« la chose qu'il achète à son usage. » *Livre des Proverbes français*, t. 1ᵉʳ, p. 151.

façon elle m'avoit trouvé, et l'opinion qu'elle avoit que ce fût un diable qui étoit venu dedans ma chambre. Ma mère, qui n'avoit pas coutume de croire de léger, rapporta le tout à mon père, qui s'en moqua et dit que c'étoit une pure rêverie, voulant quasi faire accroire à la servante qu'il n'étoit rien de tout ce qu'elle avoit vu; mais un valet, qui étoit entré un peu après elle en la chambre, et m'avoit vu au même état, comme elle m'interrogeoit là-dessus, lui ôta le soupçon qu'il avoit, qu'elle se trompât par foiblesse d'esprit.

Le méchant singe revint encore chez nous la nuit suivante, et, ayant étalé tous les jetons d'une bourse sur la table de la salle, comme s'il les eût voulu compter, et, ayant aussi renversé beaucoup d'écuelles de la cuisine, s'en retourna, avant le jour, par les barreaux d'une petite fenêtre qui n'avoit point de volet, et qui lui avoit déjà servi de passage. Quand les servantes eurent aperçu le ménage qu'il avoit fait, elles le dirent à mon père et à ma mère qui furent presque contraints de s'imaginer qu'il venoit un lutin en notre maison. L'impression que nos serviteurs avoient de cela faisoit qu'ils s'imaginoient que la nuit ils avoient vu beaucoup de fantômes. Même l'un d'eux assura que, s'étant relevé sur les onze heures pour pisser par sa fenêtre, à cause qu'il n'avoit point de pot de chambre, il avoit aperçu quelque chose dans le jardin qui sautoit d'arbre en arbre. Je jure, dit mon père, que tous tant que vous êtes, puisque vous me voulez faire accroire qu'il revient ici des esprits, vous ferez les nuits la sentinelle à quelque fenêtre pour m'en venir avertir à l'heure.

Comme il étoit entier en ses résolutions, l'on accomplit ce qu'il disoit, et déjà par huit fois quelqu'un de nos gens avoit toujours veillé ou feint de veiller (car je pense qu'ils se laissoient bientôt abattre au sommeil), lorsque celui qui étoit la neuvième nuit à la guette vint dire à mon père qu'il avoit vu quelqu'un dans le jardin. Mon père prend un pistolet, et s'en va tout bellement avec celui-là au lieu qu'il lui avoit enseigné. Il n'y fut pas sitôt, qu'il vit un homme s'enfuir vers un endroit de la muraille qui étoit abattue. Lui de courir après avec son pistolet, qu'il tira en l'air; ce qui étonna tellement celui qui fuyoit, que, avec ce qu'il se heurta contre une pierre, il lui fut impossible de se soutenir davantage; de sorte que mon père fut auprès de lui avant qu'il eût eu le loisir de se relever : par sa voix, qu'il fut contraint de faire ouïr, en disant que l'on lui pardonnât, notre serviteur reconnut que c'étoit un paysan d'un bourg prochain; et, par un panier où il y avoit deux ou trois poires de bon chrétien, mon père vit qu'il étoit venu là pour dérober ses fruits. Néanmoins il avoit un courage si peu porté à tirer vengeance d'une telle canaille, qu'il se contenta de lui bailler deux ou trois coups de pied au cul, et de le menacer de le mettre en justice s'il retournoit à sa première faute. Encore fit-il un acte de clémence, bien gracieux et bien agréable. Or çà, Lubin, lui dit-il, ma foi, je vois bien que c'est peine perdue de te vouloir empêcher d'avoir toujours de mon fruit ; je ne puis pas faire la garde toutes les nuits, et d'ailleurs je ne veux pas faire de la dépense pour rendre mes murailles plus hautes, mais accordons-nous ensemble : combien veux-tu de poires tous les ans, à la charge que tu ne m'en viendras plus dérober? Te contenteras-tu d'un cent? Alors ce vilain brutal lui répondit : Par ma foi, monsieur, j'y perdrois[1]. Et cette repartie sembla si naïve à mon père, qu'elle le fit plutôt rire que de le fâcher : il continua seulement ses menaces, et le laissa aller, étant assez aise d'avoir reconnu quel esprit c'étoit que notre valet avoit vu sur les arbres ; mais, quant à celui qui m'avoit tourmenté, et qui avoit fait ravage dans la maison, il n'en sçavoit que juger.

Le lendemain, il entra dans le logis où étoit le singe, qu'il vit attaché d'une chaîne de fer dedans la chambre basse. Il demanda à un laboureur, qui demeuroit là dedans, à qui appartenoit cette bête. Monsieur, répondit-il, elle est à un gentilhomme dont je suis affectionné, et qui me l'a baillée en garde. Il est bien vrai qu'elle fait plusieurs plaisanteries : ayant été l'autre jour à la boutique du barbier, elle s'en revint ici, et, ayant pris un torchon, le mit au col de notre chat: elle tenoit des ciseaux dont elle lui voulut faire la barbe, de même qu'elle venoit d'apprendre, et lui coupa toutes les mous-

---

[1] Nous lisons dans les *Historiettes* de Tallemant des Réaux : « Bassompierre gagnoit tous les ans cinquante mille écus à M. de Guise; madame de Guise lui offrit dix mille écus et qu'il ne jouât plus contre son mari ; il répondit, comme le maître d'hôtel du maréchal de Biron : « J'y perdrois trop. »

taches. Toutefois je voudrois bien n'en être point chargé, elle me fait mille maux : j'ai été contraint de l'enchaîner ainsi, parce que, deux jours après que je l'eus, elle alla à votre maison, où j'avois peur qu'elle ne retournât faire quelque dommage si je lui donnois la liberté. Mon père, s'étant enquis alors particulièrement du jour précis que le singe étoit venu chez nous, découvrit que c'étoit là le démon dont l'on avoit tant parlé et tant eu de crainte.

C'est pour vous dire comme les âmes basses se trompent bien souvent, et conçoivent de vaines peurs ainsi que faisoient nos gens. Vous qui vivez auprès des villages, vous pouvez sçavoir qu'il n'y a si petit hameau où il ne coure le bruit qu'il y revient quelques esprits; et cependant, si l'on avoit bien cherché, l'on trouveroit que les habitans ont fondé ces opinions sur des accidens ordinaires et naturels, mais dont la cause est inconnue à leurs esprits simples et grossiers. C'est un grand cas que, si petit que j'aie été, je n'ai jamais été sujet à de telles épouvantes; car même, lorsque nos servantes, me voulant corriger de quelque chose qui ne leur plaisoit pas, me disoient qu'elles me feroient manger à cette bête qui m'étoit venue voir un matin dans le lit, j'avois aussi peu de crainte que si elles ne m'eussent point menacé.

Il faut que je passe sous silence beaucoup de petites naïvetés que je fis en ce bas âge, et que je monte un peu plus haut. Quand l'usage de la raison me fut venu, l'on me donna un homme pour m'enseigner à lire et à écrire, avec lequel je ne fus pas longtemps; puis l'on me fit aller tous les jours chez notre curé, qui m'apprit presque tout ce qu'il sçavoit de latin.

J'avois déjà je ne sçais quel instinct qui m'incitoit à haïr les actions basses, les paroles sottes et les façons niaises de mes compagnons d'école, qui n'étoient que les enfans des sujets de mon père, nourris grossièrement sous leurs cases champêtres. Je leur remontrois de quelle façon il falloit qu'ils se comportassent : mais, s'ils ne suivoient mes préceptes, je les chargeois aussi d'appointement[1]; de manière que j'avois sou-

---

[1] On dit proverbialement et ironiquement qu'un homme a été chargé d'*appointement*, pour dire qu'il a été bien battu, par une méchante allusion avec les poings qui servent à le frapper. *Dict. de Trévoux.*

vent des querelles contre eux, car ces âmes viles, ne connoissant pas le bien que je leur voulois, et ne considérant pas que, qui bien aime, bien châtie, se cabroient à tous les coups, et me disoient en leur patois : Ah ! parce que vous êtes monsieur, vous êtes bien aise; et mille autres niaiseries et impertinences rustiques. Quelquefois ils se plaignoient à leurs parens de ma sévérité, et faisoient tant qu'ils venoient prier mon père de m'encharger de ne plus battre leurs enfans, qui n'osoient pas se revenger contre moi. Mais je plaidois si gentiment ma cause, que l'on étoit contraint d'avouer que j'avois bonne raison de les punir des fautes qu'ils commettoient.

Quelquefois j'entendois discourir mon père des universités, où sont les colléges, pour instruire la jeunesse, tous remplis d'enfans de toute sorte de maisons, et je souhaitois passionnément d'y être, afin de jouir d'une si bonne compagnie, au lieu qu'alors je n'en avois point du tout, si ce n'étoit des badauds de village. Mon père, voyant que mon naturel me portoit fort aux lettres, ne m'en vouloit pas distraire, d'autant qu'il sçavoit que, de suivre les armes comme lui, c'étoit un très-méchant métier. Or, parce que les colléges de notre pays n'étoient pas à sa fantaisie, malgré les doléances de ma mère, ayant affaire à Paris, il m'y amena, et me donna en pension à un maître du collége de Lisieux [1], que quelqu'un de ses amis lui avoit enseigné. Après qu'il m'eut bien recommandé à un certain avocat de ses anciennes connoissances, et l'eut supplié de me fournir tout ce qui me seroit nécessaire, il s'en retourna en Bretagne, et me laissa entre les mains des pédans, qui, ayant examiné mon petit savoir, me jugèrent dignes de la cinquième classe, encore ne fut-ce que par faveur.

O quel changement je remarquai, et que je fus bien loin de mon compte ! Je ne jouissois pas de toutes les délices que je m'étois promises; qu'il m'étoit étrange de n'être plus avec mon père, qui me menoit quelquefois en des seigneuries qu'il avoit hors de la Bretagne ! Que j'étois fâché d'avoir perdu la douce liberté que j'avois, courant parmi les champs d'un côté et d'autre, allant abattre des noix et cueillir du raisin aux vignes, sans craindre les messiers [2], et suivant quelquefois

[1] Situé rue Saint-Étienne-des-Grès.
[2] Gardes-champêtres.

ceux qui alloient à la chasse ! J'étois alors plus enfermé qu'un religieux dans son cloître, et étois obligé de me trouver au service divin, au repas et à la leçon, à de certaines heures, au son de la cloche, par qui toutes choses étoient là compassées. Au lieu de mon curé, qui ne me disoit pas un mot plus haut que l'autre, j'avois un régent à l'aspect terrible, qui se promenoit toujours avec un fouet à la main, dont il se savoit aussi bien escrimer qu'homme de sa sorte. Je ne pense pas que Denis le Tyran, après le misérable revers de sa fortune, s'étant fait maître d'école afin de commander toujours, gardât une gravité de monarque beaucoup plus grande.

La loi qui m'étoit la plus fâcheuse à observer sous son empire étoit qu'il ne falloit jamais parler autrement que latin, et je ne me pouvois désaccoutumer de lâcher quelques mots de ma langue maternelle; de sorte qu'on me donnoit toujours ce que l'on appelle le signe, qui me faisoit encourir une punition. Pour moi, je pensai qu'il falloit que je fisse comme les disciples de Pythagore, dont j'entendois assez discourir, et que je fusse sept ans à garder le silence comme eux, puisque, sitôt que j'ouvrois la bouche, l'on m'accusoit avec des paroles aussi atroces que si j'eusse été le plus grand scélérat du monde; mais il eût été besoin de me couper la langue, car, en étant bien pourvu, je n'avois garde de la laisser moisir. A la fin donc, pour contenter l'envie qu'elle avoit de caqueter, force me fut de lui faire prononcer tous les beaux mots de latin que j'avois appris, auxquels j'en ajoutois d'autres de françois écorché, pour faire mes discours.

Mon maître de chambre étoit un jeune homme, glorieux et impertinent au possible; il se faisoit appeler Hortensius par excellence, comme s'il fût descendu de cet ancien orateur qui vivoit à Rome du temps de Cicéron, ou comme si son éloquence eût été pareille à la sienne. Son nom étoit, je pense, le Heurteur; mais il l'avoit voulu déguiser, afin qu'il eût quelque chose de romain et que l'on crût que la langue latine lui étoit comme maternelle. Ainsi plusieurs auteurs de notre siècle ont sottement habillé leurs noms à la romanesque, et les ont fait terminer en *us*, afin que leurs livres aient plus d'éclat et que les ignorans les croient être composés par des anciens personnages. Je ne veux point nommer ces pédans-là; il ne faut qu'aller à la rue Saint-Jacques, l'on y verra leurs œuvres, et l'on y apprendra qui ils sont.

Mais, encore que notre maître commît une semblable sottise, et qu'il eût beaucoup de vices insupportables, tout ce que nous étions d'écoliers nous n'en recevions point d'affliction, comme de voir sa très-étroite chicheté, qui lui faisoit épargner la plus grande partie de notre pension pour ne nous nourrir que de regardeaux[1]. J'appris alors, à mon grand regret, que toutes les paroles qui expriment les malheurs qui arrivent aux écoliers se commencent par un P, avec une fatalité très-remarquable; car il y a pendant, peine, peur, punition, prison, pauvreté, petite portion, poux, puces et punaises, avec encore bien d'autres, pour lesquelles rechercher il faudroit avoir un dictionnaire et bien du loisir.

A déjeuner et à goûter, nous étions à la miséricorde d'un méchant cuistre qui, pour ne nous point donner notre pitance, s'en alloit promener, par le commandement de son maître, à l'heure même qu'elle étoit ordonnée, afin que ce fût autant d'épargné, et que nous écoulassions jusques au dîner, où nous ne pouvions pas nous recourre; car l'on ne nous bailloit que ce que l'on vouloit bien que nous mangeassions. Au reste, jamais l'on ne nous présentoit point de raves, de salade, de moutarde, ni de vinaigre, craignant que nous n'eussions trop d'appétit. Hortensius étoit de ceux qui aimoient les sentences que l'on trouvoit écrites au temple d'Apollon; et principalement il estimoit celle-ci : *Ne quid nimis*[2], laquelle il avoit écrite au-dessus de la porte de sa cuisine, pour faire voir qu'il n'entendoit pas que l'on mît rien de trop aux banquets que l'on y apprêteroit.

Eh Dieu! quelle piteuse chère, au prix de celle que faisoient seulement les porchers de notre village! Encore, disoit-on, que nous étions des gourmands, et falloit-il mettre la main dans le plat l'un après l'autre. Notre pédant faisoit ses mignons de ceux qui ne mangeoient guère, et se contentoient d'une fort petite portion qu'il leur donnoit. C'étoient

---

[1] Manger des *regardeaux*, n'avoir rien à manger sur la table et se regarder l'un l'autre ou regarder manger les autres. *Curiosités françoises d'Oudin.*

[2] *Terent. Andria,* v. 61.

des enfans de Paris, délicats, à qui il falloit peu de nourriture; mais, à moi, il m'en falloit beaucoup plus, d'autant que je n'avois pas été élevé si mignardement; néanmoins je n'étois pas mieux partagé; et si mon maître disoit que j'en avois plus que quatre, que je ne mangeois pas, mais que je dévorois. Bref, je ne pouvois entrer en ses bonnes grâces. Il faisoit toujours à table un petit sermon sur l'abstinence, qui s'adressoit particulièrement à moi; il alléguoit Cicéron, qui dit qu'il ne faut manger que pour vivre, non pas vivre pour manger. Là-dessus, il apportoit des exemples de la sobriété des anciens, et n'oublioit pas l'histoire de ce capitaine qui fut trouvé faisant rôtir des raves à son feu pour son repas. De surplus, il nous remontroit que l'esprit ne peut faire ses fonctions, quand le corps est par trop chargé de viande, et il disoit que nous avions été mis chez lui pour étudier, non pas pour manger hors de raison, et que pour ce sujet nous devions plutôt songer à l'un qu'à l'autre. Mais, si quelque médecin se fût trouvé là et eût tenu notre parti, comme le plus juste, il eût bien prouvé qu'il n'est rien de pire à la santé des enfans que de les faire jeûner. Et puis, voyez comme il avoit bonne raison de prêcher l'abstinence, tandis que nous étions huit à l'entour d'une éclanche de brebis, il avoit un chapon à lui tout seul. Jamais Tantale ne fut si tenté aux enfers par les pommes où il ne peut atteindre, que nous l'étions par ces bons morceaux, où nous n'osions toucher.

Quand quelqu'un de nous avoit failli, il lui donnoit une pénitence qui lui étoit profitable : c'étoit qu'il le faisoit jeûner quelques jours au pain et à l'eau, ainsi ne dépensant rien d'ailleurs en verges. Aux jours de récréation, comme à la Saint-Martin, aux Rois et à Carême-prenant, il ne nous faisoit pas apprêter une meilleure cuisine, si nous ne donnions chacun un écu d'extraordinaire; et encore je pense qu'il gagnoit beaucoup sur les festins qu'il nous faisoit, d'autant qu'il nous contentoit de peu de chose, nous qui étions accoutumés au jeûne; et, ayant quelque volaille bouillie avec quelques pièces de rôti, nous pensions être aux plus somptueux banquets de Lucullus et d'Apicius, dont il ne nous parloit jamais qu'en les appelant infâmes, vilains et pourceaux. De cette façon, il s'enrichissoit au détriment de nos pauvres ventres, qui crioient vengeance contre lui; et certes je craignois le plus souvent que les araignées ne fissent leurs toiles sur mes mâchoires à faute de les remuer, et d'y envoyer balayer à point nommé. Dieu sçait quelles inventions je trouvois pour dérober ce qui m'étoit besoin.

Nous étions aux noces lorsque le principal, qui étoit un assez brave homme, festoyoit quelques-uns de ses amis; car nous allions, sur le dessert, présenter des épigrammes aux conviés, qui, pour récompense, nous donnoient tant de fruits, tant de gâteaux et de tartes, et quelquefois tant de viande, lorsqu'elle n'étoit pas encore desservie, que nous décousions la doublure de nos robes pour y fourrer tout, comme dans une besace.

Les meilleurs repas que j'aie pris chez les plus grands princes du monde ne m'ont point été si délicieux que ceux que je prenois après avoir fait cette conquête par ma poésie. O vous, misérables vers que j'ai faits depuis, encore ne m'avez-vous jamais fait obtenir de salaire qui valût celui-là, que je prisois autant qu'un empire!

J'étois aussi bien aise, lorsqu'aux bonnes fêtes de l'année l'avocat à qui mon père m'avoit recommandé m'envoyoit quérir pour dîner chez lui; car, à cause de moi, l'on rehaussoit l'ordinaire de quelque pâté de godiveau que j'assaillois avec plus d'opiniatreté qu'un roi courageux n'assiégeroit une ville rebelle. Mais, le repas fini, mon allégresse étoit bien forcée de finir aussi; car l'on m'interrogeoit sur ma leçon, et l'on me menaçoit de mander à mon père que je n'étudiois point, si l'on voyoit que j'hésitasse quelque peu en répondant. C'est une chose apparente que, de quelque naturel que soit un enfant, il aime toujours mieux le jeu que l'étude, ainsi que je faisois en ce temps-là; et toutefois je vous dirai bien que j'étois des plus sçavans de ma classe. Aussi, quand l'avocat le reconnoissoit, il me donnoit toujours quelque teston qu'il mettoit sur les parties qu'il faisoit pour mon père : de cet argent, au lieu d'en jouer à la paume, j'en achetois de certains livres que l'on appelle les romans, qui contenoient les prouesses des anciens chevaliers. Il y avoit quelque temps qu'un de mes compagnons m'en avoit baillé à lire un de Morgant le Géant [1], qui m'enchanta tout à fait; car je n'avois ja-

---

[1] *L'histoire de Morgant le géant, lequel avec ses frères persécutoient toujours les chrétiens*; traduite de l'italien de Louis Pulci. Paris, Alain Lotrian; in-4°, goth.

mais rien lu que les épîtres familières de Cicéron et les comédies de Térence. L'on m'enseigna un libraire du pont Neuf qui vendoit plusieurs histoires fabuleuses de la même sorte; et c'étoit là que je portois ma pécune. Mais je vous assure que ma chalandise étoit bonne; car j'avois si peur de ne voir jamais entre mes mains ce que je brûlois d'acheter, que j'en donnois tout ce que le marchand en demandoit, sçachant bien à qui il avoit affaire. Je vous jure, monsieur, que je désire presque d'être aussi ignorant à cette heure qu'en ce temps-là; car je goûterois encore beaucoup de plaisir, en lisant de tel fatras de livres, au lieu que maintenant il faut que je cherche ailleurs de la récréation, ne trouvant pas un auteur qui me plaise, si je ne veux tolérer ses fautes; car, pour n'en mentir point, je sçais bien où sont tous les livres, mais je ne sçais pas où sont les bons : une autre fois je traiterai de ce paradoxe, et je vous prouverai qu'il n'y en a point du tout, et qu'à chacun il y a de très-grands vices à reprendre; mais sçachez que j'excepte les livres que notre religion honore.

C'étoit donc mon passe-temps que de lire des chevaleries; et il faut que je vous dise que cela m'époinçonnoit le courage, et me donnoit des désirs nonpareils d'aller chercher les aventures par le monde; car il me sembloit qu'il me seroit aussi facile de couper un homme d'un seul coup par la moitié qu'une pomme. J'étois au souverain degré des contentemens quand je voyois faire un châplis [1] horrible de géans, déchiquetés menu comme chair à pâté. Le sang qui ruisseloit de leurs corps à grand randon [2] faisoit un fleuve d'eau de rose où je me baignois fort délicieusement; et quelquefois il me venoit en l'imagination que j'étois le même damoisel, qui baisoit une gorgiade [3] infante qui avoit les yeux verts comme un faucon. Je vous veux parler en termes puisés de ces véritables chroniques. Bref, je n'avois plus en l'esprit que rencontres, que châteaux, que vergers, qu'enchantemens, que délices et qu'amourettes; et, lorsque je me représentois que

---

[1] Massacre.
[2] A flots.
[3] Pour *gorgiase*, — vieux mot qui signifioit autrefois une personne grasse et de belle taille, qui avait une belle gorge, une belle représentation. *Dict. de Trévoux.*

tout cela n'étoit que fiction, je disois que l'on avoit tort néanmoins d'en censurer la lecture, et qu'il falloit faire en sorte que dorénavant l'on menât un pareil train de vie que celui qui étoit décrit dedans mes livres : là-dessus je commençois déjà à blâmer les viles conditions où les hommes s'occupent en ce siècle, lesquelles j'ai aujourd'hui en horreur tout à fait.

Cela m'avoit rendu méchant et fripon, et je ne tenois plus rien du tout de notre pays, non pas même les accens, car je demeurois avec des Normands, des Picards, des Gascons et des Parisiens, avec qui je prenois de nouvelles coutumes : déjà l'on me mettoit au nombre de ceux que l'on nomme des pestes, et je courois la nuit dans la cour avec le nerf de bœuf dans les chausses, pour assaillir ceux qui alloient aux lieux, pour parler par révérence. J'avois la toque plate, le pourpoint sans boutons, attaché avec des épingles ou des aiguillettes, la robe toute délabrée, le collet noir et les souliers blancs, toutes choses qui conviennent bien à un vrai poste[1] d'écolier ; et qui me parloit de propreté se déclaroit mon ennemi. Auparavant, la seule voix d'un maître courroucé m'avoit fait trembler autant que les feuilles d'un arbre battues du vent ; mais alors un coup de canon ne m'eût pas étonné. Je ne craignois non plus le fouet que si ma peau eût été de fer, et exerçois mille malices, comme de jeter, sur ceux qui passoient dans la rue du collége, des pétards, des cornets pleins d'ordures, et quelquefois des étrons volans. Une fois, je dévallois par la fenêtre un panier attaché à une corde, afin qu'un pâtissier qui étoit en bas, à qui j'avois jeté une pièce de cinq sols, mît dedans quelques gâteaux ; mais, comme je le remontois, mon maître, qui étoit à mon desceu dans une chambre de dessous, le tira à lui en passant, et ne le laissa point aller qu'il ne l'eût vidé. Je descendis en bas pour voir qui m'avoit fait cette supercherie, et, trouvant ce pédant, sur le seuil de la porte, je reconnus que c'étoit lui, et n'en osai pas seulement desserrer les dents. O le grand crèvecœur que j'eus ! il me commanda tout à l'heure d'aller prier un autre maître, son voisin, de venir goûter avec lui : je m'y en allai, et le ramenai avec moi jusque dans sa chambre, où je ne vis point d'autres

[1] Vaurien.

préparatifs sur la table que mes gâteaux, dont il ne me donna pas une miette à manger, tant il fut vilain. Voyez un peu comme il sçavoit bien pratiquer les ordonnances de la lésine, friponnant sur ses disciples pour festoyer ses amis. Vous en aurez, monsieur le raquedenaze[1], ce dis-je en moi-même, dussé-je avoir la salle ; je vous servirai d'un plat de mon métier.

L'occasion de me venger s'offrit peu après à souhait. Le père d'un de mes compagnons lui avoit fait présent d'un pâté de lièvre, qu'il avoit dit être bon la première fois qu'il en avoit tâté à notre table ; car il se plaisoit, je pense, à manger devant nous ce qu'il avoit d'exquis, afin de nous faire enrager d'envie, et même il n'en donna pas au fils de celui qui le lui avoit envoyé. J'ouïs qu'il commanda de le porter en son étude, parce qu'il en faisoit autant d'état que de ses livres, aimant autant la nourriture de son corps que celle de son esprit. Ce lieu, où il l'enferma, n'étoit entouré que de planches à demi déboîtées, et couvertes d'un côté et d'autre de vieille natte que je décousis en son absence; et, comme j'étois fort menu alors, un Gascon, qui étoit l'un de mes compagnons plus fidèles, levant un ais de toute sa force, je me glissai à la fin dedans le cabinet, autant sacré à Bacchus et à Cérès qu'aux Muses : je regardai sous les planches, et détournai tous les livres, sans trouver aucune chose. Ayant dit mon malheur à celui qui m'attendoit de l'autre côté avec grande impatience, j'avois déjà passé mes deux pieds entre les ais pour ressortir à reculons, lorsqu'en me baissant j'avisai une grande caisse où l'année précédente on avoit fait un jardin. Un certain démon me conseillant, je m'en retournai vers ce côté-là, et trouvai le pâté enchâssé là dedans. La croûte étoit dure et de fort peu de saveur, n'y ayant point de beurre ; voilà pourquoi, songeant aussi que ce seroit trop que l'emporter tout, je la laissai, et ne pris que la chair, au lieu de laquelle je mis dedans un chausse-pied, qui se trouva sous ma main. Ayant posé le couvercle, j'empaquette le lièvre dans du papier, le donne à mon compagnon, et vais après, avec une aussi grande ardeur que si je l'eusse poursuivi à la chasse. Je vous jure qu'il

---

[1] Pour *racle denare* (voy. Pasquier), *denariorum corrasor*: pince-maille.

ne demeura guère entre nos mains, et que nous n'eûmes que faire de songer où nous le pourrions cacher seulement; car nous le mîmes dedans notre coffre naturel avant que le soir fût venu; et il eût fallu que nous eussions eu au corps une fenêtre, comme désiroit Momus, pour découvrir que nous étions des larrons.

Hortensius ne songea pas à son pâté jusqu'au lendemain, qu'il en eut un ressouvenir, et commanda à son cuistre d'aller prier à déjeuner un autre vieux pédant, son compagnon de bouteille, et de lui dire qu'il lui feroit manger d'un bon lièvre, à la charge qu'il apportât une quarte[1] de son vin nouveau, pour servir de remède à la soif que leur causeroit l'épice. Ce pédant ne faillit pas à venir tout à l'heure avec autant de vin qu'Hortensius avoit dit, et, sitôt qu'il fut dans la chambre, le cuistre alla querir le pâté de dedans la caisse, et le posa sur la table, où il ne fut pas sitôt que le vieux pédant prit un couteau qu'il fourra dedans par l'endroit même où la croûte étoit entamée, pensant qu'elle ne le fût point, et tournoya tout à l'entour, tenant une main ferme sur la couverture, et disant : Çà, çà, il faut voir ce que ce pâté-ci a dedans le ventre. Ah! monsieur Hortensius, que vous avez ici un bon couteau! Il coupe tout seul, je ne m'efforce point presque. Hortensius se mouroit de rire, voyant qu'il étoit si sot qu'il passoit le couteau par le lieu où il étoit déjà coupé; et l'autre disoit, en ôtant la couverture : Qu'avez-vous à rire? Alors ses yeux, ne pouvant pas discerner ce qui étoit dedans la croûte, il mit ses lunettes, et, voyant le chausse-pied au lieu d'un lièvre, il crut qu'Hortensius s'étoit voulu moquer de lui et que c'étoit de cela qu'il faisoit alors des risées : c'est pourquoi, ne supportant pas volontiers un tel affront, il reprit sa quarte de vin sous sa robe de chambre, et s'en retourna en grommelant. Hortensius, qui avoit plus d'émotion que lui, le laissa sortir, sans songer à lui faire des excuses, et ne sçavoit qui soupçonner du larcin du lièvre; car, quant à son cuistre, à qui il l'avoit donné à porter dans son étude, sa fidélité lui étoit si connue, qu'il n'avoit garde de s'imaginer que ce fût lui. Ce bon serviteur étoit un autre soi-même, c'étoit son Achates, son Pirithoüs et son Pylade; sa bonté étant si grande,

[1] Mesure contenant deux pintes.

qu'elle couvroit l'inégalité qui étoit entre leurs conditions. Il avoit l'argent en maniement, et ne ferroit point la mule[1]. Je crois que seulement il rognoit notre portion, et, pour ce sujet, nous l'appelions les ciseaux d'Hortensius. Étoit-il croyable qu'il eût voulu aussi s'employer à rogner ce que son maître et bon ami lui donnoit franchement en garde? Il étoit bien plus à juger que c'étoit quelqu'un de nous autres écoliers, et le pédant se l'imagina bien, sçachant qu'il y en avoit entre nous autres qui avoient l'artifice d'ouvrir toutes sortes de serrures. Toutefois, n'en soupçonnant pas un particulièrement du fait dont il étoit question, il eût volontiers, tant sa rage étoit grande, fait ouvrir notre corps pour sçavoir la vérité, comme fit Tamerlan à ce soldat qui avoit dérobé le lait d'une pauvre villageoise. A la fin, il se résolut de nous punir tous, afin de ne point faillir à punir le coupable, ce qui étoit une injustice bien grande, ne lui en déplaise; mais quel supplice pensez-vous qu'il nous fit souffrir? Celui que je vous ai dit tantôt, qui lui étoit profitable: il dîna tout exprès auparavant que nous fussions sortis de classe, et se retira après dans son étude. Au sortir de la messe, nous n'avions point trouvé le cuistre pour lui demander nos bises, qui sont de petits pains de deux liards que l'on appelle ainsi, après lesquels nous courions plus allègrement que si le vent de bise nous eût soufflé au derrière; et croyez que, quand nous avions nouvelle que le boulanger les apportoit, nous étions frappés d'un bien doux vent; aussi ces bises de collége étoient-elles toutes creuses, et l'on ne trouvoit rien dedans que du vent au lieu de mie. Je vous laisse à juger si nous ne devions pas avoir bien faim; et toutefois l'on nous fit asseoir à une table où il n'y avoit rien que la nappe, blanche comme les torchons des écuelles: pour des serviettes, l'usage en étoit défendu, parce que l'on y torche quelquefois ses doigts, qui sont entourés de certaine graisse qui repait quand l'on les lèche. Ayant demandé de quoi dîner au cuistre, il nous apporta le pâté tout fermé, et nous dit: Monsieur veut que vous mangiez votre part de cela. Un Normand affamé ôta la couverture, et, voyant le chausse-pied, se mit tellement en colère contre le cuistre, qui se moquoit de

---

[1] Ferrer la mule correspond à notre locution: *faire danser l'anse du panier*.

nous, qu'il lui jéta toute la croûte aux badigoinces [1], et se sauva après en la chambre d'un sien ami, où il demeura un jour durant, craignant le courroux d'Hortensius. Le Gascon et moi nous nous pâmions de rire, bien que nous eussions le ventre presque aussi creux que les autres, et tous ensemble, ne pouvant avoir chez notre maître de quoi manger, nous fîmes venir quelque chose de la ville, que nous achetâmes de notre argent : ainsi tel en pâtit qui n'en pouvoit mais, et notre pédant ne sçut point que j'avois dérobé le lièvre.

En ce temps-là j'étois à la troisième, où je n'avois encore rien donné pour les landis [2] ni pour les chandelles, bien que l'on fût déjà près des vacances; et c'étoit que mon père avoit oublié d'envoyer cela avec ce qu'il falloit pour ma pension : mon régent, malcontent au possible, exerçoit sur moi, à cette occasion, des rigueurs dont les autres étoient exempts, et me faisoit, quand il pouvoit, de petits affronts sur ce sujet. Il étoit bien aise quand l'on m'appeloit *Glisco*, faisant allusion sur une règle du Despautère [3] où il y a : *Glisco nihil dabit*. L'on vouloit dire que je ne lui donnois rien; et, pour le fils d'un riche trésorier qui avoit payé le maître en beaux quadruples, l'on l'appeloit *Hic dator*, par une autre règle des mêmes rudimens, où, mêlant le latin avec le françois, l'on me vouloit faire entendre qu'il donnoit de bon or à notre régent. Je vous apprends ici des apophthegmes de collège; mais il faut les dire, puisqu'ils viennent à propos.

Afin de causer plus de dépit à ce pédant, voyant qu'il cherchoit partout quelques raisons pour autoriser le supplice qu'il avoit envie de me faire endurer, j'étudiois mieux et m'abstenois de toutes sortes de friponneries; si bien qu'il pensa plusieurs fois perdre patience, et m'imputer faussement quelque chose, tant cette âme vile se coléroit lorsqu'on n'assouvissoit point son avarice. Par sa méchanceté, il m'eût fallu passer les piques, si mon argent ne fût venu à point nommé : je le

[1] Mâchoires.
[2] On appelait de ce nom les honoraires que les écoliers donnaient à leurs maîtres à l'époque de la foire du Landit (au mois de juillet) : c'étaient six ou sept écus d'or introduits dans un citron que l'on présentait dans un verre de cristal. (Voir plus loin.)
[3] Célèbre grammairien, né en 1460 et mort en 1520. Il eut, dans nos écoles, la vogue des Noël et Chapsal.

voulois présenter à la mode que les pédans avoient introduite pour leur profit, lui donnant un beau verre de cristal plein de dragées, et un citron dedans, sur l'écorce duquel je n'avois pas mis toutefois les écus, comme c'est l'ordinaire, mais les avois fourrés dedans par un trou que j'y avois fait. Monsieur, lui dis-je avec feintise en lui présentant le verre, vous sçavez que je suis de loin : le messager ne m'a pas encore apporté ce qu'il faut pour votre landi : en attendant, je vous offre ceci de ma seule part, comme des arrhes de dix écus d'or que vous aurez dans quinze jours.

Cette douce promesse alla fendre le rocher qui entouroit son cœur, et l'empêchoit d'être touché du respect et de l'amitié que je lui témoignois pour vaincre sa sévérité opiniâtre. Il garda le verre, et, me remerciant avec un souris, me versa dans ma toque les dragées; pour le citron, il le donna à un galoche[1] de ses mignons, ne sçachant pas qu'il étoit aussi précieux que pas une pomme qui fût dans le jardin des Hespérides. Afin d'en avoir le plaisir tout au long, je le laissai faire; mais, quand je vis que la leçon étoit donnée et que l'externe étoit prêt à sortir de classe, je m'en allai vers lui et m'enquis s'il vouloit troquer son citron contre mes dragées. Il s'y accorda, aimant mieux le doux que l'aigret; et tout de ce pas je m'en retournai à notre Domine, que je tirai par sa grande manche, comme il corrigeoit un thème. Je lui demandai en riant s'il vouloit manger du citron, et, en disant cela, je l'ouvris par la moitié avec une jambette[2], et lui fis voir les écus. Vous n'attendrez pas si longtemps que je vous avois fait accroire, lui dis-je. Non, répondit-il en prenant l'argent, ceci est pour moi, je vous laisse tout le citron. Après il me dit qu'il me louoit bien pour ma subtilité, mais qu'il me blâmoit pour le hasard où je m'étois mis de perdre mes écus. Tandis qu'il discouroit là-dessus, ses écoliers plaudèrent de leurs portefeuilles à l'accoutumée contre les bancs, et si fort qu'ils les pensèrent rompre.

Depuis, cet animal farouche, entièrement apprivoisé, ne me traita pas plus rigoureusement que les autres; mais je ne pus jouir longtemps de ce bonheur, parce que mon père me

---

[1] Élève externe. (*Dict. de Trévoux.*)
[2] Petit couteau.

manda, par ses lettres, que j'allasse en notre pays aux noces de mes deux sœurs, que l'on devoit marier en un même jour, l'une à un brave gentilhomme et l'autre à un conseiller du parlement de Bretagne. Je fus donc là par la voie du messager, et jamais je ne me vis si aise; car l'on ne me parloit de guère autre chose que de faire bonne chère. Néanmoins l'envie que j'avois d'apprendre les sciences me fit demander mon congé après la fête, d'autant que la Saint-Remy [1] s'approchoit, où les leçons se recommencent; et je m'en revins donc, âgé d'environ treize ans, pour être à la seconde classe. De celle-là je passai les années suivantes à toutes les autres, et enfin j'achevai mon cours. Je ne vous dirai rien de ce qui m'y avint; car ce sont de petites choses qui ne feroient qu'importuner vos oreilles. Je suis déjà las de vous avoir tant conté de niaiseries, vu que je vous puis mieux entretenir. Comment, monsieur, dit le seigneur bourguignon, est-ce ainsi que vous me privez cruellement du récit de vos plus plaisantes aventures? Ignorez-vous que ces actions basses sont infiniment agréables, et que nous prenons même du contentement à ouïr celles des gueux et des faquins, comme de Guzman d'Alfarache et de Lazaril de Tormes: comment n'en recevrais-je point à ouïr celles d'un gentilhomme écolier qui fait paroître la subtilité de son esprit et la grandeur de son courage dès sa jeunesse? Vous ne sçavez pas, repartit Francion, que vous recevrez bien plus de plaisir à entendre ce qui m'est avenu en un âge plus haut, d'autant que ce sont choses plus sérieuses, et où vous trouverez bien plus de quoi vous repaître l'esprit. Je n'attends rien que des merveilles de votre vie courtisane, dit le seigneur; car j'en ai déjà ouï quelque chose de nonpareil par de certaines personnes qui venoient de la cour : c'est pourquoi je voudrois que vous y fussiez déjà, et que vous eussiez passé toutes les classes, quand vous devriez être fouetté dix fois à chacune; néanmoins je ne désire pas sauter d'un temps à l'autre. Vous vous figurez avec grâce les choses comme si elles étoient présentes, lui dit Francion, et vraiment je vous sais bon gré de ce que vous souhaitez ainsi de me voir tant donner le fouet. Où pourrois-je trouver des fesses qui y puissent résister? Je vous prie, faites forger une cuirasse à mon cul,

[1] Le 1er octobre.

et la faites peindre de couleur de chair, ou me prêtez la peau du vôtre pour le couvrir. Ne vous souciez pas, nous pourvoirons à tout, lui répondit-il.

Ils tenoient ainsi des propos naïfs, que l'on ne doit point passer sous silence, encore qu'ils ne soient pas si relevés que beaucoup d'autres; car l'histoire ne seroit pas complète sans cela. Nous avons dessein de voir une image de la vie humaine; de sorte qu'il en faut montrer ici diverses pièces. L'histoire du père de Francion représente bien un gentilhomme champêtre, qui a vu de la guerre en sa jeunesse, et a encore un cœur martial, qui méprise toutes les autres conditions. L'avarice de quelques gens de judicature, et toutes leurs mauvaises humeurs, sont aussi taxées fort à propos. L'on voit après les sottises de quelques personnes vulgaires, et puis enfin l'on trouve les impertinences de quelques pédans avec les friponneries des écoliers. C'est ce que Francion continuera dans la suite de son histoire, faisant voir aussi les erreurs de ceux qui pensent être plus sages et plus riches, ou de meilleure maison qu'ils ne sont, ainsi que faisoit M. Hortensius. L'on connoîtra comme il en a été moqué de tout le monde, si bien que cela servira de leçon à plusieurs. Francion prenoit beaucoup de plaisir à raconter ces choses, parce qu'il avoit en lui beaucoup de sentimens d'un bon naturel qui lui faisoit haïr la sottise de beaucoup d'autres hommes. Néanmoins, il ne parloit pas avec tant d'attention qu'il ne regardât bien souvent tout ce qui étoit autour de lui; et, comme il eut achevé les dernières paroles que nous avons récitées, il voulut entièrement contenter sa curiosité, et, ayant un peu tiré à soi le rideau de son lit, il avança la tête pour jeter les yeux sur l'endroit le plus reculé de la chambre. Que regardez-vous, monsieur, lui dit alors le seigneur du château? Je voulois voir, répondit Francion, s'il n'y avoit point ici quelqu'un de vos gens pour le prier qu'il me donnât ce petit tableau qui est attaché à la tapisserie. Il m'est impossible de discerner d'ici ce qui y est représenté. Je m'en vais vous le quérir, dit le seigneur; et, s'étant levé de sa place, il alla prendre le tableau, qui étoit fait en ovale, et pas plus grand qu'un cadran au soleil[1] à porter en la poche, et le mit entre

[1] Ce genre de cadran solaire, nommé *cadran portatif*, faisait l'office de montre.

les mains de Francion, qui dit qu'il étoit marri d'en avoir parlé, puisqu'il étoit cause qu'il avoit pris cette peine-là. En après, il tourna sa vue vers le tableau, où il vit dépeinte une beauté, la plus parfaite et la plus charmante du monde. Ah! monsieur, s'écria-t-il, mettez-vous de tels enchantemens dans la chambre de vos hôtes, afin de les faire mourir sans qu'ils y pensent, pour avoir leurs dépouilles? Ah! vous m'avez tué en me montrant ce portrait. Tout le monde n'est pas si sensible que vous, dit le seigneur; et, si je l'étois, je serois déjà mort, puisque j'ai beaucoup de fois contemplé les attraits de ce visage.

Francion alors regarda sur la couverture du tableau, car il se fermoit comme une boîte, et il vit en écrit: Naïs. Que veut signifier cela? dit-il. C'est le nom de la belle, lui répondit le seigneur; elle est Italienne, comme vous pouvez voir par sa coiffure. Un gentilhomme italien, nommé Dorini, qui vint ici dernièrement, me prêta ce portrait pour huit jours, afin que j'eusse le loisir de le considérer à mon aise. Je l'avois mis en cette chambre-ci, qui est la plus secrète de tout mon château, et où je fais mon cabinet de délices. Cette nonpareille dame est-elle encore vivante? dit Francion. Je n'en sçais rien, répondit le seigneur, il n'y a que Dorini qui nous le puisse apprendre. Ah! que vous êtes peu curieux de ne vous en être point encore enquêté, reprit Francion. L'on voit bien que vous êtes d'une humeur libre, qui se tient dans l'indifférence. Il est vrai, repartit le seigneur, et je vous jure qu'étant avec Hélène, que j'allai voir avant-hier, et qui n'a qu'une beauté vulgaire, je pris autant de plaisir que je pourrois faire en jouissant de l'incomparable Naïs. Fermez les yeux, monsieur, quand vous serez contraint de baiser un visage qui n'aura rien d'attrayant, et vos sens ne laisseront pas d'être chatouillés du plaisir le plus parfait de l'amour, et vous éteindrez l'ardeur que vous aviez pour vous joindre à un corps en qui vos yeux trouvent des sujets d'une extrême passion.

Alors Francion, ayant regardé attentivement le portrait, l'attacha d'une épingle au dossier de son lit, et reprit après la parole, ainsi que l'on pourra voir au livre suivant.

8.

LIVRE QUATRIÈME.

Demain, je verrai ce portrait tout à loisir à la clarté du jour, dit Francion ; mais, pour maintenant, il faut que je m'acquitte de ce que je vous dois, et qu'au lieu de vous conter mes aventures courtisanes je vous conte mes aventures scolastiques. Figurez-vous donc de voir entrer Francion en classe, le caleçon passant hors de son haut-de-chausse jusques à ses souliers, la robe mise tout de travers, et le portefeuille dessous le bras, tâchant de donner une chiquenaude à l'un et une nasarde à l'autre. Toujours j'avois un roman caché dessus moi, que je lisois en mettant mes autres livres au-devant, de peur que le régent ne l'aperçût. Le courage m'étant alors crû de beaucoup, je soupirois en moi-même de ce que je n'avois encore fait aucun exploit de guerre, bien que je fusse à l'âge où les chevaliers errans avoient déjà défait une infinité de leurs ennemis, et je ne sçaurois vous exprimer le regret que j'avois de voir que mon pouvoir ne répondoit pas à ma volonté.

Ne vous étonnez point si j'aimois mieux lire que d'écouter mon régent ; car c'étoit le plus grand âne qui jamais monta en chaire. Il ne nous contoit que des sornettes, et nous faisoit employer notre temps en beaucoup de choses inutiles, nous commandant d'apprendre mille grimauderies les plus pédantesques du monde. Nous disputions fort et ferme pour les places, et nous nous demandions des questions l'un à l'autre ; mais quelles questions pensez-vous ? Quelle est l'étymologie de *Luna ?* et il falloit répondre que ce mot se dit : *Quasi luce lucens aliena ;* comme qui diroit, en françois, que chemise se dit quasi sur chair mise. N'est-ce pas là une belle doctrine pour abreuver un jeune âne ? Cependant nous passions les journées sur de semblables badineries, et celui qui répondoit le mieux là-dessus portoit la qualité de l'empereur. Quelquefois ce sot pédant nous donnoit des vers à faire, et enduroit que nous en prissions de tout entiers de Virgile, pour le mieux imiter, et que nous nous servissions encore, pour parfaire les autres, de certains bouquins, comme de Parnasse et de Textor[1]. S'il nous donnoit à composer en prose, nous nous aidions tout de même de quelques livres de pareille étoffe, dont nous tirions toutes sortes de pièces pour en faire une capilotade à la pédantesque. Cela n'étoit-il pas bien propre à former notre esprit et ouvrir notre jugement? Quelle vilenie de voir qu'il n'y a plus quasi que des barbares dans les universités pour enseigner la jeunesse! Ne devroient-ils pas considérer qu'il faut de bonne heure apprendre aux enfans à inventer quelque chose d'eux-mêmes, non pas les renvoyer à des recueils, à quoi ils s'attendent, et s'engourdissent tandis? On ne sçait point de là ce que c'est que de pureté de langage, ni de belles dictions, ni de sentences, ni d'histoires citées bien à propos, ni de similitudes bien rapportées. Mon Dieu, que les pères sont trompés, pensant avoir donné leurs fils à des hommes qui les rempliront d'une bonne et profitable science! Les précepteurs sont des gens qui viennent presque de la charrue à la chaire, et sont un peu de temps cuistres, pendant lequel ils dérobent quelques heures de classes, qu'ils doivent au service de leur maître, pour étudier en passant. Tandis que leur morue est dessus le feu, ils consultent quelque peu leurs livres, et se font à la fin passer maîtres ès arts; ils lisent seulement les commentaires et les scoliastes des auteurs, afin de les expliquer à leurs disciples, et leur donner des annotations dessus. Au reste, ils ne sçavent ce que c'est que de civilité, et faut avoir un bon naturel, et bien noble, pour n'être point corrompu, étant sous leur charge; car ils vous laissent accoutumer à toutes sortes de vicieuses habitudes sans vous en reprendre.

Notre régent, avec toutes ses belles qualités, ne laissa pas de nous vouloir faire jouer des jeux en françois de sa façon, car il tranchoit grandement du poëte. Il y eut beaucoup d'é-

---

[1] Ravisius Textor, autrement J. Tixier de Ravisi, auteur de plusieurs manuels classiques, né en 1480 et mort en 1524.

coliers qui prirent des personnages, et le désir que j'avois de me voir une fois prince en ma vie m'en fit aussi prendre un ; car c'étoit une tragédie où il ne venoit que des monarques et de grands seigneurs en la scène, et même j'eus tant d'ambition que je voulus aussi être le dieu Apollon en une moralité latine qui se jouoit par intermèdes. Jamais vous ne vîtes rien de si mal ordonné que notre théâtre. Pour représenter une fontaine, on avoit mis celle de la cuisine, sans la cacher de toile ni de branche, et l'on avoit attaché les arbres au ciel parmi les nues. Nos habits étoient très-mal assortis ; car il y avoit le sacrificateur d'un temple de païens qui étoit vêtu, comme un prêtre chrétien, d'une aube blanche, et avoit par-dessus la chape dont l'on se servoit à dire la messe en notre chapelle. Au reste, la disposition des actes étoit si admirable, les vers si bien composés, le sujet si beau, et les raisons si bonnes, qu'en ayant trouvé parmi des vieux papiers quelques fragmens, il y a deux mois, je pensai vomir tripes et boyaux, tant cela me fit mal au cœur. Mon Dieu, ce dis-je, est-il possible que Francion ait proféré autrefois de si sottes paroles ? Et quand et quand je jetai dans le feu cette horrible pièce. Lorsque j'en jouai mon personnage, il n'y avoit rien qui ne me semblât extrêmement bien fait, et je tâchois d'en imiter les vers, lorsque j'en voulois composer d'autres ; même j'étois si aveugle, qu'encore que j'en eusse trouvé la plupart dans des comédies imprimées, dans la farce de Pathelin et dans le Roman de la Rose, d'où le pédant les avoit frippés [1], je ne retranchois rien de la gloire que je lui donnois. Il faut que je vous conte quelques-unes des plaisantes impertinences qu'il commit en sa pièce, aussi bien à la faire représenter qu'à en composer les paroles. Jupiter se plaignoit qu'il avoit mal à la tête, et disoit qu'il s'en alloit coucher, et qu'on lui apprêtât un bouillon et un consommé. Cela eût été bon, s l'auteur eût feint qu'il étoit à cette heure-là gros de Minerve.

Au reste, il arriva un grand esclandre, que j'avois été tué à la tragédie par mon ennemi, et, après cela, je faisois le personnage d'une furie qui venoit tourmenter l'homicide.

[1] Tirés.

Pendant que j'étois sur le théâtre avec celui que je poursuivois, il y eut un acteur qui, ayant aussi à changer d'habit, ne sçavoit où mettre ses premiers; et, parce qu'il étoit familier du régent, le voyant nu-tête, il le couvrit d'un turban qu'il avoit, et lui jeta sa casaque dessus les épaules, dont il mit après les manches, quoiqu'il eût sa soutane, à cause qu'il faisoit encore fort froid. En même temps, celui après qui je courois de tous côtés, tenant un flambeau ardent avec des postures étranges, comme s'il eût été saisi d'horreur de me voir, commença d'hésiter en ses plaintes et récita six fois un même vers, sans pouvoir trouver en sa mémoire celui qui devoit suivre; pensant que je m'en souviendrois mieux que lui, à cause que je l'avois ouï répéter, il me disoit : Comment est-ce qu'il y a après? Francion, souffle-moi; mais, sans songer à ce qu'il me demandoit, je tournois d'un côté et d'autre. Notre régent, extrêmement en colère de voir cette ânerie, sort avec son libelle en la main, sans songer au vêtement qu'il avoit pris, et, le venant frapper d'un coup de poing, lui dit : Va, va, ignorant, je n'acquerrai que du déshonneur avec toi; lis ton personnage. Cet autre prend le papier, et se retire vitement derrière la tapisserie, pensant que ce fût le vouloir du régent. Moi, voyant mon maître accoutré tout de même que celui qui venoit de sortir (car nos habits, venant des défroques d'un ballet du roi, étoient presque tous pareils), je crus qu'il vînt là, au lieu de lui, pour achever le personnage qu'il n'avoit pu faire; je le prends donc par une manche, comme il m'avoit été enseigné, et, le faisant tourner et courir d'un côté et d'autre, je lui passe le flambeau par devant le nez, tellement que je lui brûlai presque toute la barbe. Tandis mon compagnon, qui avoit manqué, n'oyant point réciter ses vers à mon maître, croyoit qu'il les eût oubliés aussi bien que lui, et les lui souffloit si haut, que l'on le pouvoit entendre du bout de la salle. Pensant alors qu'il fût devenu sourd, il rentra en la scène, et les lui vint crier aux oreilles : cela me confirma davantage en l'opinion que j'avois conçue, que notre pédant voulût jouer ce personnage de l'homicide; et, comme j'étois plus fort que lui, je le tourmentai tant qu'à la fin il fut contraint de se laisser choir à terre. Je vous proteste que la poix-résine que je brûlois l'entêtoit de telle manière qu'avec les secousses que je lui donnois elle fut cause qu'en un instant il devint comme tout pâmé, et que ses esprits furent si affoiblis, qu'il ne me pouvoit pas dire distinctement que je le laissasse. A n'en point mentir, je ne vous nie pas qu'il n'y eût beaucoup de malice de mon côté, et que je ne lui fisse ce traitement quasi tout exprès pour me venger de la cruauté qu'il avoit aucunes fois exercée sur moi ; car, si mon compagnon eût gardé son personnage, je ne lui eusse pas fait souffrir tant de mal : mais je vous assure bien que jamais, en quelque momerie que ce soit, l'on n'a pris autant de contentement que l'on fit en nos jeux, où il arriva de si plaisants succès. L'on me donna la gloire d'avoir le mieux fait de tous les acteurs, qui étoient pour la plupart des caillettes[1] de Parisiens qui, selon les sots enseignemens du régent, rempli de civilité comme un porcher, tenoient chacun un beau mouchoir à la main par faute d'autre contenance, et prononçoient les vers en les chantant, et faisant souvent un éclat de voix plus haut que les autres. Pour bien faire, je faisois tout le contraire de ce que mon maître m'avoit enseigné ; et, quand il me falloit saluer quelqu'un, ma révérence étoit à la courtisane, non pas à la mode des enfans du Saint-Esprit, qu'il m'avoit voulu contraindre d'imiter. Au reste, je ne faisois des gestes ni des démarches qu'aux lieux où la raison me montroit qu'il en étoit besoin : mais je me repentis bien à loisir d'avoir trop bien représenté la furie ; car mon régent, voyant que tout le collége et beaucoup de gens d'honneur de la ville s'étoient moqués de lui, voulut tirer de moi une vengeance exemplaire, et, à la première faute que je commis, il me déchiqueta les fesses avec des verges plus profondément qu'un barbier ne déchiquette le dos d'un malade qu'il ventouse.

En ce temps-là, je vivois avec Hortensius comme de coutume, sinon qu'il nous traitoit encore plus mal que les années précédentes ; et même, pendant l'hiver qui avoit été extrêmement froid, voyant qu'il ne nous donnoit point de bois, nous avions été contraints de brûler les ais de nos études, la paille de nos lits, et puis après nos livres à thème, pour nous chauffer. Un jour, il voulut faire la visite de ma bibliothèque, et, y trouvant force livres françois d'histoires fabu-

---

[1] Femmelettes.

leuses, il les emporta tous, disant qu'ils corrompoient mon bon naturel et me gâtoient l'esprit; car c'étoit ainsi qu'il l'estimoit. Il en trouva de si amoureux, qu'ils servirent beaucoup à enflammer son cœur, avec la vue de la fille de l'avocat qui payoit ma pension. Notez que l'amour triomphe aussi bien du bonnet carré des pédans que de la couronne des rois. Ce qui l'invitoit davantage à suivre l'empire de ce petit dieu est qu'il voyoit sa puissance révérée et estimée dans presque tous les livres des philosophes. Vaincu d'un si doux trait, il commença de rechercher les moyens de plaire à sa dame et s'habilla plus curieusement qu'il n'avoit fait; car, au lieu qu'il n'avoit accoutumé de changer de linge que tous les mois, il en changeoit tous les quinze jours; à chaque matin il retroussoit sa moustache avec le manche d'une petite cuiller à marmite, et le ravaudeur notre portier fut employé deux journées à mettre des manches neuves à sa soutane et à recoudre des pièces en quelques endroits déchirés. Jamais il ne s'étoit regardé chez lui que dans un seau d'eau; mais alors il fut bien si prodigue d'acheter un miroir de six blancs, où il ne cessoit de regarder s'il avoit bonne grâce à faire la révérence, ou quelques autres actions ordinaires, et quelquefois il avoit beaucoup de peine, car il avoit envie de voir s'il avoit bonne façon en lisant, et, ayant jeté les yeux sur son Marc-Tulle [1], qu'il tenoit en ses mains, il les relevoit vers le miroir; mais il ne pouvoit contenter son désir, parce qu'il trouvoit que son image, qui y étoit représentée, haussoit la tête aussi bien que lui, et ne regardoit plus dans le livre; de sorte qu'il eût bien voulu tourner sa vue en même temps en deux lieux. Encore qu'il fût soigneux de son corps, ce n'étoit pas qu'il se proposât de gagner la bienveillance de sa maîtresse par ce seul moyen; les qualités de son esprit, qui lui sembloient éminentes, étoient les forces auxquelles il se fioit le plus: tous les jours il feuilletoit les livres d'amour qu'il m'avoit pris, et en tiroit les discours qui étoient les meilleurs à son jugement pour en emplir dorénavant sa bouche. Entre ces volumes, il y en avoit un plein de métaphores et d'antithèses barbares, de figures si extraordinaires, qu'on ne leur peut donner de nom, et d'un galimatias continuel où

---

[1] Cicéron.

le plus subtil esprit du monde fût demeuré à *quia*, s'il en eût voulu expliquer quelque chose. Néanmoins, il appeloit l'auteur un Cicéron françois, et formoit tout son style sur le sien, excepté qu'il tiroit encore d'autres de ce temps de certaines façons de parler qui lui sembloient merveilleuses, parce qu'elles n'étoient pas communes, bien que ce fussent autant de fautes dont une fruitière du coin des rues l'eût repris, et ses beaux auteurs aussi. Je m'en vais vous redire un discours qu'il tint à sa maîtresse, suivant ceux qu'il avoit lus. Un jour qu'il la trouva toute seule chez elle, comme il alloit tout exprès visiter son père : Mademoiselle, lui dit-il, je gagne en perdant, et si je perds en gagnant, à raison qu'en perdant la fréquentation de monsieur votre père je gagne la vôtre, qui me fait encore perdre d'une autre façon, car je perds ma franchise, en vous oyant discourir. Les incomparables charmes de vos incomparables perfections, que l'on ne peut assez magnifier, se tiennent si bien sur leurs pieds en assaillant, que ce seroit être hors de raison que de croire de pouvoir s'en défendre; par quoi ce sera toujours la cause par laquelle je me dirai votre incomparable serviteur. Fremonde, ainsi s'appeloit la demoiselle, à peine put trouver une réponse à des propos si extravagans. En peu d'heures, elle reconnut la sottise du personnage, qu'elle n'avoit jamais vu si manifestement découverte. C'étoit une bonne marchande : les grands drôles du collége, avec qui je me mettois déjà, me disoient qu'ils voyoient à son encolure qu'elle étoit du métier, et certainement ils ne s'abusoient en façon quelconque; car, étant demeurée privée de sa mère dès l'âge de quatre ans, son humeur joviale et volage la portoit en beaucoup d'excès d'amour envers des jeunes hommes qui la courtisoient, à la vue même de son père, qui ne se mettoit guère en souci pour cela, d'autant qu'il étoit pauvre, et qu'il s'imaginoit qu'elle tâchoit d'attraper au trébuchet quelque riche serviteur qui l'épousât. Je me souviens bien que, quand j'étois plus jeune, feignant d'avoir envie de tirer quelque chose de mes pochettes, elle me venoit chatouiller partout. Oh ! combien de fois ai-je dit en moi-même, en y songeant : que n'ai-je maintenant la faveur que j'avois alors, ou que n'avois-je alors la puissance que j'ai maintenant ! J'eusse chatouillé cette mignarde au lieu où il lui démangeoit; et possible en eût-elle été bien aise, vu qu'il est croyable qu'en ce temps-là elle n'avoit essayé des plaisirs de l'amour que par imagination.

Un jour, j'allai chez elle, comme elle étoit entretenue d'un jeune avocat, qui me demanda, sur quelques propos, si un ancien n'avoit pas dit que la pire des bêtes farouches est le médisant, et des domestiques le flatteur. Je lui répondis que oui, et que je l'avois lu dans Plutarque [1]; mais qu'il falloit corriger l'apophthegme, et dire que la pire des bêtes domestiques est le pédant. Ayant loué mon intention, il me dit que j'avois une raison très-juste, et qu'il avoit été exposé aussi bien que moi à la fureur de ces animaux. Il me demanda après si je sçavois bien la définition d'un pédant. Oui-dà, monsieur, lui répondis-je, *Est animal indecrotabile.* Vous avez raison, certes, me dit-il; aussi ai-je ouï conter que le recteur de l'Université, avec les procureurs de la nation et ses autres suppôts, allant la veille de la Chandeleur (suivant leur coutume) porter un cierge au roi défunt, l'on lui vint dire: Sire, voilà votre fille l'Université qui s'en vient vous faire la révérence. Mon Dieu, ce dit-il, que ma fille est crottée! Toutefois ils ne laissèrent pas de s'approcher, et le recteur lui commença une harangue qu'il entendoit avec beaucoup d'impatience, parce qu'elle n'étoit pleine que de similitudes, pêchées dedans les Propriétés des pierres de Pline, et d'exemples tirés des Hommes illustres de Plutarque; tellement que, comme il alloit commencer un discours qui sembloit devoir être bien long, et qu'il disoit : Alexandre le Grand, sire, allant à la conquête de l'Asie, le roi lui dit: Ventre saint-gris! il avoit dîné, celui-là, et moi je n'ai pas dîné [2]. La harangue, qui alloit encore durer une bonne heure, fut là tronquée et accourcie, et les pauvres pédans s'en retournèrent en leur royaume, où l'on entend avec bien plus de patience leurs belles fleurs oratoires.

[1] Rendons à Plutarque ce qui lui revient: il fait dire à Niloxène que la pire des bêtes sauvages c'est le tyran, et la pire des bêtes privées le flatteur. (*Banquet des sept sages.*)

[2] Ce n'est pas Alexandre, mais Annibal, qui fut mis en cause par l'importun harangueur. Il avait débuté par ces mots: « Annibal partant de Carthage, Siré..., » et était demeuré coi. — « Ventre-saint-gris, dit le roi, Annibal, partant de Carthage, avait dîné, et je vais en faire autant. »

Les courtisans, qui étoient là, glosèrent sur leurs habits : ils s'étonnèrent des chaperons de ces chaffourés, et comparèrent la grande escarcelle que porte le recteur à celle où maître Gonin [1] mettoit ses instrumens pour faire des tours de passe-passe. Ils furent bien empêchés à juger pourquoi les anciens avoient inventé ces vénérables ornemens, et s'il faisoit plus froid en leur temps qu'au nôtre. Mais ce qui les fit plus rire, fut la crotte qui étoit sur les robes des pédans comme de la broderie. Outre cela, ils en avoient tant apporté à leurs pieds, qu'il sembloit qu'ils eussent fait venir dedans le Louvre toute celle de delà les ponts. Le plancher de la chambre du roi en étoit si plein, que l'on fut plus de deux heures à le nettoyer. Ainsi, Francion, l'on peut connoître que, bien que vous ne soyez pas encore de la logique, vous donnez des définitions aussi bonnes que pourroit faire Aristote, et que véritablement un pédant est un animal indécrottable. Mais parlons d'Hortensius : ne doit-il pas être excepté de cette règle ? Est-il plus mignon que les autres ? De quelle humeur est-il ? Sçachons-le un peu.

Là-dessus, il me fallut dire tout ce que j'en sçavois : Appelles ne dépeignit jamais homme mieux que je fis celui-là, par le crayon de mon éloquence, cela s'entend ; de sorte que je fis rire Fremonde à bon escient. Quand j'eus raconté tout ce que je sçavois, elle dit au jeune avocat le discours que ce maître pédant lui avoit fait il y avoit quelques jours, et résolut, avec lui, d'en prendre un plaisir singulier. J'entendis à bâtons rompus leurs propos et dis incontinent : Je vous jure, mademoiselle Fremonde, qu'il est devenu amoureux de vous ; car, toutes les fois qu'il me voit, il me dit que vous êtes extrêmement parfaite, et me demande si je ne sçais point de vos nouvelles. Mon Dieu ! Francion, répondit Fremonde, faites-moi ce plaisir que de lui faire accroire qu'il est infiniment en mes bonnes grâces et que je ne vis jamais homme si éloquent que lui.

Dès que je lui pus parler familièrement, je ne manquai pas à m'acquitter de cette charge encore mieux que Fremonde n'espéroit ; car je le disposai à l'aller voir dès le lendemain et à lui parler ouvertement de son amour. Il se moquoit bien de plusieurs pédans qui n'y entendoient rien, et,

---

[1] Célèbre escamoteur du temps de François Ier.

entre autres, du fils d'un certain professeur du roi aux lettres grecques, qui, ayant été voir son accordée, suivant le commandement de son père, ne lui fit aucun compliment et eut toujours une contenance honteuse et niaise. Le professeur, en ayant été averti, lui demanda pourquoi il ne l'avoit pas entretenue amoureusement; il lui répondit qu'il ne sçavoit pas comment il falloit faire. Eh quoi! âne, lui dit le père, *nonne legisti Ovidium de Arte amandi?* Hortensius s'apprêta bien à faire autrement; et il lisoit même les Baisers de Jean Second, pour apprendre comment il faut baiser. Or, la première fois qu'il vit sa maîtresse, il lui fit cette docte harangue : Comme ainsi soit que vos attraits prodigieux aient depréhendé mon esprit, qui avoit auparavant blasphémé contre les empanons des flèches de Cupidon, je dois non-seulement implorer les autels de votre douceur, ains encore essayer de transplanter cette incomparable influence du ciel, où séjourne votre divinité, en la terre caduque où m'attachent mes défauts. Partant, ne pouvant qu'injustement adresser mon cœur qu'à vous, dès l'instant que je devins merveilleusement amoureux de si amoureuses merveilles que vous êtes, je résolus de le faire sortir de sa place, et l'offrir à vos pieds, bien qu'il fût fait rébellions générales en mon jugement et en ma raison, qui pensèrent qu'à la fin de vos attraits ils mèneroient les mains si basses, et que ma liberté auroit si bien sur les doigts, qu'il lui seroit force de se rendre. Maintenant vous avez fait de si fortes, visibles et puissantes impressions sur mon âme, que jamais aucun imprimeur n'a mieux imprimé feuille que vous l'avez imprimée d'un caractère indélébile; et ma volonté, y recevant l'idole de vos monstrueuses beautés, y fait grandement les honneurs de la maison : vous aurez donc toujours, à cette cause, l'image de mes affections au-devant de vos yeux, et mettrez votre nez dedans, afin de voir comme elles sont innumérables. Arrachez les vôtres de votre cœur pour me réciproquer, s'il vous plaît, et n'affligez plus mon repos, comme vous avez fait ci-devant [1].

Cette belle harangue finie, Fremonde lui dit, en paroles

---

[1] La déclaration d'amour de Granger à mademoiselle Genevote a de grands airs de famille avec ce passage de *Francion*. (*Pédant joué*, acte III, scène II.)

nettes et naïves, qu'elle ne croyoit pas avoir puissance de captiver un si bel esprit que le sien, mais qu'elle se figuroit qu'il vouloit feindre de la passion pour avoir sujet d'exercer son éloquence. Ah ! bel astre mignon, s'écria-t-il, vous ne connoissez pas que déjà vous êtes haut montée dessus l'horizon de l'accompli, et que la perfection de vos miracles, et le miracle de vos perfections, d'un effort foiblement fort, blessent mon âme jusques au sang. Ah ! demoiselle autant belle que cruelle, et autant cruelle que belle, vous ressemblez bien à ce traître empereur Néron, qui prenoit plaisir à voir brûler la ville de Rome; car vous regardez avec contentement, du haut de l'échauguette[1] de vos mérites, brûler non-seulement les faubourgs, mais encore la ville de mon cœur, avec toutes les églises dont je vous ai fait la dédicace. Ne sçavez-vous pas, mademoiselle, qu'un ancien disoit cette mignarde sentence : *Amoris vulnus idem qui facit sanat.* Guérissez un pauvre moribond, c'est à vous à faire; autrement je chanterai, avec le poëte Properce, que vous connoissez pour un bon auteur et sans reproche, *Solus amor morbi non cupit artificem*[2]. Ensuite de cela, il dit tant de tripes de latin, que je pense qu'il débagoula tout ce qui étoit dedans le pot-pourri de ses lieux communs sous le titre *De Amore*. Fremonde, sans faire semblant de trouver de l'impertinence en ses discours, les écoutoit attentivement, et ne lui répondoit pas néanmoins aussi favorablement qu'il avoit espéré; voilà pourquoi il poursuivit ainsi : Quoi donc, belle, plus Vénus que Vénus de Cypre, quelque oraison que moi misérable passif puisse faire au genre démonstratif, et quelque syllogisme que je puisse faire couler de ma bouche, vous ne sçauriez croire que je sois votre superlatif serviteur *per omnes casus*. Vous n'êtes pas né pour servir, monsieur, répondit alors Fremonde; il n'y a point de fille, si ambitieuse qu'elle soit, qui se voulût donner la qualité de votre maîtresse; pour moi, je prendrois plutôt celle de votre esclave. Hortensius fit là-dessus des répliques qui n'ont point de comparaison en plaisanterie, et les discours de tous les pédans du monde ne sont rien au prix; car, avec tout cela, il excorioit des mieux la langue latiale, et

---

[1] Lieu élevé.
[2] Lisez *amat* au lieu de *cupit*, lib. II, eleg. I, v. 58.

se servoit d'un petit nombre de proverbes grecs dont il entrelardoit ses propos. Je vous laisse à juger si Fremonde entendoit tout ce qu'il lui disoit.

Elle, qui recevoit toutes ses offres de service en bouffonnant, selon sa coutume, ne laissa pas de lui assurer qu'elle l'iroit visiter dans peu de temps, et ne mèneroit que deux bourgeoises de ses voisines en sa compagnie, et possible ce jeune avocat qui lui faisoit l'amour, lequel elle lui disoit être son cousin germain. Sçachant le jour que la reine de son cœur devoit venir en sa maison, il fit force préparatifs, l'amour l'ayant rendu prodigue. Il voulut pour le moins dépenser le demi-quartier d'une pension à lui apprêter une collation somptueuse. Je songeai que, par aventure, ne m'y prieroit-il pas, et que, pour ne laisser le certain, il n'étoit que de faire son coup de bonne heure. Une bouteille de vin muscat et une autre d'hypocras étoient dans son étude, qui me tentoient d'une étrange façon; mais quel moyen de les avoir? Les planches par où j'avois pris le lièvre étoient reclouées. En cette pensée, j'entrai dans la chambre d'Hortensius, où, lui voyant lire un grand livre, je regardai au titre ce qu'il contenoit; c'étoit un traité de l'État et de la puissance du Grand Turc. Voici un beau livre, me dit-il, j'y viens d'apprendre ce que je ne sçavois pas encore; il fait bon vivre et tout remarquer. C'est que l'on ne tourne jamais le cul à ce grand empereur, qui tient le siége de Mahomet, et que l'on s'en va à reculons de devant lui, quand l'on seroit même ambassadeur de France. Souvenez-vous bien de cela, fripon, et l'écrivez tantôt dans votre recueil. Voilà qui est fort plaisant, ce dis-je en riant, car depuis qu'il étoit amoureux j'étois devenu aussi grand maître que lui; puis après, voyant son étude ouverte, j'entrai dedans tout d'un saut.

Qu'allez-vous faire là dedans? me dit-il. Je vais chercher votre Ovide, Domine, lui répondis-je. Il est au coin de mes tablettes, répliqua-t-il. Je n'avois que faire de l'Ovide, et pourtant je ne laissai pas de le prendre pour faire la mine, et, trouvant la bouteille d'hypocras, qui étoit trop grande pour la cacher dans mes chausses, je l'attachai à une aiguillette derrière mon dos; puis, forgeant une subtilité admirable, je sors, tenant l'Ovide en ma main, et, marchant toujours à reculons, je dis à mon maître, qui n'avoit garde à cette heure-là de tenir la vue sur son livre : Monsieur, j'ai tant d'envie de retenir en ma mémoire la révérence que l'on porte au Grand Turc, que je veux maintenant m'en aller d'auprès de vous comme si vous l'étiez. Je me reculai donc jusqu'à la porte avec des postures de bouffon qui le firent rire ; et, de cette sorte, ayant dérobé sa bouteille sans qu'il l'eût vu, je l'allai découffer en mon étude, où j'avalai de bonnes gorgées ; mais, de peur de me rencontrer devant lui lorsqu'il seroit en la fureur qui le possèderoit, s'étant aperçu du larcin, tout aussitôt je m'en retournai à sa chambre, où je lui demandai congé de sortir, ce que j'obtins avec un *exeat*. Et, ayant pris ma bouteille sous mon manteau, je fus la vider chez un écolier de ville de mes amis ; puis après je m'en allai trouver Fremonde, avec laquelle je ne craignis point de m'en retourner au collége, parce que je sçavois qu'elle étoit aussi capable d'apaiser la colère d'Hortensius que l'eût été un verre d'eau de rabattre la force d'un verre de vin.

Elle n'avoit que ses deux voisines en sa compagnie, comme elle avoit promis, et entra avec elles chez Hortensius, non pas par la grande porte du collége, mais par une de derrière qu'il avoit sur la rue, et que, pour ce sujet, il venoit de faire ouvrir, encore qu'il y eût plus de six ans qu'elle étoit fermée.

Après quelque devis amoureux, il prit une plume, et écrivit sur un papier de certains vers à la louange de sa maîtresse. Une des bourgeoises loua son ouvrage ; mais, se souvenant d'avoir vu cette même poésie parmi celle d'un poëte de ce temps, comme elle vit qu'il s'arrêtoit, qu'il rongeoit ses ongles, et qu'il tapoit du pied tout de la même sorte que s'il eût eu bien de la peine à parachever les stances qu'il feignoit de composer, elle lui dit par raillerie : Monsieur, si vous ne vous souvenez point de ce qui suit, je vous dicterai ; écrivez, je le sçais bien par cœur, il n'y a qu'un jour que je lus encore cette pièce-là dans un livre dont l'on m'a fait présent. Je ne le pense pas, répondit Hortensius, ceci vient entièrement de ma muse. Je m'en vais vous réciter la suite, réplique la bourgeoise, et vous verrez que tout répondra à ce que vous avez déjà écrit. Alors, lui ayant dit tout mot à mot, elle ne s'en contenta pas, mais entra en l'étude, dans laquelle elle chercha tant, qu'elle y trouva un livre pareil au sien, où elle montra à Hortensius les mêmes vers qu'il avoit écrits; et pourtant il ne se rendit pas : au contraire, il assura toujours qu'il en étoit l'auteur, et dit, par vanité, que, son esprit étant semblable à celui de ce poëte, il s'étoit rencontré en de mêmes pensées et en de mêmes pointes que lui. Ne sçavez-vous pas, continuoit-il, que l'on ne sçauroit rien dire qui n'ait été dit déjà? et, si je trouve ici de la différence, car j'ai mis Fremonde, et il a mis Clorinde, j'ai mis en un endroit charmes, et lui attraits; au commencement de ma troisième stance, vous trouvez, je ne veux pas, et, au même lieu de la sienne, il y a, je ne veux point. Ainsi Hortensius tâchoit de cacher son larcin, plus grand que celui que j'avois fait de sa bouteille; mais il n'étoit non plus couvert que le seroit un homme nu qui n'auroit qu'un rets dessus soi. Si l'on n'osa pas, à cette heure-là, se moquer ouvertement de lui, l'on le fit après en beaucoup de bonnes compagnies; mais, quand j'y songe, la bourgeoise, ayant vu sa première stance, n'avoit qu'à se retirer sans voir les autres, et, lorsqu'il eut achevé, si elle eût voulu réciter toute la pièce, comme si elle l'eût vue écrite, l'on eût indubitablement cru qu'elle eût été une grande sorcière, pensant qu'elle eût deviné ce qu'Hortensius fût venu à l'heure même de composer.

Cette invention n'étant pas alors en son esprit, elle se servit de celle que je vous ai dite, qui vaut bien autant; et notre pédant, afin de faire oublier ceci, commença incontinent de mettre tout par écuelles, chargeant la table d'une honnête collation : les confitures sèches et liquides n'y manquèrent non plus que l'eau à la rivière; mais il y avoit une bouteille d'hypocras qui manquoit, et que l'on ne pouvoit trouver; il se falloit contenter de celle de vin muscat : toutefois Hortensius ne fit point paroître que le larcin que l'on lui avoit fait le mît en colère, à cause qu'il craignoit, pensez, que sa maîtresse ne le trouvât de mauvais naturel. Moi, bien aise, je pris la hardiesse de venir jusques au lieu où étoit Fremonde, qui me fit autant de bien qu'il lui étoit possible, me donnant ce qui lui restoit après avoir rempli son ventre et ses pochettes.

Hortensius avoit coutume, quand il festoyoit quelqu'un

chez lui, de manger plus lui seul que tous ceux qui étoient à sa table, afin que tout au moins la plupart de la dépense se tournât à son profit. Il avoit donc déjà bien fait son office à nettoyer les plats, et encore mieux à vider les bouteilles, tellement qu'il étoit entré en une humeur la plus gaillarde du monde : à tout propos, il contoit quelque petite histoire d'amour; mais, parce qu'il avoit un vice en liant ses périodes que plusieurs autres commettent, comme il y en a qui disent toujours : enfin, la compagne de celle qui lui avoit fait un affront pour sa poésie le remarqua incontinent, et, à la première fois qu'il dit : pour le faire court, car c'étoient les mots qu'il répétoit, elle lui répondit : Si vous nous voulez plaire, il ne faut pas dire si souvent : Pour vous le faire court, parce que tout résolûment nous le voulons long. Cette privauté accrut son allégresse, et lui fit boire encore trois coups; de sorte qu'il chanceloit à chaque moment. L'on lui demanda s'il apprenoit à danser et s'il répétoit les passages de quelque courante. N'ayant pas le soin de cacher sa maladie, il répondit : Il y a un certain auteur anonyme, que je pense, qui dit que *Bacchus dolosus luctator est, primum caput, deinde pedes tentat* [1]. Aussi je reconnois bien cette cautelle, *medius Fidius;* il m'a donné le croc en jambe pour me faire tomber, et m'a assailli par en haut au même temps.

Comme il tenoit ce discours, l'amant de Fremonde vint avec deux de ses amis, et encore deux bourgeoises des plus gausseuses de la ville. Monsieur, dit l'avocat à Hortensius, ayant à parler à mademoiselle Fremonde, nous sommes entrés franchement en votre maison, de quoi je vous supplie de nous excuser. Il n'est pas besoin que vous usiez de complimens, interrompit Fremonde, je m'assure que monsieur est très-aise de votre venue et n'a point d'ennui, sinon de ce qu'il voit que vous êtes arrivés trop tard pour la collation. Alors une de ses compagnes dit : Il y a bien encore quelque peu de vin muscat.

Salva pace, madame, dit le cuistre; eh bien, dit Hortensius, va-t'en mettre ordre que mon compère le cabaretier m'en

---

[1] Plaute dit, par la bouche d'un de ses personnages :

>. . . . . *Magnum hoc vitium vino est*
> *Pedes captat primum : luctator dolosus est*
>   PSEUDOL., act. V, sc. I, v. 5.

envoie du meilleur, avec quelque pièce de rôti. Or il disoit cela parce qu'étant déjà fort tard, et voyant que les derniers venus avoient amené un vielleux, il s'imaginoit bien qu'il falloit qu'il donnât à souper à tout ce qu'il y avoit de personnes dedans sa chambre, vu qu'ils y demeuroient encore beaucoup de temps : néanmoins il n'en avoit point de fâcherie, d'autant qu'il lui sembloit que c'étoient des gens d'une si bonne humeur, qu'il ne pouvoit moins que d'acheter leur compagnie.

Comme le cuistre voulut sortir, je le priai de me mener avec lui, car, n'ayant pas souvent la liberté, j'étois bien aise d'aller par la ville, pour quelque sujet que ce fût. Il fut si doux à cette fois-là, qu'il m'accorda ce que je désirois; car il en avoit toute-puissance. Nous allâmes donc ensemble chez le cabaretier; mais nous n'y trouvâmes rien qui nous duisit, et nous ne prîmes que du vin. Nous fûmes d'avis d'aller jusqu'à la rôtisserie du petit pont[1]. Le cuistre acheta un chapon, et, voulant encore avoir un aloyau, il alla voir chez tous les rôtisseurs s'il n'en trouveroit point quelque bon. J'en avisai un, qui me sembla de bonne grâce, et m'en allai le marchander. La rôtisseuse avoit été nouvellement mariée; elle n'entendoit pas encore le train de la marchandise : je lui demandai ce que valoit son aloyau, elle me le fit vingt-quatre sols, qui étoit trois fois plus qu'il ne valoit. Un viedaze, lui dis-je en m'en allant. Et alors son mari, voyant qu'elle chassoit les chalands de sa boutique, en surfaisant par trop la marchandise, lui dit : Je ne sçais à quoi tu songes de faire cela si cher ! Si tu faisois toujours ainsi, je ne vendrois rien; rappelle-moi ce garçon. Voulant alors réparer sa faute, et croyant qu'un viedaze fût quelque monnoie étrangère qui eût cours depuis peu, elle me rappela le plus haut quelle put, me disant : Holà ! marchand, en voulez-vous donner viedaze et demi? Cette naïveté me fit tant rire, que je ne sçais si j'ai jamais ouï chose qui m'ait donné plus de contentement. Je m'en retournai tout ravi vers sa boutique, et lui dis que je lui donnerois deux viedazes si elle vouloit; mais le mari, s'approchant, voulut faire le sérieux, et me

---

[1] Ce pont, brûlé en 1718, fut reconstruit dans le cours de la même année, pour être, de nos jours, réédifié de nouveau.

9.

dit : Là, là, vous êtes trop vilain aussi ; ce qu'elle a dit, ce n'est pas par malicité, ce n'est que par méprenture. Une autre fois elle ne vous surfera pas tant; donnez-m'en douze sols. Notre cuistre vint, qui lui en donna dix, dont il se contenta; et, après cette belle aventure, nous nous en retournâmes au collége avec notre achat.

Après que j'eus bien fait rire la compagnie de ce petit conte, que je rapportai fidèlement, chacun se mit à table pour le souper, et n'y eut que les dames qui avoient assisté à la collation qui ne mangèrent point. Quant à Hortensius, il ne laissa pas enrouiller ses dents. Oh! qu'il lui faisoit bon voir ronger artificieusement une cuisse de poulet, en tournant la tête du côté de Fremonde, et retournant les yeux sens dessus dessous, pour lui jeter des regards amoureux; mais c'étoit une chose bien plus belle de voir comme j'étois derrière la même Fremonde, pour avoir d'elle les morceaux qui me plaisoient bien plus que ma portion ordinaire. Le souper fini, l'on fit jouer au vielleux toutes sortes de danses, et les jeunes hommes qui étoient là montrèrent la disposition de leurs corps au son de cet agréable instrument. Enfin, étant lassés de cet exercice, ils mirent en avant quelques petits jeux, où les dames prirent assez de plaisir. En après ils firent tant de folies, et si différentes, qu'il m'est impossible de vous les réciter : je vous dirai seulement qu'en vérité ils jouèrent fort bien à remue-ménage, car il n'y eut livre dans l'étude qu'ils ne jetassent par terre en bouffonnant; et même ils ne pardonnèrent pas au linge sale, qui étoit sur le plancher en un coin, selon la propreté des colléges. Chacun en prit sa pièce, et, la mettant en un toupillon, la darda à la tête de Hortensius, qui demandoit si l'on vouloit jouer à la mouche[1], et se défendoit au moins mal qu'il pouvoit. Ensuite de ceci, l'on lui dit que tout résolûment il falloit qu'il dansât au son de la vielle avec Fremonde, et qu'il ne lui avoit point montré encore ce qu'il sçavoit faire. Il s'accordoit bien à cela; néanmoins il ne vouloit point quitter sa soutane, non pas qu'il craignît que l'on la lui dérobât, comme un

---

[1] Ce jeu était ainsi nommé parce que celui des joueurs que le sort avait désigné pour ce rôle était chassé comme on chasse une mouche.

fort brave homme que je connois, qui danse toujours avec son manteau de peur qu'il ne s'égare, mais parce qu'il avoit peur que l'on ne vît que son pourpoint étoit privé de deux ou trois de ses basques, et déchiré en plusieurs lieux, dont quelques-uns étoient rapetassés avec des étoffes d'une autre couleur : quelque résistance qu'il fît, il fallut qu'il quittât la vénérable couverture de sa pauvreté. Ce ne fut pas un maigre passe-temps de lui voir faire des fleurons, des passages et des caprioles, qui étoient, je pense, les mêmes que Socrate eut la curiosité d'apprendre un peu auparavant sa mort. Cependant l'un des jeunes hommes vêtit sa soutane, et commença à se carrer avec. Hortensius, le voyant, lui assura qu'en cet habit il étoit du tout semblable au principal du collége; et là-dessus un autre lui demanda quel personnage c'étoit que ce principal. Je vous dirois qu'il est de mérite, s'il ne me louoit point ses chambres trop cher, répondit-il; et en après il en dit quelque mal, comme il étoit d'un esprit médisant, spécialement contre ceux qui tiroient la moelle de sa bourse.

Sur ce propos, il prit une basse de viole sur le ciel de son lit, et, s'imaginant d'en savoir bien jouer, il en voulut charmer sa maîtresse : de fortune le vieilleux sçavoit le même air, qu'il commença à ronfler, et Hortensius, s'étant accordé avec lui, à son avis, dit à la compagnie : Il faut que vous dansiez tout à cette heure un ballet au son de nos lyres. Quels personnages représenterons-nous? dit Fremonde. Que monsieur, qui a déjà ma soutane, représente le principal de céans, répondit Hortensius, et que vous et tout le reste de la compagnie, prenant les robes de chambre de mes enfans, fassiez les personnages des écoliers. Tenez, monsieur le principal, prenez ces verges qui sont attachées à ma natte, vous en fouetterez les compagnons à la cadence. La troupe, étant sortie de sa chambre, pour s'aller déguiser en une autre proche, considéra qu'il étoit fort tard, et se délibéra de s'en aller sans lui dire adieu, le laissant racler tout son saoul. J'allai quérir les manteaux des hommes et les manchons des femmes dessus son lit, lui faisant accroire qu'ils s'en vouloient servir pour se mieux déguiser, et, leur ayant tout apporté, je les fis sortir par la porte de derrière, dont le cuistre, qui étoit allé autre part, m'avoit laissé les clefs; puis je m'en retournai en mon étude, que je tins fermée, comme si je n'en eusse bougé de tout le soir.

Le principal faisoit alors la ronde dans la cour avec une lanterne de voleur, pour voir si tout le monde étoit retiré; et, passant par devant notre logement, il entendit la viole et la vielle qui jouoient toujours : il ne se pouvoit imaginer qui faisoit cette musique, qui étoit la plus discordante du monde car les deux instrumens n'étoient pas sur un même ton et ne se suivoient point, et notre maître touchoit souvent les cordes qui n'en pouvoient mais, et alloit presque à tous les coups sur une touche au lieu d'aller sur une autre, prenant le C pour le B, et le D pour le C. Se mettant au pied de la muraille, il écouta attentivement et ouït Hortensius qui crioit tant qu'il pouvoit : Hé! là, entrez donc, monsieur le principal, c'est à vous à faire; faites l'introït de votre ballet. Le principal croyoit qu'il parlât à lui, et qu'il l'eût vu par sa fenêtre : voilà pourquoi il monta jusques en haut, tant pour sçavoir ce qu'il lui vouloit dire que pour apprendre s'il faisoit quelque noce chez lui. Il étoit en l'allée de la chambre, lorsque Hortensius dit encore ceci : *Festina,* principal, je suis las d'attendre; je m'en vais faire un petit escampativos, et danser ici moi-même, si tu ne viens tout à cette heure. Oh! bonhomme, continua-t-il en frappant sur les doigts du vielleux avec l'archet de sa viole, sonnez-moi le branle que les Lacédémoniens dansoient à leurs sacrifices, ou la sarabande que jouoient ces Curettes, ces Corybantes emportant Jupiter hors du Louvre de Saturne, de peur que ce grand goulu n'ouït crier ce petit enfant et ne le vînt dévorer comme les autres. Le vielleux, qui n'entendoit non plus son langage que s'il eût parlé margajat[1], continuoit toujours le premier air de son ballet; de quoi Hortensius, en colère, le frappa plus ferme qu'auparavant, ce qui fit crier le vielleux en haute gamme. Le principal s'étoit arrêté près de la porte, pour écouter tout ceci; mais sa curiosité le fit alors entrer dedans et demander à notre maître : Quel diable de ballet voulez-vous que je danse? Monsieur Hortensius, à quel jeu est-ce que vous

---

[1] C'est-à-dire un langage barbare. « On applique ce nom à certains peuples de l'Amérique qu'on trouve dans les terres du Brésil. » (*Dict. de Richelet.*)

jouez? Vertu nom de Dieu! je pense que vous êtes ivre. Ah! monsieur, ne vous fâchez point, dit Hortensius, qui n'avoit pas tant bu qu'il ne reconnût bien son principal, j'ai fait ici un convive à quelques-uns de mes amis avec lesquels je m'ébaudis un peu. Ce n'étoit pas à vous que je parlois tout maintenant; c'étoit à un d'entre eux qui va faire l'introït d'une momerie cimmérienne [1] qu'il a entreprise avec le reste de la société. Mais où sont ces gens-là, dont vous parlez? reprit le principal. Ils se déguisent dans la chambre de mes disciples, répondit Hortensius. Le principal alla dans cette chambre aussitôt, et, n'y ayant trouvé personne du monde, lui vint dire : Je pense, pour moi, que vous n'êtes pas bien sage, et que vous vous imaginez être en grande compagnie, encore que vous soyez tout seul. Eh! quel ravage est-ce que vous avez fait parmi toute votre chambre? Il semble que les pourceaux y aient entré. Comment, voilà le bon Sénèque et les auteurs de la langue latine dans les ordures, dit-il en ramassant quelques livres que l'on avoit jetés par terre au plus fort de la débauche : Et vous, maître vielleux, je vous apprendrai; d'où venez-vous? qu'êtes-vous venu faire à mon collége? Par aventure, votre belle mélodie a-t-elle fait perdre davantage le jugement à cet homme-ci, qui, n'ayant point d'égal au bien dire, étoit véritablement un phénix? Hélas! monsieur, pardonnez-moi, dit le vielleux, je ne vais que là où l'on me mène : mon pauvre luminaire est éteint; un homme, que je ne connois pas, m'a fait venir ici et a renvoyé mes yeux à la maison, leur disant que je n'avois que faire d'eux jusqu'à demain au matin, qu'ils me viendroient requérir. Qu'est-ce à dire, vos yeux? dit le principal. J'appelle ainsi un petit garçon qui me conduit, répond le vielleux, parce qu'il me dit ce qu'il voit dans la rue, et je le reçois en mon imagination comme si je le voyois aussi. O bon Jésus! je voudrois qu'il fût ici, pour me mener coucher autre part que céans, où l'on m'a déjà bien fait du mal : tantôt j'ai demandé à boire, l'on m'a donné un verre dont le pied étoit tout emmerdé; et, quoique l'odeur m'en déplût, la soif que j'avois m'a

[1] Les Cimmériens d'Italie habitaient dans des grottes qu'ils ne quittaient que la nuit. De là *Cimmeriæ tenebræ* (Festus), qui signifie les plus épaisses ténèbres.

forcé de le porter à ma bouche, qui, en s'ouvrant fort large,
a englouti beaucoup d'urine qui étoit dedans avant que j'eusse
reconnu que ce n'étoit pas du vin. Ce n'est pas tout : ce beau
musicien-ci, qui jouoit avec moi, m'a battu comme plâtre,
après m'avoir bien dit du latin, qui me froissoit autant l'âme
que ses coups de poing me froissoient les côtés. Oh! quiconque vous soyez, qui parlez à moi, je pense que vous me
connoissez bien, parce que vous avez tenu quelques discours
de l'enseigne d'un cabaret où je loge, qui est le *Phénix*, re-
conduisez-m'y donc, et je vous baillerai un blanc [1]. Ce n'est
pas à moi qu'il faut adresser de telles prières ni de telles
offres, dit le principal; je ne m'en fâche pas pourtant, mon
ami, car vous n'avez pas ici vos yeux pour voir qui je suis :
cherchez un autre conducteur. Pendant ce colloque, Hortensius remettoit son ménage en ordre, et le vielleux, l'ayant
alors arrêté par le bras, lui dit : Oh! monsieur, j'ai joué
toute la soirée, l'on m'avoit promis un quart d'écu pour mon
salaire, donnez-le-moi. Eh! mon ami, dit Hortensius, n'as-
tu pas pris autant de contentement à m'entendre jouer de
la viole que moi à t'entendre jouer de la vielle? et si ne te
demandé-je de l'argent pour récompense. Oh! mais vous avez
dansé auparavant, réplique le vielleux, et vous ne pouvez pas
dire que votre danse m'ait donné de plaisir, et que, pour
cela, je ne doive point être payé, car je ne l'ai vue en façon
quelconque. Que ceux qui t'ont mis en besogne te payent,
dit Hortensius; tu ne sçaurois rien montrer de ton ouvrage :
tout s'est évanoui avec le vent, et cependant tu veux que
l'on te baille réellement et de fait un quart d'écu, qui demeure dans ta pochette. Voilà-t-il pas la misère du siècle?
dit le vielleux. Hélas! notre état n'est plus estimé comme
il étoit autrefois : j'ai vu que les douzains [2] tomboient plus
dru dans ma gibecière que ne font à cette heure-ci les doubles [3]. J'allois jouer devant les rois, et l'on me faisoit mettre
au haut bout de la table. Reconfortez-vous, mon ami, dit
le principal, je vous ferai payer. Monsieur Hortensius, voulez-vous retenir le salaire de ce pauvre homme? Mais, dites-
moi, quelle fantaisie vous a pris de jouer avec lui? Ne vous

[1] Ancienne monnaie qui valait cinq deniers.
[2] Monnaie de cuivre valant un sol ou douze deniers tournois.
[3] Le double ne valait que deux deniers.

l'ai-je pas dit déjà? répond Hortensius; je m'en vais chercher où est allée la compagnie. En disant cela, il prit une chandelle, et s'en alla par tout le logis. Le principal, heurtant à nos études, nous demanda s'il y avoit eu quelqu'un avec notre maître : nous répondîmes que nous n'en sçavions rien, afin de lui montrer que nous apprenions notre leçon avec tant de ferveur, que nous ne songions pas aux choses indifférentes qui se passoient dans le logis. Je ne sçais que veut signifier ceci, dit Hortensius en revenant de la quête, je ne rencontre personne. Allez, allez vous coucher, vous en avez besoin, répondit le principal, qui croyoit qu'il eût perdu l'esprit. Je m'en vais mener le vielleux prendre son repos chez moi, de peur que vous ne vous querelliez de nouveau, ou que, faisant la paix, vous ne recommenciez la musique. Ayant dit cela, il emmena le bonhomme, qu'il paya de quelque argent qu'il avoit à notre maître. Eux étant partis, Hortensius me demanda où étoient allées Fremonde et ses compagnes. Je lui fis accroire qu'ayant avisé le principal qui venoit en notre logis elle m'avoit prié d'ouvrir la porte de derrière pour s'en retourner, craignant qu'il ne la vît là, et que tous les autres l'avoient suivie. Là-dessus, il me demanda où étoit sa soutane; et je lui dis que celui qui avoit voulu faire le principal l'avoit emportée et avoit dit qu'il la vendroit le lendemain pour donner à déjeuner à sa bande. Ah! Jupiter Hospitalier, s'écria-t-il, vous avez vu comme j'ai toujours honoré votre déité; j'ai traité splendidement mes hôtes, et pourtant ils m'ont volé : faites-m'en la raison.

Avec cette fâcherie, il s'alla mettre au lit, et le lendemain, dès le matin, il fut visité de tous les pédans du collége, qui venoient voir s'il étoit rentré en son bon sens, d'où le principal leur avoit assuré qu'il étoit sorti. Il avoit cuvé son vin la nuit; tellement qu'ils ne le trouvèrent point en une autre humeur que celle où il souloit [1] être. Néanmoins ils ne laissèrent pas de le gausser sur la musique. L'après-dînée, il me donna charge d'aller chez Fremonde, lui dire qu'il la sup-

---

[1] Souler ou souloir, avoir coutume.

> . . . .
> Et s'envola sans s'arrêter
> Où Typhon *souloit* fréquenter.
> SCARRON, *Chant I*ᵉʳ *de la Gigant.*

plioit de lui faire renvoyer sa soutane. Fremonde se résolut de lui écrire une lettre, où elle lui manda que son affection, qu'elle avoit reconnue, lui étoit agréable, mais que sa condition lui déplaisoit, parce qu'encore que son père fût avocat, si est-ce qu'il étoit très-noble de race, et qu'elle ne vouloit point épouser d'homme qui au moins ne fût noble par sa vertu, et ne fît profession des armes; que la soutane ne lui seroit donc point rendue, à cause qu'au lieu d'icelle il falloit qu'il portât désormais une épée, s'il vouloit obtenir d'elle ce qu'il avoit tant témoigné de désirer.

Ayant lu cette épître, qui étoit comme un arrêt définitif, il y répondit par une autre: Que son dessein avoit toujours été de se faire avocat, croyant que Fremonde auroit agréable un homme de la condition de son père; qu'elle faisoit mal de mépriser les hommes de lettres, qui sans doute doivent plutôt être estimés nobles que les hommes d'armes; que toutefois, puisque c'étoit sa volonté, il prendroit l'épée, et que la profession qu'il avoit toujours suivie ne dérogeoit point à la noblesse de ses ancêtres dont il lui donneroit des preuves. Tout ceci étoit entremêlé de sentences, de proverbes, d'exemples et d'autorités, avec une confusion plus que barbare qui fut si malaisée à démêler, qu'il fallut que l'avocat et quatre de ses amis bien lettrés s'y employassent une après-dînée durant; encore ne tirèrent-ils leurs explications que par conjectures.

Hortensius fut aussi perdu d'amour qu'il avoit jamais été; car, pour dire vrai, la cause de sa passion le méritoit. Il se délibéra d'accomplir ce qu'il avoit promis; et, sçachant que, si tout d'un coup il armoit son côté d'une épée, cela sembleroit étrange à ceux qui le connoissoient, il voulut accoutumer un chacun petit à petit à la lui voir. Pour cet effet, il prit un jour la botte, et, se promenant par la ville, dit à tous ses amis qu'il rencontra qu'il partiroit le lendemain pour aller en Normandie, qui étoit son pays, et dans le collége même il fit courir ce bruit-là. Toutefois il ne partit que quatre jours après, et il laissa un sous-maître chez lui pour avoir soin de nous en son absence.

Étant de retour, il se logea autre part qu'au collége, et ne quitta point son épée ni ses bottes: il fit rogner son long manteau et métamorphoser sa soutane en pourpoint découpé sur la chemise; il portoit toujours un collet à dentelle, et n'avoit quasi plus rien de pédantesque que les discours.

Ayant vu Fremonde en cet équipage, elle lui témoigna qu'il lui plaisoit infiniment, mais qu'elle ne seroit pas entièrement contente s'il ne lui montroit les preuves de l'antiquité de sa noblesse, qu'il s'étoit vanté d'avoir. Réduit à cette extrémité, il chercha diligemment les moyens de soutenir une chose si mensongère; et, ayant appris qu'un bon vieillard de son village étoit à Paris, il l'alla trouver, et le pria de venir témoigner qu'il avoit connu son père, et qu'il l'avoit toujours vu tenir dans le pays pour gentilhomme. Le vieillard, qui étoit fort homme de bien, dit qu'étant si près, comme il étoit, d'aller rendre compte à Dieu de ses actions, il ne pouvoit se résoudre à proférer un mensonge, pour toute la récompense qu'il lui promettoit; de laquelle il ne se trouvoit guère désireux, n'ayant plus quasi affaire des biens de ce monde. Hortensius lui répliqua là-dessus que, sur toutes les demandes que l'on lui pourroit faire, il lui dresseroit des réponses si subtiles, qu'encore qu'elles n'eussent rien que de la vérité elles ne laisseroient pas de beaucoup servir à prouver ce qu'il falloit. Le villageois lui dit que, pourvu qu'il fît cela, il avoit rencontré un homme dont il retireroit toute sorte de plaisir. Or bien, dit Hortensius, mon père étoit aussi gentilhomme que toi, et, quand tu affirmeras qu'il étoit noble, tu ne mentiras point; car tu n'as pas le courage vilain, et il ne l'avoit pas non plus. Je m'en vais te dire comment : si l'on vous eût donné à tous deux cent mille livres de rente, vous ne vous fussiez pas adonnés à des exercices mécaniques où la pauvreté attachoit vos esprits; vous eussiez vécu sans rien faire; et vivre sans rien faire, c'est être noble. La volonté que vous aviez doit être réputée pour le fait; et, par ainsi, vous ne commettez pas le quart d'un avorton de péché véniel, en parlant de ce premier point. Si l'on vous entretient du second, qui est si mon père a été à la guerre servir le roi, vous pourrez aussi assurer qu'il y a été, car véritablement je me souviens bien que les soirs, auprès du feu, il contoit à ma mère qu'en sa jeunesse il s'étoit débauché pendant quelques troubles de la France, et avoit servi de goujat[1] à un ca-

---

[1] Valet.

det d'une compagnie de l'infanterie. Or, puisqu'il faisoit service à un homme qui en faisoit au roi, il n'y a personne qui me puisse nier qu'il n'en fît à Sa Majesté. Qui plus est, il n'a pas tenu à lui qu'il n'ait été capitaine, voire même général d'armée; et les hommes ne doivent point être blâmés pour n'être point parvenus à ces grandeurs, n'étant point favorisés de la fortune.

Le villageois s'accorda à servir de témoin en l'affaire d'Hortensius, incité par ses bonnes raisons. La première fois que le pédant vit Fremonde, il sçut d'elle qu'elle se trouveroit un certain jour en une maison qu'elle lui enseigna, où il lui pourroit dire tout ce qu'il auroit en l'esprit. Il s'y trouva à l'heure assignée avec le villageois, et son cuistre de surplus, auquel il avoit commandé de se tenir toujours derrière lui lorsqu'il nombreroit à quelqu'un tout ce qu'il avoit, pour prendre hardiment la parole et faire les choses plus grandes qu'elles n'étoient, afin que d'un côté l'on le jugeât certainement à son aise, et que d'ailleurs l'on le prît pour un homme très-modeste et sans vanité, qui dît encore moins qu'il n'avoit.

Fremonde étoit en cette maison avec celle qui en étoit la maîtresse, laquelle l'avoit accompagnée au collége. Son cousin y étoit encore, parce qu'elle disoit que c'étoit à lui qu'elle vouloit parler de la recherche d'Hortensius avant que son père en eût des nouvelles. Davantage il y avoit deux braves hommes très-propres à cette conférence. Notre pédant entretient premièrement sa maîtresse de discours d'amour, suivant sa coutume, et, comme il voit qu'elle le somme de ses promesses, et veut sçavoir en outre s'il a assez de bien pour la maintenir en l'état de demoiselle, il se met à discourir tout haut de ses moyens avec une impertinence la plus grande du monde. Monsieur, dit-il en s'adressant particulièrement au cousin, qui avoit mis le nez dans leur communication, afin que vous ne pensiez point que je sois un homme de paille, sçachez que j'ai fait acquisition en ma patrie d'une maison qui vaut deux mille écus. Le cuistre, qui étoit derrière, va dire incontinent, selon ses préceptes : Elle en vaut bien quatre mille, monsieur. Oh! dit Hortensius en se retournant, vous faut-il reprendre votre maître? Quand je dirois une bourde, la devriez-vous pas tenir pour une vérité? De surplus, reprit-il, j'ai une constitution de rente de trois mille livres au denier seize [1], sur une personne grandement solvable. Elle est bien de six mille livres, dit le cuistre incontinent, j'ai vu la grosse de votre contrat. Ne veux-tu pas te taire, encore une fois, coquin? répond Hortensius. Mais, monsieur, répliqua le cuistre, il faut bien que je vous fasse souvenir de ce que vous oubliez.

Là-dessus, la maîtresse du logis dit à Hortensius que le bruit couroit qu'il avoit quelques infirmités, et que, s'il étoit ainsi, elle ne conseilloit pas à Fremonde de l'épouser. Ce sont des malveillans qui vous ont fait ce rapport, lui répondit-il; je suis ici près d'une personne à laquelle je ne veux non plus mentir que si j'étois devant la même divinité : je jure donc que je n'ai autre ulcère en tout mon corps que celui qu'un cautère me fait à la jambe gauche. Le cuistre, croyant qu'il fallût aussi multiplier ceci, dit : Vous en avez un pareillement à la jambe droite, monsieur. Alors Hortensius se leva de sa chaire pour frapper son valet et le punir de son indiscrétion; mais le cuistre crut que sa colère étoit feinte comme l'autre fois et se délibéra de faire encore son office à la première occasion.

Monsieur, dit alors Fremonde à Hortensius, nous avons pu colliger, tant de votre dire que de celui de votre serviteur, que vous aviez vaillant dix-huit mille livres; mais, d'un autre côté, nous avons sçu de gens dignes de foi que vous en devez bien dix mille, dont vous avez emprunté une partie pour aider à l'achat de votre maison et l'autre pour vous assister en quelques nécessités. Ceux qui vous ont dit cela, reprit Hortensius, ne vous ont pas dit la vérité. Vous me pardonnerez, répond Fremonde; si vous voulez que nous vous tenions pour un homme franc, vous ne nierez pas une chose qui nous est apparente. Alors, ne voulant pas démentir sa maîtresse, et s'imaginant que c'étoit assez de lui assurer qu'il étoit riche de huit mille francs, il lui dit : Puisque vous voulez que je vous l'accorde, je vous dis que j'ai fait une dette de dix mille livres. Vous en avez bien fait une de vingt mille, reprit le cuistre. Comment! dit Hortensius en se levant, ne vois-tu pas que tu outrepasses ta charge? ne sçais-tu pas, lui dit-il à

---

[1] Placer son argent au denier seize signifie le donner à rente pour l'intérêt annuel d'un seizième, c'est-à-dire à un peu plus de six pour cent.

l'oreille, que ce n'est pas une possession qu'une dette, et ne t'ai-je pas appris qu'il ne faut multiplier que les possessions? A ces paroles il joignit quatre ou cinq coups de poing, qui eussent été suivis d'autres, si l'on n'eût retenu sa colère. Quand il se fut rassis, Fremonde lui dit : Je vous trouve bien indigent, au lieu que vous vous faisiez bien riche; car, si vous avez dix-huit mille francs, vous en devez vingt mille : vous ne désirez vous marier que pour avoir le bien d'une femme qui vous acquitte, je le vois bien.

Pour dire la vérité, il avoit bien vaillant trois mille écus, qu'il avoit gagnés en rognant notre portion, en faisant l'office de régent dans quelques classes, et par quelques petits trafics particuliers; néanmoins il ne le put jamais faire croire à Fremonde ni à sa compagnie, qui demeuroient opiniâtres à garder la croyance que le cuistre leur avoit donnée. Toutefois Fremonde dit que, s'il étoit de si bonne maison comme il s'étoit vanté, par aventure ne regarderoit-on pas tant à sa pauvreté. Ah! mademoiselle, j'ai ici mon témoin, ce dit-il. Et alors, faisant venir le villageois, il reprit ainsi : Voici un homme de bien à qui je m'en rapporte. Eh bien, mon ami, dit le cousin de Fremonde au villageois, il est question de savoir si le père de monsieur Hortensius étoit noble; que m'en direz-vous? Je sçais fort bien qu'il l'étoit, répond le villageois. Et son grand-père? reprit l'avocat. Il l'étoit tout de même, dit le villageois. En avez-vous des lettres, monsieur? dit l'avocat en s'adressant à Hortensius. Non, répondit-il, car, lorsque notre race[1] a commencé à s'élever en vertus, il ne falloit point de patentes du roi : les actions généreuses de mes aïeux, qui se montroient à tout le monde sans discontinuation, faisoient même confesser leur noblesse à l'envie; et si, quand ils auroient eu en ce temps-là des lettres, elles seroient maintenant pourries ou mangées des rats. Je vous crois, dit l'avocat. Mais vous, bonhomme, reprit-il en s'adressant au villageois, dites-moi si le père de monsieur a été à la guerre en son vivant? Oui, répondit-il, je vous en assure. Étant retiré en sa maison, ajouta l'avocat, portoit-il toujours

[1] Sorel a beau jeu, car Balzac est très-attaquable de ce côté. « Quand vous me donneriez, dit-il dans une de ses lettres, les trois paroisses que la comtesse Alix donna au bisayeul de mon trisayeul.... » — Le père de Balzac avait été valet chez le duc d'Épernon.

l'épée comme marque de sa condition? Le villageois se trouva pris en cet endroit-ci ; car Hortensius ne lui avoit pas enseigné comment il pourroit répondre à un tel point sans commettre de mensonge : enfin il songea qu'il avoit toujours vu porter un grand couteau au bon défunt à sa ceinture, et dit qu'il ne l'avoit jamais vu sans quelque ferrement. Mais quel ferrement? dit l'avocat. Possible étoit-ce une bêche. Non, monsieur, c'étoit un glaive, reprit le villageois, ne voulant point user de ce nom de couteau ni d'épée. Vivoit-il en homme de sa qualité? ajouta l'avocat; combien avoit-il de chiens? Rien qu'un, répondit l'autre. Quel chien étoit-ce? Un grand mâtin, répondit encore le villageois. Il n'alloit donc point à la chasse? dit l'avocat. Je l'ai vu une fois aller à la chasse d'un loup qui avoit dévoré un de ses moutons; et, pour montrer sa vaillance, ce fut lui qui le tua d'un seul coup de pierre qu'il lui jeta avec sa houlette. Voilà qui va des mieux, dit l'avocat en riant; il se servoit de houlette au lieu d'arquebuse, encore qu'il eût été à la guerre. Mais de son mâtin qu'en faisoit-il? Il servoit à garder son troupeau, tandis qu'il s'en éloignoit un peu, pour s'occuper à faire avec un certain bois de petites croix et de petites figures, tant pour éviter l'oisiveté que pour aider à gagner sa vie. Alors il se fit un petit éclat de risée, qui eût été plus grand sans la présence d'Hortensius, que l'on avoit envie de traiter respectueusement, pour avoir plus de plaisir de lui. Tellement donc, mon ami, dit incontinent l'avocat, que nous apprenons de vos discours que le père de monsieur gardoit les moutons, et étoit réduit à travailler de ses mains pour se subvenir. Mais il n'en doit point être honteux, poursuivit-il en souriant; car lui, qui a grandement lu, sçait bien qu'autrefois les princes étoient bergers, et qu'encore maintenant l'innocence et la tranquillité de cette condition est beaucoup estimée. Hortensius, voyant que la faute du paysan étoit irréparable, se contenta de dire que son père n'étoit pas moins à priser pour avoir gardé un troupeau de moutons; qu'étant sorti des tumultes de la guerre il avoit cru qu'il ne pouvoit pas mieux savourer les douceurs de la paix en un autre office. Mais Fremonde, lui faisant une moue de deux pouces et demi, lui assura qu'il pouvoit bien chercher parti ailleurs, et qu'elle ne vouloit point un homme dont le père avoit été d'une qualité si basse, et qu'elle en auroit de la honte, parce que possible Hortensius avoit-il semblablement gardé un régiment de pourceaux en sa jeunesse; qu'en parlant à elle il croiroit encore parler à ses sujets; qu'il la voudroit traiter tout de même, et que tout le monde, la montrant au doigt, diroit : Voilà mademoiselle la porchère.

Ce dédain mit tellement en fougue Hortensius, que ce fut un salutaire antidote contre le venin de son amour, qu'il changea incontinent en haine; et, sans dire adieu à personne, il sortit de la chambre, en refermant la porte après lui, de peur que l'on ne le reconduisît, puis s'en vint droit au collége conter son infortune à son sous-maître. Tandis le villageois et le cuistre, qui étoient demeurés, furent interrogés en toutes façons, et l'on apprit que ce glorieux pédant étoit venu à Paris presque tout nu, et avoit été contraint de gueuser jusqu'à tant qu'il eût trouvé condition. Le cuistre pensa retourner devers lui; mais il lui donna son congé dès qu'il l'eut vu, indigné de la sottise qu'il avoit faite, et laissa sans récompense le paysan, qui avoit gâté toute son affaire.

Au plus fort de son courroux, il écrivit une lettre à Fremonde, où il mit une infinité d'injures de collége contre elle; il l'appeloit Médée, Mégère, Tisiphone. Il lui dit que, puisqu'elle ne vouloit pas être rose, et se laisser cueillir par un nourrisson des Muses qui avoit avalé plus d'un seau de l'onde Aganipide [1], Phœbus la métamorphoseroit en chardon, afin qu'elle servît de pâture aux ânes; qu'il voyoit bien, par l'exemple de Jupiter, qui s'étoit transformé en cygne, en satyre et en taureau, pour jouir de ses maîtresses; qu'il falloit être du tout bête pour obtenir quelque chose des femmes, et principalement d'elle, qu'il estimoit la plus belle femme du monde, c'est-à-dire qui tenoit le plus de l'humeur volage et brutale qui appartenoit à ce sexe. Après, il en venoit aux reproches, et, par une vilenie la plus sale du monde, nombroit la dépense qu'il avoit faite à la traiter avec sa compagnie dedans sa maison; l'assuroit qu'il ne s'étoit mis en frais que parce qu'il espéroit de l'épouser, et lui disoit pour conclusion que, vu qu'il étoit frustré de son attente, il vouloit qu'elle, et tous ceux qu'il avoit traités, lui rendissent un festin chacun à leur tour.

[1] D'Aganippe, source située au pied de l'Hélicon.

Je fus encore le Mercure de cette missive; mais je ne portai pas le caducée, qui est un signe de paix, car j'allois dénoncer la guerre. Fremonde voulut répondre doucement à ses outrages, afin d'avoir toujours sa fréquentation et conserver le plaisir extrême qu'elle en recevoit. Elle lui manda qu'elle ne prenoit pas garde aux injures dont il la diffamoit, d'autant qu'elle connoissoit qu'il étoit préoccupé de passion; qu'elle avoit toujours fait état de lui, à cause de son sçavoir, mais qu'elle ne pouvoit l'épouser, parce qu'il n'étoit pas de la qualité requise selon les coutumes du siècle, qu'elle étoit forcée de suivre; que néanmoins elle lui porteroit toujours une affection honnête, en récompense de la sienne; et que, pour son banquet, personne ne lui en voulant être tenu, son cousin commenceroit à le traiter, et tous les autres suivroient.

Dès qu'Hortensius eut lu cette réponse, il la jeta dans le feu, disant qu'il n'avoit que faire des affections ni des festins de Fremonde; et, devenu plus sage depuis, il jura qu'il ne caresseroit jamais d'autres filles que les Muses, qui pourtant nous decevoient ordinairement, comme étant de ce sexe trompeur. Quelque message plein de feinte courtoisie que pût lui envoyer son ancienne maitresse, il se voulut du tout priver de sa fréquentation. Il ne cessa pas pourtant de porter l'épée, et a depuis toujours vécu de ses rentes et de ce qu'il a pu gagner à traduire quelques livres de latin en françois, ou à être correcteur d'imprimerie. Je parachevai tout le cours de mes études dans le même collège, étant à la pension de son sous-maitre, sans qu'il m'arrivât autre chose digne de vous réciter que ce que je vous ai dit; et, les vacations de l'année de ma philosophie étant venues, je fus mandé par mon père pour sortir tout à fait du collège et venir en Bretagne.

Quand je fus en mon pays, je m'y vis bien à la fin de mes aises, car l'on ne faisoit autre chose que de me demander à quoi je voulois employer ma vie, et l'on me disoit que l'on ne m'avoit fait aller aux humanités qu'à dessein de m'envoyer après aux lois, et tâcher de m'avoir un office de conseiller au parlement. Comme les opinions changent quand l'on devient vieux, mon père ne haïssoit plus tant les hommes de longue robe, ainsi qu'il avoit déjà fait paroître, puisqu'une de mes sœurs en avoit épousé un; d'ailleurs, ma mère, lui voulant complaire en toute chose, sembloit désirer autant que lui de me voir homme de justice.

Cela me fut de si mauvais goût, qu'il m'est impossible de vous le représenter. Ce fut bien alors qu'en moi-même je déclamai contre la malice du siècle, où les lois naturelles sont corrompues, et où les esprits les plus généreux sont contraints de prendre de sottes charges pour troubler leur repos, au lieu de vivre parmi la tranquillité, qui n'est pas refusée aux brutes. De jour en jour je différois d'aller apprendre cette pernicieuse science que j'ai toujours haïe plus que la peste, comme la cause de la plupart de nos maux; et, comme j'étois quasi sur le point de partir, mon père devint malade à l'extrémité. En vain les médecins d'alentour firent leurs efforts pour le guérir, il fallut qu'il mourût, et qu'il laissât sa femme et ses enfans extrêmement affligés de faire une telle perte.

Après son trépas, ma mère, qui m'accordoit tout ce que je voulois, ne conserva rien du dessein qu'elle avoit eu de me forcer à prendre la robe; et, parce que j'étois comme étranger en Bretagne, étant accoutumé à l'air de Paris, je la priai de me permettre que je m'y en retournasse. Elle s'enquit ce que je désirois y faire. Je lui dis que j'y passerois quelque temps à apprendre d'honnêtes exercices, et que j'essayerois de me mettre au service de quelque prince. Mes beaux-frères donnèrent leurs avis là-dessus, et me représentèrent que c'étoit à la cour que régnoit le plus impérieusement la fortune, et y montroit le plus des traits de son inconstance; bref, que, lorsque je croirois y être au suprême degré de ses faveurs, elle me rejetteroit au plus bas. Tout cela ne m'étonna point; je n'avois rien à la tête que les grandeurs du monde.

Enfin, l'on me permit donc d'exécuter mon intention; je m'en revins à Paris, où je me logeai encore à l'Université, que je ne pouvois oublier. J'étois chez un certain homme qui tenoit des chambres garnies et prenoit des pensionnaires. Je fis marché avec un joueur de luth, un tireur d'armes et un danseur, pour apprendre leur art, de sorte qu'une heure étoit pour une occupation, et celle d'après pour une autre.

J'employois ce que je pouvois de temps à lire indifféremment toutes sortes de livres, où j'appris plus en trois mois que je n'avois fait en sept ans au collége, à ouïr les grimauderies pédantesques qui m'avoient de telle manière perdu le jugement, que je croyois que toutes les fables des poëtes fussent des choses véritables, et m'imaginois qu'il y eût des sylvains et des dryades aux forêts, des naïades aux fontaines, des néréides dans la mer. Même je croyois que tout ce que l'on disoit des transformations fût vrai et ne voyois jamais un rossignol que je ne crusse que c'étoit Philomèle. Je n'étois pas tout seul abusé; car je sçais de bonne part que quelques-uns des maîtres avoient une opinion semblable.

Comme ces vieilles erreurs furent chassées de mon entendement, je le remplis d'une meilleure doctrine, et, m'étant mis à revoir mes écrits de philosophie que notre régent nous avoit dictés, je les conférai avec les meilleurs auteurs que je pus trouver ; si bien que, par mon travail, je me rendis assez instruit en chaque science, pour un homme qui ne vouloit faire profession d'aucune particulièrement.

Au milieu de mes entretiens divers, je passai plus d'un an dans la plus grande solitude du monde, et, sans sortir que fort peu, encore n'allois-je me promener que sur les fossés, ou bien auprès des Chartreux[1] : j'étois seulement visité de deux ou trois jeunes gentilshommes dont j'avois acquis la connoissance. Il me souvient qu'une fois il y en vint un avec eux, de ce pays-ci, nommé Raymond, qui, quelques jours après, y retourna sans compagnie. Regardant dedans mon coffre après qu'il fut parti, j'y trouvai vide une petite boîte où j'avois mis pour le moins soixante écus; je me souvins de l'avoir laissé tout seul dans ma chambre, et ne soupçonnai personne du vol que lui. Quand je le vis, je lui dis ouvertement ce que j'en pensois, et nous vinmes à des paroles piquantes, suivies de menaces; enfin, je lui demandai s'il vouloit que notre différend se décidât le lendemain à l'épée hors la ville. Mais il me répondit qu'il ne s'y pouvoit trouver, parce qu'il falloit qu'il partît dès le grand matin, selon la promesse qu'il avoit faite à quelques-uns de ses camarades avec lesquels il s'en alloit voyager en Flandres; et, de fait, le lendemain je ne le trouvai plus à Paris. Depuis, je ne l'ai point vu, et ne sçais ce qu'il a pu devenir.

Oh ! que j'eus un grand mal de cœur d'avoir perdu mon ar-

---

[1] Le couvent des Chartreux était situé à l'endroit où a été ouvert le carrefour de l'Observatoire.

gent, dont j'espérois me faire habiller, après le deuil que j'allois quitter. De mander à ma mère qu'elle m'en renvoyât d'autre, c'eût été une chose plus nuisible que profitable, car elle eût cru que je l'eusse perdu au jeu, et ne m'eût donné que des réprimandes; elle ne m'écrivoit même pas une lettre qu'elle n'essayât de m'y représenter que j'étois plus pauvre que je ne pensois, et que mon père avoit laissé plusieurs dettes, et qu'elle ne m'accusât aussi de négligence de n'avoir point encore cherché de condition, comme je le lui avois promis en partant. Je fus donc contraint de reprendre un vieil habit gris et un manteau de couleur de roi qu'il y avoit longtemps que je ne mettois plus. J'étois si mal accommodé avec, qu'il n'y en avoit guère qui eussent tant de jugement qu'ils me pussent prendre pour le fils du brave capitaine de la Porte. Néanmoins je ne laissois pas de sortir plus que jamais, tant j'avois alors envie de sçavoir comment l'on se gouvernoit par toute la ville, ce que je n'avois pas eu le soin de considérer étant au collége. Le lendemain de la Saint-Martin, je m'en allai au palais, où je n'avois jamais été plus de trois fois, encore étoit-ce pour acheter des gants. Étant sur les degrés, je vis descendre un jeune homme de mon âge, que j'avois fréquenté dans le collége, lequel étoit vêtu d'une robe rouge : il me souvenoit qu'il avoit assez bonne voix ; je pensois qu'il étoit un des enfans de chœur de la Sainte-Chapelle, et ne m'en mis point en peine davantage. Si une foule de peuple ne m'eût éloigné de lui, j'eusse été l'aborder encore avec le sobriquet que l'on lui donnoit en classe, et lui eusse dit les railleries que l'on lui disoit ordinairement touchant son père, qui étoit un des plus vilains usuriers et mercadans[1] du monde. Quelque temps après, j'eus encore la curiosité de retourner à cet abominable lieu, et, en me promenant le long de la galerie des merciers, je revis mon sot, avec une robe longue noire à paremens de velours et une soutane de satin, qui parloit à une jeune parfumeuse bien gentille, dont il touchoit les tétons et baisoit la joue, faisant semblant de lui dire un mot à l'oreille. Je me résolus alors de sçavoir, à quelque prix que

---

[1] Mercadent, terme de mépris qui signifie un marchand de légères merceries, ou un marchand ruiné. (*Dict. de Trévoux.*)

ce fût, ce qu'étoit mon compagnon; mais, l'action où je le voyois me faisant remettre la partie, je passai outre, et le lendemain je revins un peu plus tôt. Ne le trouvant pas à l'endroit même, je m'en allai d'un côté et d'autre, et pensai m'égarer dans les détours où je rencontrois toujours quelques chambres obscures et mal bâties, esquelles je voyois une infinité de gratte-papiers dont les uns cherchoient des sacs et les autres écrivoient, et, de temps en temps, recevoient de l'argent qui me faisoit infiniment envie. Je m'amusois à les regarder compter, comme je vis sortir mon jeune drôle d'une chambre prochaine, en même équipage que le jour précédent. Il étoit suivi d'une demoiselle éplorée qui tenoit un papier en sa main, et d'un vieillard d'assez bonne mine, vêtu d'une robe longue, qui parloit à lui la tête nue et avec un très-grand respect, encore que l'autre ne se détournât pas seulement pour le regarder, et s'amusât à chanter, *las! qui hâtera le temps, où j'attends ce bien évident d'être président.* A cause qu'il alloit fort vite, et que je ne le pouvois suivre, je m'avisai qu'il le falloit appeler par le nom que les écoliers lui bâilloient, m'imaginant que pour moi, qui avois eu de la familiarité avec lui, je parlerois à lui plus facilement que les personnes qui le suivoient. Eh! là, Tocarète, dis-je, où cours-tu si vitement? Alors celui qui recevoit de l'argent dessus un bureau, ayant reconnu à qui je parlois, sortit de sa place, et, me frappant d'un coup de poing, me dit: Impudent, je vous ferai mener là-bas! Si je sçavois à quel procureur vous êtes, je vous ferois châtier, petit clergeon. S'il n'y avoit eu des gens autour de lui, qui avoient la mine de se porter contre moi, je me fusse revanché infailliblement; mais tout ce que je pus faire fut de répondre à ses paroles, et de lui dire en ma colère que je n'étois point clergeon de procureur, et que j'étois gentilhomme; cela fit rire ce faquin à gorge déployée, en disant à ceux qui l'accompagnoient: Voyez, qu'il a bien la mine d'un gentilhomme, avec ses coudes percés et son manteau qui se moque de nous, en nous montrant les dents. Comment, infâme, vous prenez donc la noblesse à l'habit? repartis-je. Et j'en eusse dit davantage, si un honnête homme de moyen âge, qui tenoit un sac de velours sous son bras, me conduisant par la main dans un galetas qui étoit proche, ne m'eût parlé ainsi : Tout beau, tout beau, il faut respecter le lieu où vous êtes, et les personnes à qui vous parlez; c'est un greffier que vous injuriez. Qu'est-ce qu'un greffier ? ce dis-je. Un homme qui joue de la griffe, car il a joué tantôt extrêmement bien de la sienne sur l'argent que l'on a étalé dessus son banc. Vous êtes trop scandaleux, me répondit-il ; vous avez même appelé par je ne sçais quel nom un conseiller de céans. Quoi! ce jeune homme qui a passé par ici, répliquai-je, j'eusse bien voulu parler à lui; car, la dernière fois que je le vis venir en classe, en un collége où j'étois, il me gasconna mes plumes, mon canif et mon écritoire : j'en ai de certaines preuves; j'ai envie de lui en faire des reproches. Alors celui qui parloit à moi, et qui étoit un solliciteur, m'avertit que je m'en gardasse bien, vu la qualité du personnage. Comment! vous dites donc qu'il est conseiller, lui répondis-je : eh! certainement, il y a bien plus de sottise que de conseil dans sa tête. La cour ne l'auroit pas reçu en cette dignité, répliqua le solliciteur, si elle ne l'avoit trouvé capable de la tenir. Si est-ce que l'on l'a toujours estimé le plus grand âne de l'Université, ce dis-je ; et, quelque office qu'il ait, je pense bien être davantage que lui. N'ayez pas cette vanité-là, dit le solliciteur. Ce ne m'est point une vanité, répondis-je, car je suis des plus nobles de la France, et lui n'est fils que d'un vil marchand. Sa charge l'anoblit, répliqua le solliciteur. Et comment a-t-il acquis cette charge? dis-je alors. Par son bon argent, répondit le solliciteur. Tellement que le plus abject du monde, ce dis-je, aura une telle qualité, et se fera ainsi respecter, moyennant qu'il ait de l'argent. Ah! bon Dieu, quelle vilenie! comment est-ce donc que l'on reconnoît maintenant la vertu? Ayant tenu ce propos, je quittai le solliciteur, et m'en allai dans une grande salle pleine de monde qui trottoit d'un côté et d'autre, comme des pois qui bouillent dans une marmite. Pour moi, si l'on m'avoit porté dormant à un tel lieu que celui-là, je croirois à mon réveil être dedans les enfers. L'un crie, l'un tempête, l'autre court, et l'on en mène quelques-uns en prison avec violence ; de tous côtés l'on ne voit personne de content.

Après avoir considéré ces témoignages de la brutalité des

hommes, je m'en retournai chez moi si dépité, que je ne le vous sçaurois exprimer. L'après-dînée, étant à la fenêtre, je vis passer par la rue mon jeune badaud de conseiller ; mais en quel équipage pensez-vous ? En équipage de seigneur. Jamais je ne fus plus étonné : comment, il avoit un manteau de couleur d'amarante, de velours doublé de panne, un haut-de-chausse de velours de la même couleur, et un pourpoint de satin blanc. Son côté étoit muni d'une épée à la Miraumonte[1], et il étoit monté sur un barbe, et suivi de trois grands laquais. Je m'enquis de mon hôte si, à Paris, les hommes de robe longue étoient aussi hommes d'épée. Il me répondit que des jeunes gens, comme le conseiller que je venois de voir, ne prenoient la robe que pour avoir une qualité qui les fît respecter, et trouver des femmes qui eussent de grands avantages, et que, leur âge les portant aux gentillesses de la cour, étant hors du palais, ils se licencioient de prendre aucunes fois l'épée et l'habit de cavalier. Me voyant en la misère où j'étois, j'eusse souhaité d'être de ce beau métier, dont mon père m'avoit voulu faire, n'étoit que j'estimois que ce m'eût été un déshonneur d'être en la compagnie de personnes si viles.

Je sentis vivement, en ce temps-là, les poignantes épines de mon malheur ; n'étant couvert que de mon pauvre habit, personne ne faisoit estime de moi ; et je n'osois porter une épée en cet état, parce qu'au lieu de servir de témoignage de ma noblesse elle m'eût fait prendre pour un fainéant vagabond par le plus sot peuple de toutes les villes de la terre. Cependant tous les jours je souffrois mille indignités, je n'oserois dire patiemment, car je vous assure que, si la puissance eût répondu à ma volonté, j'eusse puni les stupides hommes qui m'offensoient.

Un matin, j'entrai dans la cour du Louvre, pensant que c'étoit un lieu de respect où je recevrois du plaisir de beaucoup de diversités, et ne me verrois bafoué d'aucun à l'accoutumée. Comme je regardois ce pompeux édifice, en levant la tête d'un côté et d'autre, un page, qui connoissoit à mon action que je n'avois pas appris de venir là, me prenant

---

[1] Ce nom venait du chevalier de Miraumont, fameux bretteur et compagnon de pré de l'indomptable Fontenay Coup-d'Épée.

10.

pour un badaud, donna une telle secousse à mon chapeau en le tenant par le bord, qu'il le fit tourner plus de huit fois à l'entour de ma tête : je lui eusse bien montré à quelle personne il se jouoit, n'eût été que je vis derrière lui dix ou douze laquais avec le bâton et l'épée, qui faisoient mine d'être là pour le défendre. Néanmoins je lui dis qu'il avoit tort de me toucher, vu que je ne l'avois jamais offensé. Alors lui et ses compagnons ouvrirent la bouche quasi tous ensemble, pour m'appeler bourgeois; c'est l'injure que cette canaille donne à ceux qu'elle estime niais, ou qui ne suivent point la cour. Infamie du siècle ! que ces personnes, plus abjectes que je ne sçaurois dire, abusent d'un nom qui a été autrefois et est encore en d'aucunes villes si passionnément envié. Toutefois, sçachant qu'ils ne me le bailloient que pour injure, je pris la hardiesse de leur dire qu'ils regardassent de plus près à qui s'adressoient leurs paroles, et que je n'étois pas ce qu'ils pensoient. En m'entourant à cette heure-là, ils me demandèrent, avec des risées badines et hors de propos, qu'est-ce que j'étois donc, si je n'étois bourgeois. Je suis ce que vous ne serez jamais, leur répondis-je, et que vous ne désirez pas possible d'être; d'autant que vous n'avez pas assez de courage pour le faire. De parler ainsi à ces ignorans, c'étoit leur parler grec; et je me repentis bien de m'être amusé à des bêtes brutes contre lesquelles on ne se doit point courroucer, encore qu'elles nous baillent quelque coup de pied, parce qu'elles sont privées de raison et n'ont pas le sentiment, quand on les châtie, de connoître que c'est afin qu'elles n'y retournent plus.

Cette considération m'étant venue en l'esprit, je me retirai à quartier; mais la maudite engeance, pensant être offensée par les dernières paroles que j'avois dites, s'en vint me persécuter. Le page, faisant semblant de vouloir frapper contre la terre avec son bâton, me frappoit bien serrément sur les pieds, et il falloit qu'à tous coups je les levasse comme si j'eusse été à courbette. Les laquais, en niaisant, venoient aussi me faire des algarades, et même il y en eut un d'entre eux qui dit qu'il me falloit bailler des seaux. A cette parole, démesurément irrité, je me laissai emporter à mes premiers mouvemens, et leur dis en me retirant tout d'un coup, et après avoir juré comme un charretier embourbé : Venez-vous-en là dehors avec moi, et, m'ayant donné une épée, assaillez-moi tous tant que vous êtes, vous verrez si je vous craindrai, vile canaille; vous n'êtes courageux que quand vous êtes tous ensemble contre un seul qui n'a point d'armes. Que, si vous n'avez envie de me gratifier, me laissant mourir valeureusement étant sur ma défense, que quelqu'un de vous se dépêche de me tuer, car aussi bien ne vivrai-je plus qu'à regret, après avoir enduré de si sensibles affronts que ceux que vous me faites; et, d'un autre côté, j'ai des infortunes qui me font assez désirer la mort.

Leur rage aveugle et insensée s'enflammoit par ces paroles, lorsqu'une grande masse de chair, couverte d'un habit de satin bleu passementé d'or, s'approcha près d'eux : je ne sçais, ma foi, si c'étoit un homme, mais au moins j'y en voyois la forme au corps; mais, quant à l'âme, elle étoit toute brutale : c'étoit un baron, à ce que j'entendis depuis. Il étoit le maître du petit page qui me persécutoit, et disoit à trois buffles qui le côtoyaient le chapeau à la main : Mort non pas de Dieu, n'ai-je pas un page qui est gentil garçon? Regardez les plaisanteries qu'il fait : il est courageux; il a de l'esprit. Le page, oyant la louange que lui donnoit son maître, se délibéra de paroître encore davantage en la vertu, pour laquelle il l'estimoit, et s'en vint me donner une nasarde ; mais je le repoussai si rudement, que je le pensai faire tomber. Le baron, qui avoit l'œil dessus lui, s'en fâcha, et, en retroussant sa moustache d'une main, et me menaçant de l'autre, il me dit : Holà! ho! courtaut, si vous frappez mon page, je vous ferai bailler les étrivières sans miséricorde. M'ayant appelé du sobriquet que l'on donne aux valets de boutique, de la condition desquels j'étois plus éloigné que le ciel ne l'est de la terre, je me résolus de lui montrer la sottise du jugement qu'il faisoit de moi. Je me présente devant sa badaude personne, et je lui dis : Je ne m'offense point de ce que vous dites, car cela ne s'adresse point proprement à moi; il n'y a que ceux qui ont la qualité que vous m'attribuez qui se doivent ressentir du peu d'estime que vous faites d'eux. Quant à moi, étant en un état plus élevé que le leur, et par aventure aussi éminent que le vôtre, je ne m'en sens nullement touché. En tous cas, ce méchant habit qui me couvre, et qui vous a fait concevoir de moi une mauvaise opinion, pourroit bien aussi se tenir injurié; mais qu'il vide sa querelle tout seul, je n'y veux point avoir de part.

Ces paroles proférées, je le dirai bien sans vanité, avec une grâce qui n'est point dans le vulgaire, furent ouïes d'un gentilhomme qui se promenoit tout proche, et qui connut bien que telles raisons ne pouvoient pas venir dans l'esprit d'un garçon de boutique, au lieu que le baron, le plus grand âne de la cour, n'eut pas seulement l'invention de s'imaginer ce que vouloit signifier le moindre de mes mots. Le gentilhomme, se doutant donc à peu près que j'étois de bon lieu, eut pitié de moi, et, pour me tirer de la fureur des âmes barbares, me conseilla de m'en aller par une autre porte que celle par où j'étois entré : je suivis son avis, en donnant mille blâmes à la noblesse de ce siècle, qui se fait suivre par des vauriens dont la méchanceté lui plaît tant, qu'elle les excite à outrager toutes sortes de personnes.

Mais, hélas ! ce ne fut pas seulement par ces gens-là que je me vis maltraité et méprisé : je le fus même par ceux qui font le plus profession d'honneur et de modestie. En quelque lieu que je fusse, il n'y avoit bourgeois qui voulût permettre que j'eusse une plus éminente place que lui. Dans les rues, l'on me frappoit quelquefois du coude, afin de me faire aller du côté du ruisseau, et m'appeloit-on gueux si je témoignois mon ressentiment par quelque parole piquante. Qui plus est (voyez l'extrême malheur de la pauvreté, que l'on croit toujours être compagne du vice), une fois l'on avoit perdu une bourse dedans une presse, et l'on eût soupçonné que c'étoit moi qui l'avois prise, si, par certaines paroles et actions, je n'eusse contraint chacun aussitôt d'avoir une très-bonne opinion de moi.

Vous me direz que je ne pouvois tomber en ces inconvénients-là qu'auprès des personnes tout à fait mondaines, et qui ne s'attachent qu'aux plus petites apparences; mais apprenez que ceux-là mêmes qui ont renoncé aux vaines pompes, par un étrange malheur, ne faisoient pas plus d'estime de moi. Je le reconnus évidemment étant à vêpres à une certaine religion [1]. Un bon père laissa entrer dans une cha-

---

[1] Religion veut dire ici couvent.

pelle dix ou douze faquins en manteaux de peluche, dont il n'avoit aucune connoissance, et ne refusa pas même la porte à leurs valets, mais à moi, qui les voulois suivre. Que je vous dise un mot, mon père, lui criai-je par les barreaux. Puis, quand il se fut rapproché, je continuai ainsi : Je ne suis pas venu ici pour vous admonester, aussi n'en suis-je pas capable; néanmoins je prends la hardiesse de vous dire ce que je sçais, qui est que votre église doit être l'image de la maison céleste de notre grand Dieu, et que vous deviez y laisser prendre la meilleure place aux plus pauvres, ainsi qu'il est fait dedans cette heureuse demeure. Bien, bien, poursuivis-je en souriant, quand je désirerai entrer dedans vos chapelles pour y mieux entretenir ma dévotion que dans ce lieu-ci, j'apporterai un manteau doublé de peluche, en dussé-je louer un à la friperie. Le religieux eut de la honte, à n'en point mentir, et, parce qu'il me quitta bientôt, il n'eût pas entendu tout mon discours si je n'eusse haussé ma voix sur la fin; mais cela se tourna à sa confusion : car plusieurs personnes d'alentour m'ouïrent aussi, et je connus, par leurs risées, qu'ils autorisoient mes paroles et se moquoient de celui qui gardoit si mal les règles de son ordre, ne chérissant pas la pauvreté : ce qu'il y avoit à dire contre moi, c'est seulement que je n'étois pas un pauvre volontaire. Néanmoins le religieux avoit commis un péché qu'il ne pouvoit amender que par une très-austère pénitence.

Considérez encore un malheur plus grand : ceux qui sçavoient de quelle maison je suis sorti ne me traitoient pas plus respectueusement. De petits coquins, enfants de bourgeois, que j'avois connus au collége, tenus bien souvent sous ma loi, en me rencontrant par la ville, ne faisoient pas semblant de m'avoir fréquenté autrefois; et si, par une humiliation très-grande, je les saluois pour renouveler les connoissances anciennes, ils ne faisoient que porter la main auprès de leur chapeau; encore croyoient-ils avoir fait une corvée, tant ils étoient présomptueux de se voir couverts de soie et d'avoir des valets mieux vêtus que je n'étois moi-même. J'en allai visiter quelques-uns qui me sembloient les plus accostables, et avec qui j'avois été le plus familier. Pour dire la vérité, ils me firent dans leur logis un assez bon accueil, y étant contraints par les règles de la courtoisie; mais pourtant ils ne prirent pas la peine de venir chez moi récompenser mes visites par les leurs, s'imaginant que c'étoit s'abaisser par trop que d'aller trouver un homme si mal en point que moi, et qui leur faisoit déshonneur, selon leur opinion, étant en leur compagnie.

Si je me rencontrois par hasard avec quelques personnes qui discourussent sur quelque sujet où j'avois moyen de faire paroître des fruits de mes études, j'étois encore bien infortuné, car je n'osois ouvrir la bouche, sçachant que la mauvaise opinion que l'on avoit déjà conçue de moi feroit mépriser tout ce que je dirois, ou bien, si je pensois entamer un propos, je n'étois pas écouté, et quelqu'un m'interrompoit audacieusement.

Cependant mon habit s'empiroit de jour en jour, et j'y voyois si souvent des plaies nouvelles, que je ne sçavois de quelle sorte y remédier. J'avois employé tout mon argent à payer ma pension à mon hôte, il y avoit longtemps, et il ne me restoit pas pour acheter de l'étoffe pour rapiécer derechef mon haut-de-chausses et mon pourpoint. Je rattachois avec des épingles les basques décousues, et, mes boutons étant tout usés, j'avois de méchantes aiguillettes qui faisoient leur office. Au reste, je me couvrois toujours de mon manteau, le plus que je pouvois, encore qu'il ne valût guère, afin que l'on ne s'aperçût point des autres défauts que j'avois. A la fin même je fus forcé de reprendre mon pourpoint noir de deuil, parce qu'il étoit encore meilleur que mon gris.

Les affronts que je recevois en cet état, m'étant infiniment sensibles, me contraignirent de demeurer à la maison tout du long de l'hiver pour les éviter. Combien que ce me fut un supplice bien cruel! car depuis peu de temps j'avois vu une jeune merveille à sa porte, en une rue proche de celle de Saint-Jacques, et ses attraits avoient triomphé si avantageusement de ma liberté, que je ne faisois autre chose que soupirer pour elle. Mais quoi? qu'eussé-je fait quand je fusse sorti? L'amour est ennemi mortel de la pauvreté; je n'eusse pas osé me montrer à Diane, c'étoit le nom de la reine de mon cœur. Il falloit être accommodé d'une autre façon, parce qu'elle eût eu des impressions de moi qui ne m'eussent pas été favorables. En ma solitude, je n'avois point d'autre occupation que de penser à elle; et, cela étant cause que ma passion s'enflammoit davantage, j'étois si fol, que je prenois quelque sorte de plaisir à passer tous les soirs devant sa porte, encore que ce me fût une chose la plus inutile du monde.

En ce temps-là, si j'eusse voulu me mêler du métier de certains fripons d'écoliers de ville que je connoissois depuis peu, il m'eût été facile de me vêtir à peu de frais, car toutes les nuits ils ne faisoient que dérober des manteaux en quelque rue écartée; mais jamais je ne me pus résoudre à rabaisser mon courage jusqu'à faire des actions si infâmes. J'aimois mieux l'accointance de certains philosophes, qui me promettoient des montagnes d'or par une voie licite et honorable. Toutefois, à la fin, je laissai leur conversation, d'autant que je connus que c'étoient des vendeurs de fumée qui déjà s'ennuyoient aussi de communiquer avec moi, à cause que, n'ayant rien à perdre, leurs tromperies étoient inutiles à mon endroit. Au commencement, j'avois été pour le moins aussi fin qu'eux, et leur faisois espérer qu'il me viendroit bientôt une notable somme d'argent de mon pays, dont je les assisterois pour acheter ce qui étoit nécessaire en leurs opérations; je les invitai à m'apprendre beaucoup de secrets de la magic naturelle, desquels je me suis déjà servi en plusieurs occasions : voilà le profit que j'eus de les avoir fréquentés.

Après, je m'adonnai à une autre étude. Ce fut à celle de la poésie françoise, qui eut pour moi des appâts dont je ne cesserai jamais d'être enchanté. Mon entretien ordinaire fut de composer des vers sur la haine que je portois à la malice du siècle, et sur l'amour que j'avois pour la gentille Diane. Mais, mon Dieu, quels ouvrages c'étoient au prix de ceux que je pourrois maintenant faire! Tout étoit à la mode du collége, et il n'y avoit ni politesse ni jugement; aussi je jurerois bien que je n'avois lu encore pas une bonne pièce, et les auteurs dont je pouvois apprendre quelque chose m'avoient été inconnus, autant par ma négligence qu'autrement; de sorte que ce que je faisois n'étoit pas moins à admirer que ce qu'ont fait les vieux chantres de Grèce dans les œuvres desquels nous trouvons tant de remarquables fautes, à cause que tout venoit de leur veine, qu'ils n'avoient rien à se proposer pour patron, et qu'une chose ne peut en même temps être inventée et rendue parfaite.

Reconnûtes-vous jamais mieux qu'à cette heure que les Muses se plaisent d'habiter avec la pauvreté? vous voyez fort peu qu'un homme riche ait jamais envie de faire des vers; aussi les grandes possessions des biens de fortune sont cause que l'on s'affainéantit, et que l'on néglige de posséder les biens de la vertu. Néanmoins, quant est de la poésie, il n'y a rien qui plaise tant à l'esprit, et l'usage que nous en avons met une grande distinction entre nous et les brutes.

Hélas! ce fut en ce temps-là que je me vis frustré de toutes les espérances que j'avois longtemps nourries en mon âme. J'avois tracé mes aventures à venir sur celles de quelques grands personnages dont j'avois lu l'histoire, et m'imaginois qu'infailliblement j'aurois un sort pareil au leur, me fiant sur mon courage et sur l'inclination que j'avois à suivre tout ce qui est vertueux. Oh! que j'étois aveugle de ne voir pas les infinis obstacles qui se pouvoient opposer à ma bonne fortune, quand j'eusse eu une valeur plus admirable que celle des anciens chevaliers!

Si je n'eusse jeté les fougues de ma colère sur le papier, je fusse tombé dans un désespoir le plus violent du monde. Voyez, de grâce, quel enchantement! N'est-il pas étrange, et ne me guérissoit-il pas contre la règle naturelle? Après avoir décrit mon mal, je ne le sentois plus si violent, encore que j'en aperçusse les plus vifs accès naïvement représentés. Quel homme sans raison me niera à cette heure-ci qu'Apollon n'ait été estimé dieu de la médecine autant pour le remède que donnent ses vers aux plaies les plus dangereuses que pour celui que les herbes y donnent, lesquelles il fait croître, quand il prend la qualité de soleil pour rendre la terre fertile?

Jusque-là Francion avoit parlé, lorsque son courtois hôte, lui serrant la main, lui dit: C'est assez pour ce coup, il s'en va tard. Je ferois conscience d'endurer que vous parlassiez tant. Et, l'ayant fait arrêter par ces paroles, avant que de partir d'auprès de lui, il le voulut entretenir encore un peu, et lui dit que vraiment il avoit eu tort auparavant de l'avoir voulu frustrer d'entendre les aventures qu'il avoit eues avec les pédants. Puis il poursuivit ainsi: Mais, monsieur, vous endurâtes bien des tourmens pour la perte de l'argent que vous aviez. Il me semble que vous m'avez dit que ce fut un nommé Raymond qui vous le prit; vous lui en vouliez du mal? Je vous en réponds, dit Francion, et, maintenant encore que je me ressouviens de l'ennui qu'il me fit souffrir, ma haine se rallume aussi ardemment que jamais, car son action m'est extrêmement odieuse, d'autant que je sçais assurément qu'il étoit des meilleures maisons et des plus riches de France. Le seigneur du château, ayant alors une certaine façon non accoutumée dont à peine eût-on pu trouver la cause, dit que possible ce Raymond avoit dérobé l'argent par galanterie ou par nécessité, se voulant débaucher pour aller en Flandres au deçu de ses parens, et que pourtant, si Francion ne lui pardonnoit point, il pouvoit s'informer s'il étoit en Bourgogne, et le faire appeler en duel; mais Francion répondit qu'il se feroit la risée de tout le monde, s'il témoignoit d'avoir du ressentiment pour des offenses si anciennes. Néanmoins son hôte lui promit qu'il s'enquêteroit s'il y avoit en Bourgogne, ou aux environs, un seigneur qui portât ou qui eût porté autrefois le nom de Raymond, seulement pour lui contenter l'esprit, en lui apprenant qu'étoit devenu son voleur. Là-dessus, il lui donna le bonsoir, et le pria de se disposer à lui conter le lendemain au matin le reste de sa vie; puis il s'en alla coucher, ayant beaucoup de satisfaction d'avoir ouï tant de diverses choses où il y avoit des instructions pour beaucoup de sortes de personnes; car, encore que tout le monde ne soit pas pédant, si est-ce que les actions du pédant Hortensius ne lui sont pas seulement particulières, il y en a assez qui en peuvent faire de semblables. Francion avoit aussi naïvement fait voir la sottise du peuple, qui n'estime que ceux qui sont bien vêtus, et spécialement l'impertinence des courtisans, qui s'estiment plus que les bourgeois des villes, qui valent quelquefois mieux qu'eux. L'on voit aussi les erreurs d'une jeunesse mal conduite, pour l'éloignement des parens; mais néanmoins il faut remarquer partout cette générosité d'esprit de Francion, qui ne le quitte jamais. Celui qu'il avoit entretenu de ses belles aventures pouvoit méditer là-dessus en se couchant et en retirer un contentement parfait. Nous n'en ferons pas moins, si nous avons l'industrie de nous en servir. Ensuite de ceci, nous verrons les sottises des poëtes et des auteurs du temps parfaitement bien décrites. Les impertinences, que l'amour fait faire à la jeunesse, y auront aussi leur lieu, et, en tout cela, l'on verra de bons actes de comédie où il y aura de quoi recevoir du passe-temps et de l'instruction.

LIVRE CINQUIÈME

Quand le soleil eut ramené le jour, le seigneur du château, étant déjà habillé, ne manqua pas à venir voir si Francion avoit bien reposé, afin de sçavoir quand et quand il pourroit achever le récit de ses diverses fortunes. Voulant bien employer le temps, leurs salutations furent courtes. Encore que Francion sentît beaucoup d'allégement au mal qu'il avoit à la tête, il fut arrêté qu'il se tiendroit encore au lit jusqu'au lendemain, pour reprendre entièrement ses forces; sans avoir donc souci de se lever, il continua le fil de son histoire comme je vais dire.

Monsieur, nous demeurâmes hier sur le plaisir que je prenois à la poésie; il faut qu'en retournant sur ce sujet je vous conte que l'on me mit en main quelques ouvrages assez polis, sur lesquels je façonnai ceux que je fis par après : l'on m'enseigna même un certain livre fort nouveau, et d'un auteur fort renommé, que je me délibérai d'acheter, pour y apprendre comment il falloit écrire selon le siècle; car je confessois ingénument que je n'y entendois rien. Ayant appris que le libraire qui vendoit cet ouvrage-là demeuroit en la rue Saint-Jacques, je m'y en allai; et, ma curiosité étant connue, aussitôt l'on prit la peine de me montrer une infinité de livres françois dont jamais je n'avois ouï parler. Je n'avois pas assez de moyens pour acheter tant de marchandise, voilà pourquoi je ne fis emplette que de ce que j'avois eu premièrement dessein d'avoir, de quoi même l'on m'avoit prêté l'argent. Nonobstant je ne laissois pas de m'amuser à feuilleter

tous les livres qui étoient dessus le comptoir, comme voici
venir un grand jeune homme[1] maigre et pâle, qui avoit les
yeux égarés et la façon tout extraordinaire : il étoit si mal
vêtu, que je n'avois point de crainte qu'il se moquât de moi;
de sorte que je parlai franchement au libraire devant lui,
sans me soucier qu'il m'écoutât. Apprenez-moi, disais-je, s'il
y a quelqu'un en ce temps-ci qui fasse bien en poésie : j'ai
toujours cru qu'il n'y en a point qui y excellent, d'autant que
je ne pense pas même que l'on s'amuse beaucoup en ce siè-
cle-ci à rimer. En quelle erreur êtes-vous! me répondit le
libraire; ne viens-je pas de vous montrer des œuvres admirables, composées par des auteurs encore vivans ? Mais c'est
possible que vous ne prisez pas la nouvelle façon d'écrire de
ces messieurs, et que vous n'estimez que les choses anciennes et grossières. Moi, ce dis-je, je ne sçais pas si l'on fait
mieux en ce temps-ci qu'au temps passé, et ne sçaurois pas
discerner, quand je fais des vers, s'ils sont à la mode nouvelle ou à l'antique. Le jeune homme, en tournant alors la
tête vers moi avec un rire de mauvaise grâce, et montrant
la plupart de ses dents, me dit : Vous faites donc des vers,
monsieur, à ce que j'entends ? Je mets des paroles avec des
paroles, sur des sujets qui s'offrent à mon esprit, répondis-je; mais je les arrange si mal, que je ne crois pas que
l'on doive appeler cela de la poésie. Là-dessus, il me répliqua que je disois cela par humilité, et me pria de lui montrer
quelqu'un de mes ouvrages. Je lui dis que je n'osois pas faire
voir des pièces qui n'étoient pas par aventure selon les règles qu'il falloit suivre alors, desquelles je n'avois aucune
connoissance. Eh bien, monsieur, me repartit-il, je vous dirai en ami ce qui m'en semblera, et possible serez-vous bien
aise d'avoir ma conférence; car il n'y en a pas trois dans
Paris qui se puissent vanter de sçavoir mieux juger d'un vers
que moi. Ces paroles-là ne m'ayant pu persuader de lui accorder sa prière, il prit congé de moi, ayant mis deux ou trois
livres sous son manteau, sans en donner de l'argent au marchand, à qui je demandai, dès qu'il fut parti, s'il lui en faisoit crédit de cette sorte. Je les lui prête, répondit-il; je
suis contraint d'en faire ainsi à un tas d'écrivains comme lui,

[1] Voyez p. 192, *note* 2.

qui se trouvent tous les jours dans ma boutique pour se communiquer ensemble leurs ouvrages : ici se font leurs plus grandes assemblées; tellement qu'il n'y a point de lieu dans la France qui doive plus justement porter le nom de Parnasse. Quel profit tirez-vous de leurs conférences? ce dis-je. La perte de mes livres, qu'ils empruntent et ne rapportent point, répondit le marchand en riant. Si j'étois que de vous, je chasserois bien cette chalandise-là, lui repartis-je. Je n'ai garde pour moi, me dit-il; car il y en a toujours quelqu'un entre eux qui me donne quelque copie à faire imprimer, et puis ma boutique en est plus renommée.

Après ce devis, je m'informai de tous les poëtes du temps, dont j'appris les noms, et sçus même que celui que je venois de voir étoit, à la vérité, des plus célèbres. Le libraire, alors, me voulant obliger, me promit que, si je lui donnois quelqu'une de mes pièces, il la montreroit à ces gens-là sans leur en nommer l'auteur, pour sçavoir d'eux ce qu'il y auroit de manque. Le désir que j'avois de bien faire au goût de tout le monde me fit prendre ce parti, et, dès le lendemain, je lui apportai la pièce qui me plaisoit le plus de toutes les miennes. Elle fut montrée à ces personnages-là, qui y trouvèrent quasi autant de fautes que de paroles. Mon libraire me fit ce plaisir que de me les coter toutes; de sorte que j'y pris garde, et, ayant vu qu'ils avoient bonne raison, je me délibérai de ne plus tomber en pareil endroit.

Véritablement leurs lois ne tendoient qu'à rendre la poésie plus douce, plus coulante et plus remplie de jugement; qui est-ce qui refuseroit de la voir en cette perfection? On me dira qu'il y a beaucoup de peine et de gêne à faire des vers suivant les règles; mais, si l'on ne les observoit point, chacun s'en pourroit mêler, et l'art n'auroit plus d'excellence.

Quelque temps après, j'eus une connoissance parfaite de ces choses, car je me trouvois souvent dans la boutique du libraire, où j'accostais tous les poëtes : dès que je me fus frotté à leur manteau, je sçus incontinent de quelle sorte il falloit composer; ils ne me reprirent jamais que de deux ou trois fautes, et, en considérant celles-là, je m'abstins d'autres très-lourdes. Je ne pense pas leur être redevable de beaucoup; car certainement le peu qu'ils m'en dirent n'étoit pas capable d'ouvrir le jugement d'une personne. Il faut que je vous dise quelles gens c'étoient : il y en avoit quelques-uns qui sortoient du collége, après y avoir été pédans; d'autres venoient de je ne sçais où, vêtus comme des cuistres, et, quelque temps après, trouvoient moyen de s'habiller en gentilhomme : mais ils retournoient incontinent à leur premier état, soit que leurs beaux vêtemens eussent été empruntés ou qu'ils les eussent revendus pour avoir de quoi vivre. Quelques-uns ne montoient ni ne descendoient, et ne paroissoient point plus en un jour qu'en l'autre : les uns vivoient de ce qu'on leur donnoit pour quelques copies, et les autres dépensoient le peu de bien qu'ils avoient, en attendant qu'ils eussent rencontré quelque seigneur qui les voulût prendre à son service, ou qui leur fît bailler pension du roi [1]. Au reste, il n'y en avoit pas un qui eût un grand et véritable génie. Toutes leurs inventions étoient imitées, ou se trouvoient si faibles, qu'elles n'avoient aucun soutien. Ils n'avoient rien, outre la politesse du langage, encore n'y en avoit-il pas un seul qui l'eût parfaitement; car, si le plus habile d'entre eux évitoit une chose, il choppoit en une autre. Plusieurs ne faisoient que traduire des livres, ce qui est une chose très facile [2] : lorsqu'ils vouloient composer quelque chose d'eux-mêmes, ils faisoient de grotesques ridicules. Et il faut remarquer ceci, que la plupart étoient devenus poëtes par contagion, et pour avoir hanté ceux qui se mêloient de ce métier-là; car il n'y a point de maladie qui se gagne plus facilement que celle-ci. Sur mon Dieu, je les plains, les pauvres gens; ils écrivoient sur l'imagination qu'ils avoient d'être bons écrivains, et se trompoient ainsi tout doucement. Néanmoins il y a des livres de leur main qui sont très-estimés aujourd'hui; mais, je vous dirai, c'est à faute d'autres meil-

---

[1] Voilà le bilan de la situation des gens de lettres de cette époque : *domestiques* des grands seigneurs ou pensionnaires du cardinal. Et ne portait pas qui vouloit ce collier d'argent. Il suffit de rappeler le poëte Maynard et sa détresse, que Richelieu refusa d'alléger.

[2] L'auteur de la *Bibliothèque françoise* n'est pas précisément du même avis que l'auteur de *Francion*. (Voy. chap. XI, *des Traductions*.) — Mais nous avons ici le vrai sentiment de Sorel. Il ne craint pas, sous le masque, de dire ce qu'il pense des hommes et des choses.

leurs. Il faut bien se passer à ce que l'on a, malgré son envie ; et moi-même j'ai bien été quelquefois forcé de les lire, ne trouvant rien autre chose pour me divertir. Ce sont de belles pièces, ma foi, que deux ou trois romans de leur façon[1], que l'on prise. Je veux que l'on m'ôte la vie, si je ne montre dans chacun des fautes dignes du fouet.

Il est bien vrai que, quand je me porterois à mes extrêmes efforts pour faire quelque chose de bon, possible que tous ces petits esprits seroient de beaucoup plus prisés que moi ; mais c'est aussi que, pour agrandir leur réputation, ils se servent de certaines subtilités où je ne voudrois pas m'abaisser. Comme ils sont longtemps à achever ce qu'ils font, ils ont le loisir d'en faire courir le bruit partout, et de faire désirer leur ouvrage par les louanges que l'on lui donne, sans en avoir vu une partie, et, le mettant en lumière, ils le rendent agréable à quelque seigneur, qui lui acquiert de la vogue dedans la cour[2]. Outre cela, ils ont quelque poëtastre à leur dévotion, pour leur dire qu'ils ont de l'empire sur tous les esprits du monde ; et sçachez qu'ils n'en manquent pas, car il y en a qui semblent être gagés du roi pour donner des vers à tous les auteurs du temps. L'on voit leurs noms par tous les livres ; et, sans cela, leurs œuvres ne seroient pas imprimées, car elles ruineroient les libraires ; si bien qu'ils font comme le roitelet, qui, pour monter aux nues, se cache sous les ailes de l'aigle. Qui plus est, nos auteurs sont si vains, qu'ils font eux-mêmes des préfaces et des lettres de recommandation qui leur donnent des louanges si excessives, qu'après cela l'on ne sçait plus ce que l'on donneroit à des divinités, et les font imprimer sous le nom de quelqu'un de leurs amis, qui, encore qu'il soit bien éloquent, n'en pourroit pas parler assez suffisamment à leur gré[3]. Que, s'ils prioient quelqu'un de faire quelques vers pour eux, l'on leur pourroit répondre : qu'est-il besoin que je

---

[1] L'*Astrée* et autres productions du même genre, dont le *Berger extravagant* est une si piquante parodie.

[2] Voilà pour Chapelain et sa *Pucelle*, qu'il mit trente ans à engendrer. La muse du bonhomme était entretenue par le duc de Longueville.

[3] Balzac passait pour être l'auteur de l'*Apologie pour M. de Balzac* (1628), signée par le prieur Ogier. — Du reste, il a prouvé

prenne la peine de vous louer? vous vous louez cent fois mieux que je ne sçaurois faire. Il n'y a point au monde de présomption si grande que la leur étoit alors, et l'on m'apprit même qu'un d'entre eux aspirant à la tyrannie, et voulant que tous les autres lui allassent rendre hommage, il disoit : Il y a encore de petits esprits rebelles qui ne me sont point venus faire la révérence; ce sont de petits comtes palatins qui ne veulent pas reconnoître leur empereur; mais je les ferai bien venir à la raison. Comme l'on me racontoit cette sottise, j'étois en pleine assemblée de ces petits écrivains, où je me moquois et des uns et des autres; et là-dessus je dis : S'estime qui voudra le roi des beaux esprits, mais qu'il sçache que c'est moi qui suis le grand Knes[1], le Prête-jan[2], le Sultan, le Sophy[3], le Sériffe[4], et le grand Mongol[5] des beaux esprits, non-seulement de l'Europe, mais de tout le monde.

Cette plaisante rodomontade les fit rire; néanmoins ils avoient l'âme si basse, qu'ils ne laissèrent pas de respecter celui qui vouloit dominer sur tout le monde. Nous étions alors en la boutique du libraire de la rue Saint-Jacques, où l'on commençoit à faire un grand mystère d'une petite lettre; car il faut que je vous dise que, ne pouvant réussir à autre

---

maintes fois qu'il s'entendait à se louer lui-même. « Jamais il n'étoit assez paranymphé (loué), » dit Tallemant des Réaux, en parlant de Balzac. — Sorel ne se contente pas de prendre à partie ce dernier, sous le nom d'Hortensius. Il ne se contente pas non plus de l'affubler de la souquenille du pédant : il la jette aussi sur les épaules de la Mothe le Vayer, comme nous le ferons voir plus loin et comme l'a très justement fait remarquer M. Paulin Paris dans son excellente édition des *Historiettes* (t. IV, p. 109).

[1] Knef, dieu égyptien, le premier des trois dieux suprêmes.

[2] Ou Prêtre-Jean, nom sous lequel, on ne sait pourquoi, étaient désignés certains rois de la Tartarie ou du Cathay, qui, selon les uns étaient chrétiens, et idolâtres selon d'autres. On a aussi donné ce nom au *Grand-Négus* ou souverain de l'Abyssynie. Une troisième opinion, qui est la plus rationnelle, veut que le Prêtre-Jean ne soit autre que le Dalaï-Lama, grand pontife des Mongols et des Kalmouks.

[3] Sophi ou Sofi, roi de Perse.

[4] Scherif, titre des descendants de Mahomet.

[5] C'était l'usage d'écrire ainsi ce mot.

chose, ils s'alloient tous amuser à faire des épîtres, s'imaginant d'acquérir de la gloire par ce moyen, et avoient si peur que l'on se doutât de leurs sottises, qu'ils faisoient imprimer jusqu'aux plus particulières choses qui se passoient entre eux et leurs amis : aussi leur disois-je par raillerie que j'étois d'avis que l'un s'en allât en Italie, l'autre en Allemagne, et l'autre en Turquie, afin qu'ils eussent de la matière pour nous faire de beaux gros volumes de lettres. Et, comme j'eus remarqué dans un livre, qui en étoit tout plein, qu'au commencement et à la fin de chacune, il y avoit de longues répétitions de qualités, je dis au libraire que, pour rendre les choses plus véritables et n'y rien oublier, l'auteur y devoit aussi faire mettre les adresses des rues et des enseignes, et ce qui avoit été mis pour le port, parce qu'il eût amassé toutes ces petites sommes ensemble, et en eût fait une bien grosse, laquelle il eût demandée pour le prix de son livre, et se fût ainsi remboursé tout d'un coup de beaucoup de ports de lettres, s'il est ainsi qu'il les eût payées, outre l'argent qu'il avoit baillé de la copie. Cette invention lui sembloit fort lucrative, et je vous jure qu'il ne tenoit pas à lui qu'il ne la mît en effet. Mais, pour revenir à mon conte, il faut que vous sçachiez que, comme sa boutique étoit le bureau où se trouvoient toutes les lettres nouvelles de ces petits messieurs, qui croyoient avoir crocheté la serrure du trésor de bien dire, tous ceux qui étoient là s'étoient transportés exprès et de cheval pour voir celle dont je vous ai parlé.

Enfin, après plusieurs entretiens de ces petits épistolaires, on lut alors, non pas cette lettre, mais cette merveille, qui étoit la plus extravagante et la plus impertinente que l'on puisse trouver. Celui qui la lisoit proféroit les mots avec un ton de comédie, et il sembloit qu'il mordit à la grappe. Les auditeurs étoient à l'entour, qui allongeoient un col de grue les uns par-dessus les autres ; et, à tous coups, avec une stupéfaction et un ravissement intrinsèque, rouloient les yeux en la tête comme un mouton qui est en colère; et le plus apparent d'eux, à chaque période, disoit d'un ton admiratif: Que voilà qui est bien ! Aussitôt un autre redisoit la même parole, et puis un autre, jusques à moi, qui étois contraint de faire le même, autant par moquerie que par complaisance; si bien que, n'entendant presque dire autre chose que ces mots : Que volà qui est bien ! Que voilà qui est bien ! je m'imaginois être à cet écho de Charenton qui répète sept fois ce que l'on a dit.

Après cela, il y eut un poëte qui récita de ses vers, et je pris beaucoup plus de plaisir à voir sa contenance ; car, à la fin de chaque stance, il tournoit ses yeux à la dérobée vers les assistans pour connoître, par leur mine, quel jugement ils en faisoient en leur intérieur. Et remarquez ceci, à quoi vous n'avez possible point encore songé, tous les poëtes en sont de même en lisant leurs ouvrages. Or ils émurent de grosses disputes sur ceux-ci, pour beaucoup de choses de néant, où ils s'attachoient, et laissoient en arrière celles d'importance. Leurs contentions étoient s'il falloit dire : Il eût été mieux, ou il eût mieux été, de sçavans hommes, ou des sçavans hommes ; s'il falloit mettre en rime main avec chemin, saint Cosme avec royaume, traits avec le mot près [1]. Et cependant ceux qui soutenoient que c'étoient autant de fautes en faisoient de bien moins supportables ; car ils faisoient rimer périssable avec fable, étoffer avec enfer. Toutes leurs opinions étoient puisées de la boutique de quelque rêveur qu'ils suivoient en tout et partout, et même se plaisoient, en discourant, à user de quelques façons de parler extrêmement sottes, qui lui étoient communes. Ils vinrent à dire beaucoup de mots anciens, qui leur sembloient fort bons et très-utiles en notre langue, et dont ils n'osoient pourtant se servir, parce que l'un d'entre eux, qui étoit leur coryphée, en avoit défendu l'usage [2]. Tout de même en disoient-ils beaucoup de choses louables, nous renvoyant encore à ce maître ignare dont ils prenoient aussi les œuvres à garant, lorsqu'ils vouloient autoriser quelqu'une de leurs fantaisies. Enfin, il y en eut un plus hardi que tous, qui conclut qu'il falloit mettre en règne, tous ensemble, des mots anciens que l'on renouvelleroit, ou d'autres que l'on inventeroit, selon que l'on connoîtroit qu'ils seroient nécessaires ; et puis, qu'il falloit aussi retrancher de notre or-

---

[1] Malherbe, dit Tallemant des Réaux « vouloit qu'on rimât aussi bien pour les yeux que pour les oreilles. »

[2] Est-il besoin de rappeler la guerre faite par Malherbe à Ronsard et à son école ?

thographe les lettres superflues [1], et en mettre en quelques lieux de certaines mieux convenantes que celles dont l'on se servoit; car, disoit-il, sur ce point, il est certain que l'on a parlé avant que de sçavoir écrire, et que, par conséquent, l'on a formé son écriture sur sa parole, et cherché des lettres qui, liées ensemble, eussent le son des mots Il m'est donc avis que nous devrions faire ainsi, et n'en point mettre d'inutiles; car à quel sujet le faisons-nous? Me direz-vous que c'est à cause que la plupart de nos mots viennent du latin? Je vous répondrai que c'est là une occasion de ne le suivre pas : il faut montrer la richesse de notre langue, et qu'elle n'a rien d'étranger. Si l'on vous faisoit des gants qui eussent six doigts, vous ne les porteriez qu'avec peine, et cela vous sembleroit ridicule. Il faudroit que la nature vous fit à la main un doigt nouveau ou que l'ouvrier ôtât le fourreau inutile; regardez si l'on ne feroit pas ce qui est le plus aisé. Aussi, parce qu'il n'est pas si facile de prononcer de telle sorte les mots, que toutes leurs lettres servent, que d'ôter ces mêmes lettres inutiles, il est expédient de les retrancher. En pas une langue vous ne voyez de semblable licence, et, quand il y en auroit, les mauvais exemples ne doivent pas être suivis plus que la raison. Considérez que la langue latine même, dont, à la vérité, la plupart de la nôtre a tiré son origine, n'a pas une lettre qui ne lui serve.

Par la mort du destin, dis-je alors, voilà bien harangué pour le repos de la chose publique : je ne dis pas que vos raisons ne soient bonnes; mais où est le moyen de les faire suivre, et où est même celui d'entre le peuple qui les approuvera? Il vaudroit beaucoup mieux retrancher tant de choses mauvaises, qui sont superflues en nos mœurs et en nos coutumes, que non pas songer à retrancher des lettres qui ne font mal à personne, les pauvres innocentes. Quant aux paroles nouvelles, que vous avez dit tantôt qu'il nous falloit introduire, je vous laisse à penser si, semblant du tout extraordinaire au peuple, l'on ne se moqueroit pas de nous. Néanmoins je consens qu'aux premiers États

---

[1] Ce travail d'élimination a été accompli par les précieuses, comme le constate le *Dict.* de Somaize.

vous soyez délégué de la part des auteurs françois, dont il faut faire une chambre nouvelle pour représenter aux autres l'utilité de vos opinions, et persuader au roi qu'il les doit faire embrasser par tous ses sujets.

Après que j'eus ainsi parlé, et donné matière de rire à chacun, il y eut le plus galant d'entre eux qui conclut que tout ce que l'on avoit dit ne servoit de rien au repos de la vie; et, nous faisant sortir d'entre les livres, nous conduisit, entre les pots et les verres, au meilleur cabaret de Paris, où il nous voulut traiter de l'argent qu'il avoit. Pour dire vrai, il n'y a point de gens moins avaricieux que les poëtes : ils ont tant d'envie d'aller au royaume des cieux, où il est aussi difficile qu'un riche entre qu'un câble dans le pertuis d'une aiguille, qu'ils avalent leur bien tout d'un coup, comme une pilule, afin d'y aller facilement. Il ne faut pas s'enquérir comment il fut morfé[1], ni combien on dit de bons mots de gueule; or, parce que je jurai là encore par la mort du destin, ainsi qu'en la rue Saint-Jacques, l'on me demanda pourquoi je le faisois. C'étoit pour me moquer d'eux, qui ne composoient pas une stance où ils ne parlassent du destin ou du sort, afin d'accommoder leurs vers. Par la tête du sort, ce dis-je, vous êtes de grands ignorans, qui ne sçavez guère votre métier; ventre des Parques! ne voyez-vous pas que je jure en poëte? Vous autres, qui croyez moins en Dieu que Diagoras[2] ni que Vanini[3], vous ne jurez que par lui à tous les coups, comme si vous étiez des chrétiens fort dévots, qui voulussent toujours avoir son nom à la bouche. Notez que je leur disois ceci encore parce que la plupart étoient libertins; mais leur humeur franche, et qui vraiment étoit louable en ce point, ne s'offensa pas de ce que je leur reprochois. Sans doute ils avoient quelque chose de meilleur en eux que le vulgaire, et principalement en ce qu'ils ne me prisoient pas moins pour me voir mal accommodé. En contrepoids, ils avoient aussi des vices bien insupportables : c'étoient les plus fantasques et les plus inconstans du monde; rien n'est plus

---

[1] « C'est morfaillé cela, » dit Rabelais. — Morfer, comme morfailler, signifie manger goulûment.

[2] Philosophe grec, disciple de Démocrite, chassé d'Athènes pour s'être moqué des mystères d'Éleusis.

[3] Philosophe italien brûlé à Toulouse, en 1619 comme athée. Le révérend père Garasse ne tarit pas de quolibets à ce sujet.

frêle qu'étoit leur amitié : en moins d'un rien, elle se dissipoit comme la glace d'une nuit; rien n'est plus volage qu'étoit leur opinion : elle se changeoit à tout propos, et pour des occasions très-injustes. Leurs discours étoient le plus souvent si extravagans, qu'il sembloit qu'ils fussent insensés. Quand je leur récitois mes vers, ils les trouvoient, à leur dire, les mieux faits du monde; moi éloigné, ils en médisoient devant le premier dont ils faisoient rencontre : ils jouoient de ce même trait les uns envers les autres; de sorte que la renommée de chacun s'appetissoit : outre cela, ils s'adonnoient à écrire avec trop d'affection, et n'avoient point d'autre but. En allant même par la rue, la plupart marmottoient entre leurs dents, et tiroient quelque sonnet par la queue. Tous leurs entretiens n'étoient que sur ce sujet. Mais, encore qu'ils décrivissent les faits généreux de plusieurs grands personnages, ils ne s'enflammoient point de générosité, et il ne partoit d'eux aucune action recommandable. Avec tout cela, c'étoient les gens les plus présomptueux de la terre, comme je vous ai déjà dit. Chacun croyoit faire mieux que tous les autres, et se fâchoit lorsque l'on ne suivoit pas ses opinions. Je connus par là que le vulgaire avoit raison de les mépriser, et dis plusieurs fois en moi-même qu'ils vouloient faire profession d'un bel art dont ils étoient indignes, et envers lequel ils attiroient le mépris du peuple, en le pratiquant mal. Depuis, ils me furent si odieux, que je tâchai d'éviter leur rencontre, avec plus de diligence qu'un pilote n'essaye de s'éloigner des syrtes [1].

Il me prit envie seulement de me conserver la connoissance d'un nommé Musidore [2], qui étoit celui qui m'avoit

---

[1] Sables mouvants.
[2] Porchères l'Augier, célèbre par ses vers ridicules sur les yeux de madame de Beaufort :

« Ce ne sont pas des yeux, ce sont plutôt des dieux
Ils ont dessus les rois la puissance absolue.
Dieux, non ; ce sont des cieux, ils ont la couleur bleue
Et le mouvement prompt comme celui des cieux.
Cieux, non ; mais deux soleils clairement radieux
Dont les rayons brillants nous offusquent la vue.
Soleils, non ; mais éclairs de puissance inconnue,
Des foudres de l'amour signes présagieux.
Car, s'ils étoient des dieux, feroient-ils tant de mal?
Si des cieux, ils auroient leur mouvement égal;

accosté tout le premier chez le libraire, parce qu'encore que
l'on ne pût pas dire véritablement qu'il fût de bonne humeur
il avoit, ce me sembloit, quelque chose dans son extravagance qui rendoit sa compagnie agréable à une personne
comme moi, qui ne le voulois fréquenter que pour se moquer de lui. L'ayant une fois rencontré par la rue, il m'apprit sa demeure, et je lui promis de l'aller voir. Jamais il ne
me l'avoit voulu dire auparavant, et c'étoit sans doute à cause
qu'il ne logeoit qu'en quelque grenier à un sol par gîte, avec
les aides à maçons. Aussi avoit-il été si misérable, que son
pauvre équipage me faisoit pitié. C'étoit un indubitable axiome
que, lorsqu'il avoit une épée, il ne portoit point de jarretières,
car elles lui servoient à la pendre. Il n'y avoit qu'un mois
qu'il avoit été dans une gueuserie extrême; de sorte qu'il eût
porté les crochets afin de gagner sa vie, s'il eût eu de l'argent pour en avoir. Il me souvient qu'en ce temps-là un
homme de sa connoissance, qui se vouloit donner carrière,
lui amena la pratique des chantres du Pont Neuf, et lui dit
que, s'il faisoit des chansons pour eux, il en seroit bien payé,
et que personne n'en sçauroit rien. Musidore, voyant ce profit évident, ne le refusa pas : il reçut une pièce de six sols
d'arrhe, de la femme d'un des musiciens de la Samaritaine[1];
il veilla toute la nuit suivante pour lui faire des vers, et les
lui livra le lendemain au matin. Aussitôt, ils furent mis en
air, et l'on les alla chanter au bout du pont; mais personne
n'en acheta. Les crocheteurs n'y entendoient rien; cela n'étoit
pas de leur style, si bien que la femme les lui vint rapporter

> Deux soleils, ne se peut : le soleil est unique ;
> Éclairs, non ; car ceux-ci durent trop et trop clairs.
> Toutefois je les nomme, afin que je m'explique,
> Des yeux, des dieux, des cieux, des soleils, des éclairs.

La princesse de Conti, qui s'était engouée de ce grotesque, lui
avait fait donner une pension de douze cents écus, pour prix des
ballets et autres divertissements qu'il était chargé de composer.
Porchères s'intitulait pompeusement « intendant des plaisirs nocturnes. » — Au moment où Sorel le met en scène, il est dans l'é-
tat de détresse qu'atteste Tallemant des Réaux, comme nous le ferons voir plus loin, p. 149.

[1] C'est à Maillet, un des *poëtes crottés* de Saint-Amant, que cette
aventure est arrivée. = Voy. Tallemant des Réaux.

et lui redemanda son argent. Ayant refusé de le rendre, vous pouvez penser de combien d'injures il fut assailli. L'on dit même qu'elle lui envoya un exploit; mais, tant y a, qu'elle s'en alla se plaindre de lui partout, et dire qu'il étoit un beau poësard, que personne ne vouloit de ses chansons, et qu'elles étoient pleines de mots de grimoire et de noms de diable. Aussi avoit-elle raison, et les courtisans du cheval de bronze n'avoient garde de comprendre sa poésie; comment il parloit des filandières parques et de l'enfant cuisse-né. Il alloit disant:

. . . . . qu'Apollon
Tenant en main son violon
Sur ce beau mont où il préside,
Rejouit les bourgeois des Cieux,
Et près de l'onde Aganipide,
Fait danser la pavane aux dieux.

Tout le reste des vers est nonpareil, et je les voudrois sçavoir pour vous donner plus de passe-temps. L'on fait encore bien des contes sur sa pauvreté : l'on dit qu'il étoit contraint d'aller querir du bois lui-même pour se chauffer, et qu'ayant acheté un cotret il fut fort surpris quand il fut à la porte du marchand, parce qu'il y rencontra deux hommes de sa connoissance; mais il s'avisa de leur dire qu'il avoit trouvé des fripons qui le vouloient battre, et qu'il avoit acheté ce bois pour les charger. Ayant couvert le cotret de son manteau, il s'en alla donc par la rue, et, rencontrant deux ou trois laquais qui le heurtèrent, il leur dit : Je pense que ces marauds ont envie de casser mon luth ? Le bruit est qu'ils le battirent alors à bon escient, et que, son manteau lui étant tombé des épaules, l'on vit quel étoit le fardeau qu'il portoit, et l'on se servit encore de ce bois à le battre davantage.

Quand je le rencontrai donc, songeant à son état passé et aux affronts qu'il avoit reçus, je m'étonnai de le voir tout autrement fait qu'auparavant; je ne pouvois m'imaginer de quel secret il avoit usé pour faire changer de visage à sa fortune; mais tant y a, qu'il étoit des plus braves, et que son bonheur me donnoit beaucoup de jalousie. Je pensois qu'il eût trouvé la pierre philosophale, et que, par son moyen, je pourrois devenir riche, si je le voulois aller courtiser; tellement que je me levai un matin, auparavant le soleil, afin d'atler chez lui, et ne point manquer à l'y rencontrer. Je n'avois garde que je ne le trouvasse au lit; car il faut que vous sçachiez que la plupart de ces messieurs s'y tiennent toujours jusqu'à onze heures, et qu'ils ne sçauroient rien composer que dedans ce repos. Comme je fus donc dans sa chambre, et que je lui eus demandé pardon de ma visite, il me témoigna que je lui faisois beaucoup d'honneur, et fit ouvrir tous les volets des fenêtres, afin d'avoir du jour pour se lever. Je vis alors qu'au lieu de bonnet de nuit il avoit son caleçon autour de sa tête, et que tout le meuble de sa chambre étoit réduit à une escabelle à trois pieds et à un coffre de bois qui servoit de table, de buffet et de siége. Pour le lit, il étoit d'une étoffe si usée, que l'on n'en pouvoit pas même connoître la couleur, et il avoit été rongé de plus de rats qu'il n'y en avoit au combat que décrit Homère. Tout ceci me fit juger que la richesse de Musidore n'étoit pas si grande que j'avois pensé, et que, si peu qu'il avoit, il le mettoit tout sur soi, pour paroître au dehors.

Comme je rêvois là-dessus, il me retira de ma méditation par un cri extravagant qu'il fit en appelant son valet : Ho ! Calcaret, dit-il, çà, je me veux lever; apporte-moi mon bas de soie de la correction et de l'amplification de la Nymphe amoureuse; donne-moi mon haut-de-chausses du grand Olympe, et mon pourpoint de l'Héliotrope : je pense que mon manteau des lauriers du triomphe viendra fort bien là-dessus [1]. Ce discours m'étonna, de sorte que je n'en pouvois trou-

---

[1] « Pour les habits, ç'a toujours été le plus extravagant homme du monde, après M. des Yveteaux, et le plus vain. J'ai ouï dire à M. le Pailleur qu'étant allé chez Porchères, il y a bien trente-cinq ans, il aperçut, en entrant dans sa chambre, un valet qui mettoit plusieurs pièces à des chaussons. Il le trouva au lit; mais le poëte avoit eu le loisir de mettre sa belle chemisette et son beau bonnet : car, si personne ne le venoit voir, il n'en avoit qu'une toute rapetassée, et ne se servoit que d'un bonnet gras et d'une vieille robe de chambre toute à lambeaux dont il se couvroit la nuit. Il demande à le Pailleur la permission de se lever, et, avec sa bonne robe de chambre, il se met auprès du feu. « Mon valet de chambre, car il l'appeloit ainsi, apportez-moi, dit-il, un tel habit, mon pourpoint de fleurs. Non, mon habit de satin. Monsieur, quel temps fait-il? — Il ne fait ni beau ni laid. — Il ne faut donc pas un habit pesant; attendez. » Le valet, fait au badinage, apporte

ver l'explication; car ni les nymphes, ni le ciel, ni les plantes n'ont point de pourpoint, ni de haut-de-chausses, ni d'étoffe pour en faire. J'eus seulement quelque croyance qu'il y avoit quelque mode, quelque couleur, ou quelque étoffe qui étoient nouvelles, lesquelles s'appeloient de ces noms que Musidore avoit dits, puisque l'on dit bien des jarretières de Céladon[1] et des roses à la Parthenice[2]. Néanmoins je fus si curieux, que je lui demandai la signification de ses paroles; et alors, faisant un foible souris qui ne lui passoit pas les moustaches, il me répondit : Ah! monsieur, eh! ne sçavez-vous pas ce que je veux dire? Apprenez que notre honnête travail nous fait gagner souvent quelque petit argent, et que nous le mettons à nous vêtir, voilà pourquoi, pour reconnoître nos habillemens, nous les appelons du nom des livres que nous avons faits et de l'argent desquels nous les avons eus. Si vous allez au Palais, vous entendrez bien crier les livres que j'ai nommés, dont j'ai été payé depuis peu; ce sont maintenant les entretiens de la plus belle moitié du monde, et il n'y a si petite fille de chambre qui ne les veuille lire, pour apprendre à complimenter. Mais quoi! trouvez-vous ceci indécent, de se faire donner une récompense par les libraires pour notre labeur? Y sommes-nous pas aussi bien fondés que les avocats à se faire payer pour leurs écritures? Apprenez que, s'il y a eu autrefois de la honte à ceci, elle est maintenant toute levée, puisqu'il y a

cinq ou six paires d'habits qui avoient tous passé plus de deux fois par les mains du détacheur et du fripier, et lui dit : « Tenez, pre-« nez lequel vous voudrez. » Il fut une heure avant que de conclure. Ce pourpoint de fleurs étoit un vieux pourpoint de cuir tout gras, et ce satin étoit un satin à pièces emportées, qui avoit plus de trente ans. Jamais on ne lui vit un habit neuf, qu'il n'eût un vieux chapeau, de vieux bas ou de vieux souliers; il y avoit toujours quelque pièce de son harnois qui n'alloit pas bien. » Tallemant des Réaux ajoute : « C'est de lui que Sorel se moque dans *Francion*..... » Porchères a vécu jusqu'à cent trois ans, selon l'auteur des *Historiettes*, jusqu'à quatre-vingt-douze ans, selon Loret.

[1] Personnage de l'*Astrée*, dont le nom était devenu synonyme de vert-clair.

[2] Pour Parthenie, nom porté dans les ruelles par mademoiselle Paulet, qui avait mis les rousses à la mode.

des marquis[1] qui nous en ont frayé le chemin; et, quoi qu'ils fissent donner l'argent à leurs valets de chambre, comme pour récompense de les avoir servis, cela tournoit toujours à leur profit, et les exemptoit de payer les gages de leurs serviteurs. Quant à ce nouvel auteur que vous connoissez, lequel s'imagine avoir couché avec l'éloquence[2], et que ses ouvrages sont les enfans qui proviennent de leur accouplement, croyez-vous qu'il ait donné son livre pour néant, encore qu'il soit riche? Non, non; il l'a bien vendu, et j'en nommerois beaucoup d'autres qui en ont fait de même. Pour moi, je suis de ce nombre, et n'en crois mériter que de la louange; car, si mes ouvrages ne valoient rien, l'on ne me les achèteroit pas.

Je ne pus rien répondre à ce propos, et me mis à considérer attentivement la misère de ce pauvre écrivain, qui ne faisoit des livres que pour en gagner sa vie. Je jurai bien dès lors qu'il ne falloit point s'étonner si tous ses ouvrages ne valoient rien; car, allongeant ses livres selon l'argent qu'il désiroit avoir, il y mettoit beaucoup de choses qui n'étoient pas dignes d'être imprimées, et, outre cela, il écrivoit avec une telle hâte, qu'il faisoit une infinité de fautes de jugement.

Enfin, son petit laquais lui ayant apporté ses habits, il se leva, et, tout sur l'heure, il entra un poëte de ses amis, auquel il dit qu'il lui vouloit montrer des vers qu'il avoit faits le jour précédent. Là-dessus, il tire de sa poche un papier aussi gras que les feuillets d'un vieux Bréviaire. Mais, comme il fut à la première stance, il nous dit: Messieurs, je vous supplie de m'excuser, il faut que j'aille tout maintenant faire ce que les rois ni les empereurs ne peuvent faire par ambassade[3]. Je ne fais point de cérémonie avec vous; vous sçavez

---

[1] Trait lancé à l'adresse de Racan, qui cependant vivait moins en marquis qu'en poëte. Il répondit à Conrart qui voulait le tirer d'un méchant cabaret où il logeait: « Laissez, je suis bien ici : je dîne pour tant, et le soir on me trempe pour rien un potage. »

[2] Il s'agit encore évidemment de Balzac. L'*éloquence* de ses Lettres a soulevé une querelle dont le résumé occupe tout un chapitre de la *Bibliothèque françoise*.

[3] La scène que l'on va lire se rapporte, non à Porchères-l'Augier, mais à Racan qui entre ici dans la peau de Musidore. On la retrouve en partie dans l'*Historiette* consacrée par Tallemant des Réaux à l'auteur des *Bergeries*. (Même édition, t. II, p. 359-360.)

la liberté ec laquelle on vit maintenant à la cour. Et là-dessus, nous ayant quittés, il fut environ un quart d'heure au privé, où, ayant son esprit égaré parmi sa poésie, il nous oublioit quasi. En revenant, il nous dit : Eh bien, messieurs, achevons de voir mes vers. Et puis il nous présenta un méchant papier tout rongé par les côtés, et enduit de merde par le milieu, ce qui nous surprit tellement, que nous ne sçavions si nous en devions rire ou nous en fâcher. Alors, ayant recouvré son esprit, que ses imaginations avoient préoccupé, il reconnut que ce n'étoit qu'un torche-cul qu'il nous apportoit, au lieu de ses vers, et nous dit : Ah ! messieurs, excusez mes rêveries; vous êtes du métier, vous sçavez que nos grandes pensées nous possèdent quelquefois si fort, que nous ne sçavons ce que nous faisons : j'ai ici apporté un autre papier que celui que je désirois, je m'en vais requérir celui où mes vers sont écrits.

En disant ceci, il s'en retourna d'où il étoit venu, mais il n'y trouva pas le papier qu'il cherchoit ; car, par mégarde, il s'en étoit torché les fesses. Cependant je lâchai la bonde à mes risées, et son ami me dit : Vraiment nous n'avons rien vu de nouveau : il me souvient que Musidore fit encore, il y a quelque temps, une semblable plaisanterie ; il revint du privé avec un torche-cul à la main, et, croyant tenir son mouchoir, il en releva sa moustache : il est fort sujet à de pareils transports d'esprit, et prend souvent les choses l'une pour l'autre, si bien, qu'étant un jour à la table d'un grand seigneur, pensant cracher à terre et mettre un morceau de viande sur son assiette, il cracha sur son assiette et jeta le morceau de viande à terre.

Comme ce poëte disoit ceci, Musidore revint, et fut contraint de nous dire par cœur ce qu'il sçavoit de ses vers, à faute du papier. Après cela, nous parlâmes d'un ballet que le roi alloit danser, sur le sujet duquel il nous dit qu'il avoit aussi entrepris de faire quelque chose, encore qu'il ne fût pas payé pour cela. Je m'avisai qu'il seroit très à propos que je montrasse ce que je sçavois faire en cette occasion, afin de m'acquérir quelques habitudes à la cour, et je m'enquis, sans faire semblant de rien, du personnage que représentoit la reine, me délibérant de faire des vers pour elle.

Quelque temps après, les ayant composés, j'eus le moyen

d'aborder un homme qui avoit une partie de la charge des ballets, lequel trouva mon dessein très-bon. Je fis donc imprimer quelques stances que j'avois composées, et, le jour du ballet venu, je m'en allai au Louvre avec mes vers sous mon bras, dont il y avoit pour le moins trois cents exemplaires bien faits et bien empaquetés, tellement que j'étois fort chargé; mais l'honneur, que j'espérois de recevoir d'avoir composé ce bel ouvrage, me faisoit souffrir allégrement cette peine.

Or il faut que vous sçachiez que j'en étois si glorieux, qu'il me sembloit que j'étois une personne fort nécessaire à l'État, et que, de servir le roi en son ballet, comme je faisois, c'étoit le servir en une chose très-importante. Je l'avois donc dit à tous ceux que je connoissois et à ceux que je ne connoissois point, et principalement à un certain avocat de mon pays, qui, ayant été dépossédé d'une charge de lieutenant en l'élection d'une ville, pour quelque folie qu'il avoit faite, étoit venu s'habituer à Paris, espérant qu'un procureur de la cour, qui étoit son parent, lui donneroit de la pratique. Il eut tant d'envie de voir ce beau ballet, dont je lui avois conté tant de merveilles, qu'il se délibéra de se hasarder et de tâcher à y entrer. Il croyoit que l'on y entroit aussi facilement comme au lieu de l'escarpolette ou aux marionnettes de la foire Saint-Germain, qu'il avoit vues depuis peu pour un sol. Outre cela, il s'imagina qu'il y mèneroit bien aussi sa femme, avec sa nourrice et ses enfans, vu que la courtoisie est exercée envers les dames par la noblesse; et puis il se souvenoit que, lorsqu'il y avoit des comédiens en sa ville, il y entroit toujours pour rien, et qu'encore lui gardoit-on un siége. Il prit donc sa soutane et son long manteau des bons jours, et je ne sçais comment il ne prit pas même sa robe du palais pour se rendre plus vénérable et se faire place. Quant à sa demoiselle, elle vêtit ses habits nuptiaux, qu'elle n'avoit pas encore usés; car elle ne les mettoit que quatre fois l'année, et cette fois-ci étoit extraordinaire et superabondante. Je fus donc tout étonné que je les vis, comme j'étois là, attendant avec beaucoup d'autres à une petite porte qui par de longues galeries conduit à la salle de Bourbon. L'avocat marchoit en magnifique arroi, avec une contenance sénatoriale : sa soutane étoit d'un beau damas, qui, à ce que j'ai ouï dire, avoit été pris des rideaux d'un ancien lit, et avoit été teint de rouge en noir, et les feuillages, qui y étoient semés avec symétrie, étoient si larges, qu'il n'y en avoit que trois depuis la ceinture jusqu'au collet, deux d'un côté et un de l'autre. Son manteau étoit doublé d'une belle peluche à long poil, au moins en apparence, car quelques médisans assurent qu'il n'y avoit que la marge qui en fût doublée, et que le texte ne l'étoit pas; mais, quoi qu'il en soit, je sçais bien, à tout le moins, que ce manteau lui servoit en toute saison, et que l'été il en faisoit ôter toute la peluche, excepté celle du collet, et la faisoit remettre dès que les feuilles commençoient à tomber des arbres, ayant appris ce secret du seigneur d'Alaric[1], *Abrégé des longues études*. Pour ce qui est de mademoiselle sa femme, elle avoit une jupe de satin jaune toute grasse, et une robe à l'ange[2] si bien mise, et un collet si bien monté, que je ne la puis mieux comparer qu'à la pucelle saint George[3] qui est dans les églises, ou à ces poupées que les atournaresses[4] ont à leurs portes. Pour sa nourrice, elle portoit un beau bavolet à queue de morue, et avoit un enfant entre ses bras, cependant qu'un autre un peu plus grand marchoit à côté d'elle, la tenant par la cotte. Je crève de rire toutes les fois que je songe à leurs diverses postures. Il me semble que je les vois encore, et principalement l'avocat, qui faisoit bien l'empêché, et, à tous propos, se tournoit vers sa femme, et lui disoit: Là, ma mie, tenez-moi bien toujours par le manteau, et vous, nourrice, ne nous perdez point de vue; laissez faire, nous entrerons, gardez seulement que cet enfant ne crie.

[1] Sorel brocarde, en passant, un avocat qui s'appelait tout bourgeoisement Jean Alary. C'était un ridicule personnage, promenant partout sa longue barbe, son chapeau carré et son manteau doublé de peluche. On l'avait surnommé *le philosophe crotté*. Son *Abrégé des longues études, ou Pierre philosophale des sciences*, est dédié *aux princes, ambassadeurs, magistrats, financiers, regnicoles, étrangers*, etc.

[2] Sorte de robe aux manches fort larges et s'arrêtant au coude.

[3] Notre auteur veut sans doute parler de quelque saint George efféminé et costumé d'une façon équivoque.

[4] « Qualité qu'on donnoit aux femmes qui faisoient métier de coiffer, de parer, de louer des pierreries. » (*Dict. de Trévoux.*)

Ceci étoit dit avec une action si naïve, que tous les courtisans, qui étoient là, reconnurent la sottise du personnage, et, s'en voulant donner du plaisir, se retirèrent un peu à quartier pour le laisser approcher de la porte. Il est bien vrai que quelques-uns pensoient que ce fût l'avocat de quelque grand seigneur, et que, sans cela, il n'eût pas eu l'assurance qu'il avoit de se présenter pour entrer. Il arriva qu'alors Géropole, qui étoit encore capitaine des gardes, ouvrit la porte pour laisser entrer quelques baladins. L'avocat fit tant qu'il s'approcha de lui, et commença cette belle harangue qu'il y avoit longtemps qu'il étudioit : Monsieur, ayant appris, par la renommée aux langues altisonnantes, qu'il se faisoit à ce jour d'hui une fête plénière dedans cet aulique séjour, la curiosité, qui espoind[1] d'ordinaire tous nobles cœurs, m'a porté à venir voir ces beaux jeux du roi et des reines; il vous plaira donc de m'y introduire avec ma petite famille, qui l'inculquera en sa mémoire au grand jamais, comme un bénéfice de votre affabilité.

Il faut que vous vous imaginiez qu'il disoit ces paroles avec un visage ingénu et un même accent que s'il eût déclamé ou fait un paranimphe devant un recteur de l'Université; et vous pouvez juger quel contentement cela donnoit à Géropole, qui étoit des plus gausseurs de la cour. Comme il avoit le plus souvent de fort plaisantes reparties, il ne s'oublia pas en cette occasion-ci. Figurez-vous que vous le voyez sans chapeau, avec une calotte de satin sur sa tête, un trousseau de clefs en une main, aussi gros que celui du geôlier de la Conciergerie, et un mouchoir en l'autre, dont il essuyoit la sueur de son visage. Voilà comme il étoit; et, après avoir bien fait le fatigué, il prit son bâton, qui étoit à côté de lui, et, en reprenant haleine à chaque parole, il dit à l'avocat : Par ma foi, monsieur, vous auriez de la peine à croire combien je suis las de battre; je n'ai fait autre chose tout aujourd'hui, je ne sçais si vous avez si peu de conscience que de vouloir que je recommence tout maintenant. Il faut que je reprenne un peu mes forces, et je vous jure, sur mon Dieu, que, si vous voulez encore attendre un demi-quart d'heure, je vous battrai tout votre saoûl.

[1] Stimule.

Géropole dit cela si plaisamment, que tous ceux qui étoient là se prirent à rire; et, voyant le peu de compte qu'il faisoit de l'avocat, il vint une foule pareille aux flots de la mer quand elle est courroucée, qui le repoussa bien loin de là avec toute sa famille, si bien qu'il se plaignit inutilement de la discourtoisie que l'on faisoit paraître envers lui. Je me poussai parmi les autres, et n'eus garde de l'aller aborder, ne me voulant amuser à rien, et ayant peur que les courtisans, me voyant être de sa connoissance, ne se moquassent aussi de moi. Mais je sçus depuis qu'ayant reçu cet affront les pages et les laquais vinrent à lui et en jouèrent à la pelote; de sorte qu'étant jeté d'un côté et d'autre, il tomba dedans les boues, et l'on dit que la peluche de son manteau fut aussi crottée que le poil d'un barbet qui auroit été quinze jours à chercher son maître. Pour la maîtresse et la nourrice, elles se sauvèrent avec leurs enfans, parce qu'encore la barbarie n'étoit-elle pas si grande, que l'on voulût faire du mal aux femmes; et il n'y eut aussi personne qui eût envie de les enlever, car elles étoient si laides, qu'il n'y avoit point de presse à se charger d'une si vile marchandise. Mais, quoi que ce soit, ni le mari ni la femme n'ont jamais eu envie depuis de retourner au ballet du roi.

Comment est-ce que l'on eût laissé aller ce pauvre jurisconsulte avec sa soutane, sans lui faire toutes ces indignités, vu que tous ceux que les pages rencontroient habillés en hommes de ville, ils leur faisoient souffrir mille persécutions. Je sçais bien même un seigneur assez qualifié qui, étant vêtu de deuil, et n'étant pas reconnu pour ce qu'il étoit, fut pris pour un bourgeois et fut bien malmené auparavant que ses gens le délivrassent. Pour moi, je me fourrai subtilement parmi les autres, et fis tant que je m'approchai de Géropole, auquel ayant montré que je portois des vers pour le ballet, il me laissa entrer sans difficulté. Ainsi plusieurs autres entroient, étant de la connoissance des baladins : les uns, portant en leurs mains un masque, les autres, un bonnet à l'antique, et les autres, quelque robe de gaze; et il ne leur étoit point fâcheux de faire l'office de valet, pourvu que l'on leur ouvrît librement.

Quand je fus entré avec toute cette bande, ce ne fut pas encore la fin de mes peines; il me fallut passer tant de portes et tant traverser de chambres, que je croyois que ce ne seroit jamais fait. Je trouvois de la difficulté partout, et mon passeport m'étoit bien nécessaire. Outre cela, la presse étoit si grande, qu'elle me défendoit autant l'entrée comme les archers; enfin, je me trouvai dans cette longue galerie de Bourbon, qui jette sur la rivière, où il se fallut arrêter.

Il y avoit là force courtisans qui désiroient sçavoir ce que je portois, et, comme ils voyoient ces papiers bien pliés en long, ainsi que pourroit être du linge, il y en avoit de si ignorans, qu'ils me venoient demander: Le roi va-t-il souper? Sont-ce là des serviettes que tu portes? Je leur répondis que c'étoient des vers pour le ballet. Alors un, qui faisoit l'entendu, s'en vint dire: Ce sont des placards; et, à toutes les fois que je passois et repassois, pour chercher quelque place à me mettre, il y avoit un autre qui disoit niaisement, et pensant dire un bon mot: Ce sont des papiers; voilà des papiers. Ces paroles étoient accompagnées d'un mépris qui me fit connoître que, quelque chose de bien fait que pussent voir ces brutaux, ils prenoient tout pour des rogatons, et que les sciences leur étoient si fort en horreur, qu'ils avoient mal au cœur quand ils voyoient seulement un papier, et en tiroient le sujet de leurs moqueries. Mais, quoi que ce soit, mes papiers me servirent bien, en ce que, n'y ayant là que les quatre murailles, je m'assis dessus, et je voyois beaucoup de seigneurs debout qui enfin, ne sçachant plus quelle contenance tenir, étoient contraints de s'asseoir sur leur cul comme des singes.

Après que j'eus été là quelque temps, l'on ouvrit une porte par où l'on alloit à la salle de Bourbon; la foule étoit si grande pour y entrer, que je m'imaginois que l'on nous eût mis tous en un pressoir pour en tirer la quintessence. Toutefois nous parvînmes enfin tout entiers jusqu'à la salle du ballet, où je trouvai toutes les places prises; si bien que je ne sçavois de quel côté me tourner. Je nuisois à tout le monde, personne ne vouloit de moi: l'un me poussoit, aussi faisoit l'autre; tellement que je croyois que mon corps fût devenu ballon, puisque l'on s'en jouoit ainsi. Un archer de ma connoissance me tira de peine, et, m'ayant fait mettre sur l'échafaud des violons en attendant le ballet, me dit qu'il faudroit bien que l'on me fît place, malgré que l'on en eût, lorsqu'il seroit commencé. Quand j'y fus, je ne cherchai point d'autre siége que mes papiers, compagnons fidèles; et, comme je m'étois planté là, les violons vinrent. Ils tenoient chacun leur tablature, et, n'ayant point de pupitre, ils crurent que j'étois là pour leur en servir. L'un ôta une épingle de sa fraise, l'autre de sa manchette, et puis ils s'en vinrent tous attacher leurs papiers à mon manteau. J'en avois dessus le dos, j'en avois dessus les bras; ils en mirent même au cordon de mon chapeau, et encore cela n'eût été rien, si un plus impudent que les autres ne fût point venu pour m'en mettre aussi au devant. Je lui dis que je ne le souffrirois pas, et que cela m'incommoderoit; mais il m'adoucit, me représentant qu'en ce lieu-là il se falloit aider les uns les autres. J'avois si peur qu'on ne me chassât ou qu'on ne me battît, que je fus patient jusques à ce point que de lui dire qu'il m'attachât donc sa tablature où il voudroit. Il me la vint mettre à la bouche pour l'y pendre, et je serrai fort bien les dents et les lèvres pour retenir ce que l'on me donnoit, comme un barbet qui sert et qui rapporte tout ce que l'on lui jette. Les violons s'accordoient déjà à l'entour de moi, quand Géropole, m'apercevant, se souvint que j'étois un des poëtes du ballet, et m'appela pour aller distribuer mes vers de même que les autres. Eh! monsieur, lui dis-je, comment voulez-vous que j'aille à vous? Vous voyez comme je suis fait : je suis tout entouré de musique. En ouvrant la bouche pour dire ces paroles, le papier tomba, ce qui fit bien rire Géropole; et, pour avoir plus de plaisir, il me repartit : Ne laissez pas de venir; dépêchez-vous; la reine vous demande; elle veut voir les vers que vous avez faits pour elle. Je fus si pressé de partir, dès que j'eus ouï ceci, que, sans songer que j'avois plus d'affiches à l'entour de moi que le coin d'une rue, et sans prendre le soin de les détacher, je commençai de descendre légèrement de l'échafaud. Alors vous eussiez vu tous les violons tâcher d'atteindre à moi, l'un avec la main, l'autre avec le bout du manche de sa basse, et la plupart avec leur archet, afin de ravoir leur musique. Pour vous représenter leurs diverses postures, imaginez-vous de voir ces preneurs de lune qui sont en l'almanach de l'année passée, où les uns tâchent de l'attraper avec des échelles, qui s'allongent et s'accourcissent comme l'on veut, et les autres avec des crochets, des tenailles et des pincettes. Les disciples de Bocan[1] reprirent donc toute leur tablature moitié déchirée, et, sur l'auspice de Géropole, je m'en allai offrir mes vers à la reine, et puis j'en jetai parmi la salle. Je crois que ceux qui étoient payés pour en faire me virent d'un très-mauvais œil; mais ils ne pouvoient pas craindre que l'on leur ôtât leur pension pour me la bailler, car je n'étois pas assez bien vêtu pour faire croire qu'il y eût quelque bonne partie en moi.

Je ne m'amuserai point à vous décrire les entrées du ballet; je vous dirai seulement que je vis là une image des merveilles que j'avois pris tant plaisir à lire dedans les romans. Je vis marcher des rochers, je vis le ciel, le soleil et tous les astres paroître dans une salle, et des chariots aller par l'air; j'ouïs des musiques aussi douces que celles des Champs-Élysées; et, en effet, je croyois qu'Argande la déconnue eût ramené ses enchantemens au monde. Ce fut là aussi le seul bien qui m'advint pour avoir veillé les nuits en faisant mes vers; car de profit ni d'honneur il n'en faut point espérer par un tel moyen. Toutefois j'eus encore mes livres en la tête, et m'imaginai que, si je dédiois à quelque seigneur une certaine histoire que j'avois fait mettre depuis peu sous presse, cela serviroit à mon avancement. Entre tous ceux de la cour j'en chosis un duquel, à mon avis, je pouvois beaucoup espérer de faveur, et m'acquis la connoissance d'un gentilhomme qui le gouvernoit. J'espérai de lui toute sorte d'assistance, et lui contai en bref les services que j'étois capable de rendre à Philémon, qui étoit le seigneur que je désirois connoître. Je lui disois que je jouois du luth, et que je sçavois des chansons nonpareilles; qu'outre cela je faisois des contes les plus gais du monde, et que j'étois capable de faire rire Héraclite: aussi voyoit-il bien des preuves de tout ceci; mais cela ne fit que lui ôter l'envie de me faire voir à Philémon. Il

---

[1] Jacques Cordier, dit Bocan, musicien renommé et maître à danser de femmes. Saint-Amant l'a célébré dans une épigramme:

> Thibaut se dit estre Mercure,
> Et l'orgueilleux Colin nous jure
> Qu'il est aussi bien Apollon
> Que Boccan est bon violon.

croyoit que, si j'eusse possédé son oreille, il n'eût plus été rien auprès de lui. Des qualités comme les miennes étoient bien à la vérité à soupçonner. Tant y a, qu'au lieu de me faire parler à ce seigneur, un matin que j'attendois à sa porte l'occasion de lui offrir mon livre, il me le vint demander, me disant qu'il le feroit trouver agréable à Philémon et à quelques autres qui étoient auprès de lui, et qu'après cela il me viendroit requerir pour le saluer. Moi qui étois sans malice, et qui ignorois les tromperies de la cour, je lui baillai librement mon livre, et il le porta en la chambre de Philémon, où je ne sçais ce qu'il en fit, car je n'ai jamais parlé à personne qui y fût lors avec lui. Peu de temps après, Philémon étant sorti avec beaucoup de suite, il sortit aussi, mais tout le dernier, et me vint dire qu'il n'y avoit pas moyen que je saluasse ce seigneur pour ce jour-là; que c'étoit assez, puisqu'il avoit reçu le présent de mon livre, que je n'en eusse pas été de mieux quand je l'eusse donné moi-même, et qu'il l'eût reçu de mes mains, tournant la tête d'un côté pour parler à quelque autre, sans prendre garde seulement à moi. Le lendemain, je l'allai encore importuner de me mener chez Philémon; mais point de nouvelles. J'allai bien avec lui jusqu'à la porte; mais, comme nous y fûmes, il me dit : Que gagnerez-vous ici? vous ne ferez que vous morfondre les pieds. Ayant ouï ces mots, qui me témoignoient le peu de volonté qu'il avoit de me faire saluer Philémon, sitôt qu'il eut le dos tourné, j'escampai sans lui dire adieu.

Outre que j'avois déjà pensé qu'il craignoit que je lui nuisisse, si je connoissois Philémon, que pouvois-je penser qui l'eût empêché de me mener à lui pour lui donner mon livre, sinon qu'il avoit très-mauvaise opinion de la courtoisie et de l'esprit de ce seigneur? Il lui faisoit bien du tort; car il me donnoit sujet de croire que, s'il ne me présentoit à lui, c'étoit qu'il avoit peur que je ne connusse qu'il n'avoit pas l'esprit de dire trois mots de suite pour me remercier, et que possible ne sçavoit-il pas lire, et n'eût non plus entendu ce que je lui disois dans mon épître que si c'eût été du langage des Indes. Je ne veux pas dire pourtant qu'il fût si ignorant que cela; que sert-il d'en parler? l'on sçait bien si cela est ou non. Et puis, ma foi, c'est un grand vice que la médisance, comme dit très-bien Plutarque en ses Opuscules[1] En m'en retournant, je donnai au diable et le livre et le seigneur, et protestai de ne faire plus de telles sottises que d'aller dédier des livres à des stupides qui vous croient beaucoup obliger lorsqu'ils les reçoivent seulement, et ne vous voient que le moins qu'ils peuvent, craignant que vous ne les importuniez de quelque chose.

Je m'adressai encore à un gentilhomme de la connoissance de Philémon, à qui je me plaignis de mon infortune. Je lui dis que je ne désirois point que l'on me fit quelque présent, et que je n'étois pas si mercenaire; que je demandois seulement que l'on me fît bon visage, et que l'on s'employât à obtenir pour moi une pension du roi, et, qu'encore que je fusse jeune, j'avois des desseins si salutaires à l'État, que je méritois bien qu'on me reconnût. Comment, me répondit-il, sçavez-vous si peu les affaires du monde que vous espériez une pension? J'ai dépensé plus de trois cent mille livres au service du roi, et je n'ai pas un sol de lui. Je ne me pus tenir de rire de ce discours; car jamais celui-ci n'avoit rendu aucun service à Sa Majesté, et je ne feignis point de lui repartir ainsi : Monsieur, je ne doute pas que vous n'ayez pour le moins dépensé trois cent mille livres depuis que vous êtes à la cour; mais que ce soit en servant le roi, c'est ce que je ne crois pas. Chacun sçait bien les dépenses superflues que vous avez faites. Voudriez-vous que le roi payât les habits sompteux dont vous changez tous les huit jours, et la dépense que vos garses vous ont faites? les débauches sont-elles comptées au nombre des services que l'on rend à la couronne? Vous avez eu aussi bonne grâce à me dire ceci qu'avoit un certain Suisse à se plaindre des ministres de l'État, lequel, étant venu à Paris se mettre d'une compagnie de ceux de sa nation, il fut tenté par la bonne nature, et s'en alla voir les dames, où il n'eut guère été qu'il y gagna la vérole, dont il s'alla faire panser chez un des plus renommés barbiers de Paris. Il lui demanda beaucoup d'argent pour l'avoir guéri; tellement que, pour avoir cette somme, il en fit faire une ordonnance, et l'alla porter à un secrétaire d'État pour la signer. Je vous laisse à penser s'il se moqua de lui et s'il ne le renvoya pas

---

[1] *Œuvres morales* (édition de 1785) t. IV, p. 92 et 281.

avec injure; mais il persista en sa demande, et dit que c'étoit la raison que le roi payât son barbier, puisqu'il avoit gagné la vérole à son service. Il vouloit que l'on l'en récompensât, aussi bien que des plaies qu'il eût reçues en un combat; et, croyant que l'on lui fît une injustice, il ne voulut plus servir le roi. Vous êtes, à ce que je vois, de son humeur, et n'avez pas moins de sujet de vous mécontenter.

Je disois cela avec une façon si libre et si gaie, que celui à qui je parlois ne s'en put offenser ouvertement, et fut forcé de tourner tout en raillerie. Il ne laissa pas d'avoir son fait; et, pour moi, je protestai dès lors de ne plus rien celer à ces barbares. Voyant tous mes espoirs perdus, et me représentant la honte que ce m'étoit de voir qu'il y eût dedans mon livre une épître avantageuse pour Philémon, duquel j'avois eu si peu d'accueil, et à qui je n'avois jamais parlé, j'allai chez le libraire pour faire changer toutes les premières feuilles. Mon courage est trop grand pour souffrir aucun affront, et, fût-ce un prince qui descendît de l'étoile poussinière [1], je m'en ressentirois. Néanmoins, y ayant un peu songé, je permis que l'on vendît le livre comme il étoit, me représentant que le peuple, sçachant le peu d'accueil que l'on m'avoit fait, en seroit davantage irrité contre Philémon, et croiroit que toutes les louanges que je lui avois données n'étoient que des moqueries.

Depuis cela, je me délibérai de n'écrire plus que pour moi, sans aller gagner du rhume à attendre les seigneurs à leurs portes; et, la fortune me voulant gratifier environ ce temps-là, ma mère m'envoya beaucoup d'argent, dont je me fis habiller d'une façon qui paroissoit infiniment. C'étoit l'été; je fis faire un habit de taffetas colombin [2], avec la petite soie bleue. Je me mis à une pension plus basse que celle où j'avois toujours été; et l'argent que j'épargnois en cela fut depuis employé à doubler mon manteau d'un autre taffetas bleu. Car voyez les belles coutumes que la sottise a introduites, et que le peuple s'ébat à suivre : l'homme qui n'a qu'un manteau de taffetas simple est moins estimé que celui qui en a un de deux taffetas, et l'on fait encore moins d'état de vous, si vous en portez un

[1] Constellation appelée les Pléiades.
[2] Gorge de pigeon.

de sarge [1] doublé seulement de quelque étoffe de soie. Entre les femmes, il y a bien d'autres nivetteries [2]! j'entends entre les bourgeoises : celles qui ont les cheveux tirés, ou la chaîne sur la robe, sont estimées davantage que les autres, qui ne sont pas ainsi parées.

Quand je pense à la vanité des hommes, je ne me sçaurois trop émerveiller comment leur esprit, qui sans doute est capable de grandes choses, ne fait que s'amuser aux plus abjectes considérations de la terre. Mille coquins, qui passoient par la rue, se retournoient pour me regarder, et moi, qui ai ce bienfait des cieux de pouvoir lire dans les pensées, je connoissois bien que quelques-uns se donnoient de la présomption, parce que leur habit valoit par aventure plus que le mien, et que quelques autres moins braves étoient au contraire envieux de ce que je portois.

Alors il ne s'écouloit point de jour que je ne passasse cinq ou six fois par devant la porte de ma Diane, afin de lui jeter des œillades qui lui fissent connoître l'extrême affection que j'avois pour elle. Mais cela ne servoit de rien; car, étant pourvue d'une infinité d'appas, il y en avoit bien d'autres que moi qui la regardoient, et je crois qu'elle ne se pouvoit pas figurer que je fusse plus amoureux d'elle que les autres. Je me résolus de lui écrire une lettre, pour lui découvrir ma passion. Je la fis donc, mais en termes si honnêtes, que l'humeur la plus austère du monde n'eût pas pu s'en offenser. Vous sçavez de quelle sorte on procède en ces matières-là; voilà pourquoi je ne vous dirai rien de ce poulet : qu'il vous suffise que je fis aussi plusieurs vers, pour lui faire donner avec. Il me souvient qu'il y avoit un sonnet sur son jeune sein, que j'avois vu croître petit à petit depuis que j'étois devenu amoureux d'elle; puisque je l'ai encore en mon souvenir, il faut que je vous le dise, non pas pour montrer que je fais bien des vers; car, si je vous le voulois témoigner, je vous réciterois une meilleure pièce : c'est seulement pour ne point passer sous silence cette petite particularité. Le voici :

> Je vois s'augmenter chaque jour,
> En leur petite enflure ronde,

[1] Serge.
[2] Fadaises.

> Ces jeunes tetons que le monde
> A pris pour le trône d'amour.
>
> Mon désir, aimant leur séjour
> Plus que le ciel, la terre et l'onde,
> Accroît sa flamme vagabonde
> A mesure que croît leur tour.
>
> Dieux! faites qu'il en soit le maître,
> Si, comme eux, vous le voyez être
> En parfaite maturité;
>
> Et permettez-moi qu'à mon aise,
> Sans blâme de témérité,
> Un jour je les touche et les baise.

Cela étoit un peu trop folâtre, me dira-t-on, pour envoyer à une jeune fille de bon lieu; mais je sçavois bien qu'elle n'étoit pas pour s'en offenser, et puis les autres pièces n'étoient pas si licencieuses. J'usai d'un artifice bien gentil pour lui faire tenir le tout. Sçachant que son père étoit allé aux champs, et qu'elle étoit toute seule au logis avec une servante (car sa mère étoit morte), j'envoyai le laquais d'un mien ami, avec le petit paquet de papiers à la main, lui demander si son père n'étoit point à la maison. Ayant répondu que non, il lui présenta ce qu'il portoit, et la pria de le lui donner dès qu'il seroit de retour, et lui dit que c'étoit pour une affaire de son maître, dont il avoit connoissance, car son père étoit avocat. Le papier baillé, il esquiva vitement, et Diane n'en soupçonna rien; car c'est la coutume des laquais de courir. D'autant qu'elle sçavoit que son père ne reviendroit pas sitôt, elle eut la curiosité d'ouvrir ce papier, qui étoit trop bien plié pour être de pratique; et, par ce moyen, ce que j'avois espéré fut accompli. Ainsi que j'ai sçu depuis, ayant vu que tout s'adressoit à elle, elle pensa que cela venoit de la part du maître du laquais, qui venoit quelquefois l'entretenir.

Sitôt qu'elle le vit, elle lui dit par une gentille ruse : Monsieur, vous avez un laquais qui n'exécute guère bien les messages que vous lui donnez; je m'assure que vous lui aviez baillé tout ensemble deux papiers, l'un pour porter à votre maîtresse, et l'autre pour apporter à mon père. Celui qu'il falloit présenter à cette dame, il l'a apporté céans, et j'ai peur qu'il ne lui ait été offrir en contre-échange celui dont vous désirez que mon père eût la communication. Ce jeune homme, ne sçachant pas ce qu'elle vouloit dire, crut qu'elle avoit envie de lui donner quelque cassade[1], et nia surtout d'avoir mis des lettres entre les mains de son laquais pour faire tenir à une maîtresse. Diane lui ayant montré là-dessus ce qu'elle avoit reçu, et lui ayant conté la façon avec laquelle son laquais le lui avoit baillé, il jugea que cela venoit de la part de quelqu'un qui étoit secrètement amoureux d'elle ; et, voyant qu'elle croyoit fermement que tout venoit de lui, parce qu'elle lui plaisoit assez pour souhaiter sa bienveillance, il s'informa premièrement d'elle si la lettre et les vers lui étoient agréables ; puis, ayant connu qu'elle n'y trouvoit rien qui ne lui causât quelque espèce de contentement, il lui dit qu'il ne lui pouvoit plus celer que c'étoit lui qui les lui avoit envoyés, d'autant qu'il falloit qu'elle le sçût nécessairement, pour connoître quel étoit le désir qu'il avoit de la servir. Même il eut bien l'esprit assez bon pour lui assurer qu'afin qu'elle ne fît point de refus de recevoir ce présent, il avoit trouvé l'invention de lui faire dire par son laquais que les papiers étoient de conséquence et concernoient une affaire que son père manioit pour lui. Mais, bien qu'elle crût cela, elle ne laissa pas de persister toujours à lui dire, comme auparavant, que son laquais s'étoit trompé, et qu'il avoit charge sans doute de porter le paquet à une autre fille qu'elle. Depuis, il sçut de ce valet la commission que je lui avois donnée, et continua néanmoins à persuader de telle sorte à Diane qu'il avoit composé les vers pour son sujet, qu'elle fut forcée d'avouer qu'elle ajoutoit de la croyance à son dire ; et, parce que les beaux esprits lui plaisoient beaucoup, s'imaginant que celui-là en avoit un très-beau, elle commença de le chérir par-dessus tous ses amans.

J'avois fait encore un bon nombre de vers pour elle, et, rencontrant dans la rue sa servante, comme on ne voyoit goutte, je lui dis : Ma mie, donnez cette chanson à mademoiselle Diane, je la lui promis l'autre jour : recommandez-moi bien à ses bonnes grâces. La servante ne fit point de difficulté de prendre le papier ni de le porter à Diane, qui ne pouvoit quasi croire qu'il vînt de la part d'où elle pensoit que

[1] Bourde imaginée pour se défaire d'un fâcheux.

fussent venus les premiers, parce que l'auteur, qui avoit parlé à elle le jour précédent, le lui eût bien pu bailler lui-même sans se servir de finesse.

Pour lui faire connoître que les vers venoient de moi, le lendemain, comme elle étoit sur la porte après souper, je chantai un peu haut, en passant, une des stances que je lui avois envoyées; elle, qui avoit bonne mémoire, se souvint où elle l'avoit vue, et jeta incontinent les yeux sur moi.

Ce ne fut pas assez; je lui écrivis encore une lettre, que je lui fis tenir finement; je la fis entrer dedans un coffre qui étoit au banc qu'elle avoit à Saint-Séverin, et, le lendemain, qui étoit dimanche, comme elle l'ouvroit pour y prendre une bougie et un certain livre de dévotion qu'elle y enfermoit, elle s'y trouva. Cette lettre contenoit des assurances extrêmes d'affection, et que, si elle avoit envie de connoître qui c'étoit qui lui écrivoit, elle n'avoit qu'à prendre garde à celui qui dorénavant se mettroit à l'église à l'opposite d'elle et auroit un habit de vert-naissant. J'en avois fait faire un de cette couleur tout exprès; et, parce que, dès le matin à la messe, elle avoit trouvé mon poulet, elle eut le moyen de le lire auparavant que de venir à vêpres; voilà pourquoi, quand elle y fut, elle me put bien reconnoître pour son amant, car je m'étois mis proche de son banc dès le commencement du sermon, tant j'avois peur de manquer à mon entreprise, à faute d'y trouver place : je remuois les yeux languissamment et par compas, comme un ingénieur feroit tourner ses machines, et ma petite meurtrière avoit tant d'assurance, quoiqu'elle eût blessé mon âme, qu'elle me regardoit fixement, et, par aventure, avec moins de honte que je ne la regardois. A cause que son siége étoit bas et qu'il y avoit des hommes au devant d'elle, durant presque tout le service, elle se tint debout, afin que je la visse mieux. Je ne sçais si je dois appeler cela cruauté ou bien douceur; car, d'un côté, elle m'obligeoit, vu que je ne chérissois rien tant que sa vue; mais, d'un autre, aussi elle me faisoit un grand tort, puisque chacun de ses regards m'étoit un trait vivement décoché. Quand je me fus retiré chez moi, j'en ressentis bien des blessures.

A quelques jours de là, je la rencontrai dans une rue fort large; elle alloit d'un côté et moi de l'autre, et tous deux fort proche des maisons. Néanmoins, comme attirés par un secret aimant, petit à petit, nous nous avançâmes si bien, que, quand elle passa par devant moi, il n'y avoit plus que le ruisseau entre nous; et, qui plus est, nos têtes se touchoient presque, tant elles s'inclinoient par le languissement de notre âme, car cette belle avoit déjà quelque affection pour moi. Toutefois je n'osois pas l'accoster, si quelqu'un ne me faisoit acquérir sa connoissance. La fortune me favorisa en ceci très-avantageusement; car un cousin de cette belle Diane, que j'avois fréquenté au collége, vint demeurer chez elle en ce temps-là. Je l'abordai un jour, par manière d'entretien; lui ayant récité mes vers, il me dit que sa cousine lui en avoit montré par excellence de tout pareils. Connoissant la bienveillance que ce jeune homme-ci avoit pour moi, je me délibérai de ne lui rien cacher, et, lui ayant appris mon amour, je le priai de faire connoître à Diane le vrai auteur des pièces qu'elle avoit entre ses mains. Il n'y faillit pas; et, par un excès de bonne volonté, lui dit de moi tout le bien que l'on peut dire du plus brave personnage de la terre, n'oubliant pas à lui conter comme j'étois issu d'une race des plus nobles. Celui qui s'étoit attribué mes ouvrages, étant reconnu pour un lourdaud, perdit son crédit entièrement, et Diane ne demandoit pas mieux sinon que je l'abordasse; mais elle avoit un père revêche, qui ne souffroit guère patiemment de la voir parler à des personnes qui ne fussent point de son ancienne connoissance, la trouvant d'une humeur fort aisée à suborner. Notre entrevue ne pouvoit donc être moyennée sitôt.

En attendant, je la courtisois des yeux, et ne manquois pas à me trouver à l'église toutes les fois qu'elle y étoit. Un jour, j'y allai à un salut avec un gentilhomme de mes amis; comme elle n'étoit pas encore venue, je n'avois fait que me promener toute l'après-dînée, et, me voulant reposer, je m'avisai de m'asseoir sur une planche qui étoit attachée au devant de son banc : sur mon Dieu je parlois d'elle, et d'une sœur qu'elle avoit, qui étoit déjà mariée, lorsque je les vis arriver toutes deux. Afin que celui qui étoit avec moi ne connût point mon amour, je tâchai de cacher mon émotion, lui tenant quelque discours. Je parlois un peu haut à la courtisane, en riant quelquefois, et lui tout de même, sans songer que j'importunois possible ma maîtresse et sa sœur. Nous nous levâmes pour quelque temps, continuant toujours notre entretien; mais aussitôt elles sortirent de leur banc et se vinrent mettre à notre place. Moi, qui suis soupçonneux au possible en ces affaires-là, je crus qu'infailliblement elles faisoient cela pour me faire déloger et me contraindre d'aller m'asseoir plus loin, afin de n'être plus importunées de mes discours. Incontinent je m'éloignai, pour montrer que je les révérois tant que j'étois bien marri de leur déplaire. Néanmoins je vous confesse que j'étois infiniment en courroux: car le mépris qui me sembloit que Diane avoit fait paroître envers moi, en me déplaçant, m'étoit infiniment sensible; et même, en l'excès de ma passion, je vins jusqu'à dire qu'elle n'avoit que faire d'être si glorieuse, que j'étois pour le moins autant qu'elle, et que ce lui étoit un bonheur de me posséder, moi qui devois jeter les yeux sur des filles de plus grande maison qu'elle.

Toute la nuit je ne fis que rêvasser là-dessus, et n'eus point de repos jusques à tant que j'eusse parlé au cousin de Diane, à qui je me plaignis de l'injure qui m'avoit été faite, ayant presque les larmes aux yeux. A l'heure il se prit à rire si fort, qu'il redoubla mon ennui, me faisant croire qu'il se moquoit de moi. Mais voici comme il m'apaisa : Mon cher ami, dit-il en m'embrassant, vous avez tort d'être si soupçonneux que de vous imaginer que Diane vous ait méprisé, commettant une incivilité éloignée de son naturel; vous ririez trop si vous sçaviez la cause de votre aventure : je me souviens qu'hier au soir, étant de retour du salut, Diane se plaignit à la servante de ce qu'il y avoit eu quelque gueux qui avoit fait de l'ordure dedans son banc. Ce fut cela qui l'en fit sortir; mais la poudre de Cypre dont vous étiez couvert vous empêcha de sentir une si mauvaise odeur.

Cette nouvelle me contenta tout à fait, et j'eus pourtant la curiosité d'aller en l'église, voir si l'on ne me donnoit point une baste[1] : je trouvai encore l'ordure dans le banc, que l'on n'avoit pas nettoyé, et la vue de cette infection me plut davantage que n'eût fait celle des plus belles fleurs, à cause que, par ce moyen, j'étois délivré d'une extrême peine. Lorsque Diane sçut mon soupçon, je pense qu'elle ne put se gar-

[1] De l'italien *bastare*, plaisanter.

der de rire; mais néanmoins tout se tournoit à mon avantage, d'autant que par là elle pouvoit apercevoir le souci que j'avois de me conserver ses bonnes grâces.

L'on dit ordinairement que le prix des choses n'est accru que par la difficulté, et que l'on méprise ce qui se peut acquérir facilement; je reconnus cette vérité alors mieux qu'en pas une occasion. Quand j'avois trouvé des obstacles à gagner la familiarité de Diane, je l'avois ardemment aimée. A cette heure-là, parce que son cousin me promettoit de me mener en son logis lorsque son père n'y seroit pas, et de me faire non-seulement parler à elle, mais encore de la persuader de telle façon que j'en obtiendrois beaucoup de bienveillance, je sentois que ma passion s'affoiblissoit petit à petit. Le principal sujet étoit que je considérois qu'il ne falloit pas m'attendre de remporter de cette fille-là quelques signalées faveurs, si je ne l'épousois : or j'avois le courage trop haut pour m'abaisser tant que de prendre à femme la fille d'un simple avocat; et, sçachant même que tout homme de bon jugement m'avoueroit que celui-là est très-heureux, qui peut éviter de si fâcheuses chaînes que celles du mariage, je les avois entièrement en horreur. Néanmoins je ne voulus pas qu'il fût dit que j'eusse aimé une fille sans avoir jamais parlé à elle; et, allant visiter le cousin de Diane, j'eus le moyen d'aborder cette belle fille. Elle me donna tant de preuves de son gentil esprit, que je repris mes premières passions, et ne cherchai depuis que les occasions de la voir à sa porte, à l'église et à la promenade. Elle me faisoit fort bon visage, sçachant de quelle maison j'étois; et, toutes les fois que j'allois chez elle, elle quittoit toute autre occupation pour mon entretien. Mais il avint que, vers la fin de l'été, ses faveurs finirent tout à coup, et, quand j'allois chez elle la demander, elle faisoit toujours dire qu'elle n'y étoit pas. Quelque chose qu'elle pût faire, je la vis pourtant, et de discours en discours, lui ayant ouï parler à l'avantage d'un certain homme que je connoissois, appelé Mélibée [1], je me doutai bien qu'elle avoit quelque inclination pour lui. C'étoit un joueur de luth qui avoit pension du roi, et qui, mettant dessus soi tout ce qu'il pouvoit gagner, étoit tou-

---

[1] Ce Mélibée n'est autre que l'abbé Bois-Robert, qui fut un des collaborateurs de Richelieu, et remplit près de lui la charge de fou.

jours des plus braves; il étoit toujours à cheval, et moi je n'étois qu'à pied, ce qui avoit gagné le cœur de la volage Diane. J'appris d'un de mes amis, qui le connoissoit, la familiarité qu'il avoit avec elle. J'en eus beaucoup de regret, pour son bien particulier, car Mélibée ne la pouvoit rechercher à bonne intention; et, si j'eusse eu une parente qu'il eût recherchée de la sorte, je ne l'eusse pas souffert. L'on sçait bien que des gens, libertins comme lui, ne courtisent point les filles pour les épouser; et c'est une chose certaine que les bouffons, les poëtes et les musiciens, que je range sous une même catégorie, ne s'avancent guère à la cour, si ce n'est par leurs maquerellages. Il étoit à craindre que Mélibée ne tâchât de gagner Diane pour la prostituer à quelque jeune seigneur qui lui servît d'appui, et il y avoit beaucoup d'apparence que cela fût. Je m'étonnai de l'erreur de Diane, de me mépriser pour un tel homme, qui n'avoit rien de recommandable, sinon qu'il jouoit du luth, encore n'étoit-il pas des premiers du métier; et moi, qui n'en faisois pas profession, j'en jouois aussi bien que lui. Ce qui l'avoit avancé, c'étoit son impudence; et, depuis peu, il avoit fait une chose qui, à la vérité, l'avoit enrichi, mais elle avoit été trouvée déshonnête de tout le monde.

Il s'en alla un jour effrontément dire au Roi : Sire, je reconnois bien que je ne suis pas capable de vous servir; mais j'ai un désir extrême de l'être, et j'espère d'y parvenir si vous m'y voulez assister. Il plaira donc à Votre Majesté me faire donner de l'argent pour avoir des instrumens de musique, afin que je puisse concerter souvent. Il n'y aura après pas un seigneur qui, à votre exemple, ne m'en donne aussi. Le roi, par une bonté de naturel, lui accorda ce qu'il lui demandoit; et aussitôt il s'en alla caimander chez tous les seigneurs. A l'un, il demandoit une viole; à l'autre, un luth; à celui-là, une guitare; à celui-ci, une harpe; et à quelques-uns, des épinettes. Lorsqu'il y en eut deux ou trois qui lui eurent donné, tous les autres furent contraints de lui donner aussi; car il y eût eu pour eux une espèce de honte, s'ils se fussent montrés moins libéraux que les autres. Il n'y eut pas jusqu'à leurs valets, qui ne donnassent des poches [1] et des mandores [2], comme

---

[1] Violons de *poche*.
[2] Petits luths.

si, pour paroître honnête homme, il eût fallu garnir le cabinet de Mélibée. Il n'eût pas eu assez de lieu pour mettre tous les instrumens que l'on lui bailloit, s'il n'eût loué un magasin. Pour moi, s'il m'en eût demandé, j'eusse bien été assez prodigue pour lui donner une trompe de laquais. Il envoyoit son faiseur de luths chez un seigneur qui lui avoit promis de lui en payer un. Le seigneur le payoit plus qu'il ne valoit, ce qui alloit au profit de Mélibée; et, après cela, le marchand le portoit encore à un autre : si bien qu'il s'est remarqué tel luth qu'ils firent acheter à dix seigneurs différens[1]. Ne voilà-t-il pas une merveilleuse invention, que jamais aucun esprit n'avoit trouvée; et Mélibée n'est-il pas le premier qui a voulu entreprendre de gueuser avec honneur? Mais ne s'obligeoit-il pas aussi jusques envers le moindre de ceux qui lui avoient fait des présens; et, s'ils lui eussent commandé de leur donner la musique, ne falloit-il pas qu'il leur obéît? Toutefois il poursuivit son dessein, et amassa tant de divers instrumens, que, lorsqu'il les voudroit revendre, comme je crois qu'il a maintenant fait, il en pourroit avoir une petite métairie en Beauce.

Ces choses-ci étoient capables de le rendre odieux à Diane; mais elle étoit charmée par de vaines apparences. Vous sçavez que la plupart des filles aiment ceux qui parlent beaucoup, sans prendre garde s'ils parlent à propos : Mélibée parloit tout des plus, et avoit acquis dans la cour une certaine liberté que je n'avois pas encore. Je faisois l'amour avec tant de modestie, que je n'osois pas même prendre la main de Diane pour la baiser; mais, à ce que j'appris d'un qui l'avoit vu avec elle, il n'étoit pas si respectueux. Outre cela, quand

---

[1] « Pour subsister à la cour, dit Tallemant des Réaux, Bois-Robert s'avisa d'une subtile invention : il demanda à tous les grands seigneurs de quoi faire une bibliothèque. Il menoit avec lui un libraire, qui recevoit ce qu'on donnoit, et il le lui vendoit moyennant tant de paraguante. Il a confessé, depuis, qu'il avoit escroqué cinq ou six mille francs comme cela. On n'a osé mettre le conte ouvertement dans *Francion*; mais on l'a mis comme si c'eût été un musicien qui eût demandé pour faire un cabinet de toutes sortes d'instruments de musique. — Bois-Robert disoit qu'ayant demandé les *Pères* à M. de Candale, il lui répondit : « Je vous donne le mien de bon cœur. »

il étoit devant elle, il faisoit le passionné, et rouloit les yeux en la tête comme ces petites figures d'horloges que l'on fait aller par ressort. Il lui parloit toujours phébus dans son transport, et lui disoit : Que je baise ces belles mains, ma belle ! Mais, las ! quel prodigieux effet, elles sont de neige et pourtant elles me brûlent. Si je baise ces belles roses de vos joues, ne serai-je point piqué, vu que les roses ne sont point sans épines ? Il en enfiloit bien d'autres, qu'il sçavoit par routine, et son humeur étoit de témoigner toujours des passions extravagantes. Quand il étoit même devant des princesses, il faisoit semblant d'être touché d'admiration, et leur disoit : Ah ! madame, je perds la vue pour avoir trop vu de belles choses, et je m'en vais encore faire la perte de ma parole, qui ne vous peut plus entretenir parmi mon ravissement. Il eût bien dit plus vrai, s'il se fût plaint de la perte de son esprit; aussi prenoit-on tout ce qu'il disoit de la part d'où il venoit, et l'on lui souffroit des choses dont l'on se fût offensé si elles eussent été dites par un autre.

Je pense qu'il n'y avoit personne que Diane qui en fît de l'estime; encore n'étoit-ce pas peu pour lui, à la vérité, puisqu'il en étoit amoureux. Les sottises de courtisan qu'elle lui voyoit faire lui étoient plus agréables que ma modestie, et elle lui donnoit tous les moyens qu'elle pouvoit de parler à ‑‑e. Elle se tenoit à la porte aux heures qu'il devoit passer, et bien souvent elle ne lui refusoit point l'entrée de sa maison. Il me prit fantaisie de l'aller voir, pour sçavoir comment j'étois avec elle; mais elle me fit dire qu'elle ne pouvoit voir personne ce jour-là. Je m'avisai d'emprunter le laquais d'un de mes amis, car je n'en avois point; et, quand j'en eusse eu, il n'eût pas été propre à faire ce que je désirois. Je l'envoyai à Diane, comme de la part de Mélibée, sçavoir s'il ne lui feroit point d'incommodité de l'aller voir. Elle lui répondit que non; mais elle eut beau attendre. Comme il fut venu me rapporter ceci, je connus pour chose avérée que Mélibée la possédoit tout à fait, et qu'il falloit qu'il eût aussi gagné son cousin. Je vous proteste que j'eus pourtant des mouvemens de dédain plutôt que de jalousie. Il me sembloit que Diane, me quittant pour Mélibée, étoit assez punie de son aveuglement, et je ne me voulus point fâcher d'une chose dont elle se devoit fâcher elle-même. Je me consolai, en ce que de la rechercher, toujours ce n'étoit que m'amuser en vain. Elle vouloit avoir un courtisan, il lui falloit laisser le sien. Je pense que, si elle l'eût épousé, comme elle s'imaginoit, elle eût eu le loisir de s'en repentir. Pour moi, je vous assure bien que j'eusse fait chanter son épithalame par les musiciens du Pont-Neuf, quand j'eusse dû en faire les vers.

En attendant, pour me donner carrière, je pris une nuit cinq ou six de mes amis, et nous allâmes donner une sérénade à Mélibée avec des cliquettes [1], des tambours de Biscaye, et des trompes de laquais. Pour moi, je chantai en récit des vers grotesques, où je disois que nos instrumens valoient bien les siens, et qu'ils lui eussent beaucoup servi à captiver les bonnes grâces de sa maîtresse. Je dis beaucoup d'autres choses à sa honte, lesquelles je crois qu'il entendoit bien; mais il n'osa paroitre.

Outre cela, je lui eusse fait bailler cent coups de bâton tout devant sa maîtresse, s'il eût valu la peine; il n'y avoit rien de si aisé. Mais je pensai que possible ne tarderoit-il guère à être méprisé de Diane, et qu'elle le changeroit pour quelque autre, comme elle m'avoit changé pour lui. Outre les imperfections de l'esprit, il en avoit encore au corps. J'avois ouï dire autrefois à Diane : Mon Dieu, que Mélibée est mignon ! il sent toujours si bon ! Il étoit vrai; et l'on pouvoit dire qu'il sentoit bon, parce qu'il sentoit mauvais. Il avoit une odeur capable de donner la peste aux lieux les plus tempérés; et, sans les coussinets de parfums qu'il mettoit sous les aisselles, les lieux où il étoit eussent été si fort empuantis, qu'une heure après son départ on l'eût encore senti. Je n'avois qu'à attendre que les grandes chaleurs fussent revenues, et que sa forte sueur vainquît le parfum. Il ne se pouvoit qu'il n'oubliât quelquefois à manger des muscadins [2], lorsqu'il baiseroit Diane, pour corriger la puanteur de ses dents; et les meilleurs propos qu'il pouvoit tenir devoient toujours être très-mauvais en sa bouche, puisqu'il avoit l'haleine si mauvaise. Sans considérer tout cela, je pense qu'il fallut

---

[1] Sorte d'instrument fait de deux os ou de deux morceaux de bois qu'on bat, entre ses doigts, l'un contre l'autre, pour en tirer quelques sons mesurés.

[2] Petites tablettes musquées.

que Diane l'oubliât; car son père la maria peu après à un avocat assez riche et assez honnête homme, aux mains duquel j'aimai mieux la voir qu'en celles de Mélibée.

Alors, étant assez consciencieux pour ne vouloir point troubler un ménage, il se trouva que je n'avois plus qu'une affection fort tiède pour elle, et, si j'ose trancher le mot, que je n'en avois plus du tout. L'amour conserva pourtant l'empire qu'il s'étoit acquis dessus moi, et me fit adorer une autre beauté dont la recherche étoit de beaucoup plus épineuse, encore que je l'adorasse facilement.

Après celle-là, j'en ai aimé beaucoup d'autres dont je ne vous parlerai point; ce serait trop vous ennuyer. Qu'il vous suffise que la plupart ont reconnu mon affection par une réciproque; mais il n'y en a guère eu qui m'aient donné des témoignages d'une passion véhémente, en m'accordant les plus chères faveurs. Il ne luit pas au ciel tant d'étoiles que de beaux yeux m'ont éclairé. Mon âme s'enflammoit au premier objet qui m'apparoissoit; et, de cinquante beautés que j'avois le plus souvent dedans ma fantaisie, je ne pouvois pas discerner laquelle m'agréoit le plus : je les poursuivois toutes ensemble; et, lorsque je perdois l'espoir de jouir de quelqu'une, je recevois quelquefois un déplaisir aussi grand que si cet amour eût été unique. Par aventure, vous conterai-je tantôt quelqu'une de mes affections, comme il écherra.

LIVRE SIXIÈME

Depuis que je m'étois vu bien vêtu, continua Francion, j'avois acquis une infinité de connoissances de jeunes hommes de toutes sortes de qualité, comme de nobles, de fils de justiciers, de fils de financiers et de marchands : tous les jours nous étions ensemble à la débauche, où je faisois tant que j'emboursois plutôt que de dépenser. Je proposai à cinq ou six des plus galans de faire une compagnie la plus grande que nous pourrions, et de personnes toutes braves et ennemies de la sottise et de l'ignorance, pour converser ensemble et faire une infinité de gentillesses.

Mon avis leur plut tant, qu'ils mirent la main à l'œuvre et ramassèrent chacun bonne quantité de drôles qui en amenèrent encore d'autres de leur connoissance particulière. Nous fîmes des lois qui se devoient garder inviolablement, comme de porter tous de l'honneur à un que l'on éliroit pour chef de toute la bande, de quinze jours en quinze jours; de s'entre-secourir aux querelles, aux amours et aux autres affaires; de mépriser les âmes viles de tant de faquins qui sont dans Paris, et qui croient être quelque chose, à cause de leurs ridicules offices. Tous ceux qui voulurent garder ces ordonnances-là, et quelques autres de pareille étoffe, furent reçus au nombre des braves et généreux (nous nous appelions ainsi), et n'importoit pas d'être fils de marchand ni de financier, pourvu que l'on blâmât le trafic et les finances. Nous ne regardions point à la race, nous ne regardions qu'au mérite. Chacun fit un banquet à son tour : pour moi, je m'exemptai d'en faire un, parce que j'avois été l'inventeur de la confrérie, et, ayant été le chef le premier, j'eus après la charge de recevoir les amendes auxquelles on condamnoit ceux qui tomboient en quelque faute que l'on leur avoit défendu de commettre; l'argent se devoit employer à faire des collations : mais Dieu sçait quel bon gardien j'en étois et si je ne m'en servois pas en mes nécessités.

Mes compagnons étoient si pécunieux et si riches, qu'ils vidoient librement leurs bourses et ne demandoient point compte de ma recette. J'étois le plus brave de tous les braves; il n'appartenoit qu'à moi de dire un bon mot contre les vilains, dont je suis le fléau envoyé du ciel.

Le fils d'un marchand, ignorant et présomptueux au possible, arriva un jour en une compagnie où j'étois; il étoit superbement vêtu d'une étoffe qui n'avoit point sa pareille en France : je pense qu'il l'avoit fait faire exprès en Italie; à cause de cela, il croyoit qu'il n'y avoit personne qui se dût égaler à lui. Je remarquois qu'en marchant il envioit le haut bout, et que, quand on le saluoit fort honnêtement, il n'ôtoit non plus son chapeau que s'il eût eu la teigne : comme j'ai toujours haï de telles humeurs, je ne pus souffrir celle-là, et dis hautement à ceux qui étoient auprès de moi, en montrant au doigt mon sot : Mes braves, voici la principale boutique du sire Huistache (j'appelois ainsi son père par l'ancien titre), Dieu me sauve, s'il n'y a mis sa plus belle étoffe à l'étalage. Véritablement il y gagnera bien; car on n'a pas besoin d'aller à sa maison pour voir sa plus riche marchandise : cette boutique-ci est errante, son fils la va montrer partout. Parlez-vous de moi ? me vint-il dire avec un visage renfrogné. Messieurs, ce dis-je en riant à mes compagnons, ne vous offensez-vous point de ce qu'il dit? Il croit vraiment qu'il y a encore quelqu'un entre vous qui lui ressemble et qui mérite que l'on lui dise ce que je lui ai dit. Se sentant offensé tout à fait, il me repartit, après avoir juré par la mort et par le sang, qu'il ne portoit pas l'épée comme moi, et que ce n'étoit pas son métier, mais que si... Il en demeura là, n'osant pas passer plus outre.

Quant à moi, tournant sa fâcherie en risée, je recommençai à le brocarder : Certes, lui dis-je, c'est une bonne finesse de s'efforcer de couvrir d'autant mieux une chose qu'elle est plus infecte et plus puante; néanmoins la mauvaise odeur parvient jusques à nous. Puisque vous vous efforcez de paroître en habillement, c'est bien un témoignage que vous n'avez rien autre chose de quoi vous rendre estimable; mais, ma foi, vous avez tort, car vous avez voulu aller tantôt au-dessus d'un galant homme : toutefois sçachez que, si votre corps va au-dessus du sien, son esprit ne laisse pas d'aller au-dessus du vôtre.

Un de mes compagnons me vint dire alors que je le quittasse là. Aussi veux-je, repartis-je; j'ai bien peu de raison de disputer contre un habit, car je ne vois rien ici autre chose contre qui je puisse avoir querelle : l'épée vaut beaucoup moins que le fourreau, et, pour dire la vérité, il a raison, ce beau manteau, d'avoir voulu être placé en un lieu plus éminent que cet autre-ci, qui ne le vaut pas. L'on lui pardonne, mais à la charge qu'il n'entrera jamais en contestation qu'avec des manteaux comme lui.

Mon vilain, craignant qu'après avoir affligé son badaud d'esprit de railleries, je ne vinsse à persécuter son corps à bons coups de bâton, enfila la venelle[1] plus vite qu'un criminel qui a des sergens pour ses laquais.

Comme les belles choses s'entresuivent, le lendemain, étant à la porte d'un conseiller avec ses filles et fort bonne compagnie, un enfant de ville bien pimpant vint à passer; il avoit le pourpoint de satin blanc et le bas de soie fiammette[2] : bref, il étoit accommodé en gentilhomme, excepté qu'il n'avoit point d'épée; il en avoit bien une, mais il la faisoit porter derrière lui par son laquais. Voici la coutume des enfans de Paris, ce dis-je; ils veulent tous trancher des nobles et quitter la vacation de leurs pères, laquelle est pourtant la cause principale de leurs richesses; mais certes encore celui-ci n'est-il pas trop désireux de paroître gentilhomme : il aime si peu les armes qu'il ne les veut avoir que derrière soi, et, outre cela, je connois qu'il veut montrer que son laquais est plus noble que lui, car il lui fait porter son épée.

Il n'y eut pas un brave qui n'admirât un si bon trait donné si à propos, lorsque l'on l'eut publié, et, parce qu'il y avoit en nos lois que nos belles paroles et nos remarquables actions devoient être récompensées, chacun ordonna que je prendrois la valeur d'un chapeau de castor sur les deniers de ma recette, pour le prix que je méritois, à cause de bien d'autres galanteries que j'avois mises en exécution.

Nous n'attaquions pas seulement le vice à coups de langue; le plus souvent nous mettions nos épées en usage, et chargions sans merci ceux qui nous avoient offensés. Malaisément nous eût-on pu rendre le change, car nous allions ordinairement six à six, et quelquefois tous ensemble, quand nous sortions de la ville pour aller au cours[3] jusqu'au bois de Vincennes : je n'avois point de cheval à moi; quelque riche et brave enfant de trésorier m'en prêtoit toujours un, quand il étoit question de faire de telles cavalcades.

La nuit, nous allions donner la musique aux dames, et fort souvent nous faisions des ballets que nous dansions aux meilleures maisons de la ville, où nous combattions toujours pour

---

[1] S'enfuit.
[2] Couleur de flamme.
[3] Ce cours était situé près de la porte Saint-Antoine.

notre nouvelle vertu, à qui jamais l'on n'en avoit vu de semblable. Les bourgeois blâmoient nos galanteries; les hommes de courage les approuvoient; chacun en parloit diversement et selon sa passion. Au Louvre, au Palais et aux festins, nos exploits étoient les entretiens ordinaires. Ceux qui vouloient jouer quelque bon tour se rangeoient en notre compagnie ou réclamoient notre assistance. Les plus grands seigneurs mêmes étoient bien aises d'avoir notre amitié, quand ils désiroient punir de leur propre mouvement quelqu'un qui es avoit offensés, et nous prioient de châtier son vice comme falloit. Néanmoins, avec le temps, notre compagnie perdit un peu de sa vogue : la plupart étoient forcés de s'en retirer, songeant à se pourvoir de quelque office pour gagner leur vie et épouser quelque femme; étant sur ce point-là, ils ne pouvoient plus se mêler avec nous.

Il y en avoit bien quelques nouveaux qui parfaisoient le nombre; mais ce n'étoient pas des gens qui me plussent. Leur esprit ne soupiroit qu'après une sotte friponnerie et une brutale débauche : pourtant je tâchois de supporter leur humeur, quand je me trouvois avec eux; mais je ne les hantois que le moins qu'il m'étoit possible, et me tenois fort souvent chez moi, feignant d'être mal disposé, pour éviter leur fréquentation. En ce temps-là, j'étudiai à tout reste [1], mais d'une façon nouvelle, néanmoins la plus belle de toutes : je ne faisois autre chose que philosopher et que méditer sur l'état des hommes, sur ce qu'il leur faudroit faire pour vivre en repos, et encore sur un autre point bien plus délicat, touchant lequel j'ai déjà tracé le commencement d'un certain discours que je vous communiquerai. Je vous laisse à juger si cela n'étoit pas cause que j'avois davantage en horreur le commerce des hommes; car dès lors je trouvai le moyen de les faire vivre comme de petits dieux, s'ils vouloient suivre mon conseil.

Toutefois, puisqu'il faut essayer d'étouffer le désir des choses qui ne se peuvent faire, je ne songeai plus qu'à procurer le contentement de moi seul. Me délibérant de suivre en apparence le trac [2] des autres, je fis provision d'une science trom-

---

[1] Le dict. de Trévoux écrit à *toute* reste, — ajoutant : « Il est féminin dans ce seul exemple, *totis viribus, toto impetu.* »
[2] Pour : les traces.

peuse, pour m'acquérir la bienveillance d'un chacun. Je m'étudiai à faire dire à ma bouche le contraire de ce que pensoit mon cœur, et à donner les complimens et les louanges à foison aux endroits où je voyois qu'il seroit nécessaire d'en user, gardant toujours néanmoins ma liberté de médire de ceux qui le méritoient. J'avois bien intention de rencontrer quelque grand seigneur qui me baillât appointement, pour rendre ma fortune mieux assurée, mais je n'avois guère envie de m'asservir sous des personnes qui ne fussent pas dignes de commander, car j'avois reconnu le mauvais naturel des courtisans.

Un de mes amis me mena un jour chez une demoiselle appelée Luce, me disant que c'étoit la femme du meilleur discours qui se pût voir, et que je ne manquerois point à trouver en sa compagnie des plus beaux esprits du monde, parmi lesquels j'aurois de l'honneur à faire éclater mon sçavoir : elle avoit aussi appris de lui qui j'étois, et que je la viendrois visiter; de sorte qu'elle me fit un bon accueil, et me donna place près d'elle : il y avoit encore, pour l'entretenir, beaucoup d'hommes bien vêtus, qui, à mon avis, n'étoient pas des moindres de la cour. Je prêtai l'oreille pour ouïr les bons discours que je m'imaginois qu'ils feroient. De tous côtés je n'entendis rien que des vanteries, des fadaises et des contes faits mal à propos, avec un langage le plus galimatias et une prononciation la plus mauvaise que l'on se puisse figurer. C'est une étrange chose, mademoiselle, disoit l'un en retroussant sa moustache, que le bon hasard et moi sommes toujours en guerre : jamais il ne veut loger en ma compagnie; quand j'aurois tout l'argent que tiennent les trésoriers de l'Épargne, je le perdrois au jeu en un jour. C'est signe que les astres, disoit un autre, vous décocheront une influence qui suppliera l'amour de métamorphoser votre malheur au jeu en un bonheur qu'il vous donnera en femme. Je ne sçais quel édit fera le ciel là-dessus, reprit le premier, mais je vous appelle en duel comme mon ennemi, si vous n'ouvrez la porte de votre âme à cette croyance que, pour être des favoris du destin en mon mariage, il me faut avoir une épouse semblable à mademoiselle. Que vous êtes moqueur! lui dit Luce en lui serrant la main et en souriant. Je vous veux donner des marques plus visibles que le soleil,

15.

reprit-il, comme je vous chéris d'une amour toute léale : mon cœur flottera toujours dans la mer de deux cent millions de pensées, à l'appétit glouton de l'ouest et sud-ouest de mes désirs, jusques à tant que je vous aie fait paroître (belle beauté) que je vous adore avec une dévotion si fervente que... Il en demeura là-dessus, s'égarant en ses conceptions. Or il disoit toutes ces paroles à l'oreille de Luce, pour montrer qu'elles étoient fort secrètes; mais, par une sottise admirable, il ne laissoit pas de les prononcer un peu haut, afin que chacun les ouït, croyant qu'elles fussent extrêmement bien arrangées.

Tôt après, changeant de discours, il vint à dire : Mon âme étoit dernièrement si grosse d'envie d'avoir une terre qui me plaisoit, que j'en donnai trois cent mille livres, encore qu'elle n'en vaille au plus que deux cent cinquante; désormais je désire que l'on m'appelle du nom de cette belle possession. Mon Dieu, ce dis-je en moi-même, qu'est ceci? Un homme, qui se croit des plus braves du monde, veut porter le nom d'une terre au lieu que la terre devroit porter le sien : quelle laquinerie ! Que ne s'acquiert-il plutôt un beau titre par sa générosité ! Me tournant alors vers un autre endroit, j'en vis deux qui parloient ensemble, et n'eus plus d'attention que pour leurs discours : Quel jugement faites-vous de mon habit? disoit l'un, n'est-il pas de la plus belle étoffe pour qui jamais l'on ait payé la douane à Lyon? Mon tailleur n'entend-il pas bien les modes ? c'est un homme d'esprit, je l'avancerai si je puis : il y a tel bourgeois qui a un office aux finances qui ne le vaut pas; mais que me direz-vous de mon chapeau? cette forme vous plaît-elle ? Hélas ! monsieur, répondit l'autre, je trouve tout ce que vous avez extrêmement parfait; tant plus je vous contemple, tant plus je suis ravi d'admiration : je ne crois pas que les anges soient mieux vêtus dans le ciel que vous l'êtes sur la terre, quand ils auroient six aunes chacun de l'étoffe du ciel pour se faire un habit dont la broderie seroit faite avec des étoiles. Seigneur Dieu, vous êtes un Adon ! combien de Vénus soupirent pour vous ! que les charmes de votre rotonde[1] sont puissans ! que cette dentelle si bien retroussée a d'appas pour meurtrir un cœur ! toutefois en voilà un côté qui a été froissé par votre cha-

---

[1] Collet empesé, monté sur du carton.

peau, dont les bords sont un peu trop grands; faites-en rogner, je suis votre conseiller d'État en cette affaire, je vous le dis en ami, ce n'est pas pour vous dépriser. Je sçais bien que vous avez assez d'autres rares vertus; car vous avez des bottes les mieux faites du monde, et surtout vos cheveux sont si bien frisés, que je pense que les âmes qui y sont prises s'égarent dedans comme en un labyrinthe. Le plus cher de tous mes amis! lui dit l'autre en le baisant à la joue, vous me donnez des louanges que vous méritez mieux que moi; l'on sçait que vos braves qualités vous font chérir de la majesté réale : qui plus est, l'on a connoissance que vous êtes la seule pierre calamite[1] de tous ces courages de fer qui vivent à la cour. J'entends parler des dames qui, nonobstant leur dureté, sont navrées des flèches de vos yeux, et n'ont point de feux dont votre beauté n'ait été l'allumette. L'autre répondit là-dessus, avec une vanterie étrange, que certes il y avoit quelques dames qui l'affectionnoient; et, pour le témoigner, il montra un poulet, que possible il avoit écrit lui-même, disant qu'il venoit d'une amante.

Cet entretien-là ne me plaisant pas, je retournai à celui des autres, qui n'étoit pas de beaucoup meilleur : ils jugeoient des affaires d'État comme un aveugle des couleurs, et, celui qui avoit parlé de sa terre, faisant extrêmement le capable, disoit que, depuis que le roi l'avoit démis d'une certaine charge qu'il avoit, il n'y avoit rien eu que du désordre dans la France, et que c'étoit lui qui avoit été cause qu'elle s'étoit longtemps maintenue en paix. Là-dessus l'on vint à parler de guerre, et chacun conta les exploits imaginaires qu'il y avoit mis à fin. Parfois il y en avoit qui disoient que l'on appelât leurs pages, d'autres leurs gentilshommes suivans, pour montrer seulement qu'ils en avoient, et, s'ils leur donnoient quelque message à faire, c'étoit pour paroître grandement affairés.

J'étois si las de voir leurs simagrées, et d'entendre leurs niaiseries, que j'eusse donné tout ce que l'on eût voulu pour être dehors. Enfin, tout le monde s'étant levé pour saluer un seigneur nommé Clérante, qui arrivoit, je trouvai moyen de m'échapper parmi la confusion, après avoir fait une petite révérence à la compagnie, qui, je pense, n'en vit rien.

[1] Pierre d'aimant.

Ayant rencontré, au sortir, celui qui m'avoit fait aller là dedans, je lui dis que véritablement tous ceux que j'y avois vus avoient beaucoup d'éloquence, mais que c'étoit à la mode du siècle, où parler beaucoup, c'est parler bien; que rien n'étoit si sot ni si vain que leurs esprits; que, si la cour n'avoit point de plus habiles personnages, j'étois content de ne la point voir, et que je m'étois toujours abstenu de parler, non point pour mieux entendre les autres et y apprendre davantage de leur sçavoir, mais afin de ne leur point donner occasion de me tenir quelques-uns de leurs discours, qui m'eussent été encore plus ennuyeux s'ils se fussent adressés particulièrement à moi. Je lui contai comme j'avois remarqué la sottise étrange qu'ils faisoient paroître, usant à tous coups de sept ou huit mots affectés entre eux, et qu'ils croyoient s'être montrés bien habiles hommes, quand ils disoient : Très-indubitablement, ils allarent, ils parlarent, vous avez bien de la propreté, vous êtes fort admirable, vous vous piquez de jouer du luth et de faire l'amour, vous avez tout plein d'habitudes chez les ministres des affaires de l'État, vous êtes en bonne posture chez M. le surintendant, vous êtes dans le grand commerce du monde, vous êtes un homme d'intrigues[1], et quelques autres inventés de nouveau. La réponse que j'eus de cet ami fut qu'il connoissoit bien, par le train qui étoit à la porte, quelles personnes étoient dedans la maison de Luce, et que c'étoient des seigneurs et des gentilshommes estimés pour les meilleurs esprits de la France. Je lui répliquai là-dessus qu'au royaume des aveugles les borgnes sont les rois.

Cependant Clérante, à ce que j'ai sçu depuis, me connoissant, parce que je lui avois été autrefois montré par quelqu'un, s'informa de Luce si elle avoit eu bien du plaisir en mon entretien; car, disoit-il, j'ai ouï dire que ce jeune gentilhomme fait extrêmement bien des vers, a les pensées les plus belles, le langage le plus poli et les pointes les plus vives du monde. Je l'ai ouï dire aussi, lui repartit Luce, mais il ne m'en est rien apparu; je pense que c'est plutôt sa statue envoyée ici par art magique que lui-même, car je n'ai rien vu auprès de moi qu'une souche sans parole, qui ne répondoit que par

---

[1] Sorel ne pensait guère que plusieurs de ces locutions viendraient jusqu'à nous.

quelque signe de la tête aux demandes que je lui faisois quelquefois, et qui a fait sa sortie sans aucun compliment. Vous verrez, dit Clérante, qu'il y a quelque mécontentement en lui; je le veux gouverner; qui est-ce qui me donnera sa connoissance? Luce lui répondit que ce seroit le gentilhomme qui m'avoit introduit chez elle. Clérante lui en parla quelques jours après, et, suivant sa prière, je l'allai voir, en intention de lui faire paroître ce que j'étois. Je l'abordai avec des complimens sortables à sa qualité, et l'entretins plus de deux heures sur divers sujets, sans qu'il se lassât de m'entendre. A la fin, je lui montrai de mes vers, qui, à son dire, lui plurent davantage que tous ceux qu'il avoit vus à la cour. Après cela, il me parla de Luce, me dit qu'elle se plaignoit extrêmement de ce que, l'ayant été visiter, je n'avois daigné ouvrir la bouche pour repaître ses oreilles des douceurs de mes discours. Le bon naturel de ce seigneur me convia à ne lui rien celer, et à lui dire que, quand j'eusse eu les rares qualités qu'il m'attribuoit, je n'eusse pas pu me résoudre à parler, d'autant qu'il y avoit des gens avec Luce à qui les bons et solides discours étoient comme le soleil aux aveugles. Il confirma mon dire, et m'avoua que ce n'étoient que des badins, mais qu'il me feroit discourir avec Luce, sans être interrompu par de telles gens, et que je trouverai bien en elle un autre génie. Comme de fait, m'y ayant mené peu de temps après, je reconnus que la louange qu'il lui donnoit étoit juste; aussi vit-elle tout de même qu'il ne falloit guère que je ne fusse ce qu'on lui avoit dit.

Quelques jours après, il tomba entre les mains de Clérante une certaine satire qui médisoit librement de presque tous les seigneurs de la cour; il y étoit aussi compris : mais tout ce que l'on avoit sçu dire, c'est qu'étant marié à une belle femme il ne laissoit pas de chercher la fortune ailleurs. Je m'amusai à philosopher sur cette pièce en sa présence, et fis dessus un admirable jugement.

Je m'en vais gager ma vie, ce dis-je, que c'est Alcidamor qui a fait faire ceci. Pourquoi croyez-vous que ce soit ce seigneur plutôt qu'un autre? repartit Clérante. Je m'en vais vous l'apprendre, lui dis-je; vous ne me nierez pas qu'il est le plus vicieux de la cour, car même je vous l'entendis avouer hier. Or ceux qui ne sont point en cette satire-ci se sont exemptés d'y être par leur vertu signalée; mais, pour lui, je ne sçais à quel sujet le poëte ne l'a pas mis sur les rangs, si ce n'est à cause qu'il n'a composé ceci qu'à sa persuasion. Ma conjecture sembla infiniment bonne, et Clérante eut opinion que je disois la vérité. Là-dessus, il tire encore d'autres vers de sa pochette, qu'il avoit trouvés à ses pieds dedans le Louvre, et ne les avoit pas lus tout du long. Tandis qu'il parloit à un sien ami, je les lus tout à fait, et vis qu'ils n'en vouloient qu'à lui : l'on lui reprochoit là dedans qu'il étoit stupide, ignorant et ennemi mortel des hommes de lettres. Monsieur, lui dis-je, je vous supplie de me permettre que je brûle ce papier-ci. Non ferai, répondit-il, jusques à tant que j'aie vu entièrement ce qu'il contient. Ce sont les plus grandes faussetés du monde, lui répliquai-je. Il n'importe donc pas que je les voie, reprit Clérante. Elles vous irriteront, lui dis-je. Nullement, me répondit-il; si l'on m'accuse de quelque chose que j'aie véritablement commise, j'en tirerai du profit et tâcherai de me rendre désormais si vertueux, que je ferai enrager l'envie de n'avoir plus d'occasion de tourner ses armes contre moi; et, si au contraire l'on me blâme sans cause, je ne me soucierai non plus de la médisance qu'un généreux lion se soucieroit de l'aboi des petits chiens qui courroient après lui : l'on ose bien crier à l'encontre de moi, mais personne n'ose me mordre. Cela dit, j'allai à part avec lui, et, connoissant la grandeur de son courage, ne feignis point de lui montrer le pasquil [1]. L'ayant lu, il me dit en riant : Eh ! ces gens-là sont bien menteurs de dire que je n'affectionne point les hommes de lettres; ils ne sçavent pas la doctrine que vous avez, ou bien ils ignorent combien je fais état de vous. Je le remerciai de la courtoisie qu'il témoignoit envers moi, et lui demandai si jamais aucun poëte ne l'avoit prié de quelque chose qu'il ne lui eût point accordée : il songea quelque temps et me dit qu'il n'y avoit pas trois mois qu'un certain homme lui avoit présenté des vers à sa louange, pour lesquels il lui avoit promis de lui faire bailler cinquante écus, mais qu'il croyoit que ses gens avoient restreint sa libéralité. Pour le sûr, c'est donc celui-là qui a fait ces vers-ci en indignation, lui dis-je alors : je me doute bien qui est le personnage, et,

---

[1] Pour: *Pasquin*, satire courte et plaisante.

qui plus est, je sçais qu'il s'est mis maintenant au service d'Alcidamor; c'est lui aussi, sans doute, qui a composé l'autre pièce. Cela peut bien être, dit Clérante : quand il venoit ici, il ne me chantoit autre ramage, sinon qu'il me rendroit immortel, si je le favorisois de quelque honnête récompense. Ah ! Dieu, le pauvre vendeur d'immortalité, m'écriai-je, sa marchandise n'est pas de bon aloi; les vers qu'il a faits, il n'y a pas six ans, sont déjà au tombeau ! Si est-ce qu'il se vantoit qu'il n'y avoit que lui qui eût des griffes assez aiguës pour monter sur la croupe du Parnasse, me dit Clérante. Monsieur, lui repartis-je, quand nous mangeons quelque croûte de pain, il nous est avis que nous faisons un bien grand bruit; mais il n'y a personne que nous qui l'entende. Ainsi en est-il de ce pauvre rimailleur; ses œuvres ne paroissent bruyantes qu'à ses oreilles : examinons sa pièce sans prendre garde au sujet dont elle traite, nous l'avons déjà condamné en cela.

Après ces paroles, je montrai à Clérante toutes les fautes de la satire, et lui promis que j'y répondrois, afin d'effacer les mauvaises impressions que les courtisans pourroient avoir de lui : d'un autre côté, il s'efforça de rendre menteurs tous ceux qui l'accuseroient désormais d'ignorance, et se donna deux heures le jour, pour être seul avec moi dans son cabinet, et y apprendre à discourir en compagnie, sur toute sorte de sujets, bien d'une autre façon que ne font la plupart de ceux de la cour, qui tiennent des propos sans ordre, sans jugement et sans politesse. A n'en point mentir, il avoit auparavant un peu haï les lettres, et même avoit blâmé quelques personnes qui s'y adonnoient, ne croyant pas que ce dût être l'occupation d'un homme noble. Mais je lui avois ôté cette imagination-là, en lui remontrant doucement que ceux qui veulent commander aux autres doivent avoir plus d'esprit, non pas plus de force, ainsi qu'entre les bêtes brutes. Au reste, pour se venger un peu du poëte, qui avoit médit de lui, il lui fit épousseter le dos à coups de bâton.

Sa bonne volonté s'augmentant de jour en jour envers moi, il fut curieux de s'enquérir des commodités que j'avois : je me fis encore plus pauvre que je n'étois en effet, afin de l'induire à m'assister, et je me vis incontinent prié de demeurer avec lui. Il m'offrit un appointement honnête, que j'acceptai, pourvu que j'eusse toujours ma franchise, et qu'encore que je lui rendisse des services, que malaisément pouvoit-il espérer d'un autre, je n'eusse point la qualité de serviteur. Il me promit qu'il ne me tiendroit jamais que comme son ami : je me mis donc en sa maison, où je reçus des preuves infinies de sa libéralité, et m'assouvis entièrement des braveries. J'étois ordinairement monté sur un cheval de cent pistoles, en piquant lequel je faisois presque trembler la terre, et toujours j'étois suivi de trois ou quatre laquais. Ma mère fut comblée de contentement, recevant les nouvelles de ma bonne fortune, que je lui mandai par mes lettres. Je pris vengeance de ceux qui m'avoient morgué autrefois, en les morguant tout de même. De mes anciens camarades il n'y en avoit plus que deux ou trois de qui je fisse état; pour les autres, que j'avois fait semblant de chérir, à cause du profit que j'en tirois (ce qui est une invention dont l'on se peut quelquefois servir sans devoir craindre un juste blâme), je ne traitois plus avec eux si familièrement, pour leur montrer qu'ils n'étoient rien au prix de moi, et qu'ils se rendoient désagréables par leurs imperfections. La bande des généreux se dissipa alors tout à fait, n'ayant plus personne qui eût assez d'esprit et assez de courage pour la maintenir en un état florissant. De petites coquettes, qui m'avoient autrefois méprisé, eussent bien voulu alors être en mes bonnes grâces; mais je leur faisois la nique.

Mon coutumier exercice étoit de châtier les sottises, de rabaisser les vanités et de me moquer de l'ignorance des hommes. Les gens de justice, de finance et de trafic passoient journellement par mes mains, et vous ne vous sçauriez imaginer combien je prenois de plaisir à bailler des coups de bâton sur le satin noir. Ceux qui se disoient nobles, et qui ne l'étoient pas, ne se trouvoient pas non plus exempts de ressentir les justes effets de ma colère. Je leur apprenois que, d'être noble, ce n'est pas sçavoir bien piquer un cheval, ni manier une épée, ni se pannader[1] avec de riches accoutremens, et que c'est avoir une âme qui résiste à tous les assauts que lui peut livrer la fortune, et qui ne mêle rien de bas parmi ses actions. Il sembloit que, comme Hercule, je ne fusse né que pour chasser les monstres de la terre : toute-

---

[1] Synonyme de pavaner.

fois, pour dire la vérité, il n'y avoit pas moyen que j'opérasse du tout en cela, car il faudroit détruire tous les hommes, qui n'ont plus rien maintenant d'humain que la figure. Je ressemblois aussi à cet autre Hercule gaulois [1] qui attiroit les personnes par les oreilles avec des chaînes qui sortoient de sa bouche; je le puis dire sans vanité, et que ceux qui m'oyoient discourir, avec la modestie que je gardois quelquefois, étoient attirés à me vouloir du bien.

Que, si Clérante faisoit quelque chose dont je croyois qu'il méritât d'être repris, ma censure étoit si douce, qu'elle ne l'offensoit aucunement; joint qu'elle ne se faisoit qu'en secret. L'on dit que Diogène, étant mis en vente avec des autres esclaves, fit crier s'il y avoit quelqu'un qui voulût acheter un maître, et que de fait celui qui l'acheta [2] souffrit d'être maîtrisé par lui, recevant les enseignemens de philosophie qu'il lui donna : ainsi j'étois au service d'un maître qui me nourrissoit et me bailloit bon appointement, et je prenois de l'autorité sur lui, et lui commandois qu'il s'abstînt de beaucoup de choses; je m'y comportois aussi d'une façon qui ne lui étoit point désagréable, et tout autre que moi n'y eût pas réussi de la sorte.

Comme j'étois un matin dedans la cour, il vint un homme, vêtu assez modestement, demander à parler à lui. Les gens qui sçavoient que je possédois du tout Clérante envoyèrent celui-ci par devers moi, pour voir s'il auroit alors un libre accès auprès de lui. Ce personnage [3], de trente-cinq ans ou environ, ayant de très-bonnes raisons, et en gestes très-grave, fut pris de moi pour honnête homme : je le menai jusqu'à l'allée de la chambre de Clérante, et lui dis qu'il entrât hardiment, puis m'en retournai où j'avois affaire. Il fait à Clérante une très-humble révérence, et lui dit : Monseigneur, l'extrême désir que j'ai de vous rendre du service, joint à celui de me voir délivré des persécutions de quelques-uns de mes parens, me fait venir ici pour vous supplier de me mettre sous l'aile de votre protection, en me rangeant au nombre de

---

[1] Hercule-Ogmion. Voy. *Lucian. In Hercule Gallico.*

[2] Ce maître était un riche Corinthien du nom de Xéniades.

[3] Ne s'agiroit-il pas de Dulot, ce fou qui passe pour l'inventeur des bouts-rimés et qui avait de si étranges lubies?

vos sujets. Je ne vous demande ni gages ni récompense, pourvu que j'aie ma vie, c'est assez, et, si je me promets bien de vous rendre de bons offices que vous ne devez pas espérer de plusieurs. Je suis licencié ès lois et avocat en un siége royal, monseigneur, et ai autant de bonnes lettres qu'il m'en faut pour toute sorte d'occasions. Au reste, j'ai du courage, et, s'il est besoin de manier une épée, je m'en acquitterai aussi bien que pas un gentilhomme de votre suite. Je n'ai pas le loisir de parler à vous à cette heure-ci, répondit Clérante; je vous remercie de la bonne volonté que vous avez de me servir; si ma maison n'étoit point faite et remplie de tous les officiers qu'il lui faut, je vous emploierois au mieux qu'il se pourroit faire. Alors cet homme, avec des yeux égarés, lui repartit ainsi : Si vous connoissiez ma vertu, tant s'en faut que vous fissiez difficulté de me prendre, qu'au contraire vous me viendriez prier vous-même de me mettre en votre maison; je vois bien que vous ne méritez pas d'être servi d'un tel homme que moi. Ces outrageuses paroles irritant Clérante, il commanda à ceux qui étoient autour de lui de le chasser : ils le prirent par le bras pour le mettre dehors; mais jamais ils n'en purent venir à bout, tellement que Clérante dit que l'on le laissât là, s'il s'y trouvoit bien. Étant en liberté, il s'assit sur une chaire, et, après avoir quelque temps gardé le silence, avec des gestes extravagans, il prit ainsi la parole : Je veux parler à toi, seigneur magnissime, et te dire trois mots aussi longs que le chemin d'Orléans à Paris : tu sçais bien que le cœlivage [1] feu qui rote en haut environne la tête de l'antiperistase [2] de ta renommée, et que le serpent Python, qui couvroit toute la terre de telle sorte qu'il n'y avoit plus de place pour faire le domicile des hommes, a été tué par Apollon porte-traits. O le grand coup ! les corbeaux d'allégresse en ont dansé la bourrée au son d'une hallebarde de bois, et les trois hallebrans [3], qui étoient les conducteurs, ont joué d'une cimbale de cimetière, cependant, pour plaire en partie aux lièvres de delà les monts.

---

[1] Adjectif forgé par Sorel (*cœlivagus*).

[2] Que vient faire ici ce grand mot, qui sert à déterminer l'action de deux qualités contraires, dont l'une, par son opposition, excite et fortifie l'autre?

[3] Jeunes canards sauvages.

Quant à toi, mon illustre, les anthropophages te font un grand tort, et jamais le feu élémentaire n'étanchera ta soif, encore que ton médecin, au nez rouge comme une écrevisse, t'ordonne d'écorcher une anguille par la queue et de lutter contre le vent avec la partie postérieure d'un sabot percé, qui s'en va droit en Allemagne protester à tous les protestans que les andouilles volent comme une tortue, et que l'année passée l'on vendra l'eau de Seine plus chèrement que le sang de bœuf. Ayant enfilé cette belle harangue, il se prit à rire tant qu'il put, et vous pouvez croire que ceux qui l'écoutoient ne s'oublièrent pas à en faire de même. L'homme de chambre de Clérante rioit plus fort que pas un, et avec un si grand éclat, que l'avocat l'ouït, et, lui ayant baillé deux ou trois coups de poing, lui dit : Ne veux-tu pas te taire, ignorant ? penses-tu que je sois venu ici pour te faire rire ? Que chacun se taise, dit Clérante, en mettant la paix partout, je vois bien qu'il a quelque grande chose à me raconter. Je vous veux narrer une petite fable, reprit-il alors, elle vient de l'antérieure boutique de mon cerveau privativement ; ce cacochyme d'Ésope n'y a rien mis du sien. L'aigle, plus amoureux de proie que d'honneur, quitta un jour le foudre que le boiteux Vulcan a forgé tortu comme lui pour le tout-puissant Jupin. C'étoit un grand sot de faire cette folie-là, car chacun l'honoroit auparavant comme le porteur des armes dont le grand dieu punit les forfaits ; il fut plus aisé d'être libre, et d'aller à la picorée sur les habitans de l'air : cependant Jupin, le méprisant, mit deux colombes au pareil état qu'il avoit été. C'est pour vous dire, messieurs, que la cour reconnoîtra, s'il lui plaît, que l'intimé a bon droit, étant fondé sur une hypothèque. Ce fut Saturne même qui fit l'exploit de ma partie au temps qu'il étoit sergent. Il vint un grand tonnerre qui troubla toutes choses. Le soleil chut dedans la mer, avec cinquante étoiles qui lui servoient de pages. Il fut tant bu, qu'en moins d'un rien l'on les vit à sec dessus le sable, et ce fut de ce lieu-là que depuis on reçut leur lumière ; en après, je jetai mon bonnet par-dessus les moulins, et je ne sçais ce que tout devint.

Ensuite de cela, il dit encore mille choses sans raison, où l'on reconnoissoit combien il avoit le cerveau troublé. Clérante, ayant bien entendu que c'étoit moi qui l'avois introduit en sa chambre, s'imagina que je l'avois fait pour lui apporter du contentement; mais, m'ayant fait appeler, il connut que je n'avois encore rien sçu de la folie du personnage. Pour mettre notre avocat en humeur de bien jaser, je chasse d'auprès de lui des badins qui lui font des questions cornues dont ils l'irritent; je ne lui parle que de plaisir et de bonne chère, je lui rends du respect, je fais semblant d'admirer ses propos; et cela le convie à m'en arranger de si plaisans, que je ne sçais quelle discrète retenue il faut avoir pour n'en rire point.

Dès le jour même, il vint de certains hommes le demander; l'on les amena à Clérante, auquel ils dirent que c'étoit leur parent, qui avoit l'esprit troublé par la fâcherie qu'il avoit reçue de la perte d'un procès où il alloit de tout son bien, et, par charité, ils le retireroient en leur maison, encore qu'il leur fît beaucoup de maux lorsqu'il tomboit en sa plus grande frénésie. Je vous veux délivrer de peine, répondit Clérante; il s'est venu offrir à moi, je désire le retenir et lui faire bon traitement. Les parens, aises d'en être déchargés, le laissèrent donc chez Clérante, qui, dès l'heure même, lui donna le nom de Collinet, et commanda que l'on l'habillât en gentilhomme.

Il étoit quelquefois des semaines tout entières sans tomber dans l'excès de sa folie, et parloit, en ce temps là, fort subtilement, et quelquefois fort éloquemment, bien qu'à la vérité il y eût toujours de l'extravagance en ses discours. La défense que l'on avoit faite à tous les gens de la maison de ne l'irriter par des malices outrageuses empêchoit qu'il ne se mît en fougue et ne devînt méchant comme plusieurs autres fois.

L'on ne pouvoit recevoir que du contentement de sa présence, et n'y avoit pas un seigneur qui ne fût bien aise de l'entendre quelquefois et de lui voir faire quelques plaisantes actions.

Je le gouvernois tout à fait : aussi m'appeloit-il son bon maître, et Clérante son bon seigneur. Quand je voulois toucher vivement quelqu'un, je lui apprenois quelque singerie par laquelle il lui découvroit ses vices; si bien que plusieurs, le voyant aucunes fois raisonner fort à propos, s'imaginoient qu'il n'étoit pas vraiment insensé, mais qu'il le contrefaisoit.

En sa jeunesse, il avoit eu l'esprit si beau, qu'il ne se pouvoit qu'il ne lui en demeurât encore des marques; aussi faisoit-il parfois des admirables réponses sans aucun de mes préceptes. Oyant parler d'un seigneur qui avoit la réputation d'être aussi buffle que pas un de sa qualité, et voyant que l'on lui attribuoit au moins la vertu d'être affable et courtois, il soutint que c'étoit le plus discourtois homme du monde. Sa raison étant demandée, il dit qu'il avoit remarqué que le jour d'auparavant il avoit été si incivil que de ne se pas détourner dans une rue pour laisser passer un sien frère qui, à son avis, étoit plus âgé et plus méritant que lui. Ce seigneur n'a point de frère; tu te trompes, lui dit-on. Je sçais bien, moi, qu'il en a plusieurs, repart-il, et que celui qui passoit en est l'un : c'est un âne de la plus belle taille que l'on puisse voir. Une autre fois il dit, comme l'on parloit de jouer au brelan, qu'il n'eût pas voulu y jouer contre ce seigneur-là, parce qu'il avoit toujours un as caché dans son pourpoint. Un jour même qu'il le rencontra dans le Louvre, il s'approcha de lui, et lui vint mettre du foin dans sa pochette. Ce seigneur se retourna, en lui demandant ce qu'il faisoit. Gardez bien ce que je vous donne, lui dit Collinet, cela vous servira d'un pain de chapitre [1], en cas de nécessité. Il n'eût pas eu d'honneur à se fâcher contre ce fol, si bien qu'il tourna ceci en risée; mais néanmoins, quelque temps après, lui voulant faire quelque mal pour avoir sa revanche, il l'appela à soi, et lui demanda à tenir un petit braquet [2] qu'il portoit au côté. Collinet l'ayant tiré du fourreau, le seigneur le prit, et mit un pied sur la lame, comme s'il eût voulu la rompre. Alors Collinet s'écria : Venez voir, messieurs, le grand miracle que l'on fait à mon épée : je l'ai apportée ici avec une simple poignée et sans garde défensive, et voilà maintenant que l'on y met le plus beau pas d'âne [3] du monde! Plusieurs gentilshommes accoururent à ce cri, ce qui fut cause que celui qui tenoit l'épée de Collinet la lui rendit, et s'en alla tout honteux, en résolution de ne le plus attaquer, puisqu'il avoit des gausseries si piquantes.

Comme l'on parloit d'une certaine femme qui faisoit tous les jours croître des cornes à son mari, il fit là-dessus mille

[1] Pain blanc, distribué chaque jour aux chanoines.
[2] De *brac*, pointe (étym. celt.).
[3] Garde d'épée qui couvre la main.

plaisantes rencontres. Il disoit qu'elle devoit craindre que ce cornard ne la frappât avec les armes de sa tête lorsqu'elle l'offenseroit, et que, quant à lui, il seroit bien empêché à trouver des chapeaux qui lui fussent propres, et qu'il falloit rehausser les portes de son logis s'il y vouloit entrer aisément sans se courber; et même, voyez sa subtilité, il dit pareillement que les cornes étoient venues à Actéon parce qu'il avoit vu Diane toute nue; mais qu'au contraire elles étoient venues à ce cocu-ci parce qu'il n'avoit pas la curiosité de voir souvent sa femme dépouillée de ses habillemens.

Il entendit dire qu'une fille de notre quartier avoit eu un enfant dont le père étoit inconnu. Vous verrez, dit-il, que c'est qu'elle a passé par les armes, et que tous ses champions ont tiré contre elle en salve, si bien qu'on ne sçait qui a donné le coup.

Il dit encore, de la même, qu'il la comparoit à une personne qui se seroit piqué les mains en touchant à des épines, et ne pourroit dire laquelle ce seroit de toutes qui auroit fait la blessure.

Comme l'on lui parloit encore d'une autre fille qui étoit grosse, sans que l'on pût sçavoir qui c'étoit qui l'avoit engrossée, il dit: Ah! vous verrez que c'est Hélène, elle est grosse de Paris.

Nous oyant une fois parler de pollutions nocturnes, il s'en vint nous dire: Sçavez-vous bien ce que c'est, vous qui faites les renchéris? Apprenez que c'est recevoir des coups de bâton la nuit: le dos en est pollué d'une étrange façon.

Clérante avoit été tirer la bague à la place Royale, et quelqu'un, pour louer son cheval, disoit qu'il couroit si vite, qu'il laissoit le vent derrière soi. Ceci sembleroit peu vraisemblable, si je n'en donnois l'explication, dit Collinet; c'est sans doute que le cheval de mon bon seigneur a pété quand il couroit dans la lice.

Quelquefois il se vouloit mêler de faire des vers, comme vous sçavez que c'est un grand avantage pour la poésie que d'être fol. Il avoit récité de ces beaux ouvrages à un gentilhomme qui hantoit chez Clérante, et, ayant appris qu'il s'alloit marier, il s'étoit offert à faire son épithalame. Ce gentilhomme, l'abordant donc peu de temps après, lui dit: Eh bien, monsieur Collinet, comment va la Muse? Ma foi, répondit-il, nous ferions bien un bel instrument nous deux:

vous fourniriez la corne, et moi la muse, et de cela l'on feroit une cornemuse. Ce gentilhomme, qui avoit été marié il y avoit quelques trois jours, fut bien fâché de se voir sitôt appeler cocu; de sorte qu'il en demeura tout honteux.

Je vous ai tantôt parlé de Mélibée, qui aimoit la gentille Diane : il venoit aussi chez Clérante; et, bien qu'il tâchât de se mettre en mes bonnes grâces, je ne le pouvois aimer, quand je me souvenois qu'il m'avoit traversé en mes jeunes amours, qui me revenoient toujours en l'esprit avec une infinité de douces pensées; car, comme vous sçavez, les premières impressions ne se perdent guère. Je parlois donc souvent de lui à Collinet en fort mauvaise part, si bien qu'il l'alloit toujours attaquer plutôt qu'un autre, à quoi Clérante prenoit beaucoup de plaisir; car Mélibée ne passoit que pour bouffon dedans la cour, et il falloit qu'il répondît à notre fol malgré qu'il en eût, ou autrement l'on se fût moqué de lui. Leurs dialogues n'étoient remplis que d'injures et de reproches extravagans, selon les sujets qui se présentoient; tellement qu'il seroit difficile de m'en ressouvenir particulièrement. Je vous dirai seulement la plus plaisante et la plus naïve chose qui se soit passée entre ces deux personnages, qui étoient presque aussi sages l'un que l'autre. Mélibée, dînant un jour à la table de Clérante, on y avoit fait mettre aussi Collinet, afin qu'ils disputassent ensemble; Collinet dit tout ce qui lui vint à la bouche contre Mélibée, à quoi il ne répondit que fort froidement, étant alors en une humeur plus sérieuse que de coutume. Le repas fini, Collinet, voyant qu'il ne lui vouloit pas tenir tête, quitta la compagnie, et se retira dedans sa chambre, où il étoit alors contraint de demeurer tout le jour par pénitence, si ce n'étoit quand il venoit en la salle pendant que son maître y étoit, parce que deux jours auparavant il étoit descendu dans la cuisine, où il avoit battu un petit page que Clérante aimoit fort. Mélibée, alors se ravisant, voulut avoir raison de quelques attaques qu'il lui avoit données, si bien qu'il monta jusqu'à sa chambre, qui étoit au-dessus de la salle. Il s'en vint le pincer et lui donner des nasardes, et lui dit des choses qui le mirent en une si grande colère, qu'il prit un bâton et commença à charger dessus lui. Mélibée, qui n'avoit rien pour se défendre, crut que le plus sûr pour lui étoit de prendre la fuite : il sortit de la chambre vitement, et se mit à sauter les montées trois à trois; mais Collinet le suivit le frappant toujours, et, comme il fut au droit de la salle, il s'arrêta, et, faisant une profonde révérence le chapeau à la main, il lui dit : Monsieur, je vous supplie de m'excuser si je ne vous reconduis jusque là-bas, l'on m'a défendu de passer plus outre; sans cela, je m'acquitterois de mon devoir. Ayant dit cela, il s'en retourna en sa chambre, et Mélibée acheva de descendre avec autant de vitesse qu'auparavant, sans songer à ce compliment agréable. Tous ceux qui étoient dans la salle avec Clérante accoururent au bruit qu'ils firent, si bien que nous vîmes la plaisante façon de reconduire le monde que Collinet avoit inventée. Je ne fus guère fâché de voir Mélibée traité de la sorte, et, dès qu'il fut sorti de la maison, voyant son ennemi en bonne humeur, je lui appris à dire par cœur les complimens d'amour dont il avoit usé autrefois envers Diane. Il ne les mit pas en oubli, et, à la première fois qu'il revint, il fit asseoir le petit page de Clérante dans une chaire, lui commandant de faire la fille, et commença à lui tenir les mêmes discours. Que s'il manquoit quelquefois, ou s'il extravaguoit, suivant son caprice, je lui remontrois comment il falloit dire, ou bien je faisois son personnage au lieu de lui. Mélibée crevoit de dépit, voyant que je jouois ainsi des farces de ses anciennes amours; mais il ne m'en osoit dire mot, parce que Clérante trouvoit cela très-agréable. Enfin, ne pouvant plus supporter nos railleries, il se retira petit à petit de notre fréquentation, et ne vint plus du tout chez nous.

Voilà comme Collinet me servit à tirer vengeance d'un homme qui véritablement m'avoit autrefois offensé en la plus sensible partie de mon âme. Ce fol, qui avoit de si bons intervalles, nous étoit utile en beaucoup d'autres choses, et quelquefois il tenoit des discours qui nous pouvoient servir de conseils en nos plus importantes affaires; aussi dit-on que les sages apprennent bien plus des fols que les fols ne sçauroient apprendre des sages. Qui me pourra nier que ses paroles ne fussent autant d'oracles, quand l'on aura ouï ce que je vous vais raconter ?

Un jour, étant dans la chambre de Clérante, il vit un courtisan flatteur qui importunoit son bon seigneur, avec des prières très-humbles de lui faire avoir certaine chose qui étoit

en sa puissance. Il tire un biscuit de sa pochette, et le montre
à un petit chien qui étoit là; le chien saute dessus lui, le flatte
et le festie en branlant la queue, comme pour lui demander
le morceau qu'il tenoit. Il hausse son bras tant qu'il peut, et,
avec une voix extravagante s'écrie à tous coups : Que gagnes-tu
de me faire fête? tu ne l'auras pas. Donnez-le-lui, Collinet,
dit Clérante en le regardant, il l'a bien mérité par ses caresses.
Je vous imite, mon bon seigneur, je vous imite, repartit
Collinet. En quoi m'imites-tu? reprit Clérante. En ce que
vous vous laissez bien prier et bien flatter auparavant que
d'accorder quelque chose à cet homme qui parle à vous, répondit
Collinet : c'est un plaisir très-doux que de se voir caressé;
je ne suis pas d'avis que nous nous en privions sitôt :
le moyen qu'il faut garder pour nous y maintenir, c'est de ne
donner ce que l'on nous demande que le plus tard que nous
pourrons; dès que nous l'aurons donné, l'on ne nous courtisera
plus, je m'en vais vous le faire voir. Aussitôt il jette le
biscuit au chien, qui s'enfuit le manger sous un lit, puis il revient
comme pour en demander encore. Il retourne à ses mêmes
caresses, dit Clérante, tu l'as à tort accusé d'ingratitude.
Après avoir reconnu que je n'ai plus rien à lui bailler, il me
laissera incontinent, repartit Collinet. En disant cela, il ne lui
donne rien qu'un coup de pied, qui le fait éloigner de lui,
sans avoir de l'envie de le venir caresser encore, combien
qu'il le rappelât doucement. Considérez tous ces gens-ci qui
vous viennent voir, dit-il après à Clérante, ils sont de l'humeur
de votre chien, prenez-y bien garde. Celui qui étoit là n'étoit
pas bien obligé à Collinet, qui fut cause que son maître, sçachant
qu'ordinairement les fols prophétisent, fit beaucoup d'estime
de son avertissement et devint extrêmement bon ménager.

Des troubles s'élevèrent en ce temps-là en France; Clérante[1]
fut des principaux d'un parti que firent plusieurs malcontens.
Collinet ne se plaisoit point parmi la guerre, où l'on l'avoit
attiré; il découvrit ce qu'il en pensoit à Clérante, comme
il sortoit d'une chambre où l'on venoit de tenir conseil avec
des hommes d'État. Mon bon seigneur, dit-il, ces conseillers
sont des personnes de robe longue, qui n'ont jamais vu les
batailles qu'en peinture et par écrit; s'ils s'étoient trouvés en

---

[1] C'est évidemment le masque de Gaston d'Orléans.

personne à quelqu'une, ils ne vous persuaderoient pas, comme ils font, d'éviter la paix : ils sçauroient les désolations qui arrivent en un combat; l'un a les bras coupés, l'autre a la tête fendue, quelques-uns sont foulés aux pieds des chevaux, et la plupart meurent comme enragés. Je vous le représente d'autant que je ne crois pas que vous vous soyez trouvé non plus qu'eux en ces affaires-là : vous n'en êtes pas à blâmer pourtant; car quelle gloire y a-t-il? Le plus brave homme du monde est souvent jeté par terre avec un coup de mousquet qu'un coyon a tiré pour faire son apprentissage. Si César, Alexandre, Amadis et Charlemagne vivoient maintenant, ils n'iroient pas si volontiers au combat comme ils ont fait autrefois. Aussi leurs sujets, ayant affaire de leurs personnes, les empêcheroient de se mettre en un si grand hasard. Pour moi, j'aime mieux voir tuer des poulets que des hommes : retournons-nous-en à Paris faire bonne chère; il vaut mieux voir des broches que des piques, des marmites que des timbres [1], et tous les ustensiles de cuisine que ceux de la guerre. Votre exercice est d'aller voir si le canon est bien placé, et si toutes les troupes sont bien campées; mais, à la ville, vous irez voir les dames, avec qui vous prendrez des passe-temps bien plus aimables.

Encore que Clérante tournât en risée tout ce discours à l'heure, si est-ce que depuis il en fit son profit, comme d'un secret avertissement que lui donnoit le ciel par un homme qui, au milieu de sa frénésie, avoit des raisons aussi preignantes [2] que celles des plus profonds philosophes.

La paix étant faite, nous nous en revînmes à Paris, où Clérante, allant voir la belle et bien disante Luce, trouva en elle des charmes plus puissans que jamais, et, son humeur étant alors fort susceptible de passion, il devint éperdument amoureux d'elle; si bien qu'il ne bougeoit plus presque de son logis. Il lui amena un jour Collinet, l'ayant fait mettre en ses goguettes par le moyen de deux ou trois verres d'un vin de singe [3], qu'il lui avoit fait boire.

[1] Cordes à boyau placées sous la caisse du tambour, et qui servent à en bander la peau.
[2] Pressantes.
[3] Vin qui fait gambader, mais non grimacer, comme on le pourrait croire.

Il contemploit tantôt cette beauté, qui lui plaisoit infiniment, et tantôt son maître, qui la contemploit encore davantage : il voyoit que Clérante jetoit les yeux de travers sur le sein de Luce, afin de voir ses tetons entre la petite ouverture d'un mouchoir de col, qui lui causoit beaucoup d'ennui. Collinet, le reconnoissant, prend les ciseaux d'une fille de chambre, et, s'étant approché tout doucement de Luce, il lui coupe les cordons, dont le mouchoir étoit attaché, et le lui ôte après. Elle se retourne pour le blâmer de son impudence, et tout aussitôt il lui dit: Vous avez tort, mademoiselle, de cacher à monsieur ce qu'il a tant d'envie de voir; laissez-le regarder tout son saoûl. Davantage, si vous me croyez, vous souffrirez qu'il y touche. Vous voyez, dit Clérante, je ne manque point d'avocat, car ma cause est si bonne, qu'il y a presse à la défendre; néanmoins je ne suis pas assuré de la gagner, d'autant que vous êtes juge et partie. Si ferez-vous bien, repartit Luce, car votre avocat use de la rude violence de ses mains plutôt que de la douce persuasion de sa langue. Clérante, qui voyoit bien que Luce n'étoit pas contente de cette action, lui dit à l'oreille l'humeur du personnage, à qui les plus grands princes pardonnoient bien d'autres excès. En un moment elle fut rapaisée, et fut très-aise d'avoir l'entretien du bon Collinet, dont elle avoit déjà ouï parler à plusieurs personnes. Clérante, lui en voulant donner du plaisir, lui commanda de faire quelque discours pour entretenir la compagnie, qui avoit ouï estimer son bien dire. Ayant pris une chaire pour s'asseoir, il commença incontinent de cette sorte, avec des actions et des tournoiemens d'yeux admirables : Mademoiselle, votre mérite, qui reluit comme une lanterne d'oublieux [1], est tellement capable d'obscurcir l'éclipse de l'aurore qui commence à paroître sur l'hémisphère de la Lycantropie, qu'il n'y a pas un gentilhomme à la cour qui ne veuille être frisé à la Borelise pour vous plaire; votre teint surpasse les oignons en rougeur; vos cheveux sont jaunes comme la merde d'un petit enfant; vos dents, qui ne sont point empruntées de la boutique de Carmeline [2], semblent pourtant avoir été faites avec la corne du chausse-pied de mon grand prince; votre bouche, qui s'entr'ouvre quelquefois, ressemble au trou

[1] Marchand d'oublies.
[2] Dentiste qui opérait sur le pont Neuf, en face du cheval de bronze

d'un tronc des pauvres enfermés; enfin Phébus, étant à souper à six pistoles pour tête, chez la Coiffier [1], n'a pas mangé de meilleurs pâtés de béatilles [2] que ceux dont j'ai tâté tantôt : aussi dit-on que, comme Achille traîna le corps du fils de Priam à l'entour des murailles de Troie, ainsi maint courtisan, afin d'être installé en la faveur, donne maints coups de chapeau à tel qui mériteroit plutôt les étrivières. Je ne sçais pas ce que vous voulez conter, dit Clérante; dites-moi, Collinet, n'avez-vous pas entrepris de discourir sur les perfections de mademoiselle? que ne parachevez-vous votre dessein? Je m'y en vais, répondit-il : Or bien donc, belle nymphe, puisqu'il vous faut louer, je dis que vous m'avez captivé, c'est assez; car vous ne me captiveriez pas, si vous n'aviez plus d'appas que la Normandie n'a de pommes. Hélas! je puis bien confesser tout, car je me meurs. Le diable vous emporte par avancement d'hoirie, mademoiselle, si je ne suis plus amoureux de vous qu'un gueux ne l'est de sa besace : quand je vous vois, je suis ravi comme un pourceau qui pisse dans du son. Si vous voulez, malgré Roland et Sacripant, vous serez mon Angélique et je serai votre Médor; car il n'y a point de doute que la plupart des seigneurs sont plus chevaux que leurs chevaux mêmes. Ils ne s'occupent à pas un exercice de vertu, ils ne font que remuer trois petits os carrés dessus une table, et je ne dis pas tout. Dernièrement, avec une lunette d'Amsterdam, je vis jusqu'à une île où vont les âmes de tous ces faquins, métamorphosés en monstres horribles. Quant aux demoiselles, elle se font fretinfretailler sans songer à pénitence; l'on les culbute dans les antichambres, dans les galetas, sans songer si le plancher est dur, et l'on leur fourre je ne sçais quoi sous la cotte, c'est leur busc que je veux dire.

La fin de ce beau discours fut la chanson de : *Tant vous allez doux, Guillemette*, et celle de : *Vous me la gâtez*, avec *Pimpalo*, qu'il chanta à gorge déployée; tellement qu'il étourdit de telle sorte Clérante, qu'il le fit taire, et lui commanda de se servir d'un autre entretien plus modeste Il recommença donc des discours à perte de vue, où il entremêloit toujours quel-

---

[1] « Célèbre pâtissière qui, la première, s'avisa de traiter par tête. » Tallemant.

[2] Petites viandes délicates.

ques vérités de la cour qui faisoient rire la compagnie. Il y eut un je ne sçais qui d'homme de ville, vêtu de satin noir, qui survint, et ne reçut pas volontiers quelques injures qu'il lui fit, comme de dire à Luce qu'il avoit la mine d'une médaille antique de cocu, et que son nez étoit fait en tresse; il le tira à l'écart, et lui dit tout bas, de peur que Clérante, l'oyant, ne s'en irritât : Maître sot, vous contrefaites l'insensé; si vous aviez affaire à moi, je vous ferois bien retrouver votre esprit à coups de verges. Il fallut qu'il s'en allât aussitôt, autrement Collinet, qui entroit en fougue, lui eût fait un mauvais parti. Dès qu'il fut de retour, il me conte son aventure que j'entendois bien du premier coup, encore qu'il y eût bien du coq-à-l'âne en ses discours. Je lui promis, sur ma foi, que je lui ferois tirer vengeance de son ennemi, encore que je ne connusse pas celui à qui il en avoit. Tout à propos, un soir que j'étois à pied dans les rues avec mes gens, et lui aussi à ma suite, j'aperçois de loin un trésorier qui depuis peu m'avoit retenu la moitié d'une somme que j'avois à prendre sur lui. Pour le faire accommoder comme il méritoit, je le montre à Collinet, et lui dis que c'est infailliblement son homme. Lui, qui me croit, se met promptement en armes, prenant deux œufs à une fruitière, qu'il lui jette à la face, et lui en gâte sa digne rotonde, qui étoit redressée comme la queue d'un paon; davantage il lui baille un demi-quarteron de coups de poing dans le nez, qui le font saigner comme un œuf que l'on assomme. Je passai tout outre sans regarder seulement derrière moi, afin que l'on ne jugeât point que j'eusse part à cette folie-là. Mes laquais ne me suivirent pas de si près, ils n'avoient garde; ils aimoient bien mieux assister Collinet, contre qui le financier prenoit le courage de se revancher : ils assaillent l'ennemi à coups de bâton, tandis que notre fol, se reposant, les regarde faire, et dit : Vous ne me menacerez plus de me faire fouetter qu'il ne vous en souvienne, maître vilain. Les bourgeois, qui connoissoient le trésorier, s'assemblent et sont prêts à se jeter sur mes laquais, qui, pour éviter leur fureur brutale, qui leur a fait prendre la hallebarde enrouillée, disent : Messieurs, ce coquin a offensé ce gentilhomme de Clérante, que vous voyez. Oui-da, dit Collinet, je suis gentilhomme de Clérante. Au nom de ce seigneur fort respecté, l'on s'arrête un peu, et mes gens s'écoulent doucement, laissant leur ennemi tout en sang

Collinet me servoit ainsi à punir plusieurs faquins qui se venoient plaindre en vain de lui à Clérante; car ils n'avoient autre réponse, sinon qu'il ne falloit pas prendre garde aux actions d'un insensé. Il y en eut une fois un qui lui dit, comme par réprimande, qu'il devoit le tenir enfermé dans la maison, afin qu'il ne fit plus d'affront à personne dans les rues; j'étois présent alors; et, voyant que Clérante, n'ayant pas ce discours-là agréable, songeoit comment il y pourroit répondre, je lui dis : Monsieur, quoi que l'on vous dise, n'enfermez jamais votre fol que chacun ne soit sage; il sert merveilleusement à combattre l'orgueil de tant de viles âmes qui sont en France, lesquelles il sçait bien connoître, par une faculté que la nature a imprimée en lui. Clérante, approuvant ma raison, méprisa l'avis que l'on lui donnoit, et Collinet, plus que jamais, rôda les rues avec un vêtement fort riche, qui ne le faisoit prendre que pour quelque baron. Ainsi l'on étoit bien étonné, lorsqu'il tomboit dans le centre de sa folie.

En ce temps-là, les attraits de Luce, captivant de plus en plus Clérante, le forcèrent à chercher du remède, et d'autant qu'il sçavoit que j'étois des mieux entendus en matière d'amour, il me voulut découvrir librement sa passion, que j'avois déjà assez connue. En après, il me dit que ce qu'il avoit envie de m'employer en cette chose-là n'étoit pas qu'il ne fit estime de mon mérite plus que de celui de tous les hommes du monde; qu'il ne vouloit pas imiter la plupart des courtisans, qui mettent de telles affaires entre les mains de personnes abjectes et ignorantes; qu'il sçavoit qu'il étoit besoin d'être pourvu d'un grand esprit en une pareille entreprise, et que les amans doivent estimer comme leurs dieux tutélaires ceux qui les font parvenir au bien qu'ils souhaitent. Ces propos, qui étoient à mon avantage, me convièrent à lui promettre de l'assister en tout et partout; car je ne soupirois qu'après les doux plaisirs auxquels j'étois bien aise de le voir s'occuper. D'ailleurs Luce avoit une demoiselle à sa suite, appelée Fleurance, belle par excellence, dont j'étois devenu infiniment passionné, ce qui me faisoit plaire à aller souvent dedans leur maison. Véritablement cette suivante avoit, à mon jugement, plus d'appas que sa maîtresse, qui étoit fort noire au prix d'elle. Je ne sçais comment Luce la gardoit, si ce n'est qu'elle se fioit sur les gentillesses de son esprit, qui étoient assez capables d'empêcher qu'elle ne fût la moins prisée par ceux qui parleroient à toutes deux.

Je conseillai à Clérante de n'aller plus chez cette demoiselle jusques à tant qu'elle fût prête à lui accorder la faveur qu'il désiroit; d'autant que, pour se maintenir en bonne réputation envers chacun, il ne falloit pas qu'il fît paroître quelque chose de ses amours, vu que la sottise des hommes est si grande, qu'ils prennent tout d'un autre biais qu'il ne faut et croient que les plus visibles marques d'une belle âme soient celles d'une difforme. Il n'avoit garde de me contredire, car j'étois son seul oracle, et, malgré tous les hommes du monde, il se délibéroit toujours de suivre mes conseils.

Ayant donc résolu de se priver pour quelque temps de la fréquentation de Luce, comme je vous ai tantôt dit, il fut question de trouver des expédiens pour manifester sa passion davantage qu'il n'avoit fait par le passé. Il trouva bon de lui envoyer une lettre d'amour, qu'il me donna charge de dicter, parce que, pour ne le flatter aucunement, ses discours n'étoient pas assez polis pour les envoyer à Luce, dont l'esprit étoit la politesse même : je lui dis que je ferois ce poulet d'une telle façon, qu'en l'adressant à sa maîtresse sa grandeur ne recevroit point de tache, et qu'il témoigneroit une affection plus gaillarde que sérieuse, parce qu'il ne seroit pas séant qu'il s'asservît jusques à faire paroître les transports qui se trouvent ordinairement dans les paroles des vrais amoureux. Je m'en vais vous dire le contenu de la lettre :

« Si vos beautés n'étoient extrêmement parfaites, vous n'auriez pas pu me charmer, vu que j'avois fait vœu de garder toujours ma franchise. Reconnoissez, rare merveille, le gain que vous avez fait, et en rendez grâce à vos mérites. Songez aussi que les dieux ne vous ont pas départi cette prérogative, d'embraser tous les cœurs d'amour, sans en voir jamais une seule étincelle dedans le vôtre. J'ose bien dire qu'ils seroient injustes, s'ils l'avoient fait. A quel sujet vous auroient-ils donné tant de perfections, s'ils ne vous avoient pas enseigné les moyens d'en jouir? Il faudroit donc que ce fût pour gehenner les mortels, en leur faisant voir un chef-d'œuvre de leurs mains, et leur ôtant quand et quand l'espérance de le posséder, combien qu'il engendrât en eux beaucoup de désirs. Ne soyez point cruelle à vous-même, en perdant le temps que vous pouvez extrêmement bien employer. Vous n'avez fait jusqu'ici l'amour que de paroles ; faites-le maintenant par effet avec moi, qui soupire après l'heure que vous en prendrez la résolution. Vous goûterez de nouvelles délices, dont possible vous ne faites point d'état, ne les ayant point encore expérimentées. Nous passerons les journées en caresses, en accolades et en baisers ; vous recevrez de moi des hommages qui vous empliront de gloire et de plaisir Je me montrerai si prompt et si vif à vous rendre les plus grands services que les amoureux puissent promettre, que vous serez plus contente que je ne vous puis figurer. Suivez mon conseil, chère Luce, ma lumière ; résolvez-vous, comme je vous ai dit, à essayer des voluptés de l'amour, afin de ne point garder inutilement les présens de la nature. Si vous avez tant soit peu de connoissance de l'affection que je vous porte, je ne doute point que vous ne me choisissiez pour vous faire sentir quelles sont les douceurs dont je vous parle. »

Avec cette lettre, je donnai encore des vers à Luce, qui représentoient si naïvement les mignardises de l'amour, que la plus bigotte femme du monde eût été émue des aiguillons de la chair en les lisant. Je vous laisse à juger si cette galante demoiselle en fut touchée : elle se mordoit les lèvres en les proférant tout bas ; elle sourioit quelquefois, et les yeux lui étinceloient d'allégresse. Moi, qui remarquois toutes ses actions, j'avois une joie extrême, croyant qu'elle dût rendre quelque réponse favorable à Clérante ; mais, au lieu de le faire, elle tourna tout en gausseries, et ne mit point la main à la plume pour récrire à son amant. Néanmoins elle prisa grandement ce qu'il lui avoit envoyé, comme une pièce très-bien faite, et, connoissant au style, qui ne lui étoit pas nouveau, et par beaucoup de conjectures, que j'en étois l'auteur, elle m'affectionna au lieu d'affectionner celui qui soupiroit pour elle. Puisque Clérante n'a pas l'esprit de me représenter lui-même les plaisirs de l'amour, disoit-elle à part soi, c'est signe qu'il ne sçauroit me les faire goûter ; quant à Francion, dont la veine me les a tracés, je crois qu'il entend des mieux ce que c'est ; les preuves que je vois de sa gentillesse me charment infiniment. Par les choses qui avinrent depuis, je présume qu'elle raisonnoit ainsi.

Son intention ne me fut point découverte qu'une autre fois, comme je lui parlois de Clérante. Quoi ! Francion, me dit-elle en riant, avez-vous fait quelque vœu au ciel de ne parler jamais pour vous, et de ne procurer que le bien d'autrui? Non, mademoiselle, je vous en assure, lui répondis-je; mais ce me seroit une folie de viser au but où mes défauts m'empêchent de parvenir. Il n'y a point de lieu si élevé, répliqua-t-elle, où vous n'acquériez une avantageuse place, si vous en avez envie. Et si je tâchois d'atteindre jusques à vos bonnes grâces, lui dis-je alors, viendrois-je à bout de mon dessein? Ah! mon Dieu, répondit-elle, ne parlez point de moi, il ne me faut pas mettre pour exemple; je ne suis pas de ces grandes beautés qui se rendent dignes de vous blesser de leurs attraits.

Quoiqu'elle déguisât sa volonté, je connus bien où elle vouloit tendre, et lui donnai tant d'assauts qu'à la fin elle se rendit et me confessa qu'elle auroit pour moi la bienveillance que je la suppliois d'avoir pour un autre. Bien que je n'eusse point de passion pour elle, comme pour Fleurance, trouvant une occasion de jouir d'un contentement très-précieux, je me chatouillai moi-même, et, me faisant accroire qu'elle étoit plus belle qu'elle ne m'avoit toujours semblé, je me blessai le cœur pour elle de ma main propre.

Je la poursuivis de si près, que, me trouvant un soir tout seul avec elle dans sa chambre, elle permit que je la baisasse, que je la touchasse, et que je lui montrasse enfin combien étoit judicieuse l'élection qu'elle avoit faite de moi pour être son serviteur. Quand nous eûmes le temps de recommencer ce doux exercice, nous l'employâmes avaricieusement.

Si quelque réformé m'entendoit, il diroit que j'étois un perfide, de jouir ainsi de celle dont j'avois promis à Clérante de gagner la volonté pour lui; mais quelle sottise eussé-je faite, si j'eusse laissé échapper une si rare occasion? J'eusse mérité d'être moqué de tout le monde : mon plaisir ne me devoit-il pas toucher de plus près que celui d'un autre.

Vous pensez, je m'assure, que la jouissance que j'avois de Lucé m'empêchoit de songer davantage à sa gentille suivante; mais vous êtes infiniment trompé : j'avois encore autant de passion pour elle que l'on sçauroit dire, et, en quelque lieu que je la rencontrasse, je ne cessois de le témoigner. Son humeur rétive fut vaincue par mes soumissions et par des présens que je lui fis en secret. Néanmoins elle ne pouvoit trouver, ni moi aussi, la commodité de me rendre content, car elle ne bougeoit d'auprès de sa maîtresse.

Le ciel voulut, pour mon bonheur, qu'un jour Luce se mit à deviser dans sa chambre avec quelques-unes de ses parentes qui ne la devoient quitter de longtemps. J'étois entré au logis, et, ayant trouvé Fleurance sur les degrés, elle me fit monter à sa garde-robe, où je la baisai tout à mon aise. Je la jetai sur son lit et fis tant d'effort, que je passai bien plus outre : mais la chance se tourna, et le destin se montra incontinent notre adverse partie. Luce, ayant envie de pisser, sortit de sa chambre, et s'en vint à la garde-robe où nous étions, dont elle ouvrit la porte avec un passe-partout. Elle vit sa demoiselle qui, en ravallant sa cotte, sauta de dessus le lit : un vermillon naturel lui couvroit les joues, autant pour la véhémence de notre action que pour la honte qu'elle avoit; outre cela, ses cheveux étoient tout désordonnés. Luce, en la regardant, lui demanda si elle venoit de dormir. En achevant la parole, elle tire un rideau du lit pour chercher le pot de chambre, et m'aperçoit à la ruelle comme je rattachois mon haut de chausse : elle me demande ce que je fais là, et je lui réponds, sans m'étonner, que je viens de faire recoudre un pli de mon haut de chausse par sa demoiselle. Vous deviez aller plus au jour qu'en ce lieu-là, dit-elle, et à d'autres; à qui vendez-vous vos coquilles? D'un autre côté, elle prend garde que sa demoiselle a le sein tout découvert et le collet tout détaché, parce que j'avois voulu baiser son teton : cela lui fait reconnoître entièrement notre forfait. Comment, petite effrontée, dit-elle à Fleurance, vous faites ici entrer des hommes pour prendre vos ébats ! vous déshonorez ma maison ! Ah ! qu'il vous faudroit bien frotter ! Si l'on punit pour ce péché-là, répondit résolûment Fleurance, étant en cette extrémité, vous avez mérité un aussi grand supplice que moi; et, s'il déshonore les maisons où l'on le commet, vous avez autant que moi déshonoré la vôtre : je n'en veux rien dire pourtant, car il ne m'appartient pas, et ce n'est pas à moi à songer comment tout va céans. Je n'ai rien fait toutefois que vous ne m'en ayez donné l'exemple; et, au pis aller, tout ce que vous sçauriez dire, c'est que, n'étant pas de si grande qualité, il ne m'est pas licite par aventure de prendre les mêmes libertés que vous.

Cette hardie réponse rendit Luce plus honteuse que n'étoit celle à qui elle vouloit faire des réprimandes; et, m'ayant regardé de travers, elle sortit de la garde-robe, dont elle referma rudement la porte. Je ne laissai pas, malgré sa jalousie, de bien employer mon temps, et ne quittai Fleurance qu'une heure après : je lui remontrai qu'il falloit achever l'ouvrage que nous avions commencé, et que, quand nous n'eussions rien fait du tout, on n'eût pas laissé d'avoir autant de soupçon de nous. Sa maîtresse, depuis, ne l'osa crier, de peur qu'elle ne découvrît qu'elle étoit coupable du crime dont elle accusoit les autres.

Clérante, qui m'importunoit autant que jamais de la solliciter, par quelque manière que ce fût, de donner du remède à son amour, me contraignit de lui écrire une lettre plus passionnée que la première; mais je n'osai pas la lui donner moi-même, je la lui fis tenir d'une autre main. Pensant retirer de moi une notable vengeance, elle récrivit à Clérante, avec les paroles les plus courtoises du monde, qu'elle reconnoîtroit son affection par des faveurs signalées; et de fait, quelques jours après, l'ayant été voir, il jouissoit d'elle à son souhait, de quoi je fus plus aise qu'elle n'avoit pensé.

Je ne pouvois mettre entièrement mon amour en pas une dame, parce que je n'en trouvois point qui méritât d'être parfaitement aimée; et néanmoins presque toutes celles qui s'offroient à moi me charmoient la raison, encore qu'au jugement de tout le monde elles eussent fort peu de beauté. Si quelque ami me disoit, me voyant regarder une fille : Vous êtes amoureux de celle-là, je le devenois le plus souvent tout à l'heure, bien qu'auparavant je n'eusse pas seulement songé si elle étoit attrayante : mais toutes mes affections n'étoient pas de longue durée, et un objet m'en faisoit oublier un autre. J'avois toujours la connoissance de quelque femme qui étoit de bonne composition, avec laquelle je passois toutes mes envies. Il y avoit pour lors sur les rangs une certaine demoiselle de la ville de Tours, qui étoit venue à Paris pour un procès : c'étoit une galante et une délibérée; si bien que son mari, qui avoit les gouttes, l'avoit laissée aller solliciter ses affaires. Un de mes amis me l'ayant fait connoître, je la trouvai fort à mon goût, et, pour l'obliger à me vouloir du bien, j'employai tous mes amis à lui faire rendre bonne et briève justice. Cette courtoisie, accompagnée de mes cajoleries, la gagna facilement, si bien que je fis d'elle à mon plaisir, sans qu'il m'en coûtât beaucoup de chose. Véritablement elle étoit fort gentille; mais, depuis que je connus qu'elle n'étoit pas contente d'un seul ami, et qu'elle commençoit à se laisser aller à d'autres qu'à moi, je ne fis plus d'estime d'elle, et me retirai petit à petit de sa conversation, sans songer si ses affaires étoient vidées, et si elle s'en retourneroit bientôt ou non.

Il y avoit déjà trois mois que je n'en avois point eu de nouvelles, lorsqu'un matin, comme j'étois encore couché, je la vis entrer dans ma chambre, assistée de deux bourgeoises, qui sembloient être des plus anciennes prêtresses du temple de Vénus. J'étois logé dans un petit corps d'hôtel de la maison de Clérante, qui avoit une petite montée sur la rue, si bien qu'elles étoient venues hardiment jusqu'en haut. Je leur fis une réception fort honnête, et, leur ayant fait donner des siéges proche de mon lit, je leur demandai quelle affaire si pressée les avoit obligées à me venir voir de si bonne heure, vu qu'elles n'avoient qu'à me mander que je les allasse trouver, si je leur pouvois rendre du service. Mon ancienne amie, usant de sa familiarité accoutumée, prit la parole pour les autres, et me dit : Monsieur, l'occasion qui m'amène ici, c'est qu'étant pressée de m'en retourner à Tours je ne veux pas partir sans vous dire adieu, ayant reçu de vous tant de témoignages d'affection. Je suis bien contrainte de vous venir trouver, puisque vous ne me venez plus voir et qu'il semble que vous ayez oublié celle que vous avez bien daigné aimer autrefois; que, si j'ai amené avec moi ces deux honnêtes dames de ma connoissance, ç'a été pour être plus assurée dedans cette maison-ci, où l'on rencontre diverses sortes de gens. Je la remerciai au mieux qu'il me fut possible de la bienveillance qu'elle me témoignoit, et, pour m'excuser de ce que j'avois discontinué de la voir, je tâchai de lui faire accroire que j'avois été longtemps malade : mais elle me changea bientôt d'entretien, et, me tirant hors des complimens, elle me dit : Monsieur, afin que je ne languisse plus parmi les inquiétudes que j'ai, permettez-moi que je vous dise en un mot ce que j'ai sur le cœur : vous sçavez que, dès les premiers jours que je fus arrivée en cette ville, vous eûtes ma connoissance; je vous accordai toutes les faveurs que peut désirer un homme, et, s'il se pouvoit encore imaginer quelque chose au delà, vous l'eussiez eu aussi facilement. Néanmoins vous n'avez jamais fait autre chose pour moi que d'employer un peu vos pas et vos prières à la sollicitation de mon procès, que je n'ai gagné qu'à demi. Où est-ce que vous penseriez trouver des femmes à si bon marché? Qui plus est, j'ai dépensé mon bien avec vous, au lieu de gagner quelque chose. Vous ne m'êtes guère venu voir que je ne vous aie fait apprêter la collation; et, si j'ai dépensé de l'argent à me bien vêtir, ce n'a été qu'afin de vous plaire. Tout cela m'a fait résoudre à vous venir trouver, pour vous prier que vous récompensiez en un coup toutes mes pertes, maintenant que je suis sur mon départ. Mon mari sçait le compte de l'argent qu'il m'a baillé et de la dépense que je devois faire : que dira-t-il, s'il voit que j'ai beaucoup plus employé qu'il ne m'étoit besoin, et que je me suis ici endettée de tous côtés? Ce sera par là qu'il commencera à soupçonner que je me suis mal gouvernée, et de ma vie je n'aurai de bien avec lui. Vous, pour qui j'ai faussé la foi que j'avois promise à un autre, et qui avez été cause que j'ai si mal ménagé mon bien, n'êtes-vous pas obligé de m'acquitter envers mes créanciers? et, outre cela, sans que je prenne les choses à la rigueur, ne faut-il pas que vous me donniez quelque honnête récompense, pour vous avoir tant favorisé comme j'ai fait? C'est une chose où il n'eût pas même fallu manquer, quand vous eussiez eu affaire à ces vilaines qui se laissent aller au premier venu. Plaindrez-vous ce que vous donnerez à une femme qui ne s'est jamais abandonnée qu'à vous, et à laquelle vous ne sçauriez reprocher aucun vice dont vous n'ayez été la cause? Je me rapporte de ce que vous en devez faire à ces dames que voici; elles sont si sages, qu'elles ne vous ordonneront que ce qui est juste.

Cette subtile femme n'eut pas sitôt fini sa harangue, que la plus vieille des bourgeoises me dit : Mademoiselle a raison, vous ne lui devez rien refuser de ce qu'elle vous demande : reconnoissez les plaisirs qu'elle vous a faits; et, quand vous n'y seriez pas obligé, que la compassion de sa nécessité vous touche. Il faut qu'elle s'acquitte de ses dettes avant que de s'en aller : vous avez été pour le moins six mois à la voir journellement; qu'est-ce que ce terme ne mérite point? Là, donnez-lui seulement trois mille francs, je crois qu'elle s'en contentera.

Comme je vis que ces matoises de femmes étoient venues si hardiment pour m'attraper, je me résolus de me moquer d'elles, et, faisant néanmoins le sérieux, je leur dis : Je confesse que je suis beaucoup obligé à mademoiselle; toutefois je pouvois bien recevoir d'elle plus de faveurs que je n'ai reçu : il y a environ trois mois que je ne l'ai vue, et possible a-t-elle bien fait d'autres connoissances que la mienne; mais cela n'est rien, il n'a pas tenu à elle que je ne l'aie vue, et je ne me puis exempter de la récompenser de ce qu'elle a fait pour moi. Je suis tout prêt à la contenter, si vous voulez un peu retrancher de la somme que vous me demandez. Eh bien, ce me dit la plus jeune des bourgeoises, je sçais bien qu'elle ne vous veut pas tyranniser. Elle n'oseroit plus même ouvrir la bouche pour parler de la récompense qu'elle vous demande; elle sera satisfaite si vous lui donnez deux mille francs. Deux mille francs! ce dis-je, et à quoi pensez-vous? Croyez-vous que je puisse gagner comme les trésoriers, en faisant un trait de plume? Considérez que je suis un pauvre gentilhomme qui n'a que l'épée et la cape; et, puisque mademoiselle veut bien se ranger à la raison, qu'elle modère un peu la taxe. Eh bien, ce dit la première bourgeoise, donnez donc mille francs; mais, ma foi, vous n'en serez pas quitte à moins. Ah Dieu! ce dis-je, c'est me vouloir ruiner, que cela; j'appelle de votre jugement. Alors mon ancienne maîtresse me dit : Puisque vous vous faites si pauvre, je vois bien qu'il faudra que je me contente de cinq cents livres; mais je les veux avoir tout promptement, et nous ne vous donnerons pas seulement la licence de sortir de cette chambre; vous avez bien ici de quoi nous payer.

Comme je vis qu'elles en vouloient venir ainsi à la rigueur, je me voulus défaire d'elles, et, ne leur pouvant rien faire retrancher de cinq cents livres, je leur dis : Bien donc, vous serez payées tout maintenant. Et, appelant mon petit laquais, je m'écriai : Basque, viens-t'en ici compter tout à cette heure avec moi. Dis-moi ta recette et ta dépense. Combien est-ce que je te donnai d'argent l'autre jour? Vous me donnâtes une pistole, monsieur, répondit mon Basque. Or j'ai dépensé quatre quarts d'écus que j'ai donnés à votre blanchisseuse; j'ai baillé huit sols à un faiseur de luths, chez qui j'ai été quérir une demi-douzaine de cordes pour votre luth, et il m'a fallu donner dix sols au savetier qui a mis des bouts à mes souliers, et puis trois testons à votre empeseuse. Eh bien, ce dis-je, combien te reste-t-il? fais-moi compte rond. Le Basque, tirant l'argent de sa pochette, me répondit : Il me reste une pièce de cinq sols, monsieur, un demi-teston avec une pièce de trois blancs, un carolus[1], et quelques doubles. Voyez, mesdames, ce dis-je alors, voilà tout l'argent que nous avons, mon laquais et moi, il est bien à votre service, si vous vous en voulez contenter; autrement, je ne sçais pas quel bien vous faire. Mes galantes, se voyant ainsi moquées, commencèrent à m'appeler gueux, pendard et vilain, et me dirent toutes les autres injures qui leur vinrent en la bouche; et, les ayant aussi appelées garces et maquerelles, je fus tout prêt à me lever pour les aller chasser; mais elles ne m'attendirent pas, car elles avoient peur qu'il ne leur avînt pis. Elles descendirent promptement de ma chambre, et ne s'en retournèrent pas toutefois si paisiblement comme elles étoient venues : mon Basque les suivit avec les laquais de Clérante, qui leur firent une infinité d'algarades pendant les chemins; depuis, je n'ai eu aucune nouvelle de pas une d'elles, et, pour me divertir, j'ai fait diversement l'amour d'un côté et d'autre.

Ce que je recherchois surtout, c'étoient des femmes que peu d'hommes vissent, afin de ne point gagner de mal. Pour les βορδελς, je les ai toujours haïs; et, de vérité, n'est-ce pas un appétit de chien de s'en aller prendre son plaisir avec la première fille que l'on rencontre, laquelle l'on n'a jamais vue, et l'on ne verra possible jamais? J'y allois quelquefois pourtant, par compagnie avec mes amis, et quelquefois aussi moi tout seul, de temps en temps, pour voir comment il y faisoit, et pour me récréer par une diversité de contentement. Un soir, ne sçachant donc que faire, je m'en allai chez une maquerelle qui ne laissa pas de me dire : Desquelles voulez-vous? encore qu'elle n'eût point alors de filles en sa maison : elle envoya sa servante pour en amener une, qui étoit, à ce qu'elle disoit, la perle de toutes les autres. Il faisoit alors un froid très-rude, et néanmoins la bonne dame n'avoit ni bois ni chandelle; elle se chauffoit à songer aux flammes de ses premières amours. Pour moi, je voulois avoir du feu :

[1] Monnaie qui datait de Charles VIII et valait dix deniers.

je donnai de l'argent à mon laquais pour aller acheter un cotret et un fagot. Cependant la dame du logis m'entretint de mille choses les plus agréables du monde; elle me juroit sa foi naïvement que, depuis que les jours de dévotion étoient venus, elle n'avoit rien gagné. Elle me demanda si je voulois qu'elle me fît voir quelque jour une des plus belles bourgeoises de Paris. Je lui répondis que j'en serois fort aise, et voulus sçavoir à quel jour cela se pourroit faire. Ma foi, me dit-elle, j'aurai bien de la difficulté à vous tenir ce que je vous promets : mais quoi, vous êtes galant homme, il vous faut contenter. La dame que je vous dis a un mari bien jaloux; il ne la laisse guère sortir que les fêtes et les dimanches; j'irai lui parler de vous, et possible viendra-t-elle ici vous voir l'un de ces jours (Dieu me pardonne, s'il lui plaît), au lieu d'aller à la messe ou à vêpres. Je m'étonnai d'ouïr le discours de cette femme, qui vouloit paroître dévote et mauvaise en même temps, et cela me toucha l'âme, de sorte que je ne voulus point qu'elle fît venir sa bourgeoise. Ainsi je vous assure que, comme il n'y a rien qui guérisse tant un vicieux que le dégoût qu'il a quelquefois de son propre vice, l'on trouve souvent en ces lieux-là des choses qui vous font plutôt haïr les péchés que de vous les faire rechercher; tellement que, lorsque je suis touché de quelque dévotion, à peine me puis-je repentir d'y avoir été. Je vous en dirois davantage, n'étoit qu'il faut que j'achève mon conte, qui n'est pas des pires. Mon laquais étant revenu avec du bois, je ne voulus point le faire allumer que celle que l'on étoit allé querir ne fût venue, afin qu'elle eût sa part de ma joie. J'attendis pour le moins deux heures avec impatience : la maîtresse de la maison ne sçavoit plus quel conte me faire, pour me divertir. Enfin, voyant qu'il se faisoit nuit, je ne me voulus plus tenir là pour si peu de chose, et, ne regrettant que l'argent que j'avois employé en bois, je dis que je n'entendois pas que la gueuse qui m'avoit tant fait attendre s'en chauffât quand elle seroit venue; et aussitôt, ayant commandé à mon laquais de l'emporter, je m'en allai tout fâché. Au premier coin, je lui fis décharger son fagot et son cotret, bien qu'il passât encore par là quelques personnes de qualité; j'y fis mettre le feu par mon Basque avec un flambeau qu'il alla allumer à une taverne, et je me chauffai là, moi troisième, ayant pour compagnie mon laquais et un filou qui s'y arrêta.

Il a fallu que je vous fasse ce conte-ci, puisqu'il m'est venu en la pensée : je vous en ferai beaucoup d'autres, où vous remarquerez de semblables galanteries que je n'ai mises à exécution que pour avoir seulement le plaisir de me vanter hardiment de les avoir faites : ce n'a pas toujours été néanmoins dedans les lieux infâmes que je me suis plu à ces choses; car je vous assure que je ne suis guère retourné depuis aux académies d'amour, parce que l'on trouve ailleurs assez d'occasions de se donner du passe-temps.

LIVRE SEPTIÈME

Comme Francion en étoit là, le maître d'hôtel vint apporter à déjeuner. Le seigneur ne voulut point qu'il parachevât son histoire qu'il n'eût repris ses forces en mangeant; et cependant ils eurent le loisir de considérer ensemble la variété de l'humeur des hommes, comme il y en a qui ne se proposent de paroître que par leurs habits, d'autres par leurs paroles affectées; que les grands du monde prennent souvent leur plaisir à entendre parler des fols plutôt que des sages, et que ceux qui semblent les plus modestes cachent souvent dedans leur sein des passions déréglées et des amours illicites. Nous en avons vu la narration, qui nous doit faire haïr le vice; car, quelque bonne mine que Francion fît, il sçavoit bien que tous les plaisirs qu'il avoit eus à débaucher la maîtresse et la servante n'étoient pas si agréables qu'une vie nette et chaste. Pour ce qui étoit de la fréquentation des femmes abandonnées, il confesse bien, comme nous avons ouï, qu'il n'y avoit rien de plus abominable; et, puisqu'il disoit qu'il n'y avoit rien qui les rendît plus odieuses que de les considérer quelquefois dans ces infâmes lieux où elles se trouvent, disons aussi qu'il n'a pas été hors de propos de mettre ici quelque chose de leur méchante vie, parce que cela les rendra plus haïssables, et que ceux qui liront ceci les fuiront bien plus que ne faisoit Francion. Lorsqu'il eut fini son petit repas, il parla de la sorte que l'on peut voir au discours suivant.

Bien que les ardeurs de ma jeunesse me poussassent à la débauche, comme je vous ai dit, je ne laissois pas de songer à mon avancement. J'avois été voir ma mère en Bretagne, où elle m'avoit fait de belles leçons. Je m'avisai qu'il falloit me mettre aux bonnes grâces d'un certain favori du roi qui me pouvoit beaucoup plus avancer que Clérante. Je m'acquis la connoissance de trois ou quatre de ses plus proches parens, et leur témoignai le désir que j'avois de rendre du service à toute leur race. Du commencement, pour me payer de la peine que je prenois à les courtiser, ils me promirent de me faire obtenir infailliblement une certaine charge que je désirois, laquelle étoit au pouvoir de Praxitèle (vous sçavez bien que celui-là a autrefois été chéri du roi); mais, comme je les voulus sommer de leurs promesses, jamais je ne trouvai rien si froid qu'eux. Je pense que leur âme étoit ladre, et que l'on avoit beau les piquer avec les prières et les remontrances, ils n'en sentoient aucune chose. Je vous dirai, en vérité, que je crois que leur bonne fortune les avoit fait devenir à moitié fols, ou bien qu'ils feignoient de l'être. Si je leur parlois d'une chose, ils me mettoient sur une autre; et, s'ils étoient contraints de me répondre sur mon affaire, ils me la faisoient si difficile que rien plus.

J'avois fait un discours où j'essayois de prouver que le mérite de Praxitèle étoit aussi grand que sa prospérité; mais ils ne voulurent pas que je le montrasse à personne, et cela, disoient-ils, se faisoit par un coup d'État, d'autant qu'ils craignoient que cela ne fît accroître l'envie que l'on portoit à leur fortune. Qui ne jugera que c'étoit qu'ils reconnoissoient que leur parent n'étoit pas digne de tant de louanges, comme je lui en donnois, et que, mes flatteries étant trop visibles, elles eussent plutôt incité le peuple à se moquer de lui qu'à le respecter? Je me suis bien repenti, depuis, de lui avoir tant fait d'honneur que d'écrire pour lui, et j'ai cru que, si le ciel ne me favorisa en ce que je prétendois, ce fut pour me punir d'avoir loué une personne indigne de louange. La charge que je désirois fut donnée à un autre que moi, qui, possible, ne l'avoit pas recherchée; mais, je vous dirai, le dommage étoit autant de leur côté que du mien, car ils perdoient en moi un ami et serviteur très-fidèle qui s'étoit préparé à les assister en des choses importantes, et ne prenoient qu'un sot sans esprit et sans fidélité. J'avois prié Clérante de leur parler de moi; mais il n'en avoit voulu rien faire, me disant que son autorité étoit morte en ces actions-là, et que ces coquins, venus de bas lieu, se plaisoient à mépriser les seigneurs de qualité, et qu'outre cela il ne se vouloit pas tant abaisser que de les aller supplier d'aucune chose. Voyant tout ceci, j'eus recours aux consolations que les anciens sages nous donnent contre les adversités, et, si je ne jouissois point de la prospérité de beaucoup d'autres, j'avois cela en récompense que je n'étois pas esclave comme eux. Je voyois bien que, pour obtenir alors quelque chose dans le monde, il n'y avoit rien qui y fût moins utile que de le mériter, et je remarquois que, pour se mettre en bonne estime, il valoit mieux faire profession de bouffonnerie que de sagesse. Je ne sçavois ni contrefaire les orgues, ni chiffler, ni faire des grimaces, parties fort nécessaires; et, quand je l'eusse sçu, je n'eusse pas eu l'âme si vile que de me vouloir avancer par là. J'ai bien toujours aimé la gausserie et les bons mots, qui témoignent la pointe de l'esprit, mais non pas ces tours de bateleur et d'écornifleur que les sots courtisans admirent: et, outre cela, quand je veux dire quelque chose d'agréable, il faut que ce soit particulièrement pour me donner du plaisir à moi-même ou à des gens qui me soient égaux, et non pas à ceux qui s'estiment davantage que moi.

Puisque je ne pouvois donc entrer aux bonnes grâces de ceux qui étoient en faveur, je m'acquis celles de plusieurs autres qui ne songeoient qu'à rire et à faire l'amour, avec lesquels, s'il y avoit moins de profit, il y avoit en récompense plus de contentement.

Toutefois il m'étoit impossible de m'empêcher de songer à la perte que je faisois de ma jeunesse, au lieu qu'il me sembloit que je l'eusse pu fort bien employer pour le profit de ceux à qui je désirois de rendre du service, et pour le mien particulier. Cela faisoit que, lorsque je me trouvois quelquefois en compagnie où j'avois dit le mot comme les autres, je demeurois muet tout d'un coup, et me laissois emporter à une profonde rêverie, tellement qu'il sembloit que je ne fusse plus ce que j'avois accoutumé d'être, et que j'eusse tout à fait changé de nature. Je fus extrêmement fâché de cette métamorphose, et je me contraignois le plus qu'il m'étoit possible. Mais quoi ! le sujet de ma tristesse ne pouvoit être si facilement retranché, à cause qu'incessamment je voyois des objets qui faisoient accroître ma peine. Il étoit besoin, en cela, de quelque divertissement ou d'un exil volontaire.

Clérante, qui sçait ma maladie et son origine, essaye de tout son pouvoir de me consoler, et me mène aux champs, à une belle maison qu'il a. Qu'avez-vous fait de votre belle humeur ? ce me disoit-il. Je retrancherai quelque chose de l'estime que votre mérite m'a jusques ici obligé de faire de vous, si vous ne mettez peine à vous réjouir : vous vous fâchez du désordre du monde ; ne vous en souciez point, puisque l'on n'y peut remédier. En dépit de tous les hommes, vivons tout au contraire d'eux. Ne suivons pas une de leurs sottes coutumes ; quant à moi, je quitte pour jamais la cour où je n'ai goûté aucun repos. Si nous voulons passer nos jours parmi les délices de l'amour, nous trouverons en ces quartiers-ci de jeunes beautés dont l'embonpoint surpasse celui des courtisanes, qui sont toutes couvertes de fard, et qui usent de mille inventions pour relever leur sein flasque. Je me souviens d'avoir couché avec quelques-unes si maigres, que j'eusse autant aimé être mis à la géhenne ; et, à propos, dernièrement cette Luce, je connus que sa beauté vient plus d'artifice que de nature, son corps n'est composé que d'os et de peau.

L'humeur franche de ce seigneur me plaisant, je lui accordai tout ce qu'il voulut. Il avoit laissé sa grandeur à la cour, sans en retenir seulement la mémoire, et, se rabaissant jusqu'à l'extrémité, il alloit danser sous l'ormiau les dimanches, avec le compère Piarre et le sire Lucrin. Il jouoit à la boule avec eux pour le souper, et se plaisoit à les voir boire d'autant, afin qu'ils contassent après merveilles. Lorsqu'il étoit en humeur plus sérieuse, il faisoit venir les bonnes vieilles gens, et les prioit de raconter tout ce qui étoit en leur mémoire du temps de leur jeunesse. Oh ! quel contentement il sentoit, lorsqu'ils venoient à discourir des affaires d'État, dont ils parloient selon leurs opinions et celles de leurs grands-pères, donnant toujours quelque blâme aux seigneurs qui avoient approché le plus près de la personne des rois ! Pour moi, de mon naturel je ne me plais guère à toutes ces choses-là; car je n'aime pas la communication des personnes sottes et ignorantes. Néanmoins, afin de lui agréer, je m'efforçois tant d'y prendre du plaisir, que je puis assurer que j'en prenois quelque peu, quand ce n'eût été que de voir qu'il en recevoit, d'autant que mon principal soin étoit de le faire vivre joyeusement.

Je me portai même jusqu'à prendre le dessein d'une galanterie que fort peu de personnes voudroient entreprendre. On nous avoit dit qu'il y avoit, à trois lieues de là, dedans une ferme, la plus belle bourgeoise du monde. Je m'avisai de m'habiller en paysan, et de porter un violon, dont je sçavois jouer, afin d'entrer plutôt chez elle. Ce qui me faisoit prendre cette délibération, c'étoit que l'on m'avoit appris que la mignarde aimoit passionnément à rire et avoit des rencontres fort plaisantes. Or j'espérois de lui tenir des discours si facétieux, que ce seroit un plaisir des plus grands d'ouïr notre entretien. Le bon étoit qu'il y avoit une noce en son village le jour que j'avois délibéré d'y aller. Clérante, se voulant aussi égayer, fit provision d'une cymbale pour m'accompagner, parce que c'est un instrument dont le jeu n'est guère difficile, il ne faut que battre dedans avec la verge de fer à la cadence des chansons.

Nous sortons un matin, avec nos vêtemens accoutumés, faisant accroire que nous allons à douze lieues loin, et ne menons avec nous que mon valet de chambre, que j'avois rendu fin matois. Étant à deux lieues de la maison, nous entrâmes dans un bois fort solitaire, où nous vêtimes des haillons que nous avions apportés avec nous. Clérante fit bander son visage à moitié et noircir sa barbe, qui étoit blonde, de peur d'être reconnu par quelqu'un. Quant à moi, je me mis seulement un emplâtre sur l'un de mes yeux, et j'enfonçai ma tête dans un vieux chapeau dont j'abaissois et haussois le bord à ma volonté, comme la visière d'un armet, parce qu'il étoit fendu au milieu.

En cet équipage, nous marchâmes jusqu'au village où se

faisoit la noce; et mon valet mit nos chevaux en une hôtellerie, en attendant que nous en eussions affaire. Nous allâmes droit chez le père de la mariée, un bon pitaut [1], à qui je demandai s'il n'avoit point affaire de mon service. Il me dit qu'il avoit déjà retenu un ménétrier, à qui il avoit baillé seize sols d'arrhes, sur et tant moins d'un écu qu'il lui avoit promis pour sa journée. Je ne vous demande qu'un demi-écu pour moi et pour mon compagnon, ce dis-je, et si nous ferons la cuisine, à quoi nous nous entendons des mieux, parce que nous avons été des premiers marmitons de l'hôtel de la Maque [2]. Nous trouvant à si bon marché par l'avis de sa femme, qui ne vouloit pas faire grande dépense, il s'accorda à nous prendre. L'autre ménétrier vint incontinent, et n'y eut pas une petite dispute entre lui et moi. Il disoit qu'on avoit parlé à lui dès le soir précédent, et qu'il étoit venu d'une lieue de là; moi, je dis que je venois de huit lieues tout exprès, et qu'il y avoit quinze jours qu'un certain homme, passant par mon village, m'avoit retenu : ma cause, en ce point, fut trouvée la meilleure, et, les arrhes lui demeurant, il s'en alla néanmoins tout déconforté.

Nous nous mîmes à travailler à la cuisine, et Clérante, qui quelquefois vouloit sçavoir de ses gens comment l'on accommodoit toutes les entrées de ses repas, eût fait de très-bonnes sauces, s'il eût eu de l'étoffe pour en faire : nous nous contentâmes d'apprêter tout à la grosse mode, selon le conseil d'un surintendant qui venoit nous voir de fois à autre. Chacun étant revenu de la messe, la table fut couverte, et l'on s'assit pour dîner. La bourgeoise étoit là des plus avant, parce que c'étoit la fille de son vigneron qui se marioit : j'eus la commodité de la regarder attentivement, et je vous confesse que je n'ai guère vu de plus belles femmes. Le repas étant fini, le marié et la mariée se mirent devant une table chargée d'un beau bassin de cuivre; à chaque pièce que l'on leur apportoit, comme en offrande, ils faisoient une belle révérence pour remercîment, en penchant la tête de côté. Ceux qui donnoient deux pièces d'argent étoient si convoiteux de gloire,

---

[1] Paysan.
[2] Maque, vieux mot qui signifiait vente. L'hôtel de la Maque était, selon le *Dict. de Trévoux*, un hôtel où les Picards venaient vendre leurs marchandises.

qu'afin que l'on le vît ils les faisoient tomber l'une après l'autre. La bourgeoise présenta une couple de fourchettes d'argent, une certaine femme de village en présenta de fer, à tirer la chair du pot, où il y avoit une cuiller au bout; une autre, des pincettes et des tenailles : si bien qu'en tout ceci il y avoit la figure des cornes, ce qui étoit un présage très-mauvais pour le pauvre Joblin. Il fut là avec son épouse un quart d'heure, après que l'on lui eut fait tous les dons, pour attendre s'il n'y en avoit point encore à faire. S'étant retirés, ils comptèrent ce qu'ils avoient dépensé; et, voyant qu'ils perdoient beaucoup à leur noce, ils se mirent à pleurer si démesurément, que moi, qui étois auprès d'eux, je fus contraint d'essayer de les consoler. Le père de la mariée leur vint dire alors que le seigneur lui avoit accordé que toute la compagnie vînt danser en son château, et qu'ils marchassent les premiers avec le violon. J'accordai mon instrument, et, jouant la première fantaisie qui me vint en l'esprit, je fus conducteur de toute la bande. Le son des cymbales ne plaisoit pas à chacun; Clérante fut contraint de laisser les siennes inutiles. En marchant devant moi, il faisoit des pas et des postures si agréables, que, si je ne l'eusse point connu, je l'eusse pris pour le plus grand bateleur du monde. Étant dans la cour du château, je jouai des branles que presque toute la compagnie dansa. Après cela, je jouai des gaillardes et des courantes, que les pitauts dansoient d'une telle façon, que j'y recevois un extrême plaisir, ce qui m'empêchoit d'avoir du regret de m'être si prodigieusement métamorphosé. D'ailleurs j'étois infiniment aise d'entendre les discours de quelques bonnes vieilles assises auprès de moi; elles disoient que les parens des mariés étoient bien chiches; qu'ils n'avoient pris qu'un violon, et qu'ils ne leur avoient pas fait assez bonne chair. Parmananda, se disoit l'une, quand je maria ma grande fille Jacquette, il y avoit tant de viande de reste, que le lendemain, qui étoit un jeudi, il fallut prier notre curé de nous venir aider à la manger, de peur qu'elle ne se gâtât en la gardant pour le dimanche, encore fallut-il au soir en faire des aumônes à tous les pauvres du village ; et si la grande bande des cornets étoit à la noce ! Les autres tenoient de pareils propos, sans songer à la danse. Ce qui m'étoit encore bien plaisant à entendre étoit le discours qu'un jeune

badaud tenoit à une servante du logis du seigneur. Il étoit
venu l'accoster avec un ris badin, une révérence en remuant
les fesses, en tortillant le bord de son chapeau, et disant :
Comment vous en va, Robaine ? vous faites-là la sainte sucrée;
je cuide que vous êtes malade. C'est votre grâce, dit la servante. Eh bien, vous voilà une fille à marier, reprit le villageois, ne serez-vous pas prise bientôt comme les autres ? la
gelée est forte cette année-ci ; dame, tout se prend. Ah !
regardez que c'est que celui-ci nous veut jargonner, repartit
la servante ! oui, ils sont pris s'ils ne s'envolent ; il a plus de
caquet que la poule à ma tante, il n'aura pas ma toile. Le
manant fila doux alors, d'autant qu'il l'honoroit fort, et qu'un
demi-ceint d'argent qu'elle avoit étoit une puissante chaîne
pour attirer son cœur à son service ; car il faut que vous
sachiez que, depuis qu'une servante porte sur les reins ce bel
ornement, il n'y a valet ni pauvre artisan qui ne lui jette plus
d'œillades que n'en jette un matou sur la viande qui est pendue au croc. Il lui dit donc, avec une façon si hors de propos,
que je ne sçavois s'il pleuroit ou s'il rioit : Hen ! ma mère m'a
parlé de vous ; et, voyant qu'elle ne lui répondoit point, il lui
répéta ces mêmes mots quatre ou cinq fois, en lui tirant la
main pour les lui faire entendre, croyant qu'elle dormît ou
qu'elle ne songeât pas à lui. Je ne suis pas sourde, dit-elle,
je vous entends bien. C'est à cause de vous que j'ai mis une
aiguillette de var de mar à mon chapeau, poursuivit le villageois ; car ma couraine m'a dit que c'est une couleur que
vous aimez tant, que vous en avez usé trois cotillons. Ce dernier jour, en allant aux vignes, je me détourny, par le sangoi,
de plus de cent pas pour vous voir, mais je ne vous avisy point ;
et, si toute la nuit je n'ai fait que songer de vous, tant je
suis votre serviteur, par la vertigué, j'ai voulu gager plus de
cent fois, contre mon biau frère Michaut Croupière, qu'à une
journée de la grande haridelle de sa charrue il n'y a pas une
fille qui soit de si belle regardure que vous, qui êtes la perle
du pays en humidité et en doux maintien. C'est que vous vous
moquez, reprit la servante, cela vous plaît à dire. Oh ! non
fait, lui dit le paysan. Oh ! si est, répondit-elle. Oh ! bien,
reprit-il, revenant toujours à ses moutons, ma mère, hen !
ma mère m'a parlé de vous, comme je vous dis ; si vous voulez vous marier, vous n'aurez qu'à dire. Jamais il n'expliqua

plus clairement ses intentions ; mais, pour montrer la grande
affection qu'il lui portoit, il la mena danser une gaillarde, où
il haussoit les pieds et demenoit les bras et tout le corps de
telle façon, qu'il sembloit qu'il fût désespéré ou démoniaque,
ou malade de Saint[1]. Je vis encore faire là d'autres badineries qui seroient trop longues à réciter. Qu'il vous suffise
que je voyois pratiquer tout un autre art d'aimer que celui
que nous a décrit le gentil Ovide.

Tandis Clérante regardoit avec attention tout ce qui
se faisoit, et, à l'arrivée de beaucoup de noblesse qui se
rendit dedans la salle du château, sans regarder la noce,
il s'y en alla, parce que la bourgeoise y étoit entrée aussi.
Or çà, compère, lui dit le seigneur, en prenant garde au bandage de sa tête, qui est-ce qui a voulu rompre le coffre de
ton entendement? C'est une personne qui n'en a guère, répondit-il, en contrefaisant sa voix le plus qu'il pouvoit : j'ai
une si méchante femme, que je pense qu'elle a le diable au
corps. Ah ! messieurs, le cœur me crève tant j'en ai de douleur : Dieu sçait combien j'ai tâché de fois à la rendre bonne,
en la battant dos et ventre, mais je n'en ai pu venir à bout,
encore que l'on dise que celles de son sexe soient de l'humeur des ânes et des noyers, de qui l'on ne tire point de
profit qu'en les battant fort et ferme. Je suis tonnelier de
mon état, et je ne joue de mes cymbales que les bonnes
fêtes. Dernièrement, ne la pouvant faire cesser de me dire
des injures, je la mis (à l'aide d'un mien valet) dans un de
mes grands tonneaux, dont je fermai après l'ouverture avec
des douves, de sorte qu'elle n'avoit plus d'air que par le trou
du bondon; je pris mon poulain, et devallai ainsi le vaisseau
jusqu'en ma cave : je le remontai et le redevallai encore par
plusieurs fois, le plus vite qu'il me fut possible, afin qu'elle
fût si tourmentée là dedans, qu'elle se repentît de m'avoir
offensé. Mais, tout au contraire de ce que je pensois, elle
mettoit, quand elle pouvoit, sa bouche près la petite fenêtre
de sa loge, et me disoit des vilenies insupportables. Enfin,
je fus contraint de la laisser là passer sa colère. Sur le soir,
il me vint une maudite envie de prendre avec elle mon
plaisir ordinaire, auquel je m'étois tellement accoutumé, que

---

[1] Épileptique.

je ne m'en pouvois passer une seule nuit sans souffrir autant de mal que si l'on m'eût brûlé à petit feu. Néanmoins je ne la voulois pas tirer du tonneau, craignant qu'elle ne me fît quelque outrage, comme elle avoit déjà fait plusieurs fois pour moindre occasion : Baisez-moi par le trou, mamie, lui dis-je, puis nous ferons la paix. Non, non, répondit-elle, j'aimerois mieux l'amitié des diables d'enfer que la tienne. Je ne te ferai plus rien, ma foi, lui repartis-je, je veux dire que je ne te battrai plus; car, pour le reste, il faut toujours que l'homme se mette en son devoir. Donne-moi donc six baisers sans sortir de là, et, dès que tu auras achevé, je te promets que je te délivrerai de prison. Cette offre lui toucha les sentimens; elle s'accorda à ce que je voulois, et je pense qu'elle approchoit sa bouche le plus proche du trou du bondon qu'elle pouvoit; mais, quant à moi, je ne pus faire une assez longue moue pour la baiser. Enfin, je fus forcé de la tirer du lieu où elle étoit, tant mon désir me pressoit; mais, dès que je me fus un peu réjoui avec elle, elle recommença à me quereller et me dire qu'elle sçavoit bien que j'avois fait l'amour à une de ses voisines. Je ne sçais comment elle s'en apercevoit, car j'étois si vaillant, que je la caressois autant qu'à l'ordinaire; mais, en effet, elle se fâcha outre mesure. Le soleil, en se levant, vit notre castille, et fut témoin comme elle me jeta un pot à pisser à la tête, dont elle me blessa, ainsi que vous me voyez; et si je vous assure qu'il m'est à voir que je n'étois point coupable.

La fable de Clérante fit rire toute la compagnie, et même la bourgeoise, qui lui fit plusieurs demandes bouffonnes. Un gentilhomme de la troupe lui commanda de chanter quelque chanson. Il touche ses cymbales aussitôt, et en dit une des plus gaillardes. Étant convié d'en dire encore d'autres, et n'en sçachant point, il dit qu'il me falloit appeler, et que j'en chanterois des plus plaisantes du monde. La noce demeura sans violon, pour le contentement du seigneur du village, vers lequel je me transportai incontinent. Mon instrument et ma voix s'accordèrent ensemble pour dire plusieurs chansons les plus folâtres que l'on ait jamais ouïes, et que j'avois composées le plus souvent le verre à la main, pendant mes débauches; je faisois des grimaces, des gestes et des postures dont tous les bouffons de l'Europe seroient bien aises d'avoir de la tablature pour en gagner leur vie.

Clérante, cependant, s'étoit approché de deux vieillards qui n'adonnoient pas du tout leurs esprits à écouter ma musique; ils devisoient sérieusement ensemble d'une chose qui le touchoit, non pas en qualité de joueur de cymbales, mais en celle de grand seigneur. Il faisoit semblant de ne les pas ouïr, afin qu'ils ne cessassent point de parler si haut, et ne les regardoit pas seulement, encore qu'il ne dût point craindre qu'ils se retinssent de dire devant lui tout ce qu'ils pensoient, parce que, le prenant pour un badin [1], ils ne le jugeoient pas même capable de comprendre leurs raisons. Clérante a été en ce pays-ci quelques jours, à ce que l'on m'a appris, disoit l'un, mais il s'en est déjà allé ce matin; j'en suis fort aise, car je l'aimerois mieux en Turquie qu'ici; je l'ai toujours haï depuis que je le connois. Il est extrêmement vicieux, il est du tout adonné au vin et aux femmes, et fait quelquefois des actions qui dérogent grandement à sa qualité. Je prise plus mon fermier, qui vit en bon et loyal paysan, comme le ciel l'a fait naître, que lui, qui ne vit pas en grand seigneur, combien qu'il le soit d'extraction. Il ne vous déplaira plus guère longtemps, répondit l'autre, je vous apprends en ami, avec la prière d'être secret, que quelques gens, qui ont maintenant beaucoup de puissance dans l'État, se sont délibérés de se défaire de lui sans bruit, maintenant qu'il est hors de la cour. Ils avoient envoyé ici un homme avec ce dessein-là; mais il n'a pu exécuter leur intention. Je ne sçais s'il en aura meilleur moyen sur les chemins où il le trouvera.

Encore que celui-ci dît ces paroles plus bas que toutes les autres, qu'il avoit tenues auparavant, Clérante les entendit bien; et, pour dissiper la fâcherie que lui donnoit la mauvaise entreprise que l'on machinoit contre lui, il alla prier un valet de lui verser à boire, et dit qu'il avoit de telle façon écorché sa gorge à force de chanter, qu'il étoit perdu, s'il ne l'adoucissoit en faisant pleuvoir du vin tout du long jusqu'au réceptacle de ses boyaux. L'on lui en donna tant qu'il voulut, et, s'étant retiré à un coin, il tira d'un bissac quelques reliquats de la noce, dont je lui arrachai goulûment de bonnes nippes, et, les allant manger auprès de la fenêtre, je vis de-

---

[1] Sot.

dans la cour la plus plaisante chose du monde. En dressant les potages et le ris jaune du dîner, j'avois mis dedans une certaine composition laxative que j'avois apportée. Cette drogue ayant fait alors son opération, tous ceux de la noce étoient contraints d'aller se décharger le plus près qu'ils pouvoient d'un fardeau qui ne pèse guère et qui est pourtant le plus difficile à porter de tous. Il y en avoit qui entroient dedans les écuries en serrant les fesses; d'autres, n'ayant pas le loisir d'aller si loin, se vidoient sur le fumier à l'endroit où ils se trouvoient. En mon absence, la jeunesse avoit voulu danser aux chansons : la plupart sortoient de la danse pour obéir au fâcheux tyran qui leur commandoit; mais la pauvre épousée, qui souffroit d'aussi violentes tranchées que les autres, parce qu'elle avoit trop mangé de ris, étoit en une peine extrême. Elle ne croyoit pas qu'il fût bienséant à elle, pour qui se faisoit la fête, de quitter ceux qui la tenoient par la main; si bien qu'elle laissa couler jusqu'à terre une certaine liqueur dont l'odeur mauvaise, parvenant à la fin au nez de ceux qui dansoient, et qui avoient marché dessus par plusieurs fois, les fit regarder en terre, et émut en eux une grosse dispute sur ce point épineux, sçavoir qui c'étoit qui avoit fait la vilenie. Les hommes se retirèrent du pair, d'autant qu'ils alléguèrent que leurs hauts-de-chausses étoient assez larges pour contenir les excrémens de plus de deux semaines sans qu'ils fussent contraints de les jeter ainsi en bas devant tant d'honnêtes personnes. Mais, chacun souffrant un même mal, et se trouvant honteux de lâcher ses ordures dans la cour du seigneur, que j'avois appelé aux fenêtres avec toute la compagnie, pour voir cette plaisante aventure, tous ceux de la noce s'en retournèrent en leur logis l'un après l'autre, non pas sans recevoir force gausseries de ceux qui les voyoient danser d'autres courantes que celles que j'avois jouées de mon rebec. Chacun donna son avis là-dessus, et presque tous concluoient que l'occasion de leur devoiement d'estomac étoit qu'ils n'avoient accoutumé de manger que du pain.

La bourgeoise même ne fut pas exempte de cette maladie, qui la surprit à l'improviste, comme elle se moquoit de ceux qui en étoient tourmentés. Aussitôt, craignant de commettre une faute pareille à celle de la mariée, elle sortit de la salle, et, ne sçachant où se décharger, elle alloit d'un côté et d'autre

Enfin elle rencontra un laquais, à qui elle demanda quasi tout hors d'elle-même où étoient les privés : il les lui montra du doigt ; mais, comme elle troussoit sa cotte pour y présider, un jeune garçon, aussi pressé qu'elle, s'y vouloit placer. Ils eurent une contestation à qui s'y mettroit le premier : cependant la mère du marié, qui étoit une grosse résolue de paysanne, vint occuper le lieu ; de sorte qu'ils furent tous deux contraints de laisser tout couler à l'endroit où ils se trouvèrent. La bourgeoise, étant de retour, eut encore un ajournement personnel pour aller au même lieu, où elle fit ses affaires plus à son aise qu'au premier coup. Lorsque je la vis, je dis aux gentilshommes que je pensois que leur compagnie ne lui étoit pas agréable, et qu'elle ne faisoit autre chose que s'en retirer, et marchandoit à la quitter tout à fait. Ayant entendu que je me voulois gausser d'elle, elle tâcha de me donner quelque attaque, et, pour sonder la subtilité de mon esprit, elle me dit : Or çà, ménétrier, quelle corde est la plus malaisée à accorder de toutes les tiennes ? Est-ce la chanterelle ? Nenni da, madame, ce dis-je, c'est la plus grosse : je suis quelquefois plus de deux heures sans en pouvoir venir à bout. Néanmoins je m'assure que, si vous l'aviez seulement touchée du doigt, elle se banderoit toute seule autant comme il faut : quand vous voudrez, vous en verrez l'expérience ; elle rendra une harmonie qui vous ravira les esprits jusqu'au ciel, j'entends le ciel de votre lit.

Les risées que l'on fit de ceci invitèrent de plus en plus la bourgeoise à chercher les moyens de me donner quelque bon trait, pour avoir sa revanche ; mais Clérante, se levant alors de sa place un verre à la main, et roulant les yeux à la tête, commença de contrefaire l'ivrogne si naïvement, que j'eusse cru qu'il l'eût été, n'étoit que je sçavois sa portée de vin, et qu'il n'avoit pas bu la moitié de ce qu'il en falloit pour lui troubler le cerveau. Tout le reste de l'assistance en avoit bien autre opinion que moi. Il chancelle à tous coups, bégaye en parlant et dit des rêveries étranges. Il fait semblant de vouloir essayer si le vin a bon goût, et, ayant trempé son petit doigt dans le verre, il suce son pouce au lieu de l'autre doigt. En buvant, il répand la moitié de son vin sur lui, et tire le devant de sa chemise hors de sa brayette pour essuyer sa bouche ; de manière qu'en écarquillant les jambes il montre à la bourgeoise tout ce qu'il porte. Pour faire la sainte Nitouche, en s'écriant elle couvre soudain ses yeux avec sa main, dont elle entr'ouvre néanmoins les doigts finement, l'hypocrite qu'elle est, pour voir sans que l'on s'en aperçoive. Clérante, continuant à faire des extravagances, et la trouvant toute droite au milieu de la salle, s'approcha d'elle pour pisser, comme si elle eût été une muraille ou une statue : en tenant sa main dans ses chausses, il se laissoit déjà aller la tête pour s'appuyer à elle, lorsqu'elle se recula en arrière; et enfin l'on me conseilla de le mener reposer. Je le conduisis au logis de la bourgeoise où étoient les courtines du mariage. Comme elle fut revenue, elle le fit coucher dans une petite chambre auprès de la porte, et me demanda si je croyois que la raison lui revînt bientôt : elle me parloit de cela avec une façon qui me donnoit à connoître qu'elle n'étoit guère joyeuse de le voir ainsi assoupi, et qu'elle eût mieux aimé lui voir seulement un peu de gaillardise; voilà pourquoi je lui répondis que dans une heure il ne paroîtroit pas qu'il eût bu. Elle avoit vu une bonne partie de son corps, étant entrée au lieu où il étoit couché, et ne cessoit de me louer son embonpoint et sa bonne mine, que l'on remarquoit facilement, encore qu'il eût le visage à demi couvert de linge; ce qui me mit en la fantaisie qu'elle étoit beaucoup portée à lui vouloir du bien. Je le contai après à Clérante qui en fut très-aise. Véritablement je ne me trompai point; car elle eut de si fortes tentations, qu'après que tout le monde se fut retiré chez soi, et qu'elle m'eut fait coucher dans une chambre à part, elle s'en alla sans chandelle se glisser dans le lit de Clérante, s'imaginant qu'elle prendroit son plaisir avec lui le plus secrètement du monde, parce que lui-même ne pourroit sçavoir avec quelle personne il seroit, n'ayant point de lumière, et qu'ayant encore alors l'esprit un peu troublé il croiroit le lendemain, possible, que ce seroit un songe que tout ce qui lui seroit avenu.

Elle ne l'eut pas sitôt embrassé, qu'il reconnut qui elle étoit, et, sans dire mot, essaya de l'assouvir des plaisirs après lesquels elle soupiroit tant. Sur les onze heures, l'on heurta à la porte; incontinent elle se lève, et s'y en va. Elle demande qui c'est qui veut entrer : c'est son mari qui lui répond, et qui la prie de lui ouvrir vitement, parce qu'il est fort las, étant venu de la ville tout d'une course. Mon Dieu ! dit-elle,

ayant ouvert la porte, il vient de sortir d'ici un homme qu
vous cherche partout : je lui ai dit que vous étiez à la ville,
il en a pris le chemin; il vous veut parler d'une chose bien
pressée, et qui vous importe grandement, à ce qu'il dit; ne
l'avez-vous point rencontré? Non, dit le mari, je suis venu
par des chemins extraordinaires. Retournez-vous-en donc le
long du grand chemin, je vous en supplie, réplique la bourgeoise; et vous le ratteindrez infailliblement.

Le mari, bien empêché à songer ce que l'on lui veut, pique
son cheval et s'en reva. La bourgeoise, très-aise que sa tromperie a réussi, va retrouver Clérante, avec qui elle demeure le
plus longtemps qu'elle peut. Le jour étant venu tout à fait,
son mari arriva au logis, qui dit qu'il n'avoit point eu de
nouvelles de l'homme qui le demandoit, bien qu'il se fût enquis de lui sur les chemins et dans la ville où il avoit passé
la dernière partie de la nuit, ce qui le mettoit bien en peine.

Ayant pris congé de notre bourgeoise, nous nous en allâmes
allègres et joyeux, et passâmes par-devant l'hôtellerie où mon
valet de chambre nous attendoit. Nous ayant aperçus, il partit incontinent pour nous suivre de loin. Nous nous remîmes
en la mémoire tout ce qui nous étoit arrivé. Clérante me conta
ce qu'il avoit entendu dire aux deux vieillards, dont je con-
jecturai que c'étoit un bon génie qui l'avoit porté à se déguiser pour découvrir une si grande trahison. Je m'en réjouis
grandement, joint qu'il avoit eu le bonheur de coucher avec
une beauté pour laquelle j'eusse fait cent lieues de chemin à
pied, et me transformerois en toutes sortes de façons, s'il
étoit nécessaire.

Que ceux qui prendront pour une friponnerie ce voyage-ci
de Clérante considèrent qu'il ne devoit pas aller faire l'amour
à la bourgeoise en ses habits ordinaires, d'autant qu'il eût fait
tort à sa qualité : il valoit bien mieux faire comme il fit. Il
usa d'une subtile invention, en racontant l'histoire mensongère de sa femme; car sçachez qu'en disant qu'après avoir
fait l'amour à une voisine il venoit encore vaillamment caresser sa femme, il fit venir l'eau à la bouche de la bourgeoise, et lui donna des désirs en quantité; en toutes les autres choses il se comporta aussi fort prudemment.

Au reste, il n'y avoit rien qui fût capable de lui donner du
plaisir comme de s'être déguisé; premièrement, parce qu'il

avoit vu des actions populaires qu'autrement il ne pouvoit voir qu'avec beaucoup de difficulté; et d'ailleurs à cause qu'il étoit bien aise de changer pour un petit de temps de manière de vivre, et de voir comment on le traiteroit s'il eût été joueur de cymbales ou vielleur. Lorsque les grands se veulent donner du plaisir dans une comédie, ils n'ont garde de prendre d'autres personnages que les moindres. Leur contentement est d'éprouver, au moins par fiction, ce que c'est que d'une condition fort éloignée de la leur. Que nous sert-il de nous tenir si fermement dans la majesté des grands états, sans nous résoudre à faire une démarche ? La fortune nous tire le plus souvent malgré nous hors des pompes royales qui nous environnoient, et nous jette dans la gueuserie, nous réduisant à vivre sous des cabanes de boue. Il n'est que de s'accoutumer de bonne heure à être petit compagnon. Néron avoit quelque chose de galant, quoi que dise le vulgaire. Il s'étudioit à jouer du cistre[1], afin d'en gagner son pain, s'il étoit quelque jour dépossédé de son trône. D'un autre côté, ce n'est pas une mauvaise leçon pour les grands seigneurs que d'apprendre comment les pauvres sont contraints de vivre, parce que cela leur donne de la compassion du simple peuple envers lequel ils témoignent après une humanité qui les rend recommandables.

Il est vrai que parmi toutes ces choses, qui peuvent être faites à une bonne intention et sans aucun mélange d'impureté, ce seigneur avoit lâché la bride à ses impudicités; mais il n'y a homme si parfait qui n'ait ses défauts. Songeons au bien et laisons le mal. Prenons garde que Clérante avoit fait des choses qui lui pouvoient beaucoup servir. Nous eûmes toutes ces considérations dessus le chemin; et, quand nous fûmes arrivés au bois où nous avions pris nos méchans habits le jour précédent, nous les quittâmes pour reprendre les nôtres ordinaires, que mon valet nous bailla après qu'il nous eut atteints. Clérante, étant arrivé chez lui, mande un conseiller de ses amis, à qui il apprend que l'on a ouï dire à un vieil gentilhomme de la contrée qu'il y a un homme aux environs de son château en délibération de le tuer. Le con-

---

[1] Manière de luth dont le manche est plus long, et divisé en dix-huit touches.

seiller va trouver ce vieillard qu'il lui avoit nommé, et lui assure qu'il faut qu'il dise tout ce qu'il sçait de cette affaire, et que l'on en a déjà ouï parler comme une personne qui n'en est pas ignorante. Tout ce que l'on peut tirer de lui, c'est que tout ce qu'il en a dit n'est fondé que sur le bruit commun. L'on l'interroge avec plus d'opiniâtreté, et l'on apprend à la fin le lieu où pourroit être alors celui qui s'est délibéré de commettre l'assassin, dont il dépeint la façon, la stature et le vêtement. L'on y envoie, mais en vain; ne trouvant point d'occasion de faire son coup, il s'en étoit allé par aventure plein de désespoir.

Le conseiller étoit d'avis que Clérante prît vengeance du vieillard, qui avoit été si méchant que de ne lui venir pas découvrir les entreprises que l'on brassoit contre lui; mais il n'en voulut rien faire, et se douta bien que lui et son compagnon, qui avoit témoigné de lui porter tant de haine, avoient reçu quelque tort pour son sujet, en quoi il ne se déçut point certainement; car, comme il apprit de son secrétaire, ses fermiers, sous son autorité, les avoient frustrés par fraude et par chicanerie d'une certaine petite somme qui leur étoit due, ce qui leur étoit infiniment sensible, à cause qu'ils étoient nécessiteux. Il fit incontinent tirer de son coffre l'argent qu'il leur falloit, et le leur envoya, avec prière d'être désormais ses amis. Cette courtoisie gagna entièrement leur volonté, et depuis ils n'ont fait paroître que toute affection au service de ce brave seigneur.

Étant en repos de ce côté-là, il se remit en mémoire la belle Aimée, c'étoit le nom de cette bourgeoise dont il eût bien voulu jouir encore une fois. L'amour exerçant sur lui un empire bien sévère, il fut forcé de se résoudre à tâcher de voir cette mignonne, en quelque façon que ce fût. Le changement d'habits ne lui sembla pas à propos : nous sortons avec fort petite compagnie de gens qui tiennent des oiseaux sur le poing; ils les laissent voler aux endroits où nous apercevons de la proie, et nous donnons ainsi en chassant jusqu'à la maison que nous cherchons : Clérante y envoie un de ses gens heurter à la porte du jardin, pour faire accroire qu'il y est volé un de nos oiseaux, qu'il veut ravoir. Au nom de son maître, l'on lui ouvre courtoisement, lui disant néanmoins que l'on ne croit pas qu'il soit entré là aucun oiseau de proie : il appelle longtemps, et regarde partout, quelque chose que l'on lui dise. Enfin Clérante descendit de cheval, et moi aussi; nous entrâmes au lieu où il étoit, pour lui demander s'il n'avoit point trouvé l'oiseau. La bourgeoise, voyant ce seigneur chez elle, s'en vint lui témoigner sa courtoisie, et le pria de prendre un peu de repos dans sa salle, en attendant que l'on eût rencontré ce qu'il cherchoit.

Pour prendre l'occasion qui s'offroit, il lui répondit que son honnêteté n'étoit pas de refus, et qu'il avoit beaucoup de lassitude. Nos voix étoient bien différentes de celles que nous avions prises à la noce par fiction, et nos visages ne lui étoient pas reconnoissables; quand nous n'eussions pas eu l'artifice de les déguiser, en faisant le personnage de ménétrier, elle n'eût pas alors cru que nous étions ceux-là mêmes qu'elle avoit vus depuis peu de jours sous de si méchans haillons, et son jugement eût plutôt démenti ses yeux; car qui est-ce qui eût été si subtil que de s'imaginer la vérité d'une telle chose ? Nous étant assis, et elle pareillement, Clérante dit que l'humeur de son faucon, qui s'étoit égaré, lui étoit extrêmement désagréable, qu'il étoit le plus volage et le plus infidèle qu'on vît jamais. Je réponds que, quand il seroit perdu, ce ne seroit pas grand dommage, et que l'on en trouveroit assez de meilleurs : ainsi nous tînmes plusieurs discours sur la fauconnerie, donnant toujours quelque petite attaque aux dames, qui sçavent attraper tant de proie; ce qui fit connoître à la bourgeoise que nous étions de bons compagnons. Néanmoins elle n'osoit pas encore nous donner de si libres reparties que nous ne l'eussions incitée à ce faire. Madame, lui dit Clérante en quittant mon entretien, il n'en faut point mentir, c'est plutôt le désir de vous voir que de ravoir mon faucon, qui m'a fait entrer céans. Elle répondit qu'il lui pardonnât, si elle ne pouvoit croire qu'il eût voulu prendre tant de peine pour un si maigre sujet. Vous vous imaginez donc, reprit-il, que je fais plus d'état de mon faucon que de vous? C'est vous abuser excessivement; car j'ai bien plus de raison de vous chérir que lui, vu qu'il est croyable que vous n'êtes pas si mauvaise que de frustrer votre chasseur du plaisir de la proie que vous ravissez. Ce qu'il y a de plus, monsieur, interrompis-je, c'est que l'on remarque une grande différence entre les faucons et les dames, à laquelle vous ne prenez pas garde. Quelle est-elle? dit Clérante. C'est que les faucons fondent de violence sur la proie, ce dis-je, et les dames ne font que l'attendre. Aimée, qui se voit attaquer si vivement, dit, pour se défendre, que, par sa foi, l'on ne sçauroit autant priser la valeur de celles de son sexe comme elle vaut, et que ce qui empêche que l'on n'en ait des preuves notables, c'est que tous leurs ennemis sont si foibles, qu'il n'y a pas grande gloire à les surmonter. Quelles apparences y a-t-il aussi? lui dis-je; madame, vous avez des armes fées et enchantées comme celles que donnoit Urgande aux chevaliers errans ses favoris. Nous n'avons point d'armes que vous ne fassiez reboucher[1], et nous avons beau vous assaillir, nous ne vous offensons point, au contraire nous perdons toute force. Voilà les ordinaires excuses des vaincus, qui s'imaginent toujours que leurs vainqueurs ont usé de tromperie en leur endroit, dit Aimée; vous pensez cacher votre couardise, mais vous travaillez inutilement. Eh! pauvres guerriers, que feriez-vous, si nous usions d'armes offensives aussi bien que de défensives, dont nous nous contentons pour abaisser votre orgueil? Par aventure serions-nous toujours les vainqueurs? repartit Clérante; car, en songeant à nous offenser d'un côté, vous perdriez le soin de vous défendre d'un autre, tellement que vous ne gagneriez pas la bataille. Les choses étant au même état qu'elles sont, nous aurions bien même la victoire si nous la désirions, et si vous méritiez la peine qu'il faut prendre à combattre votre mutinerie, qui vous fait plutôt subsister qu'un généreux courage. L'on en voit maintenant des preuves, en ce que vous êtes si opiniâtre que vous essayez de tenir tête au combat de la langue à deux champions qui vous peuvent facilement surmonter par la justice de leur cause, encore que vous ayez plus de fard en votre éloquence qu'eux. Pour moi, je n'aime point à combattre de paroles, j'aime mieux chamailler avec de bonnes armes, et montrer de vrais effets. Si vous voulez, je vous jetterai mon gant, selon l'ancienne coutume de chevalerie, pour vous donner promesse de venir, à tel jour qu'il vous plaira, éprouver ma valeur contre la vôtre; je prends Francion pour le juge du camp. Vous faites un pas de clerc, cavalier d'amour, lui répondit

---

[1] Émousser.

Aimée, vous vous rendez indigne de la profession que vous faites, puisque vous n'en sçavez pas garder les statuts; vous méritez d'être châtié par votre roi, qui vous a donné l'accolade : n'avez-vous pas appris qu'il ne faut point de juge aux combats que vous désirez d'entreprendre, lesquels ne se doivent faire qu'en cachette? Ne verra-t-on pas bien, par l'état auquel vous vous en retournerez, si vous serez le vainqueur ou non? Vous êtes infiniment raisonnable, lui dis-je alors; battez-vous tant que vous voudrez, je ne me viendrai point mêler de juger des coups : l'heure vous est, ce me semble, fort propre pour vous joindre. Adieu, je m'en vais voir si notre faucon est retrouvé. Commencez quand il vous en prendra envie; je donne au diable qui vous vient séparer.

En disant ceci, je leur fais la révérence avec une façon bouffonne, et, ayant fermé la porte après moi, je m'en retourne vers nos gens, avec qui je m'amuse à chasser. Clérante, suivant le bon conseil que je lui avois baillé, se met tandis à caresser sa guerrière, et lui demanda si elle est en résolution de venir aux prises. Elle, qui n'avoit tenu tout le discours précédent que par galanterie, se trouva du commencement bien étonnée de voir que l'on la vouloit assaillir tout à bon. Non, non, dit-elle, je n'aurois point d'honneur à vous vaincre maintenant, vous n'avez pas eu assez de terme pour vous équiper. Vous me pardonnerez, répondit Clerante, je n'eusse eu garde de parler du combat, si je ne m'y fusse trouvé propre.

Là-dessus, il la conduit dans une chambrette prochaine, et s'apprête à lui montrer sa vaillance. Alors, faisant semblant de n'entendre point raillerie, elle lui dit que, s'il la touche, elle criera, et qu'elle appellera son mari. Eh! madame, répondit-il, ne vous souvenez-vous plus que vous avez dit tantôt qu'il ne faut point de juge en notre combat? Je ne songeois pas à la malice, et vous y songiez, répliqua-t-elle. Cela est passé, n'en parlons plus, dit Clérante; mais songez seulement que ceux qui viendront ici, me trouvant enfermé avec vous, croiront que, par une malice signalée, vous criez quand l'affaire est faite, comme si elle étoit à faire, afin de donner bonne opinion de vous ; ainsi vous serez entièrement diffamée et accusée d'hypocrisie, et recevrez beaucoup de peine sans avoir goûté aucun plaisir : au reste, je sçais fort bien que votre mari n'est pas céans, l'on me l'a appris quand je suis entré. Hélas! s'écria-t-elle, vous êtes bien mauvais; j'ai pensé parler avec gaillardise, pour vous faire trouver le temps moins long, et cependant vous usez de trahison envers moi. Ah! Dieu, dit Clérante, les ordonnances dont vous m'avez tantôt parlé ne valent rien, car je vois qu'il est très-nécessaire d'avoir un juge en quelque combat que ce soit; car, si nous en avions un, il seroit témoin oculaire, comme je ne vous trahis aucunement en ce combat-ci, et ne me sers d'aucune supercherie. Non, ma mignonne, continua-t-il, en lui maniant le téton, ce n'est pas trahison que de vous assaillir par-devant, et de commencer par ici. Nonobstant ces paroles, elle continua à lui résister, ce qui le convia à lui dire qu'elle avoit tort de lui refuser un bien qu'il sçavoit bien qu'elle avoit départi peu de jours auparavant à un joueur de cymbales. Vous ne me le pouvez nier, poursuivit-il, c'est un bon démon qui m'a rapporté ces nouvelles; il m'a dit même que, ce qui vous induisit le plus à cette chose, c'étoit que vous vous imaginiez que l'affaire seroit extrêmement secrète. N'est-ce pas être d'une étrange humeur? Vous vous plaisez à ceci, et il n'y a point de doute que vous croyez que ce n'est pas mal fait que de s'y occuper, et vous ne vous y voulez adonner que secrètement, que vous désirez même que celui qui est de la partie n'en sçache rien; cela est fort difficile : contentez-vous de la promesse que je vous fais, de ne découvrir jamais rien de ce qui se passera entre nous deux.

Aimée fut bien étonnée d'entendre ce que Clérante sçavoit de ses amourettes, et crut qu'indubitablement il avoit un esprit familier. Songeant alors à sa bonne mine, à sa qualité et aux bienfaits qu'elle pouvoit recevoir de sa part, elle se résolut de ne lui être point rigoureuse; toutefois elle lui dit encore : Vous m'accusez d'une faute que je n'ai point commise, ni ne veux point commettre à cette heure; car ce que vous me demandez appartient à mon mari, j'ai promis de le lui garder. Vous recevrez plus de moi que je n'emporterai de vous, répondit Clérante : nous devons-nous fâcher, quand un autre ensemence notre terre de son grain propre? Mon mari est consciencieux, repartit Aimée, il ne voudra pas retenir les fruits qui y seront produits. Eh bien, ma chère amie, dit Clérante, envoyez-les-moi, ils seront en bonne main.

Après ce propos, il ne trouva plus de résistance, et fit d'elle tout ce qu'il voulut : ils passèrent ensemble deux bonnes heures; et, comme je regardois voler nos oiseaux dans une grande prairie, je vis ouvrir la porte du jardin; je courus aussitôt vers cet endroit, et arrivai lorsqu'ils s'entredisoient adieu. Eh bien, madame, monsieur est-il valeureux? ce dis-je. Oui, certes, répondit-elle; toujours la victoire sera balancée entre nous deux, et tant que nous reprendrons de nouvelles forces, si bien que tantôt l'un et tantôt l'autre aura l'avantage.

Nous prîmes congé d'elle, ayant eu cette gentille conclusion, et ne cessâmes tout du long du chemin d'admirer son esprit, dont Clérante me donna encore beaucoup de preuves, me racontant tous les propos qu'elle lui avoit tenus en mon absence. Je rendis grâces à l'amour de la bonne fortune qu'il avoit eue.

Quelque temps après, l'on lui écrivit des lettres pour le faire venir à la cour; il fut contraint d'y aller, malgré les sermens qu'il avoit faits de n'y plus retourner, et, voyant que c'étoit une nécessité qu'il y demeurât, je fis ce que je pus pour la lui faire trouver agréable.

Il est d'un naturel fort ambitieux, et le dessein qu'il avoit eu de mener une vie privée ne dérivoit que de ce qu'il n'avoit pas la puissance de se mettre dans les affaires de l'État. Voilà pourquoi, ayant acquis les bonnes grâces du roi autant que pas un, il ne se soucia plus guère d'être en son particulier, et, n'aspirant qu'aux grandes charges, il chérit plus la cour qu'il ne l'avoit haïe; de sorte que je me vis à la fin délivré de la peine de la lui faire paroître plaisante.

Il procuroit tant qu'il pouvoit mon avancement, et m'avoit rendu agréable au roi, qui me connoissoit dès longtemps. J'avois aidé à l'entreprise, en tenant ordinairement à ce monarque des discours où il remarquoit une certaine pointe d'esprit qui lui donnoit beaucoup de délectation. Pensez-vous que je fusse plus glorieux, et que je m'estimasse davantage, pour approcher tous les jours près de sa personne? Je vous jure qu'il ne s'en falloit guère que cela ne me fût indifférent. Je ne suis pas de l'humeur de ces bons Gaulois, dont l'un se vantoit qu'il avoit approché si près de son roi, en une certaine cérémonie, que le bout de son épée touchoit à son haut de chausse ; et je ne ressemble pas aussi à un autre, qui alloit montrant à tout le monde, avec beaucoup de gloire, un crachat que Sa Majesté avoit jeté dessus son manteau en passant par une rue. Une telle simplicité ne me plaît pas : j'aimerois encore mieux la rudesse de ce paysan, à qui son compère disoit qu'il quittât bien vite son labourage, s'il désiroit voir le roi, qui alloit passer par leur bourg ; il répondit qu'il n'en démarcroit pas d'une enjambée, et qu'il ne verroit rien qu'un homme comme lui.

Je recevois donc les faveurs que Sa Majesté me faisoit, avec un esprit qui toujours se tenoit en un même état et ne s'enfloit point orgueilleusement par boutades. En sa présence, je donnois le plus souvent des traits fort piquans à plusieurs gentilshommes, qui le méritoient bien. Néanmoins leur ignorance étoit si grande, que, pour la plupart, ils n'en étoient point touchés, ne les pouvant ordinairement entendre, ou bien s'en prenant à rire comme les autres, parce qu'ils avoient opinion, tant ils étoient sots, que ce que j'en disois n'étoit pas tant pour les retirer de leurs vices que pour leur bailler du plaisir. Il est bien vrai qu'il s'en trouva un, nommé Bajamond, qui eut plus de sentiment que les autres, non pas pourtant plus de sagesse. Il étoit sot et glorieux, et ne pouvoit tourner en raillerie les attaques que l'on lui donnoit, encore que, les ayant ouïes, il ne s'efforçât pas de s'abstenir de tomber aux fautes, dont il étoit repris. Toutes les satires que l'on composoit à la cour n'avoient quasi point d'autre but que lui ; car il donnoit tous les jours assez de sujet aux poëtes d'exercer leur médisance. Cela lui avoit fait jurer que le premier qui parleroit de lui en moquerie seroit grièvement puni, s'il le pouvoit connoître.

Un jour que j'étois dans la cour du Louvre, je devisois de diverses choses avec quelques-uns de mes amis, et vins à parler sur les panaches : les uns en louoient l'usage ; les autres, plus réformés, le blâmoient ; pour moi, je dis que je les prisois grandement, comme toutes les autres choses qui apportoient de l'ornement aux gentilshommes, mais que je ne pouvois approuver l'humeur de certains badins de courtisans qui se glorifioient d'en avoir d'aussi grands que ceux des mulets de bagage, comme s'ils eussent voulu s'en servir de parasol, et qui continuellement regardoient à leur ombre s'ils avoient bonne grâce à les porter, et en croyoient charmer les courages des filles les plus revêches.

Dernièrement, ce dis-je, j'appris l'histoire d'un certain amoureux qui dépensoit autant en cette parure qu'en tous ses habillemens, et qui néanmoins n'eut pas le bonheur d'adoucir la fierté de sa maîtresse.

Aussitôt que j'eus dit cela, tous ceux de la compagnie, ayant opinion que je ne récitois jamais d'histoire qui fût fade, me supplièrent d'un commun accord de dire celle que je sçavois. Je repris ainsi la parole :

Il faut donc, messieurs, que je vous conte le conte d'un comte de qui je ne fais guère de compte. Incontinent Bajamond, qui étoit derrière, et qui portoit toujours un grand plumage, et qui avoit aussi une petite comté, s'imagina que je le voulois mettre sur le tapis; il s'approcha de nous pour entendre le reste, que je dis en cette sorte : Celui dont je vous parle devint naguère amoureux de la fille d'un médecin de cette ville; car il n'a jamais eu le courage de porter ses désirs en un lieu éminent. Il se trouvoit tous les jours dans les églises où elle alloit à la messe et à vêpres, et passoit ordinairement par devant sa porte, afin d'avoir le moyen de la voir. Enfin il s'avisa de se loger en chambre garnie vis-à-vis de sa maison, pour se contenter davantage. Un de ses laquais eut le commandement d'aborder la servante, feignant d'être amoureux d'elle; il l'exécuta donc, et gagna en peu de temps ses bonnes grâces, si bien que le comte fut d'avis qu'il lui découvrît l'affection qu'il avoit pour la fille du médecin et qu'il tâchât de l'induire à l'assister. Cette affaire réussit merveilleusement bien : la servante, qui avoit beaucoup de familiarité avec la fille du logis, qui gouvernoit tout depuis la mort de sa mère, lui apprit l'amour que son voisin avoit pour elle. Elle en fut criée plus qu'elle ne s'étoit imaginé, d'autant que sa maîtresse s'offensa de ce qu'elle favorisoit la recherche d'un homme qui, vu sa grandeur, ne désiroit pas lui faire l'amour pour l'épouser. Outre cela, il lui fut défendu de prendre dorénavant de tels messages à faire. La servante fut infiniment marrie de ne pouvoir rien exécuter pour celui qui lui avoit promis de grandissimes récompenses. Néanmoins, pour tirer quelque argent de lui, elle lui fit accroire qu'il étoit passionnément aimé de sa dame. Il ne lui fallut pas user de beaucoup de sermens pour lui mettre cela en sa fantaisie, car il avoit plus de vanité que pas un de notre siècle. Quand il passoit par la rue, il se tournoit de tous côtés pour voir si l'on le regardoit, et, si l'on jetoit les yeux sur lui, en s'étonnant quelquefois de sa mauvaise mine, il s'imaginoit que l'on entroit en admiration de la belle proportion de son corps ou de la richesse de ses habits; si l'on disoit quelque mot sur un autre sujet, ne l'ayant entendu qu'à demi en passant, il le prenoit pour soi et l'expliquoit à son avantage. Quand il étoit regardé d'une fille, il croyoit fermement qu'elle étoit amoureuse de lui. On m'a dit qu'étant un jour entré dans la maison d'une dame, y trouvant un de ses amis qui la servoit, il en ressortit incontinent; l'autre, l'ayant rencontré peu de jours après, lui demanda quelle rancune il avoit contre lui, pour ne vouloir pas demeurer aux lieux où il le trouvoit. Notre comte lui répondit : Vous expliquez très-mal mes actions; je ne sortis de chez votre maîtresse que pour vous faire plaisir, ayant reconnu, par la louange qu'elle donna d'abord à ma chevelure bien frisée, qu'elle avoit plus d'affection pour moi que pour vous; j'avois peur que ma présence ne l'empêchât de vous départir les faveurs que vous pouviez souhaiter. Ceux qui m'ont raconté l'histoire de ce vain personnage, qu'ils connoissoient bien, m'ont rapporté de lui une infinité de semblables sottises. La fille du médecin, sans le pratiquer, remarqua dans peu de temps de quelle humeur il étoit. Toujours les fenêtres de sa chambre étoient ouvertes, lorsqu'il faisoit quelque chose, afin que l'on pût s'apercevoir de sa somptuosité, comme vous pourrez dire quand on lui essayoit quelque habit neuf; et, quand il prenoit ses repas, les plats étoient toujours quelque temps sur la fenêtre, afin que l'on vît qu'il faisoit bonne chère. Cela fut cause qu'elle le prit plutôt en haine qu'en amour, et qu'elle conta toutes ses sottises à quelques-unes de ses plus grandes amies, qui vinrent un soir dedans sa chambre pour avoir leur plaisir des simagrées de son badin de serviteur, qui se mit à la fenêtre aussitôt qu'il la vit à la sienne. De fortune il y avoit avec lui un gentilhomme qui touchoit fort bien un luth; il le pria d'en prendre un, et le fit cacher derrière lui, pour ouer quelques pièces dessus, tandis qu'il en tiendroit un autre avec lequel on croiroit que ce fût lui qui jouât, ayant opinion qu'il entreroit d'autant plus aux bonnes grâces de sa maîtresse s'il lui faisoit paroître qu'il étoit doué de cette gentille perfection. Mais le grand malheur pour lui fut qu'il y avoit une des compagnes de la fille du médecin qui sçavoit bien jouer de cet instrument, et, voyant qu'il ne faisoit que couler les doigts sur les touches du sien, elle reconnut que ce n'étoit pas lui qui faisoit produire l'harmonie. Même elle en fut plus certaine, après avoir monté un étage plus haut, d'où elle aperçut l'autre qui jouoit. Alors, pour se gausser de M. le comte, elle prit la hardiesse de lui dire, tantôt que son luth n'étoit pas bien accordé, et tantôt qu'il en pinçoit les cordes trop rudement, ou qu'il avoit rompu sa chanterelle ; toutefois sa musique dura encore longtemps. Quand elle fut cessée, se souvenant d'avoir lu dans des romans que de certains amoureux s'étoient pâmés en voyant leurs maîtresses, pour montrer qu'il étoit excessivement passionné, il se délibéra de feindre qu'il entroit en une grande foiblesse, et, en fermant les yeux et entr'ouvrant un peu la bouche comme pour soupirer, il se laissa doucement tomber sur une chaire qui étoit derrière lui ; puis l'on ferma les fenêtres. Incontinent sa dame, reconnoissant sa badinerie, afin de se moquer de lui, envoya un laquais en sa maison, pour sçavoir par bienséance quel mal lui avoit pris si subitement, vu qu'il sembloit qu'il se portât bien lorsqu'il avoit joué du luth à sa fenêtre. Mon ami, dit-il avec une voix foible à ce laquais, qu'on avoit fait entrer jusque dans sa chambre, rapportez à votre maîtresse que je n'ai point de mal qu'elle ne m'ait causé. Lorsque ceci lui fut redit, elle eut encore beau sujet de rire. La servante, voulant faire quelque chose pour notre comte, lui dit, peu de jours après, qu'elle lui donneroit moyen de discourir avec sa maîtresse, et de passer plus outre par aventure, si le médecin, qui la tenoit de court, alloit quelque jour aux champs. Le comte, s'étant représenté que possible ce médecin seroit toujours à la ville, s'il ne l'en faisoit sortir par quelque invention, tellement qu'il lui faudroit longtemps attendre, se résolut de prendre dans Paris quelque gueux qui fût malade, et, l'ayant fait mener à une sienne seigneurie, de prier son voisin de l'aller visiter, lui faisant accroire que c'étoit un sien valet de chambre qu'il chérissoit fort. Il trouva prou de bélitres en délibération d'endurer que l'on les pansât de leurs maux, et choisit entre eux celui qui lui plut davantage. La chose se passa comme il se l'étoit figuré; car l'espoir du gain, et l'occasion de prendre l'air, contraignirent le médecin à quitter sa maison; c'étoit à la servante à jouer son rollet de sa part. Elle dit à sa maîtresse : Vous avez tort, mademoiselle, quant à cela, de ne faire point de cas de ce beau monsieur, qui vous regarde tous les jours si piteusement; eh! que sçavez-vous s'il ne s'accordera pas à vous épouser, encore qu'il soit plus riche que vous n'êtes? Possible voudroit-il bien vous tenir toute breneuse[1], en peine de vous torcher le cul. Permettez-lui qu'il vous entretienne en l'absence de monsieur; vous verrez ce qu'il a dans le ventre. La maîtresse, voulant tirer du plaisir du comte, ne cria pas cette fille à cette fois-ci, mais lui assura qu'elle ne seroit pas fâchée d'avoir la conversation de son amant. La servante lui fit donc sçavoir cela par son laquais, et le voilà en un moment arrivé au logis de sa dame, qu'il trouva en la compagnie de celles qui l'avoient vu se pâmer. Après les paroles de courtoisie, ils vinrent à d'autres qui ne lui plurent guère, parce que l'on lui donnoit toujours quelque plaisant trait, auquel il ne pouvoit pas répondre. Notez que, quand il devoit aller en compagnie, il apprenoit par cœur quelque discours qu'il tiroit de quelque livre, et le récitoit, encore que l'on ne tombât aucunement sur ce sujet; ce qui le rendoit fort ennuyeux. Je vous laisse à juger s'il avoit manqué de feuilleter tous les livres d'amour de la France, pour y recueillir de belles fleurs oratoires, et si l'on ne connoissoit pas bien à ses discours qu'il avoit lu Nervèze[2]; mais néanmoins il demeura court presque toujours, lorsqu'on le mit en une matière sur laquelle il n'avoit point auparavant fait de recherche. Quant est de sa passion, il n'eut pas le moyen d'en parler beaucoup à sa maîtresse, et jamais il ne put avoir d'elle que des réponses fort froides; tellement que la peine qu'il avoit prise à éloigner son père fut quasi entièrement perdue. Peu de jours après, le méde-

---

[1] Souillée, pour ne pas dire plus.
[2] Selon l'Estoile, les vers d'Antoine de Nervèze se vendaient deux sous sur les quais. Il traite de « niaiserie » les *Poésies spirituelles* de cet auteur.

cin mena sa fille à une petite maison qu'il avoit achetée à une demi-lieue de Paris; et, sa vacation ne lui permettant pas d'y prendre longtemps son plaisir, il s'en retourna dès le lendemain à la ville. La servante, ayant plus d'envie que jamais d'assister le comte, se trouvant avec sa maîtresse, elle lui demanda si elle n'eût pas été bien aise, à cette heure-là qu'elle étoit seule, d'avoir son serviteur auprès d'elle. Elle lui répondit que oui, entendant parler d'un brave jeune homme de sa condition, qui lui faisoit l'amour; mais la servante ne le prit pas de ce biais-là, et fit tant qu'elle avertit notre amant sans parti que celle qui l'avoit vaincu souhaitoit passionnément sa présence. Il ne faillit point à venir au village sur le soir, et la servante, l'ayant fait entrer par la porte du jardin, le mena jusqu'en un grenier où elle le pria de se cacher sous de méchantes couvertures, de peur d'être vu de quelqu'un, lui promettant que, dès qu'il seroit nuit, elle le viendroit quérir pour le mener à sa maîtresse. En après, elle s'en alla vers elle, et lui dit en riant : Eh bien, il est venu, je l'ai fait cacher là-haut sous ces couvertures qui y sont. La jeune damoiselle se douta bien de qui elle vouloit parler, et se délibéra de prendre vengeance de la hardiesse qu'il s'étoit donnée de se venir cacher chez elle, comme pour ravir son honneur. Afin que la servante ne nuisit point à son dessein, sans avoir répondu que par un signe de la tête à ce qu'elle lui venoit d'apprendre, elle lui donna un message à faire tout au bout du village. Quand elle fut partie, elle appela le vigneron et son fils, et, leur ayant fait prendre à chacun un bon bâton, les mena dedans le grenier. Le comte, pour se donner de l'air, avoit toujours eu la tête découverte; mais, au bruit qu'ils firent en montant, il la cacha tout à fait. Étant entrés, la fille du médecin commanda à ses gens de frapper tant qu'ils pourroient sur les couvertures, afin d'en ôter la poussière. Le vigneron dit qu'il falloit donc les ôter de là, et les porter à la cour pour les secouer. Mais sa maîtresse lui répondit qu'elle ne vouloit pas qu'ils y touchassent seulement d'autre façon qu'avec leurs bâtons. Ayant dit cela, elle s'en retourna dans sa chambre. Cependant les paysans commencèrent à frapper de toute leur force sur les couvertures, qui étoient assez minces pour ne pas garantir le comte de sentir les coups qui tomboient dru comme de la grêle. Ce jeu ne lui plaisant pas, il se résolut d'y mettre fin, et, s'étant levé promptement, il jeta le fils du vigneron à terre d'un coup de poing, puis après il prit le chemin de la montée, et s'en courut jusqu'au lieu où il avoit laissé ses laquais, plus vite qu'un cerf poursuivi. Depuis, il n'a sçu à qui s'en prendre de la servante ou de la maîtresse, et, se voyant ainsi moqué, a changé en dédain toute son amour, s'est logé loin de son ingrate, et a fui davantage la rue que le chemin du gibet. On m'a dit même que l'autre jour, étant à la suite du roi, qui alloit passer par là, il prit congé d'un prince qu'il s'étoit offert d'accompagner jusqu'au rendez-vous; ce qui le fit estimer grandement incivil, parce que l'on n'avoit pas connoissance de ses affaires.

Ce n'est pas encore ici la meilleure chose qu'il ait faite : il faut que vous sçachiez qu'il a voulu goûter des exercices de Mars, aussi bien que de ceux de l'Amour. Après avoir été quelque temps à l'académie, il mouroit de désir d'éprouver sa valeur. Il voyoit qu'un gentilhomme n'étoit point prisé s'il ne s'étoit battu en duel, tellement qu'il avoit presque envie de chercher des querelles pour faire un appel. Toutefois, quand il entroit en son bon sens, il songeoit qu'il pouvoit aussi bien être vaincu que de vaincre, ce qui ne lui plaisoit pas ; aussi n'y a-t-il point de jeu à cela. Il eût bien voulu ne se battre que comme fait Bellerose [1] à la comédie, ou bien que cela ne fût point encore à faire, et que ce fût déjà chose accomplie ; ou à tout le moins que quelque homme de créance, troublé par une fausse vision, allât publier qu'il l'avoit vu en beaucoup de rencontres, encore qu'il n'en fût rien. En ce temps-là, il se trouva à la cour un certain baron de Boistaillis, qui étoit Gascon, et qui, ayant eu sa connoissance, se conforma du tout à son humeur. Ayant longtemps parlé des duels et de la valeur du siècle, ils s'avisèrent d'une chose qui sera à jamais mémorable. Puisque tout le monde se battoit, ils se voulurent battre aussi, mais sans s'exposer à aucun danger, comm- tant d'autres jeunes fols. Ils résolurent de se quereller fortement tout exprès en une grande compagnie, et de se séparer là-dessus, puis se trouver en quelque lieu hors de la ville avec des épées qui ne seroient guère bonnes, dont ils se chamail-

---

[1] Acteur renommé de l'hôtel de Bourgogne.

leroient jusques à tant que quelqu'un les vînt séparer, fût-ce de leurs valets, qui ne devoient rien sçavoir de leur feinte, afin qu'ils parlassent après avantageusement de leur combat. Le comte, se flattant pour trouver ceci à propos, disoit : Quel mal y aura-t-il à cela ? Pécherons-nous contre les lois de la vertu ? c'est mal fait que d'entrer aux fureurs et aux rages où je vois la plupart de la noblesse, il ne faut pas que nous nous y mettions ; et néanmoins, parce que l'honneur dépend aujourd'hui des combats que l'on a faits, il nous en faut entreprendre par feinte, puisqu'il n'y a point d'autre moyen d'acquérir de la réputation. Prenons le cas que les royaumes se donnent pour avoir fait quelque mauvaise action ; celui qui ne l'auroit point faite, mais qui auroit feint de l'avoir faite pour gagner la couronne, se sentiroit-il pas plus louable en soi-même que s'il s'étoit comporté d'autre sorte ? Accommodons-nous donc au siècle, et réformons-en les malheurs, si nous ne les pouvons ôter. Le Gascon, approuvant fort ses raisons, ils prirent quelque fantasque sujet de se quereller dans les Tuileries, en présence de plusieurs gentilshommes. Or il n'importoit, à ce que disoit le comte, que l'occasion de se battre fût petite ; car ceux qui se battent pour les moindres choses sont ceux qu'on estime le plus, comme étant bien généreux et tenant bien peu de compte de leurs vies, vu qu'ils la hasardent à tout propos. Le comte et le baron s'étant donc piqués, se retirèrent de la compagnie par divers endroits, et, ayant été passer le pont Neuf vers le soir, se trouvèrent presque en même temps au bout du Pré aux Clercs, où, étant descendus de cheval, ils mirent la main à l'épée. Ils avoient choisi un lieu où ils étoient vus de tous côtés ; tellement qu'ils n'eurent pas sitôt commencé à se chamailler qu'il y eut des bourgeois et des soldats qui accoururent à eux pour les séparer. Quelqu'un m'a juré qu'en approchant d'eux l'on ouït que le comte disoit encore au baron : Ne poussez pas si fort, ne portez que des coups feints que je puisse rabattre. Outre cela, l'on voyoit qu'ils se battoient de la même façon que s'ils eussent dansé le ballet des Matassins [1], où l'on fait cliqueter les épées les unes contre les autres, ce qui est un abrégé de la danse armée des anciens. Toutefois on ne prit

---

[1] Danse folle.

pas garde à tout cela, et on les alla prier de s'accorder. Ils furent bien obéissans, et remirent leurs épées au fourreau, se contentant de dire qu'il n'y avoit plus moyen de se battre devant tant de monde. Là-dessus il y eut de leurs amis qui arrivèrent, les ayant suivis de loin, sur l'imagination qu'ils avoient qu'ils s'alloient battre. Ils s'en revinrent tous ensemble à la ville, où l'on les fit bons amis, et leur duel fut publié partout autant à l'avantage de l'un que de l'autre. Ne fut-ce pas une héroïque intention? et, si en leur enfance ils eussent eu quelque chute qui leur eût fait quelque plaie, n'eussent-ils pas alors fait accroire que les cicatrices venoient de quelque combat passé? Quand j'y songe, ils devoient aussi se mettre au côté quelque vessie de pourceau pleine de sang, lorsqu'ils se battirent, afin de tâcher à contrefaire les navrés. Néanmoins, sans cet artifice, leur gloire a depuis été fort épandue parmi la cour, comme celle de plusieurs autres qui ne sont pas plus vaillans qu'eux; et je n'eusse pas sçu leur tromperie si un valet de chambre, qui avoit été caché dans la chambre du comte lorsqu'ils avoient fait leur complot, ne l'eût publié depuis. Tant y a qu'il est devenu si redoutable, qu'il est aveuglé de sa propre gloire. Il voulut l'autre jour faire appeler en duel, tout à bon, un jeune financier, parce qu'il le voyoit trop souvent chez une demoiselle qu'il aimoit. Mais sçachez qu'il étoit bien assuré qu'il n'y viendroit pas, encore qu'il fût toujours habillé de couleur comme un homme d'épée. Il lui écrivit un cartel dont il prit le formulaire dans l'Amadis, et l'envoya porter par son homme de chambre. Le financier, l'ayant lu, lui parla ainsi : Dites à votre maître que je ne me veux point battre; je ne demande que la paix, et je lui veux satisfaire en toute chose : qu'il s'imagine que je me suis vu l'épée à la main contre lui, et qu'il m'a mis par terre; qu'il l'aille publier partout, je l'avouerai : dès maintenant, je me confesse vaincu, et, sans m'être battu, je lui demande la vie; il vaut mieux en faire ainsi et prévenir le mal que de l'attendre. Il seroit bien temps d'implorer sa merci, quand il m'auroit bien blessé[1]! Soit que le financier dît cela par raillerie ou

---

[1] On retrouve un souvenir de ce trait dans *Sganarelle* (scène xvii). Molière a « puisé largement » dans *Francion*, comme le dit très-justement M. V. Fournel dans son excellente préface du *Roman comique*.

tout à bon, le comte en fut fort content, en effet, et alla conter partout comme il avoit vaincu cet homme, qui avoit toujours tant fait du brave; tellement que, pour cette victoire imaginaire, il croyoit presque mériter des triomphes aussi superbes que ceux des Romains.

Voilà l'histoire que je racontai; elle ne fut pas sitôt achevée, que tous ceux qui l'avoient ouïe me supplièrent de leur dire le nom du comte : je n'en fis rien, car je vous jure que ceux de qui j'avois appris toutes ces nouvelles me l'avoient celé.

Le comte Bajamond, ayant écouté une partie de mon discours, en me regardant d'un œil sévère, de quoi je ne me pouvois imaginer la cause, s'étoit retiré de là. Un de la troupe y ayant pris garde, et sçachant qu'il étoit de l'humeur vaine de celui dont j'avois parlé, dit en riant qu'il avoit quelque opinion que ce fût lui. Pour moi, j'eus à la fin une même croyance, et pourtant je ne le divulguai pas. Nous ne nous trompâmes aucunement, car il avoit quelque part à ce que j'avois dit. Il me le fit paroître depuis, par la vengeance qu'il voulut tirer de moi, croyant que j'avois tort d'avoir raconté une histoire qui lui appartenoit.

Un soir que je revenois de discourir avec une certaine dame, je fus abordé par son valet de chambre, que je ne connoissois pas pour tel, lequel me dit qu'il y avoit, au coin d'une rue prochaine, un gentilhomme de mes amis qui désiroit de parler à moi. Voyez comme ce traître sçut bien prendre son temps : j'étois à pied et n'avois qu'un petit Basque de nulle défense à ma suite, d'autant que je venois d'un lieu où, pour n'être pas connu de tout le monde, je n'avois pas voulu aller en grand équipage.

Je ne me défiai point de lui, et marchai en sa compagnie en discourant de plusieurs choses, et recevant beaucoup de témoignages qu'il étoit d'un bon naturel. En passant par un carrefour, où étoit une lanterne, selon la coutume de la ville, il jeta les yeux sur mon épée, et me dit : Mon Dieu, que vous avez là une garde de bonne défense! la lame en est-elle d'aussi bon assaut? Que je la tienne, je vous en prie. Il n'eut pas sitôt achevé la parole, que je la lui mis entre les mains; il la tira du fourreau, pour voir si elle n'étoit point trop pesante, et, comme il en disoit son avis, nous arrivâmes en une petite rue fort obscure, où je vis de certains hommes cachés sous des portes, auxquels il dit : Le voici, compagnons, ayez bon courage! Incontinent ils mirent la main à l'épée pour m'assaillir, et moi, qui n'avois pas la mienne pour leur résister, je tirai un pistolet que j'avois; mais, le coup n'ayant pas porté et n'ayant pas le loisir de le recharger, je donnai à mes jambes la charge de mon salut. Je courus si allègrement, qu'il leur fut impossible de m'attraper, et me sauvai dans la boutique d'un pâtissier, que je trouvai ouverte. Quant à mon laquais, il s'enfuit tout droit chez Clérante, d'où il fit sortir les gentilshommes, les valets de chambre et les laquais, pour venir à mon secours; mais ils ne me purent trouver, ni ceux qui m'avoient assailli. Craignant d'être reconnu par mes ennemis, j'avois pris tout l'équipage d'un oublieux, et m'en allois criant par les rues : Où est-il ? Je passai par-devant une maison que j'avois toujours reconnue pour un βορδελ; l'on m'appela par la fenêtre, et cinq ou six hommes, sortant aussitôt à la rue, me contraignirent d'entrer pour jouer contre eux. Je leur gagnai à chacun le teston, et, par courtoisie, je ne laissai pas de vider tout mon corbillon sur la table, encore que je ne leur dusse que six mains d'oublies; ils me jurèrent qu'il falloit que je disse la chanson pour leur argent : j'en chantai une des meilleures, laquelle ils n'avoient jamais ouïe. Après cela, il y en eut un qui me demanda si je voulois rejouer l'argent que j'avois gagné : je lui dis que je le voulois bien. Tandis que nous remuions les dés, j'entendis un drôle qui dit à une garce : Nous n'avons rien exécuté ce soir d'une entreprise que nous avions faite pour le comte Bajamond, contre un autre que nous ne connoissons point; il s'est échappé le plus malheureusement du monde, après nous avoir été amené par ce galant homme qui vient de sortir d'ici.

Par ces paroles, je connus que j'étois avec mes assassins, qui étoient des coupe-jarrets qui pour de l'argent s'en alloient tuer un homme de sang-froid. Je fus très-aise d'avoir appris qui étoit celui qui m'avoit voulu faire tuer avec une trahison si peu convenable à un homme qui porte le titre de noblesse. Ayant perdu mon argent pour n'avoir pas songé à mon jeu, tandis que j'écoutois ce qui se disoit, je sortis de cette maison et pris le chemin de l'hôtel de Clérante, que j'espérois bien de réjouir en paroissant devant lui en l'équipage où j'étois,

17

et lui contant les hasards dont j'étois miraculeusement sorti. Je heurtai bien fort à la porte, qui étoit fermée, parce que tous ceux qui avoient été à ma quête s'étoient retirés : le Suisse, à demi ivre et à demi endormi, s'en vient et demande qui c'est ; je ne lui répondis qu'à grands coups de marteau. Madame l'a fendu que l'on fasse du bruit céans, elle a mal à son tête, dit-il, si vous ne vous arrêtez, moi vous baillerai de mon libarde dans le triquebille. Pardi, que demande-vous toi ? Madame ni peut dormir, et li va faire son petit musique. Êtes-vous un chancre ? Si vous l'êtes un chancre, li montre son livre. En achevant ce beau discours, il m'ouvrit la porte, et je lui dis : Laissez-moi entrer, je suis Francion. Ne me reconnoissant pas, et croyant que je lui disse que je demandois Francion, il me parla ainsi : Francion n'a que faire de vous ni de vos oublies, il n'est pas céans. Incontinent il referma la porte, et s'en alla sans me vouloir entendre davantage ; tellement que, de peur de faire trop de bruit, vu que madame se trouvoit mal, ayant soufflé ma chandelle, je m'en allai faire la promenade dans les rues, songeant en quelle maison je me pourrois retirer ; car il y avoit beaucoup d'hommes devant qui je n'avois garde de paroître, sçachant bien qu'ils s'imagineroient que je m'étois déguisé pour faire quelque tour de friponnerie, et ne manqueroient pas à inventer là-dessus mille choses qu'ils publieroient à la cour.

J'étois profondément enseveli dans cette pensée, lorsque je fus arrêté par les archers du guet, qui me demandèrent où j'allois et qui j'étois. Vous voyez qui je suis à mon corbillon, leur dis-je ; au reste, je m'en retourne chez moi, après avoir perdu au jeu toutes mes oublies. Nous étions proche d'une lanterne des rues, qui leur fit voir mon visage, auquel ils remarquèrent je ne sçais quoi qui ne sentoit point son oublieux. Voilà pourquoi ils me soupçonnèrent de quelque méchanceté, avec ce que je n'avois point de chandelle allumée. Ils fouillèrent dans mes pochettes, où ils trouvèrent mon pistolet, qui leur donna une mauvaise opinion tout à fait. Vous êtes un coquin, dirent-ils, vous vous êtes ainsi déguisé pour faire quelque meurtre. L'on nous a avertis de prendre garde à des gens qui usent du même artifice que vous : vous viendrez tout à cette heure en prison. Ayant dit cela, ils me prirent tous, et me firent marcher vers le Grand Châtelet[1]. Je n'osai pas dire que j'étois Francion, encore que je sçusse bien qu'ils me laisseroient aller sitôt que je l'aurois dit; j'aimai mieux sortir de leurs mains par une autre sorte. J'avois mis ma bourse entre ma chair et ma chemise, cela avoit été cause qu'ils ne l'avoient pas encore trouvée, bien que ce soit la première chose qu'ils fassent que de la chercher : je leur demandai permission de la prendre, et leur départir tout ce qui étoit dedans; ils me remercièrent de ma libéralité, et, sans davantage s'enquérir de mes affaires, consentirent que je m'en allasse où je voudrois.

Je m'avisai qu'il ne seroit pas mauvais de m'en retourner chez le pâtissier; et, quand j'y fus, je repris mes vêtements ordinaires, n'ayant plus de crainte de mes ennemis, qui ne me guettoient plus au passage. Je m'en allai derechef à l'hôtel de Clérante, où je n'eus pas sitôt heurté deux coups, que de bonne fortune le suisse se réveilla, et, ayant bien juré, m'ouvrit la porte; si bien qu'il me reconnut mieux qu'à l'autre fois, les fumées de son vin étant déjà dissipées. Il me laissa entrer, et, comme je lui demandois quelle heure il étoit, vu qu'il sembloit être si fâché de m'ouvrir, il me répondit : Il est demain; ce qui me fit bien rire, car il vouloit dire qu'il étoit minuit passé. Je m'en allai après au lieu où je faisois ma demeure; et mes gens, qui, considérant la mauvaise fortune qui m'étoit avenue, ne pouvoient dormir, tant ils me portoient d'affection, furent diligens à me venir aider à me mettre au lit, où l'on n'eut que faire de me bercer pour me faire dormir.

Quand le jour fut venu, je m'en allai saluer Clérante, et lui contai tout ce qui m'étoit arrivé. Cela lui donna beaucoup de haine pour Bajamond; tellement qu'il me demanda si je voulois qu'il suppliât le roi de m'en faire rendre justice : je lui fis des remercîmens de sa bonne volonté, laquelle je le priai de ne point employer pour ce sujet, ne voulant point que Sa Majesté ouït parler de mes querelles; seulement je fus d'avis de me tenir sur mes gardes, et de ne marcher plus qu'avec beaucoup de suite, puisque Bajamond me faisoit attaquer par tant de gens.

[1] Le Grand Châtelet, tout à la fois tribunal et prison, occupait le terrain qu'occupe la place du Châtelet.

J'étois marri de m'être embarrassé dans cette querelle par une trop grande liberté de parler; car il n'y a homme si foible et si impuissant qui ne puisse beaucoup nuire, s'il a le courage méchant et traître, de sorte que je connus bien dès lors que, pour se mettre l'esprit en repos, il falloit tâcher de ne désobliger personne, et se rendre d'une humeur douce et complaisante, principalement à la cour, où il y a des esprits mutins qui ne sçauroient souffrir que l'on dise leurs vérités. Toutefois j'avois envie de sortir à mon honneur de cette affaire; et, comme j'eus rencontré Bajamond à quelque temps de là, je lui dis : Comte, avez-vous oublié les vertus qu'un homme comme vous, qui fait profession de noblesse, doit ensuivre ? Comment, vous voulez faire assassiner la nuit vos ennemis par des voleurs ; ne sçavez-vous pas bien qui je suis, et qu'il ne me faut pas traiter de cette façon ? Quand je serois même le plus infâme de tout le peuple, le devriez-vous faire ? Si nous avons quelque querelle, nous la pouvons vider ensemble, sans nous aider du secours de personne. Bajamond, se sentant piqué, parce que je lui reprochois son crime, et voulant témoigner qu'il avoit une âme généreuse, me repartit que, quand je voudrois, je lui ferois raison de l'avoir offensé tout présentement, et encore bien plus grièvement par le passé. Je lui dis que ce seroit le lendemain hors de la ville, en un lieu que je lui désignai. Il me fâchoit fort de combattre contre ce traître, qui avoit donné des marques d'une âme lâche et poltronne, et m'étoit avis que je n'acquérerois pas grand honneur à le vaincre. Toutefois je me trouvai l'après-dînée hors de la porte Saint-Antoine, ayant grande hâte de sortir de cette affaire. Enfin, il arriva avec un gentilhomme qui étoit bien autant mon ami que le sien, et qui pourtant n'employa point ses efforts pour nous accorder, d'autant qu'il avoit une âme toute martiale, et qu'il étoit bien aise de nous voir en état de nous battre, espérant qu'il sçauroit lequel avoit le plus de vaillance de nous deux. Bajamond l'avoit amené, croyant que j'eusse aussi quelqu'un pour me seconder; mais, trouvant que je n'avois personne, il fut contraint de le prier d'être seulement spectateur de notre combat. Nous étions sur le chemin de Charenton, et nous allions toujours pour trouver quelque lieu retiré où nous pussions accomplir notre dessein, lorsque Léronte vint à passer dedans son carrosse. Il étoit tout seul, comme c'est la coutume de ce seigneur, qui se plaît à s'entretenir dedans les rêveries. La courtoisie nous obligea de le saluer et de parler à lui, et, prenant garde que nous avions des épées de combat, il se douta de notre affaire; tellement que, pour nous empêcher de rien entreprendre, il s'avisa de nous arrêter sans dire autre chose. Il nous représenta qu'il faisoit chaud, et qu'il valoit mieux que nous nous missions à l'ombre dans son carrosse que d'être à cheval. Nous craignions qu'il ne s'offensât, si nous lui refusions notre compagnie, vu que nous ne pouvions trouver d'excuse pour passer outre, si bien que nous nous mîmes avec lui; tandis que nos laquais tenoient nos chevaux, il se mit à considérer le mien, et, l'ayant trouvé fort beau, il dit : Eh! vraiment, il faut que je voie si je pourrai bien mettre en pratique sur ce cheval-là mes vieilles leçons, malgré l'ardeur du soleil. Messieurs, ne bougez de là, je vous prie. En disant cela, il s'alla mettre en selle, et fit après tout ce que peut faire un bon écuyer. Cependant le carrosse roulait toujours, et Bajamond, voulant affecter une plaisante générosité, me disoit souvent : Falloit-il qu'il nous vînt trouver? Pour moi, je brûle d'impatience, je me voudrois battre maintenant, qu'il ne nous regarde point, si l'on se pouvoit battre en carrosse. Un peu après qu'il m'eut dit cela, Léronte, voyant que nous étions proche de Conflans, s'y voulut aller promener. Nous descendîmes donc, et allâmes avec lui dans ce beau jardin qui y est, où je l'entretins toujours avec des propos qui ne témoignoient aucune émotion. Comme il vit qu'il se faisoit déjà fort tard, il nous demanda si nous voulions nous en retourner à Paris avec lui, et nous pria de lui dire ouvertement quel dessein nous avions. C'est un dessein amoureux, lui dis-je, nous allons voir ce soir une dame en ces quartiers-ci. Bien donc, répondit-il, que je ne vous en détourne pas; et là-dessus nous fîmes nos adieux. Quand il fut parti, Bajamond me demanda si je voulois que nous allassions nous battre tout à l'instant; mais son ami dit qu'il n'étoit plus temps, et que la nuit alloit venir. Il contesta là-dessus, et dit que nous avions assez de loisir, à quoi je m'accordai facilement. Toutefois nous ne fîmes rien, et nous nous résolûmes de remettre la partie au premier jour, et de nous en retourner à la ville. Bajamond fit alors une de ses extravagances; il se

voulut mettre en bateau, disant qu'il s'en vouloit retourner
à la fraîcheur; nous nous y mîmes avec lui, ayant commandé
à nos laquais de ramener nos chevaux à Paris. Quand il fut à
moitié chemin, il commença à se lever tout droit dans le
bateau, en s'écriant : Ah! que j'ai de regret d'avoir tant attendu à tirer satisfaction de l'injure que vous m'avez faite!
je ne veux plus de délai : battons-nous, il y a ici assez d'espace; celui qui sera tué, l'on jettera son corps dans la rivière,
si bien que l'affaire sera cachée. Il n'est rien de si commode
pour éviter les poursuites de la justice. En disant cela, il tira
son épée du fourreau, croyant que j'en dusse faire de même;
mais Montespin, qui étoit celui qui l'accompagnoit, lui retenant le bras, lui dit : A quoi songez-vous, cher ami? Où vit-
on jamais une procédure pareille à la vôtre? Si l'on sçavoit
ce que vous venez de faire, ne le prendroit-on pas pour une
folie? Ayez patience, nous ne sommes pas ici en lieu pour
faire des duels. Ces paroles le firent tenir coi, et nonobstant
il ne laissa pas de vouloir témoigner le désir qu'il avoit de se
battre; mais, ma foi, je connoissois évidemment qu'il n'en
avoit pas tant d'envie que l'on diroit bien. Il étoit de l'humeur de ces duellistes du siècle, qui n'ont que de la furie en
leurs discours et fort peu de résolution en leur âme. De cent
qui se sont battus depuis deux ans, dont la plupart ont été
tués, je m'assure qu'il n'y en a pas eu quatre qui se soient
portés sur le pré avec une vraie générosité. Je vous en nommerois bien qui ont dansé, chanté et fait mille gaillardises
auparavant que d'aller au combat, lesquels n'avoient point
pour tout de hardiesse. Ce n'étoit que pour se divertir, et ne
songer point au péril prochain, ce qu'ils en faisoient. Bajamond en étoit de même, et, quand nous fûmes à Paris, ayant
trouvé nos chevaux auprès de l'Arsenac[1], il voulut que nous
allassions ensemble souper chez Montespin. Il fit mille folies
à table, but à moi, et dit la chanson; mais certainement il
ressembloit à ces enfans qui chantent quand ils sont en un
lieu obscur, pour charmer leur crainte. Afin de témoigner sa
valeur tout outre, et montrer qu'en un seul jour il vouloit
faire ce que tous les braves de la cour ne s'étoient jamais
imaginé, il rentre en son extravagance, et, prenant son épée,

---

[1] Balzac et Ménage écrivent aussi arsenac pour arsenal.

me dit : Si vous avez du courage, montrez-le-moi ; il faut maintenant vider notre querelle; allons dans la cour de cette maison, elle est assez grande pour notre combat. Je ferai tout ce que vous voudrez, lui dis-je; je ne veux pas que vous croyiez que je refuse de me battre, soit de nuit, soit de jour; il n'y aura pas plus d'avantage pour l'un que pour l'autre : faites donc allumer des flambeaux. Montespin vint, là-dessus, nous dire qu'il n'endureroit jamais que nous nous battissions ainsi à une telle heure, et que les vaillans devoient avoir le soleil pour témoin de leurs glorieux faits, et qu'il n'y avoit que les larrons et les scélérats qui missent la main à l'épée la nuit, et qu'outre cela les flambeaux ne nous pourroient pas assez éclairer en notre entreprise. Bajamond répondit qu'il s'étoit bien trouvé un soir en une compagnie où deux gentilshommes avoient fait une partie à la paume, et qu'ils avoient été la jouer aux flambeaux dans le tripot de la Sphère, et que l'on ne devoit pas avoir moins d'impatience pour un duel. Montespin lui remontra qu'encore que nous fussions chez lui nous devions chacun craindre de la trahison; que les laquais qui tiendroient les flambeaux les pourroient éteindre ou les porter tous en un moment de quelque côté où ils n'éclaireroient qu'à celui qu'ils voudroient favoriser, et que davantage on pourroit venir frapper l'un de nous deux par derrière sans qu'il s'en doutât. Ces raisons calmèrent la boutade de Bajamond fort facilement; car tout ceci n'étoit que feinte, et, s'il eût sçu qu'on l'eût laissé battre ainsi, il n'en eût jamais parlé. Il ne faisoit toutes ces rodomontades que par une certaine coutume qu'il avoit prise depuis peu de temps qu'il avoit été à l'école des coups d'épée; et, quand il parloit le plus haut, c'étoit lorsque son cœur lui battoit le plus fort. En effet, il ne parloit du combat que parce qu'il y étoit contraint, et tâchoit à m'étonner par sa feinte assurance. Enfin Montespin nous fit coucher en des lits qu'il nous avoit fait préparer, et, le matin étant venu, il nous voulut mettre d'accord, disant que ce seroit dommage si nous nous donnions la mort pour un néant. Je n'avois pas envie que cela se passât ainsi; tellement que je le quittai, et que je dis à Bajamond : Allons-nous-en chercher celui que vous sçavez, pour accorder notre différend. Il me suivit, sans sçavoir ce que je voulois dire; et alors je lui proposai de nous en retourner vers le lieu où nous avions été le jour précédent, afin de nous y battre. Nous courûmes si bien, que nous y arrivâmes incontinent, et dès l'heure même nous commençâmes à montrer ce que nous sçavions aux armes.

Je pressai mon ennemi le plus qu'il me fut possible, et lui portai tant de coups d'épée qu'il eut fort à faire à les parer tous; comme je lui en voulois donner un, son cheval, se cabrant, le reçut, dessus les yeux, qui furent incontinent offusqués de sang; ce qui le mit en telle fougue, qu'il perdit le soin d'obéir davantage à l'éperon et à la bride. Son maître eut beau se servir de son industrie, il le mena nonobstant en un lieu plein de fange, où je le poursuivis de si près que, si j'eusse voulu, je l'eusse tué; mais je ne désirois pas le frapper par derrière. Je lui crie qu'il se retourne. Enfin, il a tant de puissance sur son cheval, qu'il approche, et en même temps il me perce le bras gauche; incontinent après qu'il m'eut frappé, son cheval le secoua si vivement à l'impourvu qu'il le jeta dans un fossé plein de boue où, pour me venger de ma plaie, je lui en eusse fait cent autres mortelles, si j'en eusse eu le désir : je me contentai de lui mettre la pointe de mon épée sous la gorge, et de lui demander s'il ne confessoit pas qu'il ne tenoit qu'à moi que je lui ôtasse la vie. Lui, qui ne se pouvoit tirer du lieu où il étoit, fut contraint de m'accorder tout, et puis je lui aidai à se relever. Si vous eussiez eu, lui dis-je, un tel avantage sur moi que celui que j'ai eu sur vous, je ne sçais si vous ne vous en fussiez point servi. Mais, afin que vous ne disiez point maintenant que je ne vous ai pas surmonté, et que vous n'attribuiez point votre fuite à votre cheval, et que notre querelle ne demeure point indécise, recommençons le combat, s'il vous plaît, puisqu'il n'y a que vos habits qui aient reçu du mal en la chute. Comme j'achevois ces paroles, Montespin, qui nous avoit suivis d'assez près, me vint dire : Non, non, vous avez assez donné de preuves de votre valeur; il ne faut point que ceci se termine par le trépas. Il suffit que vous ayez montré, comme j'en suis témoin, que vous avez eu la puissance de tuer Bajamond.

Quoique le comte l'eût confessé lui-même, la nécessité l'y forçant, il enrageoit de voir qu'un autre le jugeoit, et je m'imagine qu'il eût été tout prêt à se battre derechef, sans l'incommodité qu'il recevoit, ses habits étant si crottés qu'il n'osoit se remuer. Son ami le mena à un petit village pour le faire devêtir, et moi, je m'en retournai cependant à Paris pour faire panser ma plaie. Je rapportai à Clérante ce qui m'étoit avenu, qui le publia au désavantage de Bajamond; et il dit même la bonne cause que j'avois, vu que ce comte m'avoit voulu faire assassiner par la plus grande trahison du monde pour un sujet fort petit. Le roi en sçut des nouvelles et en fit beaucoup de réprimandes à Bajamond. Il n'y eut pas jusqu'à notre fol de Collinet [1] qui ne lui dit qu'il avoit un extrême tort.

D'un autre côté, l'on fit beaucoup d'estime de moi, je le puis dire sans présomption, et l'on loua la courtoisie dont j'avois usé envers mon ennemi, ne le voulant pas tuer lorsque je le pouvois faire, encore que les offenses que j'avois reçues de sa part m'y conviassent; aussi falloit-il certes que j'eusse beaucoup d'empire sur mon âme pour l'empêcher de se laisser mener par les impétuosités de la colère. Je m'acquis alors en partie, pour cette occasion, la bienveillance de Protogène, qui est un des plus braves princes de l'Europe : il n'y avoit rien en moi qu'il n'estimât; il trouvoit très-bons les discours que je faisois en sa présence, et me donnoit la licence de parler, soit en bien ou en mal, de qui je voudrois, sçachant bien que je ne blâmerois personne qui ne méritât de l'être. Je fis une fois courir une satire que j'avois faite contre un certain seigneur dont je ne mettois pas les qualités ni le nom. Il y en eut un autre qui s'imagina que c'étoit pour lui, et en fit des plaintes à Protogène, qui me dit en riant ce qu'on lui avoit rapporté de moi. Monseigneur, lui dis-je en particulier, il est aisé à voir que celui qui se plaint que j'ai médit de lui est extrêmement vicieux; car, s'il ne l'étoit pas, il ne s'iroit pas figurer que ces vers piquans fussent contre lui : je ne songeois pas seulement qu'il fût au monde en composant ma satire, et néanmoins, parce qu'il a lui seul les vices de tous les autres, je n'en ai pu reprendre pas un qui ne soit en son nom. Voilà le sujet de sa fâcherie, qu'il auroit beaucoup plus d'honneur à celer, craignant qu'il ne soit cause lui-même que l'on sçache ses façons de vivre par toute la cour.

[1] Rectifions la note 5 de la page 253, qui concerne le fou de Gaston d'Orléans : — Neufgermain a plus de droits que Dulot au pseudonyme de Collinet, car il se parait lui-même du titre de *poëte hétéroclyte de Monsieur*.

Au reste, quand j'aurois composé ma pièce tout exprès pour lui, s'il étoit sage, il ne devroit pas faire semblant de s'en émouvoir. Il me souvient que dernièrement un autre seigneur fit battre un pauvre poëte pour l'avoir diffamé par ses vers : qu'en arriva-t-il, pensez-vous? Bien pis qu'auparavant, certes; car chacun sçut que le rimeur avoit reçu des coups de bâton sur son dos, par mesure et par rime aussi bonne que celle de ses vers. L'on voulut sçavoir pourquoi : l'occasion en fut bientôt divulguée, si bien que l'on reconnut qu'il falloit que le seigneur eût commis les fautes qu'il lui avoit attribuées; car qu'importeroit-il à un soleil, si l'on l'appeloit ténébreux? Toutes les compagnies n'eurent plus d'autre entretien que celui du seigneur et du poëte, et tel n'avoit pas vu la satire qui eut une extrême curiosité de la voir. Ces raisons-là furent trouvées si équitables par mon grand prince, qu'il confessa que le seigneur n'en avoit point de se plaindre de moi; et, de fait, la première fois qu'il le vit, il lui fit sçavoir une partie de ce que je lui avois répondu; de quoi il fut entièrement satisfait, et me prit en une singulière amitié.

Une autre fois, je fis une réponse à Protogène qui lui plut infiniment. L'on discouroit devant lui de la gentillesse, de la courtoisie et de l'humilité. Il demanda qui c'étoit que l'on estimoit le plus humble de toute la cour : un poëtastre, qui approchoit fort près de sa personne, va nommer un certain seigneur, lequel, disoit-il, avoit des complimens nonpareils dont il se défendoit si bien qu'il n'étoit jamais vaincu en humilité. Vous avez raison, dit Protogène, je l'ai remarqué bien souvent; que vous en semble, Francion? Qui est homme si hardi, monseigneur, lui dis-je, qui osât dire qu'il fît un autre jugement que vous, dont l'esprit égale l'autorité? Je connois bien, répondit ce prince, que vous n'avez pas un même sentiment que le mien; je vous donne la permission de le dire. Bien donc, lui répliquai-je; vous sçaurez que j'estime celui que l'on vient d'appeler humble le plus orgueilleux de tout le monde; et voici la raison : les complimens qu'il fait à ceux qui l'accostent ne procèdent point d'une connoissance qu'il ait de ses imperfections, mais d'un ardent désir qu'il a de paroître bien disant; il est dedans l'âme orgueilleux outre mesure, à cause que sa présomption, étant forcée de se captiver étroitement, se rend plus grande qu'elle ne seroit, si elle se manifestoit par les discours. Si l'on pouvoit lire dans son cœur, l'on verroit bien comment il se moque de ceux au-dessous desquels il s'est' abaissé, et de quelles louanges il se persuade que l'on le doit honorer pour son éloquence. Au reste, l'on peut remarquer qu'il ne prise ceux qui devisent avec lui, et ne se déprise aussi qu'afin de les inviter à lui rendre le change et l'élever jusqu'aux cieux, ce qui le comble d'une joie infinie. Qui est-ce qui pourra nier que ce ne soit orgueil, que cela? Il y en eut qui me voulurent répliquer; mais le prince leur ferma la bouche, et dit qu'ils parleroient inutilement contre une chose si vraisemblable, me faisant l'honneur de préférer mes raisons à celles des autres.

Je passai heureusement beaucoup de mois, recevant toujours de lui quelques faveurs, et ne me suis point éloigné si longtemps de sa personne, comme j'ai fait depuis que je suis devenu amoureux de Laurette. Voilà, monsieur, la principale partie de toutes mes aventures. Je voudrois qu'il me fût possible de sçavoir les vôtres, sans vous donner la peine de les raconter; c'est pourquoi je n'ose vous importuner de me les dire. C'est une maxime, monsieur, répondit le seigneur bourguignon, qu'il n'arrive de belles aventures qu'aux grands personnages qui, par leur valeur ou par leur esprit, font succéder beaucoup de choses étranges. Les hommes qui sont du vulgaire, comme moi, n'ont pas cette puissance-là. Il ne m'est jamais rien avenu qui mérite de vous être récité; assurez-vous-en, et ne croyez pas que je dise ceci pour m'exempter de quelque peine, car il n'y a rien si difficile que je n'entreprenne pour vous. Je crois qu'il ne vous est rien arrivé d'extraordinaire, puisque vous me le dites, reprit Francion, mais j'ai opinion que c'est une marque de la félicité que le ciel vous a départie, ne vous envoyant aucunes traverses de même qu'à moi, et un témoignage de votre prudence, qui vous a gardé d'entreprendre beaucoup de choses dangereuses et peu louables. Si j'avois eu autant d'esprit comme il en faut, je ne me serois pas peut-être amusé à toutes les drôleries que je vous ai racontées, et j'aurois fait quelque chose de meilleur : je ne me serois pas déguisé en paysan; je n'aurois pas pris la peine de raconter les sottises des autres, ce qui a pensé me coûter la vie; et enfin j'aurois eu plus de bonheur que je n'en ai eu, ce qui est un très-bel exemple pour tous les hommes du monde. Le seigneur du château dit alors à Francion qu'il ne se devoit plaindre d'aucune chose passée, et qu'il s'étoit retiré de toutes sortes d'accidens avec une merveilleuse dextérité. Après ce discours, il examina en bref tout ce qu'il lui avoit raconté à diverses fois, le remettant même sur l'histoire de sa jeunesse; et, lui ayant parlé de ce Raymond qui lui avoit dérobé son argent, il lui dit qu'il avoit sçu d'un de ses gens qui il étoit, et qu'il ne demeuroit pas loin de son château, si bien qu'ils le pourroient aller visiter aisément quand ils voudroient. Ne me parlez point de lui, répondit Francion. Mon Dieu! je n'ai garde d'aller voir cet homme-là : puisque, dès sa jeunesse, il s'est accoutumé à dérober, il est d'un très-mauvais naturel; je n'ai que faire de lui, ni de sa fréquentation. C'est moi qui suis Raymond, dit le seigneur en se levant tout en colère et jurant doctement; vous vous repentirez de ce que vous avez dit. Achevant ces paroles, il sortit de la chambre et ferma rudement la porte. Francion, qui ne l'avoit point reconnu, fut bien marri des propos qu'il lui avoit tenus, et s'étonna néanmoins comment il se fâchoit pour si peu de chose.

Le maître d'hôtel ne vint que longtemps après lui faire apporter son dîner, et lui dit que son maître étoit tellement en courroux contre lui, que, vu son naturel fort sévère, il devoit craindre, étant au desçu de tout le monde dedans son château, qu'il ne prit une grande vengeance des offenses qu'il lui avoit faites.

Francion ne cessa tout le long du jour d'avoir une infinité de pensées là-dessus, et attendoit avec grande impatience que l'on lui rapportât quelle résolution Raymond avoit prise touchant ce qu'il feroit de lui. Le maître d'hôtel lui promit de lui en dire le lendemain de certaines nouvelles. Il ne manqua donc pas à le venir retrouver, selon qu'il lui avoit promis, et lui assura que son maître avoit conçu une plus forte haine contre lui depuis le jour précédent, pour quelque avertissement qu'il avoit eu soudain; de sorte qu'il s'imaginoit qu'il avoit résolu de le faire mourir. Francion se mit longtemps à songer quelle offense il avoit pu faire à Raymond, et, n'en trouvant point, il fut le plus étonné du monde. La plaie de sa tête étoit entièrement guérie, il n'y avoit que son âme qui souffroit du mal. Il se voulut lever pour aller sçavoir de Raymond quel tort il lui avoit fait et pour lui dire que, s'il vouloit avoir raison de lui en brave cavalier, il étoit prêt de sortir à la campagne pour le combattre. Mais ses habillemens n'étoient point dans sa chambre, et, qui plus est, l'on lui dit qu'on avoit charge d'empêcher qu'il ne sortît. Il fut donc contraint de se tenir encore au lit jusqu'au jour suivant, que le maître d'hôtel vint dès le matin le voir avec un valet de chambre de Raymond, qui lui dit qu'il lui venoit aider à se vêtir. Francion répondit qu'il n'en devoit point prendre la peine et qu'il n'avoit qu'à faire venir son homme. Mais l'on lui répliqua que Raymond ne vouloit pas qu'il parlât à lui.

LIVRE HUITIÈME

Les aventures que Francion a courues en sa plus basse jeunesse, et celles qu'il a eues, ont été mises dans les livres précédens, où je l'ai toujours fait parler de la sorte qu'il les a racontées. Il est temps que son historien parle lui-même et dise le reste tout de suite. Je le veux faire aussi sans me soucier de qui que ce soit, puisque je l'ai entrepris; et il suffit que je donne là-dessus un avertissement particulier. C'est que je n'ai point trouvé de remède plus aisé ni plus salutaire à l'ennui qui m'affligeoit il y a quelque temps que de m'amuser à décrire une histoire qui tint davantage du folâtre que du sérieux; de manière qu'une triste cause a produit un facétieux effet. Or je ne crois pas qu'il y ait des personnes si sottes que de me blâmer de cette occupation, vu que les plus beaux esprits que l'on ait jamais vus ont bien daigné s'y adonner, et qu'il y a des temps auxquels notre vie nous sembleroit bien ennuyeuse, si nous ne nous servions d'un divertissement semblable. C'est être hypocondriaque de s'imaginer que celui qui fait profession de vertu ne doit point prendre de récréation. Fasse qui voudra l'Héraclite du siècle; pour moi, j'aime mieux en être le Démocrite, et je veux que les plus importantes affaires de la terre ne me servent plus que de farces. Puisque le ris n'est propre qu'à l'homme entre tous les animaux, je ne pense pas qu'il lui ait été donné sans sujet, et qu'il lui soit défendu de rire ni de faire rire les autres. Il est bien vrai que mon premier dessein n'a pas été de rendre ce contentement vulgaire, ni de donner du plaisir à une infinité de personnes que je ne connois point, qui pourront lire mon *Histoire comique*, aujourd'hui qu'elle est imprimée, et ce n'étoit qu'une chose particulière pour plaire à mes amis; car je considérois que tout le monde n'estime pas les railleries, ne sçachant pas qu'il n'est rien de plus difficile que d'y réussir; et, outre cela, je me fâchois fort de voir qu'au lieu que les choses sérieuses ne sont lues que des hommes doctes, les bouffonnes sont principalement lues des ignorans, et qu'il n'y a si petit valet de boutique qui ne coure après. Néanmoins, des personnes de si bon esprit m'ont conseillé de mettre ceci au jour, qu'enfin je me suis rendu à leurs persuasions, et j'ai cru que mon livre pourroit bien autant plaire aux sages du monde comme au peuple, encore que leurs avis soient différens d'ordinaire, puisqu'il étoit approuvé de ceux-ci, qui étoient des plus passionnés amans de la sagesse. Il m'a fallu confesser avec eux que j'avois mêlé l'utile avec l'agréable, et qu'en me moquant des vicieux je les avois si bien repris qu'il y avoit quelque espérance que cela leur donneroit du désir de se corriger, étant honteux de leurs actions passées. Mais il se peut bien faire que nous nous soyons flattés, et que nous ayons eu trop bonne opinion de mon ouvrage et du naturel des hommes. Ils n'ont pas tous deux assez de force, l'un pour se faire croire, l'autre pour suivre les remontrances, et je sçais bien qu'il y a des gens si stupides, qu'ils ne profiteront point en ceci, et croiront que tous mes discours sont faits seulement pour leur donner du plaisir, et non pas pour corriger leurs mauvaises humeurs. C'est pourquoi l'on me dira que, pour obvier à tout, il m'étoit facile de reprendre les vices sérieusement, afin d'émouvoir plutôt les méchans à la repentance qu'à la risée; mais il y a une chose qui m'a empêché de tenir cette voie, c'est qu'il faut user d'un certain appât pour attirer le monde. Il est besoin que j'imite les apothicaires, qui sucrent par le dessus les breuvages amers, afin de les mieux faire avaler. Une satire dont l'apparence eût été farouche eût diverti les hommes de sa lecture, par son seul titre. Je dirai, par similitude, que je montre un beau palais qui par dehors a l'apparence d'être rempli de liberté et de délices, et au dedans duquel l'on trouve néanmoins, lorsque l'on n'y pense pas, des sévères censures, des accusateurs irréprochables, et des juges rigoureux. L'on a vu ici des fables et des songes qui sembleront sans doute pleins de niaiseries à des ignorans qui ne pourront pas pénétrer jusques au fond. Mais, quoi que c'en soit, ces rêveries-là contiennent des choses que jamais personne n'a eu la hardiesse de dire. Je cache ainsi les mauvaises actions des personnes d'autorité, parce que l'on n'aime pas aujourd'hui à voir la vérité toute nue, et je tiens pour maxime qu'il faut se taire quelquefois afin de parler plus longtemps, c'est-à-dire qu'il est bon de modérer sa médisance en de certaines saisons, de peur que les Grands ne vous mettent en peine et ne vous fassent condamner à un éternel silence. J'aime mieux perdre mes bons mots que mes amis ; et, bien que je sois satirique, je tâche de l'être de si bonne grâce, que ceux mêmes que je contrôle ne s'en puissent offenser. Mais, quand je pense plus mûrement à mon ouvrage, ne me semble-t-il pas qu'après tout cela encore ne sera-t-il pas chéri ? J'ai déjà soupçonné qu'il ne serviroit de rien à réformer les vicieux ; ne me dois-je pas douter aussi qu'il ne leur apportera point de contentement ? De tous les esprits que je connois il y en a fort peu qui soient assez sains pour en juger, et les autres ne s'amusent qu'à reprendre des choses dont ils ne sont pas capables de remarquer les beautés. Quand on met un livre en lumière, il faudroit faire tenir des Suisses en la boutique du libraire, pour le défendre avec leurs hallebardes ; car il y a des fainéans qui ne s'amusent qu'à aller censurer tout ce qui s'imprime, et croient que c'est assez, pour se faire estimer habiles hommes, de dire : Voilà qui ne vaut rien, encore qu'ils n'en puissent rendre raison. Chacun veut à cette heure-ci faire du bel esprit, bien que l'on n'ait jamais vu tant d'ignorance, comme il y en a en ce siècle ; et un écolier n'est pas sitôt hors du péril des verges, qu'ayant lu trois ou quatre livres françois il en veut faire autant, et se croit capable de surpasser les autres. Cela ne seroit rien, si l'on ne méprisoit point autrui pour se mettre soi-même en estime ; mais l'on laisse à part toute modestie, et l'on s'efforce de trouver des défauts où il n'y en a point. Pour moi, quand je serois si malheureux que d'en avoir laissé des véritables contre les lois de la façon d'écrire, je veux bien que l'on sçache que je ne m'en estimerois pas moins ; car je n'ai pas l'âme si basse, que de mettre tous mes efforts à un art auquel on ne sçauroit s'occuper sans s'asservir. N'ayant fait que témoigner la haine que je porte aux vicieux[1], avec des discours bien négligens, je pense encore que ce seroit assez. Mais, quoi que puisse dire l'envie, je me donne bien la hardiesse de croire que je n'ai point commis de fautes qui me puissent faire rougir. Que si l'on ne laisse pas de me reprendre, c'est bien perdre son temps de vouloir critiquer celui qui est le critique des autres; c'est vouloir user ses dents contre une lime. Que l'on quitte donc cette mauvaise humeur, et que l'on me laisse retourner à mes narrations agréables.

Il nous faut sçavoir que Francion fut contraint de permettre que le valet de chambre de Raymond l'habillât d'un riche vêtement à l'antique qu'il lui avoit apporté. Il s'enquit pourquoi il ne le vêtoit point à la françoise, et n'eut point d'autre réponse, sinon qu'il obéissoit au commandement de son seigneur. Le maître d'hôtel lui ayant dit encore, quelque temps après, qu'assurément Raymond avoit envie de l'ôter du monde, il dit qu'il croyoit donc qu'avec les habits de théâtre qu'il lui envoyoit il lui vouloit faire jouer une tragédie où il représenteroit le personnage de quelqu'un que l'on avoit mis à mort au temps passé, et que l'on le tueroit tout à bon. Je ne sçais pas comment il veut faire, reprit le maître d'hôtel; car même à peine ai-je pu apprendre le peu que j'en sçais, que je vous ai rapporté fidèlement par une compassion charitable, afin que vous vous prépariez à sortir de ce monde. Au reste, vous ne vous devriez pas gausser comme vous faites, monsieur, car vous êtes plus proche de votre fin que vous ne pensez. Je ne sçaurois quitter mon humeur ordinaire, quelque malheur qui m'avienne, dit Francion; et puis je vous assure que je ne redoute point un passage auquel je me suis dès longtemps résolu, puisque tôt ou tard il le faut franchir. Je ne me fâche que de ce que l'on me veut faire mourir en coquin. Si mon roi, par permission divine, sçait des nouvelles de cette mé-

---

[1] De là le sous-titre *Fléau des vicieux*, dont nous avons parlé, page 4 de l'avant-propos.

chanceté, il ne la laissera pas impunie. Comme il finissoit ce discours, l'on lui mit à l'entour du col une chaîne de diamans et un chapeau sur la tête, dont le cordon étoit aussi de pierreries de beaucoup de valeur. Je pense, dit-il, que l'on veut observer la coutume des anciens Romains, qui entouroient de belles guirlandes les victimes qu'ils alloient sacrifier : vous me mettez ces riches ornemens pour me conduire à la mort : qu'ai-je affaire de tout cet attirail? Étant tout accommodé, l'on lui dit qu'il allât où l'on le mèneroit. Il s'y accorda, se délibérant d'empoigner la première chose de défense qu'il trouveroit, pour résister à ceux qui viendroient lui faire quelque mal; car il n'avoit pas envie de se laisser mettre à mort sans donner auparavant beaucoup de témoignages d'une insigne vaillance.

En cette résolution il sortit de sa chambre, avec un visage aussi peu ému que s'il eût été à un banquet. Je ne pense pas que Socrate, étant en une pareille affaire, eût eu l'âme de beaucoup plus constante. Il passa avec ses conducteurs par dedans des galeries et des chambres, et prêta l'oreille pour ouïr un air qu'il avoit composé autrefois, lequel on chantoit en un lieu prochain; il y avoit ainsi à la reprise :

> La jeune Belize est pourvue
> D'une beauté pleine d'appas;
> Mais, bien que Francion l'ait vue,
> Je pense qu'il n'en mourra pas.

Cela lui fut un bon présage, et, lui ayant fait juger que son trépas n'étoit pas si prochain, il songea à la voix qu'il avoit ouïe, et lui fut avis qu'il en avoit souvent entendu une pareille; mais il ne se pouvoit souvenir en quel endroit. Enfin voici Collinet, le fol de Clérante, qui vient encore en chantant au-devant de lui, et lui accolle la cuisse, avec des témoignages d'affection nonpareils : Mon bon maître, dit-il, où avez-vous toujours été? Il y a longtemps que je vous cherche, il faut désormais que nous nous réjouissions ensemble. Francion, fort étonné qui avoit amené là Collinet, le fit retirer modestement, sans rire d'aucune de ses bouffonneries, et lui dit qu'il parleroit une autre fois à lui. Étant arrivé à la porte de la grande salle, il vit au-dessus un cartouche entouré de chapeaux de fleurs, et y lut ces paroles, que l'on y avoit écrites en lettres d'or : *Que personne ne prenne la hardiesse d'entrer ici, s'il n'a l'âme véritablement généreuse, s'il ne renonce aux opinions du vulgaire, et s'il n'aime les plaisirs de l'amour.*

Francion entre, étant bien assuré que cela lui est permis, et trouve quatre gentilshommes et cinq demoiselles assis sur des chaises en un coin, sans remuer non plus que des statues. Enfin une demoiselle commence à parler, et lui commande gravement de se reposer sur un placet[1] que l'on lui apporte. Eh bien, mon ami, lui dit-elle, vous avez offensé Raymond : nous sommes ici pour faire votre procès. Je désirerois bien, dit Francion, qui s'émerveilloit de ces procédures extraordinaires, que l'on m'eût dit quel crime j'ai commis. Vous faites semblant de l'ignorer, repartit un des gentilshommes, l'on ne vous en veut point parler du tout.

Après cela, les neuf juges discoururent ensemble, comme pour aviser quelle sentence ils donneroient; et la demoiselle qui avoit parlé la première prononça, s'étant remise en sa place :

Ayant considéré les offenses que Francion, le plus ingrat et le plus perfide chevalier qui jamais chercha les aventures, a commises contre Raymond, qui le traitoit le mieux qu'il lui étoit possible, nous ordonnons qu'il sera mis entre les mains de la plus rigoureuse dame de la terre, afin d'être puni comme il mérite.

Ce jugement prononcé, Laurette sortit d'un cabinet, et l'on donna Francion à sa merci : jamais homme n'eut plus d'étonnement : il ne sçavoit s'il devoit se réjouir ou s'attrister. Raymond entre incontinent, qui tire son esprit de confusion, en le venant embrasser et lui disant : Mon cher ami, c'est maintenant que je vous donnerai des témoignages de l'affection que je vous porte, vous laissant jouir de toutes les délices dont je me pourrai aviser : j'ai envoyé quérir votre Laurette, afin que, si vous l'aimez encore, sa présence vous apporte de la joie, et, qui plus est, j'ai fait venir ici ces cinq demoiselles, dont l'une est mon Hélène, afin que vous ayez à choisir. Ces quatre gentilshommes-ci sont les plus braves qui soient en

---

[1] Tabouret.

ce pays, et les plus dignes de votre compagnie. L'un est le seigneur Dorini, Italien, dont je vous ai déjà parlé, et pour les autres, vous les connoîtrez assez. Il faut que nous fassions tous ensemble une merveilleuse chère. La haine que j'ai témoigné de vous porter n'a été que pour vous rendre maintenant plus savoureux les fruits de l'amitié que j'ai pour vous. J'avois tant de bonne opinion de la constance de votre âme, que je sçavois bien que les assurances que l'on vous donneroit de votre mort ne vous causeroient point de maladie. D'ailleurs, j'étois contraint de ce faire, pour m'exempter de vous aller voir, et vous faire tenir encore au lit, afin que j'eusse la commodité d'apprêter, à votre desçu, ce qui m'est nécessaire pour essayer de vous faire passer quelque temps en une joie parfaite.

Francion lui répondit qu'il s'étoit bien toujours douté qu'il n'avoit pas tant de mauvaise volonté pour lui que l'on lui disoit; et, là-dessus, ils se firent encore des complimens pour s'assurer d'une éternelle affection l'un envers l'autre.

Voilà ce qui se passa entre Raymond et Francion, et, en effet, Raymond avoit raison de promettre qu'ils feroient une terrible chère; car il ne s'en voit guère de semblable à celle qu'il s'étoit proposée, et même leur débauche fut encore plus grande qu'il ne s'étoit imaginé. C'est pourquoi, ô vous, filles et garçons qui avez encore votre pudeur virginale, je vous avertis de bonne heure de ne point passer plus outre, ou de sauter par-dessus ce livre-ci, qui va réciter des choses que vous n'avez pas accoutumé d'entendre. L'on me dira que je les devois retrancher; mais sçachez que l'histoire seroit imparfaite sans cela; car, en ce qui est des livres satiriques comme celui-ci, il en est de même que du corps des hommes, qui sont le but de la haine et de la moquerie, quand ils sont châtrés. J'ai déjà fait connoître qu'ayant entrepris de blâmer tous les vices des hommes et de me moquer de leurs sottises, il falloit écrire beaucoup de choses en leur naïveté, afin de les rendre ridicules par eux-mêmes. Il n'y a rien pourtant de si étrange que les mondains n'en disent pas beaucoup davantage. C'est pourquoi nous passerons outre à tout hasard, et nous considérerons que tout cela se fait sans aucun mauvais dessein, et pour passer gaiement quelques heures.

Nous dirons donc que Francion ne s'étonna point d'être vêtu comme il étoit, parce que Raymond et les autres gentilshommes l'étoient presque de pareille sorte. Les dames mêmes, qui n'étoient vêtues qu'à la légère et à l'ordinaire, furent menées dans une chambre où l'on leur avoit aussi apprêté des vêtemens à l'antique, parce qu'il n'y a rien qui fasse paroître les femmes plus belles et plus majestueuses. Agathe vint alors faire la révérence à Francion, à qui elle conta qu'elle avoit été au château de Valentin lui faire accroire qu'elle vouloit mener sa nièce en pèlerinage à un lieu de dévotion, à dix lieues de là, et que, par ce moyen, elle l'avoit conduite chez Raymond, selon le complot qu'elle avoit fait à la taverne.

L'on lui dit, à cette heure-là, qu'il falloit qu'elle s'allât habiller comme les autres; et, ne demandant pas mieux, afin de se voir brave encore une fois en sa vie, elle quitta Francion : un peu après elle revint, toute transportée d'aise, dire à tous les hommes qu'ils la suivissent vitement, et qu'elle leur montreroit quelque chose de beau. Une des dames étoit sortie de la chambre, où étoient toutes les autres, et s'étoit mise dans une qui étoit devant, pour s'y accommoder toute seule avec plus de liberté. Elle n'avoit rien que sa chemise, qu'elle ôta pour en secouer les puces, et, toute nue comme elle étoit, se mit après à frotter ses cuisses pour en ôter la crasse, et à rogner les ongles de ses pieds. Agathe ouvrit tout d'un coup la porte, dont elle avoit la clef; et la pauvrette, oyant la voix des hommes qui venoient, chercha quelque chose pour se couvrir; mais Agathe lui écarta tous ses habillemens. Elle étoit assise sur un lit où il n'y avoit ni ciel ni rideaux; l'on n'y avoit laissé que la paillasse et le chevet, qu'elle s'avisa de prendre et le mettre sur sa tête pour se la cacher, de sorte que l'on ne la reconnut point. Étant à la ruelle, elle empoigna un des piliers du dossier de la couche; si bien que l'on ne la voyoit que par derrière. Chacun se prit à rire à la vue de ce bel objet, et l'on demanda à Agathe qui étoit cette dame. Elle répondit qu'elle n'en diroit rien, puisqu'elle avoit sçu si bien se cacher. Mais, ce dit Raymond, elle ne se cache qu'à la manière de certains oiseaux, qui croient que tous leurs petits membres ne peuvent plus être vus de ersonne, lorsqu'ils ont caché leur tête. Il n'est pas de même d'elle comme ces oiseaux, repartit Dorini; car l'on les peut reconnoître aux plumes de leur corps, qui se montrent toujours, mais pas un de nous ne la peut reconnoître, s'il ne l'a vue autrefois toute nue. Francion s'approcha d'elle, et, l'ayant tâtée tout partout, l'embrassa au droit du nombril, et la tira le plus fort qu'il pût afin qu'ayant quitté sa prise il la retournât par devant pour voir son visage. Elle se tint si ferme, qu'il y perdit ses peines; et, comme elle montroit en cet état une paire de fesses des plus grosses et des mieux nourries du monde, il y eut quelqu'un qui dit avec exclamation : Ah! messieurs, que vois-je là! Raymond, qui l'entendit, lui repartit incontinent : Eh quoi! avez-vous en horreur une des plus aimables parties qui soient au corps? Qu'est-ce qu'il y a de laid à votre avis, et que l'on ne doive pas mettre en vue de tout le monde? Ce n'est ici autre chose que les deux extrémités des cuisses jointes ensemble : je prends autant de plaisir à voir cela qu'une autre partie : il n'y a que l'opinion du vulgaire qui l'ait rendue désagréable, et l'on seroit bien empêché s'il falloit dire pourquoi : je m'en rapporte à Charron[1], il en parle dans sa *Sagesse*. Ma foi, vous êtes bien dégoûté; il faut que chacun y fasse hommage, et vous irez le premier de tous.

La chronique scandaleuse ajoute ici que Raymond, ayant dit ses paroles, y voulut joindre les effets, et que Francion, à qui son dessein plaisoit, alla faire une harangue à ces beaux demi-globes; ce qui incita tout le monde à les aller baiser, et que, Dorini y allant le dernier, il y eut un certain vent austral qui lui vint donner une nasarde. Je ne me veux point amuser à toutes ces particularités, qui n'ont pu plaire à un chacun, et je ne vous veux pas assurer non plus que ce que j'ai ouï dire encore, il y a quelque temps, soit véritable, à sçavoir que Raymond voulut enchérir sur ces débauchés, qui, pour témoigner leur galanterie dedans les cabarets, boivent dedans une savatte, où ils jettent du fromage, du suif de chandelle, et d'autres honnêtes ingrédiens, et qu'il envoya querir du vin, et, le versant le long de l'épine du dos de ce

---

[1] « Nature, dit Charron, ne nous a point appris y avoir des parties honteuses; c'est nous mesmes qui, par nostre faute, nous nous le disons. » (Livre Ier, chap. VI.)

beau corps tout nu, commanda à tous les autres de venir boire au bas de la raie, comme en un ruisseau. Éloignons-nous d'un entretien que l'on estime si sale, et imaginons-nous seulement, pour ne rien retrancher de la bonne réputation de nos braves chevaliers, qu'ils se contentèrent de dire beaucoup de petites joyeusetés sur ces mignardes fesses, et que l'un les appeloit les princesses et les reines de toutes les autres, et l'autre souhaitoit qu'elles ne fussent jamais contraintes de s'asseoir que sur des oreillers bien doux, et non point sur des orties. Par notre modestie, nous éviterons en quelque sorte la haine des esprits scrupuleux; aussi ne crois-je pas que toutes les joyeusetés qui sont ici les doivent offenser, car, la plupart de cette histoire n'étant faite que pour rire, l'on peut avoir la licence de raconter quelques plaisantes aventures qui sont arrivées à des personnes de mauvaise vie, puisqu'il nous est bien permis de prendre du plaisir à leurs dépens. Au reste, toutes ces débauches sont très-véritables, et je les donne pour telles, de sorte que l'on ne me blâmera point de les avoir récitées; car ceux qui ont fait un dessein particulier de les condamner, par un style sérieux, n'en racontent pas moins, et je sçais bien que je ne mets point ici des discours qui ne soient plutôt capables de les faire haïr que de les faire aimer, car je proteste que je n'approuve aucunement les actions qui sont contraires à la vertu. C'est pourquoi il faut achever notre histoire sans crainte.

Disons donc qu'après que nos drôles se furent bien donné du passe-temps de cette femme, qui ne se vouloit pas montrer, ils voulurent entrer dans la chambre où étoient les autres; mais elles n'ouvrirent pas leurs portes. Voilà pourquoi l'on ne put voir celles qui restoient, pour sçavoir laquelle c'étoit d'entre elles qui étoit là. Ils s'en retournèrent donc tous sans en avoir rien sçu apprendre. Francion, retrouvant Collinet, demanda à Raymond par quelle aventure il étoit venu en son château. Ce sont vos gens qui l'ont amené ici du village où vous les aviez laissés, et d'où je les ai envoyé quérir, répondit Raymond. Si est-ce qu'il ne partit pas de Paris avec moi, répliqua Francion. Alors, ses gens étant venus pour le saluer, il apprit d'eux que ce fol, étant privé de sa vue, qu'il chérissoit davantage que celle de Clérante, avoit tant fait qu'il avoit sçu le chemin qu'il avoit pris en sortant de Paris, et l'avoit suivi à petites journées, tant qu'il les avoit trouvés. Je m'en vais vous conter, dit alors Raymond, le tour qu'il a fait ce matin : ayant vu descendre Hélène de carrosse, il s'est mis dedans cette salle, où il a commencé à se promener majestueusement, comme s'il eût eu céans bien de l'autorité; et, comme Hélène est entrée, il lui a dit, en ne faisant que toucher au bord de son chapeau : Bonjour, bonjour, mademoiselle, que demandez-vous? Elle lui a répondu avec humilité qu'elle me demandoit, et, suivant sa prière, elle s'est assise auprès de lui dans une chaise. Leurs discours ont été de choses communes, où Collinet n'a point témoigné qu'il manquât de jugement; il s'est enquis de quel lieu venoit Hélène, de quel pays elle étoit, si elle étoit mariée, et combien sa maison avoit de revenu, avec une gravité si grande, qu'Hélène, le voyant bien vêtu comme il est, le prenoit pour quelque grand personnage; et, quoique d'ordinaire elle soit assez délibérée, elle n'osoit seulement lever les yeux pour le regarder. Il n'a pu se tenir plus longtemps dans les termes de la modestie et de la raison; il a fallu qu'il ait montré son naturel. Vous venez donc voir Raymond? lui a-t-il dit, j'en suis bien aise : c'est le meilleur cousin germain que j'aie; il me fit hier au soir souper dès que je fus arrivé, et me fit manger de la meilleure soupe aux pois verts que je mangeai de ma vie. Jésus, lui a répondu Hélène, monsieur, vous êtes trop généreux pour ne chérir vos parens qu'à cause qu'ils vous font manger de la soupe. Parlons d'autre chose, mademoiselle, a-t-il répliqué; aimez-vous bien à être culbutée? car, foi de prince, vous le serez tout maintenant. Nous procédons quelquefois à la génération et à la propagation du genre, encore que nous ayons la mine de l'aîné des Catons. Ah! que vous êtes incivil, ç'a-t-elle dit, je ne l'eusse jamais jugé. Comment! vous vous voudriez faire tenir à quatre? c'est bien envers moi qu'il faut être farouche! a-t-il repris. Là-dessus il l'a voulu prendre pour exécuter son dessein, et elle a commencé à crier si haut, que je suis descendu de ma chambre pour venir à son secours. Elle m'a demandé si je l'avois envoyé quérir pour la faire traiter comme une femme la plus débauchée du monde; et je l'ai rapaisée, en lui disant quel homme est le seigneur Collinet. Ne vous souciez point toutefois, mon brave, celle-là ne sera pas tantôt si rebelle à nos caresses, ni toutes ses compagnes non plus; car, pourvu que l'on y aille d'honnête sorte, l'on les trouvera toujours de bonne composition : laissez-moi faire, j'ai envie de vous récompenser au centuple de l'argent que je vous ai pris autrefois. Francion, l'ayant remercié de sa courtoisie, se mit à parler de Collinet, et dit qu'il faisoit bien autant d'estime de lui que d'un tas d'hommes qui se glorifioient, s'estimant très-sçavants, et avoient plus de folie en leur esprit qu'il n'en avoit au sien. Ce que l'on prend ordinairement pour la plus grande sagesse du monde, continua-t-il, n'est rien que sottise, erreur et manque de jugement; je le ferai voir lorsqu'il en sera besoin. Même nous autres, qui croyons quelquefois avoir bien employé le temps que nous avons passé à l'amour, aux festins et aux mômeries, nous nous trouverons à la fin trompés; nous verrons que nous sommes des fols. Les maladies nous affligeront, et la débilité des membres nous viendra avant que nous ayons cinquante ans. Quittons ce propos-là, je vous supplie, dit Raymond, je ne suis pas en humeur d'entendre des prédications, je ne sçais pas si vous êtes en humeur d'en faire. Ayant achevé ces paroles, il alla recevoir beaucoup de braves hommes des villes et des bourgades de là à l'entour, qu'il avoit fait prier de venir dîner chez lui, avec quelques belles femmes, un peu plus chastes que celles qui étoient déjà venues, lesquelles descendirent en la salle toutes habillées; et Francion, leur ayant demandé qui étoit celle d'entre elles qui avoit montré ses fesses, regarda bien s'il n'y en avoit point quelqu'une qui rougît, afin de la reconnoître; mais il n'y en eut pas une qui tînt une contenance plus honteuse qu'une autre, ni qui répondît, car celle dont il parloit avoit prié ses compagnes de ne la point découvrir : ainsi cela lui fut encore caché.

Un peu après, l'on vint dresser une longue table, qui fut incontinent chargée de tant de diverses sortes de viandes, qu'il sembloit que l'on eût pris tous les animaux de la terre pour les manger là en un jour. Quand l'on eut étourdi la plus grosse faim, Raymond dit à chacun qu'il falloit observer les lois qui étoient à l'entrée de la porte, chasser loin toute sorte de honte, et se résoudre à faire la débauche la plus grande dont il eût jamais été parlé. L'on ferma tous les volets des fenêtres, et l'on alluma des flambeaux, parce qu'ils n'eussent pas pris tant de plaisir à mener une telle vie s'ils eussent vu le jour. Chacun dit sa chanson le verre à la main, et l'on conta tant de sornettes qu'il en faudroit faire un volume à part, si l'on les vouloit raconter. Les femmes, ayant perdu leur pudeur, dirent les meilleurs contes qui leur vinrent à la bouche.

Un gentilhomme dit, sur quelque propos, qu'il vouloit conter la plus drôlesse d'aventure du monde, et commença ainsi : Il y avoit un curé, en notre village, qui aimoit autant la compagnie d'une femme que celle de son bréviaire. Je vous supplie, monsieur, de ne point achever, dit alors Raymond, il ne faut point parler de ces gens-là : s'ils pèchent, c'est à leur évêque à les en reprendre, non pas à nous. Si vous en médisiez, vous seriez excommunié, et l'on vous mettroit au nombre de ces libertins du siècle à qui l'on a tant fait la guerre. Ne soyez plus si osé que de retomber sur ce sujet. Le gentilhomme s'étant tu, et toute la compagnie ayant trouvé la défense de parler des prêtres faite fort à propos, vu que l'on a déjà tant parlé d'eux que l'on n'en sçauroit plus dire que l'on en a dit, l'on se délibéra de ne pas songer seulement qu'il y en eût au monde; aussi bien y a-t-il assez d'autres conditions à reprendre, d'où procède la dépravation du siècle. A la naissance des hérésies, tout le monde se mêloit de parler des gens d'Église : un conte n'étoit point facétieux si l'on n'y parloit d'un prêtre. Érasme, Rabelais, la reine de Navarre, Marot et plusieurs autres se sont plu en cette gausserie; et auparavant plusieurs Italiens s'en sont mêlés. Toutefois il faut avouer que cela n'a pas le pouvoir de divertir une bonne âme du sentier de la foi, et que, quand l'on nous montreroit que nos prêtres seroient fort vicieux, ce n'est pas à dire que notre religion fût mauvaise; aussi Boccace, qui avoit un très-bon et bel esprit, en une sienne nouvelle, excuse tacitement toutes les autres qui parlent des gens d'Église, ce que peu de personnes ont possible remarqué. Il raconte qu'un Juif, ayant vu à Rome la mauvaise vie des prêtres et des moines, ne laissa pas de se faire chrétien, disant qu'il voyoit bien que notre religion étoit la meilleure, puisqu'elle subsistoit et se fortifioit chaque jour, malgré nos débordemens, et qu'il falloit nécessairement que Dieu en eût un soin particulier[1].

[1] *Décaméron*, 1re Journée, Nouvelle IIe.

Raymond avoit bien toutes ces considérations; mais, outre cela, il alléguoit que les esprits foibles croient tout ce que l'on leur apprend, sans approfondir les choses, et qu'il est toujours bon, de peur de scandale, de ne point parler en mal des ministres des choses sacrées. J'ai toujours été d'un semblable avis, et l'on ne remarquera point que dans toute cette histoire je médise aucunement des prêtres. Le discours en étant donc rompu, l'on en fit d'autres sur de différentes matières.

Un certain seigneur, qui étoit à côté de Francion, lui dit tout bas, en lui montrant Agathe qui étoit assise au bout de la table : Monsieur, ne sçavez-vous pas la raison pourquoi Raymond a fait mettre ici cette vieille, qui semble être une pièce antique de cabinet? Il veut que nous nous adonnions à toutes sortes de voluptés, et cependant il nous dégoûte de celle de l'amour plutôt que de nous y attirer; car il nous met devant les yeux ce corps horrible, qui ne fait naître en nous que de l'effroi. Il est bien certain que voici d'autres dames belles outre mesure qui sont d'ailleurs assez capables de nous donner du plaisir à suffisance; mais toujours ne devoit-il pas mêler cette sibylle Cumée avec elles. Sçachez donc, lui répondit Francion, que Raymond a un trop bel esprit pour faire quelque chose autrement que bien à propos; il nous invite, par cet objet, à nous adonner à tous les plaisirs du monde. N'avez-vous pas ouï dire que les Égyptiens mettoient autrefois en leurs festins une carcasse de mort sur la table, afin que, songeant que possible le lendemain ne seroient-ils plus en vie, ils s'efforçassent d'employer le temps le mieux qu'il leur seroit possible. Par cet objet, Raymond nous veut prudemment avertir de la même chose, et entre autres ces belles dames, afin qu'elles se donnent carrière avant qu'elles soient parvenues à un âge où elles n'auront plus que des ennuis. Je ne sçais pas quelle carcasse de mort nous présente ici Raymond, répliqua ce seigneur à Francion; mais, comme vous voyez, elle mange et boit plus que quatre personnes vivantes. S'il en est ainsi de toutes les autres, Pluton est fort empêché à les nourrir. Si cela est, dit Francion, voilà la raison pour laquelle il y en a tant qui se fâchent de mourir; c'est qu'ils craignent d'aller en un lieu où règne la famine.

Plusieurs autres propos se tinrent à table; et, après que l'on en fut sorti, Francion, qui n'avoit pas encore eu le loisir d'entretenir Laurette, fit tant, qu'il l'aborda et eut le moyen de lui conter l'ennui qu'il avoit souffert, ne pouvant jouir de la belle occasion qu'elle lui avoit permis de prendre. Afin qu'il ne fût point curieux de s'enquérir quel obstacle avoit rompu leurs desseins, elle sortit de ce discours, après lui avoir dit qu'elle le récompenseroit du temps qu'il avoit perdu, et des disgrâces de la fortune qui lui étoient avenues, ce qui lui apporta beaucoup de consolation.

Raymond, rompant alors leur entretien, le tira à part, et lui demanda s'il n'étoit pas au suprême degré des contentemens, en voyant auprès de lui sa bien-aimée. Afin que je ne vous cèle rien, répondit-il, j'ai plus de désirs qu'il n'y a de grains de sable en la mer; c'est pourquoi je crains grandement que je n'aie jamais de repos. J'aime bien Laurette, et serai bien aise de jouir d'elle; mais je voudrois bien pareillement jouir d'une infinité d'autres que je n'affectionne pas moins qu'elle. Toujours la belle Diane, la parfaite Flore, l'attrayante Belize, la gentille Janthe, l'incomparable Marphize, et une infinité d'autres, se viennent représenter à mon imagination, avec tous les appas qu'elles possèdent, et ceux encore que possible elles ne possèdent pas. Si l'on vous enfermoit pourtant dans une chambre avec toutes ces dames-là, dit Raymond, ce seroit possible, tout ce que vous pourriez faire que d'en contenter une. Je vous l'avoue, reprit Francion, mais je voudrois jouir aujourd'hui de l'une, et demain de l'autre. Que si elles ne se trouvoient satisfaites de mes efforts, elles chercheroient, si bon leur sembloit, quelqu'un qui aidât à assouvir leurs appétits.

Agathe, étant derrière lui, écoutoit ce discours, et, en l'interrompant, lui dit: Ah! mon enfant, que vous êtes d'une bonne et louable humeur? Je vois bien que, si tout le monde vous ressembloit, l'on ne sçauroit ce que c'est que de mariage, et l'on n'en observeroit jamais la loi. Vous dites vrai, répondit Francion; aussi n'y a-t-il rien qui nous apporte tant de maux que ce fâcheux lien, et l'honneur, ce cruel tyran de nos désirs. Si nous prenons une belle femme, elle sera caressée de chacun, sans que nous le puissions empêcher: le vulgaire, qui est infiniment soupçonneux, et qui s'attache aux moindres apparences, vous tiendra pour un cocu, encore qu'elle soit femme de bien, et vous fera mille injures; car, s'il voit quelqu'un parler à elle dans une rue, il croit qu'elle prend bien une autre licence dedans une maison. Si, pour éviter ce mal, on épouse une femme laide, pensant éviter un gouffre, l'on tombe dedans un autre plus dangereux : l'on n'a jamais ni bien ni joie; l'on est au désespoir d'avoir toujours pour compagne une furie au lit et à la table. Il vaudroit bien mieux que nous fussions tous libres : l'on se joindroit sans se joindre avec celle qui plairoit le plus; lorsque l'on en seroit las, il seroit permis de la quitter. Si, s'étant donnée à vous, elle ne laissoit pas de prostituer son corps à quelque autre, quand cela viendroit à votre connoissance, vous ne vous en offenseriez point; car les chimères d'honneur ne seroient point dans votre cervelle, et il ne vous seroit pas défendu d'aller de même caresser toutes les amies des autres. Il n'y auroit plus que des bâtards au monde, et par conséquent l'on n'y verroit rien que de très-braves hommes. Tous ceux qui le sont ont toujours quelque chose au-dessus du vulgaire. L'antiquité n'a point eu de héros qui ne l'aient été. Hercule, Thésée, Romulus, Alexandre, et plusieurs autres, l'étoient. Vous me représenterez que, si les femmes étoient communes comme en la république de Platon, l'on ne sçauroit pas à quels hommes appartiendroient les enfans qu'elles engendreroient; mais qu'importe cela? Laurette, qui ne sçait qui est son père ni sa mère, et qui ne se soucie point de s'en enquérir, peut-elle avoir quelque ennui pour cela, si ce n'est celui que lui pourroit causer une sotte curiosité? Or cette curiosité n'auroit point de lieu, parce que l'on considéreroit qu'elle seroit vaine, et il n'y a que les insensés qui souhaitent l'impossible. Ceci seroit cause d'un très-grand bien, car l'on seroit contraint d'abolir toute prééminence et toute noblesse; chacun seroit égal et les fruits de la terre seroient communs. Les lois naturelles seroient alors révérées toutes seules, et l'on vivroit comme au siècle d'or. Il y a beaucoup d'autres choses à dire sur cette matière, mais je les réserve pour une autre fois.

Après que Francion eut ainsi parlé, soit par raillerie ou à bon escient, Raymond et Agathe approuvèrent ses raisons, et lui dirent qu'il falloit, pour cette heure-là, qu'il se contentât de jouir seulement de Laurette. Il répondit qu'il tâcheroit de le faire. Ils en étoient là-dessus, lorsqu'il entra des

violons dans la salle, qui jouèrent de toutes sortes de danses.
Toutes les plus belles femmes des villes et des villages de là
à l'entour se trouvèrent dans le château avec quelques filles
remplies de toutes perfections, et quelques hommes qui sçavoient des mieux danser. Les cadences, les pas et les mouvemens des courantes, des sarabandes et des voltes échauffoient les lascifs appétits d'un chacun. De tous côtés l'on ne
voyoit que baiser et embrasser. Lorsque la nuit fut entièrement venue, l'on couvrit la table d'une magnifique collation
qui valoit bien un souper; car de première entrée il y avoit
force viandes des plus exquises, desquelles ceux qui avoient
faim purent se rassasier. Les confitures étoient en si grande
abondance, que, chacun en ayant rempli son ventre et ses
pochettes, il y en demeura beaucoup dont l'on fit une douce
guerre, en les ruant de tous côtés. Les tambours, les trompettes et les hautbois commencèrent à jouer alors dans la
cour, et les violons en un lieu proche de la salle, si bien
qu'avec les voix des assistans ils rendoient un bruit nonpareil. La confusion fut si grande et plaisante, que je ne vous
la sçaurois représenter. Il me seroit difficile de nombrer combien l'on dépucela de filles et combien l'on fit de maris cornards. Parmi le tumulte d'une si grande assemblée, qui empêchoit de voir les absens, plusieurs s'évadèrent avec leurs
amantes pour aller contenter leurs désirs. Il y avoit des femmes qui avoient là donné assignation à leurs serviteurs,
comme en un lieu le plus convenable qu'elles pussent élire,
et où elles n'étoient point aux dangers qu'elles craignoient
dedans leurs maisons. Raymond, qui désiroit que le logis fût
entièrement consacré à l'amour, avoit commandé que l'on
laissât ouvertes plusieurs chambres bien tapissées, pour servir de refuge aux amoureux; elles ne manquèrent pas d'être
bien habitées. Les six chevaliers et leurs dames ne bougèrent
de la salle, quant à eux, ayant assez de loisir de prendre leurs
ébats ensemble en une autre heure. Ils cherchoient chacun
leur aventure d'un côté et d'autre, en folâtrant avec un nombre infini de plaisirs. Francion manie en tous endroits toutes
les femmes qu'il trouve. Il en prit une des six du château, qui
s'appeloit Thérèse, et l'ayant renversée sur une longue forme[1]

---

[1] Sorte de banc sans dossier.

au-dessus de laquelle il y avoit un flambeau, il lui troussa la cotte par derrière, et lui baisa les fesses, où il y avoit une petite marque noire, qu'il n'eut pas sitôt aperçue qu'il lui dit : Ah ! Thérèse, vous avez bien fait la dissimulée. C'est donc vous que nous avons trouvée ce matin toute nue; votre signe me l'a fait connoître. Incontinent il alla dire à tout le monde de quelle façon il avoit appris où étoient les fesses à qui l'on avoit rendu hommage, et chacun en rit à bon escient. Thérèse, qui ne se fâchoit de rien, dit avec une humeur qui appartenoit bien au lieu où elle étoit : Eh bien, vous avez vu mes fesses, qu'en est-il? Les voulez-vous voir encore ? Je ne serai pas chiche de vous les montrer; qui est-ce qui est le plus digne d'être moqué, de vous ou de moi? Je les ai tantôt montrées par force, et vous les avez baisées de votre bon gré.

Ce discours étant quitté, Raymond, qui se plaisoit fort au combat du verre, fit apporter des meilleurs vins du monde, pour l'égayer avec quelque bons compagnons qui l'avoient défié. Il n'est rien de pareil à ce breuvage, dit-il, il emplit d'une certaine divinité ceux qui l'avalent; il fait perdre les impressions craintives que l'erreur et la sottise nous avoient données. C'est par son moyen qu'un orateur ne craint point de dire en ses harangues beaucoup de choses piquantes, et qu'un amant découvre son mal avec hardiesse à celle qui l'a causé. Les victoires des combats s'acquièrent ordinairement par ceux qu'il a rendus vaillans. Buvons, buvons éternellement, et souhaitons de mourir comme George, comte de Clarence, qui, se voyant contraint, par le jugement du roi d'Angleterre, de quitter la vie, se fit mettre dans un tonneau plein de vin, dont il but tant qu'il en creva. Venez, Francion : à celui-ci ! Je n'en ferai rien, répondit-il, j'aime mieux user mes forces en me jouant avec Laurette qu'en me jouant avec Bacchus. Si j'en prenois trop, tout mon corps seroit brutalement assoupi, et ne pourroit plus prendre avec les femmes qu'un plaisir lent, et j'ose bien dire douloureux. Eh bien, dit Raymond, chacun est libre ici; suivez la volupté qui vous est la plus agréable.

Alors il vint des musiciens qui chantèrent beaucoup d'airs nouveaux, joignant le son de leurs luths et de leurs violes à celui de leurs voix. Ah ! dit Francion, ayant la tête penchée dessus le sein de Laurette, après la vue d'une beauté il n'y a

point de plaisir qui m'enchante comme fait celui de la musique.
Mon cœur bondit à chaque accent, je ne suis plus à moi. Ces
tremblemens de voix font trembler mignardement mon âme;
mais ce n'est pas une merveille, car mon naturel n'a de l'inclination qu'au mouvement; je suis toujours en une douce
agitation. Mon esprit et mon corps tremblent toujours à petites secousses : l'on en a vu tantôt une preuve; car à peine
ai-je pu tenir mon verre dedans ma main, tant j'avois de
tremblement en tout mon bras. Ce que je sçais le mieux faire
sur le luth, ce sont les tremblemens. Aussi je ne touche ce
beau sein qu'en tremblant; mon souverain plaisir, c'est de
frétiller; je suis tout divin, je veux être toujours en mouvement comme le ciel. Ayant dit ces paroles, il prit le luth
d'un des musiciens, et, les dames l'ayant prié de montrer ce
qu'il sçavoit faire, il commença de le toucher, et chanta en
même temps un air dont je n'ai garde de manquer à mettre
ici les paroles. Je suis historien si véritable, que je ne sçais ce
qui me tient que je n'en mette aussi la note, afin de n'oublier
aucune circonstance, et que le lecteur sçache tout. Cela ne me
seroit pas difficile; car je ne mets point dans mes livres des
vers qui n'aient un air véritablement, et je ne fais pas comme
ceux qui mettent des sonnets pour des chansons, sans sçavoir
s'ils se peuvent chanter ou non. Or assurez-vous que, si la
mode étoit venue de mettre de la musique et de la tablature
de luth dans les romans, pour les chansons que l'on y trouve,
ce seroit une invention qui les feroit autant valoir, pour le
moins, que ces belles images dont les libraires les embellissent aujourd'hui, afin de les vendre davantage. Mais, en attendant qu'il m'ait pris fantaisie de faire la règle aux autres, apprenez de la voix commune l'air de la chanson de
Francion, et contentez-vous pour cette heure des paroles que
voici :

> Apprenez, mes belles âmes,
> A mepriser tous les blâmes
> De ces hommes hébétés,
> Ennemis des voluptés.
>
> Ils ont mis au rang des vices
> Les plus mignardes délices,
> Et fuyant leurs doux appas
> En vivant ne vivent pas.

Abhorrez cette folie,
Qui vient de mélancolie,
Et ne cherchez seulement
Que votre contentement.

Que les ris joints aux œillades,
Les baisers, les accolades,
Et les autres jeux d'amour,
Vous occupent nuit et jour.

Poussé de douce manie,
Il faut que chacun manie
Le sein de ces Nymphes-ci,
Pour apaiser son souci.

Leur humeur n'est point farouche,
Elles ouvriront leur bouche,
Plutôt pour vous en prier,
Qu'afin de vous en crier.

Abordez-les donc sans crainte,
Et dès la première plainte,
Vous serez récompensés
De vos services passés.

Quand de semblables délices
Viennent après les supplices,
Notre âme a tant de plaisirs,
Qu'elle n'a plus de désirs.

Les langueurs, les rêveries,
Avec les chaudes furies,
Et la douce pâmoison
Agitent notre raison.

Ha! mon Dieu, que j'ai d'envie
De pouvoir finir ma vie
Au fort d'un si doux combat,
Pour mourir avec ébat.

Cette chanson, que les musiciens reprenoient sur leurs luths, après que Francion en avoit récité un couplet, ravit les esprits de toute l'assistance : il y avoit une cadence si bouffonne et si lascive, qu'avec les paroles, qui l'étoient assez, elle convia tout le monde aux plaisirs de l'amour. Tout ce qui étoit dans la salle soupiroit après les charmes de la volupté; les flambeaux mêmes, agités à cette heure-là par je ne sçais quel vent, sembloient haleter comme les hommes, et être possédés de quelque passionné désir. Une douce furie s'étant emparée des âmes, l'on fit jouer des sarabandes, que la plupart dansèrent, en s'entremêlant confusément avec des postures toutes gentilles et toutes bouffonnes.

Quelques dames, qui avoient encore gardé leur pudeur, la laissèrent échapper, se conformant aux autres, qu'elles se donnoient pour exemple; si bien qu'elles ne s'en retournèrent pas aussi chastes qu'elles étoient venues. Raymond avoit cessé le combat du verre, il y avoit longtemps, pour aller folâtrer avec les femmes, et, en les entretenant, il leur disoit des mots fort sales, que je ne puis autrement exprimer qu'en usant des termes du vulgaire, c'est à sçavoir qu'il leur parloit tout à droit. Ce que Francion entendant, il lui dit : Comte, ma foi, je vous blâme, et tous ceux qui ont ces mots à la bouche. Pourquoi, mon brave? dit Raymond; y a-t-il du mal à prendre la hardiesse de parler des choses que nous prenons bien la hardiesse de faire ? Croyez-vous que cette chose soit si sacrée et si vénérable, que l'on n'en doive pas parler à tout propos? Ce n'est point cela, répondit Francion, il vous est permis d'en discourir et de nommer tout sans scandale; mais je voudrois que ce fût par des noms plus beaux et moins communs que les vôtres. Il y a bien de l'apparence que les plus braves hommes, quand ils veulent témoigner leur galanterie, usent, en cette matière-ci, la plus excellente de toutes, des propres termes qui sortent à chaque moment de la bouche des crocheteurs, des laquais, et de tous les coquins du monde, lesquels n'ont point de paroles plus à commandement. Pour moi, j'enrage quand je vois quelquefois qu'un poëte pense avoir fait un bon sonnet, quand il a mis dedans ces vilains mots. La plupart de ceux qui ont mis des vers dans le nouveau recueil de la poésie françoise en sont là logés; et, outre qu'ils ont fait imprimer de sottes chansons que les garçons de cabaret et les volontaires du Louvre sçavent, ils font voir à tout le monde des vers infâmes qu'ils ont composés, où il n'y a rien de remarquable, sinon qu'ils y nomment partout les parties et les actions naturelles. Voilà, pensez-vous, des embellissemens bien plus grands que s'ils avoient parlé de bras, de pieds, de cuisses et de manger. Néanmoins les esprits idiots sont émus à rire, dès qu'ils entendent ceci. Je désirerois que des hommes comme nous parlassent d'une autre façon, pour se rendre différens du vulgaire, et qu'ils inventassent quelques noms mignards pour les donner aux choses dont ils se plaisent si souvent à discourir. Ma foi, vous avez bonne raison, dit Raymond; ne faisons-nous pas l'amour tout de même que les paysans? pourquoi aurons-nous d'autres termes qu'eux? Vous vous trompez, Raymond, reprit Francion, nous le faisons bien en autre manière; nous usons bien de plus de caresses qu'eux, qui n'ont point d'autre envie que de soûler leur appétit stupide, qui ne diffère en rien de celui des brutes : ils ne font l'amour que du corps, et nous le faisons du corps et de l'âme tout ensemble, puisque faire y a. Écoutez comment je philosophe sur ce point. Toutes les postures et toutes les caresses ne servent de rien, me direz-vous, nous tendons tous à même fin. Je vous l'avoue, car il n'est rien de si véritable. J'ai donc gagné, me répliquerez-vous, et par conséquent il nous faut parler de même qu'eux de cette chose-là. Voici ce que je vous dis là-dessus, reprit Francion : Puisque les mêmes parties de notre corps que celles du leur se joignent ensemble, nous devons aussi remuer la langue, ouvrir la bouche et desserrer les dents comme eux, quand nous en voudrons discourir; mais, tout comme en leur copulation, qu'ils font de même façon que nous, ils n'apportent pas néanmoins les mêmes mignardises et les mêmes transports d'esprit; ainsi, en discourant de ce jeu-là, bien que notre corps fasse la même action qu'eux, pour en parler, notre esprit doit faire paroître sa gentillesse, et il nous faut avoir d'autres termes que les leurs : de cela, l'on peut apprendre aussi que nous avons quelque chose de divin et de céleste, mais que, quant à eux, ils sont tout terrestres et brutaux.

Chacun admira le subtil argument de Francion, qui n'a guère son pareil au monde, n'en déplaise à tous les logiciens. Les femmes principalement approuvèrent ses raisons, parce qu'elles eussent été bien aises qu'il y eût eu des mots nouveaux pour exprimer les choses qu'elles aimoient le mieux, afin que, laissant les anciens, qui, suivant les fantaisies du commun, ne sont pas honnêtes en leur bouche, elles parlassent librement de tout sans crainte d'en être blâmées, vu que la malice du monde n'auroit pas sitôt rendu ce langage odieux.

Francion fut donc supplié de donner des noms de son invention à toutes les choses qu'il ne trouveroit pas bien nommées, et l'on lui dit, pour l'y convier, que cela feroit voler son nom par toute la France encore davantage qu'il ne faisoit, à cause que chacun seroit fort aise de sçavoir l'auteur de ces nouveautés, desquelles l'on ne parleroit jamais sans parler de lui. Francion s'en excusa pour l'heure, et dit que possible, en quelque grande assemblée de braves qu'il seroit, il seroit entièrement résolu de cela. En outre, il jura que, dès qu'il auroit le loisir, il composeroit un livre de la pratique des plus mignards jeux de l'amour.

Cet entretien fini, plusieurs hommes et plusieurs femmes, qui ne désiroient pas de coucher au château de Raymond, prirent congé de lui, et s'en retournèrent en leur logis. Ceux qui demeurèrent se retirèrent bientôt deux à deux dedans les chambres : Francion fut avec Laurette, Raymond fut avec Hélène, et les autres avec celles qui leur plaisoient davantage. Je n'entreprends pas ici de raconter leurs plaisirs infinis, ce seroit un dessein dont je ne verrois jamais l'accomplissement.

Le lendemain et six jours suivans, ils se donnèrent tout le bon temps que l'on se peut imaginer. Mais Francion, ayant regardé, en un instant qu'il s'étoit séparé de Laurette, le portrait de Nays, que Raymond lui avoit laissé, mit son esprit en inquiétude. Il se souvint de s'enquérir de Dorini où il avoit fait une si belle acquisition, et si ce visage parfait étoit une fantaisie du peintre ou une imitation de quelque ouvrage de nature. Dorini lui apprit que c'étoit le portrait d'une des plus belles dames de l'Italie, qui étoit encore vivante; et il poursuivit ainsi son propos : Il y a sur les confins de la Romanie une jeune dame appelée Nays, veuve depuis un an d'un brave marquis qui n'a été que six mois en mariage avec elle; vous pouvez bien croire que ses perfections et ses richesses ne la laissent pas manquer de serviteur. Elle en a acquis un si grand nombre, que l'on peut dire qu'elle en a à revendre, à prêter et à donner. Pas un de tous ceux qui la courtisent n'a sçu encore obtenir d'elle aucune faveur remarquable. Entre tous les Italiens, il n'y avoit que son défunt qu'elle pût aimer. Son inclination la porte à chérir les François; si bien qu'ayant vu le portrait d'un jeune seigneur de ce pays-ci, nommé Floriandre, qui avoit les traits du visage fort beaux, elle eut pour lui toute la passion qu'elle eût sçu avoir si elle eût vu sa vraie personne; parce que même l'on lui avoit fait un ample récit de sa vertu, de sa belle humeur et de toutes les gentillesses de son esprit. Pour trouver du remède en son mal, elle me le découvrit librement, comme à son bon parent et ami. Je lui donnai bon courage et bonne espérance, et, suivant mon conseil, elle se fit peindre au tableau que vous avez, afin de le faire porter à Floriandre, pour le convier à la rechercher en mariage. Il y avoit longtemps que j'avois envie de voir ce royaume-ci : voilà pourquoi je m'offris librement à la servir en cette affaire, où personne ne la pouvoit mieux secourir que moi. Dès que j'ai été arrivé à la cour, je m'y suis donné la connoissance de mon homme, que j'ai trouvé d'une humeur fort douce et fort sujette à l'amour, ce qui m'assuroit que je gagnerois aisément sa bonne volonté pour Nays. Je m'étois délibéré de lui conter ses richesses et la noblesse de sa race, après lui avoir montré sa beauté, et de lui dire l'extrême affection qu'elle avoit conçue pour lui, malgré leur grand éloignement. Mais je changeai un peu de dessein, voyant qu'il lui prit une certaine petite indisposition pour laquelle les médecins lui conseilloient de s'en aller boire de certaines eaux qui sont en un village sur le tiers du chemin de notre pays. Je mandai à ma parente qu'elle cherchât la commodité de s'y en venir, parce qu'elle auroit là bon moyen de l'attirer dans ses filets : je ne sçais si elle se sera mise en devoir de s'y trouver; mais, si elle le fait, elle y perdra ses peines, parce que Floriandre est mort depuis quelque temps. Je lui en ai écrit des nouvelles; c'est à sçavoir si elle les recevra, et si elle ne sera point partie lorsqu'elles seront à sa demeure ordinaire. Il faudra que je m'en retourne bientôt pour l'aller consoler. Ah ! je vous assure, dit alors Francion, que je veux l'aller trouver en quelque lieu qu'elle puisse être : une si rare beauté mérite bien que je fasse un voyage pour la voir; j'ai toujours aimé toutes les femmes aimables que j'ai vues, et celles dont j'ai ouï seulement parler. Il ne faut pas maintenant que je déroge à ma louable humeur. Au reste, il y a longtemps que j'ai désir de voir l'Italie, ce beau jardin du monde; j'aurai une belle occasion d'y voyager. Premièrement, je m'en irai aux eaux pour tâcher d'y rencontrer Nays; et vous, Dorini, ne voulez-vous pas prendre ce même chemin avec moi? Si vous pensez trouver Nays aux eaux, répondit Dorini, il faut que vous partiez dès demain et que vous fassiez une extrême diligence. Or je voudrois bien demeurer ici un mois ou deux avec Raymond, pour quelque dessein que j'ai; c'est pourquoi je ne sçaurois vous accompagner : je vous retrouverai à Rome, où vous vous en retournerez avec Nays, qui sera sans doute éprise de votre mérite aussitôt qu'elle vous aura vu. Au reste, n'étoit qu'elle a le portrait de son défunt amant, je vous conseillerois de prendre son nom pour quelque peu de jours, au commencement que vous seriez avec elle. Je ne pourrois pas me résoudre à cela, repartit Francion; car il me semble que, de se donner le nom d'un autre, c'est confesser que l'on n'a rien en soi de si recommandable que celui-là.

Raymond, oyant ce devis, dit qu'il vouloit aller aussi en Italie, vu qu'il s'ennuyoit en France et qu'il ne se plaisoit point à la cour; mais, quelque affaire le retenant pour quelques jours, il se délibéra de ne point partir qu'avec Dorini.

Le voyage étant ainsi résolu, Francion, dès l'heure même, donna charge à un homme de Raymond de remener Collinet à Clérante et de lui bailler des lettres de sa part, par lesquelles il lui mandoit qu'il s'en alloit un peu se divertir dans les pays étrangers, selon les souhaits qu'il lui avoit autrefois ouï faire. Il écrivit aussi à sa mère, pour lui faire sçavoir qu'il avoit pris cette résolution.

Quelqu'un lui demanda s'il n'avoit point de regret de quitter Laurette; il répondit que la proie étoit à sa merci, qu'il en avoit joui tant qu'il avoit voulu, et qu'il falloit songer à en pourchasser d'autres.

L'on étoit sur ces propos, lorsque, par les fenêtres d'une chambre, l'on vit entrer un vieillard dans le château, monté sur une méchante haridelle qui ne valoit plus rien au labourage, où elle avoit usé sa première vigueur. Celui qui la montoit avoit un manteau noir attaché avec une aiguillette au-dessous du col, portoit de belles guêtres à la moderne, et avoit un antique braquemard[1] à son côté. Cet honorable personnage étoit Valentin, qui, voyant que sa femme mettoit tant à revenir de son pèlerinage, ne sçavoit bonnement ce

---

[1] Épée courte et large.

qu'il en devoit penser, et avoit été la chercher en beaucoup d'endroits, jusques à tant qu'un maudit manant, qui avoit apporté de la volaille chez Raymond, lui eut appris qu'il l'y avoit vue.

Quand il fut entré dans la cour, il vit Laurette qui étoit sur une porte avec Thérèse : incontinent il descendit de cheval, mais ce ne fut pas avec peu de peine; et sa femme, l'apercevant, prit sa compagne par la main et s'en alla s'enfermer dans une chambre. Il la poursuivit de furie jusque-là; et, trouvant visage de bois, il commence à vomir son fiel par injures : Quel diantre de pèlerinage as-tu fait ? ce dit-il; hé ! chienne, l'on m'a averti de la bonne vie que tu mènes céans; par la morbieu ! si je te tiens une fois, je te punirai comme il faut : tu as ici goûté à cœur saoûl des plaisirs avec les hommes, et je m'assure qu'il n'y a pas jusqu'aux palefreniers qui ne t'aient passé par-dessus le ventre. Mais désormais je te ferai jeûner, malgré que tu en aies, et tu n'auras plus de moi ta pitance ordinaire. Comment ! tu es cause que l'on ne fait plus d'état de moi; chacun m'appelle un sot et un janin, et dit que je n'ai point de courage de t'endurer tant de fredaines : bref, je suis entièrement déshonoré. Ah! mon Dieu, quelle injustice, que l'honneur d'un homme dépende du devant de sa femme! tu en payeras les pots cassés, je t'en réponds ! Raymond et quelques autres accoururent au bruit qu'il faisoit; et, voyant que Laurette ne parloit en façon quelconque, lui dirent qu'elle n'étoit pas au château assurément, et qu'il avoit eu quelque illusion. Après cela, ils firent tant, qu'ils l'emmenèrent tout au fond du jardin, où ils le forcèrent de jouer une petite partie aux quilles; puis ils lui firent avaler sa tristesse avec plusieurs verres de vin, en goûtant dessous une treille. Notez qu'en jouant et en goûtant il n'ôta point son manteau ni son épée : il croyoit qu'il ne se falloit point désarmer pour tenir sa gravité devant cette noblesse. Or il étoit très-agréable à voir en cet équipage, car il s'étoit contenté de mettre son écharpe à son col, comme un collier d'ordre, sans y passer le bras gauche; tellement que l'épée lui revenoit toujours sur le devant et l'importunoit fort. Il ne faisoit autre chose que la repousser en arrière et retrousser son manteau, qui ne lui apportoit pas moins d'incommodité. Le goûter fini, il s'entretailloit à tous coups avec ses éperons en marchant, et c'étoit un grand hasard si l'on ne le voyoit tomber à chaque moment. Raymond le voulut ramener au château; mais, comme il n'alloit pas avec tant de facilité qu'auparavant, parce qu'il avoit trop bu, quand il fut à la porte, jamais il ne put passer : son épée, qui lui pendoit au col en travers, se rencontroit aux deux côtés de l'entrée ; si bien qu'il étoit là arrêté comme d'une barre. Il se retiroit quelquefois, et puis il poussoit de toute sa force; mais tout ce qu'il avançoit, c'étoit qu'il la faisoit un peu ployer. Hoy ! disoit-il, je pense qu'il y a ici de l'enchantement: je ne sçaurois du tout passer. Les gentilshommes, qui ouïrent ceci, en reçurent un plaisir non pareil, et le laissèrent faire; mais enfin l'épée, allant de côté, ne lui empêcha plus le passage. Il suivit donc tous les autres, et, pour s'excuser, il leur dit : Je ne suis pas grand guerrier, messieurs; ainsi, comme vous voyez, je n'entends rien à porter tout ce fer-ci autour de moi. Il a fallu, quand je suis parti, que ma servante m'ait aidé à le mettre; elle s'y entendoit mieux que je ne fais; aussi n'ai-je guère accoutumé de m'en servir, et ces éperons que vous me voyez étoient dans un grenier à s'enrouiller parmi les chiffons : au lieu de les mettre aux talons, je les avois mis au bout de mes pieds, où ils me sembloient bien à propos, quoique l'on me dit que ce n'étoit pas la mode; car, ce disois-je, quand je veux bailler un coup de pied, n'est-ce pas en devant que je frappe? Ce sont les chevaux, qui frappent en derrière; pour moi, je n'ai point de force au talon : ne piquerai-je pas bien mieux ma bête, mettant les éperons au bout de mes pieds? Nonobstant ces raisons, ma servante me les a fait mettre comme vous voyez : s'ils sont bien, je m'en rapporte à vous autres; pour mon épée, je l'ai mise comme il a plu à la fortune, et du reste de même.

Ce bon Gaulois, ayant fait ce plaisant discours, fut conduit dans la salle, où l'on le vouloit encore retenir un peu, parce que, pendant tout ceci, Francion, ayant dit adieu à sa Laurette, avoit commandé au cocher d'atteler six chevaux au carrosse et de la ramener promptement chez elle avec Agathe, afin que son mari l'y trouvât quand il seroit de retour. Valentin, ayant pris congé de la compagnie, s'y'en retourna, et ne rencontra pas le carrosse en son chemin, parce qu'en revenant il prenoit une autre voie. La belle s'étoit mise au lit.

et feignoit d'être malade. Dès qu'il lui eut dit qu'il y avoit trois jours qu'il étoit sorti de la maison pour l'aller chercher, elle lui assura qu'il y en avoit plus de deux qu'elle étoit revenue, de sorte qu'il apaisa sa colère, et crut qu'il ne l'avoit point vue au château de Raymond.

Tandis Francion songea à se préparer à la départie; et, après avoir témoigné le regret qu'il avoit de ce qu'il falloit qu'il fût quelque temps séparé de Raymond, il prit le lendemain congé de lui dès le matin, et s'en alla avec tout son train, qu'il avoit renforcé à l'aide de ce bon ami, et qui consistoit en un valet de chambre, trois laquais et quelque palefrenier.

Lorsqu'il arrivoit aux hôtelleries, il n'avoit point d'autre entretien que de contempler le portrait de celle qui étoit cause de son voyage. Quelquefois même, étant sur les champs, il le tiroit de sa pochette, et, en cheminant, ne laissoit pas de le regarder. A toutes heures il lui rendoit hommage, et lui faisoit sacrifice d'un nombre infini de soupirs et de larmes. Le premier jour, il ne lui arriva aucune aventure; mais, le second, il lui en arriva une qui mérite bien d'être récitée.

Sur le midi, il se rencontra dans un certain village, où il résolut de prendre son repas. Il entre dans la meilleure taverne, et, cependant que l'on met ses chevaux à l'écurie, il va regarder à la cuisine ce qu'il y a de bon à manger; il la trouve assez bien garnie de ce qui pouvoit apaiser sa faim, mais il n'y voit personne à qui il puisse parler : seulement il entend quelque bruit que l'on fait à la chambre de dessus; et, pour sçavoir ce que c'est, il y monte incontinent. La porte lui étant ouverte, il vit un homme sur un lit, n'ayant le corps couvert que d'un drap, lequel disoit beaucoup d'injures à une femme qui étoit assise plus loin dessus un coffre. Sa colère étoit si grande, qu'à l'instant même il se leva tout nu comme il étoit pour l'aller frapper d'un bâton qu'il avoit pris auprès de soi. Francion, qui ne sçavoit point si la cause de son courroux étoit juste, l'arrête et le contraint de se remettre au lit: Ah! monsieur, lui dit cet homme, donnez-moi du secours contre mes ennemis : j'ai une femme pire qu'un dragon, laquelle est si vilaine, qu'elle ose bien s'adonner à ses saletés devant mes yeux. Monsieur, dit la femme en se tournant vers Francion, sortons d'ici vitement, je vous prie; j'ai si grand'peur que je n'y sçaurois plus demeurer; ce n'est point mon mari qui parle, c'est quelque malin esprit qui est entré dans son corps au lieu de son âme, qui en est sortie il y a plus de six heures. Ah! dit le mari, vit-on jamais une plus grande méchanceté? Elle veut faire accroire que je suis mort afin d'avoir mon bien et se donner du bon temps avec son ribaud. Alors il sortit d'une chambre voisine un jeune homme d'assez bonne façon et une femme déjà chenue, qui dirent tout résolûment que le tavernier étoit mort, et qu'il le falloit ensevelir. Comment! ruffien, dit-il au jeune homme, es-tu bien si osé que de te montrer à moi? Va, va, je vivrai encore assez longtemps pour te voir pendre quelque jour; car tu seras puni, je te jure: tu as commis une plus grande faute que si tu avois voulu m'assassiner avec un couteau; car tu as voulu m'ensevelir tout en vie: en outre tu es un adultère, qui as souillé mon lit avec cette louve. Cette dispute semblant fort grande à Francion, il en voulut sçavoir l'origine, et, ayant fait taire ceux qui crioient, il pria le tavernier qu'il lui contât son fait; voici ce qu'il lui dit:

Monsieur, il y peut avoir trois ans que je me mariai à cette diablesse que vous voyez: il eût mieux valu pour moi que je me fusse précipité dans la rivière; car, depuis que je suis avec elle, je n'ai pas eu un moment de repos: elle me fait ordinairement des querelles sur la pointe d'une aiguille, et crie si fort, qu'une fois, n'osant sortir à la rue à cause d'une grosse pluie qui tomboit, je fus contraint de boucher mes oreilles avec des bossettes, et je ne sçais quel bandage que je mis à l'entour de ma tête, afin qu'au moins je ne l'entendisse point, puisqu'il me falloit demeurer là. Aussitôt, elle reconnut ma finesse, et, voulant que j'ouïsse les injures qu'elle me disoit, elle se jeta dessus ma fripperie, et n'eut point de cesse qu'elle ne m'eût désembéguiné; puis, approchant sa bouche de mes oreilles, elle cria dedans si fort, que huit jours après j'en demeurai tout hébété. Mais tout ceci n'est que jeu; voyez comme elle est effrontée. Elle me vit une fois parler à une jeune fille de ce village; aussitôt elle songe à la malice, et, prenant le soir un couteau en se couchant, elle dit que, par la merci Dieu, elle me vouloit châtrer, pour m'empêcher d'aller faire des enfans à d'autre qu'elle. A cette heure-là, j'étois en une humeur fort douce et fort patiente:

Ne faites rien, m'amie, en votre premier mouvement, lui dis-je avec un souris, vous vous en repentiriez après. Ne te soucie point, vilain, me dit-elle, je n'ai que faire de toi, je ne chômerai point d'homme, j'en trouverai assez d'autres plus vigoureux. Dites-moi, monsieur, si vous ouïtes jamais parler d'une telle impudence? Cependant je le souffris sans la frapper, et je pense que, si sa colère ne se fût point apaisée, j'eusse aussi enduré qu'elle m'eût rendu eunuque. La menace qu'elle m'avoit plusieurs fois faite de prendre un ami fut exécutée : elle choisit ce jeune galoureau-ci[1] pour la servir à couvert. Mais, bon Dieu, fut-il jamais une misère pareille ! je porte bien la folle enchère de tout. Au lieu que les amoureux ont accoutumé de donner quelque chose à leurs dames, celui-ci, qui n'est qu'un gueux, voulut que ma femme lui fît beaucoup de présens pour le payer du plaisir qu'elle prenoit avec lui. Elle lui baille de quoi se nourrir et de quoi se vêtir; j'ai même remarqué plusieurs fois dessus lui de mes vieilles besognes. S'il y a dans ma cuisine quelque bon morceau que je garde pour mes hôtes, le galant en refait son nez, comme s'il falloit que je lui donnasse du salaire pour avoir fourbi cette gaupe, et que je l'en payasse ainsi qu'un manouvrier qui viendroit ici travailler à la tâche ou à la journée pour faire quelque besogne nécessaire à la maison. Lorsque j'eus quelque doute qu'il la voyoit trop familièrement, j'en voulus être fait certain, et, ayant fait semblant de m'en aller bien loin aux champs, je revins secrètement par notre porte de derrière : je me fourrai dans un privé qui est ici contre, ayant sçu qu'ils étoient ensemble en ce lieu-ci; j'entendois la plupart de leurs propos, qui petit à petit se rendoient plus amoureux et commençoient à me déplaire grandement. J'en eusse bien ouï davantage, pour être entièrement satisfait; mais il m'avint un grand malheur : une défluxion qui m'étoit tombée sur le poumon m'avoit rendu si enrhumé, qu'il falloit à tous coups que je toussasse, comme si j'eusse avalé un boisseau de plumes. Il m'en prit une envie si grande, que je ne sçavois comment faire, sinon que je retenois mon vent le plus qu'il m'étoit possible. Enfin, je m'avisai qu'il falloit que je passasse ma tête par le trou du privé, pour tousser dedans, et que l'on ne

[1] Godelureau.

m'entendroit pas. Quand je l'eus mise dans ce gouffre, je toussai plus de huit fois du profond de l'estomac tout à mon aise, et je m'efforçai de tousser encore d'autres fois, afin de jeter mes flegmes dehors tout d'un coup; car j'étois fort pituiteux (c'est un mot que m'a appris notre apothicaire). Il faut que je vous dise, en passant, que je prenois du plaisir à cela; car ma voix résonnoit en ces lieux souterrains, et, encore qu'elle allât frapper en un lieu bien mol, je ne laissois pas d'entendre un écho aussi bien qu'auprès de la montagne qui est à un quart de lieue d'ici. Mais, ô l'accident sinistre! quand je pensai retirer ma tête du trou, il me fut impossible. Elle n'y étoit entrée qu'à force, il n'y avoit pas de moyen qu'elle en ressortît; mon menton l'arrêtoit ainsi qu'un crochet, et j'étois là comme à la gêne. Ah! que si quelqu'un fût entré alors, il m'eût bien fait du mal, auparavant que j'eusse pu me défendre! Que ce seroit une belle invention, de mettre ainsi les malfaiteurs, pour leur bailler le fouet! Je tirai de toute ma force; mais, au lieu de ravoir ma tête, les secousses que je donnai furent si grandes que j'arrachai le siége hors de sa place; car cette maison-ci est vieille, et tout y est à demi rompu. Ainsi j'étois à moitié en liberté, et au moins n'étois-je plus contraint de demeurer attaché en un lieu; mais je portois ma prison avec moi. Je tâchai encore d'ôter cette planche d'autour de mon col avec mes mains, mais je n'en pus venir à bout, et j'avois quasi envie de rire de me voir si bien paré avec cette nouvelle façon de fraise à l'espagnole. Toutefois j'avois bien peur que ma mauvaise femme ne me trouvât en cet état; elle se fût bien moquée de moi. Voyant donc que je ne pouvois me délivrer moi seul, mon recours fut de sortir vitement de céans sans faire du bruit, et de m'en aller jusque chez mon compère le menuisier, qui demeure au bout de notre rue, afin de faire scier cette planche. Je fus si fortuné, que je rencontrai des villageois dans la rue, qui se mirent à courir après moi comme après un fol, et ne me laissèrent point que je ne fusse au lieu où je voulois aller. Ce fut là que je fus délivré de mon carcan; mais on ne laissa pas de publier ceci par tout ce pays, car mon compère ne fut pas secret, tellement que les enfans en vont aujourd'hui à la moutarde[1]. Ce qui

---

[1] Locution proverbiale. « On le dit d'une chose qui étoit secrète et qui est devenue publique. » *Dict. de Richelet.*

me fâchoit le plus étoit que je n'avois pas entendu la fin des discours de mon ribaud, et que je ne sçavois s'il me faisoit cocu ou non : mais je n'en fus que trop assuré une autre fois, revenant des champs; je le trouvai ici avec sa vilaine, comme il lui léchoit le mourveau : Dieu sçait quel crèvecœur j'en eus; j'arrêtai mon ruffien lorsqu'il s'en alloit, et lui dis : Par la morgoy, que viens-tu faire céans ? Que je ne t'y retrouve plus, autrement je te déchiquetterai plus menu que chair à pâté : je me doute que tu viens ici voir ma femme; la penses-tu mieux contenter que moi? Çà, çà, fais exhibition dessus cette assiette; voyons qui est celui qui a été le mieux parti par la nature. En disant cela, je lui montrai ce qu'il lui falloit montrer; mais il n'osa en faire autant, sçachant bien que le droit n'étoit pas de son côté. Il s'en alla tout honteux hors de céans; néanmoins il y revint plusieurs fois depuis, non pas tant en cachette que je n'en eusse connoissance. Un jour, je le trouvai couché avec ma femme sur ce même lit que vous voyez; je me contentai de lui dire des injures, et le laissai encore aller sain et sauf. Oh ! que j'en ai eu de regret, quand j'y ai songé! Je lui devois jeter son chapeau par les fenêtres, ou lui déchirer ses souliers. Mais quoi, je n'étois pas à moi en cet accident.

Toutes ces choses-ci me fâchèrent de telle sorte, que je jurai à cette putain que je me laisserois mourir assurément avant que l'année se passât, afin de me délivrer de tant d'angoisses; elle en devint encore plus méchante, ne souhaitant rien autre chose que de me voir sortir d'ici les pieds devant. Toutes les fois que nous nous querellions, elle me disoit : Eh! Robin, que n'accomplis-tu ton serment? que ne meurs-tu, pauvre sot! vois-tu pas bien que tu es inutile au monde ? Les vignes ne laisseront pas de fleurir pour ton absence; tu ne seras qu'à en perdre les fruits. L'année étoit déjà écoulée, lorsqu'elle a commencé à me faire meilleure chère que de coutume, prenant résolution, comme il est à présumer, de voir sans dire mot si je serois si fol que de me désespérer pour elle; je connus son intention, et, pour sçavoir quelle affection elle me portoit, et ce qu'elle pourroit faire et dire, si j'étois mort, je me délibérai de le contrefaire.

A cela m'a servi beaucoup un mien cousin, qui, cependant que j'étois à son logis hier au soir, vint dire céans à ma femme qu'après avoir avalé je ne sçais quoi, que j'avois détrempé dans un verre avec du vin blanc, je m'étois jeté sur un lit, où je tirois à la fin. Cette nouvelle n'a point attendri son cœur; elle a répondu qu'elle avoit si grande envie de dormir, qu'elle ne pouvoit se relever sans se faire un grandissime tort. Voyant cela, nous avons attendu jusqu'à ce matin à mettre à fin notre entreprise. Il m'a apporté céans avec un de ses valets, et m'a mis sur ce lit-ci, où je me suis toujours tenu roide comme un trépassé. Voilà votre mari mort, ç'a-t-il dit à ma femme; je suis fâché que vous n'avez été présente lorsqu'il a rendu l'âme; vous eussiez sçu sa dernière volonté, et eussiez vu de quelle diligence j'ai tâché de l'assister. Hélas! mon Dieu, est-il mort, le bonhomme? lui a-t-elle répondu en gémissant, à grand'peine pourroit-on en rencontrer un qui l'égalât en douceur de naturel! Contez-moi ce qu'il vous a dit étant proche de sa fin : ne me le celez point; cela me servira de consolation. Vous vous trompez bien fort, lui a-t-il répliqué, cela vous servira de remords de conscience toute votre vie, si vous avez une âme pitoyable et soigneuse de son salut : mon bon cousin m'a dit que vous étiez cause de son trépas, et qu'il s'y laissoit aller comme à un refuge qui étoit suffisant de le garantir des ennuis qu'il enduroit en votre compagnie. Hélas! que je suis malheureuse! a-t-elle dit, quelle mauvaise chère lui ai-je faite? Faut-il qu'il soit mort avec une rancune contre moi! Il ne priera pas Dieu pour moi en l'autre monde. Sainte Marie! nos voisins sçavent bien le bon traitement que je lui ai fait; il y avoit plus d'un mois que nous n'avions eu de noise. Fili David[1]! j'étois si prompte à exécuter tous ses commandemens que je pensai avant-hier me rompre le col en descendant les montées pour lui aller quérir son vin du coucher : hélas! le pauvre homme, il n'a point bu depuis en ma compagnie, et n'y boira plus jamais.

Mon cousin lui a laissé achever ses doléances, et s'en est allé hors de céans, afin qu'elle fît sans fiction ce qui étoit de sa volonté. Dès qu'il a été dehors, elle a envoyé quérir cette femme que vous voyez, qui n'est pas meilleure qu'elle, et ensemble son adultère. Mon mari est mort, ma commère, lui a-t-elle dit. Eh bien, voilà bien de quoi pleurer, lui a-t-elle

[1] Exclamation tirée des Évangiles selon saint Marc et saint Luc.

répondu; êtes-vous folle? Ne vous souvenez-vous plus des souhaits que vous avez faits si souvent? Oui-da, ma bonne amie, a-t-elle répondu, mais que diroient les gens, si je ne pleurois point, puisque c'est la coutume de pleurer? Pour moi, je m'en acquitte fort bien quand je veux, encore que j'aie tout sujet de rire; je n'ai que faire de tenir des oignons dans un mouchoir, et de les approcher de mes yeux; je ne désire point de louer des pleureurs, comme on fait aux bonnes villes. Après cela, ses larmes ont cessé de couler, s'il est ainsi qu'elle en ait jeté. Ma foi, il a bien fait de mourir, a-t-elle dit alors; car je l'eusse fait bientôt ajourner pour ce faire, vu qu'il m'avoit donné promesse dès longtemps de déloger d'ici; je m'imagine qu'il y eût été condamné, si nos juges sont équitables. Ne suis-je pas heureuse maintenant, tout ce qui est céans est à moi? Il m'a donné tout, par son contrat de mariage. Je l'ai bien gagné, par saint Jean! pour le mal que j'ai eu avec lui. Toute la nuit il demeuroit près de moi immobile comme une souche; il y avoit une partie en son corps qui, à ce que je pense, étoit entièrement morte, et avoit été frappée du foudre. Consolez-vous donc, lui a reparti sa compagne, voilà votre ami qui vous rendra désormais la plus contente du monde. Là-dessus, parce que tous les rideaux de ce lit-ci étoient tirés, et que l'on ne me pouvoit voir, j'ai un peu haussé la tête par une petite ouverture qui étoit aux pieds; j'ai vu que le galant embrassoit ma femme, et la baisoit. L'effort que je faisois en m'étendant ainsi a donné la sortie à un furieux pet, qui les a tous étonnés. Mon Dieu! il n'est pas mort, ç'a dit ma femme, le voilà qui pette. Vous êtes bien sotte, a répondu sa commère; pensez-vous que les personnes mortes ne puissent peter? les choses qui n'ont jamais eu d'âme pettent bien; ne sort-il pas toujours quelque bruit de tout ce qui s'éclate tant soit peu? possible est-ce quelqu'un de ses os qui s'est disjoint, ou bien c'étoit un vent qui étoit encore dans son corps, et, ne trouvant pas le conduit tout ouvert, n'a pu sortir qu'avec violence. D'ailleurs, nous avons aussi sujet de croire que son corps, étant pesant comme il est, a fait craqueter cette couchette, qui est de bois fort tendre. Ah! ce vilain, disoit ma femme, c'étoit toute sa délectation que de peter durant sa vie; pensez-vous qu'il s'y plaît encore après sa mort? Il avoit le vent à commandement, et le faisoit si bien souffler à sa fantaisie, que c'étoit dommage qu'il ne s'étoit fait nautonier. Le plus souvent il gageoit de faire des petarades en certain nombre, et les jetoit comme un tonnerre sans y manquer d'une seule; c'étoit là son jeu ordinaire dans les compagnies, car il y gagnoit toujours beaucoup d'argent. Mais, ma bonne amie, que je ne le voie plus; il le faut enterrer plus tôt que plus tard : çà, mettons-nous en besogne, nous gagnerons cinq ou six quarterons d'indulgences; voici une aiguille et du fil.

Ayant dit cela, elle a tiré le rideau; et, comme elle se penchoit pour me regarder, étant saison de jouer mon jeu, puisque j'avois reconnu le peu d'estime qu'elle faisoit de moi, j'ai levé mon bras et lui ai appliqué fermement ma main sur sa joue, si bien qu'elle a eu une excessive frayeur. Je ne suis pas encore mort, coquine! lui ai-je dit; et, si Dieu plaît[1], je te mettrai quelque jour en terre, quand ce ne seroit qu'à cause que tu désires malicieusement que je sorte de ce monde : le ciel, pour te faire enrager et te punir, permettra que j'y demeure longtemps. Alors ils se sont tous trois mis autour de moi; et, ne voulant pas croire que je fusse vivant, parce qu'ils ne désiroient pas que je le fusse, ils n'ont pas laissé de me dépouiller et d'essayer de m'ensevelir dans ce drap. J'ai résisté tant que j'ai pu, criant au meurtre et à l'aide, et leur disant que je n'étois point mort. Je pense qu'ils avoient envie de m'étrangler et de m'étouffer, et qu'ils l'eussent fait, si de votre grâce vous ne fussiez venu à ma rescousse, étant je crois appelé par mes cris. Or, monsieur, je vous supplie de m'assister, voyant la justice de ma cause; empêchez que l'on ne me persécute, comme l'on a fait auparavant votre venue, et soyez le protecteur des misérables.

Quand il eut ainsi achevé de parler, Francion, qui avoit connu son bon droit, voulut mettre la paix partout : le ruffien et celle qui l'accompagnoit s'en allèrent cependant, craignant la touche : la femme, voyant que le gentilhomme qui étoit chez elle y désiroit dîner, s'en alla à la cuisine, toute honteuse et fâchée, mettre ordre aux sauces. Tandis le mari se vêtit, se tenant toujours près de Francion, avec lequel il discourut de plusieurs choses. Après le dîner, Fran-

[1] Pour : s'il plaît à Dieu.

cion fit approcher sa femme, et leur dit à tous deux qu'il falloit qu'ils fissent un perdurable accord. Le mari, qui ne demandoit qu'amour et simplesse, y consentit bientôt, et la femme en fit de même, y étant contrainte par la nécessité et ne pouvant plus faire l'enragée. Je veux donc, dit Francion, que tout à cette heure Robin me montre s'il n'est pas assez valeureux pour contenter sa femme sans qu'elle aille à la Cour des aides [1].

Belles dames, qui ne pouvez sans rougir ouïr parler des choses que vous aimez le mieux, je sçais bien que, si vous jetez les yeux ici et en beaucoup d'autres endroits de ce livre, vous le quitterez aussitôt et m'aurez par aventure en haine, ou vous le feindrez à tout le moins, pour faire les chastes et les retirées. Néanmoins, j'aime tant la vérité, que, malgré votre fâcheuse humeur, je ne veux rien celer, et principalement de ce qui profite plus étant divulgué qu'étant passé sous silence.

Robin, après quelques résistances, s'accorda donc au désir de Francion, étant fort aise d'avoir les yeux d'un si grand personnage pour témoins irréprochables des preuves de sa vaillance; mais sa femme faisoit la honteuse et disoit qu'elle mourroit plutôt que d'endurer que l'on lui fît une si vilaine chose devant les gens. Eh quoi ! dit Francion, ne sçait-on pas bien ce que vous faites étant ensemble ? le pensez-vous celer ? à quoi cela vous peut-il servir ? quand je vous l'aurois vu faire et que je serois le plus grand bavard de la terre, je ne sçaurois dire autre chose, sinon que vous l'avez fait. Or cela n'est pas nouveau : dès maintenant le puis-je pas dire, puisque c'est la vérité ? Outre cela, pensez-vous que je ne sois pas aussi capable de juger de cette matière que les chirurgiens, et que je ne fasse pas un jugement si équitable que vous ne serez point en peine d'aller à l'officialité, où vous emploieriez beaucoup de peine et d'argent [2] ? Nonobstant

---

[1] *La cour des aides*, au figuré et dans le style badin, est le recours qu'a une femme à un galant, pour suppléer au peu de force de son mari. *Dict. com.* de Leroux.

[2] L'officialité était un tribunal ecclésiastique appelé à statuer principalement sur les actions en promesse ou en dissolution de mariage. —Voy. les précieux détails que donne Tallemant des Réaux sur le Congrès, dans l'historiette de madame de Langey.

toutes ces raisons, l'hôtesse demeura en son opiniâtreté première, et Francion, poursuivant, lui dit que, si elle ne se le laissoit faire, il commanderoit à tous ses gens de la tenir les uns après les autres par les bras, tandis que Robin accompliroit son désir. Et, de fait, il la prit lui-même et la jeta sur un lit, puis il commanda à Robin de commencer l'affaire. Il se montra fort prompt à obéir, après que le chevalier eut chassé ses serviteurs et fut demeuré seul dans la chambre. Mais l'on dit qu'aussitôt Francion lui fit faire suspension d'armes, et voulut voir s'il étoit bien fourni de tout ce qui lui étoit nécessaire. Les médisans assurent qu'après cela il leur fit recommencer le duel et leur donna des préceptes d'amour. Vous n'en croirez que ce qu'il vous plaira : il vous suffit d'apprendre qu'il jugea qu'ils n'avoient point de sujet de se mécontenter l'un de l'autre, sans que je vous parle de l'érection, de l'intromission et de l'éjaculation, qui sont des mots qui sentent plutôt la cour d'Église que la cour du Louvre. L'hôtesse avoit une sœur à marier, et l'on alloit chantant par le village qu'il falloit qu'elle prît un mari à l'épreuve, puisque celle-ci y avoit été trompée. Mais il ne falloit point prendre garde à toute cette médisance.

Voilà tout ce que nous avions à dire de libre dans ce livre-ci : êtes-vous fâché de l'avoir vu, messieurs les lecteurs? Les contes que l'on y trouve ne sont point si méchans, qu'ils soient faits à dessein de vous enseigner le vice : au contraire, nous avons dessein de vous le faire haïr, en vous mettant devant les yeux le mauvais succès des vicieuses entreprises. En tout cas, l'on sçait bien que ceci n'est pas fait pour servir de méditation à un religieux, mais pour apprendre à vivre à ceux qui sont dans le monde, où tous les jours l'on est forcé d'entendre beaucoup d'autres choses : car quels forfaits ne viennent point à la connoissance des gens de justice, et comment peut-on empêcher que l'on n'en parle dans toutes les compagnies? Que si mes excuses ne servent de rien et que vous ne trouviez rien dans ce livre qui vous plaise, qui que vous soyez, lecteurs, ne le lisez pas deux fois; aussi bien n'est-ce pas pour vous que je l'ai fait, mais pour mon plaisir particulier. Ne l'achetez point si vous ne voulez, puisque personne ne vous y force. Que si vous l'avez et qu'il vous déplaise entièrement, jetez-le au feu; et, s'il n'y en a qu'une partie désagréable, déchirez-la ou l'effacez, et faites votre profit du reste. Que si quelques mots seulement vous sont à contre-cœur, je vous donne la licence d'en écrire d'autres au-dessus, tels qu'il vous plaira, et je les approuverai. Je pense qu'il y a fort peu d'auteurs qui vous disent ceci, et encore moins qui le veulent; mais ils sont tous aussi trop orgueilleux et s'attachent à des vanités impertinentes. Pour moi, je me veux donner carrière, et me réjouir, sans avoir autre soin. Réjouissez-vous après, si vous pouvez, à mon imitation. Mais poursuivons donc maintenant nos narrations agréables.

Après que Francion eut remis d'accord son hôte et son hôtesse, il descendit en bas, où ils le suivirent pour être payés de son écot. Ils comptèrent la dépense qu'il avoit faite, et tout aussitôt il leur en bailla l'argent. De surplus, il leur fit don de deux ou trois pistoles, pour les convier à se souvenir de lui et apaiser toutes leurs vieilles inimitiés en sa considération; et il leur promit que quelque jour il leur feroit encore quelque présent s'il étoit averti qu'ils ne retournassent point à leur mauvais ménage. En contre-échange, il les menaça que, s'il pouvoit découvrir qu'ils eussent par après quelque castille ensemble, il reviendroit les châtier rigoureusement. L'on dit que ses remontrances eurent beaucoup d'efficace, et que, depuis, ils ont toujours vécu en bonne paix et en ont eu un enfant.

Un certain homme, qui venoit de dîner à la taverne, ayant vu les largesses de Francion, l'eut en grand respect. Le voyant monter à cheval, il monta aussi sur le sien, sçachant qu'il prenoit un même chemin que lui, et s'offrit à l'accompagner. Le premier discours qu'il lui tint fut une louange qu'il donna à sa libéralité; de ce propos-là il tomba sur celui de l'avarice, de laquelle il disoit qu'il ne pouvoit fournir d'exemples plus remarquables qu'un gentilhomme qui demeuroit à un village, où ils iroient au gîte le lendemain. C'est le plus taquin personnage que la terre ait jamais porté, disoit-il en continuant; ses sujets sont bien malheureux d'avoir un tel seigneur que lui; il les pille en mille façons. L'année passée il fit accroire qu'il avoit envie d'aller à la guerre, pour le service du roi, et il fallut que ces pauvres gens lui donnassent deux bons chevaux : toutefois il n'y alla point, et fut seulement un mois à la cour. Il leur eût envoyé des gendarmes de la compagnie de quelqu'un de ses amis, pour assouvir la mauvaise volonté qu'il a contre eux, n'eût été que, songeant à son profit, il aimoit mieux les voler lui-même, et eût été marri que l'on les eût rendus si pauvres qu'il n'eût plus eu de quoi rapiner. A peine pourriez-vous croire combien il les bat et leur fait coûter d'argent, lorsqu'ils ont ramassé quelques buchettes qui se trouvent autour de son bois. Quand il a des ouvriers à la journée, il retarde à sa volonté un horloge de sa maison; et les fait pour le moins travailler deux heures plus qu'ils n'ont de coutume autre part. Il nourrit tous ses serviteurs le plus mesquinement du monde. Si l'on met cuire des pois ou des lentilles, il les compte un à un, et il a appris la géométrie tout exprès, afin que le compas lui serve à mesurer le pain, pour sçavoir combien l'on en mange. On dit qu'il plaint [1] l'eau aux oiseaux que nourrit sa fille, et, quand on en a tiré un seau du puits pour rincer les verres, il a envie après de la faire rejeter dedans, de crainte qu'elle ne faille. Jamais personne ne s'est pu vanter d'avoir banqueté chez lui. Lorsque ses amis (s'il est ainsi qu'il en ait) le viennent voir par la porte de devant, de peur d'être contraint de les recevoir, il sort par la porte de derrière, et s'en va se promener dans les lieux écartés, où il est impossible de le trouver. Ainsi il fait en sorte que sa dépense de bouche va toujours d'un même train : et, pour ses valets, il ne les prend que de complexion flegmatique et mélancolique, à cause que ceux qui sont d'humeur colérique mangent trop. Une fois un cuisinier s'étoit loué chez lui, mais il lui demanda bientôt son congé, disant que, s'il demeuroit plus longtemps en sa maison, il oublieroit son métier. Cet avare, voyant ses enfans devenir grands, s'en plaignoit un jour, au contraire de tous les autres hommes, qui sont fort aises de la croissance des leurs, parce qu'ils espèrent d'en avoir bientôt un parfait contentement, les voyant mariés, ou pourvus de quelque éminente qualité, ou remplis de quelque signalée vertu. Sa raison étoit que désormais il faudroit beaucoup d'étoffe pour les habiller. Quant à lui, jamais il ne s'habille que les fêtes et les dimanches, qu'il va paroître dans l'église de son village; encore met-il une chiquenille [2] de toile par-dessus ses vêtemens, dès qu'il est à la maison; et si à peine ose-t-il se remuer, tant

[1] Économise.
[2] Jaquette.

il a peur de les user en quelque endroit. L'on dit que les plus beaux habits qu'il ait, ce sont ceux de son aïeul, par lesquels il se plaît à être quelquefois reconnu, et les conserve soigneusement, faisant état de les léguer à ses descendans avec sa bénédiction. Pour les jours ouvriers, il ne se couvre que de haillons. Il me semble, dit Francion, que vous avez appelé ce personnage gentilhomme; croyez-vous en bonne foi qu'il mérite ce titre, puisqu'il vit d'une si vilaine sorte? Un des principaux ornemens de la noblesse, c'est la libéralité. Monsieur, répondit celui qui l'accompagnoit, je reconnois que j'ai failli de l'avoir nommé gentilhomme, encore qu'il ait plusieurs seigneuries; car même il ne l'est pas d'extraction. Son père étoit un des plus grands usuriers de la France, et ne s'adonnoit qu'à bailler de damnables avis au Conseil et à prendre quelques partis. Néanmoins les enfans de celui-ci, qui sont un garçon et une fille, l'un de l'âge de vingt ans, l'autre de dix-huit, ne tiennent en rien du monde des humeurs de leur race. Ils ont des âmes assez généreuses. C'est dommage qu'ils n'ont un père qui fît quelque chose pour leur avancement. La fille est fort belle, et ne manque pas d'attraits pour s'acquérir des amans; mais que lui sert cela? Pas un n'a la puissance de l'aborder pour l'entretenir; elle est toujours auprès de sa mère, aussi chiche que le père, qui ne veut pas qu'elle aille aux grandes compagnies, d'autant qu'il coûteroit trop à la vêtir richement. Qui plus est, le seigneur du Buisson (qui est cet avaricieux de père) a si peur de débourser de l'argent, qu'il ne veut point ouïr parler de la marier. Le fils est captif tout de même, autant de gré que de force, à cause qu'il ne désire pas sortir et fréquenter les jeunes gens de sa sorte, n'ayant pas un grand train pour paroître, ni de l'argent pour fournir au jeu et à la débauche. Dernièrement aussi il joua un bon trait à son raquedenaze de père, qui étoit tombé malade, et ne pouvoit aller à la ville porter beaucoup d'argent qu'il devoit à un marchand, par qui tous les jours il étoit chicané. Il fut contraint de lui en donner la charge à son grand regret; car à peine se fie-t-il à lui-même de ses biens. Le drôle, tenté de ce profitable métal qu'il manioit si peu souvent, se délibéra de le retenir à soi. Au lieu de le porter où l'on lui avoit commandé, il l'enterra emmi les champs, s'en alla vendre son cheval et son manteau, puis s'en retourna vers son père lui dire qu'il avoit rencontré des voleurs, qui lui avoient dérobé son argent et son manteau, et l'avoient démonté. Vous pouvez penser quelle fâcherie en eut du Buisson; il ne sçavoit à qui s'en prendre; enfin sa rage le porta à jeter toute la faute sur son fils, à le battre très-bien, après lui avoir dit qu'il étoit un coquin, qu'il étoit parti trop tard, et qu'il n'avoit pas pris le chemin ordinaire, où il eût pu rencontrer quelqu'un qui l'eût secouru. Il donna charge au prévot des maréchaux, de s'enquérir des personnes qui l'avoient volé. Un archer, sçachant de quel poil et de quelle taille étoit son cheval, fit telle diligence qu'il le trouva, et le reconnut dans une certaine ville proche d'ici, comme l'on le menoit boire. Il le suivit jusqu'à un logis, où il demanda au maître qui c'étoit qui le lui avoit vendu. Il lui répondit que c'étoit un jeune homme, dont il ne sçavoit pas le nom ni la qualité; mais que, s'il le rencontroit, il le reconnoîtroit fort bien. De mauvaise fortune le jeune du Buisson vint à passer par là, et le bourgeois dit incontinent à l'archer : Le voilà sans doute, mettez la main dessus lui. Gardez-vous bien de vous tromper, dit l'archer, car c'est là le fils de celui qui a perdu le cheval. C'est assurément lui qui me l'a vendu, repartit l'autre. L'archer se contenta de sçavoir ceci, et, alla redire à du Buisson, qui confronta le bourgeois à son fils. Il fut incontinent convaincu, et, craignant la fureur de son père, il sortit secrètement du château, puis s'en alla, pensez, quérir son argent, avec lequel il s'est si bien éloigné d'ici que l'on ne l'y a point vu depuis : à la fin, il faudra bien qu'il y revienne quand ce ne seroit que pour recueillir sa part de la succession du vieux avare, qui ne se gardera pas de mourir pour ses richesses. Ce qui vient de la flûte s'en retourne au son du tambour. Les biens mal acquis seront quelque jour infailliblement mal dépensés. Quand le jeune homme les aura en sa possession, il ne faut pas demander quel dégât il en fera : par là l'on pourra connoître quel plaisir il y a à mettre en un tas beaucoup d'écus, que l'on laisse à l'abandon lorsque l'on y pense le moins. Pour moi, je ne sçais lequel je dois blâmer, du père ou du fils; tous deux ont manqué à leur devoir; mais je ne puis nier que je ne connoisse bien que la faute vient premièrement du père, qui par sa chicheté a comme forcé son fils à lui ravir ce qu'il ne lui a pas voulu bailler de bon gré : Dieu a permis sans doute qu'il ait eu un enfant du naturel qu'il en a un, pour le punir de son avarice. Cela peut bien être, dit Francion, et je pense que le ciel m'a mis en terre pour l'en punir aussi. Je vous jure que je ne m'y épargnerai pas, ou mon esprit sera stérile en inventions. Dites-moi seulement si vous avez beaucoup de connoissance de lui. Oui, monsieur, répondit l'autre ; car je demeure dans une ferme à une lieue de son château, si bien que j'ai appris toute sa généalogie, et toutes ses façons de faire, d'un certain garçon qui l'a servi, lequel vient fort souvent chez moi. Contez-moi donc tout, sans rien oublier, repartit Francion : et sur cela celui qui l'accompagnoit dit ce qu'il en avoit ouï. En après Francion continua de cette sorte : Je lui en donnerai tout du long de l'aune, cela vaut fait : n'est-il pas ambitieux, pour comble de tous ses autres vices ? N'est-il pas fort aise que l'on croie qu'il est des plus nobles et des mieux apparentés ? Vous touchez au but, répondit l'autre, quand vous auriez mangé un minot[1] de sel avec lui, vous ne le connoîtriez pas mieux que vous faites. Il veut à toute force que l'on l'estime gentilhomme, et il a bien baillé des coups de bâton autrefois à des manans, qui avoient dit qu'il ne l'étoit pas, et qu'il le falloit mettre à la taille. Oh ! le mauvais, dit Francion, ce n'est pas ainsi qu'il y faut aller : je le veux rendre noble, moi, et malgré qu'il en ait ; car je sçais bien que du commencement il n'approuvera pas ce que je ferai pour y parvenir.

En discourant ainsi ils arrivèrent près d'un petit bocage, au delà duquel ils entendirent du bruit, comme si quelques personnes en eussent violenté une autre. Notre aventurier, qui veut tout sçavoir, et qui veut punir tous les forfaits qu'il voit commettre, pique son cheval, étant suivi de ses gens, et aperçoit quatre grands marauds, qui tiennent au collet un jeune gentilhomme qu'ils ont démonté. Encore qu'il s'approchât d'eux, ils ne le quittoient point, et parce qu'il ne vouloit pas marcher vers l'endroit où ils avoient envie de le mener, ils le traînoient contre terre de toute leur force. Que voulez-vous faire à ce galant homme-là, pendards ? dit Francion. Ce n'est pas là votre affaire, répondit l'un ; sçachez seulement que notre procédure est approuvée de la justice. La justice, ré-

[1] Cent livres.

pond Francion, et qui est cette honnête demoiselle qui fait ainsi traiter les honnêtes gens ? Laissez-le là tout à cette heure, ou vous vous en repentirez. Monsieur, dit un autre, vous nous laisserez, s'il vous plaît, faire notre charge; nous sommes officiers du roi : nous voulons mener cette homme-ci en prison pour ses dettes. N'est-ce que pour cela? répondit Francion, et je vous jure qu'il n'y ira pas. Achevant ces paroles, il tira son épée, et tous ceux qui étoient avec lui en firent de même; puis ils commencèrent à charger sur les sergens de si bonne fortune, qu'ils furent contraints de lâcher leur prise et de montrer les talons à leurs ennemis. Le voisin de l'avare, s'étant approché, dit à Francion : Monsieur, c'est ici le jeune du Buisson, que vous avez secouru. A la bonne heure, dit Francion, je suis fort aise d'avoir fait cette rencontre. Là-dessus le jeune gentilhomme le vint remercier avec des paroles où il montroit la bonté de son esprit; ce qui le convia à lui faire un accueil très-favorable. Il lui demanda si c'étoit donc pour des dettes que l'on l'avoit voulu mener en prison. Du Buisson répondit que oui, et qu'à cause que son père ne lui donnoit point d'argent il avoit été forcé d'en emprunter d'un certain banquier, qui, ayant affaire de ses pièces, le poursuivoit vivement de le lui rendre. En parlant de ces choses-là, ils se trouvèrent à une petite ville, où ils avoient dessein de souper et de coucher. Il y avoit deux hommes qui buvoient dans l'hôtellerie où ils se rendirent : l'un, qui avoit le nez rouge comme une écrevisse, ayant regardé le jeune du Buisson, fit signe à son camarade : après cela ils se mirent à trinquer plus fort que devant, ayant quelques tranches de jambon pour inciter la soif. Çà, disoit l'un en tenant son verre, greffier de la geôle de mon estomac, apprêtez-vous à faire l'écrou de ce vaillant champion, que je vais mettre à couvert : voilà encore un verre de vin qui a élu son domicile en mon ventre, dit-il en buvant derechef. Compagnon, reprit-il, après avoir bu, je vous donne assignation devant le trône du dieu Bacchus, pour dire à quel sujet vous ne buvez pas en temps et lieu, quand vos amis vous en interpellent. Je n'y comparoîtrai pas, répondit l'autre, quand vous lèveriez un défaut, dont je fusse contraint de payer les dépens, et quand on me devroit après condamner par contumace; j'en appellerai comme de juge incompétent, et je demanderai mon renvoi par-devant mon juge naturel et domiciliaire, comme en action pure personnelle. Il n'y a point d'apparence, dit le premier, je veux avoir acte bien délivré et bien signé du valet de céans, par lequel il soit certifié que j'ai bu davantage que toi. Voici une pinte, qui n'est pas, ce me semble, collationnée à l'original de celle de la ville, disoit l'autre; elle est bien petite, ce me semble, et si le vin n'est guère bon. Je veux obtenir lettres patentes scellées du grand sceau, pour me faire relever de ce que j'ai tantôt consenti à en bailler six sols : il n'en vaut que quatre. Mais à propos, camarade, tu manges tout le pain que je coupe; je m'en vais former complainte pour ce trouble, et te faire appeler en cas de saisine et de nouvelleté [1].

Ils firent plusieurs autres discours de même étoffe, que Francion entendit, et jura qu'il croyoit que c'étoient des sergens, vu la mine qu'ils en avoient et les termes praticiens qui sortoient à tous momens de leur bouche; et qu'en outre il reconnut qu'ils en vouloient à du Buisson. Pour éprouver si cela étoit vrai, il le laisse seul dans une salle prochaine, et s'en va dehors avec tous ses gens, feignant qu'il avoit envie de voir quelques singularités de la ville; aussitôt les sergens, qui avoient véritablement dessein d'emprisonner du Buisson, l'allèrent trouver; et, lui ayant montré leur charge, se voulurent mettre à exercer leur office. Mais Francion et les siens, revenant incontinent, les empêchèrent de passer plus outre; et, ayant fermé la porte sur eux, dirent qu'ils étoient à leur miséricorde et qu'il ne tenoit qu'à eux qu'ils ne les tuassent. Les pauvres gigots [2] de justice crièrent merci à Francion et à du Buisson, leur remontrant qu'ils n'avoient voulu faire que ce que l'on leur avoit ordonné. Vous êtes des coquins qui n'entendez pas votre métier, repartit Francion, je vous le veux apprendre. Un sergent bien avisé devoit-il parler avec des mots de l'art, comme vous avez fait devant les amis de celui que vous désiriez attraper ? Ne considériez-vous pas que cela étoit suffisant de vous faire reconnoître ?

[1] « On forme complainte en cas de saisine et de nouvelleté dans les actions possessoires, pour se maintenir en possession. » *Dict. de Trévoux.*
[2] Limiers.

Ce n'a été que pour ce sujet que vous avez failli maintenant à votre entreprise, de quoi je suis très-aise pour le bien de ce galant gentilhomme. Mais, or çà, apprenez-moi à la requête de qui c'est que vous le vouliez rendre prisonnier. D'un marchand de cette ville, monsieur, ce dit l'un. Je le connois bien, dit du Buisson; c'est un affronteur : il me vendoit de méchantes étoffes fort cher et me faisoit trouver un homme qui me les rachetoit à vil prix de son argent même. Je m'en vais gager qu'il faisoit si bien que tout retournoit à sa boutique. Je ne m'en souciois point, pourvu que j'eusse l'argent dont j'avois affaire, et ne songeois point à l'avenir. Il y a toujours eu presse à me prêter, d'autant que l'on se fie sur les grandes richesses de mon père. Francion, ayant dit un mot à l'oreille de du Buisson, commanda à un valet de la taverne d'aller au logis du marchand lui dire, de la part des sergens, que le jeune gentilhomme qui lui étoit redevable étoit tout prêt à le payer, et qu'il s'en vînt le voir promptement. Le marchand venu, le souper fut mis sur la table, et il fallut qu'il s'assît avec les sergens pour manger comme les autres, car l'on remit le payement après le repas. Lui et ses camarades burent d'autant, de sorte que les fumées commençoient à leur monter au cerveau. Francion donne à un laquais d'une certaine poudre qu'il avoit apportée parmi ses autres curiosités, laquelle, étant mêlée parmi le vin qu'ils burent tout le dernier, les rendit tellement assoupis, qu'il sembloit qu'ils eussent plutôt une âme de brute qu'une âme d'homme. Leurs paroles n'avoient plus aucune raison, et l'on leur faisoit tout ce que l'on vouloit et sans qu'ils y songeassent seulement. Francion, les voyant en cet état, fouille dans leurs pochettes, prend les promesses que le marchand avoit apportées, et les requêtes, et les décrets de prise de corps, que les sergens avoient, puis il brûle tout devant du Buisson, qui lui fait mille remercîmens du plaisir qu'il reçoit de lui.

Là-dessus, Francion appelle le tavernier et se plaint à lui de ce qu'il leur a baillé du vin tellement brouillé, que ces pauvres gens de ville, qui n'étoient pas accoutumés à boire, comme ceux de sa troupe, s'étoient enivrés, encore qu'ils n'eussent pas bu davantage que les autres. Ce sont des galans, monsieur, répondit-il, pour le moins ces deux sergens que vous voyez. Ils étoient déjà à demi ivres quand vous les avez fait mettre à table avec vous : ne sçavez-vous pas bien que, quand vous êtes entré, ils faisoient carrousse [1] ensemble ? Il faut envoyer dire à leurs femmes qu'elles les viennent requérir. Pour cet homme-ci, poursuivit-il en parlant du marchand, je prendrai bien la peine de le ramener tantôt moi-même.

Ayant dit cela, il commanda à un de ses valets d'aller quérir les femmes des sergens. L'on fut tout étonné que l'on les vit peu de temps après, et certainement elles firent une belle vie : elles dirent une infinité d'injures à leurs maris en les remenant, et, ce qui les faisoit enrager, c'étoit qu'elles ne pouvoient tirer d'eux aucune parole raisonnable. Quant au marchand, lorsqu'il fut à sa maison, la sienne lui demandant s'il avoit reçu l'argent que l'on lui devoit, n'étant pas si assoupi que les autres, il eut bien le sentiment de lui dire qu'elle avoit envie de s'en faire brave, et, prenant un bon bâton, il la chargea en diable et demi. Néanmoins il ne songeoit point s'il avoit reçu l'argent ou non, et ne s'apercevoit pas du larcin de ses papiers.

Le lendemain, reconnoissant sa perte, il courut en fougue à la taverne, mais il n'y trouva plus les hôtes du soir précédent. Ils étoient délogés de bon matin, prévoyant bien ce qui devoit avenir : si bien qu'il apprit à ses dépens à ne plus tromper la jeunesse, et à ne lui plus rien prêter pour l'employer en ses inutiles débauches. Néanmoins, Francion conseilla à son débiteur de lui donner un jour quelque chose, selon ce que sa conscience lui en ordonneroit.

Comme ils furent aux champs, il s'enquit de lui quel chemin il avoit envie de prendre. Un autre que celui que vous prenez, répondit-il, parce que vous allez vers le château de mon père, devant lequel je n'oserois me présenter. Je lui ai pris de l'argent, que je viens de manger à la cour, et je m'en vais maintenant trouver un seigneur de ce pays-ci, qui me recevra bénignement en sa maison comme étant mon parrain. Voilà qui est bien, dit Francion ; puisque vous êtes ainsi vagabond, cherchez le moyen de venir à Rome d'ici à quelques mois, vous m'y trouverez sans doute et y passerez mieux le temps qu'en pas un lieu du monde. Votre humeur me plaît

[1] Débauche.

tant, que je souhaite de la pratiquer davantage que je n'ai fait. Ayant dit cela, il l'embrassa amiablement, et le laissa prendre telle voie qu'il voulut.

Celui qui lui avoit parlé du vieil du Buisson étoit encore en sa compagnie, et ne le quitta point qu'il ne l'eût mené à la vue du château de cet avaricieux. Francion, se séparant de lui, l'assura qu'il sçauroit bientôt des nouvelles de ce qu'il feroit, et s'y en alla, s'étant mis sur sa bonne mine et ayant pris le plus beau manteau qui fût en son bagage, parce qu'il avoit envie de se dire bien grand seigneur.

Nous verrons là comme il fit la guerre à l'avarice, qui est un péché des plus énormes; et c'est en cela que nous connoîtrons que cette *Histoire comique* a beaucoup de chose de satirique, afin de la rendre plus utile : car ce n'est pas assez de dépeindre les vices, si l'on ne tâche aussi de les reprendre vivement.

LIVRE NEUVIÈME

Ce brave chevalier, dont nous suivons les aventures à la trace, arriva enfin à la porte du château de l'avare : il eût envoyé devant quelqu'un de ses gens l'avertir de sa venue, n'eût été qu'il avoit peur qu'il n'esquivât aussitôt et qu'il ne pût parler à lui. Il entra donc jusques en la salle, où le vénérable étoit assis et étudioit, dans un livre de l'agriculture, ce qu'il pouvoit encore pratiquer pour tirer plus de revenus de ses terres. Monsieur, lui dit Francion, l'extrême désir que j'ai eu de vous voir, pour vous témoigner combien je suis affectionné à vous rendre du service, m'a contraint de quitter le chemin que mes affaires m'obligeoient de tenir et m'a fait venir ici hardiment. Je vous supplie de me dire qui vous êtes, repartit le seigneur du Buisson, car je ne vous connois point.

Je vous connois bien, moi, dit Francion; votre renommée est épandue assez loin. Pour moi, l'on m'appelle Francion, marquis de la Porte; je suis de vos plus proches parens, je m'en vais vous dire par quelle façon. Là-dessus il lui bâtit une généalogie suivant celle que l'on lui avoit décrite; et, quoique l'autre y remarquât de la fausseté, il se persuada qu'elle étoit véritable, tant il étoit aise de ce qu'un marquis, qui avoit un train fort honorable, se disoit son cousin de son mouvement propre, espérant que cela serviroit à prouver sa noblesse contre les médisans. Après avoir témoigné à Francion, par ses paroles, combien sa connoissance lui apportoit de contentement et d'honneur, la première courtoisie dont il usa fut de lui dire : Vous n'êtes jamais venu en ce pays-ci, ni vos serviteurs non plus : je m'imagine que vous ne sçavez pas où c'est que l'on peut loger? il leur faut enseigner une taverne où ils se pourront retirer eux et leurs chevaux; mon homme s'en va les y conduire. Francion, voyant déjà que du Buisson avoit envie de jouer d'un trait de sa chicheté ordinaire, se résolut de l'en empêcher, et lui dit : J'ai toujours affaire de mes valets, mon cousin, il ne faut pas qu'ils s'éloignent de moi, je leur défends bien; pour ce qui est de mes chevaux, on ne les laissera pas seuls en une hôtellerie, et si je vous assure qu'ils sont si las qu'ils n'ont pas assez de vigueur pour aller jusque-là. Ainsi Francion para ce premier coup. Vous ferez ici un très-mauvais souper, lui dit le sieur du Buisson lorsque ses gens mettoient sur la table une éclanche de brebis et quelques salades : ce n'est là que mon ordinaire : je n'ai pas été averti de votre venue comme je devois être, afin de faire apprêter quelque chose de meilleur : qui pis est, ma femme est malade au lit, et n'y a qu'elle céans qui entende la cuisine et qui y mette les mains. Que l'on ne se hâte point tant, de grâce, dit Francion, l'on ne perdra rien pour attendre : je vous donne tout le loisir que vous voudrez pour faire apprêter ce qu'il vous plaira. Au reste, si vous avez de la viande plus délicate que celle que l'on a apportée, je vous supplie d'en faire servir, car je n'en sçaurois manger. D'autre part, j'ai vu votre paillier[1] en passant, il est des mieux garnis de la France. Si je ne sçavois que vous êtes extrêmement

---

[1] Basse-cour.

bien fourni de tout, je ne vous importunerois pas ainsi de contenter mes appétits. Mon Dieu, à propos, je me souviens qu'un homme de ce pays-ci, que j'ai rencontré en chemin, m'a dit qu'il y a en ce village un certain homme qui ne fait autre chose qu'aller à la chasse et vend sa proie à ceux qui la veulent acheter; il seroit bon d'envoyer chez lui pour avoir des perdrix et de la venaison. L'avaricieux fut contraint de faire les choses à quoi Francion le convioit; il n'osoit pas les lui refuser, se promettant qu'il n'auroit que ce soir-là cette charge et que son hôte poursuivroit son voyage commencé; mais il fut bien étonné de se voir loin de son compte. Francion lui dit : Mon cher cousin, ne vous tourmentez point tant l'esprit, comme il me semble que vous faites, pour ne me voir pas possible traité à votre fantaisie; tous ces jours-ci qui viennent nous ferons meilleure chère : vous aurez plus de moyen de faire chercher du gibier : j'aime tant votre conversation, que j'aurai bien de la peine à sortir de céans. Comment, vertubieu ! disoit du Buisson en lui-même, sera-t-il dit que je nourrisse si longtemps cet homme-ci avec tout son train ? Ah ! j'y mettrai bon ordre, ma foi ! encore espère-t-il que je lui ferai meilleure chère que maintenant; et comment cela seroit-il possible ? a-t-il envie de me ruiner ? Un de ses gens, qui s'est mêlé de la cuisine, a demandé tant de beurre, tant de moelle, tant d'épices et d'autres ingrédiens pour assaisonner les viandes, qu'en ce seul souper-ci toutes mes provisions ont été mises en œuvre. Alors, prenant la parole sur cette pensée, il dit à Francion qu'il lui conseilloit de partir dès le lendemain au matin, pour parachever son voyage, parce qu'il ne devoit pas laisser échapper le temps, qui étoit disposé au beau, et que, s'il attendoit jusqu'à l'autre semaine, il auroit bien de l'incommodité sur les champs, à cause des pluies qui viendroient, suivant les prédictions de l'Almanach du curé de Milmonts, qui ne mentoit point. Ah ! mon cousin, y a-t-il tant d'affaires ? répondit Francion; s'il fait mauvais temps la semaine qui vient, je ne partirai point, j'attendrai à l'autre. Mais, mon cousin, répliqua du Buisson, nous aurons encore, d'ici à quinze jours, de grands orages. Eh bien, dit Francion, j'aurai donc patience jusques à un mois d'ici : que m'en chaut-il ? il n'y a rien de pressé. Mon Dieu, à propos, lorsque j'en serai là, il faudra que vous me prêtiez quatre chevaux, tant pour tirer un petit chariot, que je ferai faire ici dès demain, que pour porter mon bagage, qui est trop lourd pour mon sommier [1], que pour monter mes laquais, qui ne sçauroient plus aller à pied. Vous me ferez aussi la faveur de me prêter treize ou quatorze cents livres, dont j'ai fort affaire; car, en partant de chez moi, ne croyant pas devoir aller si loin, je n'ai pas pris assez d'argent.

Toutes ces paroles navroient autant le cœur du sieur du Buisson que si c'eussent été des coups de poignard. A toutes les fois que Francion lui proposoit quelque chose, il se tournoit vers le plus fidèle de ses valets, et lui disoit tout bas : Guérin, Guérin, que cet homme-ci est familier! Le souper fini, il mena coucher Francion, et départit le logement à tous ses serviteurs; puis il s'en alla voir sa femme, qu'il n'avoit pas fait voir à son hôte; d'autant qu'il se figuroit qu'il y avoit longtemps que le sommeil l'avoit prise. La trouvant éveillée, il lui conta le nouveau parentage qu'il avoit trouvé, et combien cette rencontre lui étoit cher vendue. Ah! m'amour, lui dit-il en poursuivant, je ne sçais quel diable de marquis c'est, mais c'est l'homme le plus effronté que je vis jamais. Comment, il est plus familier avec moi que s'il étoit mon frère, et s'il n'avoit fait autre chose toute sa vie que me fréquenter. Il dit ses appétits et veut que l'on les assouvisse. Il réforme céans ce qui n'est pas bien à son goût. Il me contraint de faire des dépenses superflues, et commande à mes valets comme si je lui avois donné l'autorité que j'ai sur eux. S'il demeure ici plus longtemps, j'ai peur qu'il n'y veuille être le maître tout à fait et qu'il ne nous en chasse à la parfin. Quel profit vous apporte une telle accointance, lui repartit sa femme? pourquoi l'avez-vous laissé demeurer ici? Je m'imagine, pour moi, que c'est quelque chercheur de chappe-cheute [2]. Il est venu sans doute ici pour nous voler. Si vous sçaviez la bonne mine qu'il a, reprit l'avare, vous n'auriez garde d'avoir cette opinion. Il a gentilhomme suivant et laquais bien vêtus à la mode de la cour. Son train n'est point fait à la hâte, comme celui des personnes qui tout d'un coup se

---

[1] Cheval de somme.
[2] Chercher une chappe-chute est synonyme de chercher une occasion.

veulent faire prendre pour des seigneurs, afin d'exécuter quelque mauvaise entreprise. Néanmoins je ne suis pas résolu de le loger passé cette nuit, fût-il mon cousin plus que germain. Je n'en serai pas de beaucoup mieux, quand tout le monde aura sçu qu'il aura été ici longtemps, et qu'il est mon parent : au contraire, la plupart de mes biens seront dissipés. Plus de profit et moins d'honneur, c'est la devise de mon père. Pour être du sang d'un marquis, on n'est pas plus à son aise : quoi que ce soit, pour lui avoir fait bonne chère, je ne serai pas davantage son parent que je suis; et pour lui en faire une mauvaise, je ne le serai pas moins. A la vérité, je n'oserai pas le mettre hors de céans par les épaules, mais bien userai-je de quelque doux moyen pour l'en faire sortir, sans qu'il se puisse mécontenter de moi. Je feindrai demain que j'ai un grand procès, qu'il me faut aller solliciter à la ville; vous vous ferez plus malade que vous n'êtes; et, quand l'on vous demandera ce qui sera nécessaire pour le traiter, vous feindrez d'être en rêverie et de n'avoir plus de raison : tellement que, d'un autre côté, me voyant absent pour beaucoup de jours, et ne pouvant jouir de ma fréquentation non plus que de la vôtre, il sera indubitablement forcé de s'en aller. Mais il faudra bien défendre à nos gens de lui laisser emmener nos chevaux, comme il a dit qu'il avoit désir de faire. Mademoiselle du Buisson approuva les raisons et les intentions de son mari, qui, l'ayant laissée dans sa chambre, s'en alla coucher dedans une autre.

Cependant sa fille, qui étoit recherchée depuis longtemps d'un beau jeune gentilhomme, l'avoit averti par une lettre, qu'il se présentoit une belle occasion d'accomplir leurs désirs, à cause que sa mère étoit malade, et qu'on ne prendroit pas garde de si près à ses actions que de coutume, parce qu'il étoit venu un seigneur loger chez eux, ce qui avoit mis tout en désordre. L'amant étoit déjà venu, et si favorablement, qu'un homme du château, l'ayant rencontré, l'avoit pris pour le suivant de Francion, qui étoit de sa taille. La belle étoit avec lui dans une chambre, entre celle du prétendu marquis et celle de son père. La guerre amoureuse leur plaisoit tant, qu'ils la recommençoient dès qu'ils le pouvoient faire. Ils faisoient trembler le lit d'une telle manière, que le père le pouvoit bien entendre. De toute la nuit il n'avoit sçu clore les yeux : trop d'inquiétudes agitoient son esprit. Il ne faisoit que songer à ce que lui avoit dit sa femme; et quelquefois il se laissoit tellement emporter à la défiance, qu'il croyoit que Francion fût un voleur, qui eût entrepris de dérober tout ce qui étoit en sa maison. Dès demain je ne manquerai pas à envoyer querir le prévôt des maréchaux et tous ses archers, pour prendre ce compagnon-ci, disoit-il en son transport : il sera attrapé comme un moineau dans le trébuchet. Mais, bon Dieu! que je suis sot de penser être plus fin que ce maître matois : il a par aventure fait sa main dès cette heure, et s'en est fui. Ah! misérable, me voilà ruiné! Je n'y sçaurois remédier en façon quelconque. Comme il étoit sur la fin de ce discours, sa fille et son serviteur, venant à s'embrasser, donnèrent de telles secousses à la couchette, qu'il l'entendit bien. Il ne sçavoit pas que c'étoit elle qui étoit couchée là, ayant laissé tout exprès la chambre ordinaire au valet de chambre de Francion, qui lui servoit de gentilhomme : et d'autant qu'il y avoit là dedans un coffre, où il avoit serré ses plus beaux habits, il s'imagina que le bruit qu'il oyoit procédoit de ce que ses hôtes tâchoient de le rompre ou de l'ouvrir pour le vider. Il prêta l'oreille attentivement, mais enfin il n'entendit plus rien du tout. Alors, je ne sçais par quelle révolution de fantaisie, perdant les pensées qu'il avoit eues, il s'accusa d'être trop soupçonneux; et, croyant qu'il n'avoit rien ouï que par imagination, il dit en soi-même qu'il étoit un mauvais homme de prendre pour un larron un seigneur qualifié.

Néanmoins il ne put pas goûter du repos, et étant sorti doucement de sa chambre il s'en alla voir si toutes les portes de son château étoient bien fermées, et si chacun dormoit dedans le logis. Rien ne put empêcher qu'il n'eût mille frayeurs se trouvant dans sa cour : d'abord il lui sembloit qu'il voyoit des hommes descendre d'une fenêtre par une échelle, et à tous coups il se retournoit pour regarder s'il n'y en avoit point quelqu'un derrière qui fût prêt à le tuer. A la fin, ayant reconnu que son jugement étoit trompé par des illusions, il reprit le chemin de sa chambre, où il ne fut pas sitôt entré qu'il ouït le même bruit d'auparavant. Connoissant qu'il ne s'étoit point déçu, et qu'il ne rêvoit point alors, il s'approcha de la muraille, et écouta attentivement ce que l'on pouvoit faire en l'autre chambre. Le jeune amant, qui étoit folâtre, disoit alors à sa dame : Eh bien! y a-t-il quelque chose dont la persévérance ne puisse venir à bout? J'ai trouvé l'artifice d'ouvrir ce qui est le mieux fermé; il faut à présent que tout ce qui est du reste me cède.

Lorsqu'un homme rempli de présomption entend dire quelques mots ambigus, il leur trouve un sens à sa gloire : celui qui croit être haï d'un chacun tourne tout à son blâme et à son dommage. Ainsi les fantaisies des hommes s'accommodent à leurs passions et leur font ordinairement paroître les choses qu'ils craignent ou qu'ils espèrent. Cela se reconnoît principalement aux personnes avaricieuses, qui ne voient jamais parler deux hommes ensemble qu'ils ne croient qu'ils discourent des moyens de dérober leur bien. Le sieur du Buisson, le plus grand lésinant de la terre, étoit de cette belle humeur, et, oyant les paroles de l'amant de la fille, il les expliqua selon les soupçons qu'il avoit. Aussitôt il crut que quelqu'un s'efforçoit d'ouvrir son bahut, et la fâcherie vint tout à fait à s'emparer de son âme, lorsque le jeune gentilhomme poursuivit ainsi : Je n'aurai plus désormais sujet de m'attrister, je suis possesseur de la chose la plus chère de céans. Mais nous ne songeons pas que le jour vient petit à petit : j'ai crainte que l'on ne me trouve encore sur le fait, si je ne m'en vais tout à cette heure. Mais, mon Dieu! pourrai-je bien grimper par dessus la muraille? Je ne sçais. Ah! ma foi, tu dis vrai, disoit le sieur du Buisson; tu as de vrai la plus chère chose de mon logis, puisque tu as pris ce que j'avois serré dans mon coffre; mais tu ne l'emporteras pas comme tu penses, je te servirai bien d'obstacle.

Ayant alors une résolution généreuse, il prit son épée, et s'en vint à la porte de la chambre, qu'il pensa enfoncer à coups de pied. Francion, qui avoit fait la nuit un sommeil tout d'une pièce, et n'avoit point ouï le tremblement de la couche, se réveilla à ce bruit, et vint voir qui le faisoit. Quand il eut reconnu du Buisson à sa parole, il lui demanda pour quel sujet il se mettoit en colère. Comment, dit-il, n'en ai-je pas grande occasion? Il y a là dedans quelqu'un de vos serviteurs qui a crocheté un de mes coffres. Je ne le pense pas, reprit Francion, je n'ai point de gens qui ne me semblent très-fidèles. Et toutefois voyons si ce que vous dites est vrai; j'en veux faire la punition moi-même et très-rigoureuse. Tandis qu'il disoit ces paroles, du Buisson appela un de ses valets, qui apporta de la chandelle, et sa fille, ayant en même temps fait cacher son serviteur dessous le lit, mit sa cotte et vint ouvrir en frottant ses yeux, comme si elle n'eût fait que de se réveiller. Son père s'étonne en la voyant, et lui demande si elle n'a point entendu de bruit dedans sa chambre. Elle répondit que nenni : nonobstant, il cherche partout, et vient à la fin à regarder dessous la couche, où il aperçoit le compagnon, qu'il connoissoit pour son voisin. Il eût estimé qu'il se trouvoit là pour voler les besognes de son coffre, plutôt que pour voler l'honneur de sa fille, s'il ne se fût découvert, croyant qu'il en étoit besoin. Monsieur, lui dit-il, je vous supplie de me pardonner la faute que l'amour m'a fait commettre; vous sçavez que je ne suis pas d'un lignage si abject que ce vous soit une honte de m'avoir pour gendre : mademoiselle votre fille ne m'a point dédaigné : faites-moi cet honneur que de m'avoir pour agréable. M. du Buisson n'attendit pas qu'il eût achevé sa harangue; il étoit en une si prodigieuse colère, que, sans Francion, qui lui retint le bras, il lui alloit passer son épée au travers du corps. Comment, lui dit-il, êtes-vous si hardi que de venir déshonorer ma maison ? Ah ! je vous proteste que je vous en ferai repentir. Ah ! monsieur, dit-il en se retournant vers Francion, je vous prie de me laisser en liberté, si vous me voulez donner quelque témoignage d'amitié. Permettez que je prenne la vengeance de ce misérable, qui ne doit mourir que de ma main. Il faut que je donne pareillement la mort à cette maudite engeance que je suis marri d'avoir mise au monde. Mon cher cousin, dit Francion, tant que je serai ici, vous ne leur ferez aucun mal : je veux être l'avocat d'une si juste cause comme la leur. Là-dessus, ayant tiré l'épée des mains de du Buisson, qui n'étoit pas si fort que lui, il lui remontra qu'il n'y avoit point de remède à ce qui étoit fait, sinon de l'autoriser; et que, s'il faisoit autrement, il seroit cause que le déshonneur, qu'il craignoit tant, tomberoit dessus sa maison. Du Buisson, ayant un peu goûté ses raisons, apaisa les premiers mouvemens de sa colère, et s'assit dans une chaire auprès de Francion, qui, lui prenant les mains en signe d'amitié, lui parla de cette sorte : Mon cher cousin, je vous aime tant, que je veux chercher en tout et partout les occasions de vous en donner des preuves. La plus grande que je vous puisse faire voir est de ne vous flatter en aucune manière, encore qu'ordinairement les hommes soient fort aises de l'être, suivant la corruption du siècle. Je vous dirai donc les défauts que vous avez, non point pour vous les reprocher par inimitié et pour accroître votre colère, mais pour tâcher de vous rendre désormais agréable à ceux à qui vous déplaisez. Il n'en faut point mentir, vous êtes fort chiche, et l'homme chiche se rend odieux à tout le monde, parce qu'il cache en lieu secret les biens dont chacun a affaire et que chacun désire. Il ne les met point en usage. Il est impossible d'en gagner de lui; car il n'achète que le moins qu'il peut, et ne met guère d'ouvriers en besogne, qu'il ne se voie en un état qu'il ne s'en puisse passer. Il ne donne point de récompense à ceux qui l'ont fidèlement servi. Ses amis ne sont jamais bien venus à sa maison. Il leur fait une si piteuse chère, qu'il leur montre l'envie qu'il a de ne les y voir plus. Vous avez tous ces vices-là, je ne vous le cèle point. Considérez-vous avec une sévérité aussi grande qu'il la faut à un homme qui se juge soi-même : vous reconnoîtrez que je ne vous accuse point à tort. Représentez-vous donc maintenant si vous n'êtes pas misérablement privé du plus grand plaisir de la vie, qui est d'avoir beaucoup d'amis. Ne vous faites-vous pas un tort extrême? Car le plus souvent vous mourez de faim auprès de vos richesses, et avez si peur de les voir dépensées, que vous n'osez acheter ce qui vous est très-nécessaire. Le pis que j'y vois, c'est que vous contraignez à vous désobéir ceux qui vous doivent tout respect et de qui les volontés sont tenues de dépendre de la vôtre. Oui, vous y forcez vos propres enfans, et je l'ose bien dire ainsi : vous avez un fils en âge de voir le monde, et vous ne lui donnez point ce qu'il doit avoir, selon vos moyens. Vous avez une fille autant capable de donner de l'amour comme d'en recevoir, et cependant vous ne parlez pas de la marier; si bien qu'elle a été forcée de songer elle-même à se pourvoir. Je ne sçais pas qui vous a dit cela, interrompit le sieur du Buisson, mais il est certain que j'ai toujours eu envie de la marier au fils d'un riche marchand que je connois. Ne voilà-t-il pas votre maladie? reprit Francion, vous ne cherchez que les richesses, et ne vous enquérez point si celui que vous lui voulez bailler lui est agréable : n'en parlons plus,

elle a trouvé parti. Au reste, je vous conjure de quitter votre
humeur taquine, comme n'étant venu ici que pour ce seul
sujet. Je vous faisois accroire que j'avois envie d'être ici longtemps, et de vous faire beaucoup de dépense; mais ç'a toujours été mon intention de partir à ce matin, et tout ce que
j'ai dit n'a été que pour éprouver si votre avarice étoit aussi
grande que l'on me l'avoit figurée.

Après cela, Francion lui remontra encore plus naïvement la
laideur de son vice, de sorte qu'il en eut horreur, et se résolut
à le quitter, pour embrasser la vertu contraire, de laquelle
on lui faisoit espérer que tous les biens du monde lui avien-
droient; et principalement celui de se voir honoré et chéri
de beaucoup de personnes à qui il feroit plaisir, et d'être désormais estimé véritablement noble. Il promit aussi qu'il ma-
rieroit sa fille à celui qu'elle avoit élu pour serviteur, tellement que, le jour étant venu tout à fait, Francion sortit en
bonne amitié de sa maison, pour aller au lieu où il avoit tant
de désir de se trouver. Il faisoit tout ce qui lui étoit possible pour
rendre son voyage utile à plusieurs choses en même temps;
et, comme nous avons vu jusqu'à cette heure, il ressembloit
à ces chevaliers errans, dont nous avons tant d'histoires, lesquels alloient de province en province pour réparer les outrages, rendre la justice à tout le monde, et corriger les vicieux. Il est vrai que ces procédures n'étoient pas si san-
glantes, mais elles en étoient plus estimables. Toutefois sa
vie eut encore du mélange depuis, et les plus réformés ne
trouveront pas qu'elle ait toujours été fort propre à retirer
les autres du vice; mais quiconque pourra mieux vivre le
fasse. Notre histoire n'y apporte pas d'empêchement. Il faut
sçavoir le bien et le mal, pour choisir l'un et laisser l'autre.
Nous allons encore voir ici des choses que les meilleurs esprits ne condamneront point, et ne les tiendront que pour de
petites amourettes, encore assez indifférentes.

Il étoit environ midi lorsque, passant par un beau bocage,
il eut envie de se reposer à l'ombre, auprès d'une fontaine
qui étoit au milieu. Il envoya tous ses gens en un village prochain, pour y faire apprêter à dîner, et ne retint que son suivant, qui s'éloigna un peu de lui, cependant qu'il se coucha
sur l'herbe, et qu'il tira hors de sa pochette le portrait de
Nays. On dit que, se laissant aller alors aux imaginations

poétiques, il fit cette plainte, qui a de l'air de celles que l'on trouve dans les romans. Ah! cher portrait, que vous contenez de miracles en peu d'espace! Comment se peut-il faire qu'un assemblage de si peu de couleurs ait tant d'enchantemens? Hélas! vous n'êtes rien que fiction, et pourtant vous faites naître en moi une passion véritable. L'on a beau vous toucher et vous baiser, l'on ne sent rien que du bois, et votre vue cause pourtant des transports nonpareils : que seroit-ce de moi, si j'avois un jour entre mes bras celle dont vous représentez les beautés? L'excès d'amour seroit alors si grand, que je perdrois au moins la vie, puisque devant vous j'ai bien perdu la liberté. Ma belle Nays, je voudrois déjà être sur le point de trépasser auprès de vous !

Il y avoit un gentilhomme du pays dans ce même bocage, lequel entendoit ses complaintes étant caché derrière lui. Celui-ci le voulant connoître s'approcha du lieu où il étoit, et lui demanda quelle peinture il avoit en ses mains, à laquelle il tenoit de si tristes discours. Monsieur, répondit Francion, je suis marri que vous ayez entendu ce que j'ai dit; car, si vous n'avez point éprouvé la force de l'amour, vous prendrez tout pour des folies les plus insignes du monde. L'autre lui ayant répliqué qu'il ne connoissoit que trop bien la violence que cette passion exerce sur les âmes, voulut voir le portrait de Nays, et sçut si bien tirer la vérité de Francion, qu'il apprit le dessein qu'il avoit d'aller la trouver. Réjouissez-vous, lui dit-il après, elle est déjà arrivée au lieu où vous l'allez chercher. Je l'ai vue, je vous jure, et je l'ai trouvée la plus belle femme du monde. Francion s'enquit là-dessus de ce gentilhomme quel train elle avoit. Elle a le train que doit avoir une personne de sa qualité, lui répondit-il : au reste, elle a en sa compagnie un jeune seigneur appelé Valère, qui à mon avis n'a pas moins d'amour pour elle que vous. Ils feignent tous deux d'être malades et d'avoir envie de prendre quelque temps les eaux pour leur guérison; mais je pense qu'ils n'ont garde d'avaler celles que l'on leur apporte, et qu'ils les font jeter en secret : aussi n'est-ce pas là ce qui leur est nécessaire. Vous dites vrai, repartit Francion; car à Nays il ne lui faudroit rien autre chose que de l'eau du fleuve du paradis d'amour, que je lui puis bailler si elle veut; et à Valère il faudroit nécessairement de l'eau du fleuve d'oubli, afin qu'il perdît la mémoire de cette nonpareille beauté, qui n'est point portée à lui vouloir du bien, et qui causera sa mort, s'il songe toujours à elle, comme il a fait par ci-devant.

Après avoir tenu quelques autres discours là-dessus, Francion remercia ce gentilhomme des nouvelles qu'il lui avoit apprises, et s'en alla dîner où l'on l'attendoit; et après cela il ne se donna point de repos qu'il ne fût au village où étoit la fontaine dont tant de malades alloient boire de l'eau. Quand il fut arrivé sur la pointe du jour, il sçut que Nays y étoit avec Valère, ainsi que l'on lui avoit dit. Il apprit le logis où elle demeuroit, et passa par devant en bon équipage, comme elle s'étoit mise à la fenêtre pour prendre la fraîcheur Il vit cette beauté, qui lui sembla aussi merveilleuse que celle de son portrait, où il lui étoit avis même que le peintre avoit oublié beaucoup d'attraits; Nays, l'apercevant aussi, fut soigneuse de s'enquérir qui il étoit, d'autant qu'elle n'avoit guère vu de seigneurs qui en un tel voyage eussent des gens si bien couverts. Personne de chez elle n'en sçachant rien, elle fut contrainte de commander à un de ses estafiers de s'informer des gens de Francion du nom de leur maître; il s'adressa à un laquais, qui, comme tous les autres, avoit charge de dire qu'il s'appeloit Floriandre; d'autant que Francion, contre son premier avis, s'étoit délibéré de suivre à tout hasard le conseil de Dorini, pour tenter la fortune au premier coup. A cette nouvelle, le cœur tressaillit à Nays, s'imaginant que celui, pour qui elle soupiroit, étoit arrivé en ce pays-là, selon ce que l'on lui avoit mandé.

Elle n'avoit pu assez considérer Francion comme il avoit passé, si bien qu'elle ne sçavoit s'il étoit semblable ou non au portrait qu'elle avoit de Floriandre. Elle brûloit d'envie de le voir et ne sçavoit comment faire pour y parvenir. Le pis étoit, à son opinion, qu'elle n'avoit point Dorini en sa compagnie. Cela la mettoit au désespoir, songeant qu'elle n'avoit personne qui fût capable de s'entremettre de son affaire, qu'elle ne croyoit pas pouvoir concerter elle-même, vu qu'elle étoit étrangère et ne sçavoit pas trop bien les coutumes de France. Enfin elle se résolut néanmoins d'accomplir ses désirs, lorsqu'elle auroit tant fait que son amant seroit obligé, par les règles ordinaires, de la venir visiter. Elle menoit Valère à baguette, et croyoit qu'encore qu'il eût pris la peine de l'accompagner elle pouvoit jouir d'une franchise de femme et donner librement à un autre la place qu'il espéroit en ses bonnes grâces.

Comme elle étoit sur ces pensées, un courrier lui apporta une lettre, qu'elle décacheta, et connut qu'elle venoit de la part de Dorini. Madame, lui dit le courrier avant qu'elle eût eu le loisir de la lire, ne vous étonnez pas de quoi l'on a pris la peine de vous envoyer ici d'Italie une lettre qui vient de la France même, car l'on a tellement assuré qu'il y a des nouvelles qui vous importoient de beaucoup, que l'on a cru qu'il ne falloit pas manquer à vous les faire voir vitement, craignant que vous n'en fussiez pas avertie ici, combien que vous soyez plus près de Dorini que vous ne seriez en votre pays. Quand il eut dit cela, elle jeta les yeux sur la lettre, où elle lut que son cher amant étoit mort. Il falloit véritablement que ses esprits eussent alors une force extrême, pour ne recevoir point de l'affoiblissement et ne la point laisser évanouir.

Ce qui servit beaucoup à lui faire passer son angoisse fut qu'un laquais de Francion lui vint dire que Floriandre, ayant sçu qu'elle étoit en ce village, désiroit avoir le bonheur de la voir et avoit envie de sçavoir à quelle heure il ne lui apporteroit point d'importunité en la visitant. Sa réponse fut qu'à toutes les heures qu'il voudroit venir il ne lui apporteroit jamais qu'un contentement extrême. Ceci ayant été redit à Francion, il s'en alla chez elle comme elle étoit dans des incertitudes étranges, vu que d'un côté elle apprenoit que Floriandre étoit mort, et d'un autre qu'il étoit prêt à la venir visiter. Son recours fut à son tableau, qu'elle contempla si bien, qu'elle reconnut que Francion n'étoit point le même Floriandre qui la faisoit mourir d'amour. Néanmoins elle le reçut selon sa qualité et avec un visage moins triste qu'il ne devoit être pour l'occasion qu'elle avoit de s'affliger. Les premières paroles de courtoisie étant cessées, elle lui dit : Monsieur, ne m'apprendrez-vous point de certaines nouvelles de ce que je m'en vais vous dire ? Il y a en France un autre Floriandre que vous; dites-moi s'il est vrai qu'il soit mort, suivant ce que l'on m'en a mandé ? Francion, voyant alors qu'il lui étoit inutile de penser jouer un autre personnage que le sien, dit que Floriandre étoit mort sans doute, mais qu'il ne sçavoit pourquoi elle croyoit qu'il s'appelât aussi Floriandre. Nays répondit que son laquais l'avoit nommé ainsi; de quoi Francion, ne s'étonnant guère, lui dit : Vraiment, j'en sçais bien le sujet : c'est qu'il a servi Floriandre et qu'il n'y a pas longtemps qu'il est à moi; de sorte que, par accoutumance, le nom de ce premier maître lui vient plus souvent à la bouche que le mien.

Après cela, Nays lui demanda s'il avoit quelque indisposition qui le forçât à venir boire des eaux; et, ne pouvant celer son martyre devant celle qui pouvoit y mettre remède, il lui parla de cette sorte : Vous me faites tort, madame, de croire qu'un autre sujet que le désir de vous voir m'ait donné la résolution de venir ici. N'ôtez point à mon affection l'une de ses plus sensibles preuves; croyez que je n'ai point d'autre douleur que celle que vos perfections m'ont causée. Mais, hélas! c'est un mal qui n'a point de pareil en rigueur, et qui seroit insupportable sans l'espérance qui l'accompagne. Que vous avez produit de miracles, belle déesse! Il n'y a que ceux qui voient le soleil même qui soient échauffés de ses rayons; ceux qui ne voient que sa figure ne le sont point, mais j'ai été enflammé jusqu'à l'excès en ne voyant que votre portrait. Quel destin empêche qu'en vous considérant maintenant vous-même je ne sois tout réduit en cendre? Le ciel ne me fait-il point cette grâce de me conserver en mon premier être afin que je souffre éternellement? Que cela soit ou non, mais vous pouvez, malgré les ordonnances du sort, me rendre la santé et éteindre les plus vives ardeurs que j'aie. Aussi viens-je ici, non point pour boire des eaux de la fontaine qui remédie à plusieurs incommodités du corps, mais pour tâcher d'avoir d'autres eaux bien plus estimables qui font leurs fonctions dessus les âmes : c'est votre bienveillance et vos faveurs qui sont capables d'adoucir mes passions, si leurs ruisseaux découlent dessus moi. Vous me pardonnerez, reprit Nays, si je vous dis que, quoi que vous puissiez alléguer, je crois que vous n'êtes point venu ici pour autre chose que pour y épandre les merveilles de votre mérite; vous le faites paroître assez visiblement en toutes choses, quand ce ne seroit qu'en montrant à chaque propos votre bien dire.

Leur entretien eût été plus long là-dessus, si Valère, qui demeuroit en un autre logis, ne fût venu au même instant voir sa maitresse. Alors Francion prit congé d'elle, n'ayant plus moyen de l'entretenir librement. Valère, qui ne sçavoit pas qu'elle n'étoit venue en France que pour faire un serviteur, poursuivoit les soumissions qu'il avoit accoutumé de lui rendre. Mais, bien que celui qui l'avoit captivée fût mort, elle ne donna pas son affection à celui-ci : l'inclination qu'elle avoit à chérir les François n'étoit point passée; elle avoit trouvé des charmes en Francion qui n'étoient pas moins capables de l'enchanter que ceux du portrait de Floriandre et du récit de son mérite. J'ai été bien sotte jusqu'ici d'aimer une peinture, disoit-elle en elle-même. Par aventure eussé-je trouvé que celui que j'adorois sans l'avoir vu en effet avoit beaucoup moins de perfections que l'on ne lui en attribuoit. Maintenant, je ne puis plus être trompée : je vois devant mes yeux sans obstacle un objet digne d'admiration. C'est un seigneur de marque, rempli de bonne mine et pourvu d'un bel esprit; et, qui plus est, échauffé pour moi, selon mon avis, d'une affection excessive; de façon que je n'aurai point de peine à le gagner, comme j'eusse eu à Floriandre.

Cependant que Nays avoit de telles pensées, Francion en avoit d'autres qui ne tendoient toutes qu'à l'aimer éternellement, comme la plus parfaite dame dont il avoit jamais eu connoissance. Le lendemain, il rencontra l'occasion d'aller à la promenade avec elle, et la mena par-dessous le bras, tandis que Valère menoit une damoiselle françoise qui s'étoit trouvée là.

Francion résolut de s'aider de la connoissance qu'il avoit de Dorini, et conta à Nays le don qu'il lui avoit fait de son portrait, après la mort de Floriandre, jugeant qu'il n'y avoit personne à qui il le pût bailler si justement qu'à lui, qui étoit l'homme le plus capable de l'aimer qui fût au monde; puis il lui demanda, avec des paroles arrangées suivant la plus grande politesse de la cour, si elle ne s'accorderoit pas à la fin à lui faire un autre présent plus précieux, qui étoit de lui donner ses bonnes grâces. Monsieur, dit naïvement Nays, je reconnois clairement que vous êtes d'une humeur si mauvaise, qu'il est fort malaisé de vous rendre satisfait. Quand vous ne vous contentez pas de mon portrait, qu'on vous a donné, je pense qu'à la fin vous en voudrez posséder l'original; n'ayez pas tant de convoitise, si vous aimez à vivre en repos. Je ne demande pas encore à vous posséder, repartit Francion, mon souhait est seulement que vous daigniez avouer que vous me possédez. Là-dessus, ayant tiré le portrait de sa poche, suivant sa prière, il le lui montra. Voilà le même que je donnai à Dorini, dit-elle, il n'est point changé, sinon en ce qu'il me semble un peu terni et déteint. Ne vous en étonnez pas, reprit Francion, c'est que les pleurs que j'ai versés dessus au fort de mon mal lui ont beaucoup ôté de ses vives couleurs. Je m'en vais gager, dit Nays, que vous le baisez nuit et jour. Il est vrai, répondit Francion. Je n'en suis pas contente pour moi, dit Nays. Pourquoi? dit Francion en riant, aimeriez-vous mieux que l'on baisât votre visage même? Je ne veux pas que l'on baise ni l'un ni l'autre, reprit-elle; car, premièrement, si on vous voit baiser mon vrai visage, on publiera qu'en secret je vous permets bien autre chose; et, si l'on ne vous voit baiser en mon absence que mon portrait, on dira que, quand vous êtes auprès de moi, vous baisez bien ma propre bouche; et, de là, l'on ira jusques en l'autre conjecture plus dangereuse. Mais, si je baise ce portrait loin de témoin, il n'en arrivera point de mal? Je crois que non, dit Nays. Si je baise aussi votre vraie bouche en la même solitude, reprit Francion, il faut nécessairement conclure qu'il y aura aussi peu de danger. Je ne veux pas aller plus outre et discourir de choses plus importantes que je pourrois faire avec vous. Je vous laisse à juger seulement si, étant faites secrètement tout de même, elles traîneroient après elles quelque inconvénient. Quittons ce propos, dit Nays, vous avez des argumens trop subtils pour moi.

Ils finissoient quelques discours pareils, lesquels ils avoient faits ensuite, lorsqu'ils virent venir une bonne troupe d'hommes à cheval, à la tête desquels Nays en reconnut un pour Ergaste, seigneur vénitien qui lui faisoit l'amour. Il avoit ouï parler de son départ d'Italie, et, craignant que son rival Valère n'emportât en son absence ce qu'il souhaitoit le plus au monde, et n'épousât cette dame en pays étranger, il s'étoit mis en chemin le plus tôt qu'il avoit pu pour essayer d'attraper la proie. Nays lui fit un meilleur accueil que la haine qu'elle lui portoit en l'âme ne sembloit permettre. Son humeur étoit si courtoise et discrète, qu'elle eût fait conscience de maltraiter un homme qui se donnoit tant de travail à son sujet.

Il y avoit si peu de logis bien commodes dedans le village, que Nays, Francion et Valère, avec leur train, suffisoient à les remplir. Ergaste ne put trouver de demeure aussi grande comme il la lui falloit; il alla se loger en une bourgade qui étoit à une lieue de là. Les deux amans, qui se tenoient toujours auprès de Nays, furent bien aises de voir éloigner leur rival, qui étoit le plus importun et le plus opiniâtre de tous les autres en sa poursuite, d'autant qu'il avoit des richesses égales à celles de sa maîtresse, et croyoit qu'à cause de cela elle le devoit prendre pour mari.

Francion, pour dissiper l'ennui qu'il avoit, s'imaginant qu'il n'auroit pas peu d'obstacle en ses amours, s'en alla se promener vers la fontaine où l'on prenoit les eaux médicinales. Il vit des diversités qui mirent pour un temps son esprit hors de toute fâcheuse pensée. D'un côté il apercevoit des hommes qui en buvoient plein de grands verres de quart d'heure en quart d'heure, et d'autres qui ne faisoient autre chose que pisser. Il y avoit aussi des dames qui, par intervalles, étoient bien aussi contraintes de vider leurs vessies. Entre toutes ces personnes-là il y en avoit fort peu qui eussent une maladie fort grande et visible; la plupart ne venoient aux eaux que par curiosité ou par délicatesse : il y avoit même des femmes qui venoient pour trouver le moyen de faire leurs maris cocus. Néanmoins Francion disoit : Nous avons tort d'occuper la place de tant de personnes affligées qui ne sçavent où se loger parce que nous avons pris les meilleures hôtelleries; il leur faut céder le lieu, c'est la raison. Qu'avons-nous à faire ici? Si l'on peut remarquer que nous ne prenons point des eaux, l'on se doutera que nous avons quelque plaisant dessein. Si Nays me veut croire, elle s'en retournera, puisqu'elle n'a plus que faire d'attendre ici Floriandre; aussitôt nous ne manquerons pas à la suivre.

Ayant fait en lui-même ce discours, il s'en alla encore voir Nays, de qui il sonda la volonté, qu'il trouva toute disposée à quitter un pays où elle n'avoit plus rien qui la dût retenir. Elle lui demanda sur ce propos quelle voie il étoit résolu de prendre, et il lui répondit : Il n'est non plus raisonnable de s'enquérir quel chemin je tiendrai que de s'enquérir de quel côté se tournera la fleur du souci : l'on sçait bien que c'est sa nature de se tourner toujours vers le soleil; l'on ne doit pas douter aussi non plus que je ne suive vos beaux yeux, les soleils de mon âme, en quelque part qu'ils veuillent donner le jour. Si vous allez en Italie, j'irai ensuite; si vous demeurez en France, j'y demeurerai aussi. Nays fut très-aise d'entendre la délibération de ce gentil cavalier, dont la compagnie lui étoit de beaucoup plus plaisante que celle d'Ergaste et de Valère.

Le lendemain, elle voulut reprendre le chemin de son pays, et ses trois amans, en étant avertis, firent dresser leur équipage et la vinrent accompagner; de sorte que, la voyant marcher avec un si grand train, l'on ne l'eût pas prise pour moins que pour une grande reine. Il y avoit bien de la jalousie entre les Italiens et le François, car elle faisoit bon visage à celui-ci et tenoit fort peu de compte des deux autres. Bien souvent elle permettoit qu'il entrât dedans son carrosse, et s'amusoit à discourir avec lui de différentes choses, où Francion connoissoit toute la vivacité de son esprit, qui, par la lecture des bons livres, s'étoit garanti des ténèbres de l'ignorance. Il avoit un contentement non pareil, quand il consideroit qu'il ne se pouvoit repentir d'avoir perdu sa franchise, vu la beauté de sa prison. Cependant ses rivaux, marris de la faveur qu'il recevoit, alloient tantôt devant et tantôt derrière, et le plus souvent fort loin du carrosse de leur maîtresse, pour témoigner quelque sorte de dédain réciproque : néanmoins, par les villages où ils passoient, ils ne tenoient pas tant leur gravité qu'ils ne se logeassent le plus près d'elle qu'il leur étoit possible. Francion souhaitoit passionnément de leur donner quelque cassade [1], pour les punir de la témérité qu'ils faisoient paroître, logeant leurs affections au même lieu que lui.

Il communiqua son dessein à un valet de Nays, dont il s'étoit acquis l'amitié, et le pria de l'assister. Cet homme-ci, fort obligeant, lui promit de faire pour lui tout ce qui seroit en sa puissance; puis après, selon ses préceptes, il s'en alla trouver Valère, et lui dit que Nays étoit vaincue par la peine qu'il prenoit à la servir, et qu'elle ne demandoit pas mieux que de jouir de son entretien, mais qu'elle ne le pouvoit

---

[1] Expédient imaginé pour se jouer de quelqu'un.

faire, à cause qu'elle avoit deux autres amans bien importuns qui l'en empêchoient, et principalement un François qu'il falloit craindre; d'autant qu'ils étoient encore sur les terres de sa patrie, où il avoit des amis et du pouvoir; que nonobstant elle étoit résolue de lui donner quelques heures pour le voir, et qu'il devoit venir au soir en cachette, avec un habit pareil à celui de ses estafiers. Ayant dit cela à celui-ci, il s'en alla en dire tout autant à Ergaste; de sorte qu'ils s'habillèrent tous deux comme on leur avoit enjoint, croyant que cela fût grandement nécessaire pour n'être point reconnus. Valère vint le premier à la maison de Nays, et, comme il heurtoit encore, Ergaste y arriva aussi, lequel, le prenant pour un valet, lui demanda si sa maîtresse étoit couchée. L'autre répondit un peu arrogamment qu'il n'en sçavoit rien, ce que Ergaste ne put endurer; il lui dit quelque injure qui le mit en fougue, si bien qu'ils commencèrent à se battre à coups de poings. Sur ces entrefaites, l'on vint à la porte avec de la chandelle, à la clarté de laquelle, se reconnaissant l'un l'autre, ils demeurèrent les plus ébahis du monde, et, tout honteux, s'en retournèrent en leurs maisons par divers endroits. S'étant rencontrés le jour suivant, ils eurent la curiosité de se demander pourquoi ils s'étoient déguisés, d'autant qu'ils ne se pouvoient celer l'un à l'autre qu'ils étoient infiniment amoureux de Nays, et qu'ils faisoient tout ce qu'ils pouvoient pour acquérir sa bienveillance; ils se contèrent l'un à l'autre ce que l'on leur étoit venu dire, et reconnurent que l'on avoit voulu se moquer d'eux; ils envoyèrent querir le valet qui leur avoit fait le message et le conjurèrent de leur apprendre pourquoi il leur avoit dit à tous deux une même chose. Voyant qu'ils ne pouvoient tirer de lui que des réponses fort peu vraisemblables, ils lui promirent une si grande récompense, qu'attiré d'ailleurs par l'amitié qu'il portoit à ceux de son pays il leur découvrit qu'il n'avoit rien fait que par le conseil de Francion. A cette nouvelle, ils se résolurent de prendre leur revanche et de donner à notre François un trait de leur subtilité, la première fois que l'occasion s'en offriroit. Ils se firent amis, afin d'avoir meilleur moyen de nuire à leur commun et dangereux ennemi, et se proposèrent de songer à leurs amours lorsqu'ils se seroient défaits de sa personne.

Nays, qui reconnaissoit la mauvaise volonté qu'ils avoient pour celui qu'elle aimoit, craignant qu'il n'en advînt quelque malheur, ne lui vouloit pas départir la moindre faveur du monde, et ne parloit plus à lui que lorsqu'elle y étoit forcée. Il s'en irrite tout à fait, se figurant qu'elle le dédaigne, et lui fait tenir force poulets par ses servantes, lesquelles lui assurent, à la fin, que leur maîtresse leur a enchargé de lui dire qu'elle ne désire pas qu'il lui envoie dorénavant de tels messages. Il accoste un jour privément celle qui lui vouloit plus de bien, et la conjure en toutes sortes de façons de lui dire le sujet de la rigueur de Nays. Elle s'accorde à le lui découvrir, pourvu qu'il lui promette de garder le secret. Lui ayant fait faire tous les juremens qu'elle voulut, elle lui dit que sa maîtresse, redoutant les entreprises dangereuses de ses rivaux, ne lui vouloit point faire paroître l'affection qu'elle avoit pour lui, qu'elle ne fût hors de ces lieux inconnus, et qu'elle ne se vît sur ses terres, où elle le pourroit mettre à l'abri de toute sorte d'accidens. Cette douce nouvelle lui apporta un contentement tel, que l'on se peut imaginer, et, pour sa consolation, il commença de nourrir en son âme un grand espoir, au déçu de sa maîtresse, qui le vouloit faire languir un petit, pour lui rendre après ses faveurs de beaucoup plus précieuses. Quand ils furent en pleine Italie, Valère et Ergaste pensèrent qu'ils trouveroient bien moyen de l'attraper; comme, de fait, il leur fut assez facile. Ils lui firent de grandes caresses, et ne parlèrent plus à lui qu'avec des complimens les plus honnêtes du monde. Si son esprit n'eût été alors occupé entièrement aux rêveries de son amour, qui l'empêchoient de songer à autre chose, il eût bien pu juger que ce traitement extraordinaire ne procédoit que d'une envie qu'ils avoient de l'attirer dans quelques piéges. Ne pouvant donc jouir de sa prudence accoutumée, il ne se donnoit point garde d'eux, et croyoit qu'il ne s'en falloit guère qu'ils n'eussent au cœur autant de bonne volonté pour lui qu'ils témoignoient en avoir par leurs paroles. Il se trouve souvent en leur compagnie pour se divertir, puisqu'il n'osoit plus accoster Nays, et il les va même chercher jusques aux lieux où ils se logent.

Un matin il se rencontra avec eux devant la maison où avoit couché Nays; un gentilhomme vint accoster Ergaste

avec grande allégresse, comme s'il y eût fort longtemps qu'il
n'eût parlé à lui, puis il lui dit quelque chose à l'oreille, à
quoi il répondit par un branlement de tête. Messieurs, dit-il
après en se retournant vers Valère et vers Francion, voici une
occasion très-belle de contenter votre esprit, qui se vient offrir
vous. Le maître de ce gentilhomme-ci est gouverneur
d'une forte place à deux lieues d'ici; il a sçu mon arrivée, et
m'envoie convier de ne passer point sans l'aller voir avec ma
compagnie; vous y viendrez, s'il vous plaît, suivant son désir. Valère répond là-dessus qu'il n'a pas le bonheur de
connoître ce seigneur, et qu'il ne croit pas qu'il souhaite sa
vue; voilà pourquoi il n'est pas d'avis de l'aller importuner de
sa visite. Francion, avec raison plus juste, fait une réponse
de pareille substance. Mais Ergaste, reprenant la parole, dit :
« Croyez-moi, ne laissez point échapper le moyen que vous
avez de voir quelque chose de beau. Il y a de grandes raretés
au lieu où l'on vous convie d'aller. Il y a de vrais os d'hommes d'une monstrueuse grandeur. Il y a de toutes sortes
d'armes et de médailles antiques. Les plus exquises choses
qui soient au monde sont là assemblées comme en abrégé;
venez-vous-y en, je vous en prie, car je n'ai garde d'y aller
sans vous. J'aurois peur de perdre les bonnes grâces de mon
ami, qui me voudroit mal d'avoir manqué à lui amener des
personnes dont il estimera infiniment le mérite. Francion,
qui n'étoit pas du pays, ajouta foi aux discours d'Ergaste, et
pensoit qu'il y eut force singularités au lieu où il le vouloit
conduire; tellement que, voyant que Valère s'accordoit enfin
à y aller, il fut bien aise d'y aller aussi, sans se figurer que
tout ceci fût une partie concertée de longue main pour se
défaire de lui. Il étoit à cheval comme tous les autres, et
avoit son gentilhomme derrière lui, qu'il vouloit mener à sa
suite avec tout son train, qu'il alloit faire appeler; mais Ergaste lui dit qu'il ne falloit mener personne, d'autant que
l'on n'entroit pas en si grande compagnie dedans une forteresse : Je n'y mènerai pas mes gens, ni Valère non plus; il
faut les laisser tous avec ceux de Nays, laquelle nous rattraperons bien après dîner. Il ne faut avoir avec nous qu'un valet
de la marquise, que j'estime par-dessus tous les autres. Ayant
dit cela, il fit venir l'homme dont il parloit, qui étoit celui qui,
auparavant, avoit été tant affectionné au service de Francion.

En peu d'heures ils arrivèrent au château, où ils furent très-bien reçus par celui qui en étoit le capitaine. Francion, voyant que l'on prenoit des entretiens qui prolongeoient le temps, en étoit extrêmement marri, car il brûloit d'impatience de voir les merveilles dont on lui avoit parlé. Il le dit tout bas à Valère, qui mit la compagnie sur ce sujet. Aussitôt le capitaine, qui avoit le mot du guet, prend un trousseau de clefs, et, après beaucoup de chemin, le fait entrer dans une forte tour, où il dit que sont enfermées les plus grandes raretés du lieu. Il leur montre une grande chaire, toute ronde, fort antique, qui a un marchepied; il leur assure qu'à toutes heures, lorsque l'on est assis dedans, l'on entend un certain bruit harmonieux qui vient, ce semble, de dessous le plancher, mais que l'on n'en peut trouver la cause, si l'on ne l'impute à quelques démons qui habitent en ce lieu-là. Ergaste s'en moque, et dit que c'est une imagination fantasque, et qu'il ne sçauroit ajouter foi à une chose si extraordinaire, et toute l'assistance en dit de même que lui. Éprouvez-le, dit le capitaine, vous connoîtrez la vérité. Alors ils commencèrent à s'asseoir l'un après l'autre dans la chaire, et, en ressortant tout ébahis, dirent tous que véritablement ils y avoient ouï la plus douce musique du monde. Francion, qui demeuroit tout le dernier et se rioit de ces contes-là, s'assit au même lieu par complaisance; mais le capitaine, à l'instant, se tenant tout proche, tourna une cheville dont il lâcha un ressort qui fit couler la chaire et celui qui étoit dessus jusques en une basse-fosse, où il fut longtemps si étonné qu'il ne bougeoit de sa place. Ergaste et Valère, le voyant si bien pris, remercièrent le capitaine de la bonne assistance qu'il leur avoit donnée, et le prièrent de la continuer en faisant mourir celui qui étoit en ses prisons, quand il lui sembleroit à propos. De là ils s'en retournèrent vers Nays, qui étoit en une petite bourgade à la dinée. Elle s'enquit ce qu'étoit devenu Francion, vu que l'on disoit qu'il n'étoit point au lieu où tous ses gens étoient logés. Ce valet, dont nous avons parlé tantôt, s'approcha d'elle, et lui dit : Madame, il a repris secrètement le chemin de la France, et, avant que de partir, m'ayant rencontré, m'a donné charge de vous dire qu'en quelque lieu qu'il puisse être il prendra toujours la qualité de votre serviteur. Au reste, ne vous étonnez point s'il s'en est allé sans son train, c'est qu'il n'a pas voulu faire paroître l'envie qu'il avoit de se départir d'auprès de vous, craignant, possible, d'être encore retenu au préjudice de ses affaires. Il y a de l'apparence en ceci, car il m'a fort recommandé de dire à ses gens qu'ils rebroussent chemin pour le rattraper sans bruit. Après avoir dit cette menterie à Nays, il s'en alla la dire aussi à l'écuyer de Francion, et le fit partir avec tous les autres serviteurs pour aller après son maître.

Nays eut toutes les afflictions du monde de la soudaine fuite de celui qu'elle chérissoit tant. Ah! combien de fois se repentit-elle de lui avoir témoigné de la rigueur, car elle s'imagina que c'étoit la cause de son éloignement! Maudits hommes, dit-elle en parlant de Valère et d'Ergaste, si vous ne m'eussiez point persécutée par vos poursuites, je n'eusse pas été contrainte de traiter si cruellement celui dont la moindre action méritoit des faveurs infinies. Que puissiez-vous être punis du mal que vous me faites souffrir! N'espérez pas que je vous fasse jamais bon visage : je serai dorénavant envers vous la plus fière que l'on vit jamais. Elle l'exécuta comme elle disoit; mais, si elle eût sçu la trahison de ces deux seigneurs, elle se fût bien efforcée de les traiter plus cruellement. A la fin, elle arrive à la maison ordinaire, où elle témoigne de plus en plus son indignation, et donne charge à son infidèle valet d'aller chercher Francion en quelque endroit qu'il puisse être, et de lui donner de sa part une lettre, où elle lui remontroit pour quelle occasion elle ne l'avoit pas traité selon son mérite, et le prioit couvertement de venir au lieu où il avoit eu autrefois envie d'aller. Ce courrier part pour faire sa charge, et prend le chemin de France, où il sçait bien qu'il ne trouvera pas Francion. S'étant promené un peu, il revient, et, auparavant que d'aller voir sa maîtresse, il passe par la maison d'Ergaste, auquel il demande ce qu'il lui convient faire. Ergaste, croyant que Nays n'a jamais vu de l'écriture de Francion, fait écrire une lettre toute telle, que si elle fût venue de sa part, par laquelle il lui mande entre autres choses que les délices de la France lui ont fait oublier celles de l'Italie, et qu'elle ne se doit pas attendre de l'y voir jamais, vu qu'il n'y a rien qui l'y puisse appeler. Nays, ayant reçu cette lettre, nomme mille fois Francion ingrat et mal courtois de lui écrire de telles choses; mais, étant sortie de son transport, elle ne peut qu'elle ne l'aime autant qu'elle a fait auparavant, et se fâche contre la nature de ce qu'elle ne lui a pas donné assez de beauté pour captiver celui qui la dédaigne. Sa passion étoit si forte, qu'elle résolut même de demeurer toujours en son veuvage, plutôt que d'en épouser un autre que celui qu'elle souhaitoit; si bien qu'Ergaste et Valère continuèrent inutilement à lui rendre, chacun de leur côté, des soumissions qui eussent adouci le courage de toute autre qu'elle.

Les gens de Francion firent beaucoup de chemin cherchant leur maître, dont ils ne sçurent avoir de nouvelles. Cependant il étoit dedans la basse-fosse, où il fut visité, sur le soir, par un homme qui ouvrit le guichet de la porte pour lui donner à manger. Il se voulut enquérir à quel sujet l'on le détenoit prisonnier, et se plaignit grandement de la trahison que l'on lui avoit faite. Vous n'êtes pas le premier que j'ai vu decevoir ainsi, repartit le geôlier; pendant les guerres dernières, la chaire où vous vous êtes assis a servi de trébuchet à plusieurs braves chevaliers, que l'on y faisoit mettre par diverses subtilités. Francion ayant répondu que cette consolation n'étoit guère bonne, il fut laissé là jusqu'au lendemain, qu'il fut encore visité par ce même homme, qui, huit jours durant, ne manqua point à lui apporter à manger deux fois le jour. Il avoit en lui-même plusieurs considérations dont il se servoit pour adoucir son ennui. Il se représentoit qu'il valoit bien autant être enfermé comme il étoit que d'être en franchise parmi le monde, où c'est une folie que d'espérer quelque vrai repos. Pour le moins il étoit là délivré de la vue des débordemens du siècle, et avoit tout loisir de nourrir son esprit de diverses pensées et de philosopher profondément.

Le capitaine, n'ayant pas assez de cruauté pour le laisser mourir là en langueur, ni pour lui faire donner quelque poison qui eût un soudain effet, se délibéra de lui rendre la liberté, vu qu'Ergaste étoit bien loin et ne songeoit, possible, plus guère à lui. Il envoya une nuit quelques hommes dans sa prison, qui, à toute force, lui ôtèrent ses habillemens et lui en donnèrent d'autres de villageois; puis, lui ayant bandé les yeux et lié les pieds et les mains, le portèrent jusqu'à une petite rivière qui passoit à côté du château. Il y avoit au bord une nacelle, où ils le mirent, et la laissèrent emporter au courant de l'eau, qui lui fit faire beaucoup de chemin. Jamais il ne se put imaginer en quel lieu il étoit; il eut seulement quelque opinion en se retournant qu'il étoit enfermé dans une bière. Il fut encore longtemps à voguer le matin, parce qu'il ne se trouvoit personne dessus la rive. Enfin il y eût des hommes, qui étoient dans une barque, qui le rencontrèrent. Il arrêtèrent la sienne incontinent, et l'ayant menée à bord, le tirèrent dehors; puis, lui ayant débandé les yeux, lui demandèrent qui l'avoit mis là. Il leur répondit au mieux qu'il put, sans rien toucher de sa qualité; si bien qu'il fut pris pour quelque pauvre homme. La faim le pressant, il fut contraint de s'en aller prendre son repas avec ces gens-là, qui étoient d'un village prochain. Il n'avoit point d'argent sur soi, et ne pouvoit trouver personne qui lui en voulût prêter. Son habit étoit si méchant, que difficilement l'eût-on pris pour ce qu'il étoit, quand il l'eût voulu découvrir. Il ne sçavoit où étoit son train, et lui étoit impossible de l'aller chercher, si en chemin il ne demandoit la passade, ce qu'il ne se pouvoit résoudre de faire, vu que même il n'étoit pas assuré de trouver quelqu'un de ses gens, et craignoit de rencontrer dans les villes quelques personnes qui le connussent, et, le trouvant en tel équipage, eussent de lui quelque mauvaise opinion. Le plus sûr étoit d'attendre un peu de temps, jusqu'à ce que Raimond et Dorini, selon leur promesse, fussent venus en Italie. Il se promettoit d'eux toute l'assistance qu'il pouvoit désirer, et croyoit qu'il leur pourroit bien écrire de ses nouvelles, en quelque lieu qu'ils fussent. Au reste, il étoit fort aise de se tenir quelques jours en un lieu où il fût inconnu, et où il eût le loisir de mettre par ordre une infinité de belles pensées qu'il avoit eues en sa prison. Celui qui lui avoit donné à dîner, le voyant de bonne mine, lui demanda s'il vouloit demeurer avec lui, pour garder son troupeau de moutons, dont le berger étoit mort depuis peu, et Francion s'y accorda librement. Que l'on ne s'étonne point s'il accepta cette condition; il ne fit rien en cela qui ne fût digne de son courage. Les plus grands hommes du monde se sont bien autrefois adonnés à un pareil exercice, pour vivre avec plus de tranquillité d'esprit. La charge du troupeau lui étant donnée, il le menoit aux champs tous les jours, et, pendant qu'il paissoit, il s'amusoit à écrire diverses choses. Il composa beaucoup de vers à la louange de Nays, et sur la passion qu'il avoit pour elle. Toujours il songeoit à elle en quelque endroit qu'il fût; et, bien qu'au commencement il se fâchât fort de ce que l'on lui avoit pris son portrait qui étoit dans ses autres habits, il supporta à la fin patiemment cette perte; parce qu'il en avoit un gravé au cœur, qui la lui représentoit aussi bien, et encore mieux, en ténèbres qu'au jour.

Il alla une fois en la maison d'un gentilhomme, où il trouva un petit luth, dont personne ne sçavoit jouer. Il le lui demanda, lui assurant qu'il sçavoit un peu toucher cet instrument; et, l'ayant eu en don, il trouva moyen d'avoir de bonnes cordes, dont il le monta, et devint depuis l'Orphée du village. Le gentilhomme, qu'il avoit vaincu par ses importunités, ne regretta plus son présent dès qu'il l'eut ouï jouer. Avec cela il disoit de si belles chansons, que sa compagnie commençoit d'être grandement recherchée. Les fêtes et les dimanches il étoit toujours de festin, tantôt chez l'un, tantôt chez l'autre, où il buvoit et mangeoit avec autant d'appétit qu'à la cour, et rioit d'aussi bon courage. Ce qui étoit le meilleur, c'est qu'il ne craignoit point qu'un envieux épiât ses actions, afin de gloser dessus et de diffamer par ses médisances. Il n'y avoit personne qui s'offensât de ce qu'il ne lui faisoit pas assez d'honneur et qu'il ne lui rendoit pas le change de ses complimens. La liberté se rencontroit en tous les endroits où il étoit, tellement qu'il confessoit en lui-même que jamais il n'avoit été si heureux; et il se fût toujours tenu volontiers en une telle condition, n'eût été que sa fièvre amoureuse avoit aucunes fois des accès bien violens, lesquels lui donnoient envie d'aller revoir sa Nays. Toutefois, quand l'occasion se présentoit de goûter un peu des doux plaisirs de la nature, il n'étoit pas si scrupuleux de croire qu'il offenseroit sa maîtresse s'il s'y adonnoit. Souventes fois il portoit son luth aux champs, et les plus aimables filles du lieu quittoient leur bétail pour l'aller ouïr jouer à l'ombrage de quelque taillis, ou dedans quelque taverne. Quand il se trouvoit seul avec quelqu'une, il ne s'oublioit pas à tâcher de la gagner. Il y avoit une brunette entre autres qui lui plaisoit infiniment, mais il n'eût pas pu venir à bout du dessein qu'il avoit de jouir d'elle s'il ne se fût un jour avisé de lui dire en secret, après avoir joué du luth, qu'il sçavoit jouer d'un autre instrument qui ravissoit bien davantage, mais qu'il n'en vouloit pas faire entendre l'harmonie à tout le monde. Elle, qui se plaisoit en ses chansons, le supplia instamment de lui faire ouïr quelque jour cette rare musique. Je le veux bien, dit-il, pourvu que vous n'en parliez à personne; car je ne désire pas encore faire paroître tout ce que je sçais. Venez-vous-en demain à la caverne des saules, vous m'y trouverez sans faute avec mon instrument, que je n'oublierai pas d'apporter. La brunette, plus contente que si l'on lui eût offert un grand trésor, ne faillit pas d'aller le jour d'après au lieu qu'il lui avoit désigné, lequel étoit des moins fréquentés de la contrée. Eh bien, dit-elle, me tiendrez-vous promesse? Oui, répondit-il, j'y suis tout prêt. Alors elle s'assit proche de lui, et, l'ayant prié de lui montrer son instrument et d'en jouer, il lui dit ainsi : Ma bonne amie, jamais vous ne vîtes chose si miraculeuse que ce que je fais pour produire ma mélodie. Pour ne vous rien celer, je n'ai point d'instrument qui soit fait de bois ni de corne : l'harmonie ne provient que des membres de mon corps, qui la produisent tous ensemble. La fille s'imagina alors qu'en faisant certaines postures et en se remuant de quelque sorte il avoit l'industrie de faire craqueter ses os, si bien qu'ils rendoient quelque son, ou bien qu'il frappoit ses mains sur les autres membres pour les faire claquer. Mais elle apprit bientôt qu'il y avoit bien autre chose à faire; car il lui dit : Puisque vous voulez avoir du plaisir, il faut que vous preniez aussi un peu de peine. Je ne sçaurois exercer mon artifice tout seul, il faut que vous m'aidiez, s'il vous plaît. Montrez donc ce qu'il faut que je fasse, dit la brunette. A l'instant Francion l'embrasse et la baise à son plaisir, puis il tâche de faire le reste. Ah! mon Dieu, disoit-elle, vous me faites mal; laissez-moi là. Patience, dit Francion; achevons, puisque nous avons commencé; l'issue sera meilleure que l'entrée. Elle se pâme de plaisir à l'heure, goûtant je ne sçais quelle douceur extraordinaire. Après, voyant que Francion se retire, elle lui dit : Eh quoi! est-ce déjà fait? Vous n'avez guère mis. Ah! ma mignonne, j'avois bien prédit qu'il ne vous ennuyeroit point, et que vous voudriez que la mélodie durât toujours. Aussi vrai oui, dit la fillette; votre musique est si douce, qu'elle ne fait presque point de bruit : c'est, je vous jure, un miracle : on ne l'entend point, mais on la sent. N'y a-t-il point de moyen que nous la recommencions? Ah! m'amie, dit-il, toutes les choses belles sont rares et malaisées à acquérir; on n'en voit guère de fréquentes : celle-ci l'est toute des moins. Mais, dites-moi, vous m'avouez donc que vous avez senti beaucoup de plaisir en ce que j'ai fait. Je serois bien enrhumée si je ne sentois pas cela, dit la brunette, je vous le confesse encore. Quelque temps après ce plaisant entretien, ils eurent le moyen de recommencer la nonpareille musique, qui ne fut pas moins agréable à ce coup-là qu'à l'autre.

Depuis, la brunette alloit toujours retrouver son ménétrier, dès qu'elle pouvoit sortir de chez son père; mais elle fut si babillarde, qu'elle dit son secret à une sienne compagne, qui, voulant participer au contentement, vint avec elle voir notre berger dedans la caverne des saules. La brunette lui adressa la requête pour elle, mais au commencement il fit bien du renchéri, et la cria beaucoup d'avoir découvert ce qu'elle lui avoit promis de tenir caché. Néanmoins il fila doux après, et dit qu'il vouloit bien contenter sa compagne, pourvu qu'elle ne l'importunât point de tout le jour de lui faire goûter le même plaisir. La brunette se délibéra de s'en priver pour en laisser jouir l'autre, et fit une grande courtoisie à son musicien, qui en une seule journée ne les pouvoit rendre toutes deux entièrement satisfaites. La compagne demeura donc auprès de lui, et, après avoir un peu fait la revêche, ne voulant pas endurer ce qu'il avoit envie de lui faire, elle éprouva les douceurs de son harmonie. Étant de retour, la brunette lui demanda comment elle s'en trouvoit, et si l'on se pouvoit imaginer quelque chose de plus délicieux. Vraiment vous m'en avez bien baillé, dit-elle, vous ne m'avez rien fait éprouver de nouveau : il y a longtemps qu'un valet, qu'avoit mon père, m'a appris cela. Ce berger ne fait rien que tous les hommes ne fassent; il n'est point plus sçavant que les autres. Si est-ce, repartit la brunette, que j'aime mieux que ce soit lui qui me fasse jouir de ce contentement que pas un autre que je connoisse; car il a le visage extrêmement beau, et je ne souffrirois pas que tous ces laids marpauts[1], que je

[1] Nigauds.

vois, s'approchassent de moi comme il fait mettant sa bouche sur la mienne. Si vous le prenez par là, je le quitte, dit l'autre, votre raison est la meilleure du monde, et vous avez le plus brave musicien de tous. Mais apprenez que sa musique est très-dangereuse; car vous serez, possible, tout étonnée d'ici à neuf mois qu'il en sortira une autre de votre ventre bien différente de la sienne : ce sera un enfant qui ne fera que piailler, jusques à ce que vous lui ayez fait sucer le teton que votre berger a tant baisé : voilà pourquoi je vous conseille de vous abstenir le plus que vous pourrez d'aller dorénavant en la caverne mélodieuse.

La brunette suivit l'avertissement de sa compagne, mais pourtant Francion ne chômoit pas de gibier. Il avoit bien d'autres pratiques qu'elle : si bien qu'il sembloit qu'il fût le taureau banal du village, et de tous les lieux circonvoisins. Que s'il trouvoit quelque fille qui fût plus revêche que les autres, il avoit recours à ses artifices pour la vaincre. Il m'est avis, se disoit-il en lui-même, qu'il n'importe pas beaucoup quelle manière de vie nous suivions, pourvu que nous ayons du contentement. Il ne faut pas se soucier non plus de quelle sorte ce contentement vient, pourvu qu'il vienne selon notre souhait. Quelle occasion d'ennui ai-je donc, encore que de gentilhomme je sois devenu berger, puisque je jouis des plus doux plaisirs du monde? D'ailleurs, me dois-je attrister de voir les moyens dont il me faut user pour venir à bout de mes intentions, puisque je les accomplis toutes très-heureusement?

Voilà comme il raisonnoit sur sa fortune, et plusieurs personnes voluptueuses ont de semblables pensées, sans songer aux malheurs qui leur peuvent arriver d'une si mauvaise vie. Quelques-uns, ayant engrossé des filles, sont contraints par la justice de les épouser, ou d'aller au gibet, ou bien de donner une grosse somme d'argent pour les marier à d'autres. Quelquefois aussi il y a des parens qui, voulant avoir la vengeance eux-mêmes du déshonneur que l'on a fait à leur race, font assassiner ces perfides amoureux. Francion étoit parmi de petites gens de peu de crédit; et puis il n'avoit pas envie d'y toujours demeurer; c'est pourquoi il en avoit plus de hardiesse, mais il ne faut pas pourtant se mettre en ce hasard; et, quant aux filles qui se laissoient duper si facilement, elles

montroient bien leur bêtise et leur simplicité. Il est vrai que
Francion avoit meilleure mine que les personnes de campagne, mais c'est ce qui le devoit faire soupçonner davantage.
Néanmoins il faut avouer que l'amour se rend maître de toute
sorte d'esprits. Il n'y avoit point de villageoise qui ne fût
charmée, tant par la beauté que par la galanterie de ce brave
berger, qu'elles reconnoissoient malgré la stupidité de leurs
entendemens. La femme du laboureur chez qui il demeuroit
devint aussi fort amoureuse de lui, et tâcha de le lui découvrir
par tous les moyens qu'elle sçut inventer. Elle le laissoit partir de bon matin pour aller aux champs, sans lui donner de
quoi garnir sa pannetière, et c'étoit afin qu'elle eût occasion
de l'aller voir en lui portant son repas. Elle prenoit plaisir à
lui arracher des mains un morceau où il avoit déjà mordu,
pour en manger après lui. Elle ne faisoit que folâtrer quand
il étoit auprès d'elle, et le regardoit en riant d'un certain biais
qui lui disoit ouvertement : Je meurs d'amour pour toi. Il reconnoissoit fort bien cette vérité, mais il ne faisoit pas semblant
d'en avoir seulement la moindre conjecture du monde. Car cette
femme lui déplaisoit tant, pour quelques imperfections qu'il
trouvoit en elle, qu'il n'eût pu la baiser qu'avec de l'horreur.

Un jour, pour sonder sa volonté, elle lui dit en riant : Tu
ne sçais pas, ma foi, l'on m'a rapporté que le bruit court
sourdement par tout ce pays-ci que tu es amoureux de moi,
et que tu sçais assez de choses pour prendre une autre condition que celle de berger, mais que tu es bien aise de t'y
tenir, afin d'avoir le moyen de demeurer céans. Il les faut
laisser dire, ces causeurs-là, repartit Francion, ce sont des
moqueurs; je sçais bien qu'ils ne disent pas la vérité. Eh quoi,
dit la femme, est-ce une chose impossible? Non, dit Francion, mais ce qui dépend de notre volonté ne se fait pas toujours, combien qu'il soit en notre pouvoir. De cette sorte, il
la renvoya plus loin de son but qu'elle ne pensoit, et feignit
de ne pas prendre garde aux brillemens de ses yeux, que la
lasciveté faisoit étinceler en songeant à des délices nonpareilles. Le lendemain, son mari étant allé en voyage, elle se
voulut servir de l'occasion, et, pendant que son berger étoit
encore aux champs, elle cacha le lit, les draps et la couverture de sa couche, si bien que, quand il eut envie d'aller pren-

dre son repos, trouvant son gîte ordinaire dégarni, il lui vint demander où elle entendoit qu'il se couchât. Ah! mon Dieu, dit-elle, j'ai tantôt porté tout l'attirail au grenier pour le mettre à l'air, il l'y faut laisser deux ou trois jours; cependant, pourvu que vous me promettiez de ne me rien faire, je permettrai que vous preniez un côté de mon lit. Francion, sçachant bien à quoi elle vouloit venir, refusa cette offre, et dit qu'il s'en alloit coucher dessus les gerbes de la grange. Ayant vu que sa première invention n'avoit de rien servi, elle s'avisa d'une autre, et remit la garniture du lit. Sur le milieu de la nuit, elle s'assit sur une chaire toute nue, et commença de se plaindre et d'appeler son berger. Il couchoit dans une chambrette prochaine, d'où il put ouïr distinctement, et s'en vint vite avec de la chandelle lui demander ce qu'elle avoit. Hélas! je revenois des aisemens [1] tout à cette heure, et une telle foiblesse m'a prise, que je n'ai pu m'en retourner jusques à mon lit, si bien qu'il a fallu que je me sois assise ici dessus. Je vous prie de me prendre et de me porter coucher, car il est impossible que je mette mes pieds l'un devant l'autre. Elle proféroit ces paroles langoureusement, et en hésitant à tous coups, et laissant pencher sa tête, ce qui donnoit à croire à Francion qu'elle fût véritablement malade. Il la soulève donc de telle sorte, qu'elle ne touche pas presque à terre du bout des orteils, et, en la conduisant vers son lit, il détourne son visage du sien, parce qu'il lui semble qu'il sort une puanteur de tout son corps. Alors elle l'embrasse étroitement, et, allongeant le col le plus qu'il lui est possible, elle fait tant qu'elle le baise à la joue. Cette caresse ne lui plaisant pas, il la laisse tout à l'heure auprès de sa couche, et lui dit: Recouchez-vous si vous voulez, j'ai tant d'envie de dormir, que je ne sçaurois demeurer ici davantage. Ne t'en va pas encore, répond-elle, j'aurai demain quelqu'un pour garder le troupeau au lieu de toi, tandis que tu prendras ton repos pour réparer le temps que tu veilleras cette nuit. Mais que me voulez-vous? reprit-il. Hélas! tiens-moi un peu compagnie, dit-elle; que tu es cruel! approche-toi d'ici. Il fit alors trois pas en avant, et la paysanne, étant allée au-devant de lui, l'embrassa derechef; mais, sa chair ne

---

[1] Du privé.

le pouvant mettre en goût, il la repoussa en riant. Vous n'êtes pas tant indisposée que vous feignez, lui dit-il; si vous avez quelque mal, il ne vient que de fantaisie; je m'en revais, pour moi. Il ne faut point que vous cherchiez d'autre compagnie que celle de votre chevet, en l'absence de votre mari. Elle enrageoit de l'entendre parler de la sorte, et toutefois ce dédain ne fut pas encore assez puissant pour convertir en haine l'affection qu'elle lui portoit. Elle continua le bon traitement qu'elle avoit de coutume de lui faire, et tâcha, autant qu'il lui fut possible, de s'acquérir ses bonnes grâces. Enfin, ayant envie de se délivrer de ses importunités, il feignit qu'il avoit plus de bienveillance pour elle qu'auparavant; et, d'autant que le maître étoit revenu, il fallut qu'elle prît résolution de 'aller trouver elle-même une nuit, lorsqu'il seroit couché, pour passer quelque temps en sa compagnie. Leur accord étant fait, la voilà la plus contente femme du monde, et elle s'imagine qu'infailliblement elle accomplira ses désirs.

Francion, n'étant pas d'un même avis qu'elle, dit sur le soir à un porcher et à un vacher du logis, qui couchoient dessus leurs étables, qu'ils s'en vinssent dedans sa chambre passer la nuit pour voir un esprit qui ne manquoit jamais à le venir tourmenter. Ils répondirent qu'ils n'en feroient rien, et qu'ils avoient trop peur de telles bêtes. Venez-y hardiment, repartit Francion, vous n'y recevrez point de mal : je pense que c'est cette servante que nous avons eue depuis peu qui me veut épouvanter. Il faut seulement faire provision de bonnes verges pour la fouetter si fort, qu'elle n'ait plus envie d'y revenir. Les deux drôles, apprenant cette nouvelle, furent aussi aises que s'ils eussent été de noce; ils se tinrent dedans sa chambre sans faire aucun bruit, ayant en main les armes qui étoient nécessaires. La pauvre amoureuse, voyant alors que son mari s'étoit endormi pour longtemps, suivant sa coutume ordinaire, se leva tout bellement d'auprès de lui, puis, étant sortie de sa chambre, elle ferma la porte à double ressort, afin que, si d'aventure il se réveilloit, elle eût le loisir de sortir d'avec Francion, si bien qu'il ne la pût prendre sur le fait, et qu'il crût qu'elle étoit au privé.

Francion, qui l'entendit bien venir, dit à ses compagnons qu'ils apprêtassent leurs forces, et que l'esprit prétendu s'approchoit. Ils ne furent pas sourds à son avertissement, et leur maîtresse ne fut pas sitôt entrée, qu'ils lui levèrent la chemise et commencèrent à la fesser plus fort que le plus rude bourreau du monde ne fouette un coupeur de bourse qui ne lui a point promis d'argent pour être doucement traité. Sentant qu'il y en avoit plusieurs qui la persécutoient de cette sorte, elle n'osoit parler en façon du monde, de peur d'être reconnue et de honte qu'elle avoit d'être surprise en flagrant et impudique délit; à la fin, parce que l'on continuoit toujours de la travailler de la même sorte, et que tout son corps étoit piteusement déchiqueté, elle ne se put tenir de crier à l'aide et au meurtre. Son mari s'éveille à ce bruit, et, tout assoupi qu'il est, ne sçachant d'où c'est que vient la voix, il sort par une autre porte que celle qu'elle avoit fermée, et s'en va dedans sa cour voir ce que l'on y fait. Tandis Francion, ayant pitié d'elle, tire le porcher par le bras pour lui faire entendre que c'est assez fouetté. Il la laisse donc, et son compagnon aussi. Elle va rouvrir la porte de sa chambre et se recouche comme auparavant. Son mari, ayant vu qu'il n'y avoit personne dans la cour, rentre dans le logis, et s'avisant que, possible, le bruit qu'il avoit entendu étoit venu de la chambre de son berger, il s'y en va tout doucement pour sçavoir s'il dort. Les deux compagnons, qui tenoient encore leurs armes en main, jugèrent que c'étoit aussi un esprit, et, l'ayant pris par les bras, commencèrent à le fouetter si fermement, qu'il entra en une colère extrême, et, se délivrant de leurs mains, leur donna des coups de poing avec une verte atteinte. Ils s'imaginèrent aussitôt qu'un si rude joueur ne pouvoit pas être un homme mortel, mais que c'étoit véritablement un esprit; de sorte qu'ils essayèrent d'éviter sa rencontre, et s'en allèrent cacher à la ruelle du lit, où ils eussent bien été trouvés si c'eût été ce qu'ils pensoient. Où êtes-vous? dit le laboureur à Francion. Ah! mon Dieu, répondit-il de sa couche, sortez vitement : il y a ici des esprits qui ne font que me tourmenter. Il s'en alla aussitôt avec une grande peur, croyant ce que son berger lui disoit, et verrouilla très-bien sa porte; puis s'en alla coucher auprès de sa femme, qui faisoit la dormeuse et feignoit de n'avoir rien entendu. Il lui conta comment il avoit été fessé par des esprits qui s'étoient évanouis en un moment. Elle fut bien aise de ce qu'il en avoit eu sa part aussi bien qu'elle, et ce lui fut une espèce de

consolation. Le laboureur plaignit beaucoup son berger, qu
étoit exposé aux fureurs de ces mauvais démons, et le lendemain s'enquit bien particulièrement de lui, quels tourmens
il avoit endurés. Il en inventa un bon nombre, qui tirèrent
presque les larmes des yeux de toute la famille. Quant est de
son amante, elle étoit en doute si c'étoient des esprits ou
des créatures vivantes qui l'avoient fessée par son conseil. A
la fin, elle crut que tout étoit provenu de sa malice, parce
qu'elle remarquoit en lui un grand changement de la bonne
humeur où elle l'avoit vu la dernière fois, qu'il s'étoit accordé
à la rendre contente. Il ne lui prêchoit plus rien que la
chasteté et l'honneur, et l'admonestoit d'être plus fidèle à
son mari qu'elle n'avoit été. Il lui étoit bien force de suivre
ses enseignemens, mais elle ne manquoit pas de volonté de
les outre-passer.

Depuis ce temps-là, vu l'opinion que l'on a ordinairement
des bergers, l'on crut que Francion étoit magicien, et qu'il
avoit communication avec les démons. Beaucoup de fois des
paysans l'avoient trouvé, comme il parloit tout seul en composant des vers, et, parce qu'il disoit des paroles poétiques,
où ils ne pouvoient rien entendre, ils s'étoient imaginé qu'il
discouroit avec quelque esprit invisible. Il parloit fort peu à
ces brutales gens, sinon quand il avoit envie de rire : tellement
qu'on attribuoit sa solitude à la coutume d'un damnable métier. L'on le voyoit expert en beaucoup de choses qui n'étoient pas communes aux villages. Une fois, oyant parler à
des prêtres de quelques choses hautes, il en avoit dit sa ratelée ; ce qui avoit causé de l'admiration : cela faisoit croire
que le diable avoit été son pédagogue. Par la magie naturelle
il faisoit beaucoup de galanteries, et guérissoit des malades
si miraculeusement, que l'on ne se pouvoit figurer qu'il n'y eût
de la sorcellerie en son fait. Davantage l'on crut bien qu'il avoit
la science de prédire l'avenir et de deviner toutes choses. Une
fois, étant en une compagnie de filles de village et de quelques
rustres, ayant fait quelques simagrées inutiles, pour se donner
de l'autorité, il dit : Je m'en vais gager maintenant que je reconnoîtrai bien celle qui n'est pas pucelle. Il y en eut une alors qui
repartit : Votre science est ici employée en vain ; car vous avez
beau dire, il n'y en a pas une ici qui ait perdu son honneur. En
disant ceci il y eut quelque changement en son visage qui fut

remarqué de Francion, et outre cela cette promptitude dont elle tâchoit de lui persuader de ne point chercher celle qui n'étoit pas chaste lui donna opinion qu'elle ne l'étoit pas. Voilà pourquoi il dit qu'il vouloit accomplir son premier dessein, mais que, de peur de scandale, il ne vouloit pas donner à connoître à tout le monde celle qui avoit perdu son pucelage, et qu'il n'en parleroit qu'à un sien ami qui étoit en ce lieu. Il s'en alla donc dire à l'oreille de celui-là : J'ai trouvé par mon art que celle qui a péché par fornication de toutes ces filles, c'est celle qui a parlé à moi la dernière. Je ne pense pas que cela soit, répondit l'autre. Il n'y a qu'elle et celui avec qui elle a commis la faute qui vous en puissent rendre plus certain, reprit Francion; mais croyez-moi autant comme eux. Le reste de la troupe ne sçut pas ce qu'il avoit dit, jusques à huit jours après, que la fille fut mariée à un jardinier du village. Comme elle fut au lit, elle sentit une petite tranchée, au fort de laquelle elle accoucha d'un bel enfant. Ce fut à cette heure-là que celui qui sçavoit la prophétie de Francion la publia comme un miracle, qui lui donna un très-grand crédit. L'on peut bien croire que l'on ne fit pas moins d'admiration de son sçavoir que l'on fit de risées de l'aventure des nouveaux mariés; mais ce qui fit trouver que l'affaire étoit moins mauvaise que l'on avoit pensé fut que le marié avoua que l'enfant étoit de son fait, et que sa femme n'avoit voulu prendre un mari qu'à l'épreuve; parce qu'ayant vu un échantillon de la marchandise elle pourroit voir si elle étoit bonne; et, si elle ne lui plaisoit, elle la pouvoit librement laisser, étant quitte seulement pour les arrhes. On ajouta à cette considération qu'il y avoit longtemps qu'elle étoit en âge de faire l'amour, et que la fille est un arbre qui veut être hoché, même auparavant que ses fruits soient mûrs. Aussi, dès le matin, Francion, qui se doutoit un peu de ce qui en étoit, alloit chantant ceci sur l'air d'un vaudeville :

> Puisqu'on voit des œillets nouveaux
> Fleurir avec des traits si beaux,
> Sur le teint de notre épousée,
> A qui pourra-t-elle nier,
> Que son mari, bon jardinier,
> Ne l'ait déjà bien arrosée?

Il y en eut qui dirent assez plaisamment que le marié étoit

un bon ouvrier d'avoir eu un enfant dès le premier jour : mais ceux qui en parlèrent sérieusement s'étonnèrent comme cette fille avoit été si peu grosse, que l'on ne l'avoit pu découvrir : aussi étoit-ce qu'elle s'étoit servie de quelque artifice pour le cacher.

Le lendemain il y eut un des plus gros du village, qui, croyant qu'il n'y avoit rien qui fût inconnu à Francion, l'envoya quérir pour sçavoir qui étoit celui d'entre tous ses valets qui avoit dérobé la moitié d'un pourceau, qu'il avoit mis au saloir; car il étoit certain que le larcin n'avoit point été commis par des étrangers. Francion n'eut pas pu conserver l'opinion que l'on avoit de lui s'il ne se fût ici encore servi d'une subtile finesse : il tira de sa poche une bougie commune, et dit qu'en la faisant il avoit mis parmi la cire des drogues de telle vertu, que, quand elle étoit allumée, jamais elle ne pouvoit être éteinte du souffle d'aucune personne, si ce n'étoit du larron qui avoit dérobé la chose dont l'on étoit en peine. Il faut que vous veniez l'un après l'autre dedans cette chambre où je serai seul, poursuivit-il en parlant aux valets : je vous ferai faire l'épreuve. Aussitôt il entra au lieu qu'il avoit dit, et le premier qui le suivit, étant innocent, ne feignit point de souffler tant qu'il put, se pensant justifier, et se fiant sur ce qu'avoit dit Francion; mais la mèche ne faillit pas à perdre sa flamme, de quoi il fut infiniment étonné, et jura que pourtant il n'étoit pas coupable. Mon ami, lui dit Francion, vous voyez ce que ma bougie m'en peut faire croire; toutefois je n'en parlerai point; allez-vous-en sans faire semblant de rien, et dites à vos compagnons qu'ils se hâtent de venir ici. Le valet sort, et incontinent Francion rallume sa chandelle par le moyen d'une certaine pierre qui jetoit du feu dès que l'on la frottoit. Un autre garçon le vint voir auquel il arriva une même fortune qu'au premier; et ainsi en avint-il aux autres; car la bougie n'avoit rien qui la pût faire résister à la force de leur vent. Néanmoins, étant sortis, on avoit beau les interroger de ce qui leur étoit arrivé, ils n'en disoient mot du monde, et attendoient la fin de l'épreuve, ne se communiquant rien l'un à l'autre. Ceux qui étoient dans le logis eussent bien voulu voir toute la cérémonie de Francion; mais il avoit défendu que nulles autres personnes n'entrassent au lieu où il étoit que ceux qui y avoient à faire;

d'autant qu'il disoit qu'il ne pouvoit exécuter son entreprise que secrètement. Le dernier qui s'en alla le trouver n'eut pas tant de hardiesse que les autres, car il n'avoit pas la conscience si nette : il souffla si doucement, qu'à peine fit-il trembloter la flamme. Francion, reconnoissant par là qu'infailliblement il étoit coupable, s'en alla revoir le maître du logis, et lui dit qu'il n'avoit que faire de lui raconter si la bougie avoit été éteinte ou non, mais que seulement il l'assuroit que celui qui étoit venu le dernier pour la souffler étoit le larron de son pourceau. Le laboureur envoya au logis de la femme de celui-ci, et l'on la trouva qui mettoit un morceau du larcin dedans son pot. Il fut atteint et convaincu du crime, et Francion comblé de louange pour sa doctrine, et récompensé de quelque argent, qui lui venoit bien à propos.

Il mit si avant dans la cervelle d'un chacun qu'il étoit un des plus grands devins du monde, qu'ayant affaire en un lieu dont le chemin étoit fort difficile il eut beau s'enquérir gracieusement, d'un homme qu'il connoissoit, des endroits où il étoit besoin de passer, jamais il n'en put avoir une bonne réponse. Oh ! voire, dit l'autre, vous avez bien envie de vous moquer des pauvres ignorans comme moi : vous n'avez que faire de demander les chemins. Ne sçavez-vous pas bien tout ? Il s'en alla après ce discours ; et Francion, ne rencontrant plus personne, pour apprendre la droite voie, se fourvoya si bien, qu'il fut contraint de prendre son repos dedans un bois, où la nuit le surprit.

Nous avons dit tantôt que, lorsqu'il composoit des vers, il parloit fort haut, et que ceux qui l'entendoient avoient opinion qu'il discourût avec quelque esprit familier : donc sa maîtresse eut en ce temps-là cette croyance. Plusieurs fois elle avoit dit en elle-même : Ce jeune garçon-ci est d'une complexion bien joviale et bien encline à l'amour : je ne sçais pas comment il se peut faire qu'il ait refusé la courtoisie que je lui ai offerte. Quand je serois la plus laide du monde, encore un homme comme lui seroit-il fort aise de m'avoir pour apaiser la fureur de sa concupiscence : quel secret a-t-il pour se pouvoir passer de moi ? Il faut nécessairement qu'il ait ailleurs quelque amie sur laquelle il se décharge de tout le sang qui peut troubler son repos.

Voilà comme elle argumentoit; mais elle ne pouvoit découvrir pas un nid de tous ceux où il se retiroit; car il avoit coutume de faire ses affaires le plus secrètement du monde. Un soir elle s'approcha donc tout bellement d'une saussaye, où il s'étoit couché pour composer des vers, sur une jouissance qu'il commençoit ainsi :

Ah! ma Cloris, que j'ai d'aise,
Maintenant que je te baise!

Il répétoit souvent cela à haute voix, ne pouvant trouver la fin qu'il falloit mettre à la stance. Sa maîtresse, s'imaginant qu'il parloit à quelque fille qu'il tenoit entre ses bras, écarquilla ses yeux autant qu'il lui fut possible pour sçavoir qui étoit cette bienheureuse; mais, n'apercevant personne auprès de lui, et lui voyant toutefois étendre ses bras, au souvenir de quelques délices passées, elle eut une pensée qui mérite bien d'être écrite. Le dimanche dernier elle avoit ouï dire à son curé qu'il y avoit des magiciens qui couchoient avec des diables transformés en femmes que l'on appeloit des succubes : incontinent elle songea qu'il falloit que Francion eût alors avec lui une de ces belles maîtresses-là, vu qu'il continuoit à dire des paroles bien plus amoureuses que les premières, et où il exprimoit naïvement tout ce que l'on pourroit dire en jouissant d'une beauté.

Depuis elle perdit le soin d'apprendre avec quelle femme il apaisoit les désirs de sa jeunesse, et ne le regarda plus qu'avec de la frayeur, croyant qu'il eût toujours quelque démon à sa queue. Car même elle se figuroit alors que c'étoit son succube qui l'avoit fouettée lorsqu'elle avoit eu envie d'aller coucher avec lui.

Passe pour toutes ces dernières galanteries; elles ont même été faites pour punir les vices. Il avoit bien fait de fouetter cette lubrique paysanne, qui oublioit la foi qu'elle avoit promise à un autre, et qui lui vouloit faire commettre adultère. Il est vrai que c'étoit qu'elle lui déplaisoit et qu'elle n'étoit pas fort charmante; mais ne regardons point tant à la cause; l'effet en fut toujours bon. Pour ce qui est des subtilités qui le rendoient admirable, elles ne tendoient aussi qu'à se moquer de ceux qui avoient failli et à faire reconnoître leur faute, comme de cette fille qui avoit fait forfait à son honneur, et de ce garçon qui avoit dérobé son maitre, dont il découvrit le larcin. C'est en ceci que les plus critiques seront contraints d'approuver ses actions. Il est vrai qu'en ce qui est du reste je me soucie fort peu de leur colère et de leurs plaintes, car je ne raconte point de vices qui ne se pratiquent, ni de sotte action qui n'ait été faite, et l'on voit comment les bons esprits s'en sont moqués et se sont garantis des fourbes que l'on leur pouvoit jouer, au lieu que les personnes idiotes s'y sont laissé surprendre.

LIVRE DIXIÈME

N'EST-IL pas vrai que c'est une très-agréable et très-utile chose que le style comique et satirique? L'on y voit toutes les choses dans leur naïveté. Toutes les actions y paroissent sans dissimulation, au lieu que dans les livres sérieux il y a de certains respects qui empêchent de parler de cette sorte, et cela fait que les histoires sont imparfaites et plus remplies de mensonge que de vérité. Que si l'on est curieux du langage, comme en effet l'on le doit être, où le peut-on considérer mieux qu'ici? Je pense que dedans ce livre on pourra trouver la langue françoise tout entière, et que je n'ai point oublié les mots dont use le vulgaire, ce qui ne se voit pas partout, car dans les ouvrages trop modestes l'on n'a pas la liberté de se plaire à cela, et cependant ces choses basses sont souvent plus agréables que les plus relevées. Qui plus est, j'ai représenté aussi naïvement qu'il se pouvoit faire toutes les humeurs et les actions des personnes que j'ai mises sur les rangs, et mes aventures ne sont pas moins agréables que beaucoup d'autres qui ont été fort estimées. Je fais librement cette confession; car, étant appuyée de beaucoup de preuves, elle ne doit point sembler insupportable; et puis il y en a plusieurs qui la liront et n'entendront pas seulement ce qu'elle veut dire, ayant toujours cru que pour composer un livre parfait il n'y a qu'à entasser paroles sur paroles, sans avoir égard à autre chose qu'à y mettre quelque aventure qui délecte les idiots. Toutefois j'ai eu assez de divers avertissemens de quelques personnes qui disent qu'ils s'entendent à connoître ce qui est bon; les uns n'ont pas trouvé à propos une chose, et les autres une autre; tellement qu'il n'y a rien dedans mon livre qui n'ait été loué et blâmé. Si j'eusse voulu, j'eusse fait comme ce peintre qui se cachoit derrière son tableau, et, après avoir ouï les différens avis de la populace, le reformoit suivant ce que l'on avoit dit. Mais il ne m'en fût pas mieux arrivé qu'à lui, qui, au lieu d'un portrait bien accompli, ne fit qu'un monstre ridicule. Il a mieux valu laisser les choses ainsi qu'elles étoient, et les jeter à l'aventure, pour plaire à qui elles pourront, vu qu'entre tant de divers contes il ne se peut qu'il n'y en ait au moins la moitié d'un qui plaise à quelque personne, pour bizarre qu'elle soit. Comment seroit-il possible de plaire à tous universellement? car, si un homme de lettres, qui a été au collége, aime à lire des histoires d'écolier, un hobereau de gentilhomme, qui n'aura été nourri que parmi les chiens et les chevaux, n'y trouvera point de goût, et ne s'attachera qu'aux choses qui conviennent à son humeur et à sa condition. Si celui qui a l'inclination amoureuse se plaît à voir quantité d'intrigues et de finesses qui se pratiquent entre les personnes passionnées, un autre qui n'aimera que la guerre et les combats, ou bien les discours pompeux et graves, tiendra tout ceci pour des choses frivoles. Mais ne nous embarrassons point des fantaisies d'autrui, et prenons notre plaisir où nous le trouvons. Voyons la suite de notre histoire. Représentons-nous que Francion étoit devenu amoureux de la fille d'un riche marchand, qui étoit venu passer quelque temps dans une sienne métairie avec toute sa famille. Que s'il désiroit ainsi de jouir des unes et des autres, il disoit que c'étoit sans préjudice de l'amour qu'il portoit à Nays, et que l'on lui pouvoit bien pardonner toutes ces petites fautes, vu que dans le malheur où il étoit réduit, il falloit qu'il eût quelque chose pour se désennuyer.

La fortune voulut que le père de Joconde, qui étoit celle qui lui plaisoit, l'envoya querir pour faire une certaine façon d'ente, où il étoit fort expert, car autrefois il avoit appris cela dans des livres de jardinage, et, pour vous bien dire, son esprit étoit comme un marchand mêlé qui s'étoit chargé de toute sorte de drogues pendant son loisir, il n'avoit rien trouvé de trop pesant ni de trop difficile à voir. Il s'étoit donc mis en besogne dedans le clos, lorsque la fille du logis s'en vint vers lui pour contenter sa curiosité en voyant son ouvrage. Il bénit cent fois l'heure que l'habit de paysan lui avoit été donné, puisqu'il avoit joui de beaucoup de filles dont il n'eût pu jamais approcher autrement, et que davantage il lui donnoit le moyen d'être si proche de celle-ci. Joconde tenoit un livre en sa main, où elle lisoit parfois après l'avoir regardé travailler. Quel beau livre est-ce là, mademoiselle? lui dit-il, ne trouvant point d'autre occasion de l'accoster. Quand je vous l'aurai dit, répond-elle, que vous servira cela? Vous aurez entendu un nom inconnu qui vous semblera étrange. Car vous autres paysans, qui ne lisez guère en toute votre vie, vous croyez qu'il n'y a point d'autres livres au monde que vos heures. Je ne suis pas, en ceci, de la croyance des autres, repartit Francion; je sçais bien ce que c'est de toutes sortes de livres, et il n'y en a guère de bons que je n'aie lus. Mon Dieu! c'est un miracle, reprit Joconde; eh bien, donc, pour satisfaire à votre demande, je vous apprends que c'est ici un livre où il est traité des amours des bergers et des bergères. N'en avez-vous jamais vu de semblable? Oui, repartit Francion, je vous assure que la lecture en est fort agréable, et principalement à ceux qui sont aux champs comme vous êtes; car vous êtes infiniment aise de voir, en effet, les délices qui vous sont représentées par le discours. Oh! combien vous êtes déçu de croire cela! dit-elle; car, si la curiosité ne me poussoit à voir la fin des aventures qui sont décrites ici, je n'aurois pas le courage d'achever de feuilleter tout, parce que je me plais fort en la vraisemblance, et je n'en sçaurois trouver en pas une histoire que je puisse voir dedans un tel livre. Il y a bien de l'apparence : les bergers sont ici dedans philosophes, et font l'amour de la même sorte que le plus galant homme du monde. A quel propos tout ceci? Que l'auteur ne donne-t-il à ces personnages la qualité de chevaliers bien nourris? Leur fit-il, en tel état, faire des miracles de prudence et de bien dire, l'on ne s'en étonneroit point comme d'un prodige. L'histoire véritable ou feinte doit représenter les choses au plus près du naturel; autrement c'est une fable qui ne sert qu'à entretenir les enfans au coin du feu, non pas les esprits mûrs, dont la vivacité pénètre partout. Il fait bon voir ici l'ordre du monde renversé. Je suis d'avis, pour moi, que l'on compose un livre des amours des chevaliers, à qui l'on fasse parler le patois des paysans, et à qui l'on fasse faire des badineries de village. La chose ne sera point plus étrange que celle-ci, qui est sa contraire.

Francion, connoissant par ce discours que Joconde avoit un de ces beaux esprits qu'il avoit coutume de rechercher passionnément, il fut le plus content du monde d'avoir logé ses affections en si digne lieu; et, pour ne perdre point l'occasion de l'entretenir, il reprit la parole en cette sorte : Il faudroit être dépourvu de jugement pour n'approuver point les raisons que vous alléguez. Je confesse maintenant que vous ne pouvez guère tirer de plaisir de la lecture de ce livre; toutefois je vous avertirai bien qu'il s'est trouvé quelquefois, dedans les villages, des hommes vêtus en paysans qui étoient capables de faire l'amour avec autant de civilité, de prudence et de discrétion que les personnes qui sont dans la plus florissante cour de la terre. Cela s'est vu si rarement, dit Joconde, que l'on n'en peut pas faire un nombre qui autorise mon livre des bergeries. Or çà, dit Francion en riant, je veux bien même vous assurer que vous trouverez en ce pays-ci de ces bergers amans, et moi qui suis berger, je dirai bien sans vanité que, quand l'on me mettra en ce rang, l'on ne fera rien que de très à propos. Je n'en doute point, répondit Joconde, mais vous aurez bien de la peine à trouver une fille de votre étoffe. Il n'y en a guère ici que de très-maussades. Vous voulez parler des villageoises, repartit Francion; pour moi je ne jette point les yeux sur celles-là. Il y en a ici d'autres qui ne sont pas seulement dignes d'être aimées d'un accompli berger, mais aussi d'un accompli courtisan. Je puis bien tenir assurément ce discours, puisque j'ai eu le bonheur de vous voir. Ah! Dieu, s'écria Joconde, vraiment j'ai été trompée jusques ici, croyant que ce ne fût qu'à la cour qu'on se mêlât de donner des flatteries : comment, vous en avez ici pareillement l'usage? La vérité se dit partout, reprit Francion. Alors Joconde le quitta pour aller tenir compagnie à sa mère, qui se promenoit toute seule. Elle fut bien étonnée d'avoir entendu si bien discourir un berger, et crut plusieurs fois que c'étoit un songe. Mais son admiration s'accrut bien davantage, lorsqu'elle l'entendit chanter et jouer du luth devant ses fenêtres, sur les dix heures du soir. Elle le reconnut par les paroles d'un air qu'il venoit de faire, où il la supplioit de ne point mépriser le berger à qui elle avoit parlé. Certes, c'étoit une chose qui lui sembloit bien miraculeuse qu'un homme de sa condition fît des vers si bons que ceux qu'elle entendoit, et chantât encore et jouât du luth aussi bien que les meilleurs maîtres. Les paysans grossiers, à qui ces perfections-là avoient été montrées, ne les admiroient pas tant qu'elle, dont le bel esprit se connoissoit à toutes choses. Ceci n'est rien toutefois au prix d'une lettre d'amour qu'elle reçoit le lendemain de sa part, où elle trouve les plus belles fleurs de l'éloquence. Il n'avoit point usé d'autre artifice, pour la lui faire tenir, que de la mettre dans un petit panier de jonc dont une jeune fille lui alloit faire présent.

Son esprit étoit en beaucoup d'inquiétudes touchant ce qu'elle devoit faire en la poursuite de son nouvel amant, dont la condition ne lui plaisoit pas. Si son mérite n'eût adouci sa fierté, elle n'eût pas trouvé à propos la hardiesse qu'il s'étoit donnée de lui envoyer un poulet. Elle brûloit d'envie de sçavoir où il avoit été nourri pour apprendre tant de gentillesses. Cela fut cause qu'étant sortie toute seule par la porte de derrière du clos elle souffrit qu'il l'abordât, la rencontrant en un lieu prochain, où il faisoit paître son troupeau. Après qu'il lui eut donné le bonjour et qu'il lui eut témoigné la joie qu'il recevoit de l'avoir si heureusement trouvée, elle lui dit : Gentil berger, je pense que vous me voulez donner, par plaisir, des preuves de ce que vous m'avez dit, que vous étiez un amant aussi parfait que pas un qui fût dans les villes. Ce n'est point pour passer le temps, comme vous vous figurez, repartit Francion, c'est parce que la nécessité m'y contraint. Je ne le crois pas, dit Joconde. Si est-ce qu'il n'est rien de si véritable que vos beautés ont un effort qui est bien capable de me porter à d'autres choses, repartit Francion; je serois marri qu'un autre sujet que le plus beau du monde (qui est d'être vaincu par vos appas) m'eût fait prendre la licence de faire ce que j'ai fait. Je sçais bien que la bassesse de ma condition m'empêche beaucoup d'obtenir vos bonnes grâces. C'est pourquoi je mettrai toute ma puissance à réparer ce défaut par des affections excessives, dont j'essayerai de vous vaincre. Joconde, se souriant de ce discours comme pour s'en moquer, changea incontinent de propos, et demanda à Francion où il avoit été élevé en sa jeunesse. Il lui promit que le lendemain, si elle vouloit prendre la peine de revenir au même lieu, à la même heure, il lui déclareroit tout au long ce qu'elle désiroit de sçavoir, n'ayant pas envie de lui en rien dire qu'il n'eût auparavant consulté d'un jugement plus rassis dessus quelque point.

En attendant elle ne laissa pas de s'informer de beaucoup de choses de lui. L'on lui dit en quelle estime il étoit par tout le pays, et l'on lui fit presque accroire qu'il avoit acquis par art magique les perfections qu'il avoit. Le jour suivant ils vinrent tous deux à l'endroit désigné, Joconde somma Francion de sa promesse, qu'il accomplit en lui parlant de cette sorte : Quand vous ne m'auriez pas prié de vous dire qui je suis, il faudroit toujours bien que je vous l'apprisse, si je voulois que vous eussiez égard à l'affection que je vous porte. Je vous déclare que je suis gentilhomme des plus nobles de la France, et que, vous ayant aperçue il y a quelque temps dans la ville, où vous avez accoutumé de demeurer, vos charmes me vainquirent tellement que je me résolus de prendre un habit de villageois, sçachant que vous deviez venir ici, afin de pouvoir entrer chez vous sans donner du soupçon à personne. Après ce mensonge, qu'il disoit pour l'obliger davantage à le chérir, il l'enchanta par mille preuves d'un extrême amour. Alors, ne doutant point qu'il ne fût de grande qualité, elle ne feignit point de lui assurer que la peine qu'il avoit prise seroit bien récompensée. Il se tenoit si propre avec son méchant habit qu'il ne laissoit pas de paroître de bonne mine; tellement qu'elle conçut presque autant d'affection pour lui que s'il eût été couvert des plus beaux vêtemens que les courtisans portent.

Les assurances d'une passion réciproque étant baillées de part et d'autre, ils s'amusèrent à discourir sur plusieurs particularités. Joconde dit à Francion l'opinion que l'on lui avoit voulu donner qu'il se mêloit de la magie noire. Ne la voulant pas traiter comme les esprits du commun, il lui fit connoître la plupart des causes pour lesquelles ces opinions-là s'étoient glissées parmi le peuple. Elle reçut beaucoup de contentement de ce plaisant récit.

L'heure de leur séparation venue, avant que de se dire adieu, ils voulurent résoudre de quelles inventions ils s'aideroient pour s'entrevoir dorénavant; parce que Joconde ne pouvoit pas venir toujours parler à Francion hors du logis, sans que l'on s'en aperçût à la fin et que l'on eût quelque soupçon de leurs affaires. Elle se délibéra donc de faire la malade pour avoir occasion de faire venir chez elle son amant, qui donnoit du remède à toute sorte de maux suivant la vulgaire opinion. Cela étant déterminé, ils prirent congé l'un de l'autre, et s'en retournèrent chacun en leur demeure.

Joconde commença dès le jour même à travailler à son dessein, se plaignant à sa mère d'une grande colique. L'on la mignarde, l'on la dorlotte, et l'on la fait coucher au lit. Si les médecins n'eussent point été trop éloignés, l'on en eût envoyé querir un tout à l'heure. Avant qu'elle eût parlé de Francion, le fermier se trouva là, qui dit qu'il le falloit envoyer querir pour ordonner quelque médicament. Le père répondit qu'il ne se vouloit point fier à des charlatans comme celui-là. Comment, dit le fermier, de quoi avez-vous peur? Que votre fille ne soit guérie comme toutes les personnes que ce berger a pansées? C'est un démon incarné, croyez-moi: je ne sçais ce qu'il ne fait point. Il en sçait plus que notre curé; il l'a rendu victus. Le père de Joconde, ajoutant foi aux assurances que beaucoup d'autres lui donnèrent du sçavoir de Francion, il consentit que l'on le lui amenât. Après qu'il eut vu la malade et tâté son pouls, il tira une petite fiole de sa pochette, où il y avoit une certaine huile qu'il fit chauffer, et en graissa un linge qu'il porta à sa maîtresse pour mettre dessus son estomac. L'heure lui fut si favorable, qu'alors il n'y avoit personne proche du lit; si bien que, feignant de lui vouloir aider à appliquer son remède, il prit la hardiesse de lui tâter les tetons. Afin que l'on crût qu'il étoit grandement expert en toutes choses, elle dit un peu après à sa mère qu'elle se sentoit fort soulagée, et ne demandoit rien qu'à se réjouir. Là-dessus, se tournant vers Francion, elle lui dit: Mon Dieu! berger, l'on m'a rapporté que vous jouez du luth: aurai-je bien la puissance de vous faire toucher quelques airs ? Vous pouvez tout sur moi, dit Francion; encore que je sçache bien que je ne suis pas capable de vous donner quelque plaisir par mon luth, je ne laisserai pas d'en jouer, pour ne point tomber en désobéissance. Il vouloit aller querir son luth lui-même, mais l'on n'endura pas qu'il en prît la peine, et l'on envoya un valet en son logis pour cet effet. Lorsqu'il commença de toucher cet instrument, tout le monde fut ravi de son harmonie, et principalement Joconde. Son père et sa mère, ne cherchant rien avec tant de passion que sa santé et son contentement, et voyant qu'elle se délectoit à la musique du berger, permirent qu'il vînt encore le lendemain lui faire passer le temps. Ils s'éloignèrent d'eux pour songer à leur ménage, et ce fut alors que Francion témoigna bien de l'amour à sa maîtresse. Elle en fut tellement vaincue, qu'elle lui promit de satisfaire à ses désirs.

Ils avoient assez de commodités aux champs de se donner du plaisir; mais Joconde s'en retourna le soir à la ville avec son père et sa mère; et il sembloit là que toutes choses lui fussent contraires, car la maison avoit des hautes murailles de tous côtés, et les portes étoient toujours fermées. Elle écrivit à Francion, qui étoit demeuré au village, en quelle étroite prison elle étoit resserrée; et lui assura que néanmoins, s'il pouvoit par quelque manière entrer secrètement chez elle, avec quelque paysan de leur village, il recevroit de sa part le meilleur traitement qu'il devoit espérer. Francion songe à ce qu'il faut faire, et enfin il s'avise d'une subtilité. Un certain charretier alloit mener du foin dans peu de jours au marchand; il résolut de se cacher dans sa charrette, et manda à Joconde le dessein qu'il en avoit. Le charretier avoit un esprit lourd et simple : il lui fit accroire tout ce qu'il voulut. Mon pauvre ami, lui dit-il, tu sçais que je suis grandement curieux: l'on m'a fait récit de la beauté de la maison où ton maître demeure à la ville. Il m'a pris un désir d'y aller; mais je ne sçaurois me donner ce contentement en façon du monde, si ce n'est par ton moyen : il faut que tu m'y mènes. Je le veux bien, dit le charretier, qui étoit de ses amis, parce qu'il le faisoit souvent boire. Venez-vous-y-en avec moi quand j'irai; je pense que l'on ne vous y refusera pas la porte; l'on vous y connoit assez bien. On m'y connoît trop, repartit Francion;

c'est pourquoi je n'y veux pas aller de la façon que tu dis. J'y veux aller sans que personne me voie; car c'est que j'ai envie de considérer tout le plan du logis et en tracer une figure, pour m'en servir en quelque chose; et il ne faut pas que ton maître en sçache rien. Je serois donc d'avis de me cacher dedans le foin que tu lui mèneras : ce sera une bonne commodité pour accomplir mon intention. Je trouve cette invention-là bonne, dit le charretier; et il ne tiendra pas à moi que vous n'en usiez. Au reste, quand je m'en reviendrai, je ramènerai des futailles pour les vendanges : vous vous pourrez aussi cacher dedans. Voilà qui va bien, repartit Francion, pourvu que tu me tiennes promesse. Le charretier l'assura de sa fidélité, et, l'heure venue de charrier son foin, il l'avertit de se tenir prêt. Francion, ayant donné son troupeau à garder à un autre, et s'étant accommodé avec les plus beaux habits qu'il eût, s'en alla le trouver sur le chemin en un lieu écarté où il eut le loisir de se cacher dedans la charrette, sans que personne le vît. Il arriva sur le soir à la maison de Joconde : le charretier, ôtant son foin lui tout seul, le fit encore cacher dedans le lieu où il le serra; ce qui étoit une très-grande témérité pour l'un et pour l'autre. Car, s'ils eussent été aperçus, l'on eût dit qu'ils eussent eu dessein de voler la maison, et l'on leur eût peut-être fait bonne et brève justice. Mais quoi? Francion voulut éprouver jusques où pourroit aller sa bonne fortune.

Cependant Joconde étoit en des inquiétudes extrêmes, ne sçachant s'il étoit venu ou non, et elle ne pouvoit trouver aucun moyen d'en apprendre des nouvelles. Car de le demander au charretier, elle n'avoit garde, craignant de lui donner quelque soupçon, et même elle étoit en doute si son amant étoit mis dedans le foin sans son aveu. Enfin, tout le monde s'étant retiré, elle s'en alla au lieu où il étoit, s'imaginant qu'il n'avoit pu se cacher en pas un autre endroit. Il étoit déjà sorti de sa cachette pour se tenir aux écoutes, lorsqu'elle entra là dedans sans chandelle et le reconnut. Il ne faut pas demander s'ils se saluèrent par les baisers : ils se tinrent plus d'une demi-heure embrassés, avec une joie nonpareille qui leur ôtoit la parole. Étant sortis de leur extase, ils songèrent où ils passeroient la nuit. Joconde ne fut pas d'avis de mener Francion à sa chambre, craignant que l'on ne l'entendît monter, ou qu'il n'arrivât quelque autre infortune. Ils demeurèrent donc au même endroit où ils étoient, et Francion étendit une grande housse de mulet dessus les bottes de foin, à celle fin que sa maîtresse ne s'emplît point d'ordures en s'y couchant. L'on peut bien croire qu'ils y prirent autant de plaisir qu'ils eussent fait en un lit de parade. Pendant une des trêves qu'ils firent en leur guerre amoureuse, Francion raconta la finesse dont il avoit abusé le charretier, qui s'en étoit allé dormir autre part, croyant qu'il passât la nuit dedans la cour à contempler le bâtiment à la clarté des étoiles. Joconde dit après que, pour ne point coucher dedans la chambre de sa mère à l'ordinaire, elle avoit feint qu'il y faisoit trop chaud, afin que l'on la laissât coucher toute seule dedans une chambrette qui avoit une issue sur un petit escalier, d'où elle avoit pu venir le trouver sans traverser la cour. Puis, songeant à l'avenir, ils se proposèrent plusieurs moyens de s'entrevoir par après, comme les esprits des amoureux sont subtils à rencontrer ce qui peut rendre leurs contentemens perdurables. La meilleure invention qu'ils trouvèrent, et celle qu'ils se délibérèrent de suivre, fut que Francion tâcheroit de se mettre au service du marchand, qui, reconnoissant son mérite, seroit plus aise de l'avoir pour facteur que pas un autre. Joconde consentoit que cela se fît, en attendant qu'il se résolût à se découvrir pour ce qu'il étoit, et, quant à lui, il en étoit d'accord, afin de se retirer du village, où il commençoit de se déplaire parmi les esprits grossiers; mais il ne désiroit pourtant pas se tenir en cet autre état que pour une passade. Il fit entendre à sa maîtresse qu'il avoit besoin d'argent; elle lui donna tout ce qu'elle avoit, ne lui pouvant rien refuser. Il avoit goûté avec elle toutes les délices que l'on se peut imaginer, lorsqu'une petite lumière, avant-courrière du jour, leur donna le signal de la retraite. A l'instant qu'ils prenoient congé l'un de l'autre, l'on heurta bien fort à la porte de la maison, et tout incontinent un valet, qui s'étoit réveillé, la vint ouvrir. Un homme armé lui dit arrogamment : Mon ami, allez-vous-en avertir votre maître qu'il y a du tumulte dedans la ville, et lui demandez s'il ne désire pas envoyer un homme avec un mousquet dedans la grande place, selon le commandement que je lui en fais de la part du capitaine. Vite, courez, j'attendrai ici la réponse : n'ayez point de peur que l'on entre céans, je ferai bonne garde.

Le valet monta aussitôt à la chambre de son maître, à la porte de laquelle il heurta; mais, parce que l'on y étoit encore endormi, l'on ne lui ouvroit point. Cependant le caporal, qui étoit un bon bourgeois, plus glorieux que César de se voir équipé d'autres armes que les siennes ordinaires, qui étoient une alène et un tranchoir, s'ennuyoit d'attendre si longtemps à une porte, joint qu'il avoit affaire ailleurs. Il se mit en fougue, et, ayant dit que l'on ne le respectoit pas comme l'on devoit, commença à jurer; car il ne tenoit rien que le jurement de la noblesse. Après cela, voyant que quoiqu'il appelât à haute voix, on ne lui venoit point rendre réponse, il s'en alla tout dépité, disant qu'il feroit payer l'amende au maître du logis.

Joconde n'avoit encore osé retourner à sa chambre, de peur de rencontrer le valet ou quelque autre sur le chemin. Elle s'avisa que Francion feroit bien de s'enfuir, puisque la porte étoit alors ouverte; d'autant que, quelque artifice qu'il eût, il lui seroit bien difficile de se mettre si secrètement dedans les tonneaux du charretier, que personne ne l'aperçût. I trouva son avis très-bon, et, dès l'instant même, il se mit à traverser la cour. Comme il fut à la grande allée, par où l'on alloit à la porte, il eut tant de crainte que le valet ne vînt à descendre et qu'il ne le vît, qu'il commença à courir de toute sa roideur, afin d'être tant plus tôt hors de la maison. Mais, ne regardant pas que le seuil de la porte étoit fort haut, il y voulut passer sans lever les pieds, et chut tout de son long sur le pavé, où il se pensa rompre bras et jambes. Joconde, qui le vit tomber, en eut bien de l'ennui; néanmoins elle ne lui donna point de secours, et s'en alla coucher dedans sa chambre, comme si elle n'en eût bougé depuis le soir précédent.

Francion se releva avec beaucoup de peine, et, ne se pouvant quasi plus soutenir, s'appuyoit contre les murailles en marchant. Il fit très-bien de partir, car le valet, ayant eu charge de son maître d'aller à la grande place, sortit aussitôt avec ses armes. Il cheminoit donc le mieux qu'il pouvoit, et étoit prêt à se laisser couler à terre pour se reposer, lorsqu'en jetant les yeux vers le coin de la rue il y aperçut une chaire à bras, d'où il vit sortir tout d'un coup un homme qui se mit à marcher bien fort, et s'éloigna de là en peu de temps, encore qu'il parût aussi éclopé que lui. Vraiement, dit-il, je ne serai pas si dédaigneux que toi : je me tiendrai volontiers dedans cette chaire, si j'y puis arriver une fois. Après ces paroles, il s'efforça de s'en approcher et fit tant, qu'il y parvint, puis il s'assit dessus un doux oreiller, qui lui vint bien à propos.

Cependant qu'il se repose tout à son aise, il faut raconter qui étoit celui dont il occupoit la place. C'étoit un vieillard goutteux, le plus méchant homme de la ville et, possible, de toute la contrée, bien qu'elle fût pleine de beaucoup de très-mauvais garnemens. C'étoit son seul déduit de semer des querelles partout, et même entre les personnes les plus illustres. Il vouloit du mal à un seigneur qui, depuis peu de temps, étoit là venu comme gouverneur pour une république, encore qu'il eût plutôt sujet de le chérir, vû que personne ne se plaignoit de lui. Mais c'étoit qu'il avoit une mauvaise humeur qui le portoit toujours à médire des grands. L'on reconnoissoit bien qu'il ne médisoit de celui-ci que pour suivre sa coutume; car il ne l'avoit jamais vu seulement, et n'avoit ouï réciter pas une de ses actions ni bonnes ni mauvaises. Les fautes qu'il lui imputoit étoient celles qu'il avoit remarquées en d'autres : il s'imaginoit qu'ayant la même qualité il avoit aussi les mêmes vices. Or il avoit de la familiarité avec un personnage dont l'autorité étoit fort grande. Pour faire naître en lui une inimitié contre le gouverneur, il lui avoit été dire un jour qu'il sçavoit de bonne part que ce seigneur étoit l'homme le plus traître du monde, qu'il se falloit garder de lui, et qu'il avoit délibéré de livrer la ville à l'étranger; ceci fut cru comme un oracle, pour autant que cet ancien citoyen sçavoit si bien déguiser ses malices, que l'on le prenoit pour un homme tout rempli de prud'hommie. Car davantage il affirma qu'il avoit ouï un très-mauvais complot. Le gouverneur, pour quelque dessein particulier, et bon toutefois, avoit été, le soir précédent, par toutes les rues, avec les archers de sa garde. Celui qui avoit reçu l'avertissement du goutteux s'en étoit aperçu et avoit cru infailliblement qu'il avoit envie d'accomplir quelque mauvaise intention. Voilà pourquoi, ayant assemblé les plus gros de la ville et leur ayant conté ce qu'il sçavoit, il avoit pris délibération avec eux de faire mettre les bourgeois en armes, pour prévenir le malheur qui pouvoit arriver. L'on leur avoit fait commandement par les quartiers de se rendre en leurs corps de garde; si bien que tout étoit en rumeur. Le gouverneur étoit sorti alors plus fort et mieux accompagné que devant, pour sçavoir à quel sujet l'on s'assembloit ainsi sans qu'il l'eût commandé. Si l'on n'eût retenu la fureur du peuple, parmi lequel le faux bruit d'une trahison couroit, il se fût jeté dessus lui et l'eût mis en pièces. Le goutteux, pour l'exciter à ce faire, s'étoit fait mettre à sa fenêtre, où il se tuoit de crier : Liberté, messieurs, pendez ce méchant qui nous veut vendre. Mais la voix des sages, ayant plus d'efficace que la sienne, lioit les mains des personnes les plus mutines. On parla au gouverneur, qui ne témoigna rien que de l'affection au public; néanmoins les caporaux, qui rôdoient encore autour de leur quartier, achevoient d'avertir tout le monde de se mettre en armes, voulant que chacun eût sa part de la corvée. Il en étoit venu un à la maison du marchand, comme nous avons dit.

Tandis le gouverneur, qui avoit entendu la voix séditieuse du goutteux et avoit appris sous main que c'étoit lui qui avoit allumé le feu de toute cette ligue, s'étoit résolu de l'envoyer querir pour le châtier comme il méritoit. Cette commission avoit été donnée à deux de ses gens, qui avoient été à son logis lui dire que leur maître, sçachant qu'il étoit de bon sens et de grand conseil, désiroit qu'il s'en vînt par devers lui pour lui aider à mettre ordre aux émotions populaires. Il n'en vouloit rien croire du commencement; mais, à la fin, ils lui en firent des sermons si sérieux, que, s'imaginant que le gouverneur ne sçavoit rien des choses qu'il avoit dites à l'encontre de lui, il crut qu'il se pouvoit faire qu'il eût été fort aise d'être assisté de ses avis. Considérant alors le bien et l'honneur qui lui en adviendroient, il se délibéra de ne point refuser son accointance. Il avoit donc permis que les deux hommes le missent sur une chaire à bras qu'ils avoient apportée à son occasion, et il se laissoit mener de bon gré au lieu où autrement l'on ne l'eût mené que de force. Il avoit déjà fait beaucoup de chemin, lorsqu'un homme vint aborder ceux qui le portoient, et dit tout bas à l'oreille de l'un : M. le gouverneur n'est plus à l'endroit où il étoit tantôt; il est

23

au château, conduisez-y ce drôle-ci. Lui, qui avoit meilleures oreilles que l'on ne pensoit, entendit bien ces paroles, qui lui firent conjecturer quelque chose de sinistre pour lui. D'ailleurs l'on ne le portoit point respectueusement comme un homme d'État; mais, en allant vite, l'on heurtoit sa chaire à tous coups contre des bornes. Cela lui donna à penser que l'on n'avoit pas envie de le trop bien traiter quand il seroit au château de la ville. Toutefois il se tint coi, et, sçachant que toutes les paroles du monde étoient inutiles à son infortune, il feignit de dormir et commença de ronfler. Ses meneurs, n'étant pas accoutumés à avoir un si lourd fardeau, avoient les bras extrêmement las et suoient à grosses gouttes; de sorte qu'étant au coin de la rue de Joconde, où il ne passoit personne, ils avoient voulu se reposer, et pour se rafraîchir étoient entrés dans un cabaret, où ils buvoient un coup chacun, s'imaginant que leur homme ne s'éveilleroit pas, et que, quand il s'éveilleroit il n'auroit pas la volonté de s'enfuir, et que, quand même il auroit cette volonté, il n'auroit pas le pouvoir de l'exécuter, ses jambes étant toutes enflées et ses pieds tout tortus pour la douleur de la goutte. Mais ils avoient été bien trompés; car, sitôt qu'ils avoient été partis, redoutant la colère du gouverneur, il avoit bien sçu trouver des forces pour s'en aller, et avoit laissé vide la place que Francion avoit remplie.

Les deux conducteurs, ayant assez bu, s'en revinrent à la chaire, et ne s'avisèrent point que ce n'étoit pas leur personnage qui y étoit, parce qu'il y avoit des rideaux tout à l'entour, dont Francion étoit caché, et ne lui voyoit-on que le bout des pieds. Ils prirent la charge et la portèrent allégrement, le vin leur ayant donné de nouvelles forces. Francion ne dit mot, craignant de les faire arrêter, et étant fort aise d'être ainsi mené en quelque lieu que ce fût, d'autant qu'il ne pouvoit pas bien marcher encore. Ces gens-ci me portent à l'hôpital sans doute, au lieu du malade qui s'en est fui, disoit-il en lui-même; il n'importe, j'y serai toujours mieux que dedans cette rue, où ma foiblesse me contraindroit de demeurer. Pour le moins, si ma chute m'a fait quelque mal, je me ferai panser par le chirurgien. Les hommes le portoient toujours, cependant, sans parler à lui, le prenant pour le vieillard, qu'ils ne vouloient pas réveiller. Quand ils furent au château, ils le montèrent à une chambre sans le regarder, voulant tout à l'heure aller dire à leur maître qu'ils avoient fait son commandement, de peur qu'ils ne fussent criés, s'ils tardoient trop. Le gouverneur, ayant parlé à eux, s'en va le trouver avec un sien gentilhomme; et, parce qu'il n'avoit jamais vu le goutteux et n'avoit point ouï dire s'il étoit vieil ou jeune, il le prit facilement pour lui. Là, mon maître, lui dit-il, en le tirant par le bras d'une forte secousse, que vous avez peu d'honnêteté : faites-moi la révérence. Francion, ne se pouvant tenir debout, ne le salua point autrement que de la tête. Comment, votre goutte vous tient-elle? dit le gouverneur. Ah! vraiment, je vous la ferai bientôt passer. Je n'ai pas seulement la goutte, dit Francion, j'ai une des plus grosses rivières de misères; mais je pense que vous ne la sçauriez faire écouler, quoi que vous disiez; car la source dont elle dérive ne se peut tarir. Or çà, quittons ce discours, interrompit le gouverneur, je ne t'ai pas envoyé querir pour passer le temps avec toi en choses inutiles. Dis-moi, n'es-tu pas un perfide, un méchant, un perturbateur du repos public? Le peuple vivoit en bonne paix sous ma protection, qui lui étoit très-agréable; il ne trouvoit rien à redire à aucune de mes actions; cependant toi, qui désirerois de voir toute cette ville en feu pour assouvir ton appétit déréglé, tu as été élever un tumulte pernicieux. Eh bien, qu'allégueras-tu pour ta défense? Diras-tu que tu ne le faisois pas à dessein de troubler le repos de nos habitans, mais afin de me faire tuer ou chasser d'ici? Viens çà, qui est-ce qui t'a induit à cela? As-tu reconnu quelque malversation en ma charge? Est-ce que tu me portes de la haine pour quelque offense particulière que je t'ai faite? Ah! Dieu! je ne pense pas t'avoir jamais donné sujet de te courroucer. Francion, oyant ce discours et ne pouvant comprendre pourquoi l'on le lui faisoit, vint à la fin à s'imaginer que l'on se vouloit moquer de lui, vu que le gouverneur ne parloit point avec une mine d'homme fâché : son âme n'étoit pas alors malade comme son corps, et, la bonne aventure qu'il avoit eue l'ayant rendu fort joyeux, il délibéra de se donner du passe-temps, aussi bien que celui qui l'interrogeoit. Pour répondre à tous vos points, repart-il, je vous dis que j'ai voulu mettre cette ville en tumulte, parce que rien n'est plus agréable que de la voir en cet état : le voisin va chez sa voisine et la voisine chez son voisin : les amants entrent en des lieux dont auparavant ils n'osoient pas seulement regarder la porte. Parmi cette confusion, les braves gens ont la commodité de faire de beaux jeux. Ne croyez pas que je vous porte de la haine, je n'y songeai jamais, encore qu'à n'en point mentir j'en aie beaucoup de sujet, parce que vous ne faites point ici une ordonnance qui est fort nécessaire. Quelle ordonnance est-ce? dit le gouverneur. La plus belle et la plus juste du monde, répondit Francion, c'est que les femmes aient dorénavant à marcher toutes nues par la ville une fois l'année, afin que l'on puisse repaître ses yeux de la vue d'une si aimable chose; car quel sujet ont-elles de se cacher avec tant de soin? N'ont-elles pas autant de sottise que l'on se puisse imaginer? Elles se montrent en particulier à chacun l'un après l'autre : quel danger y aura-t-il de se montrer quand nous serons beaucoup ensemble? Je vous entends venir de loin : je m'assure que vous me voulez alléguer qu'en les voyant nous remarquerions mieux les imperfections qui s'y trouveroient, parce que deux yeux voient davantage qu'un, et cela seroit à leur dommage; ou bien vous avez envie de dire que nous ne devons contempler leur corps tout nu qu'un à un, afin que nous pensions tous être seuls jouissant de ce bonheur. Vous ne sçauriez avoir d'autres raisons que celles-là; encore sont-elles bien crochues; car à la fin l'on sçait ce qui est de l'affaire des femmes, et leurs finesses ne servent de rien. Au reste, il ne faut pas que vous vous rendiez si fort leur partisan, que vous procuriez le désavantage des hommes vos semblables. Le gouverneur ne sçavoit s'il devoit rire ou se fâcher de cette belle harangue, faite si à propos de ce qu'il avoit dit Toutefois il parla à Francion en cette sorte : Écoutez, ne pensez pas faire le railleur; car je vous ferai pendre tantôt; je parle tout à bon.

Là-dessus quelques conseillers de la ville entrèrent, qui demandèrent au gouverneur s'il avoit envoyé quérir le goutteux. Le voilà, leur dit-il; mais je pense qu'il est fol ou qu'il le contrefait, afin que l'on lui pardonne : je ne sçaurois tirer raison de lui. Qui est-ce qui vous a amené cet homme-là? lui dit un de la troupe; le prenez-vous pour le goutteux que nous vous demandons? Ce l'est autant là comme je suis roi d'Espagne. Le gouverneur dit qu'il avoit donc été bien trompé, et qu'on le lui avoit amené pour tel. Là-dessus il appela ses gens qui l'avoient apporté, et leur demanda pourquoi ils l'avoient fait, vu que ce n'étoit pas celui dont il leur avoit fait parler. Ils tournèrent les yeux devers lui, et dirent qu'ils n'avoient point amené cet homme-là, mais un autre qui étoit déjà fort vieil. Le diable l'a donc emporté et a mis ce compagnon-ci en sa place, dit le gouverneur. Chacun bailla plusieurs jugemens sur cela, et ils dirent à la fin tous d'un accord qu'il n'y avoit que cet homme qu'ils avoient qui les pût tirer de doute. Vous voilà bien empêchés, dit Francion; celui qui étoit dans cette chaise-ci s'en est fui, et le désir de me reposer m'a fait prendre sa place.

Les porteurs de chaise furent alors criés de la mauvaise garde qu'ils avoient faite; et l'on alla derechef chercher le vieillard séditieux, qui fut mis entre les mains de la justice, et condamné à être pendu et étranglé; et dès le jour même il fut guéri de ses gouttes et de tous autres maux.

Pour ce qui est de Francion, l'on le laissa aller où il voulut, sans lui faire aucun mal. Il fut longtemps à songer s'il s'en retourneroit à son village; à la fin il résolut de n'y rentrer jamais : et, venant à songer à Nays, il ne fut pas aussi d'avis d'exécuter ce qu'il avoit promis à Joconde, vu que la jouissance avoit éteint si peu de passion qu'il avoit eue pour elle. Par ce moyen cette fille fut bien punie de s'être abandonnée à un homme inconnu, puisqu'il s'en alla sans lui dire adieu et sans se soucier d'elle. Elle devoit bien prendre garde de ne plus contracter de si volages amours. Mais; quant à Francion, nous ne voyons point qu'il lui arrive de malheurs dont il ne sorte; parce que, encore qu'il commette quelques fautes, il ne laisse pas d'avoir une puissante inclination au bien; et puis Dieu ne veut pas perdre ceux qui doivent être un jour très-vertueux.

N'ayant plus d'affection pour les plaisirs champêtres, il résolut de s'en aller à Lyon emprunter de l'argent, pour se mettre en bon équipage et suivre ses premières entreprises. Le premier homme qu'il trouva en son chemin fut un soldat fort léger d'argent, qui avait un méchant haut-de-chausse rouge et un pourpoint de cuir fort gras. Il lui demanda s'il vouloit changer d'habit, et lui promit de lui donner du retour. Le soldat s'y accorda, et, moyennant fort peu de chose, il quitta sa noblesse, prenant l'habit de paysan. Francion commença de s'admirer avec ce beau vêtement qui lui plaisoit plus que l'autre; et, ayant aussi acheté l'épée de ce brave guerrier, il fut bien empêché à quoi il la pendroit, vu que le soldat ne lui vouloit point vendre son baudrier. Il disoit qu'il le vouloit réserver, pour lui servir toujours de témoignage comme il venoit de la guerre, et qu'il y en avoit bien de ses compagnons qui, ayant vendu leurs mousquets, se contentoient de rapporter leurs fourchettes. Enfin, Francion s'avisant qu'il avoit une grosse lesse, dont il avoit quelquefois attaché son chien, faisant l'office de berger, elle lui servit pour pendre son épée en écharpe. Avec cela il avoit un chapeau pointu à petit bord, tellement qu'il avoit une façon bien crotesque; ce qui étoit une chose qui lui agréoit fort. Il fit son voyage moitié à cheval, moitié en charrette, selon les occasions qu'il trouvoit, mais avec le plus de diligence qu'il lui fut possible; et il ne dépensa aussi son argent qu'avec prudence et modération. Je ne veux point vous dire s'il passa des rivières ou des montagnes, s'il traversa des villes ou des bourgades : je ne suis pas en humeur de m'amuser à toutes ces particularités : vous voyez que je ne vous ai pas seulement dit en quel lieu Nays étoit aux eaux, si c'étoit à Pougues[1] ou autre part : je ne vous ai point appris le nom de la forteresse où Francion fut prisonnier, ni celui du village où il fut berger, ni aussi celui de la ville où demeuroit Joconde. C'est signe que je n'ai pas envie que vous le sçachiez, puisque je ne le dis pas; et que l'on ne s'aille pas imaginer que ce soit une faute de jugement si je ne mets pas tout ceci. Contentons-nous qu'après quelques

---

[1] Chef-lieu de canton du département de la Nièvre. Aux environs se trouvent des eaux minérales froides. Les eaux de Pougues, dit le docteur James dans son *Guide pratique des eaux minérales*, « un instant oubliées, viennent de se placer de nouveau, par de très-belles cures, au premier rang de nos stations thermales. Jamais, du reste, eau minérale n'avait été visitée par plus illustres clients. Il suffit de citer Henri III, Catherine de Médicis, Henri IV, Louis XIII, Louis XIV, le prince de Conti, etc., qui tous, dans leur correspondance, ont rendu le meilleur témoignage de l'efficacité de ces eaux. Henri IV surtout, qui s'y rendit plusieurs fois, avait pour elles une prédilection toute particulière. » C'est principalement pour combattre la gravelle que leur emploi est ordonné.

journées de chemin Francion, ayant couché à un village assez proche de Lyon, arriva à un autre un dimanche au matin. Chacun entendoit la messe, qui étoit tantôt dite. N'ayant trouvé personne à la taverne pour lui donner à repaître, il s'avisa de s'asseoir sous l'orme de la grande place, qui donnoit un gracieux ombrage, et d'attendre là que l'on sortît de l'église. Un villageois, ayant plus d'affaire que les autres ou étant plus hâté de déjeuner, s'en alla le premier de tous, et, en passant auprès de Francion, le prit pour un de ces trompettes qui, après les guerres, s'en vont dedans les villages vendre des drogues et faire des tours de passe-passe. O trompette! lui dit-il, qu'est-ce que vous venez vendre ici? Les plus merveilleuses drogues du monde, répondit Francion, qui se doutoit bien pour qui l'on le prenoit; elles guérissent toute sorte de maux, rendent savans ceux qui n'ont point d'esprit, et font riches en peu de temps les plus pauvres du monde. Où est-ce que vous l'avez mise? dit le paysan; je ne vois point là de boîte ni de malle. Eh! lourdaud, repartit Francion, crois-tu que ma marchandise soit comme celle des autres? Non, non, elle n'est pas de même, elle n'a rien de visible, je la porte dedans ma tête, proférant ces paroles d'une façon sérieuse et grave. Le paysan crut qu'il disoit la vérité, et, mettant en oubli ses affaires, voulut avoir l'honneur de dire à tous ceux du village la nouvelle qu'il sçavoit du charlatan qui faisoit toutes choses. Chacun eut la curiosité de le voir, et la messe ne fut pas sitôt achevée, qu'il fut entouré de personnes à tous âges.

Comme il vit là tant de gens, étant obligé de faire le charlatan, il se délibéra de jouir du plaisir qui s'offroit, et, se mettant en sa bonne humeur, commença de dire mille sornettes pour les entretenir. Lorsqu'il vit que ses auditeurs lui prêtoient une favorable attention pour sçavoir à quoi aboutiroient ses discours, il leur fit cette harangue: Mes bonnes gens, sçachez que je ne suis pas de ces affronteurs qui courent par le pays, et vous viennent ici vendre d'un onguent qui doit servir à tous maux, et n'en guérit néanmoins pas un. Je vous en fournirai de plusieurs. Je suis plus sçavant que cet illustre Tabarin[1], que l'on a vu paroître dans les plus belles villes de la

---

[1] Tabarin exploitait, avec le charlatan Mondor, la ville et la pro-

France. Je me dis plutôt médecin qu'opérateur; et, selon les maux que je vois, j'ordonne les médicamens ou je les fais moi-même. Mais, outre cela, mes chers amis, je porte bien une autre marchandise en ma cervelle. J'y ai tant d'esprit, que j'en puis revendre à tous les autres. Je distribue de la prudence, de la finesse et de la sagesse. Regardez-moi bien, tel qui me voit ne me connoît pas : je suis d'une race où tous les mâles sont prophètes. Mon père et mon grand-père l'étoient; mais ils n'y entendoient rien au prix de moi; car j'ai ma science naturelle, et encore la leur qu'ils m'ont apprise. Si je voulois, je ne bougerois d'auprès des rois, mais liberté vaut mieux que richesse; et puis j'ai plus de mérite et sers mieux Dieu, en allant de bourgade en bourgade, pour assister charitablement toute sorte de personnes, que si je me tenois toujours en une même ville. Je ne me veux plus amuser à vous dire aucune histoire pour vous réjouir. Il ne seroit pas bien à un homme si docte que moi de faire tant le bouffon. Que ceux qui auront affaire de mon conseil en leurs affaires viennent seulement à moi. Je dirai aux amoureux si leurs maîtresses sont pucelles, et aux maris si leurs femmes les font cocus. Pour vos maladies, nous n'y songerons que demain, que je viendrai sur la place.

Pendant qu'il disoit ceci, les paysans s'étoient si bien pressés en l'entourant, qu'un lièvre n'eût pu passer entre leurs jambes. Ils écarquilloient les yeux et faisoient des gestes d'admiration, écoutant ce qu'il disoit; mais, bien qu'ils y ajoutassent foi, ils n'osoient s'aller enquérir d'aucune chose de lui; chacun s'imaginoit que, s'il faisoit paroître devant les autres qu'il doutoit que sa femme le fît cocu, l'on croiroit indubitablement qu'il le fût, et l'on se moqueroit de lui. Ceux qui avoient désir de sçavoir cela se proposèrent de le demander une autre fois en cachette; et les amoureux en firent de même touchant la chasteté de leurs maîtresses. Pour éprouver la science du charlatan en d'autres matières, l'on se mit à lui faire plusieurs questions. Monsieur, lui dit un charretier, apprenez-moi une invention pour n'être jamais pauvre. Travaille incessam-

---

vince. Il avait beaucoup d'entrain, et, à la faveur de ses coq-à-l'âne, faisait faire à son maître un grand débit de drogues. C'était d'ordinaire sur la place Dauphine qu'il se tenait.

ment pour des gens qui te payent bien, répondit Francion; ne prête rien à ceux qui n'ont pas envie de rendre; et enterre tous les jours un sol dedans ta cave, tu en trouveras au bout de l'année trois cent soixante et six. Mais, monsieur, reprit le rustre qui se vouloit gausser aussi bien que le charlatan, puisqu'un peu de grains de blé semés en ma terre me rapportent tant d'épis, seroit-ce pas bien avisé d'y semer aussi des écus? si j'y en semois qu'y viendroit-il? Il y viendroit des larrons pour les ramasser, répondit Francion.

Alors il y eut un paysan qui lui dit : Je suis depuis peu marié à une jeune femme qui me suit partout; je voudrois bien sçavoir pourquoi? C'est parce que tu vas devant, lui répondit Francion. A toutes les sottes demandes que l'on lui fit, il rendit de semblables réponses, qui firent rire les paysans; car c'étoient là des entretiens propres pour de telles personnes. Mais, comme la faim le gagnoit, il les pria de le laisser aller dîner; et leur dit qu'ils vinssent après à la taverne, où il les rendroit satisfaits sur tout ce qu'ils désireroient de lui.

Le tavernier, qui étoit là, le mène en sa maison, et, quittant sa femme, s'en vient prendre son repas avec lui. Quand ils furent seuls, il lui dit : J'ai une femme qui est assez belle, comme vous avez vu : j'ai toujours eu en l'esprit cette croyance qu'elle me faisoit cocu : délivrez-moi de cette inquiétude. Je le veux bien, dit Francion, vous êtes brave homme : il faut que vous sçachiez ce que c'en est. A ce soir en vous couchant, dites-lui que vous avez appris de moi que tous les cocus deviendront demain chiens. Vous verrez ce qu'elle dira et ce qu'elle fera là-dessus, et puis nous aviserons du reste.

Le tavernier se contenta de ce conseil, et n'en parla plus, et tout sur l'heure il y entra des paysans pour interroger Francion sur quelques points épineux de leurs affaires. Il y eut des garçons qui vinrent lui demander si leurs maîtresses avoient encore leur pucelage. Il s'enquit de leur nom et de celui des filles; ayant ruminé quelque temps là-dessus, il dit aux uns qu'elles l'avoient encore et aux autres qu'elles l'avoient déjà perdu, selon ce qui lui vint en la fantaisie. Dès que ceux-ci furent partis, il y entra un bon manant qui le tira à part et lui dit : Monsieur, je suis bien empêché : ma fille a dit à sa mère qu'elle est grosse, et qu'elle ne sçait de qui; si nous le sçavions, nous lui ferions épouser celui-là, s'il étoit quelque prud'homme bien riche : que s'il ne l'étoit point, nous le ferions punir. Nous avons été quelque temps dehors pour aller en pèlerinage, elle couchoit seule dans notre chambre, et elle ne peut dire qui c'est qui lui est venu ravir la fleur de son pucelage. Celui qui la surprit ne voulut jamais parler. C'est, possible, quelqu'un de vos valets, dit Francion. Je le penserois bien, dit le paysan; mais j'en ai six : j'ai deux charretiers, deux batteurs en grange, un berger et un porcher; auquel m'adresserai-je ? Dites-moi, pour l'honneur de Dieu, comment c'est qu'il faut faire ? Couchez cette nuit hors de votre logis et votre femme aussi, reprit Francion, et que votre fille se mette au même lit où elle fut dépucelée, et que la porte ne soit pas mieux fermée qu'elle étoit alors. Celui qui a déjà eu affaire à elle la reviendra voir sans doute, et, s'il ne veut point encore parler, elle le marquera au front avec une certaine mixtion que je vous donnerai; la marque ne s'en ira pas sitôt, vous l'y verrez encore demain, et par ce moyen vous le reconnoîtrez.

Dès que Francion eut dit ceci, il pria le paysan de le laisser quelque temps pour faire sa drogue. Il se fit donner du noir qu'il détrempa avec de l'huile, et s'en vint après l'apporter, lui disant que c'étoit de cela qu'il falloit que sa fille marquât celui qui viendroit coucher avec elle. Le paysan s'en retourna chez lui, et communiqua cette affaire à sa fille, qui s'accorda à faire tout ce qu'il désiroit. Après cela il sortit avec sa femme, et s'en alla en un village prochain souper chez un de ses parens, où il se résolut de coucher aussi. Cependant sa fille, la nuit étant venue, se coucha dans sa chambre et ne ferma point la porte au verrou. Les six valets de son père étoient dans une chambre tout contre : ils dormoient tous, excepté le berger, qui étoit celui qui avoit joui d'elle; il en étoit fort amoureux, et, voyant que l'occasion étoit aussi propice que jamais pour coucher avec elle, il se délibéra d'y aller : il se leva donc, et avec un crochet, qu'il sçavoit bien manier, ouvrit la porte tout doucement et s'en alla au lit de sa maîtresse. Le dessein qu'elle avoit l'empêchoit de dormir, si bien que, l'oyant venir, elle se prépara à faire ce que l'on lui avoit enchargé. Comme il la vouloit baiser et embrasser, elle le repousse d'une main, et du pouce de l'autre, qu'elle avoit trempé dans le noir, elle lui toucha le front; et puis elle ne fut plus si soigneuse de se défendre, croyant qu'elle en avoit assez fait. A la première trêve de caresses, ayant le jugement plus libre que dans le plaisir, elle s'avisa de lui dire : Dites-moi qui vous êtes, je vous supplie; car aussi bien ne gagnerez-vous rien de le celer. Ce charlatan qui est dans ce village me le dira bien demain. Pourquoi ne me parlez-vous pas? Comment voulez-vous que je vous aime, si je ne vous connois point? Alors il lui dit qu'il étoit le berger et lui remontra combien il lui portoit d'affection. Ah! Dieu! reprit-elle, que ne m'avez-vous parlé dès tantôt! je ne vous eusse pas marqué comme j'ai fait : vous avez une tache au front qui ne peut s'en aller, et mon père reconnoîtra demain par là que vous avez couché avec moi. Vous sçavez qu'il ne vous aime pas : il n'aura garde de nous marier ensemble : il vous fera punir par la justice, et j'en aurai une fâcherie extrême; car je vous ai toujours aimé par-dessus tous, encore que je n'en fisse pas le semblant. Je vous remercie de tant de bonne volonté, dit le berger, et, si vous la voulez continuer, donnez-moi de la drogue dont vous m'avez frotté le front, et je ferai bien en sorte que votre père ne connoîtra pas que c'est moi qui ai couché ici. La fille lui mit en main un petit pot où étoit ce noir, et il y trempa son pouce, puis s'en alla dans la chambre où ses compagnons dormoient, et leur marqua le front à tous. De là il s'en revint coucher auprès de sa maîtresse, avec laquelle il passa la nuit.

Le jour ne fut pas sitôt venu, que le maître du logis arriva; et, désirant sçavoir s'il pourroit reconnoître celui qui avoit couché avec sa fille, il fit venir tous ses valets pour parler à lui, et, les ayant tous regardés, il fut bien étonné de voir qu'ils avoient chacun leur marque. Il s'en alla de ce pas tout en colère vers sa fille, et lui dit : Morbieu! si tous ceux qui ont le front noirci ont couché cette nuit avec toi, jamais fille de laboureur ne fut mieux cliquetée. Elle lui jura qu'il n'en étoit venu qu'un, contre lequel encore s'étoit-elle bien défendue, mais qu'elle n'avoit pu le reconnoître, et qu'elle ne sçavoit pas comment c'étoit que les autres avoient été marqués. Tout le recours de ce bon paysan fut de s'en retourner vers Francion, et de lui dire ce qui étoit arrivé chez lui, pour sçavoir ce qu'il étoit besoin de faire là-dessus. Francion, ayant un peu songé, lui dit : Retournez-vous-en chez vous vitement, faites venir tous vos valets, et regardez s'il n'y en a point quelqu'un qui ait le pouce noir; c'est celui-là assurément qui a couché avec votre fille. Il s'en retourne aussitôt, et, leur ayant regardé les mains à tous, vit qu'il n'y avoit que le berger qui eût le pouce marqué. Ah! c'est donc toi qui as déshonoré ma maison, lui dit-il; que l'on me le prenne, que l'on le mette en justice : il faut qu'il soit pendu. Quelle hardiesse d'avoir été violer la fille de son maître lorsqu'elle étoit endormie! En disant ceci, il prit le berger au collet, et voulut que les autres valets le tinssent aussi, pour le mener en prison; mais le berger lui dit : Ah! mon maître, il est bien vrai que j'ai couché avec votre fille, je ne le puis nier : il est bien certain aussi qu'elle étoit endormie la première fois que je l'allai trouver, mais elle se réveilla après, et me laissa faire si paisiblement, que vous ne pouvez dire que je l'aie forcée, car l'on n'en force plus à son âge.

Comme il disoit ceci, la mère, l'oncle et la tante de la fille arrivèrent, qui, étant instruits de l'affaire, conseillèrent ce père courroucé de s'apaiser, lui remontrant que les mariages se font au ciel avant que de se faire en la terre, et que sans doute il avoit été ordonné que ce berger épousât sa fille, qu'il étoit honnête garçon et qu'il les falloit marier ensemble pour réparer la faute, si faute y avoit. La chose alla si loin, que l'accord en fut passé dès le jour même, au grand contentement des parties; et le père, se représentant les admirables inventions que le charlatan lui avoit apprises pour reconnoître celui qui avoit dépucelé sa fille, se proposa de le bien remercier et de le bien récompenser.

Tandis que toutes ces choses arrivèrent, la science de Francion eut encore un autre effet. Son hôte, qui voulut éprouver la chasteté de sa femme, cherchoit ce qu'il ne désiroit pas trouver. Il ne manqua pas de suivre son conseil en se couchant : Vous ne sçavez pas, m'amie, dit-il à sa femme, j'ai appris tantôt d'étranges nouvelles. Eh quoi! répondit-elle, n'y a-t-il pas moyen de le sçavoir? Non, ce dit-il, vous êtes trop babillarde. Eh, ma foi, reprit-elle, je jure que je n'en parlerai point. Me faut-il celer quelque chose? Vous ne m'aimez guère. Ah! Dieu, dit-il, cela est étrange : c'est ce charlatan qui me l'a assuré : bien vous le sçaurez, n'en parlez donc pas : c'est que demain tous les cocus doivent devenir chiens. Eh bien, dit-elle, de quoi vous souciez-vous, vous ne l'êtes pas. Ah! je le sçais répondit l'hôte entre ses dents, et toujours faut-il avoir compassion de ses semblables. Et la femme, poursuivant son propos, disoit : Mais, quoi que ce soit, il ne faut pas croire ce prophète de malencontre; il ne devine les fêtes que quand elles sont venues; ne laissez pas de dormir à votre aise : pour moi, je ne me puis encore coucher sitôt; il faut que j'aille chauffer le four, notre servante n'y entend rien. Elle dit ceci pour avoir sujet de sortir, et, au lieu d'aller à son four, elle s'en alla à la grande place, où toutes ses voisines étoient encore. Il lui étoit impossible qu'elle tînt sa langue : il fallut qu'elle leur découvrît ce que son mari lui venoit dire. Cela les rendit toutes bien étonnées, et elles allèrent chacune apprendre cette nouvelle à toutes celles qu'elles connoissoient, si bien qu'en un moment tout le village en fut abreuvé. La tavernière, s'étant couchée avec le tavernier, attendit le jour avec impatience, pour voir ce qui arriveroit; et, comme il fut venu, elle se leva et, ôtant la couverture de dessus le nez de son mari, qui dormoit encore, elle regarda s'il avoit sa forme accoutumée. Quand elle vit qu'il étoit encore fait comme un homme, elle le laissa là, et se mit à s'habiller; mais, s'étant réveillé un peu après, il se souvint de ce qu'il lui avoit dit le soir, et, pour l'éprouver, il s'avisa de contrefaire le chien : il commença d'aboyer comme un gros dogue; et la femme, qui l'aimoit alors véritablement, effrayée d'ouïr ceci, se jeta aux pieds du lit et se mit à crier, ayant les mains jointes : Hélas! mon Dieu, faut-il que pour deux pauvres fois mon pauvre mari devienne chien? Alors il se lève, et, bien que cette naïveté fût capable d'adoucir un cœur, il la vient battre fort et ferme, lui disant : Non, non, ce ne sera pas moi qui deviendrai chien, Dieu ne punit pas les maris pour les péchés de leurs femmes : ce sera toi qui seras changée en louve, s'il y a du mal à recevoir. Mais quoi? tu as forfait à ton honneur par deux fois : dis-moi comment, en quel lieu et avec qui? Mon mari, dit-elle, je ne vous le célerai point, pourvu que vous me promettiez de me le pardonner. Oui, je te le pardonne, dit-il; apprends-moi tout, mais n'y retourne plus. Ce fut huit jours après que nous fûmes mariés, reprit-elle, que nous avions un seigneur en ce village, qui étoit bon compagnon; il me vint cajoler, et me conta que les femmes de la ville n'étoient point grossières comme celles des champs, qu'elles ne refusoient rien de ce que l'on leur demandoit, et que moi, qui étois belle et jeune, j'en devois faire de même pour être estimée, et traiter avec gracieuseté les honnêtes gens. Là-dessus il vint à me baiser, et passa plus avant sans que je lui résistasse; car j'avois envie de lui montrer que j'avois profité de ses enseignemens; je ne croyois pas que cela fût honnête de lui refuser quelque chose; ainsi je passai le pas; mais, comme peu après son valet de chambre m'eût rencontrée à l'écart, quand il me voulut caresser, je ne me montrai pas si facile. Il pensoit que l'occasion faisoit le larron, et qu'étant en un lieu fort secret je me laisserois aller; mais je lui sçus bien dire : Allez, allez, vous n'êtes pas notre seigneur. Penseriez-vous qu'on vous laissât tout faire comme à lui? Depuis j'ai bien connu qu'il ne falloit rien permettre ni aux valets ni aux maîtres, et mon innocence s'est passée avec ma jeunesse. Toutefois, comme il y avoit un jour ici des soldats, qui ravageoient tout, cependant que vous étiez allé à la ville, il y en eut un qui me dit : Il faut de deux choses l'une, ou que j'emporte tes poules, ou que je couche avec toi. J'aimai mieux qu'il couchât avec moi, de peur de vous faire crier; parce que, s'il eût pris nos poules, vous vous en fussiez bien aperçu; mais vous ne vous pouviez apercevoir s'il avoit couché avec moi ou non; car, en ce larcin-là, l'on n'emporte rien, et l'on ne met rien hors de sa place. Voilà, mon mari, comment j'ai failli deux fois, mais cela n'est pas digne de punition. L'on dit que la première faute mérite remontrance, et que pour la seconde on doit pardonner, et qu'il n'y a que la troisième et les autres qui sont ensuite, qui doivent payer pour toutes : je l'ai ouï prêcher ainsi. Vous faites bien de me pardonner, puisque je n'ai pas péché jusqu'à trois fois. Oui-da, ce dit le mari, mais il suffit de deux fois pour faire un homme cocu. Pour une, ce n'est pas assez; car qui n'a encore qu'une pointe au front n'est pas appelé cornu, il en faut avoir deux. Mais, mon mari, ce dit la femme, sçachez qu'il n'est point cornard qui ne le pense être; et que, puisque j'étois si simple quand j'ai failli contre les lois du mariage, que je ne croyois pas vous faire cocu, vous ne l'êtes pas en effet. Il y a bien autre chose, que j'ai ouï dire aux plus rusées : lorsqu'une femme a le désir de faire son mari cocu, quand elle ne viendroit point aux effets, il ne laisse pas de l'être; mais, en récompense, lorsqu'elle en a perdu l'envie et qu'elle ne veut plus aimer que lui, il commence de ne l'être plus. Autrement que seroit-ce? Quoi! cette tache ne s'efface-roit point, et toutes les autres s'en vont bien? Et un vieillard seroit-il encore cocu, quand sa femme est vieille et laide aussi bien que lui? Le mari approuva ses bonnes raisons et se résolut de vivre dorénavant en bonne paix et sans inquiétude avec une femme si sage. Les autres, qui avoient aussi été averties par le bruit commun qui s'étoit épandu tout en un instant, que tous les cocus devoient devenir chiens, avoient bien à songer là-dessus; et principalement celles qui avoient fait faux bond à leur honneur. Elles ne purent dormir toute la nuit, et ne cessoient de tâter si le poil n'étoit point venu partout à leurs maris, et si les oreilles ne leur étoient point allongées. Il y en eut qui ne furent pas si secrètes qu'elles n'apprissent à leurs maris ce qu'elles avoient ouï dire; et là-dessus, voyant qu'elles craignoient qu'ils ne fussent métamorphosés, ils en tirèrent une conjecture qu'elles n'avoient pas toujours été chastes, et les battirent tant, qu'elles n'avoient plus d'envie d'être si cajoleuses. Toutefois ils ne sçavoient bonnement ce qu'ils devoient croire de la prophétie du charlatan; car on le tenoit pour habile homme, et chacun attendoit avec impatience qu'il fût un peu plus haute heure pour l'aller voir à la place où il se devoit trouver, car il étoit fête ce jour-là. Francion, pour se donner du plaisir, avoit employé toute la nuit à faire plusieurs onguens avec du beurre, de la cire, de l'huile, du jus de quelques herbes, et d'autres ingrédiens; et s'étoit proposé de leur en distribuer, et d'en prendre de bon argent, dont il avoit alors beaucoup affaire. Il avoit appris à composer ces drogues dans des livres qu'il avoit lus par curiosité; et, à n'en point mentir, cela devoit plutôt faire du bien que du mal; car il ne vouloit ordonner aucune chose qu'avec jugement. Il ne vouloit pas que cette galanterie servît à faire du mal à personne; au contraire, il désiroit la rendre utile; comme en effet tout ce que nous avons vu qu'il fit dans ce village donna plus de plaisir que de mal.

L'heure de paroître en public étant venue, il fit porter sur la place toute sa marchandise dans une layette par un petit garçon. Il eût bien voulu trouver une guitare pour réjouir ses auditeurs et contrefaire mieux le charlatan; mais, n'y en ayant point au village, il les entretint avec des discours qui valoient bien une musique : il ne leur parla point des cocus, qui devoient être métamorphosés en chiens; si bien que ceux qui en avoient ouï le bruit tournèrent cela en raillerie. La harangue qu'il vouloit faire sur l'utilité de ses remèdes étoit à peine commencée, qu'il arriva un homme à cheval en ce lieu-là, qui, l'ayant écouté quelque temps, en le regardant avec attention, descendit à terre, et fendant la presse s'en vint lui accoler la cuisse, et lui dit : Ah! mon maître, en quel équipage êtes-vous ici? Que je suis aise de vous avoir retrouvé ! Francion avoit bien reconnu dès le commencement que c'étoit son valet de chambre, mais il ne vouloit pas encore parler à lui, et, l'ayant salué avec fort peu de cérémonie, il lui dit seulement : Retirez-vous, nous deviserons tantôt ensemble; laissez-moi achever de contenter ces bonnes gens. Aussitôt il se remit à parler de ses drogues et à en distribuer à ceux qui en désiroient. Les uns en demandoient pour un sol, les autres pour deux. Il en prenoit ce qu'il falloit avec un couteau et le mettoit sur un papier; et, pour leur faire trouver bon, il en prenoit toujours après quelque petit morceau avec la pointe, qu'il donnoit par-dessus. Çà, disoit-il, vous êtes bon drôle, vous aurez ce petit lèchefrion, et encore celui ci, et encore celui-là, et encore celui que voilà; c'est du plus excellent, c'est du fond de la boîte; le meilleur est toujours là; demandez-le à votre femme. Il avoit beaucoup d'autres termes que les charlatans ont pour engeoler le marchand; et le tout avec des gestes qui donnoient beaucoup de grâce à son discours; tellement que Pétrone, qui étoit son valet, ne fut jamais si étonné. Ayant vu comme il l'avoit repoussé, il ne sçavoit s'il devoit croire que ce fût là son maître; mais enfin, tout l'onguent étant vendu, il quitta la compagnie, et le vint trouver avec des témoignages d'une joie nonpareille. L'assemblée des paysans se dissipant alors, ils s'en allèrent reposer à l'hôtellerie. Francion demanda à Pétrone, auparavant toutes choses, où étoit le reste de ses gens : il lui répondit que, depuis sa perte, ils s'en étoient tous allés chercher leur fortune, croyant qu'il fût mort; que, pour lui, il n'avoit cessé de le chercher, tant en France qu'en Italie, et que, sans sa rencontre qu'il avoit faite, il s'en alloit encore à Rome faire la même quête. Francion lui conta alors en bref toutes ses aventures, qui l'étonnèrent merveilleusement, et, lui ayant assuré qu'il se mouroit du désir d'être à Rome afin de revoir Nays, il résolut de partir aussitôt pour aller à Lyon tâcher d'avoir de l'argent, pour faire son voyage. Pétrone lui dit qu'après l'avoir perdu, ne sçachant que faire de ses chevaux et de son bagage, il avoit tout vendu, excepté le cheval qu'il avoit, et qu'il avoit encore une bonne partie de l'argent. Francion en fut bien aise, et, l'ayant reçu de lui, il lui acheta un petit cheval en ce village, et monta sur l'autre; et puis ils s'en allèrent laissant tous les villageois fort satisfaits. Ils arrivèrent fort tard à Lyon, si bien que Francion ne fut point vu avec son bel habit. Le lendemain au matin il y eut un tailleur qui le vint vêtir de pied en cap; et il s'en alla trouver un banquier qui le connoissoit, lequel lui promit de lui prêter tout ce qu'il voudroit, sçachant bien qu'il n'y auroit rien à perdre. Il lui demanda des lettres de change pour recevoir de l'argent à Rome, et lui en donna d'autres pour envoyer à sa mère, afin d'être payé de l'argent qu'il lui prêtoit. Ayant ainsi fait ses affaires, il reprit le chemin d'Italie, sans être suivi d'autre que de Pétrone, à qui il promettoit de grandes récompenses pour sa fidélité. Il avoit si hâte, que, dedans les villes, il ne s'amusoit à aucune singularité. Il ne cherchoit rien que Nays, dont il préféroit la vue à tout ce que l'on estime de plus beau au monde. Il n'eut en chemin aucune aventure digne de récit; car il n'avoit pas le loisir de regarder ce qui se passoit, ni de se gausser avec ceux qu'il rencontroit. C'est assez que l'on sçache qu'enfin il fit tant par ses journées, qu'il arriva à Rome. Il se logea au quartier où les François se logent d'ordinaire, et il n'y avoit pas encore été six jours, que l'on l'avertit que Raymond et Dorini étoient arrivés. Il les alla incontinent saluer, et l'on peut dire que jamais en aucune entrevue d'amis il ne s'est montré tant de joie qu'ils en firent paroître en la leur. Lorsque Francion conta ses aventures de berger et de charlatan, il ravit un chacun d'amiration. Mon Dieu! ce dit Dorini, que je suis fâché que nous ne sommes plus tôt venus en Italie! nous eussions, possible, eu nouvelles de votre désastre, et nous ne vous eussions pas laissé en un si mauvais état. Vous vous moquez, dit Raymond; je serois bien marri que l'on eût tiré Francion de l'état où il étoit : il n'auroit pas accompli de si belles choses; elles sont si rares, que je m'assure qu'il quitteroit toujours librement la grandeur et l'ambition pour en faire de semblables. Que vous lui eussiez fait de tort en le pensant secourir! Vous avez raison, reprit Francion, et je ne voudrois pas avoir vécu autrement que j'ai fait. Néanmoins je vous dirai, à le bien prendre, ce ne sont que des friponneries. Oui, ce dit Raymond, mais vos friponneries valent mieux ordinairement que les plus sérieuses occupations de ceux qui gouvernent les peuples. S'ils se trouvoient en de pareils accidens qu'ont été les vôtres, ils seroient fort empêchés de les supporter avec autant de constance, et de se réjouir, comme vous, dedans le mal même que la fortune envoie. Quittons tous ces discours, dit Francion; ce n'est point à moi qu'il faut donner des louanges. Nous sommes en un pays où il n'y a que la belle Nays qui en mérite. Eh bien, Dorini, n'en avez-vous point eu de nouvelles? Elle est en cette ville assurément, dit Dorini, l'on me l'a appris : je l'irai voir tout à cette heure pour l'amour de vous. Dorini joignit les effets aux paroles, et s'en alla dès lors saluer sa parente, qui avoit une maison à Rome, où elle étoit bien plus souvent qu'en ses seigneuries. Après que les complimens furent achevés, il lui parla de Floriandre, et lui demanda si elle n'avoit pas reçu les nouvelles de sa mort. Comme elle eut répondu qu'oui, il lui demanda si elle n'avoit point vu celui qu'il lui avoit envoyé en échange, qui n'avoit pas moins de mérite. Elle lui dit qu'elle sçavoit bien de qui il entendoit parler, mais que c'étoit un homme très-inconstant et très-ingrat, vu qu'après avoir été le mieux du monde auprès d'elle il l'avoit laissée sans lui dire adieu, et lui avoit envoyé une lettre fort peu courtoise. Dorini voulut voir cette lettre, et, l'ayant considérée, lui dit : Voilà qui ne vint jamais de Francion; car, outre qu'il est trop honnête homme pour avoir écrit ceci, je sçais bien que cela n'est pas de sa main : j'ai dans ma poche des vers qui sont de son écriture, vous verrez si elle est semblable. Mais tout ceci n'est rien; d'où est-ce qu'il vous auroit écrit? C'est ici une tromperie de ses rivaux, qui sont jaloux et vindicatifs. Vous croyez qu'il vous ait quittée, et c'est que ces méchans l'on fait retenir prisonnier. Il a été réduit, à cause de vous, en une misère extrême, et il a fallu qu'il se soit mis aux plus basses conditions du monde; vous en entendrez le récit de sa propre bouche : il est maintenant en cette ville, en résolution de vous venir saluer, dès que vous lui en aurez donné la permission. Nays, ajoutant foi aux paroles de Dorin et détestant Valère et Ergaste, jeta dedans le feu la lettre qu'ils lui avoient envoyée comme venant de la part de Francion. Elle témoigna qu'elle seroit fort contente de le voir; si bien que Dorini lui en vint rapporter les nouvelles, et le rendit tout satisfait. Ils se hâtèrent de souper pour faire leur visite, et s'en allèrent après chez Nays avec Raymond. Lui, qui ne l'avoit point encore vue, l'admira et la trouva plus belle qu'elle n'étoit en son portrait, que l'on lui avoit montré; et les autres, qui l'avoient déjà vue, connurent que ses perfections alloient toujours en augmentant. Dorini lui dit : Madame, voici les plus gentils cavaliers de la France, qui ont quitté leur patrie pour vous venir rendre du service. Et là-dessus Raymond et Francion commencèrent leurs complimens, auxquels la belle marquise répondit selon les termes de sa courtoisie ordinaire. Francion eût bien voulu la pouvoir tirer à part, pour lui dire ouvertement les maux que l'amour lui avoit fait souffrir pour elle en son absence; mais il ne falloit pas qu'il privât les autres de l'entretien de cette belle dame. Dorini le mit incontinent sur les aventures qu'il avoit courues depuis qu'il avoit été perdu, et, se voyant obligé d'en faire encore le récit, pour sa maîtresse, qui y avoit le principal intérêt, il le recommença. Il décrivit naïvement les misères de sa prison et la pauvreté où il étoit étant berger; mais il se garda bien de parler de ses diverses amourettes, de peur de se mettre en mauvaise odeur auprès de Nays. Il déguisa les choses le plus qu'il lui fut possible, et ajouta à la vérité de certains petits mensonges qui rendirent son récit fort agréable. Mais surtout il triompha quand ce fut à dire comment il avoit fait le charlatan; car il représenta ce personnage avec les mêmes paroles et les mêmes postures qu'il avoit tenues; ce qui sembla si plaisant à Nays, qu'elle avoua que jamais elle n'avoit rien ouï de meilleur : tellement qu'il falloit en quelque sorte n'être pas fâché de la trahison de Valère et d'Ergaste, qui avoit été cause de tant de beaux succès. C'est ainsi que les philosophes rendent grâces à la fortune des misères qu'elle leur envoie, parce qu'elle leur donne occasion de faire éclater leur mérite, et que la pauvreté est un instrument de leur vertu.

Dorini étoit d'avis que Francion se vengeât de ses deux rivaux; mais il répondit qu'il valoit mieux ne point réveiller une affaire qui étoit déjà assoupie, et que, Ergaste s'en étant retourné à Venise et Valère en une sienne maison champêtre, à cause qu'ils étoient las de poursuivre une chose qu'ils ne pouvoient avoir, il les falloit laisser avec les remords de conscience que sentent les coupables. On ne pouvoit tirer raison d'eux sans abreuver tout le monde de ce qui s'étoit passé, et Francion ne vouloit pas que l'on sçût qu'il avoit été en prison, et que, depuis, il avoit été contraint de vivre en paysan.

Encore qu'il tînt tout ceci pour des galanteries et des aventures agréables, si est-ce qu'il n'oublia pas à faire monter bien haut les inquiétudes qu'il avoit eues étant séparé de Nays; mais cette rusée, qui se les imaginoit bien, fit semblant pour ce coup de tenir tout cela dedans l'indifférence. Après divers entretiens, ces braves cavaliers la laissèrent et s'en retournèrent coucher en la maison où ils s'étoient logés.

Le lendemain, au matin, comme ils déjeunoient, l'on leur vint dire que deux gentilshommes françois étoient à la porte, lesquels demandoient de parler à Francion. Il dit que l'on les fît entrer, et il fut tout étonné que c'étoit le jeune du Buisson et un nommé Audebert, qui étoit de son pays. Il les salua courtoisement, et, ayant dit à du Buisson qu'il voyoit bien qu'il étoit homme de promesse, il vouloit sçavoir d'Audebert comment ils s'étoient trouvés ensemble. Audebert lui répondit qu'ils avoient fait connoissance dedans Lyon, et que depuis ils ne s'étoient point quittés, et qu'il y avoit plus d'un mois qu'ils étoient arrivés à Rome. Mais il y a bien autre chose, dit du Buisson; il semble que le ciel m'ait destiné pour faire venir ici tous vos meilleurs amis, pour être témoins de vos belles aventures; Audebert ne vous dit pas que j'ai amené un galant homme qui se vante d'avoir été autrefois pédagogue : c'est un des oracles de ce temps; il crache à tout propos le grec et le latin. Qui est donc celui-là? dit Francion. Comment! dit Audebert, vous ne connoissez pas l'incomparable Hortensius? Hortensius! reprit Francion en s'écriant; ah Dieu, que je puis bien dire, comme Philippe de Macédoine, quand il reçut deux bonnes nouvelles en un même instant : O fortune! ne m'envoie qu'un petit de mal au lieu de tant de si grands biens! Quoi! je sçais la venue d'Audebert, que j'ai connu dès mon enfance, et celle de du Buisson, dont l'humeur me plaît infiniment, et, outre cela, l'on m'apprend encore qu'Hortensius est ici! Je dis cet Hortensius qui est le roi des beaux esprits de l'Université de Paris! Ah! quelle heureuse rencontre! Mais quoi! mes chers amis, comment est-il venu ici? Il se déplaisoit à Paris, dit Audebert; il lui sembloit que ses veilles n'y étoient pas assez récompensées : tellement que, m'ayant ouï parler que je voulois aller en Italie, il s'est résolu de m'y accompagner. Mais pourquoi n'est-il point venu me voir? dit Francion; pense-t-il faire ici comme en France? Il se cachoit toujours de moi dedans Paris, et, s'il me rencontroit d'aventure par les rues, il ne me saluoit que par manière d'acquit, sans vouloir parler à moi. L'on ne peut pas faire de même ici; tous les François se visitent : il faudra bien que nous nous voyions. Il vous a toujours redouté, reprit Audebert, et je pense que c'est qu'il croit que vous êtes d'une humeur moqueuse; mais je lui ai fait à demi perdre cette opinion, et, s'il n'est point venu quand et nous, c'est qu'il est fort cérémonieux et qu'il se trouve trop mal vêtu; et, outre cela, je crois que c'est qu'il étudie des complimens pour vous saluer; car, ayant été si longtemps sans vous voir, cette première entrevue doit être célèbre. Vous lui faites tort de dire cela, repartit Francion; il a l'esprit assez bon pour parler à moi sans être préparé. Mais, dites-moi, de quelle sorte vous êtes-vous acquis la connoissance d'un si illustre personnage? Cela mérite bien de vous être raconté, reprit Audebert; et, si vous avez le loisir de l'ouïr, je vous en ferai le récit. Alors Francion, lui ayant dit qu'il étoit prêt à entendre tout ce qu'il diroit, sçachant qu'il ne raconteroit rien que d'agréable, il le fit asseoir, et tous ceux qui étoient là firent de même.

Comme j'étois à Paris à passer mon temps avec toute sorte de personnes, dit Audebert en reprenant son discours, je voyois ordinairement deux poëtes de la cour, dont l'un s'appeloit Saluste [1] et l'autre l'Écluse, tous deux d'assez bonne compagnie. Un jour, il prit envie à Saluste de traduire en

---

[1] Racan était bègue et distrait comme ce Saluste. C'est lui qui est encore mis en scène sous ce couvert.

vers françois la quatrième églogue de Virgile ; mais, parce qu'il n'entendoit guère bien le latin et qu'il n'avoit fait son ouvrage que par la conférence de certaines traductions anciennes, il se délibéra de le communiquer à quelque homme docte. Un imprimeur de ses amis lui enseigna Hortensius, et lui dit qu'outre qu'il étoit fort sçavant en grec et en latin il écrivoit bien souvent en françois et faisoit beaucoup de traductions, et qu'il composoit même en vers. Saluste le voulut voir, encore qu'il ne le connût pas autrement, et dit à l'Écluse avec quelles paroles il désiroit l'aborder. L'Écluse estimoit tant tout ce que faisoit celui-ci, qu'il retenoit des copies de toutes ses œuvres ; il avoit déjà écrit l'églogue, mais il vint à moi et me la fit encore écrire, m'assurant que cela nous serviroit à une gaillarde invention. Il m'apprit que Saluste avoit résolu d'aller communiquer cette pièce à Hortensius, et qu'il nous y falloit aller tous deux, l'un après l'autre, au lieu de lui, et dire que nous nous appelions Saluste [1]. Or il étoit assez aisé de contrefaire son personnage ; car, comme la nature ne fait guère d'hommes parfaits et donne quelque imperfection au corps à ceux qui ont l'âme belle, elle l'avoit fait bègue, si bien qu'il écrivoit de beaucoup mieux qu'il ne parloit. Ainsi Homère étoit aveugle et Ronsard étoit sourd, et les défauts de ces grands personnages étoient réparés par l'excellence de leurs esprits. L'Écluse, ayant sçu le jour que Saluste devoit aller voir Hortensius, s'y en alla de meilleure heure qu'il n'y devoit aller ; et, ayant trouvé ce sçavant homme dedans sa chambre, lui fit une révérence fort humble. Monsieur, lui dit-il, je je je suis venu ici pour avoir le bonheur de vous offrir mon service ; je ne veux plus demeurer privé de la conversation d'un si rare esprit, avec qui je puis profiter ; et, ayant fait des vers depuis peu, je serai fort aise d'en avoir votre jugement ; je m'appelle Saluste, pour vous servir ; je ne sçais si vous avez ouï parler de moi. Hortensius, qui

---

[1] L'aventure des trois Racan a été racontée par Tallemant des Réaux (édition Paulin-Paris, t. II, p. 389), et par Ménage (*Ménagiana*, édition de 1762, t. II, p. 52). — Ce dernier dit en terminant : « L'original, dès l'an 1624, s'en trouve, sous d'autres noms, dans le *Francion* de Sorel. » Bois-Robert a fait une comédie de cette même aventure, sous le titre les *Trois Orontes*.

avoit vu assez de vers imprimés sous ce nom, mais qui n'en connoissoit point l'auteur de visage, et ne sçavoit autre chose de lui sinon qu'il étoit bègue, crut que ce l'étoit là véritablement, et le fit asseoir avec beaucoup de courtoisie, lui rendant grâces de l'honneur qu'il lui faisoit. Le prétendu Saluste tira alors l'églogue de sa poche et la lut. Hortensius chercha presque à reprendre à tous les vers, afin de montrer son bel esprit; et néanmoins il dit à la fin que ces commencemens-là étoient très-bons, et que l'auteur feroit bien avec le temps. L'Écluse le remercia de la peine qu'il avoit prise de les ouïr, et, ayant pris congé de lui, s'en vint me trouver, pour me dire qu'il étoit temps que j'allasse jouer le même personnage, et que nous en aurions bien du contentement. Il m'apprit la même harangue qu'il avoit faite à Hortensius, et, l'ayant été voir tout sur l'heure, je la lui fis encore avec des bégaiemens si longs, que je demeurois un demi quart d'heure sur chaque syllabe, et je lui dis aussi que je m'appelois Saluste. Il écouta ceci avec patience, car il se pouvoit bien faire qu'il y eût à Paris deux poëtes appelés Saluste, aussi bègues l'un que l'autre; mais, comme j'eus commencé à lui lire l'églogue, qui étoit celle-là même qu'il venoit d'ouïr, il ne put comprendre cela, et me dit : Mais, monsieur, il vient de sortir d'ici tout à cette heure un gentilhomme qui s'appelle Saluste comme vous; il m'a montré les mêmes vers que voici : qui est-ce qui les a faits de vous deux? Est-il possible que vos esprits soient pareils comme vos noms, et que vous écriviez sur de mêmes sujets, et encore avec de semblables paroles? Ma foi, il y a du malentendu là-dessous : je ne sçais pas qui c'est qui est trompé de nous autres, mais allez-vousen chercher qui vous donne son jugement sur vos vers : je ne les ai déjà que trop ouïs, ils m'ont assez importuné : demandez à l'autre Saluste ce que je lui en ai déjà dit.

Je reconnus qu'en disant ces mots il se mettoit fort en colère, si bien que je le quittai là sans grande cérémonie. Le vrai Saluste arriva chez lui peu après et lui fit un compliment pareil aux nôtres, au moins en substance; car, pour la grâce de parler, il l'avoit bien plus grande que nous, et il bégayoit bien mieux : il s'imitoit bien mieux soi-même que nous ne l'avions imité. Mais néanmoins, quand il commença de dire à Hortensius qu'il se nommoit Saluste et qu'il lui

vouloit montrer une églogue, il le repoussa de toute sa force
hors de sa chambre, et, s'il ne s'en fût fui, il lui eût fait
sauter les montées. Comment! disoit-il, celui-ci est encore
pire que les autres : il parle de beaucoup plus mal. Ne ces-
sera-t-il d'en venir jusqu'à ce soir? Ah! ce sont des cher-
cheurs de barbets[1]; ce sont des filous qui veulent dérober
mes meubles ! Quiconque ce soit qui me vienne voir désormais, je n'ouvrirai point ma porte qu'il ne m'ait dit son nom,
que s'il bégaie ou s'il s'appelle Saluste, il n'entrera pas ! Hortensius, ayant dit ceci, avoit encore envie de faire courir
des sergens après Saluste, pour le faire arrêter comme un
voleur; mais il ne trouva personne, en la maison où il demeuroit, qui s'y voulût employer.

Cependant Saluste gagna au pied[2], et nous allâmes chez
lui tout exprès pour sçavoir s'il avoit vu Hortensius. Il
nous dit qu'il avoit été chez lui, mais que c'étoit un fol aussi
furieux qu'il y en eût aux Petites-Maisons, et qu'il n'avoit jamais eu la patience d'entendre ce qu'il vouloit dire et l'avoit
voulu battre sans aucun sujet; si bien qu'il étoit fort heureux
d'être échappé de ses mains. L'Écluse ne se put tenir de lui
découvrir la friponnerie que nous avions faite; cela lui donna
tant de contentement, qu'il dit qu'il falloit alors que les trois
Saluste allassent tous ensemble voir M. Hortensius. Cet avis
nous plaisant, nous y retournâmes, et, ne le trouvant pas,
nous allâmes jusqu'à une imprimerie, où il corrigeoit des
épreuves. Nous lui dîmes qu'il ne se devoit pas fâcher de
notre procédure, que nous étions frères et que nous faisions
tous trois des vers, mais qu'à la vérité il n'y avoit que notre
aîné qui eût fait l'églogue. J'ai depuis songé à votre fait, nous
dit-il, et je ne suis plus tant en colère. Il m'a semblé que
vous pouviez bien avoir tous trois fait cette églogue, et que
l'aîné avoit fait le commencement, le second le milieu, et le
cadet la fin. Cela est ainsi, lui dis-je, mais nous ne vous l'o-
sions pas dire. Il crut tout cela pour lors; mais, depuis, l'on
lui découvrit notre tromperie, ce qui fit qu'il ne nous voulut

---

[1] « *Chercheur de barbets*, un qui cherche à dérober dans une maison et feint de chercher un barbet égaré. » *Curiosités françoises* d'Oudin.

[2] S'enfuit.

plus guère de bien, et commença de médire de nous en tous les lieux où il se trouva. Nous nous résolûmes d'en prendre une plaisante vengeance; et, comme nous avions remarqué que, pour paroître gentilhomme, il étoit toujours botté et éperonné, aussi bien qu'Amadis de Gaule, sans qu'il montât jamais à cheval [1], ce fut là-dessus que nous le gaussâmes plusieurs fois. Ses bottes étoient si vieilles, qu'il sembloit que ce fussent celles que portoit l'archevêque Turpin allant contre les Sarrasins avec le bon roi Charlemagne. Maintes fois elles avoient été ressemelées, et je pense que tous les savetiers de Paris les connoissoient, et qu'il n'y en avoit pas un qui n'y eût au moins mis un bout. La jambe étoit rapiécée en tant d'endroits, que l'on ne pouvoit plus à la vérité assurer que ce fussent les mêmes qu'il avoit eues premièrement, ainsi que le navire de Thésée, que l'on gardoit au port d'Athènes : quand il s'y faisoit quelque trou, Hortensius y mettoit un petit nœud de taffetas, ce qui sembloit être fait tout exprès et pour se montrer plus galant.

Un jour donc qu'il alloit ainsi botté par la ville, nous fîmes bien boire de certains sergens de notre connoissance, qui, étant à demi ivres, s'en allèrent, à notre persuasion, le prendre au collet dedans une petite ruelle qui va rendre sur le quai de la Mégisserie. Ils lui dirent qu'il falloit qu'il vînt en prison, et que c'étoit un méchant qui avoit blessé le fils d'un honnête bourgeois de la ville. Il répondit qu'il ne sçavoit ce que l'on lui vouloit dire, et néanmoins ils le traînèrent au Fort-l'Évêque, comme le juge étoit au siége. Il fut mené devant lui, et un certain homme, que nous avions aposté, venant faire sa plainte, dit que, le matin, Hortensius, faisant bondir son cheval, avoit pensé tuer un jeune enfant qui lui appartenoit, et l'avoit renversé à terre, et qu'il avoit la tête toute cassée; puis il conclut à fin de provision pour

[1] On ne peut se méprendre à ce portrait : Hortensius est ici le pseudonyme de la Mothe le Vayer, ce philosophe sceptique qui, au moment de rendre le dernier soupir, se tourna du côté du voyageur Bernier, fraîchement débarqué, pour lui demander des nouvelles du Grand-Mogol. « Avec tout son esprit, dit la princesse Palatine, il s'habilloit comme un fou. Il portoit des bottes fourrées, un bonnet doublé de même, qu'il n'ôtoit jamais, un grand rabat et un habit de velours noir. » (*Mém.*, édition de 1852, p. 354.)

le faire panser, et de tous dépens, dommages et intérêts. Le juge interrogea Hortensius pour sçavoir si cela étoit vrai; il le nia tout à plat, et n'osa pas pourtant dire qu'il n'alloit jamais à cheval, à cause qu'il étoit botté; mais enfin il fut contraint de le déclarer ainsi : Hélas! monsieur, comment se pourroit-il faire que j'eusse blessé cet enfant étant à cheval, vu que je vous prouverai que je n'y ai monté de ma vie et que, quand je vais en notre pays, je me mets toujours en coche? Lorsque j'étois petit, on me monta sur un âne, monsieur; il étoit si hargneux, qu'il me jeta à terre, où je me démis un bras; depuis ce temps-là, je n'ai point voulu avoir affaire avec les bêtes. Le juge lui dit qu'il fît venir des témoins comme il ne montoit jamais à cheval; il demanda un certain délai, qu'on étoit prêt de lui accorder; mais enfin l'on le crut à son serment, et il sortit de prison bagues sauves, hormis qu'il fallut un peu contenter les sergens. Ayant été ainsi renvoyé absous, il étoit presque fâché de n'avoir point été estimé coupable du crime dont on l'accusoit, afin de faire croire qu'il alloit quelquefois à cheval. Nous nous imaginions bien ce qu'il en pensoit, et, depuis, nous commençâmes à lui faire la guerre sur la belle aventure qui lui étoit arrivée. Se voyant ainsi gaussé, il eut bien le jugement de connoître que le vrai moyen de ne l'être plus tant étoit de ne s'en plus fâcher et de rire avec nous; si bien que, nous trouvant un jour à la boutique d'un libraire, dès que nous eûmes parlé de ses bottes, il nous dit qu'il vouloit faire un discours à leur louange, et, pour faire le plaisant, il prit ainsi la parole : Oh! que l'on doit bien accuser de négligence les auteurs qui ont recherché l'invention des choses, pour n'avoir point laissé par écrit qui fut celui qui inventa la manière de se botter! Que nos prédécesseurs avoient l'esprit nsulse[1] et insipide de ne se point servir d'une si belle chaussure que quand ils alloient aux champs, se contentant d'aller en housse par la ville, et que nous sommes bien plus avisés d'en user toujours, non-seulement à cheval, mais encore à pied! Car il n'y a rien de plus commode pour épargner les bas de soie, à qui les crottes font une guerre continuelle, principalement dedans Paris, qui à cause de sa boue fut appelé Lu=

---

[1] Fade, sot.

tèce[1]. N'y a-t-il pas un adage qui dit que vérole de Rouen et crotte de Paris ne s'en vont jamais qu'avec la pièce? N'est-ce pas un grand avantage, si l'on veut aller se promener, que de paroître cavalier étant seulement botté, encore que l'on n'ait point de cheval, d'autant que ceux qui vous voient s'imaginent qu'un laquais tient votre monture plus loin? Aussi un étranger s'étonnoit-il un jour où il pouvoit croître en France assez de foin et d'avoine pour nourrir les chevaux de tant d'hommes qu'il voyoit bottés à Paris; mais l'on le guérit de son ignorance, lui remontrant que les chevaux de ceux qu'il avoit vus ne coûtoient guère à entretenir. Tous les braves hommes, étant aujourd'hui bottés, nous montrent que la botte est une partie essentielle du gentilhomme, et nous suivons en cela les nobles Romains, qui portoient un brodequin, appelé en leur langue *cothurnus*, et laissoient aux roturiers un petit escarpin nommé *soccus*, qui ne venoit qu'à la cheville du pied, de même que nous laissons les souliers pour les hommes de basse étoffe : mais ces Romains n'avoient que des bottines, ils n'avoient pas de vraies bottes. S'ils en eussent eu et qu'ils en eussent sçu l'utilité, ils leur eussent dressé un temple, aussi bien qu'à toutes les autres choses qu'ils estimoient, et sur l'autel il y eût eu une déesse bottée et éperonnée, qui eût eu des corroyeurs et des cordonniers pour sacrificateurs et pour prêtres, et ses victimes eussent été des vaches écorchées pour faire des bottes de leur peau. Mais quel besoin de leur dresser un temple, puisque chacun les porte au cœur et aux pieds, et qu'il y a tel qui a passé plus de trois ans sans marcher autrement que botté afin de paroître plus brave et plus accoutumé à la fatigue? Les chevaliers de la Table-Ronde étoient toujours armés, de sorte qu'il sembloit que la cuirasse fût collée sur leur dos. Les centaures étoient toujours à cheval et s'y tenoient si fermes, qu'il sembloit que ce ne fût qu'un corps que celui de leur monture et le leur; et, pour ce sujet, les poëtes ont feint qu'ils étoient moitié hommes et moitié chevaux. Ainsi, ne quittant point la botte, il semble qu'elle soit de nos membres; et, quand quelqu'un est mort en une bataille, nous disons seulement : Il y a laissé les bottes, comme si

---

[1] De *lutum*, boue.

elles étoient le vrai séjour de l'âme du cavalier et si elle y habitoit autant, voire davantage, que dans le corps. Aussi, à dire la vérité, c'est là que nous devons avoir l'esprit pour manier le cheval à tous propos, et bien souvent nous en tenons le salut de notre vie. On me dira qu'un baron, ayant trouvé aux champs une bergère qu'il aimoit, donna son cheval à garder à son laquais, et la mena en un lieu écarté, où il voulut cueillir la rose, mais que la fille, l'ayant prié de permettre qu'elle le débottât avant que de jouir d'elle, de peur qu'il ne gâtât sa cotte et ses chausses, elle ne lui tira les bottes qu'à demi et s'enfuit, le laissant là si empêtré, qu'au premier pas qu'il voulut faire pour la poursuivre il se laissa tomber entre des épines qui lui déchirèrent tout le visage. Voilà un grand accident; mais il ne le faut imputer qu'à sa sottise de s'être laissé tromper : les bottes n'en sont point plus méprisables. C'est avec elles qu'on court le bénéfice, qu'on va trafiquer et qu'on va voir sa maîtresse. C'est une nécessité aux braves hommes d'en porter, s'ils veulent paroître ce qu'ils sont, et à beaucoup d'autres s'ils veulent paroître ce qu'ils ne sont pas. Si l'on est vêtu de noir, l'on vous prend pour un bourgeois; si l'on est vêtu de couleur, l'on vous prend pour un joueur de violon ou pour un bateleur, spécialement si l'on a un bas de soie de couleur différente; mais arrière ces opinions quand l'on a des bottes, qui enrichissent toute sorte de vêtemens ! Que personne ne me blâme donc plus d'être botté, s'il ne veut paroître un esprit hétéroclite.

Voilà en substance l'oraison démonstrative qu'Hortensius fit pour les bottes, et je voudrois me pouvoir souvenir des passages latins qu'il y entremêla. Nous feignîmes que nous trouvions tout cela fort excellent, et, la première fois que l'Écluse le vit, il lui présenta ces vers, qui étoient sur ce sujet :

> Les bottes sont en tel crédit,
> Depuis qu'Hortense nous a dit
> Combien leur chaussure est commode,
> Que les plus mignons de nos dieux
> En veulent porter à la mode,
> Pour montrer comme ils sont gentilshommes des cieux.
>
> Le Destin se meurt de souci
> D'en avoir de peau de Roussy[1];

[1] Russie.

Laissant son antique savate,
Et le Temps, qui marche si doux
Avec des pantoufles de natte,
Désire être botté tout de même que nous :

Poursuivant un dessein nouveau,
Qui s'est éclos en mon cerveau,
Je veux aussi donner des bottes
A chacun des pieds de mes vers,
Afin qu'ils se sauvent des crottes,
En courant le galop parmi cet univers.

Oh ! que ces vers furent agréables à Hortensius, qui croyoit que l'Écluse l'avoit beaucoup en estime! Il l'aima depuis par-dessus tous ; et ce bon matois, continuant de feindre, obtint de lui tout ce qu'il voulut. Ils ne bougeoient plus d'ensemble, et il sembloit qu'ils ne fussent qu'un. Toutefois l'amitié fut un peu altérée un jour que l'Écluse communiquoit de ses vers à Hortensius. Ce pédant ne les trouvoit pas à son goût, et l'autre soutenoit qu'ils étoient bons. Hortensius dit qu'il n'y entendoit rien et qu'il ne devoit pas parler davantage : car il faut que vous sçachiez qu'il s'estimoit assez sçavant pour nous faire la leçon à tous et qu'il croyoit être notre roi; aussi l'Écluse lui en avoit-il donné la qualité, et néanmoins il ne se put tenir dans la complaisance pour ce coup, car il dit à Hortensius qu'il étoit aussi capable que lui pour le moins; ce qui le mit tellement en colère, qu'il le fit sortir de violence hors de sa chambre et le menaça de le faire battre s'il causoit davantage. L'Écluse me vint apprendre la querelle qu'il avoit eue contre lui; je lui dis que cela n'étoit pas bien, vu qu'Hortensius lui avoit prêté de l'argent et lui avoit fait beaucoup d'autres courtoisies, et qu'il ne falloit point être mal avec lui, s'il ne vouloit que l'on les estimât d'aussi mauvaise humeur l'un que l'autre, et qu'en effet c'étoit à lui à dissimuler les injures. Cela le persuada si bien, que le lendemain, dès le grand matin, il s'en alla chez Hortensius pour faire la paix avec lui. Il étoit encore au lit, mais son valet ne laissa pas d'ouvrir, et l'Écluse, étant entré dans la chambre, se mit à dire d'abord : Il faut avouer, monsieur Hortensius, qu'en vos ouvrages vous êtes plus qu'homme, mais que dans votre colère vous êtes pire qu'une bête. Hortensius, se sentant piqué, se met en son séant, avec le bonnet rouge et la camisole de même, et lui repart ainsi : Si je suis une bête, je suis cette bête du paradis de Mahomet qui a les yeux de saphirs, les pieds d'émeraudes, le corps d'or bruni, et un pectoral où sont les douze pierres précieuses, à sçavoir : la sardoine[1], la topaze, l'émeraude, l'escarboucle, le diamant, l'agathe, le saphir, le jaspe, l'améthiste, la chrisolite[2], l'onix et le béril[3]. Si vous avez toutes ces pierres précieuses, dit l'Écluse, je vous avoue que vous êtes la plus brave et la plus riche bête du monde. Je vous dis encore, poursuivit Hortensius, que, si je suis une bête, c'est une de ces bêtes du ciel qui donnent de la lumière à la terre, comme l'ourse, le dragon, le cygne, le pégase[4], l'écrevisse, le scorpion, le capricorne, la baleine, le centaure et l'hydre. Il faisoit bien sonner ces mots-là et se sourioit à tous coups, croyant dire une fort excellente chose. L'Écluse lui répondit : Je ne doute point de ce que vous me dites; mais à laquelle de toutes ces bêtes ressemblez-vous? Allez-vous à reculons comme l'écrevisse, ou si vous avez des cornes à la tête comme le capricorne? Hortensius lui répliqua qu'il se comparoit au cygne; et, comme l'Écluse vouloit tourner tout ceci en raillerie, il s'alloit mettre en grande colère; mais j'arrivai et les accordai. Toutefois ils ne furent pas depuis en bonne intelligence, et Hortensius, haïssant l'Écluse, voulut aussi haïr tous ceux qui le hantoient; tellement que je fus du nombre de ses ennemis : cela fut cause que je cherchai encore une invention pour me moquer de lui.

Un jour, me promenant sur le pont Neuf, je vis arriver un homme à cheval vers les Augustins, qui avoit une casaque fourrée, un manteau de taffetas par-dessus, une épée pendue au côté droit, et un cordon de chapeau fait avec des dents enfilées ensemble. Sa mine étoit grotesque comme son habit, si bien que je me mis à le regarder. Il s'arrêta au bout du pont; et, encore que personne ne fût autour de lui, il se mit à parler ainsi, interrogeant son cheval à faute d'au-

---

[1] Variété d'agate.
[2] Pierre d'un jaune verdâtre.
[3] Pierre d'un vert pâle.
[4] Constellation de l'hémisphère qui contient quatre-vingt-treize étoiles.

tre compagnie : Viens çà ! dis, mon cheval, pourquoi est-ce que nous venons en cette place ? Si tu sçavois parler, tu me répondrois que c'est pour faire service aux honnêtes gens. Mais, ce me dira quelqu'un, gentilhomme italien, à quoi est-ce que tu nous peux servir ? A vous arracher les dents, messieurs, sans vous faire aucune douleur, et à vous en remettre d'autres, avec lesquelles vous pourrez manger comme avec les naturelles. Et avec quoi les ôtes-tu ? avec la pointe d'une épée ? Non, messieurs, cela est trop vieil; c'est avec ce que je tiens dans ma main. Et que tiens-tu dans ta main, seigneur italien ? La bride de mon cheval. Cet arracheur de dents n'eut pas sitôt commencé cette belle harangue, qu'un crocheteur, un laquais, une vendeuse de cerises, trois maquereaux, deux filous, une garce et un vendeur d'almanachs, s'arrêtèrent pour l'ouïr. Pour moi, faisant semblant de regarder de ces vieux bouquins de livres que les libraires mettent là ordinairement à l'étalage, j'écoutai aussi bien comme les autres. Ayant tant de vénérables auditeurs, il renforça son bien dire et continua ainsi : Qui est-ce qui arrache les dents aux princes et aux rois ? Est-ce Carmeline [1] ? Est-ce l'Anglois à la fraise jaune ? Est-ce maître Arnaut, qui, pour faire croire qu'il arrache les dents aux potentats, a fait peindre autour de son portrait le pape et tout le consistoire des cardinaux, avec chacun un emplâtre noir sur la temple [2], montrant qu'ils ne sont pas exempts du mal des dents ? Non, ce n'est pas lui. Qui est-ce donc qui arrache les dents à ces grands princes ? C'est le gentilhomme italien que vous voyez, messieurs : moi, moi, ma personne ! Il disoit ceci en se montrant et se frappant la poitrine; et il enfila après beaucoup d'autres sottises, s'interrogeant toujours soi-même et tâchant à parler italien écorché, encore qu'il fût un franc Normand. A l'ouïr dire, si l'on l'eût cru, personne n'eût plus voulu avoir aucune dent en bouche. Aussi se présenta-t-il un gueux auquel il en ôta plus de six, car il les lui avoit mises auparavant; et, tenant un peu de peinture rouge dans sa bouche, il sembloit qu'il crachoit du sang. Messieurs, ce dit après le charlatan, je guéris les

---

[1] Ce dentiste eut pour successeur son neveu Carante.
[2] Tempe.

soldats par courtoisie, les pauvres pour l'honneur de Dieu, et les riches marchands pour de l'argent. Voyez que c'est d'avoir une dent gâtée, viciée et corrompue, et à quoi cela nuit : vous irez recommander un procès chez un sénateur; penserez-vous parler à lui, il se détournera et dira : Ah! la putréfaction! tirez-vous de là, mon ami; que vous sentez mauvais! Ainsi, il ne vous entendra point, et voilà votre cause perdue. Mais vous me direz : N'as-tu point quelque autre remède? Oui-da! j'ai d'une pommade pour blanchir le teint; elle est blanche comme neige, odoriférante comme baume et comme musc; voilà les boîtes : la grande vaut huit sols, la petite cinq avec l'écrit. J'ai encore d'un onguent excellent pour les plaies; si quelqu'un est blessé, je le guérirai. Je ne suis ni médecin, ni docteur, ni philosophe; mais mon onguent fait autant que les philosophes, les docteurs et les médecins. L'expérience vaut mieux que la science, et la pratique vaut mieux que la théorie.

Tandis que le charlatan discouroit ainsi, enfin il s'y amusa beaucoup d'honnêtes gens, et entre autres Hortensius, que je remarquai bien, m'imaginant une bonne invention pour en prendre mon plaisir. Je ne fus plus là guère longtemps, car l'arracheur de dents fut contraint de se retirer. Il y en vint un autre, aussi à cheval, qui se moqua de lui et lui donna des coups de plat d'épée. Puisqu'ils étoient si subtils et si prompts à arracher les dents, je ne sçais qu'ils ne se les arrachoient l'un à l'autre par vengeance. Je l'espérois ainsi; mais notre Italien s'enfuit et ne vint plus guère depuis sur la place, voulant céder à l'autre. Je l'allai voir un matin avec l'Écluse, et lui dis : Monsieur, il y a un de nos parens qui a des dents qui lui font tant de mal que nous sommes d'avis qu'il les fasse arracher; toutefois il ne s'y peut résoudre, tant il est craintif : il dit que vous lui ferez mal, encore que dernièrement il vous en ait vu tirer beaucoup fort facilement dessus le pont. Hélas! monsieur, dit le charlatan, je ne lui ferai aucune douleur; si vous voulez tout à cette heure que je vous en arrache une, vous verrez combien ma main est subtile. Non, ce dis-je, je le crois sans l'éprouver. Mais il y a davantage, c'est que notre bon parent a peur qu'étant édenté il ne puisse plus mâcher ni avoir le ton de voix si agréable; or vous pourvoirez à cela par les dents artificielles, et vous lui ferez plus de bien qu'il ne pense, le délivrant de la rage qu'il sent : je le sçais bien, et il voudroit de bon cœur que cela fût fait; c'est pourquoi il vous y faut aller, et, malgré qu'il en ait, lui arracher les dents qui lui nuisent. Vous êtes si subtil, que, quand il ouvrira la bouche pour parler à vous, vous les lui pourrez ôter sans qu'il y songe. Au reste, après cela, il vous payera honnêtement, ou bien nous vous payerons. Le charlatan croyant tout ceci, nous lui dîmes en quel endroit logeoit Hortensius; et, comme il étoit prévoyant, il prit avec lui deux volontaires de dessus le pont pour l'y accompagner afin de lui aider dans son entreprise. Hortensius, qui tâchoit à gagner sa vie en toutes façons, avoit alors quatre pensionnaires, qui alloient en première au collége de Boncour [1]. Il leur faisoit répéter leur leçon lorsque ces gens-ci entrèrent. Monsieur, lui dit le charlatan, vos parens m'ont dit que vous avez des dents qui vous font mal, vous plaît-il que je vous les arrache? Moi? dit Hortensius, j'en ai de meilleures que vous; vous me prenez pour un autre. Nullement, dit le charlatan; l'on m'a dit que vous cèleriez que vous y avez mal, afin que je ne vous les arrache point; mais l'on m'a commandé de vous les ôter, il faut que je le fasse. Tenez-le, garçons, ouvrez-lui la bouque bien grande : çà, je vous ferai si peu de douleur, que vous n'en sentirez rien. Les volontaires le voulurent prendre alors par les bras, mais il leur déchargea à chacun un coup de poing. Le charlatan dit aux écoliers : Messieurs, aidez-nous; il faut ôter les dents à votre maître, on me l'a dit; cela devroit être fait. Il le voudroit bien : il ne craint autre chose sinon que je lui fasse du mal, et je ne lui en ferai point. Les écoliers, croyant ceci, tâchèrent aussi de l'arrêter, et il avoit fort à faire à se dépêtrer de tant de gens. Enfin il leur dit : Quoi! vous êtes aussi contre moi? Ne voyez-vous pas que ce sont ici des affronteurs? Si vous ne me défendez, je m'en plaindrai à vos pères. A ces paroles, ils le laissèrent et se tournèrent contre le charlatan, qu'ils s'efforcèrent de chasser. Hortensius prit un bâton dont il le frappa, et le fit sortir avec sa suite, qui n'osoit se défendre contre un homme qui étoit plus fort qu'eux, étant dessus son palier. Les volontaires, étant dedans la rue, dirent au char-

---

[1] C'est là que Voiture fit ses études.

latan qu'ils vouloient avoir le salaire de leur peine. Il leur dit qu'il n'avoit point reçu d'argent, et là-dessus ils contestèrent si bien, qu'ils se mirent à le battre et lui eussent cassé la tête, si les voisins ne les eussent séparés. Je ne sçais comment il en a été de l'arracheur de dents, mais, pour Hortensius, ce fut un plaisir des gausseries que l'on lui dit depuis touchant cette aventure.

Il n'a pas sçu que j'avois été mêlé en cette affaire, tellement que, l'ayant un jour rencontré par Paris, il m'aborda et me fit des plaintes sur ce qu'il ne me voyoit plus. Je lui dis que j'avois fait quelque petit voyage, mais que j'étois près d'en faire un grand, et que je m'en voulois aller en Italie. Ce voyage lui plut tellement, qu'il le voulut faire avec moi, quittant toutes ses prétentions qu'il avoit en France. Il croyoit qu'y ayant ici tout plein de prélats les lettres y ont plus de vogue qu'à Paris, et que l'on y fera plus d'estime de lui. Pour moi, qui ne suis pas si remuant que l'Écluse, j'ai toujours vécu en paix avec lui pendant le chemin, et ne me suis point ri de ses extravagances. Au contraire, je le reprends modestement de ses fautes, et principalement j'essaye à lui faire quitter l'humeur pédantesque et les petites rubriques latines dont il entremêle tous ses discours.

Audebert ayant ainsi fini l'histoire d'Hortensius, Francion le pria de lui assurer, quand il le verroit, qu'il faisoit beaucoup d'estime de lui, afin qu'il le vînt librement visiter et qu'ils en eussent du passe-temps. Raymond et Dorini eurent aussi un grand désir de voir un si rare personnage, tellement qu'il fallut qu'Audebert leur promît de le leur amener le plus tôt qu'il pourroit. Ils avoient tous dessein d'en prendre leur plaisir, ainsi qu'ils avoient déjà fait; en quoi il n'y avoit rien que l'on pût condamner. Tout ce que nous verrons qui se fit depuis sert ainsi à se moquer de l'impertinence de quelques personnes sottes et présomptueuses, et il n'y aura plus rien ici qui offense les plus scrupuleux. L'on ne verra plus que des fourbes en toute cette histoire, où les plus fins seront trompés, après en avoir trompé beaucoup d'autres, pour apprendre à ne mépriser personne et à mener une vie moins licencieuse.

LIVRE ONZIÈME

Hortensius fut si bien persuadé par Audebert, que le lendemain il alla voir Francion, qui le reçut avec beaucoup de témoignage de joie. Ce brave maître pensoit encore avoir trouvé un écolier auquel il pouvoit apprendre beaucoup de choses, tellement que, pour lui montrer qu'il étoit extrêmement capable, il affectoit de certains termes qu'il avoit appris par cœur pour s'en servir en toutes occasions. Comment, brave Francion, ce disoit-il, je croyois que vous ne pourriez pas sortir plus aisément de Paris que l'Arsenac et le Palais, et que l'on vous verroit aussi souvent au Louvre que les pierres du grand degré et la salle des Suisses. Mais vous, ce dit Francion pour lui rendre le change, je m'imaginois que l'on vous trouveroit aussi longtemps en l'Université[1] de Paris que le Puits-Certain[2], les écoles de Décret[3], la cuisine des Carmes[4] et M. Royer, Diogène de ce siècle. Vous voyez, reprit Hortensius, je viens ici me ranger près de ceux qui s'habillent de la couleur des roses, et à qui les objets les plus proches des yeux ne sont point funestes ; mais vous, ne venez-vous pas ici pour faire l'amour et renoncer à cette liberté qui vous étoit aussi chère qu'à la République de Venise ?

---

[1] Tout le quartier qui s'étendait de la porte de la Tournelle à la tour de Nesle, et qui renfermait un grand nombre de colléges, était connu sous le nom de quartier de l'Université.

[2] Le Puits-Certain, situé à l'entrée de la rue Saint-Hilaire, avait été creusé aux frais de Robert *Certain*, curé de Saint-Hilaire, qui fut le premier principal du collége de Sainte-Barbe.

[3] On appelait École du Décret le lieu où l'on enseignait le droit canon (rue Saint-Jean-de-Beauvais).

[4] Le couvent des Carmes était situé au bas de la montagne Sainte-Geneviève.

Avez-vous laissé perdre une chose pour laquelle il y a cinquante ans que les Hollandois font la guerre au roi d'Espagne? Vous aimez quelque beauté qui au fort du combat feroit tomber les armes des mains à M. du Maine[1]. Je vous avoue une partie de ce que vous me dites, repartit Francion, mais non pas que je sois semblable aux Vénitiens ni aux Hollandois. Ces comparaisons sont trop éloignées. Mais, je vous supplie, montons à la chambre du comte Raymond, qui sera très-aise de vous voir. Ce sera là que nous deviserons chacun de nos affaires.

Là-dessus, du Buisson et Audebert, qui étoient avec Hortensius, montèrent sans se faire prier; mais, pour lui, il ne voulut jamais passer devant Francion, tant il étoit courtois. Monsieur, ce disoit-il, allez devant; il vous faudroit une plus grande vertu que la patience pour aller après moi : j'ai été malade pendant mon voyage; je n'ai plus de jambes que par bienséance; mon corps se porte assez mal pour être celui d'un pape, et, à trente-six ans, je ne suis pas moins ruiné que le château de Bicêtre[2] : je suis plus vieil que ma grand'-mère et aussi usé qu'un vaisseau qui auroit fait trois fois le voyage des Indes. Mais, monsieur, lui dit Francion en se riant, si vous disiez que vous êtes aussi usé que la marmite des Cordeliers, qui leur sert depuis six-vingts ans, la similitude ne seroit-elle pas meilleure? Ma foi, ne vous moquez pas, reprit Hortensius; ni dans les déserts de l'Afrique ni à la foire Saint-Germain on ne voit point de monstre si cruel qu'a été ma maladie. Pour vous, vous êtes d'une si forte matière, que rien n'est capable de l'altérer, si la chute d'une montagne ne vous renversoit : vous êtes capable de peupler des colonies. Tout cela ne sert de rien, dit Francion, vos excuses ne sont pas valables; si vous ne montez pas facilement, je vous aiderai en allant après vous. Eh! allons, monsieur, ne sçavez-vous pas qu'il n'y a point d'honneur que je ne doive à votre mérite? Vous m'avez pris ce que je vous voulois dire,

---

[1] Le duc du Maine, que son père, M. de Mantoue, chargea de défendre Casal.

[2] Bicêtre fut acheté en 1632 par Louis XIII, qui le fit reconstruire en 1634; il servit d'asile aux soldats infirmes, jusqu'à l'époque où fut fondé l'hôtel des Invalides.

ce dit Hortensius, voulez-vous que je ne me connoisse plus et que j'oublie mon propre nom, comme si j'étois devenu pape? Vous êtes plus rempli de complimens et de cérémonies que le Vieux Testament et la cour de Rome; serons-nous sur ce degré jusqu'à la fin du monde, et me défendrai-je d'un ennemi qui ne me jette que des roses à la tête et qui ne me fouette qu'avec une queue de renard? Mais ne parlons point du pape ni de sa cour, répondit Francion; nous sommes à Rome, où il faut être sage malgré qu'on en ait : ne craignez-vous point l'inquisition? Non, je ne la redoute point, répondit Hortensius, quelques vilains portraits qu'on s'en fasse et quelque pleine de tigres et de serpens qu'on se la figure, car mon innocence dure encore.

Raymond, qui entendoit de sa chambre que ces messieurs en étoient sur les longues cérémonies, descendit en bas et fit monter Hortensius le premier, malgré qu'il en eût. Monsieur, lui dit Francion, nous devons bien faire un extraordinaire accueil à ce rare personnage, qui est l'unique honneur de la France. Ah! monsieur, lui dit Hortensius se retournant devers lui, je vous prie de garder ces noms d'unique, de rare et d'extraordinaire pour le soleil, les comètes et les monstres; je ferme l'oreille aux louanges, comme ma porte aux ennemis et aux voleurs. Parlons plutôt de votre mérite : il faut avouer que vous êtes plus éloquent que tous les parlemens, les présidiaux, les sénéchaussées et les justices subalternes de France; quand vous logiez en la rue Saint-Jacques, vous étiez le plus habile homme qui y fût, n'en déplaise aux jacobins et aux jésuites. Vous me flattez trop, reprit Francion; ne parlons pas de moi, parlons de Raymond et de du Buisson. Qu'en dirois-je, repartit Hortensius, sinon que ce sont deux rares ouvrages de la nature? Si tout le monde leur ressembloit, l'Université seroit la plus inutile partie de la République, et le latin, aussi bien comme le passement de Milan[1], seroit plutôt un témoignage de notre luxure qu'un effet de notre nécessité. Vous ne leur faites pas beaucoup d'honneur, reprit Francion, de dire qu'ils ne sçavent point de latin; mais, quand ils n'en sçauroient point et qu'ils le mépriseroient, comme font la plupart des courtisans d'aujourd'hui, seroit-ce à dire

---

[1] Dentelle.

qu'il fût inutile? Songez à votre ancien gagne-pain, je vous supplie, et considérez que le latin n'a rien à démêler avec le passement.

Francion ne disoit tout ceci qu'en riant, si bien qu'Hortensius ne se trouvoit point offensé et continuoit d'étaler son éloquence, dont le nouveau style étonnoit tout le monde. Il vint à parler des plaisirs dont il jouissoit à Rome, avec des discours étranges. Il dit que l'on jetoit dans sa chambre tant d'eau de senteur, qu'il falloit qu'il se sauvât à la nage; que les muscats qu'il mangeoit étoient si gros, qu'un seul grain étoit capable d'enivrer toute l'Angleterre; et, comme l'on parloit de la maîtresse de Francion, il dit qu'il l'estimoit heureuse de l'avoir captivé, et qu'il préféreroit cette victoire à toutes celles du prince d'Orange et du roi Henri le Grand; mais qu'il avoit peur, en voyant Francion, de devenir amoureux comme lui, et qu'il ne pouvoit regarder un gueux sans prendre la gale; au reste, qu'il craignoit bien d'aimer quelque dédaigneuse qui le jetât dans un précipice et lui dît : Dieu te conduise!

Après cela, l'on vint à parler des livres, et il dit qu'il y en avoit de si mal faits, qu'après la bière et les médecines il n'avoit jamais rien trouvé de si mauvais; que, pour lui, il cherchoit tous les remèdes imaginables contre l'ignorance du siècle, et qu'il avoit eu l'idée de l'éloquence. Là-dessus, il usa de tant de termes extraordinaires, que Francion ne les put davantage souffrir, sans lui demander s'il falloit parler comme il faisoit, vu qu'il n'avoit rien en son style que des hyperboles étranges et des comparaisons tirées de si loin, que cela ressembloit aux rêveries d'un homme qui a la fièvre chaude ou au langage de l'empereur des Petites-Maisons. Quoi! reprit Hortensius, trouvez-vous des taches et des défauts dans le soleil? Sçachez qu'il y a longtemps que j'ai passé les autres, et que j'ai trouvé ce qu'ils cherchent. Je laisse errer ceux qui ne le croiront point parmi les Turcs et les infidèles, qui sont la plus grande partie du monde. Regardez bien à ce que vous dites, lui repartit du Buisson, on en tireroit conséquence que, si le pape et les capucins ne louoient vos ouvrages, ils seroient aussi bien Turcs qu'Amurat et Bajazet, ce qui est fort dangereux; pensez-vous que ce soit un article de foi de croire que vous écrivez bien? Taisez-vous, esprit vulgaire, lui répliqua Hortensius avec un ris forcé ; sçachez que mes ouvrages sont dignes des plus belles ruelles de lit de France. Mais prenez garde, ce dit du Buisson, que l'on ne vous parle point des ruelles de ceux qui ont pris médecine, où l'on met ordinairement la chaire percée.

Comme Raymond vit qu'ils commençoient à se piquer, il les mit sur un autre propos, et demanda à Hortensius s'il n'y avoit pas moyen que, pour leur faire passer doucement le temps, il leur montrât quelqu'un de ses ouvrages qui se moquoient de tout ce que les anciens avoient fait; à quoi Francion joignit aussi ses prières, tellement que, n'y pouvant résister, il leur dit : Messieurs, de vous montrer de petites pièces, comme des lettres ou des sonnets, c'est ce que je ne veux pas faire maintenant : je veux parler d'un roman qui est meilleur que les histoires, car mes rêveries valent mieux que les méditations des philosophes. Je veux faire ce qui n'est jamais entré dans la pensée d'un mortel. Vous sçavez que quelques sages ont tenu qu'il y avoit plusieurs mondes [1] : les uns en mettent dedans les planètes, les autres dans les étoiles fixes; et moi, je crois qu'il y en a un dans la lune. Ces taches que l'on voit en sa face quand elle est pleine, je crois, pour moi, que c'est la terre, et qu'il y a des cavernes, des forêts, des îles et d'autres choses qui ne peuvent pas éclater; mais que les lieux qui sont resplendissans, c'est où est la mer, qui, étant claire, reçoit la lumière du soleil comme la glace d'un miroir. Eh! que pensez-vous? il en est de même de cette terre où nous sommes : il faut croire qu'elle sert de lune à cet autre monde. Or ce qui parle des choses qui se sont faites ici est trop vulgaire; je veux décrire des choses qui soient arrivées dans la lune : je dépeindrai les villes qui y sont et les mœurs de leurs habitans; il s'y fera des enchantemens horribles : il y aura là un prince ambitieux comme Alexandre, qui voudra venir dompter ce monde-ci. Il fera provision d'engins pour y descendre ou pour y monter; car, à vrai dire, je ne sçais encore si nous sommes en haut ou en bas. Il aura un Archimède, qui lui fera des machines par le moyen desquelles il ira dans l'épicycle de la lune excentriquement à

---

[1] Passage dont Cyrano de Bergerac a fait son profit. Voyez ses *Œuvres*, édition de la Bibliothèque gauloise.

notre terre; et ce sera là qu'il trouvera encore quelque lieu habitable, où il y aura des peuples inconnus qu'il surmontera. De là, il se transportera dedans le grand orbe déférent ou porte épicycle, où il ne verra rien que des vastes campagnes qui n'auront pour peuple que des monstres; et, poursuivant ses aventures, il fera courir la bague à ses chevaliers le long de la ligne écliptique. Après, il visitera les deux colures et le cercle méridional, où se feront de belles métamorphoses; mais, s'approchant trop près du soleil, lui et tous ses gens gagneront une maladie pour qui Dieu n'a point fait de remèdes que le poison et les précipices. Il leur prendra une fièvre chaude si cruelle, que, si les anciens tyrans l'eussent eue en usage, ils en eussent puni les martyrs, au lieu de se servir des morsures des bêtes. Voilà la fin que je mettrai à cet œuvre, qui doit durer autant que la nature, malgré les marauds qui le blâmeront. Considérez si ce ne sont pas là des choses hautes.

Toute la compagnie fut surprise d'étonnement d'entendre des extravagances si grandes, et, pour tirer davantage de plaisir de ce brave Hortensius, Raymond, faisant semblant de l'admirer, lui dit : Certes, je n'ouïs jamais chose si divine que ce que vous venez de nous raconter. Plût à Dieu qu'au lieu que vous ne nous en avez qu'ébauché de simples traits il vous plût nous réciter un jour tout le reste de point en point! C'est assez pour ce coup, lui dit-il, je vous veux dépêcher matière : il faut que vous entendiez encore d'autres desseins que j'ai. Sçachez que, si le monde nous semble grand, notre corps ne le semble pas moins à un pou ou à un ciron : il y trouve ses régions et ses cités. Or il n'y a si petit corps qui ne puisse être divisé en des parties innombrables; tellement qu'il se peut faire que, dedans ou dessus un ciron, il y ait encore d'autres animaux plus petits, qui vivent là comme dans un bien spacieux monde; et ce sont, possible, de petits hommes, auxquels il arrive de belles choses. Ainsi il n'y a partie en l'univers où l'on ne se puisse imaginer qu'il y a de petits mondes. Il y en a dedans les plantes, dedans les petits cailloux et dedans les fourmis. Je veux faire des romans des aventures de leurs peuples. Je chanterai leurs amours, leurs guerres et les révolutions de leurs empires; et principalement je m'arrêterai à représenter l'état où peuvent être les peuples qui habitent le corps de l'homme, et je montrerai que ce n'est pas sans sujet qu'on l'a appelé microcosme. Je ferai quelque autre discours séparé, où toutes les parties corporelles auront beaucoup de choses à démêler ensemble. Les bras et les mains feront la guerre aux pieds, aux jambes et aux cuisses; et les yeux feront l'amour aux parties naturelles, les veines aux artères, et les os à la moelle. Ce n'est pas tout, j'ai encore un dessein admirable en l'esprit, qui ôtera la palme à l'*Argenis*[1] et à la *Chariclée*[2]. Je veux faire un roman dessus les eaux. Je veux bâtir des villes plus superbes que les nôtres, dans la mer Méditerranée, et dans les fleuves qui s'y rendent, où les Tritons et les Néréides feront leur demeure : toutes leurs maisons seront bâties de coquilles et de nacre de perles. Il y aura là aussi des paysages et des forêts de corail, où ils iront à la chasse aux morues, aux harengs, et aux autres poissons : la plupart des arbres seront de joncs, d'algue et d'éponges; et, s'il s'y fait des tournois ou des batailles, les lances ne seront que des roseaux.

Comme Hortensius en étoit là, Francion, lui voulant témoimoigner qu'il étoit ravi d'admiration, commença de s'écrier : Ah ! Dieu, quelles riches inventions ! Que nos anciens ont été infortunés de n'être point de ce temps, pour ouïr de si belles choses, et que nos neveux auront d'ennui d'être venus trop tard pour vous voir ! Mais il est vrai que la meilleure partie de vous-même, à sçavoir vos divins écrits, vivront encore parmi eux. O Paris, ville malheureuse de vous avoir perdu ! Rome, ville heureuse de vous avoir acquis ! Vous n'entendez pas tout, reprit Hortensius, j'ai bien d'autres desseins pour ravir le monde : sçachez que j'ai tant de romans à faire que j'en suis persécuté. Il me semble, en rêvant dans ma chambre, qu'ils sont à tous coups autour de moi en forme visible, comme de petits diablotins, et que l'un me tire par l'oreille, l'autre par le nez, l'un par les grègues, et l'autre par les jar-

[1] Roman de Jean Barclay, satire très-piquante, écrite en latin élégant et dirigée contre les vices des cours. Richelieu prenait grand plaisir à la lecture de l'*Argenis*, dont Pierre Du Ryer donna une traduction nouvelle en 1624.

[2] *Les amours de Théagène et de Chariclée*. C'est par la traduction de ce roman d'Héliodore qu'Amyot a commencé à se faire connaître.

retières, et qu'ils me disent chacun, à moi : Monsieur, faites-moi, je suis beau : commencez-moi; achevez-moi; ne me laissez pas pour un autre. Ma foi, ce dit alors Francion, il me semble que j'entends encore les fables de ces fées, dont les servantes entretiennent les enfans L'on dit que, si elles alloient à la selle, elles n'y faisoient que du musc; si elles pissoient, c'étoit eau d'ange; si elles crachoient ou si elles se mouchoient, il sortoit de leur nez et de leur bouche des émeraudes et des perles; et, si elles lavoient leurs mains, au lieu de crasse il en tomboit aussi des pierres précieuses. Je crois que, de même, à chaque action que fait Hortensius, il nous produit des livres; il ne jette rien par en bas que des traductions; s'il se mouche, il sort de son nez une histoire; et, s'il veut cracher, il ne crache que des romans. Je vous avouerai tout ceci, repartit Hortensius; car vous ne le dites que par figure et pour exprimer ma facilité d'écrire : vous êtes toujours en votre même peau, et vous ne vous tiendrez jamais de railler. Mais, pour vous montrer que tout ce que je dis n'est point moquerie, je vous veux faire voir les premières lignes que j'ai tracées de mon roman de l'épicycle, et de celui des parties du corps; car je travaille à deux ou trois choses en même temps, aussi bien comme César.

En disant cela, il mit la main dans sa poche, et en tira une clef, une jambette, de méchans gants, un mouchoir sale, et quelques papiers aussi gras que le registre de la dépense d'un cuisinier. Il les feuilleta, mais il n'y trouva point ce qu'il cherchoit; si bien qu'il resserra tout, disant qu'il montreroit une autre fois ce bel ouvrage à la compagnie. Il laissa à la vérité tomber quelques-uns de ses papiers; mais il étoit si fort transporté parmi la joie qu'il recevoit de s'entendre louer, qu'il n'y prit pas garde. Francion les ramassa sans dire mot, et les serra en intention de les voir à loisir. Afin de les divertir, il lui demanda quels étoient les écrivains qui avoient alors de la vogue à Paris. Ne le sçavez-vous pas aussi bien que moi, lui dit Hortensius, il y en a assez que l'on loue qui sont dignes d'infamie. Vous avez à la cour trois ou quatre petits drôles qui font des vers de ballets et de petites chansons[1]. Ils n'ont ja-

---

[1] Le plaisant de ceci, c'est que Sorel était de ces « petits drôles. » a collaboré, pour le ballet des *Bacchanales*, avec Th. de Viau

mais lu d'autres livres que les *Délices de la Poésie françoise*, et sont si ignorans que rien plus. Outre cela, il y a cinq ou six coquins qui gagnent leur vie à faire des romans; et il n'y a pas jusques à un mien cuistre, qui a servi les jésuites depuis moi, qui s'amuse aussi à barbouiller le papier. Son coup d'essai a été le recueil des farces Tabariniques[1], qui a si longtemps retenti aux oreilles du cheval de bronze: livre de si bonne chance, qu'on en a vendu vingt mille exemplaires, au lieu que d'un bon livre à peine en peut-on vendre six cents; mais c'est qu'il y a plus de gens qui achètent du hareng que du saumon frais, et du bureau[2] que du satin. Les sots sont en plus grand nombre que les sages. Ce cuistre s'appelle Guillaume en son surnom, et au premier roman qu'il a fait il s'est contenté d'y faire mettre: Composé par le sieur Guillaume; mais un an après, en faisant encore un autre qu'il dédioit à la reine d'Angleterre, il a voulu paroître parmi la noblesse, et a fait mettre: Par le sieur de Guillaume, afin que ce *de* fît accroire qu'il est gentilhomme. Mais le gros maraud ne voit-il pas bien que cela n'a point de grâce de mettre un *de* devant le nom d'un saint comme devant le nom d'une seigneurie; et puis ne craint-il point que les saints ne s'en offensent et ne l'en punissent, vu qu'ils n'ont jamais aimé la vanité des hommes du monde? Outre cela, mon valet fit encore une belle chose: il loua un habit de satin à la friperie, pour aller présenter son livre, afin que l'on le prît pour un honnête homme; et, si l'on ne lui fit point de récompense, c'est que les jours suivans, n'ayant plus que ses méchans habits, il n'osa retourner au Louvre pour la poursuivre. Mais il n'en devoit point faire de difficulté ni en être honteux; car, le

---

Saint-Amand, Du Vivier et Bois-Robert; et, pour celui du *Grand bal de la duchesse douairière de Billebahaud*, avec Bordier, l'Étoile et Imbert.

[1] *Recueil général des Rencontres, Demandes et Responses tabariniques, œuvre autant fertil en gaillardises que remply de subtilitez, composé en forme de dialogue entre Tabarin et le Maistre.* Paris, Ant. de Sommaville, 1622. — Hortensius parle en vrai pédant de ce livre curieux, si recherché des bibliophiles, et qui nous a valu la spirituelle brochure du savant M. Leber: *Plaisantes recherches d'un homme grave sur un farceur.*

[2] Étoffe de laine plus grossière que la bure.

voyant mal vêtu, cela eût fait pitié, et l'on lui eût bien plutôt donné quelque chose comme par aumône. Il a bien fait encore imprimer d'autres œuvres : il a pris des anciens livres, où il a changé trois ou quatre lignes au commencement, et les a fait imprimer sous des nouveaux titres, afin d'abuser ainsi le peuple; mais je vous jure que, si j'étois que des juges, je punirois aussi grièvement de tels falsificurs de livres que ceux qui font de la fausse monnoie, ou qui falsifient les contrats. Enfin mon valet a déjà plus écrit que moi; mais tous ses livres ne sont propres qu'à entortiller des livres de beurre; et l'on dit que les beurrières avoient l'hiver passé envie de l'aller remercier de ce qu'il leur avoit fourni d'enveloppe lorsque les feuilles de vigne leur manquoient. Toutefois le parlement, qui n'a point d'égard à leur profit particulier, pour la plus grande grâce, le devroit condamner à boire en place de Grève autant d'encre qu'il en a mal employé, et j'entends qu'il prendroit la tasse des mains du bourreau. Il y en a bien d'autres dignes de même punition; mais ils diront chacun pour leur défense, comme celui à qui l'on vouloit donner des coups de bâton, pour avoir dérobé le roman d'une de nos princesses et l'avoir fait imprimer : Hélas! pardonnez-moi; ce que j'en ai fait n'a été que pour tâcher d'avoir du pain : je n'ai pas cru faire mal. Mais taisons-nous de tout ceci pour paix avoir : je ne veux pas que mon éloquence soit aussi pernicieuse que la beauté d'Hélène. Je connois des visages de hibou, des humeurs cacochymes, des mines erronées et des faquins qui sont vêtus en gardeurs de lions, car ils ne changent jamais d'habit; lesquels entretiennent le peuple de leurs rêveries, pour gagner leur pain; et néanmoins ils se font peindre avec la couronne de laurier sur la tête, comme les hommes illustres de Plutarque, ou comme s'ils avoient gagné le prix aux jeux olympiques. C'est pour une autre fois que nous en parlerons. Je les veux foudroyer un jour, et les envoyer aux galères, puisqu'ils sont si inutiles au monde. Une rame leur siéra mieux en la main qu'une plume.

Ce discours d'Hortensius sembla meilleur à la compagnie que pas un autre qu'il eût fait; mais pourtant cela ne fit pas que l'on eût une bonne opinion de lui; car Francion, désirant avec impatience de voir les papiers qu'il lui avoit dérobés, commença de les regarder, et trouva que c'étoient des feuillets que l'on avoit déchirés d'un livre. Hortensius, prenant garde à ceci, lui dit : Ah! monsieur, je vous prie, rendez-moi cela. Ce sera après que je l'aurai lu, répondit Francion. Eh! non, répliqua Hortensius, je vous donnerai tout ce que vous voudrez, pourvu que vous ne le lisiez point. Et moi, ce dit Francion, je vous donnerai tout ce que vous voudrez, moyennant que vous me le laissiez lire. En disant ceci, il s'en alla enfermer dans une garde-robe avec Raymond, et, ayant lu ces petits cahiers, qui étoient imprimés, y trouva la plupart des phrases qu'il avoit ouï dire à Hortensius. Il s'en vint après les lui rendre, et le supplia instamment de lui apprendre de quel auteur venoit cette pièce. Hortensius dit que c'étoit d'un auteur qui étoit estimé le premier homme qui eût jamais été éloquent au monde, mais qu'il lui feroit bientôt paroître qu'il n'étoit pas l'unique. Ah! vraiment, ce dit Francion, je connois bien votre dessein. Il me souvient que, lorsque j'étois au collége avec vous, vous imitiez si bien Malherbe et Coiffeteau[1], comme Raymond peut apprendre de vos discours que je lui ai racontés, que, ma foi, cela vous rendoit ridicule. Vous avez voulu faire de même de ce nouvel auteur en tous les propos que vous nous avez tenus par ci-devant; mais gardez d'imiter les auteurs en ce qu'ils font de mal et d'impertinent : ce n'est pas imiter un homme de ne faire que peter ou tousser comme lui[2]. Il me souvient qu'étant à Paris j'avois un laquais, qui étoit fort amoureux d'une servante du quartier : ayant trouvé dans mon cabinet les *Amours* de Nervèze[3] et de

---

[1] Ou Coëffeteau, traducteur de Florus et auteur de plusieurs ouvrages polémiques.

[2] Voilà l'origine des vers si souvent cités :

> Quand sur une personne on prétend se régler,
> C'est par les beaux côtés qu'il lui faut ressembler;
> Et ce n'est point du tout la prendre pour modèle,
> Monsieur, que de tousser et de cracher comme elle.

Racan prête un mot tout aussi cru que celui de Francion à ce bourru de Malherbe, qui s'écria cyniquement, à propos d'un archaïsme qu'il avait commis lui-même et dont s'autorisait l'auteur des *Bergeries* : « Eh bien, mort Dieu! si je fais un pet, en voulez-vous faire un autre? »

[3] L'ouvrage de Nervèze dont il s'agit est intitulé : *Amours diverses*.

Désescuteaux[1] que je gardois pour me faire rire, il en déchira les feuillets où il y avoit des complimens : il les apprenoit par cœur pour les dire à sa maîtresse, et les portoit toujours dans sa poche pour y étudier, de peur de les mettre en oubli. Je pense que vous faites comme lui, mon cher maître.

En disant ceci, il se mit à folâtrer autour d'Hortensius, et, voyant qu'il regardoit fixement dans son chapeau sans détourner sa vue, il le lui ôta des mains, pour voir ce qu'il y avoit dedans. Il trouva au fond un grand libelle, où il y avoit écrit : *Compliment pour l'entrée. Entretien sérieux, Interlocution joviale, Compliment pour la sortie;* et, ensuite de ces titres, il y avoit de fort belles façons de parler, qui étoient toutes nouvelles. Quoi! ce dit Francion, sont-ce là les choses que vous avez à nous dire? Vous n'avez qu'à vous en aller, nous serons tout aussi satisfaits quand nous lirons ceci.

La mauvaise aventure d'Hortensius, accompagnée de ces railleries, le fâcha tellement, qu'il s'en fût allé, n'étoit qu'ayant perdu son billet il avoit oublié ses complimens de sortie. Francion, ne le voulant plus irriter, lui dit avec une grande douceur de voix : Voyez-vous, monsieur, comme la naturelle blancheur d'un teint est plus agréable que celle qui vient du fard, ainsi les propos que nous inventons de nous-mêmes sont meilleurs que ceux que nous tirons des lieux communs : j'aimerois mieux votre langage de collége que celui que vous avez affecté. Hortensius étoit si honteux, qu'il ne sçavoit que repartir; de sorte que Francion, voulant changer tout à fait de discours, le pria seulement de lui laisser tout ce qu'il avoit des ouvrages de son nouvel auteur. Hortensius le fit librement, et, pour le remettre en bonne humeur, on ne parla plus de ce qui s'étoit passé, et l'on se remit à louer les nonpareilles inventions de ses histoires fabuleuses, si bien qu'il sortit assez content d'avec son disciple.

Francion, après son départ, se mit à lire les feuillets des livres qu'il lui avoit prêtés, et vit que c'étoient des discours adressés à plusieurs personnes. Le jugement qu'il en fit fut qu'à la vérité il y avoit d'assez bonnes choses, mais qu'en récompense il y en avoit de si mauvaises, que, si les unes mé-

---

[1] Des Escuteaux, écrivain de la force de Nervèze, — auteur des *Amours de Lydian et de Floriande.*

ritoient des couronnes, les autres méritoient le fouet. Outre cela, ce qui y étoit bon étoit dérobé des livres anciens, et ce qui étoit impertinent venoit de l'auteur. Néanmoins il pouvoit bien être que tout cela semblât fort spécieux à des ignorans, comme ceux qui l'estimoient; lesquels n'avoient garde de découvrir les larcins, parce qu'ils n'avoient jamais lu aucun bon livre. Il n'y avoit rien là dedans à apprendre que des pointes, qui avoient beaucoup d'air de celles de Turlupin, lesquelles étoient mêlées hors de propos parmi les choses sérieuses. L'auteur [1] écrivoit à des cardinaux et à d'autres personnes graves comme s'il eût parlé à des gens voluptueux, qui eussent aimé à ouïr conter des bouffonneries. Francion y remarqua bien d'autres particularités, dont il se gaussa avec Raymond, s'étonnant comment l'on avoit tant estimé de tels ouvrages, et comment celui qui les avoit faits pouvoit avoir la présomption qu'il témoignoit dans ses écrits : il faudroit faire un autre livre dans celui-ci, qui voudroit remarquer tout. C'est pourquoi laissons là les sottises du temps, et qu'elles soient louées de qui elles pourront, cela n'importe, pourvu que l'on ne nous contraigne point de les louer aussi. Je pense que cela ne sera pas, et que les rois ont autre chose à songer qu'à faire des édits là-dessus.

Francion, s'étant retiré de la lecture de ce livre, dont l'extravagance lui avoit bien donné du plaisir, le rapporta lui-même à Hortensius, ne lui en disant rien ni en bien ni en mal. Il se mit tout à fait en ses bonnes grâces, lui louant jusqu'à l'excès tout ce qu'il lui montra. Il n'avoit plus d'envie de gausser, quelque chose qui arrivât : l'amour le travailloit trop. Quand il alloit voir Nays, soit qu'il fût seul, soit qu'il fût accompagné, elle se contentoit de lui témoigner de la courtoisie, et ne se vouloit point porter jusqu'à l'amour.

Il avoit alors reçu de l'argent, à Rome, des mains d'un banquier, de sorte qu'il avoit élevé son train et commençoit à paroître merveilleusement. Il faisoit une fort belle dépense avec Raymond, qui l'appeloit son frère; si bien que l'un étoit tenu pour comte, comme il étoit de vrai, et l'autre pour marquis. Il faisoit souvent donner des sérénades à sa maîtresse, où il chantoit toujours après les musiciens, pour se faire connoître.

---

[1] Balzac.

Quelle dame n'eût été charmée par son mérite ? Il avoit bonne façon, il chantoit bien, il jouoit de plusieurs instrumens de musique, il étoit d'une humeur la plus douce et la plus complaisante du monde, il étoit grandement sçavant, parloit extrêmement bien et écrivoit encore mieux, et ce n'étoit point sur un seul sujet, mais sur tous. Il composoit en vers et en prose, et réussissoit à tous les deux. Quand il parloit d'une chose sérieuse, il ne disoit que des merveilles, et, s'il tomboit en des railleries, il eût fait rire un stoïque. L'on en voit assez qui ont quelqu'une de ces perfections, mais où sont ceux qui les ont toutes, et encore en un degré éminent, comme il les avoit? L'on ne parloit plus que de lui à Rome : il n'y avoit plus personne qui osât se manifester pour son rival; et ceux qui sçavoient qu'il avoit tourné ses affections vers Nays l'estimoient heureuse d'avoir acquis un serviteur si accompli. Outre cela, l'on sçavoit qu'il étoit de bon lieu, et qu'il n'avoit pas si peu de bien en France, qu'il ne méritât bien de l'avoir pour femme. Elle le jugeoit assez; mais elle avoit peur qu'il ne voulût pas épouser une Italienne, et qu'après avoir passé quelque temps à la courtiser il ne s'en retournât en son pays. Elle communiqua cette opinion à Dorini, qui la découvrit à Raymond, et tous deux ensemble ils en vinrent parler à Francion. Voyez-vous, mon frère, lui dit Raymond : il est temps de conclure et de ne plus tant faire le passionné pour Nays. Vous dites que vous l'aimez sur toutes choses : considérez si vous pourrez bien vous résoudre à passer votre vie avec elle. Elle est belle, elle est riche, et qui, plus est, elle vous affectionne; ne la trompez point davantage; si vous ne la voulez point épouser, laissez-la, vous l'empêchez de trouver un autre parti. Vous n'aurez rien d'elle que par mariage : elle est trop sage pour se laisser aller. Si vous l'aimez tant, prenez-la pour femme. Mon frère, lui répondit Francion en l'embrassant, si je croyois être digne de ce que vous me proposez, je serois au comble de mes joies. Et là-dessus Dorini intervenant lui promit qu'il y feroit ce qui lui seroit possible, et qu'il croyoit que sa cousine ne le dédaigneroit pas. Il ne manqua pas dès le jour même de lui en parler; et Francion ensuite de cela alla chez elle, où il lui déclara ouvertement ses volontés : tellement qu'ils se promirent l'un à l'autre de s'aimer éternellement et d'accomplir leur mariage le plus tôt que leurs affaires le permettroient. Francion, dès le lendemain, dépêcha un courrier, avec des lettres adressantes à sa mère, pour l'avertir de ces bonnes nouvelles; et, n'ayant plus aucun souci qui lui rongeât l'esprit, il ne songea plus qu'à passer joyeusement le temps et à le faire passer de même à sa maîtresse. Il fit des courses de bague, il dansa des ballets, il donna des collations, et partout il se montra si magnifique, qu'il charma le cœur de tous les Italiens. Les beaux esprits de Rome l'alloient visiter : l'on ne faisoit plus de vers que pour lui ou pour sa maîtresse, mais ils ne valoient pas ceux qu'il faisoit lui-même. Hortensius en composoit aussi, et lui donnoit une infinité de louanges. Or, entre autres choses, il fit des acrostiches et des anagrammes, comme étant chose fort propre à son génie pédantesque. Il fit aussi des vers, où il équivoqua en plusieurs manières dessus son nom. Il lui dit qu'il s'appeloit Francion, parce qu'il étoit rempli de franchise et qu'il étoit le plus brave de tous les François; que, si l'on décrivoit son histoire, l'on l'appelleroit la *Franciade*, et qu'elle vaudroit bien celle[1] de Ronsard; et que, si Francion[2], fils d'Hector, étoit le père commun des François, le Francion de ce siècle étoit leur protecteur et se montroit capable de leur donner d'excellens conseils. Francion lui demanda s'il voudroit bien lui faire l'honneur de mettre par ordre ses aventures, et qu'il lui en donneroit des mémoires; mais il lui répondit qu'il lui laisseroit cette charge, et qu'il n'y avoit personne qui pût écrire plus naïvement que lui ce qui lui étoit arrivé. Quelque temps après, se trouvant seul avec Raymond, il lui récita la réponse d'Hortensius. Raymond la trouva très à propos, et lui demanda s'il ne vouloit point quelque jour se donner la peine de faire son histoire, qui étoit si digne d'être sçue, et s'il ne désiroit point outre cela faire voir au public, sous son nom, tant de beaux ouvrages qu'il avoit composés. Je n'en ai pas tant fait que vous croyez, lui dit-il; si l'on vous a autrefois montré quelque chose comme venant de moi, c'étoit une imposture. Mais, au reste, quel plaisir aurois-je à

---

[1] Poëme épique en vers de dix syllabes et accompagné d'une longue *Préface touchant le poëme héroïque*.

[2] Ou Francus, héros romanesque qu'on a supposé fils ou petit-fils d'Hector et avoir donné l'origine aux Français.

faire imprimer un livre sous mon nom, vu qu'aujourd'hui il y a tant de sots qui s'en mêlent? Je vous laisse à penser, puisque Hortensius et son cuistre sont du métier, le peuple qui les aura connus, voyant d'autres livres, ne croira-t-il pas qu'ils viendroient de quelques personnes de pareille étoffe ? Tout ce que j'ai fait, ç'a été le plus secrètement qu'il m'a été possible, et, bien que, pour me désennuyer, lorsque j'étois contraint d'être berger, j'aie fait un livre assez passable, je ne veux pas que personne le voie. Je vous tromperai bien, ce dit Raymond, j'ai la clef du cabinet où sont toutes vos besognes, je ne vous la rendrai point que je n'aie lu cette pièce. Vous aurez beau chercher, repartit Francion, elle est en lieu sûr, sçachez qu'elle n'est écrite qu'en ma mémoire. Mais donnez-moi des secrétaires, et dans huit jours je la dicterai tout entière. Votre mémoire est prodigieuse, dit Raymond, et ce qui est de plus admirable, c'est que votre jugement n'est pas moindre. Mais, dites-moi, comment appelez-vous tous les livres que vous avez faits? Il y a, ce dit Francion, un livre d'amour que je dédiai ou plutôt que j'eus envie de dédier à Philémon : je vous en ai autrefois parlé. Et puis il y en a un où j'ai décrit quelques divertissemens champêtres, avec des jeux et des comédies et autres passe-temps; et il y en a encore un autre où j'ai plaisamment décrit quelques-unes de mes aventures, lequel j'appelle les *Jeunes Erreurs*. Que si l'on m'en attribue d'autres, je les désavoue Il est bien vrai qu'il y eut un homme qui me dit : Vous avez bien composé des livres, car vous avez fait celui-ci et celui-là; et ainsi il en nomma quantité. Ma foi, lui dis-je, vous ne sçavez pas encore tout, et, si vous voulez remarquer de la sorte tous les mauvais ouvrages, je vous montrerai des pièces que j'ai faites à l'âge de treize ans; et puis vous les mettrez encore au nombre de mes livres. Cette repartie lui ferma la bouche, et c'est pour vous dire que, si vous me voulez obliger, il faut oublier les petites sottises de mon enfance et ne me les plus reprocher. Quand je les ai faites, je n'avois pas encore vingt-cinq ans; si bien que, n'étant pas majeur, j'en puis bien être relevé. Croiriez-vous que l'on a bien trouvé à redire à ce livre que j'ai fait de ma jeunesse! Un jour j'allai voir un de mes amis que je ne trouvai pas dans sa chambre. Il n'y avoit qu'un de nos amis communs et un de ses parens, qui ne me

connoissoit point. Celui-ci vint à parler de ce livre, et, comme
l'autre lui demandoit s'il n'y avoit pas de bonnes choses, il
lui répondit qu'elles y étoient rares. Je lui demandai alors ce
qu'il y trouvoit de mal et en parlai longtemps comme d'une
chose fort indifférente. Il en fit tout de même, et me répondit
franchement qu'il lui sembloit que l'auteur s'étoit trop amusé
à des contes d'écolier. Je lui répliquai alors froidement et
sans changer de visage : C'est que cela me plaisoit, et je
crois que cela peut bien plaire aussi aux honnêtes gens, vu
que les plus honnêtes hommes du monde ont passé par le collége. Il fut surpris et étonné de voir que j'étois l'auteur du
livre qu'il avoit méprisé, et là-dessus, pour couvrir sa faute,
il me dit ce qu'il y avoit trouvé de bon. Je vous proteste, dit
alors Raymond à Francion, que voilà l'action la plus généreuse
que j'ouïs jamais; et, outre cela, cette ingénieuse façon de vous
découvrir fut à admirer : un sot se fût mis en colère et eût
pris tout le monde à partie; mais pour vous il n'y a rien qui
puisse troubler la tranquillité de votre âme. Ah! que vous me
venez de dire deux apophthegmes qui valent bien ceux de
tous les hommes illustres! Mais, quand je m'en souviens,
lorsque vous me contâtes votre jeunesse, ne me dites-vous
pas que l'on devoit bien se plaire à l'ouïr, puisque l'on entend bien avec contentement les aventures des gueux, des
larrons et des bergers? Cela est très-véritable, dit Francion,
et je vous assure aussi qu'encore qu'il y en ait qui trouvent
que dedans ce livre il y a des choses qui ne valent pas la
peine d'être écrites, il ne faut pas que les lecteurs pensent
faire les entendus : je sçais aussi bien qu'eux tout ce que l'on
en doit dire, et c'est que je me suis plu à écrire de certaines
choses qui me touchent, lesquelles, étant véritables, ne peuvent avoir d'autres ornemens que la naïveté. Nonobstant cela,
je ne me veux point abaisser et ne feins point de dire que je
ne sçais si ces écrivains, qui font tant aujourd'hui les glorieux, étant aussi jeunes que j'étois quand j'ai fait le livre dont je
vous parle, que j'ai composé à l'âge de dix-huit ans [1], ont
donné d'aussi bonnes marques de leur esprit. Je ne veux pas

---

[1] Ceci est à l'adresse de ceux qui persistent à regarder Sorel
comme l'auteur de *Francion*. — Sorel plaide les circonstances at-
ténuantes, en faisant de son livre un péché d'extrême jeunesse.

même aller si loin : il faut parler du présent, et je serai bien aise que ces faiseurs de romans à la douzaine, et ceux qui composent des lettres tout exprès pour les faire imprimer, fassent quelque chose de meilleur avec aussi peu de temps et de soin que j'en ai mis à mon ouvrage. Je n'ai pas composé moins de trente-deux pages d'impression en un jour; et si encore a-ce été avec un esprit incessamment diverti à d'autres pensées, auxquelles il ne s'en falloit guère que je ne me donnasse entièrement. Aucunefois j'étois assoupi et à moitié endormi, et n'avois point d'autre mouvement que celui de ma main droite, tellement que, si je faisois alors quelque chose de bon, ce n'étoit que par bonne fortune. Au reste, à peine prenois-je la peine de relire mes écrits et de les corriger; car à quel sujet me fussé-je abstenu de cette nonchalance? On ne reçoit point de gloire pour avoir fait un bon livre, et, quand on en recevroit, elle est trop vaine pour me charmer. Il est donc aisé à connoître, par la négligence, que j'avoue selon ma sincérité consciencieuse, que les ouvrages, où sans m'épargner je voudrai porter mon esprit à ses extrêmes efforts, seront bien d'un autre prix. Mais ce n'est pas une chose assurée que je m'y puisse adonner; car je hais fort les inutiles observations, à quoi nos écrivains s'attachent. Jamais ce n'a été mon intention de les suivre, et, étant fort éloigné de leur humeur comme je le suis, l'on ne me sçauroit mettre en leur rang sans me donner une qualité que je ne dois pas recevoir. Ils occupent incessamment leur imagination à leur fournir de quoi contenter le désir qu'ils ont d'écrire, lequel précède la considération de leur capacité, et moi je n'écris que pour mettre en ordre les conceptions que j'ai eues longtemps auparavant. Que s'il semble à quelqu'un que je leur aie donné une manière de défi, je ne me soucierai guère de lui ôter cette opinion; car il m'est avis que, faisant profession de garder religieusement les statuts de la noblesse, je pourrois bien appeler, si je voulois, mes adversaires au combat de la plume, ainsi qu'un cavalier en appelle un autre au combat de l'épée : on ne témoigne pas une vanité plus grande en l'un qu'en l'autre, en se promettant la victoire. Toutefois je ne me veux pas amuser à si peu de chose, et, ayant toujours fait plus d'état des actions que des paroles, j'aimerois beaucoup mieux m'exercer à la vertu qu'à l'éloquence; et ceux-là se tromperoient bien qui, ayant ouï ce que j'ai dit ci-dessus, croiroient que je suis bien arrogant. Ils me diront que louer ses propres ouvrages, c'est entreprendre sur la coutume des charlatans du pont Neuf, qui exaltent toujours leurs onguens, et des comédiens qui dedans leurs affiches donnent à leurs pièces les titres de merveilleuses et d'incomparables. Mais il faut considérer que, si quelqu'un mérite d'être blâmé pour ceci, ce sont ceux qui, nous montrant qu'ils ont fait un bon livre, nous veulent aussi persuader que leur personne a d'excellentes qualités, ne considérant pas que tous les jours les sots et les méchans accomplissent de beaux ouvrages. Que l'on sçache donc que je prends les choses d'un autre biais que ceux-ci, et qu'ayant plus d'innocence que de vanité, si je ne fais point de difficulté de dire que j'écris bien, c'est parce que je trouve que c'est une si petite perfection, qu'il n'y a pas beaucoup de gloire à la posséder, si l'on n'en a d'autres aussi; et que c'est quand l'on se vante de surmonter toute sorte d'accidens et de sçavoir bien conduire des peuples que l'on témoigne d'être superbe. Que si l'on ne se contente point de cette raison et qu'on trouve encore mauvais ce que j'ai dit, je suis quitte pour répondre que je suis bien d'avis que l'on n'en croie que ce que l'on voudra, et que, tout mon livre étant facétieux, l'on prenne pour des railleries tout ce que j'en dis aussi bien comme le reste. Ce qui fait beaucoup pour moi et qui montre clairement que je me soucie fort peu d'être tenu pour bon écrivain, c'est qu'ayant abandonné mon ouvrage sans y mettre mon nom la gloire que je me donne ne me sçauroit apporter de profit. Je suis bien éloigné de cet impertinent contre qui l'antiquité a tant crié, lequel ayant fait un livre, où il se moquoit de la vanité de ceux qui veulent acquérir de la renommée par leurs écrits, ne laissa pas de s'en dire l'auteur. Je n'ai garde de faire une pareille faute, après avoir tant méprisé cette gloire. Je sçais bien la subtilité de Phidias qui, ayant eu défense d'écrire son nom au pied d'une statue de Minerve qu'il avoit faite, mit son portrait en un petit coin du bouclier de cette déesse, afin d'être toujours connu; mais, quand j'aurois trouvé place pour me dépeindre en quelque endroit de mon livre, où l'on pût voir qui je serois, je ne pense pas que je le voulusse faire. A tout le moins sçais-je bien que je me contenterois donc de cela, et que je ne souffrirois pas pourtant que mon nom fût écrit au frontispice des premières feuilles, ni aux affiches que l'on colle par la ville; car ce n'est pas mon humeur d'être bien aise que mon nom aille affliger tous les dimanches les portes des églises et les piliers du coin des rues; et je ne ferois pas gloire de le voir là attaché avec celui des comédiens et des panseurs de vérole et de hergnes[1]. Je ne doute point que plusieurs, voyant l'opiniâtreté que j'ai à me cacher, n'en aient une aussi grande à s'enquérir de mon nom, et qu'ils ne prient instamment les libraires de le dire : c'est pourquoi il faut que je les renvoie avec une brusque réponse à la laconienne. Je ne leur veux dire autre chose que ce que dit celui qui, ayant je ne sçais quoi sous son manteau, fut rencontré par un autre qui lui demanda ce qu'il portoit. C'est bien en vain que tu le demandes, lui répondit-il; car, si j'avois envie que tu le sçusses, je ne le couvrirois pas. Il faut payer de la même monnoie ceux qui auront trop de curiosité touchant ce livre, et je suis content qu'ils le tiennent pour un enfant trouvé qui s'est fait de soi-même ou qui n'a point de père pour en avoir trop. Les lecteurs croient-ils que je sois obligé de leur dire mon nom, puisque je ne sçaurois apprendre le leur et qu'une infinité de personnes, qui ne seront jamais de ma connoissance, verront mes ouvrages? S'il y a quelqu'un à qui je sois obligé de tout découvrir, c'est à mes amis intimes, qui prendront mon travail en bonne part; au lieu que les inconnus, qui le mépriseront, possible, me blâmeroient, s'ils sçavoient que je me fusse adonné à des bouffonneries, lorsque j'ai tant de choses sérieuses à dire.

Tandis que Francion disoit ces choses-là, Raymond se tenoit coi pour l'écouter. Il faut avouer, lui dit-il après, que vous avez des sentimens les plus nobles et les plus généreux du monde; je ne me lasserois jamais de vous écouter. Vous venez de dire, par manière d'acquit, quantité de choses qui mériteroient bien d'être écrites, et il me semble que les lecteurs de vos livres seroient bien aises d'y trouver de semblables avertissemens. Vous m'obligez trop, dit Francion; mais, sans raillerie, je vous assure qu'il est souvent très-né-

---

[1] Hernie se prononçait hergne, et tout le monde l'écrivait ainsi, les médecins exceptés.

cessaire de faire un avertissement ou une préface dans ses ouvrages : car l'on y dit quelquefois beaucoup de particularités qui importent à notre gloire. Néanmoins, il y a des hommes si peu curieux, qu'ils ne les lisent jamais, ne sçachant pas que c'est plutôt là que dans tout le reste du livre que l'auteur montre de quel esprit il est pourvu. Je demandois un jour à un sot de cette humeur pourquoi il ne lisoit point les préfaces. Il me répondit qu'il croyoit qu'elles étoient toutes pareilles, et qu'en ayant lu une en sa vie c'étoit assez : il se figuroit que le contenu se ressembloit ainsi que le titre. Que ceux qui auront mes livres entre leurs mains ne fassent pas ainsi, s'ils me veulent obliger à les avoir en quelque estime; qu'ils lisent toujours mes préfaces, car je m'efforce de n'y rien mettre qui ne serve à quelque chose. Je ne serai jamais de ceux qui manqueront à cela, repartit Raymond; mais dites-moi un peu ce que c'est que votre dernier livre. C'est une plaisante affaire, dit Francion; il est fait, et néanmoins je n'en ai rien d'écrit. Vous sçaurez donc que c'est une satire fort piquante contre des personnes dont j'ai sujet de parler librement; et, pour ce que le style n'en est pas ordinaire et que l'on ne sçauroit donner à cet ouvrage un titre qui exprime assez ce qu'il contient, je l'appellerai le *Livre sans titre*. Ce sera là un titre, et si ce n'en sera pas un, mais cela conviendra bien à une pièce si fantasque. Le sujet où je m'arrête là-dedans, c'est à déchiffrer la vie et les vices de quantité de personnes de grande qualité, qui font les sérieux et les graves et n'ont rien qu'hypocrisie en leur fait. Or, comme cet ouvrage porte un titre sans en avoir un, je me suis encore imaginé une agréable chose, c'est d'y mettre une épître dédicatoire sans y en mettre une, ou tout au moins de le dédier sans le dédier. Or voici mon invention : l'on verra ce titre écrit au second feuillet en grosses lettres : AUX GRANDS, comme si c'étoit l'adresse d'une lettre de dédicace, et puis il y aura dessous ces mêmes paroles :

Ce n'est pas pour vous dédier ce livre que je fais cette épître, mais pour vous apprendre que je ne vous le dédie point. Vous me répondrez que ce ne seroit pas un grand présent que le récit d'un tas de sottes actions que j'ai remarquées; mais que ne me donnez-vous sujet d'en raconter de belles, et pourquoi ne sera-t-il pas permis de dire des choses que l'on ose bien faire ? J'ai trop de franchise pour celer la vérité, et, si j'eusse eu assez de loisir, j'eusse grossi mon volume de la vie d'une infinité de personnes qui semblent briguer une place dedans mon histoire par leurs continuelles sottises. Que si ceux de qui j'ai déjà parlé dans mes entretiens satiriques ne considèrent que je me mets souvent tout des premiers sur les rangs et ne se contentent de rire avec moi de tout ce que je dis d'eux, sçavez-vous ce qu'ils gagneront à se sentir offensés ? c'est qu'ils découvriront à tout le monde que c'est d'eux que je parle, ce que l'on ne sçavoit pas encore ; et qu'outre cela ils feront que désormais je ne feindrai plus de les nommer, puisqu'ils y auront commencé eux-mêmes. Vous semble-t-il qu'une personne de telle humeur se soucie beaucoup de dédier des livres, et que moi, qui ne sçaurois adorer que des perfections divines, je me doive humilier devant une infinité de gens qui sont tenus de rendre grâces à la fortune de ce qu'elle leur a donné des richesses pour couvrir leurs défauts ? Il vous faut apprendre que je ne regarde le monde que comme une comédie, et que je ne fais état des hommes qu'en tant qu'ils s'acquittent bien du personnage qui leur a été baillé. Celui qui est paysan et qui vit fort bien en paysan me semble plus louable que celui qui est né gentilhomme et n'en fait pas les actions : tellement que, ne prisant chacun que pour ce qu'il est et non pas pour ce qu'il a, j'estime également ceux qui ont la charge des plus grandes affaires et ceux qui n'ont qu'une charge de cotrets sur le dos, si la vertu n'y met de la différence. Je n'ai pas si peu de considération à la vérité, que je ne croie bien qu'il se peut trouver des gens aussi illustres pour leur mérite que pour leur race et leur fortune, et que le siècle n'est pas si barbare, qu'il n'y ait encore quelqu'un de vous qui aime les bonnes choses ; mais que ceux qui sont de ce nombre le fassent connoître mieux que par ci-devant, et je vous promets qu'alors non-seulement je leur dédicrai des livres, mais encore je serai prêt à vivre et mourir pour leur service.

Voilà l'épître que j'adresserai aux grands, laquelle n'est point pourtant une épître, ou tout au moins elle n'est point dédicatoire, mais plutôt négatoire. Voilà qui est très-gaillard et très-hardi, repartit Raymond ; et, si cela n'offense personne, car ce n'est pas aux hommes de vertu que vous parlez, ils en sont exempts; mais quand sera-ce que vous vous remettrez au travail tout de bon? Je pense bien, dit Francion, que dans peu de jours je mettrai par écrit mon dernier ouvrage, mais ce ne sera pas pour le donner au public, non plus que mon histoire entière, à laquelle je travaillerai lorsque je serai au port où je désire d'atteindre. Pour moi, je ne me veux point gêner : je n'écris que pour me divertir, et, avant que de m'y mettre, je tire mon luth de son étui et j'en joue en me promenant, après avoir fait une feuille pour me servir d'intermède, ainsi qu'en une comédie. Voilà comme je travaille, et je ne me mords point les ongles pour songer à ce que je compose. Seroit-il à propos que je voulusse faire part à la postérité de tant de choses si peu étudiées? Si je l'ai fait autrefois, je m'en repens assez souvent : je veux qu'il n'y ait que mes plus familiers amis qui voient les ouvrages que je ferai ci-après. Je me consolerai, dit Raymond, pourvu que je sois de ce nombre, comme je me persuade aussi que vous ne m'oublierez pas. Par ma foi, mon brave, repartit Francion, vous parlez bien sérieusement d'une chose qui ne le vaut pas. Je ne veux plus vous laisser dans l'erreur. Sçachez que je ne suis pas si grand écrivain, comme je vous ai voulu faire croire par plaisir dès le temps même que nous étions en France. Il y a en moi plus d'apparence que d'effet. Je sçais par cœur quelques pièces de mes amis, que je débite souvent; et, quand j'ai présenté quelque chose à des seigneurs, je me suis servi pareillement du labeur d'autrui, ou bien je n'ai rien fait qui vaille. Où est-ce qu'un pauvre cavalier comme moi en auroit tant appris? Cela est bien à ces messieurs du métier qui ont dormi sur le Parnasse. Voilà une agréable feinte, dit Raymond; pensez-vous vous excuser par là de me montrer vos ouvrages? Puisque vous le voulez, dit Francion, je vous montrerai tout ce que je ferai, quoique cela ne soit pas digne de vous.

L'on sçavoit bien que Francion n'avoit pas si peu de capacité qu'il disoit : il pouvoit accomplir dans peu de temps ce qu'il avoit entrepris; mais il est vrai qu'il étoit en une saison où il devoit plutôt donner matière d'écrire que d'écrire lui-même. Il songeoit donc à d'autres choses : et, voyant qu'Hortensius, qui étoit toujours le même, avoit une présomption nonpareille, il se délibéra de lui jouer quelque plaisant tour¹ pour se divertir. Il communiqua son dessein à Raymond, à du Buisson et à Audebert, sans lesquels il ne pouvoit rien faire; et, pour y bien réussir, il mit de la partie quatre gentilshommes allemands d'assez bonne conversation, dont il s'étoit acquis la connoissance, mais qu'Hortensius n'avoit point encore vus. Un jour qu'il étoit avec lui, voilà Audebert qui vient dire : Il est arrivé des Polonois à Rome depuis peu de jours; ne sçavez-vous point ce qu'ils peuvent y venir faire? L'on dit que leur roi est mort, mais je n'ai point ouï parler quel est celui qui a été élu pour lui succéder : il faut que ce soit quelque prince d'Italie qui est ici maintenant.

Tous ceux qui étoient là dirent que c'étoit la première nouvelle qu'ils en avoient eue; et là-dessus, cherchant qui seroit roi de Pologne, l'un nomma un prince et l'autre un autre. Cela se passa ainsi, et puis du Buisson s'en alla tout exprès promener par la ville ; puis, étant revenu chez Raymond, comme Francion, Dorini, et Hortensius que l'on avoit retenu, s'alloient mettre à table pour le souper, il leur dit avec une façon sérieuse : Ah! ma foi, à peine croirez-vous ce qu'on me vient d'apprendre. Il est vrai qu'il y a ici des Polonois qui viennent vers celui qui a été élu leur roi. Je me suis enquis qui il étoit; on m'a dit que c'étoit un gentilhomme françois, lequel ils avoient choisi pour ce qu'étant pourvu d'une doctrine singulière il remettroit parmi eux la justice en sa splendeur, et par ses bons conseils feroit prospérer leurs armes. J'ai parlé à un homme, qui m'a dit qu'il s'appeloit Hortense, et que les Polonois se réjouissoient d'avoir un roi qui vient en ligne directe d'un ancien consul de Rome ². Il faut bien que ce soit vous, monsieur, poursuivit-il en se tournant vers Hortensius. Mais ce que vous dites est-il vrai? dit le pédant. Je puisse mourir si cela n'est, répondit du Buisson; vous en verrez, possible, bientôt des assurances. Là-dessus, chacun commença de parler sérieusement de ceci, se réjouissant d'une si bonne fortune : si bien qu'Hortensius étoit tout hors de soi-même.

Ils n'avoient pas à moitié soupé, qu'il arriva un carrosse et

¹ Le tour joué à Hortensius a été mis à profit par Molière dans le *Bourgeois gentilhomme* et par les mystificateurs de Mich. de Saint-Martin.

² Quintus Hortensius, célèbre surtout pour sa défense de Verrès.

quelques chevaux devant la porte de la maison, et l'on heurta deux ou trois fois fermement. Pétrone, gentilhomme suivant de Francion, fut envoyé pour voir qui c'étoit : il vint rapporter que c'étoient des Polonois, qui disoient qu'ils vouloient parler à un seigneur nommé Hortensius. C'est vous, dit Francion, il n'en faut point douter. Ah! Dieu, pourquoi soupons-nous si tard, et que n'avons-nous mieux fait ranger tout ici? ils trouveront tout en désordre. Hortensius tenoit alors un verre à la main qu'il alloit porter à sa bouche; mais, comme l'on dit qu'il arrive souvent beaucoup de choses entre le verre et les lèvres, cette nouvelle le ravit tellement de joie, que la main lui branla et qu'il laissa tomber son vin et son verre tout ensemble. Il est cassé, ce disoit-il en son transport; c'est peu de chose : mais à quoi ai-je songé de m'habiller si peu à l'avantage aujourd'hui? Que diront ces messieurs de me voir si mal fait? Que n'ai-je été plus tôt averti de leur venue? j'eusse songé à m'accommoder mieux, et Raymond m'eût prêté son plus beau manteau. Il faut être un peu à la mode de leur pays, dit Raymond; je m'en vais vous dire ce que vous ferez. Et alors, s'étant tous levés de table, les valets desservirent et rangèrent tout dedans la chambre de Raymond au mieux qu'il fut possible. Raymond envoya querir dans sa garde-robe un petit manteau fourré dont le dessus étoit de satin rose sèche, lequel servoit à mettre quand l'on étoit malade. Il dit à Hortensius : Mettez ceci sur vos épaules : ces Polonois vous respecteront davantage, voyant que vous êtes déjà habillé à leur mode; car ils se servent fort de fourrures, d'autant qu'il fait plus froid en leur pays qu'en celui-ci. Hortensius étoit si transporté, qu'il croyoit toute sorte de conseils; il mit ce manteau librement, et, s'étant assis en une haute chaise, suivant l'avis de Francion, tous les autres demeurèrent à ses côtés debout et tête nue, comme pour donner opinion aux Polonois qu'il étoit grand seigneur. Raymond lui dit à l'oreille : Apprêtez votre latin, car sans doute ils harangueront en cette langue : elle leur est aussi familière que la maternelle, et je m'assure qu'une des raisons pour laquelle ils vous ont fait leur roi, c'est qu'ils ont sçu que vous étiez bon grammairien latin.

Comme il finissoit ce propos, les quatre Allemands, qui s'étoient habillés en Polonois, arrivèrent avec six flambeaux devant eux. Le plus apparent de la troupe, qui représentoit l'ambassadeur, fit une profonde révérence à Hortensius, et ceux de sa suite aussi; puis il lui fit cette harangue, ayant préalablement troussé et retroussé ses deux moustaches l'une après l'autre : *Mortuo Ladislao rege nostro, princeps invictissime*, ce dit-il d'un ton fort éclatant, *Poloni, divino numine afflati, te regem suffragiis suis elegerunt, cum te justitia et prudentia adeo similem defuncto credant, ut ex cineribus illius quasi phœnix alter videaris surrexisse. Nunc ergo nos tibi submittimus, ut habenas regni nostri suscipere digneris.* Ensuite de ceci, l'ambassadeur fit un long panégyrique à Hortensius, où véritablement il dit de belles conceptions, car il étoit fort sçavant. Entre autres choses, il raconta que ce qui avoit mû principalement les Polonois à élire Hortensius pour leur roi étoit qu'outre la renommée qu'il s'étoit acquise parmi eux par ses écrits, qui voloient de toutes parts, on faisoit courir un bruit que c'étoit de lui que les anciens sages du pays avoient entendu parler dans de certaines prophéties qu'ils avoient faites d'un roi docte qui devoit rendre la Pologne la plus heureuse contrée de la terre. Dès que cet orateur eut fini, Hortensius, le saluant par un signe de la tête qui montroit sa gravité, lui répondit ainsi : *Per me redibit aurea ætas : sit mihi populus bonus, bonus ero rex.* Il ne. voulut rien dire davantage alors, croyant qu'il ne falloit pas que les princes eussent tant de langage, vu qu'un de leurs mots en vaut cinq cents. Les Polonois lui firent des révérences bien basses, et s'en allèrent après, avec des gestes étranges, comme s'ils eussent été ravis d'admiration. L'un disoit : *O rex Chrysostome, qualis Pactolus ex ore tuo emanat!* Et l'autre s'en alloit criant : *O alter Amphion! quot urbes sonus tuæ vocis ædificaturus est!* Ainsi ils sortirent, le comblant de louanges et de bénédictions, comme la future gloire de la Pologne; et Francion les reconduisit avec un plaisir extrême de les voir naïvement faire leur personnage. Quand il fut de retour, voilà du Buisson qui, sortant d'une rêverie où il avoit feint d'être, se va jeter à genoux devant Hortensius, et lui dit d'une voix animée : Ah! grand prince, ayez soin de votre fidèle serviteur, maintenant que vous avez mis un clou à la roue de Fortune, faites que je sois votre créature, et me donnez quelque charge où je puisse vivre honorablement. Alors

Francion, le retirant rudement, lui dit : Que vous avez d'impudence d'importuner sitôt le roi ! N'avez-vous pas la patience d'attendre qu'il soit dessus ses terres? Si du Buisson ne devient plus sage, ce dit Hortensius, je dirai qu'il mérite qu'on lui refuse quand même il demande, au lieu que Francion mérite qu'on lui donne, quand même il ne demande pas.

Comme ceci fut passé, il fut question d'arrêter si Hortensius s'en retourneroit en son logis ordinaire. Raymond dit qu'il n'en étoit pas d'avis, vu que le lieu étoit trop petit, et qu'il falloit qu'il demeurât chez lui, où il seroit comme le maître, et que, d'autant que toute la nation françoise se sentiroit honorée du royaume qui lui étoit échu, il n'y auroit point de François à Rome qui ne se vinssent ranger auprès de sa personne, comme s'ils eussent été ses suivans, pour lui faire honneur devant les Polonois. Raymond, ayant dit ceci, lui quitta sa chambre, et, lui ayant laissé un valet pour lui aider à se déshabiller, se retira en un autre lieu avec le reste de la compagnie. Ils ne furent pas sitôt sortis, qu'Hortensius demanda Audebert, voulant déjà user de l'autorité royale. Quand il fut venu, il lui dit qu'il falloit qu'il passât la plupart de la nuit auprès de son lit, pource que les soins qu'il avoit l'empêchoient de dormir. Audebert en fut très-aise; car, comme il étoit malicieux, il espéroit qu'à force de veiller et de parler de choses extravagantes, Hortensius deviendroit entièrement fol et qu'ils en auroient plus de plaisir. Mon ami Audebert, commença Hortensius, as-tu remarqué que ces Polonois ont dit qu'il y avoit des prophéties de moi? Ils ne se trompent pas : si nous voulons consulter nos éphémérides, nous trouverons de rares choses. Quand nous étions à Paris, n'as-tu point lu l'Almanach de Jean Petit[1], Parisien, et celui de Larivay le jeune, Troyen[2]? Il m'est avis qu'ils pronostiquoient mes aventures. L'un dit qu'il y aura en ce temps changement d'affaires vers le Septentrion, et l'autre que l'humble sera

---

[1] Astrologue dont il est parlé dans les *Mazarinades*.

[2] Pierre de Larivay, frère puîné du traducteur de Straparole, publia, de 1618 à 1647, un *Almanach avec grandes prédictions*. — Il avait prédit qu'il mourrait d'une arête, et, pour déjouer son propre horoscope, s'astreignit à ne jamais manger de poisson.

exalté. N'est-ce pas grand changement, quand l'on va querir un roi si loin ? et, pour l'humilité, n'en ai je pas toujours eu envers Dieu ? Cela est très-bien imaginé, dit Audebert ; je voudrois que nous eussions les Oracles des sibylles, le livre de l'abbé Joachim [1], les Révélations de sainte Brigide [2], les Prophéties de Merlin et les Centuries de Nostradamus : nous y trouverions sans doute encore quelque chose qui en parleroit. Car, pour vous dire vrai, tous ces livres-là sont fort gentils et fort utiles : l'on n'y remarque les choses que quand elles sont avenues. Mais qu'ils aient ou non parlé de votre royauté, que vous en chaut-il, puisque la voilà arrivée ? Oh ! que cela me servira grandement ! répondit Hortensius ; car je verrai, possible, tout ce qui me doit arriver au reste de ma vie, et je me tirerai des périls qui me menacent. C'est pourquoi, si vous voulez gagner ma faveur, délogez promptement et m'allez chercher les Révélations de sainte Brigide : notre hôte les a quelque part. Audebert, qui lui vouloit complaire pour en tirer du contentement, s'en alla chercher le livre qu'il demandoit, et fit tant qu'il le trouva. Hortensius lui fit lire les prophéties, qu'il écoutoit avec attention; et, lorsqu'il trouvoit quelque chose qui sembloit s'accorder avec ses aventures, il le lisoit lui-même neuf ou dix fois, et y faisoit des marques avec un crayon; puis, en ayant tiré des explications bourrues, il les dictoit à Audebert, qui les écrivoit sous lui. Ils passèrent ainsi une bonne partie de la nuit; et, enfin, la tête leur tombant à tous coups sur le livre, ils résolurent de donner quelque temps au sommeil. Hortensius se mit au lit, et dit à Audebert qu'il s'y mît avec lui. Il fit là-dessus beaucoup de cérémonies, disant qu'à lui n'appartenoit pas tant d'honneur de coucher avec un prince, et qu'il ne feroit pas cette faute-là; mais Hortensius lui dit qu'il y couchât donc pour la dernière fois, tandis qu'il n'avoit pas encore le sceptre en main, et qu'il ne laissât pas échapper ce bonheur. Audebert s'étant couché comme pour lui obéir, ils se mirent tous deux à dormir si fort, qu'il sembloit qu'ils jouassent à qui s'en acquitteroit le mieux. Quant au valet de chambre,

---

[1] *Livre de prophéties sur les papes.*

[2] *Révélations de sainte Brigitte ou Birgite,* écrites par le moine Pierre, prieur d'Alvastre, et par Mathias, chanoine de Linköping.

il y avoit longtemps qu'il étoit allé se mettre au lit, étant las d'attendre après un tel maître.

Le lendemain au matin, Audebert, s'étant réveillé, s'habilla et appela ce valet, pour aider Hortensius à se vêtir (car il ne le falloit plus traiter qu'avec respect), et il voulut avoir l'honneur de lui donner sa chemise blanche. En lui ôtant la sale, il lui vint au nez une si mauvaise odeur, qu'il ne se put tenir de dire : Hélas! comme vous sentez! Comment! je sens? reprit Hortensius; ne considères-tu pas que je commence à paroître roi en toutes choses? Ne vois-tu pas que je sens déjà l'Alexandre? Mais, si vos aisselles sentent l'Alexandre, répliqua Audebert, j'ai peur que vos pieds ne sentent aussi le Darius, qui, avant que d'être roi, avoit été messager. Tu fais le gausseur, dit Hortensius, mais je prends tout en bonne part : je sçais que les rois ont toujours près d'eux des hommes qui parlent librement pour les divertir; autrement ils n'auroient point de plaisir en ce monde. Comme il achevoit ces mots, voilà Raymond, Francion, du Buisson et Dorini qui le viennent saluer, et lui demandent comment il a passé la nuit. Il leur dit qu'il en avoit passé une bonne partie à lire le livre de sainte Brigide, et leur montra les prophéties qu'il avoit expliquées à son avantage, à quoi ils connurent qu'il étoit plus d'à moitié fol et que leur artifice auroit de très-beaux succès. Lui, qui avoit lu les romans, ne trouvoit point étrange que d'un misérable écrivain il fût devenu roi, vu qu'il avoit souvent écrit des aventures pareilles, où il ne trouvoit pas tant de vraisemblance qu'en la sienne, et qu'il étoit si accoutumé à ces choses-là qu'il n'y voyoit rien d'extraordinaire.

Comme Francion l'entretenoit sérieusement sur les prophéties, du Buisson les vint interrompre, et dit à Hortensius : Or çà, apprenez-moi une chose, monsieur, monseigneur ou Sire : je ne sçais encore comment je vous dois appeler. Lorsque j'aurai la couronne sur la tête, dit Hortensius, il sera bon de m'appeler Sire; pour cette heure, je me contenterai du titre de monseigneur. Pardonnez-nous, dit Raymond, si nous vous désobéissons en ceci quand vous nous le commanderiez : il n'y a point de doute qu'il vous faut appeler Sire, car il y a longtemps que vous êtes roi de mérite, encore que vous ne le fussiez pas de condition. Faites-en donc ce que vous voudrez, répliqua Hortensius; mais vous, du Buisson, que me voulez-vous dire? Je vous demande, Sire, puisque Sire y a, reprit du Buisson, si, étant en Pologne, vous ne garderez pas une justice égale : comme vous récompenserez les vertus, ne punirez-vous pas les vices? et, vous souvenant de ceux qui vous ont offensés, ne tâcherez-vous pas de les amener vers vous par beau semblant, afin de les faire mourir? J'ai ouï parler de l'Écluse, de Saluste, d'un arracheur de dents et de quelques sergens, qui ne vous ont pas traité comme ils devoient : n'en faut-il pas tirer raison?

Hortensius, ayant alors un peu médité à part soi, dit : Sçachez qu'il ne faut pas que le roi de Pologne prenne le souci de se venger des injures qui ont été faites au poëte Hortensius. Or je compose cet apophthegme à l'exemple de celui d'un roi de France [1], qui ne vouloit point se venger des injures faites au duc d'Orléans. C'est ainsi que ma lecture me profitera désormais; et il faut que je mande à mon hôtesse de Paris qu'elle me renvoie mes livres communs, que je lui ai laissés en gage pour trente-cinq sols que je lui devois de reste. Quand je les aurai, on ne me dira aucune chose que je n'aie une prompte repartie, puisée de celles de tant d'anciens monarques, dont j'ai feuilleté les vies. Mais en attendant je me servirai de Plutarque et du recueil d'Érasme, et dès maintenant, mes amis qui m'assistez, je vous apprends que je vous donnerai tout ce que j'ai, à l'imitation d'Alexandre, et ne me réserverai que l'espérance : voyez-vous comme j'applique ces choses. Or j'y continuerai tellement, que le livre que l'on fera de mon histoire sera le plus beau du monde. Vous, Audebert, il me semble que votre humeur est assez curieuse, vous serez propre à recueillir tous mes apophthegmes. Dès le matin, vous viendrez auprès de moi et ne me quitterez point qu'au soir : encore faudra-t-il que vous couchiez quelquefois dans ma chambre; car la nuit, si je me réveille et que je dise quelque chose, ce ne sera rien qu'apophthegmes. Quoi! en demandant le pot à pisser, interrompit du Buisson, et si vous êtes marié, vous entretiendrez aussi madame la reine de vos beaux apophtegmes? Taisez-vous, dit Hortensius, ce n'est pas à vous que je parle; c'est à vous, mon Audebert, qui ferez un registre de tout ce

---

[1] Louis XII.

que j'aurai dit chaque jour. Belle invention et qui ne coûte guère. On fait bien un registre de dépense en si petite maison que ce soit, les receveurs et les trésoriers des princes sont employés tout du long de l'an à faire des comptes; et l'on n'a pas un homme pour écrire ponctuellement tout ce que dit le prince. Je ne tomberai point en cette faute, et vous serez mon historiographe. A combien de pension, sire? dit Audebert. C'est se trop précipiter de demander cela, répondit le roi de Pologne : attendez que j'aie vu quels fonds il y peut avoir en mon épargne. Je ne puis ordonner de vos gages à tous tant que vous êtes que je n'aie vu le cours des affaires. Comme il disoit ceci, Raymond lui apprit qu'il auroit bientôt le moyen de s'informer de l'état où étoit son royaume, et qu'on avoit été prier les Polonois de venir dîner chez lui. Il trouva cela très à propos, désirant de connoître leur humeur; et, étant alors habillé comme le jour d'auparavant, à sçavoir avec un habit de drap d'Espagne de couleur de roi, l'on lui fit mettre encore sur ses épaules son petit manteau fourré, et l'on attacha une grande aigrette à son chapeau, pour être mieux vêtu à la polonoise.

Après cela, il descendit à la salle, où les Allemands, déguisés en Polonois, se trouvèrent aussitôt. Ils le saluèrent avec des respects infinis, et firent beaucoup de difficulté de dîner avec leur maître. Pour les accorder, Hortensius se mit au haut bout, laissant trois ou quatre places vides, et la compagnie s'arrangea au reste de la table, qui étoit fort longue. Tous les propos qui furent tenus pendant le dîner ne furent qu'à sa louange. Il ne faisoit pas une action qui ne fût admirée; il ne disoit pas un mot que l'on ne s'écriât que c'étoient des oracles; tellement que la présomption l'aveugloit toujours de plus en plus, et lui faisoit croire que tout ce qu'il oyoit étoit véritable. Lorsque l'on eut desservi, il arriva quantité de gentilshommes françois, à qui Raymond avoit appris la drôlerie, lesquels vinrent faire la cour à Hortensius comme si c'eût été quelque prince de leur nation. Cependant Dorini alla voir Nays, pour lui apprendre ces plaisantes nouvelles et sçavoir d'elle si elle pourroit recevoir cette belle compagnie. Comme il eut appris qu'elle seroit très-aise de voir le nouveau roi, il s'en retourna le dire à Francion, qui vint demander à Hortensius s'il vouloit aller passer l'après-dînée chez la plus belle dame de l'Italie. Il répondit qu'il seroit fort aise d'avoir ce divertissement, et l'on attela trois carrosses pour toute la troupe. Il ne vouloit pas sortir avec son manteau fourré, parce que les Polonois n'en avoient point; mais l'on lui dit qu'à la vérité ils n'en portoient point, à cause qu'ils étoient alors en un pays chaud, et qu'il n'eût pas été malséant qu'il en eût un simple comme les leurs; mais qu'il ne falloit pas qu'il témoignât d'être si changeant que de quitter déjà une façon d'habillement qu'il avoit prise. Ainsi l'on le rendit content, et il se mit dans un carrosse avec les Polonois et Audebert, qui devoit être toujours auprès de lui pour remarquer ce qu'il diroit. Les deux autres carrosses furent remplis de gentilshommes françois, et allèrent en queue du premier, qui fut bien regardé de tout le peuple. Quelques-uns crurent que c'étoient des masques qui alloient danser un ballet quelque part; mais ils s'étonnoient fort de voir que l'on fît des momeries en cette saison, qui étoit fort éloignée du carnaval. Nays les reçut fort bien, et en même temps plusieurs dames de sa connoissance arrivèrent pour voir le nouveau roi de Pologne. Il se montra si courtois, qu'il ne se voulut point asseoir qu'elles ne le fussent aussi. Pour ce qui est des hommes, afin de témoigner toujours du respect à leur prince, ils se contentèrent de s'appuyer d'un côté et d'autre. La première chose que Nays dit fut qu'elle étoit infiniment aise du bonheur qui étoit arrivé au plus excellent personnage du monde, et que l'on n'avoit plus sujet de croire que Dieu voulût tout à fait perdre les hommes, puisqu'il avoit permis que l'on donnât un sceptre à celui qui devoit rendre à l'univers sa première beauté. Ce que vous plus devez admirer, madame, dit alors du Buisson, c'est que d'une petite chose on en a fait une bien grosse. Ainsi tout croît en pyramide renversée; les petits ruisseaux se changent en mers, une houssine devient une grosse poutre, et notre roi qui n'étoit presque rien est devenu fort grand. Sa vie se gouverne par un destin contraire à celui de Denis le Tyran, qui de roi devint pédant; car lui, de pédant qu'il étoit, il est devenu roi. Apprenez à parler plus modestement, dit Hortensius; que cette jeunesse est folle et inconsidérée! Je ne nie pas que je ne vienne de peu, mais qu'est-il besoin de le dire? Il faut oublier tout ce qui s'est passé, comme s'il n'étoit jamais avenu, et nous devons croire que la fortune étoit ivre et qu'elle ne sçavoit ce qu'elle faisoit lorsqu'elle nous a envoyé des calamités. Combien a-t-on vu de rois venir de bas lieu, lesquels on n'a pas moins estimés pour cela. Tamerlan avoit été porcher, Agathocle étoit fils d'un potier, et, pour se souvenir de son père, il vouloit que l'on mêlât sur son buffet de la vaisselle de terre parmi celle d'or et d'argent. On sçait bien qu'Ausone, qui est un très-bon auteur, en a fait ces vers :

Fama est fictilibus cœnasse Agatoclea regem, etc.[1].

Mais, sans aller si loin, un roi de notre Pologne a été laboureur, et l'on garde encore ses sabots dans un trésor. Il est vrai que ceci est inutile, et l'on sçait bien que je ne suis pas de si bas lieu; et puis l'on trouvera à la fin par aventure que je suis encore plus que je n'ai estimé. Voyez dans tous les romans les belles reconnoissances qu'il y a. Chariclée croyoit être fille de prêtre, et l'on trouva qu'elle étoit fille d'un roi. Daphnis et Chloé pensoient être les enfans d'un pauvre pasteur, et ils trouvèrent que de riches seigneurs étoient leurs pères. Je m'imagine qu'ainsi, ma vie n'étant tissue que de merveilles, je serai enfin reconnu pour le fils de quelque grand prince. L'on apportera mon berceau, mes langes, mes bandelettes et quelque hochet garni de pierreries, qui fera foi de la noblesse de ma race; le cœur me le dit, et je crois que ce n'est pas en vain; car les inspirations célestes ne mentent point. Il est bien aisé à voir que je suis de race royale, car jamais personne n'eut tant d'envie d'être roi que moi.

Tout ce que vous nous représentez est fort vrai, dit Francion, et outre cela nous voici fort proches de l'année du grand jubilé; il ne faut point douter que plusieurs princes, qui ont fait des mariages clandestins, ne les découvrent pour avoir rémission de leurs fautes. J'ai ouï dire qu'au dernier jubilé qui a été donné il y en eut plusieurs qui reconnurent ainsi leurs enfans. Hortensius tint encore quelques discours de con-

---

[1] C'est le début de la huitième épigramme d'Ausone. Le poëte fait dire à Agathocle, que l'on s'étonnait de voir manger dans l'argile :

. . . . Rex ego qui sum
Sicantæ figulo sum genitore satus.

sidération sur ce sujet, et, voyant qu'Audebert cessoit de l'écouter, s'arrêtant à parler à du Buisson, tellement que, bien qu'il eût pris ses tablettes pour écrire tout ce que diroit son roi, il n'avoit guère écrit de choses, il lui fit signe des yeux, et lui dit : Audebert, mettez tout; voyez-vous pas que ceci est digne de remarque? J'ai tout mis, excepté le latin, répondit Audebert; je vous supplie de me le dire encore. Là-dessus Hortensius ne feignit point de lui dicter tout du long l'épigramme d'Ausone, croyant que ce fût une chose de grande conséquence à sa vie; ce qui donna un plaisir nonpareil à l'assistance. Là-dessus du Buisson, qui ne se pouvoit taire, s'en va dire : Sire, je ne sçais qu'un mot de latin, *Simia semper simia*. Autrefois vous avez dicté, et maintenant vous dictez encore. Mais voyez ce petit fripon, dit Hortensius; lorsque hier messieurs les Polonois que voici m'eurent appris que leurs compatriotes m'avoient donné leur sceptre, je crus qu'il ne me manquoit plus rien que les bouffons pour être roi; mais, à ce que je vois, je n'en manquerai pas. Toutes ces reparties furent trouvées admirables en apparence, et les ambassadeurs élevoient à tous coups les mains au ciel, disant en latin : Oh ! que sa sagesse est grande ! qu'il est doux ! qu'il est clément ! que notre Pologne sera contente de l'avoir ! Platon dit que, pour rendre les républiques heureuses, il faut que les philosophes règnent, ou que les rois soient philosophes. Oh! que voici bien un de ces rois philosophes qu'il désire ! Puisque l'on nous apprend qu'il a régenté aux universités, il n'est pas qu'il n'ait enseigné la logique, qui est la première partie de la philosophie et qu'il ne la sçache sur le bout du doigt. Parce que Nays n'entendoit pas le latin, Francion étoit auprès d'elle qui lui expliquoit tout ce qu'ils disoient. Pour le françois elle le parloit parfaitement bien.

Afin de mettre Hortensius sur quelque agréable discours, elle s'avisa de lui dire qu'elle avoit ouï parler de cinq ou six romans excellens qu'il avoit envie de composer; et elle lui demanda s'il se donneroit cette peine de les continuer. Il répondit qu'il auroit bien d'autres choses à faire, et qu'il auroit des écrivains à gages pour les accomplir, d'autant que pour lui il faudroit qu'il fît céder les paroles aux actions, et qu'il avoit un désir extrême d'exterminer la race des Ottomans et d'aller conquérir les palmes idumées; tellement qu'il mettroit tout en armes dès qu'il seroit en Pologne. Songez donc à moi, lui vint dire du Buisson ; n'oubliez pas de me donner une compagnie de carabins sur la mer. Bien, vous l'aurez, répondit Hortensius ; toutefois je crois que vous briguez plutôt la charge de bouffon royal que toute autre.

Francion, craignant là-dessus que le roi de Pologne ne se fâchât, le fit changer de discours et lui demanda quelles seroient les plus belles ordonnances qu'il mettroit en avant pour rendre son peuple heureux. Je veux bien en parler ici, dit Hortensius ; pour le moins ces messieurs, que l'on m'a envoyés, l'entendront. Je veux donc que mon État soit bigarré et qu'il soit autant pour les lettres que pour les armes ; si bien que, pour adoucir l'humeur des Cosaques, qui est un peu trop martiale, je ferai venir un quarteron de poëtes de Paris, qui établiront une académie et donneront des leçons pour la poésie et pour les romans. Je veux que tout le monde fasse des livres en mon royaume et sur toute sorte de matières. On n'a vu encore des romans que de guerre et d'amour, mais l'on en peut faire aussi qui ne parlent que de procès, de finance, ou de marchandise. Il y a de belles aventures dans ce tracas d'affaires, et personne que moi ne s'est encore imaginé ceci ; j'en donnerai toute l'invention, et de cette sorte le drapier fera des romans sur son trafic, et l'avocat dessus sa pratique. L'on ne parlera que de cela, tout le monde sera de bonne compagnie, et les vers seront tant en crédit que l'on leur donnera un prix. Qui n'aura point d'argent portera une stance au tavernier[1], il aura demi-setier, chopine pour un sonnet, pinte pour une ode et quarte pour un poëme ; et ainsi des autres pièces ; ce qui pourvoira fort aux nécessités du peuple ; car le pain, la viande, le bois, la chandelle, le drap et la soie s'achèteront au prix des vers, qui ordinairement auront pour sujet la louange des marchands ou de leurs marchandises : l'on aura ce soulagement quand l'on n'aura point de pécune ; voilà ce que j'établirai pour le commerce. Pour ce qui est de la justice, elle sera bonne et briève ; si la cause n'est liquide, l'on tirera

---

[1] L'auteur du *Voyage dans la lune* ne fait que reproduire cette plaisanterie, lorsqu'il parle du prix d'un déjeuner acquitté avec un sixain. (*Histoire comique*, etc., par Cyrano de Bergerac (*Bibl. gaul.*), p. 64.). — Voilà la Banque d'échange en germe.

à la courte paille à qui la gagnera, ou bien l'on fera gagner le procès à celui qui sera le plus sçavant. Quant est des lois de la guerre, personne ne sera reçu capitaine s'il ne sçait tout par cœur l'Amadis[1] et le Chevalier du soleil[2]; car on ne peut avoir du courage sans cela. Au reste, j'ai beaucoup de stratagèmes pour mettre en déroute les Turcs : je ferai monter des hommes sur des chariots qui paroîtront tout en feu; il y aura là des boîtes, des lances à feu, des saucissons, des pétards et force fusées à étoiles et à serpens, afin que ces barbares, voyant que j'imiterai le tonnerre, les comètes et les astres, croient que je ferai quelque chose de plus grand que Mahomet. J'aurai même de grands cercles de cristal, au derrière desquels on mettra de certaines lumières, qui les feront luire comme l'arc-en-ciel; ainsi je contreferai ce bel Iris, ce brave rien qui est toutes choses, cette belle arbalète divine, cette riche arcade, qui est non pas le pont au Change de Paris, mais le pont aux anges de Paradis, tout éclatant d'orfévrerie céleste. Combien ces visions troubleront-elles mes ennemis, avec le bruit effroyable que feront mes gens, qui vaincront, et ceux qui seront vaincus!

Les artifices d'Hortensius furent trouvés excellens, mais Audebert ne laissa pas de lui dire qu'il s'étonnoit comment il se pouvoit résoudre à tant de combats, vu qu'autrefois il lui avoit ouï dire qu'il n'iroit jamais à la guerre que lorsque les mousquets seroient chargés de poudre de Chypre et de dragées de Verdun, et amorcées de poudre d'iris. Il répondit qu'il ne craignoit plus les alarmes, pource qu'il avoit le droit de son côté, et que les ruses et la force ne lui manqueroient pas.

Tandis qu'il parloit ainsi, les ambassadeurs devisoient en-

---

[1] L'*Amadis de Gaule*, qui, comme l'*Amadis de l'Étoile*, l'*Amadis de Trébizonde* et autres, procède du poëme d'*Amadis*, dont les quatre premiers chants datent du quatorzième siècle et sont de Vasco Loveira. Le reste est dû à divers auteurs.

[2] *L'admirable histoire du Chevalier du Soleil, où sont racontées les prouesses de ce guerrier et de son frère Rosiclair, avec les adventures de la princesse Claridiane et autres grands seigneurs; traduite du castillan en françois par Franç. de Rosset et Loüis Douet. Paris, 1620, 8 vol.*

semble; et Francion, qui étoit leur truchement, fit sçavoir qu'ils ne trouvoient pas bon tout ce que disoit leur roi, et qu'ils croyoient que les grands de leur pays ne laisseroient pas changer leurs anciennes lois en de's nouvelles. Mais Hortensius dit que l'on verroit ce qu'il en feroit, lorsqu'il auroit prouvé que ses propositions étoient justes.

Alors une des compagnes de Nays, fort curieuse, voulut sçavoir si le roi de Pologne n'auroit point envie de se marier, et Francion lui en fit la demande. Il dit là-dessus qu'il voyoit bien qu'il y avoit quelque affétée Italienne qui désiroit d'être reine, mais qu'elle ne le tenoit et qu'il vouloit quelque infante d'Angleterre ou de Danemark, qui sur toute chose lui apportât la pudicité pour douaire. Les Polonois firent entendre à Francion ce qu'ils pensoient là-dessus, et il dit tout haut qu'ils croyoient que leur roi se trompoit s'il pensoit avoir jamais une femme qui eût encore la rose de sa virginité, parce que c'étoit la coutume de leur pays de mettre la reine, le premier jour de ses noces, en une grande chambre où tous les plus grands du royaume alloient coucher avec elle l'un après l'autre. Ceci mit en colère Hortensius : il dit qu'il ne souffriroit jamais cette vilenie, et qu'il avoit lu entièrement le chapitre de la Pologne dedans le livre des États et empires, mais qu'il ne parloit point de cette maudite coutume. Les ambassadeurs soutinrent que cela avoit toujours été observé, et que pour sçavoir au vrai si un homme étoit camus il ne falloit pas regarder son portrait, mais qu'il le falloit regarder lui-même; et que, si son livre étoit menteur, il ne le falloit pas croire plus que la chose propre; et qu'ils n'avoient garde de laisser abolir la bonne coutume de coucher avec la reine, vu qu'étant des premiers de l'État ils tâteroient les premiers de la femme qu'il auroit. Les dames furent pour lui en ceci, et, quoique du Buisson vînt dire qu'il falloit bien qu'il se gardât de se marier l'an de disgrâce mil cinq cents trop tôt, et que sans doute, par révolution de sphère, lorsque sa femme seroit au signe de Gémini, il seroit à celui de Capricorne : si est-ce que l'on lui conseilla bien de ne point garder le célibat, lui assurant qu'il ne seroit jamais trompé en femme.

Après ces divers entretiens, toute la compagnie prit congé de Nays, excepté Francion, et l'on remena le roi de Pologne en son hôtel. Il y avoit presse à le voir passer : le bruit de sa folie avoit déjà couru dedans Rome. Les uns en rioient, les autres s'en étonnoient. Pour lui, il crut que cette multitude n'étoit là que pour l'admirer; et, étant fort satisfait de sa personne, il s'alla enfermer dans sa chambre avec son historiographe le plus tôt qu'il lui fut possible, afin de lui faire lire ce qu'il avoit écrit de ses discours, pour corriger les lieux où il avoit manqué.

Cependant Francion entretint sa maîtresse des plaisantes extravagances de ce nouveau roi, et, pour réparer le temps qu'ils avoient été à tenir une contenance sérieuse devant lui, ils en rirent alors tout leur soûl. Mais, comme ce n'étoit pas là ce qui les touchoit le plus, ils changèrent bientôt de propos : Francion vint à parler de la violence de sa passion; Nays en fut si touchée, que, par un transport d'amour, elle tira d'un petit coffre le portrait de Floriandre, qu'elle avoit encore, et le lui donna pour en faire ce qu'il voudroit, lui montrant qu'elle ne vouloit garder aucune chose qui la pût faire songer à d'autres qu'à lui. Il fit quelque difficulté de le prendre, disant qu'il ne doutoit point de sa fidélélité, et qu'il n'étoit pas de si mauvaise humeur que d'entrer en jalousie. Néanmoins il le retint, et en fit un présent à Raymond dès qu'il fut de retour. Encore que Nays, étant veuve, fût maîtresse de ses actions, elle demanda conseil à ses parens sur son mariage; et, bien qu'ils ne fussent guère d'avis qu'elle épousât un étranger, ils feignirent de le trouver bon, pource qu'ils la connoissoient si entière en ses résolutions, qu'elle ne les quittoit pour aucune remontrance. Francion en avoit bien déjà visité quelques-uns avec Dorini, et leur avoit donné des preuves de ce qu'il étoit; mais leur naturel n'étoit pas assez bon pour se laisser gagner du premier coup. Toutefois l'affaire en étoit venue là que le mariage se devoit faire dans six jours. Notre amant trouvoit ce terme bien long, et languissoit pendant cette attente; si bien que c'étoit avec raison qu'il cherchoit du divertissement parmi les rêveries d'Hortensius. L'ayant été retrouver, il le fit souper avec la même cérémonie du dîner, et, la nuit étant venue, il le fit mettre au lit. Les ambassadeurs lui demandèrent quand c'étoit qu'il vouloit partir pour aller prendre les rênes de la Pologne, qui soupiroit après sa présence. Il répondit que ce seroit quand ils voudroient; mais Francion intervint là-dessus, et lui dit qu'il s'alloit marier et qu'il falloit bien qu'il lui fit l'honneur d'assister à ses noces, et qu'après cela ils s'en iroient tous ensemble joyeusement, ayant à leur suite tout ce qu'il y avoit de François à Rome, et d'autres gens qui les voudroient suivre, de quoi ils composeroient une armée qui se rendroit redoutable en tous les lieux où elle passeroit. Quoique messieurs les Polonois alléguassent là-dessus qu'on leur avoit commandé de ne tarder guère en leur voyage, leur monarque jura qu'il demeureroit pour la belle occasion qui s'offroit, quand toutes ses provinces eussent dû être perdues; ce qu'ils firent semblant de trouver fort mauvais, si bien qu'ils le quittèrent avec fort peu de complimens. Il les fit rappeler, et les apaisa, leur demandant à quoi il tenoit qu'ils ne fussent satisfaits. Ils dirent qu'ils vouloient être logés en même maison que lui, d'autant que c'étoit la coutume de leurs princes de donner des chambres en leurs palais à ceux de leur qualité. Hortensius dit qu'il feroit bien plus, et qu'ils ne viendroient pas loger chez lui, mais qu'il s'en iroit loger avec eux; et là-dessus il se leva et se rhabilla, et voulut aller en leur maison. Bien que l'on feignît de ne pas trouver cela bon, ils l'y menèrent, disant qu'ils auroient un grand contentement, à cause qu'ils pourroient toujours voir leur roi désormais, et qu'ils remarqueroient ses humeurs, pour s'y rendre conformes. Ils le firent coucher au meilleur lit qu'ils eussent; mais le matin, ayant repris leurs habits ordinaires pour s'en aller à Naples, ils délogèrent sans trompettes, et, ne payant leur hôte qu'à demi, ils dirent que leur compagnon qui demeuroit payeroit le reste. Lorsqu'il fut éveillé, l'hôte entra dans sa chambre et lui demanda s'il n'entendoit pas lui payer la dépense de ses compagnons avec la sienne. Il répondit qu'il n'étoit pas sur le point de partir. Mais l'hôte lui répliqua que les autres s'en étoient déjà allés. Hortensius demanda s'il n'y avoit plus un Polonois au logis; à quoi l'hôte repartit qu'il n'y en avoit jamais vu, et qu'il parloit de quatre Allemands pour répondre, vu qu'ils l'avoient honoré comme leur maître. Ils en étoient sur ce propos, quand le premier hôte d'Hortensius, qui avoit sçu chez Raymond qu'il étoit logé là, le vint trouver, et lui fit un beau bruit, lui demandant le louage de sa chambre et sa dépense, l'appelant affronteur, qui s'en étoit allé sans lui dire adieu, afin de ne point payer. Audebert, qui avoit parlé à cet hôtellier et se doutoit bien de la querelle qu'il feroit à Hortensius. l'avoit suivi de loin : il se trouva là au fort de la dispute de ces deux Italiens; et Hortensius, le voyant, s'écria de joie : Ah ! que tu es venu bien à point, ces deux corsaires me tyrannisent sans respect de ma qualité. Montre-leur comme je serai roi et que j'aurai bien moyen de les payer. Audebert, ayant tiré assez de plaisir de leur contestation, apaisa les deux hôteliers, leur promettant qu'Hortensius les payeroit bien, et qu'il leur en répondoit; tellement qu'ils lui laissèrent ses habits, sur lesquels ils avoient déjà jeté les mains, et principalement sur le petit manteau fourré, pour faire tout vendre et être payés de la dette, car ils ne vouloient pas gouverner plus doucement un homme qui leur sembloit si fol.

Hortensius, s'étant habillé promptement, sortit avec Audebert, ayant pris un manteau à l'ordinaire, à cause qu'il ne vouloit pas porter le fourré, puisqu'il n'avoit point de Polonois à sa suite : il alla voir Raymond et Francion, et en tout le chemin il ne fit que rêver. Quand il fut chez eux, il leur fit des plaintes sur ce que les Polonois s'en étoient allés sans lui dire adieu; ce qui étoit une marque d'une incivilité bien grande, de laquelle il ne pouvoit trouver la raison. Vous verrez, lui dit Francion, qu'ils sont malcontens de vous. Hier vous leur proposiez de nouvelles lois, que vous vouliez faire observer en leur pays, au préjudice des anciennes : il faut croire que cela leur a déplu; et outre cela vous ne leur avez pas fait assez d'honneur et de courtoisie. Dès que vous sçûtes qu'ils étoient arrivés, vous deviez leur faire meubler quelque belle maison et les entretenir là à vos dépens; et, lorsqu'ils eurent fait leur ambassade, il falloit que vous vous montrassiez libéral, et que vous donnassiez une enseigne[1] de diamans au principal d'entre eux et quelque grosse chaîne d'or à chacun des autres. C'est ainsi que tous les princes en font aujourd'hui, et ils donnent bien des choses plus précieuses. Si est-ce que je n'ai point remarqué cela encore en aucun livre, dit Hortensius. Le plus beau livre que vous puissiez voir, répliqua Francion, c'est l'expérience du monde. Je n'ai que faire des sottises de la mode, reprit Hortensius, je me gouverne à l'antique, et, n'ayant rien que je leur pusse donner,

[1] Sorte d'aigrette que l'on portait au chapeau.

je m'attendois à une autre saison. Mais, dites-moi, qu'en pensez-vous? Ne disoient-ils pas hier qu'ils ne vouloient pas attendre si longtemps que moi à s'en aller? Voilà le sujet de leur départ. Pour nous, nous les suivrons dès que nos noces seront faites. Il y faudra aviser entre ci et là, dit Francion; car je crains bien qu'ils ne veulent plus vous avoir pour roi, et qu'ils n'aillent dire du mal de vous dans leur pays.

Ces dernières paroles affligèrent fort Hortensius. Il considéra que possible avoit-il perdu un royaume par sa seule faute, et qu'il devoit plutôt emprunter de l'argent et se mettre en frais pour faire honneur à ces ambassadeurs. Mais Raymond, pour le consoler, lui vint dire: De quoi vous affligez-vous?. Quand vous ne serez pas roi, vous ne serez pas moins que vous étiez il y a dix jours. Quel plaisir auriez-vous d'aller commander à des gens barbares et inconnus? Il vaut mieux être pair et compagnon avec des gens de bonne humeur et de bon esprit. Un roi n'est rien qu'un serf honorable. Le peuple se réjouit pendant qu'il veille et qu'il combat pour lui. Quand le diadème fut apporté à Séleucus, ne dit-il pas que qui sçauroit les misères qu'il cachoit ne daigneroit pas le lever de terre; et n'avez-vous pas lu d'autres beaux exemples sur ce sujet dedans Plutarque?

Ce discours toucha l'âme d'Hortensius, qui tout sur l'heure, pour vaincre son ennui, se fit donner un livre du blâme des grandeurs mondaines, où il s'amusa à lire pendant que les autres avoient divers entretiens.

Francion, voyant que ce pédant tomboit en une mauvaise humeur qui ne leur donnoit point de plaisir, alla passer la plus grande partie de la journée à deviser avec sa maîtresse. Pour le jour suivant, considérant encore qu'Hortensius ne leur pouvoit plus fournir d'ébattemens, au lieu de sa comédie naturelle, il eut recours aux comédiens italiens qui vinrent jouer chez Nays, où il se trouva une fort belle compagnie. Il y avoit quelques jours qu'il leur avoit appris toutes les plaisanteries que son brave précepteur avoit faites lorsqu'il étoit au collége sous lui. Ce fut là le seul sujet de leur pièce, et le seigneur Doctor représenta ce pédant. Hortensius vit tout ceci, mais il ne croyoit pas que ce fût de lui que l'on voulût parler: il avoit trop bonne opinion de soi pour croire que l'on fît des farces de ses actions.

Le lendemain les mêmes comédiens jouèrent une pièce chez Raymond d'une nouvelle invention : elle étoit composée de divers langages, qui n'étoient qu'écorchés, tellement que ceux qui entendoient l'italien y pouvoient comprendre tout. Mais le jour d'après celui-ci il y eut des comédiens plus illustres qui se mêlèrent de monter sur le théâtre. Francion, Raymond, Audebert, du Buisson et deux autres gentilshommes françois avoient appris depuis peu une comédie où ils avoient tous mis la main, laquelle ils allèrent jouer chez Nays. Ils l'avoient faite fort familièrement; car elle n'étoit composée que de vers qui étoient pris d'un côté et d'autre, dans Ronsard, dans Belleau, dans Baïf, dans Desportes, dans Garnier et plusieurs autres poëtes plus récens. Or ils n'avoient choisi que ce qu'ils sçavoient déjà par cœur, si bien qu'ils avoient accommodé leur comédie suivant ce qui se trouvoit dans leur esprit, au lieu que les autres captivent leur esprit aux règles et aux discours de la comédie. Néanmoins toutes ces pièces rapportées faisoient une suite très-agréable, quoiqu'elle fût assez fantasque. Il y eut seulement quelques mélancoliques Italiens qui n'y prirent point de plaisir, à cause qu'ils avoient de la peine à comprendre la poésie françoise. Francion les voulut contenter d'une autre façon, il joua le lendemain une autre comédie que toutes sortes de nations pouvoient entendre, car tout ne s'y faisoit que par signes. Il l'avoit déjà jouée en France une fois, tellement qu'il en donna en peu d'heures l'intelligence à ses compagnons.

Encore qu'il s'occupât à toutes ces gentillesses que nous avons dites, elles n'étoient pas de si longue durée, qu'il ne lui restât du temps pour entretenir sa maîtresse. Pour le jour suivant, il le fallut donner tout entier à leurs affaires : ce fut ce jour-là qu'ils furent accordés. Toute la compagnie qu'ils avoient priée soupa chez Nays, et l'on n'oublia pas le seigneur Hortensius, qui, voyant tout le monde se réjouir, étoit forcé d'en faire de même, bien que l'on ne le tînt plus pour roi et que l'on ne lui fît plus tant d'honneur. Encore qu'il fût pour lors avec des gens qui se tenoient sur le sérieux, il se voulut mettre un petit sur la débauche, et, ayant en main un verre de Venise fait en gondole, il dit : Le philosophe qui disoit que les navires qui étoient sur terre étoient les plus assurés entendoit parler de celui-ci. Et, comme il

voyoit Audebert qui alloit boire, il lui dit : Gardez-vous bien
de mettre du bon vin dedans un mauvais tonneau. Eh ! pensez-vous, répondit Audebert, que je veuille verser ce vin dans
votre estomac? Hortensius, se trouvant pris de la sorte, changea de propos, et, voyant deux perdreaux dans un plat, il dit
à Audebert qu'il y en avoit trois, et essaya de le lui persuader en comptant ainsi par plusieurs fois, un et deux font
trois. Audebert, pour terminer cette dispute de sophiste,
donne un des perdreaux à du Buisson et prend l'autre, et dit
à Hortensius : C'est pour vous le troisième, prenez-le. Se
voyant ainsi moqué, il voulut avoir sa revanche et montrer
son subtil esprit. Il y avoit quatre pigeonneaux dans un autre
plat tout devant lui, par lesquels il s'imagina qu'il feroit bien
valoir sa première façon de compter. Il en présenta un à deux
gentilshommes qui s'étoient moqués de lui, en disant un et
deux font trois, et puis un autre à Audebert et à du Buisson
en disant la même chose, et puis il mit les deux autres sur son
assiette, disant encore un et deux font trois. Ce trait fut si
bon que ceux mêmes qui avoient été trompés le louèrent.
Tout le monde ne l'avoit pas pu remarquer, parce que la table
étoit longue, mais l'on le publia bientôt; et Francion, trouvant cela fort agréable, dit qu'il se souvenoit qu'Hortensius
avoit fait un jour un partage aussi plaisant. Comme j'étois au
collége sous lui, poursuivit-il, un gentilhomme de mes parens arriva à Paris avec son train, lequel nous pria de souper
chez lui : entre autres choses il y avoit un faisan sur la table.
M. le pédagogue fut prié de le partir[1] : il donna la tête
au maître, disant qu'elle lui appartenoit comme au chef
de la maison; il donna le col à la femme, parce qu'elle étoit
jointe au chef comme lui; aux deux filles il donna les pieds,
à cause, disoit-il, qu'elles aimoient la danse; et aux fils et à
moi il nous donna les ailes, nous faisant accroire que c'étoit
notre vraie part, parce qu'étant jeunes gentilshommes nous
devions aimer la chasse et le vol de l'oiseau; et pour lui il retint le corps, disant qu'il le devoit avoir comme représentant
le corps de l'Université de Paris.

Ensuite de ce conte, on entra insensiblement sur d'autres
discours, où Francion le fit paroître d'une si bonne humeur

---

[1] Partager.

que tous les Italiens qui étoient là l'eurent en aussi bonne estime que les François. Quant à Hortensius, il voulut aussi faire paroître ce qu'il sçavoit, et, comme quelques musiciens, que l'on avoit fait venir, eurent chanté, il se mit sur les louanges de la musique, et assura que les passions et les actions humaines en représentoient les parties. L'humilité chante la basse, disoit-il, et l'ambition chante le dessus; la colère fait la taille, et la vengeance la contre-taille; la modestie tient le tacet; la prudence bat la mesure et conduit le concert; la nature va le plain-chant; l'artifice fredonne; la douleur fait les soupirs, et la dissimulation les feintes et les dièses. Et, pour les instrumens de musique, l'avarice joue de la harpe; la prodigalité joue du cornet, mais ce n'est pas du cornet à bouquin, c'est du cornet à jeter les dés; l'amour joue de la viole, parce qu'il fait violer les filles; la trahison joue de la trompe, car elle trompe tout le monde; et la justice joue du hautbois, parce qu'elle fait élever des potences pour y attacher les coupables.

Ces nouvelles applications donnèrent bien du plaisir à toute la compagnie, et l'on pria ce docteur d'expliquer plus particulièrement tout ce qu'il avoit dit de ce rapport des passions à la musique, ce qu'il fit fort librement, croyant que tout le monde l'admiroit. Après cela, voyant que Raymond se mêloit quelquefois de chanter, il lui donna force louanges, et lui dit qu'il se sentiroit bien heureux s'il le pouvoit toujours écouter. Vous êtes trop complimentaire, répondit Raymond. Faut-il, quand je vois un homme accompli, m'en taire? répondit Hortensius. Vous équivoquez bien, reprit Raymond; mais je m'en vais le faire aussi bien que vous en changeant seulement de mot : je veux donc que vous sçachiez qu'un complimenteur n'est qu'un accompli menteur. Pour plaire à Hortensius, on fit semblant de trouver qu'il avoit bien mieux dit que Raymond.

Lorsque chacun fut retiré, et que pour lui il fut aussi en la maison de nos braves gentilshommes françois, Francion lui demanda ce qu'il lui sembloit de Nays, et s'il ne l'estimoit pas heureux d'avoir une si belle maîtresse. Hortensius, qui n'avoit pas assez de prudence pour celer ce qu'il pensoit, lui repondit que les secondes noces n'avoient rien de meilleur que les viandes réchauffées, et qu'au moindre mécontentement que les femmes recevoient de leurs seconds maris elles regrettoient les premiers. Mais Raymond, arrivant là-dessus, dit que l'on ne devoit pas craindre que Nays ne trouvât des qualités en la personne de Francion qui lui fissent oublier ses premières affections. Pour moi, dit alors Francion, je ne trouve point que ce me soit une chose désavantageuse d'épouser une veuve; elle en sçait mieux ce que c'est d'aimer, il m'en falloit une nécessairement; et, si elle a été à un autre homme que moi, à combien de femmes ai-je été aussi? Ils tinrent encore d'autres discours là-dessus, après qu'Hortensius se fut retiré; et Francion fit toujours paroître que rien ne pouvoit empêcher qu'il n'estimât sa fortune, et que toutes les raisons que l'on lui pouvoit dire n'étoient pas alors capables de le divertir de son amour et de son dessein. Il commençoit de voir toutes choses d'un autre œil qu'il n'avoit fait auparavant, et il croyoit qu'il étoit temps qu'il songeât à faire une honnête retraite.

LIVRE DOUZIÈME

Lorsque ces deux parfaits amis discouroient ensemble de leurs affaires, il arriva subitement un certain homme que l'on appeloit le seigneur Bergamin, duquel Francion avoit eu la connoissance il y avoit quelque temps, et en faisoit beaucoup d'état, parce qu'il étoit de fort bonne conversation. Il lui fit un bon accueil, et lui dit qu'il ne sçavoit pourquoi il ne le venoit plus visiter, et qu'ils avoient perdu beaucoup de ne l'avoir point en leur compagnie dans les occasions qui s'étoient passées, parce qu'ils avoient fait quantité de débauches honnêtes, et qu'ils avoient joué des comédies de toutes façons, faisant autant de pièces véritables comme de feintes. Là-dessus il conta en bref tout ce qui s'étoit passé d'Hortensius, et tous leurs autres divertissemens ensuite; mais Bergamin ne sçavoit pas si peu de nouvelles qu'il n'eût quelque connoissance de cela. Il dit qu'il étoit fâché de ce que ses affaires l'avoient empêché d'avoir l'honneur de se réjouir avec eux; et Francion lui répliqua que désormais il falloit donc réparer le temps qu'ils avoient été sans le voir et reprendre son agréable humeur; et il ne disoit point cela sans sujet, car en effet il ne se pouvoit pas encore trouver dans l'Italie un plus plaisant homme que Bergamin, et qui fût plus propre à tous les divertissemens que l'on voudroit inventer. Il avoit été comédien en sa jeunesse, et étoit estimé le premier de sa profession. L'ayant alors quittée, parce qu'il ne se pouvoit asservir à rien, c'étoit tout son déduit que de hanter les courtisans, et visiter tantôt l'un et tantôt l'autre, pour faire devant eux mille bouffonneries et se donner du plaisir tandis qu'il en donnoit aux autres. L'on disoit aussi qu'il n'étoit pas nécessaire qu'il fût plus longtemps avec une bande de comédiens, puisqu'il étoit capable de jouer une bonne comédie lui seul. Et pour dire la vérité, l'on ne se trompoit point en cela, encore que l'on ne le dît pas à bon escient; car il y avoit de certaines pièces qu'il avoit faites exprès, lesquelles il jouoit quelquefois sans avoir besoin de compagnon, et ayant fait tendre un rideau au coin d'une salle, il sortoit de là derrière plusieurs fois, changeant d'habits selon les personnages qu'il vouloit représenter, et il déguisoit tellement sa voix et son action qu'il n'étoit pas reconnoissable, et l'on pensoit qu'il eût avec lui quantité d'autres acteurs. Or cela étoit bon pour des scènes où il n'y devoit avoir qu'un homme qui parlât; mais pour celles où il y en avoit deux il falloit user de quelque artifice, ce qui ne lui manquoit point; comme par exemple il faisoit quelquefois le personnage d'un amant qui parloit à sa maîtresse, laquelle il feignoit d'être enfermée par son père ou son mari dans une prison, et il se tournoit vers la muraille pour l'entretenir; et puis quand elle devoit parler, il parloit pour elle, avec un ton de voix si féminin et si différent du premier, qu'il sembloit véritablement qu'il y eût quelque femme cachée derrière la toile; car il tournoit le dos tout exprès, afin que l'on ne lui vît point ouvrir la bouche. D'autres fois il faisoit une momerie bien plaisante, et montroit agréablement son artifice, représentant trois ou quatre personnages qui se parloient l'un à l'autre sur un théâtre : il avoit là des robes, des manteaux et des bonnets dont il changeoit promptement devant tout le monde, sans s'aller cacher derrière le rideau. S'il faisoit un roi, il étoit assis dans une chaise, il parloit gravement à quelque courtisan; et puis il quittoit aussitôt son manteau royal et sa couronne, et, sortant de la chaise, se mettoit en la posture de cavalier; puis, ayant à représenter un pauvre rustique, qui devoit parler de l'autre côté, il y passoit brusquement; et, s'étant revêtu de haillons, il jouoit son rôle avec une telle naïveté, que l'on n'a jamais rien vu de plus agréable. Après il se remettoit dans la chaise en posture de prince, et changeoit si souvent de place, d'habit et de voix, que l'on trouvoit cela merveilleux. Voilà ce qu'il sçavoit pour la comédie, si bien qu'à n'en point mentir il eût beaucoup servi aux galanteries de Francion, et il avoit raison de le regretter. Pour ce qui étoit du reste, il avoit l'esprit si bon, que ses discours familiers étoient toujours remplis de quelques pointes; c'est pourquoi il étoit bien venu chez tous les grands. Néanmoins il étoit fort pauvre; car, ne se donnant à personne particulièrement, il n'avoit aucune pension pour s'entretenir. L'on étoit bien aise de l'avoir quelquefois à dîner; mais ceux qui le recevoient à leur table faisoient comme ont accoutumé les grands, qui s'imaginent de faire beaucoup d'honneur et de plaisir à ceux qu'ils permettent de manger chez eux. Encore falloit-il qu'il payât toujours son écot par un bon conte; car, s'il eût demeuré mélancolique et taciturne, il n'eût pas été bienvenu pour une autre fois. Il étoit donc de ceux qui dînent fort bien d'ordinaire, mais qui ne soupent point, parce que l'on ne mange point le soir chez les grands; et, en ce qui étoit de sa cuisine, elle étoit fort froide. Il s'étoit autrefois fort bien trouvé de l'accointance de Francion qui vivoit splendidement à la françoise; mais il avoit discontinué de le voir pour certaines occasions. Il sembloit même alors qu'il fût tout changé. L'on lui voyoit une façon sérieuse, comme s'il eût eu quelque chose de fâcheux dans l'esprit; et, après les premiers complimens, il témoigna qu'il lui vouloit dire un secret fort important, touchant une chose fort pressée.

Cela se fit néanmoins sans dire mot; car il ne vouloit point que son dessein parût, et il l'attira insensiblement en un endroit de la chambre, où ils ne pouvoient être entendus. Néanmoins Raymond conjectura que cela se faisoit tout exprès, et parce qu'il étoit fort discret et ne vouloit point ouïr ce que ses amis ne désiroient pas de lui communiquer, il se tint toujours à l'écart. D'abord Bergamin demanda à Francion, s'il y avoit longtemps qu'il n'avoit vu la belle Émilie, qui étoit une Italienne, qu'il avoit connue depuis qu'il étoit à Rome; mais Francion, faisant le froid, lui demanda s'il ne sçavoit pas ce que toute la ville sçavoit, qui étoit qu'il alloit épouser Nays; et que, lui ayant même promis le mariage par contrat, il ne pouvoit plus songer à visiter d'autres dames. Je crois bien que ce que vous avez promis à Nays est tout public, dit Bergamin, mais pourtant cela n'est pas plus fort que ce que vous avez promis à Émilie, encore que ne fût pas devant tant de témoins; car les premières promesses nous obligent et nous rendent incapables d'en faire d'autres. Vous m'étonnez de parler de la sorte, dit Francion. Vous m'étonnez encore davantage de feindre d'avoir de l'étonnement, repartit Bergamin. Je ne suis lié en aucune façon avec Émilie, dit Francion. Elle le prétend néanmoins, dit Bergamin, si bien que vous ne pouvez pas vous marier avec Nays comme vous pensez.

Bergamin disoit tout ceci avec la mine la plus sévère qu'il lui étoit possible; mais toutefois Francion s'alla imaginer que c'étoit une feinte, et qu'il lui vouloit jouer un tour de son métier, de sorte que tant plus il en parloit, tant plus il demeuroit dans cette croyance. Je vois bien, dit Francion, que vous me voulez faire un tour de gausserie; mais à qui vous jouez-vous? C'est moi qui en ai fait leçon aux autres. Vous croyez, possible, que je n'en sçais pas tant que vous; mais au moins j'en sçais assez pour me garder de vos artifices. Il faut que mon cher Raymond participe à ce contentement.

Là-dessus il appela Raymond, qui fut bien aise d'aller devers eux; car il étoit en peine de ce qu'ils pouvoient dire, leur voyant avoir une façon extraordinaire. Quand il se fut approché, Francion lui dit que Bergamin étoit le plus agréable personnage du monde, et qu'il lui vouloit faire accroire qu'il avoit promis le mariage à Émilie. Raymond, qui avoit un peu ouï parler de cette dame, se sourit à ce discours; mais Bergamin, redoublant ses assurances, lui parla de cette sorte : Je suis bien aise que vous appeliez ici un témoin, car vous verrez tous deux ensemble comme je ne dis rien qui ne soit très à propos et très-croyable. Vous

vous garderez mieux d'être trompés. Je vous proteste donc encore qu'Émilie assure que vous lui avez promis la foi, et que vous ne devez rien faire avec Nays au préjudice de votre parole. Sa mère m'a prié de vous le venir dire, afin que vous ne soyez pas si déloyal que de vouloir passer plus outre. Bergamin joignit à ceci de longs discours contre l'infidélité des amoureux, où il fit paroître sa mémoire, citant quantité d'auteurs qu'il avoit lus, et il montra aussi la vivacité de son esprit, y appropriant beaucoup de belles pensées qui étoient de son invention. Il s'animoit quelquefois même, ayant un geste d'orateur, et tenoit une contenance si sérieuse, que, s'il ne parloit tout à bon, il falloit avouer qu'il étoit le meilleur comédien du monde. Francion ne sçavoit presque plus s'il devoit s'en rire ou s'en fâcher : néanmoins il lui repartit encore que tant plus il en diroit, tant plus il témoigneroit de sçavoir bien feindre. Bergamin lui dit alors qu'à la vérité l'on lui avoit vu faire des fictions qui approchoient de ceci, mais que c'étoit envers des hommes qui méritoient d'être dupés, et non pas envers Francion, qui devoit être traité d'une autre sorte, et qu'il n'en vouloit plus parler davantage, parce que l'on auroit bientôt d'autres assurances plus fortes de ce qu'il avoit dit. Il s'en alla après ceci, étant tout fâché de voir qu'à cause qu'il s'étoit accoutumé à dire quelquefois des mensonges, l'on ne croyoit point qu'il fût jamais capable de dire un seul mot de vérité.

L'on connut, à la façon de son départ, qu'il n'avoit parlé qu'à bon escient : car, s'il eût voulu railler, il eût enfin tourné en risée tout ce qu'il avoit dit, sçachant bien qu'il n'avoit pas affaire à des niais. Quand il fut sorti, Raymond dit à Francion qu'il sçavoit bien si sa conscience étoit nette du crime qu'il lui imposoit. Moi, dit Francion, je vous assure qu'il n'est rien de tout cela, et que, de quelque façon que ce soit, il faut qu'il y ait ici quelque fourbe : mais tout cela ne m'émeut pas en façon du monde, car je suis au-dessus de toutes ces attaques.

Il fut encore tenu quelque autre discours là-dessus, et puis ils s'allèrent reposer. Le lendemain, Francion voulut aller voir Nays et lui donner le bonjour; mais, comme il y pensoit entrer avec la liberté qu'il croyoit avoir acquise, un de ses serviteurs lui vint dire promptement que Nays n'étoit pas encore habillée. Il se mit donc un peu à attendre, se tenant dans la discrétion; et pourtant il croyoit bien que l'on lui devoit permettre d'entrer, quoiqu'elle ne fût qu'à demi habillée, vu l'état où ils étoient. Enfin, comme il se fut donné quelque patience, il voulut s'avancer derechef; mais l'on lui vint dire que, de ce jour-là, Nays ne vouloit voir personne. Je pense que vous ne me connoissez plus, ce dit-il, ou que vous feignez de ne me pas connoître; quand Nays ne permettroit point que personne la vît, je croirai toujours en être excepté : dites-lui encore que c'est moi, et si elle ne prétend pas me tirer du rang des autres. Lorsqu'il eut dit cela, l'on alla aussitôt devers elle, et puis un estafier lui vint dire qu'elle avoit répondu que, pour ce jour-là, elle ne vouloit voir ni lui ni autre; mais que, pour les jours suivans, peut-être permettroit-elle à quelqu'un de la voir, et non point à lui. Francion fut si fâché d'entendre cette réponse, qu'il eût battu cet estafier comme un malappris, n'eût été le respect qu'il portoit aux couleurs de sa maîtresse. Il se figuroit d'abord que cela venoit de l'invention de ce serviteur malicieux; mais il songea enfin qu'il n'auroit garde d'avoir une telle témérité de lui porter cette parole, s'il n'en avoit un commandement exprès. S'imaginant donc que cela venoit de Nays, il ne pouvoit trouver la cause de ce changement; il en demandoit des raisons à tous ceux qui étoient autour de lui, mais ils ne lui en pouvoient rendre. Quelquefois il se représente qu'il n'est pas croyable que Nays le méprise de cette sorte, et que tout ceci n'est qu'une feinte pour se donner du divertissement. Et là-dessus il raisonne de cette sorte : Si c'est une cassade que ma maîtresse me veut jouer, je donnerai encore plus de sujet de rire si je m'en retourne sans la voir, comme ayant beaucoup d'appréhension; tellement qu'il vaut mieux user de violence et entrer hardiment jusques au lieu où elle est, malgré les avertissemens de ses serviteurs : car, quand même elle en seroit un petit fâchée, je sçais bien comme je la dois rapaiser; et il est certain qu'ayant déjà fait l'accord de notre mariage j'ai droit maintenant d'user de cette privauté. Mais, s'il est vrai, au contraire, qu'elle me dédaigne et qu'elle se repente déjà de ce qui fut fait hier, est-il à propos que je passe plus outre? N'augmentera-t-elle pas sa colère contre moi? Ne vaut-il pas

bien mieux procéder plus doucement en ceci? L'esprit de
Francion étoit ainsi dans l'incertitude, et quelquefois il disoit
aussi en soi-même qu'il étoit bien difficile de souffrir cet
affront, et que, afin que la honte ne lui en demeurât point,
il falloit s'efforcer de voir Nays : mais il songeoit aussi que,
s'il ne la pouvoit voir malgré tous ses efforts, l'on se moqueroit encore de lui davantage : tellement qu'il s'avisa qu'il
valoit mieux user de quelque artifice, et feindre que le message qu'elle lui avoit envoyé faire ne l'offensoit pas beaucoup,
comme s'il ne l'eût pas bien compris, et se retirer sans aucun bruit. Après avoir donc assez rêvé, il s'en alla dire à
quelques serviteurs qui étoient demeurés là : Il faut que je
vous avoue, chers amis, que je témoigne d'avoir bien peu de
mémoire : je ne me souvenois pas que Nays m'avoit hier dit
qu'elle ne désiroit pas que je la visse aujourd'hui : l'impatience
de mon affection en est cause. Ayant dit cela, il s'en retourna
brusquement, mais avec une telle fâcherie, qu'à peine la
put-il exprimer à Raymond. Il disoit que, d'une façon ou
d'autre, il n'y avoit que du mal pour lui en cela, et que, si le
mépris que Nays faisoit de lui étoit vrai, il n'y avoit que de la
honte pour lui ; que, si c'étoit aussi qu'elle voulût prendre
son passe-temps de cette sorte, cela lui étoit aussi fort dés-
avantageux, et qu'il le falloit traiter plus honorablement; que,
si les affaires n'eussent point été si avancées, comme elles
étoient, il eût été bien plus aise de remédier à ceci; mais
qu'ils en étoient venus si avant, qu'il ne sçavoit comment il
s'en pouvoit dégager avec honneur. Raymond lui remontra
qu'il ne se falloit point troubler l'esprit de tant d'inquiétudes,
sans avoir sçu au vrai ce que vouloit dire tout ceci, et qu'il devoit avoir recours à Dorini ou à quelque autre parent de Nays
Francion disoit là-dessus que ce qui le fâchoit davantage
étoit de voir que sa fortune se changeoit en un instant, alors
qu'il la croyoit être la mieux établie, et qu'il sembloit que
chacun se dût plaire désormais à lui jouer des tours de moquerie, ainsi que Bergamin avoit commencé de faire. Raymond, considérant alors cette aventure avec celle qui lui venoit d'arriver, s'alla imaginer que cela pouvoit bien avoir
quelque chose de commun ; c'est pourquoi il le pria de lui
dire franchement par quel moyen c'étoit que Bergamin étoit
entré en familiarité avec lui, pour sçavoir quelque chose de

ses affaires, et sur quoi c'étoit qu'il se fondoit pour dire qu'il avoit promis la foi à Émilie.

Il est vrai qu'entre amis, comme nous sommes, dit Francion, il ne faut rien celer; et même, comment est-ce que vous me pourriez donner conseil en mes affaires, si vous ne les sçaviez entièrement? Un médecin ne peut rien ordonner à un malade sans connoître auparavant son mal. Je fis hier une faute de vous parler de ceci trop brusquement; c'étoit pécher contre les lois de mon devoir; mais vous tiendrez cela excusable, si vous considérez que ce n'a rien été que la honte qui retenoit ma parole, et non point un manquement d'affection. Je n'osois vous dire que, de vérité, après avoir reçu des assurances de la bonne volonté que Nays avoit pour moi, et après avoir même juré plusieurs fois que je ne trouvois rien de si beau comme elle, je n'ai pas laissé d'avoir la curiosité de voir d'autres beautés, dont j'ai même fait de l'estime. Mais quoi! l'empire de cette dame devoit-il être si tyrannique, que j'eusse les yeux bandés pour tous les autres objets? La nature n'a-t-elle pas donné la vue et le jugement aux hommes pour contempler et admirer toutes les beautés du monde? D'ailleurs, étant de nouveau arrivé à Rome, qui est la reine des villes, j'aurois eu bien peu d'esprit si je n'avois voulu voir comment les femmes et les filles y sont faites, et si elles y sont plus belles qu'ailleurs. Pour ce qui est des courtisanes, elles se voient facilement, mais, pour les dames honnêtes et vertueuses, cela est très-difficile. Or cette difficulté en augmente le désir et rend le plaisir plus grand lorsque l'on peut venir à bout de son dessein. J'ai donc fait tout ce qui m'a été possible pour en voir quelques-unes, soit aux églises ou aux promenades,; et quelquefois elles n'ont pas été si bien voilées, que je n'aie contemplé leur beauté; mais, entre toutes celles que j'ai vues, il n'y en a point une telle qu'Émilie.

Dès les premiers jours que j'avois été à Rome, j'avois parlé à quelques gentilshommes françois, parmi lesquels j'avois trouvé Bergamin, qui ne manque point de se ranger vers les débauchés, et principalement vers ceux qui font la plus belle dépense. Sa gaie humeur me plut tellement, que je le priai que nous nous vissions, et il ne manqua pas à me visiter souvent. Or il vint me voir un matin comme je sortois pour aller à la messe, et il fit tant, qu'il me mena jusques à un monastère où je vis deux dames, dont l'une sembloit être courbée de vieillesse, et l'autre, qui devoit être sa fille, étoit de la plus belle taille et sembloit avoir plus de grâce qu'aucune autre que l'on puisse rencontrer. Je croyois que Bergamin avoit tant d'habitude dans Rome, qu'il me pourroit dire qui elles étoient; mais il ne le put pas faire pour lors, car, en effet, cette ville est si peuplée, que tout le monde ne s'y peut pas connoître. Toutefois il m'assura que, si je voulois, il m'en diroit bientôt des nouvelles. Je le priai d'en avoir soin; et, parce que ces dames sortirent incontinent après, il me dit que j'attendisse là et qu'il les alloit suivre pour voir en quel quartier elles demeuroient. Il fut bien trois quarts d'heure sans revenir, ce qui me duroit beaucoup, et j'avois presque envie de m'en retourner, croyant qu'il eût oublié le chemin. Enfin il revint, et me dit que ces dames demeuroient fort proche de cette église, en une maison qu'il me montreroit; mais que, s'il avoit demeuré si longtemps, c'étoit qu'il avoit rencontré fort proche de là un homme de sa connoissance qui l'avoit arrêté, et que cela lui avoit servi de beaucoup, d'autant qu'il n'y avoit personne qui lui pût dire davantage de nouvelles de ce qu'il cherchoit; que c'étoit un homme qui faisoit des affaires pour les uns et les autres, et qui avoit entrepris celles de ces dames que j'avois vues, qui avoient alors un très-gros procès; qu'il avoit appris de lui qu'elles étoient venues à Rome depuis peu pour le poursuivre, ayant quitté la ville de Venise, qui étoit leur pays natal et leur ordinaire demeure; que le mari de Lucinde, qui étoit la mère, avoit eu de grandes affaires avec un gentilhomme romain, qui, désespérant de sa cause, avoit eu recours à la violence et avoit fait tuer en trahison sa partie adverse; si bien que la veuve et l'orpheline étoient venues en cour pour en avoir raison et joindre le cas criminel au civil. Quand je sçus cela, je demandai aussitôt si ce solliciteur n'avoit point assez de crédit pour me faire voir ces dames. Il n'eût pas été à propos de lui demander cela du premier coup, dit Bergamin; lorsque j'ai sçu qui étoit Lucinde, j'ai même changé de discours incontinent, et j'ai biaisé d'un autre côté, de peur que cet homme ne connût que j'avois du dessein. Je m'étois assez aventuré de lui avoir demandé qui étoient celles que j'avois vues entrer dans ce petit logis du bout de la rue; il lui falloit faire imaginer que ce n'étoit que par une curiosité indifférente, et non point par un dessein affecté. Nous autres Italiens, nous sommes soupçonneux et nous sommes fort éloignés de vos libertés françoises : néanmoins, parce que le seigneur Salviati, qui est cet entrepreneur d'affaires, aime autant à se réjouir qu'un autre, je vous promets qu'avec le temps je le pourrai gouverner et en sçavoir de lui davantage.

Bergamin se retira, m'ayant dit ceci, parce qu'il devoit aller dîner chez un seigneur à qui il l'avoit promis. Le lendemain, il ne manqua pas de me venir trouver, pour me dire qu'il avoit encore rencontré Salviati et lui avoit même parlé de moi, lui faisant croire qu'encore que je fusse étranger mon mérite et ma condition me donnoient beaucoup de crédit auprès des grands; de sorte que j'étois capable de servir grandement ceux qui avoient quelque affaire, et qu'ayant ouï raconter à plusieurs personnes le désastre qui étoit arrivé dans la maison de Lucinde j'en avois eu pitié et souhaitois de la pouvoir assister, et qu'il falloit qu'il me vît pour me faire un récit particulier de toutes ces choses; qu'alors il lui avoit répondu que, pour ce qui étoit des procédures, il étoit extrêmement sçavant et me diroit fort bien en quel état étoit l'instance; mais que, pour la façon de la mort de Fabio, mari de Lucinde, et ce qui étoit arrivé auparavant, il falloit parler à elle-même, pourvu que je voulusse prendre la peine d'aller chez elle. Nous en sommes demeurés là, continua Bergamin, et j'ai promis à Salviati que je vous le dirois : voyez si tout ne succède pas à notre souhait. Je l'embrassai de joie alors, étant fort aise d'avoir entrée chez Lucinde; et là-dessus Bergamin me dit encore : Considérez un peu combien il nous faut user d'artifice et de précautions en ce pays-ci; je parle bien de Lucinde à Salviati, parce qu'elle est vieille et hors de soupçon, mais je ne lui parle non plus de sa fille que si elle n'en avoit point. A peine ai-je pu sçavoir qu'elle s'appeloit Émilie, et ce n'a été que par hasard que je l'ai ouï nommer à cet homme. Il n'importe, ce dis-je; je tâcherai de m'accoutumer à cette discrétion italienne; et, pour ce qui est de la faveur que vous avez assuré que j'avois, je ferai en sorte que l'on ne vous trouvera point menteur. Bergamin, ayant encore été quelque temps avec moi après ce discours, s'en alla en ville, m'assurant qu'il m'amèneroit Salviati, parce qu'il sçavoit bien le lieu où il le devoit rencontrer; mais je ne voulus pas qu'il l'amenât chez nous, à cause que j'étois toujours environné de gentilshommes françois qui me venoient visiter. J'étois déjà logé avec vous aussi, brave Raymond, et il ne faut point que je vous mente, c'étoit de vous principalement que je me voulois cacher : vous vous fussiez étonné de ces diverses pratiques que j'avois avec ces Italiens, et vous en eussiez soupçonné quelque chose; de sorte que vous eussiez voulu sçavoir ce que j'avois à démêler avec eux, et je ne vous le voulois pas apprendre : vous eussiez peut-être empêché mon dessein. Nullement, dit alors Raymond; c'étoit douter de mon affection que de croire cela. Vous sçavez bien pourtant, repartit Francion, que j'étois dans la recherche de Nays? C'est pourquoi celle-ci vous eût semblé étrange. Encore moins, dit Raymond; m'avez-vous reconnu autrefois pour un ennemi de nature; et, puisque vous ne possédiez pas encore Nays, pourquoi ne vous étoit-il pas permis d'en poursuivre une autre? Quand même vous l'eussiez possédée, vous ne seriez pas le premier à qui l'amour a donné des passions pour une autre dame : vivant comme nous faisons ensemble, cela ne vous devoit point empêcher de me déclarer votre secret. C'est à sçavoir, dit Francion, si vous vivez de la sorte envers moi, et si je sçais toutes vos amours et vos débauches. Je vous dis encore qu'il y a des choses que la honte nous défend de déclarer à nos amis; mais ils ne s'en doivent point pourtant offenser, parce que cela n'altère point notre affection et que ce sont de petites gentillesses qui leur sont indifférentes. Or, pour achever mon aventure, je vous dirai donc que je priai Bergamin de m'aller attendre en une église avec Salviati, ce qu'il trouva fort à propos : Car, ce disoit-il, cela se fera comme par rencontre, et je l'arrêterai là sans lui dire que vous y devez venir. Cela se fit donc en cette sorte; et, bien que j'eusse vu que cet homme faisoit fort le grave, je ne laissai pas de les prier tous deux à dîner : Bergamin vainquit ses résistances, tellement que nous allâmes à une maison où l'on étoit traité à tel prix que l'on vouloit. Nous fîmes là une connoissance entière, et Bergamin, s'étant mis à parler de Lucinde, dit ouvertement que je la pouvois beaucoup servir. Vous ferez une œuvre bien charitable, dit Salviati ; elle est demeurée veuve et fort incommodée sans avoir aucune protection. Elle ne connoît encore quasi personne dans Rome excepté moi, qui ai longtemps demeuré à Venise ; mais tout ce que je puis faire, c'est de conduire ses procès, sans avoir beaucoup de faveur auprès des plus grands officiers de la justice ; je voudrois qu'elle eût trouvé quelqu'un qui l'assistât, non-seulement pour le bien que je lui veux, mais aussi pour ma considération et celle de ma famille : car la compassion que j'ai eue de ses infortunes a fait que je me suis engagé pour elle envers quelques marchands, et que même je lui ai prêté de l'argent que je ne sçaurois jamais retirer si ses affaires ne vont à heureuse fin. Je lui dis alors que je connoissois quelques cardinaux qui étoient des plus puissans, lesquels j'avois vus à Paris avant qu'ils fussent arrivés à cette haute dignité, et que, les ayant déjà été saluer, ils m'avoient si bien reçu, que j'espérois qu'ils ne me refuseroient rien de ce que je leur demanderois. Il me repartit qu'à la vérité l'on voyoit souvent que ces seigneurs se rendoient plus faciles et plus favorables envers les étrangers qu'envers ceux de leur nation, d'autant qu'ils méprisoient ceux qu'ils voyoient tous les jours, et qu'ils espéroient qu'en obligeant ceux qui étoient d'un pays éloigné cela rendroit leur renommée plus étendue. Il ne me gratifioit pas beaucoup en me disant cela ; car ce n'étoit pas pour me faire entendre que, si j'avois de la faveur, c'étoit à cause de quelque mérite que j'avois en moi. Néanmoins je prenois cela de la part d'un homme qui ne sçavoit pas toutes les civilités de la cour ; et, de peur que ces gens-ci n'eussent de moi quelque basse opinion, je leur fis bien comprendre que ce n'étoit pas ma coutume de me plaire d'aller dîner en de tels lieux que celui où j'étois, et que je ne l'avois fait que pour vivre plus librement avec eux. Cela les fit mettre tous deux dans les soumissions et les remercîmens, et enfin Salviati me dit que, si je voulois prendre la peine de voir Lucinde cette après-dînée, elle m'auroit beaucoup d'obligation parce qu'elle me conteroit entièrement son affaire, et qu'en étant fort bien instruit je la ferois mieux entendre à ceux à qui j'en parlerois, pour leur faire voir la justice de sa cause. Je fus ravi d'entendre cette proposition, croyant que je pour-

rois voir aussi la belle Émilie, bien qu'en tout cela il ne fût
dit aucune chose d'elle. Bergamin nous quitta volontairement,
sçachant bien que sa présence n'étoit pas nécessaire à ceci,
et je m'en allai, sous la conduite de Salviati, jusqu'en la
maison de Lucinde, que Bergamin m'avoit déjà montrée : elle
étoit petite, mais pourtant assez commode pour une femme
veuve, qui la tenoit elle seule. Salviati y entroit aussi librement, comme s'il eût été domestique; de sorte que nous sur-
prîmes Lucinde dans sa salle, où Émilie étoit avec elle. Or il
faut que je vous proteste encore maintenant que je n'ai jamais guère vu de plus belle fille. Je ne regardois rien qu'elle;
mais, sitôt qu'elle nous eut aperçus, elle passa dans une
chambre prochaine. Salviati dit à Lucinde que j'étois celui dont
il lui avoit déjà parlé au matin, et que j'espérois de l'assister
fort utilement. Elle me reçut alors avec beaucoup de complimens fort honnêtes : car elle étoit femme d'esprit, et
même elle avoit encore quelque chose d'agréable au visage,
et n'étoit pas si vieille, comme sa taille courbée la faisoit
paroître à ceux qui ne la voyoient qu'avec un voile. M'ayant
conté de longues procédures que son mari avoit faites contre
un nommé Tostat, qui lui détenoit la plupart de son bien,
elle me raconta aussi comme il avoit été tué, en allant de
Venise à Padoue, par des gens qui avoient été pris et avoient
accusé Tostat auparavant que d'être menés au supplice; si
bien qu'elle étoit venue à Rome pour le poursuivre, et qu'elle
espéroit de le faire condamner à la mort et d'avoir satisfaction
de grands dommages et intérêts, outre ce qui lui étoit dû,
pourvu qu'elle eût quelque peu de faveur pour opposer à celle
de sa partie. Je lui réitérai alors les promesses que j'avois
faites à son sollicitcur; mais je vous jure qu'à peine avois-je
compris tout ce qu'elle m'avoit dit, tant j'avois l'esprit diverti, ne songeant qu'aux beautés d'Émilie et maudissant les
coutumes italiennes, qui ne permettent point que l'on voie
les honnêtes filles. Enfin, pour mon bonheur, Lucinde vint
à parler d'elle : au moins ce m'étoit une consolation. Elle
dit qu'elle ne se soucioit point de faire de grandes avances
dans son procès, pourvu qu'elle témoignât sa générosité, et
que, quand même elle eût perdu sa cause, elle avoit assez
de bien pour le reste de sa vie, puisque même elle n'avoit
qu'une fille, qui s'alloit bientôt rendre religieuse, et n'avoit

plus que faire des biens de fortune. Je pris la hardiesse de lui demander si c'étoit celle que j'avois vue sortir. Elle me répondit que oui; et, comme je disois qu'il y avoit des hommes qui s'estimeroient très-heureux d'avoir une telle femme, elle me repartit qu'elles venoient d'une très-illustre maison, mais que leurs moyens n'étoient pas assez grands pour marier Émilie selon leur courage [1], et que la plus sûre voie qu'elle pouvoit prendre étoit celle qu'elle avoit choisie. Nous eûmes encore d'autres discours sur le même sujet, et je pris congé après, croyant que ma visite avoit été assez longue. Je ne feignis plus, au sortir de là, de parler d'Émilie à mon conducteur; je lui demandai si c'étoit à bon escient qu'elle se voulût mettre dans un cloître; il me dit que cela étoit vrai, et qu'il ne tenoit qu'à l'argent qu'il falloit donner, mais que Lucinde espéroit d'en trouver assez dans la bourse des personnes charitables. Pour moi, lui dis-je, je ne leur voudrois rien refuser, mais je serois plus aise que cet argent servît à marier Émilie qu'à la retirer du monde. Il se sourit de ce discours, et nous parlâmes après de sa beauté et de son mérite. Je confessai que, l'ayant vue, j'étois d'autant plus incité à faire quelque chose pour sa mère, et que je tâcherois de leur faire gagner leur procès, afin qu'il y eût de quoi marier Émilie selon sa condition. Si cela étoit, repartit le solliciteur, il ne faut point douter qu'elles ne fussent extrêmement riches; mais, en attendant, elles ont beaucoup de peine dans des poursuites si malaisées.

Je le quittai après cela, et je fis tout ce que je pus pour me conserver la bienveillance de ceux que je croyois capables d'assister ces dames, les allant visiter tour à tour. A deux jours de là, je retournai chez Lucinde pour lui nommer ceux que j'avois vus, auxquels j'avois même proposé quelque chose de son affaire. Elle me remercia très-dignement, et me dit qu'elle m'en demeureroit obligée tous les jours de sa vie. Nous étions seuls alors dans sa salle; mais voilà Émilie qui arrive : elle fut un peu honteuse de me trouver, et faisoit mine de s'en vouloir retourner; mais sa mère lui fit signe qu'elle demeurât, ce qui étoit en vérité une très-agréable récompense pour toutes mes peines. Je parlai à elle avec la

---

Courage était quelquefois employé dans le sens d'orgueil.

discrétion que l'on pratique en ce pays-ci, et je ne la louai que modestement. Je fis pourtant bien paroître qu'elle m'avoit touché dans le cœur et que j'eusse bien souhaité d'avoir une semblable maîtresse. Je ne m'en allai que le plus tard qu'il me fut possible, et je promis encore, en partant, de visiter quelques autres seigneurs, ce que je fis avec beaucoup de soin. Il faut avouer que Nays est belle; mais Émilie a aussi des attraits qui font que, lorsque l'on ne voit plus Nays, l'on ne songe qu'à Émilie. Je ne me contentois pas de toutes mes anciennes jouissances; j'eusse bien voulu encore avoir celle-ci, si c'eût été une chose possible; mais il me sembloit quelquefois que l'on n'y pouvoit parvenir que par le mariage. D'épouser Émilie, c'étoit une mauvaise affaire, n'ayant autres richesses que celles qui étoient fondées sur un procès qui pouvoit être aussitôt perdu que gagné, au lieu qu'en effet sa pauvreté étoit alors manifeste. Néanmoins, je croyois que, si je voulois avoir quelque plaisir, il falloit feindre de l'aimer pour mariage; si bien que je parlois souvent d'elle à Salviati, et lui disois qu'il ne falloit pas souffrir qu'elle se rendît religieuse; qu'aussi bien n'étoit-ce pas une véritable dévotion qui l'y portoit, puisqu'elle ne le faisoit que pour ne pouvoir être mariée selon ses ambitions et celles de sa mère; qu'au reste elle avoit tant de mérites que plusieurs personnes de qualité la prendroient librement, sans demander autre douaire que sa vertu. Je me découvrois après cela de telle sorte que je faisois connoître que je parlois de moi, dont cet homme étoit bien aise, et je pense qu'il en avertit Lucinde. Or parce qu'à toutes les fois que j'allois chez elle je ne voyois pas Émilie, ou bien je ne lui parlois que tout haut devant cette mère, cette contrainte m'étoit fort fâcheuse, à moi qui ai accoutumé de parler quelquefois aux filles en particulier, à la mode de France. Je ne lui pouvois raconter mon amour; il n'y avoit que mes yeux qui parloient; mais, dans ces pays, une simple œillade ou une petite action en disent souvent davantage que les plus longs entretiens des autres nations. Je n'étois pas pourtant satisfait, et j'étois résolu de lui écrire et de prier Salviati de lui faire tenir mes lettres. De faire aussi une lettre d'amour en sa vraie forme, cela me sembloit trop hardi pour la première fois. Je fis seulement un discours où j'introduisois un berger qui se plaignoit de ne pouvoir découvrir sa passion à sa bergère : cela étoit comme une chose indifférente qui ne s'adressoit à personne. Si bien que, l'ayant montré à Salviati, il me promit qu'il auroit assez d'artifice pour le faire voir à Émilie, quoiqu'elle eût juré de ne plus lire aucune chose qui ne parlât de dévotion. Car, en ce qui est des choses qui sont excellentes, l'on ne regarde pas tant au sujet qu'à la beauté de la pièce. En effet, j'y avois mis tous mes efforts et j'avois écrit en italien, à l'aide d'un poëte de cette ville, qui me corrigeoit les fautes que je faisois; car je ne puis pas encore sçavoir les naïvetés de la langue. Mon solliciteur d'amour, plutôt que de procès, me dit, dès le lendemain, que cela avoit plu à Émilie : tellement que je pris l'assurance de lui écrire deux ou trois lettres d'amour coup sur coup, lesquelles cet homme lui porta fort librement, car nous étions déjà grands cousins; et Bergamin lui avoit tant dit de bien de moi, qu'avec ce qu'il voyoit il étoit merveilleusement incité à me servir. Il fit bien plus, il obtint une réponse d'Émilie, courte à la vérité, mais aimable, mais favorable et telle que je la pouvois souhaiter. Cette belle permettoit que je la vinsse voir le soir tandis que sa mère, qui étoit un peu indisposée, se tenoit au lit. Je ne manquai point à cette assignation, sans me soucier de ce qui en pouvoit arriver. Je trouvai que la porte de la maison n'étoit que poussée et non point fermée : j'entrai donc et j'allai jusqu'à une salle basse, où Émilie m'attendoit, sans avoir autre lumière que celle de la lune, qui dardoit ses rayons par une petite fenêtre dont le volet étoit ouvert. J'avois pourtant assez de clarté pour voir que je n'étois point trompé et que j'avois devant moi cette beauté merveilleuse. Je la voulus remercier de la faveur qu'elle me faisoit avec les plus belles paroles qu'il m'étoit possible; mais elle me dit qu'il ne falloit remercier que mon importunité, qui l'avoit vaincue et qui lui avoit fait accorder de me voir, pour apprendre quel sujet j'avois de me plaindre. Je lui répondis que ce m'étoit toujours un bonheur extrême de la voir, comme je faisois, par quelque moyen que cela fût arrivé, mais qu'elle ne devoit pas pourtant rejeter l'obligation que je prétendois d'avoir à sa beauté. J'entrai alors petit à petit dans les discours, et je lui en dis bien plus que je n'avois fait par écrit. Je lui parlai même du dessein qu'elle avoit de se rendre religieuse : elle me dit que cela continuoit, parce qu'elle ne croyoit pas que jamais personne songeât à épouser une fille si malheureuse qu'elle. Il vous faut tout dire, brave Raymond; je lui repartis alors qu'elle valoit mieux mille fois que quantité de dames qui avoient la fortune plus prospère, et que, si elle me vouloit aimer, je tâcherois de faire cesser ses malheurs et de la rendre la plus contente de la terre. Je lui parlai en ces termes et rien davantage; et, comme elle s'imagina que je lui promettois de l'épouser, elle me jura aussi de récompenser dignement mon affection. Je lui baisai les mains et les bras tant de fois que je voulus, mais, pour la bouche, je n'y sçus parvenir qu'un seul coup. Je voulus faire après mes efforts en autre lieu, car, nous autres guerriers, nous sçavons qu'il y a des places qui sont plus foibles en un endroit qu'en l'autre. Je tâchai de lui manier le sein, à quoi je réussis deux ou trois fois. J'eusse bien eu envie de passer plus outre et d'avoir d'elle à l'heure même tout ce que j'en pouvois espérer, car, en amour, il n'est rien que de prendre tandis que la fortune nous rit : il vaut mieux avoir dès aujourd'hui ce que l'on ne sçait si on le pourra avoir demain. Néanmoins je trouvai que j'étois fort loin de mon compte : elle me dit que je ne la verrois jamais si je ne vivois d'une autre sorte ; que je me devois contenter du hasard où elle s'étoit mise pour parler seulement à moi, qui étoit si grand, que, si l'on le sçavoit, cela seroit capable de la déshonorer. Je ne la voulus point violenter, parce que je croyois que cela m'eût été inutile; et, lorsqu'elle m'eût fait entendre qu'il étoit heure de se retirer, je m'en allai aussi doucement comme j'étois venu; et il falloit que tout le monde fût endormi là dedans ou que les serviteurs et les servantes fussent de son complot, car je n'entendis jamais personne. Je ne voulus point découvrir à Salviati que j'avois été chez elle; il me suffisoit d'être heureux, sans me soucier que les autres le sçussent. Il croyoit bien que j'étois aimé d'Émilie, m'ayant rendu une de ses lettres; mais je ne l'avois pas ouverte devant lui, pour lui montrer ce qu'elle contenoit. Néanmoins il me disoit franchement qu'il ne doutoit point que cette belle n'eût envie de me témoigner toute sorte d'affection en récompense de la mienne, à cause qu'elle étoit extrêmement aise de trouver une personne de mérite qui l'épousât et la maintint dedans le monde, parce qu'en effet elle n'avoit songé au cloître qu'en cas de nécessité. Je ne répondois à cela que par des paroles obscures, afin qu'il les expliquât comme il voudroit. Toutefois j'espérois qu'enfin par ce moyen je pourrois satisfaire mon amour. J'écrivis encore à Émilie, et je reçus une réponse qui me permettoit de l'aller voir pour la seconde fois : mais je n'y fis rien davantage qu'à la première. Elle se mit en colère contre ma violence, et me dit que je la traitois autrement que je ne devois, et que, si mon affection étoit si impatiente, je la devois demander en mariage à sa mère. Il falloit alors parler tout à bon : je lui remontai que j'étois étranger, et que, encore que j'eusse beaucoup de moyens, je n'étois pas si accommodé qu'un homme qui est dessus ses terres; qu'auparavant que de songer à me marier il falloit me mettre en état de supporter les frais du mariage, et que, d'ailleurs, l'affaire étoit de telle conséquence, qu'elle méritoit bien que j'en écrivisse un mot à mes parens. Elle me dit alors que, si je l'eusse beaucoup aimée, je n'eusse demandé conseil qu'à mon amour, et qu'en ce qui étoit des richesses j'en avois assez dès lors pour la satisfaire. Je pense qu'elle connoissoit bien que je la voulois tromper, car, depuis, elle ne me tint aucun propos favorable; de sorte que je fus contraint de m'en aller. Je lui écrivis trois lettres depuis, mais je n'eus qu'une seule réponse, par laquelle elle m'accusoit de trahison et d'ingratitude. Je ne laissois pas d'aller chez elle le jour, mais bien souvent je ne la voyois point, ou, si je la voyois, c'étoit sans parler à elle. Je ne parlois qu'à Lucinde, pour m'informer du temps qu'il falloit prendre, pour faire les plus puissantes sollicitations en son affaire; mais Salviati nous fit entendre que l'on y avoit apporté du retardement par des chicaneries que l'on n'avoit pu empêcher. Comme je me voyois aussi alors hors d'espoir de rien gagner auprès d'Émilie, je ne poursuivis plus ma pointe avec tant d'ardeur; et, parce que, d'un autre côté, je continuois à voir Nays, qui de jour en jour augmentoit sa bienveillance pour moi, je ne songeai plus qu'à elle et je redoublai mes poursuites. En ce temps-là, le docte Hortensius nous fit aussi passer le temps par ses galanteries, de manière que cela m'apporta du divertissement. Salviati m'a bien demandé, une fois ou deux, comment alloient mes amours et pourquoi je n'allois plus tant chez Lucinde; mais je lui ai répondu froidement que je craignois de l'importuner. Je pense qu'il a bien vu que j'étois tout changé, puisqu'il ne m'en a point parlé depuis; aussi j'ai évité sa rencontre autant qu'il m'a été possible, et je n'avois point ouï parler d'Émilie il y avoit longtemps que ce que le seigneur Bergamin m'en dit hier. Je fis le froid, comme vous vîtes : car qu'étoit-il besoin de lui aller accorder ce qu'il disoit? Il suffit que je vous aie dit ce qui en est, sans augmentation ni diminution, et vous pouvez connoître si Émilie a droit de désirer quelque chose de moi.

Lorsque Francion eut ainsi fini son discours, Raymond lui dit que, de vérité, s'il n'y avoit rien autre chose, Émilie ne le pouvoit contraindre à rien; mais que pourtant cela lui feroit de la peine, parce que l'on se devoit bien garder d'une fille forcenée comme elle étoit, puisqu'elle en étoit venue là que de découvrir ses plus secrètes affaires, qui étoient même sçues de Bergamin, qui en pourroit faire des bouffonneries partout. Je ne crois pas qu'il le fasse, dit Francion, pour l'intérêt de Lucinde et d'Émilie, qu'il peut connoître maintenant par le moyen de Salviati : je pense qu'elles lui ont donné cette commission de venir vers moi, à cause qu'il est bien plus entrant et plus accord que son ami. Mais, quoi qu'il en soit, ils n'ont point de sujet de se moquer de moi ni les uns ni les autres; j'ai joui de l'entretien d'Émilie et de quelque chose qui vaut encore mieux : cela n'est-il pas capable de récompenser toutes les peines que j'ai prises pour elle, vu que même d'abord je ne souhaitois que sa seule vue et l'estimois à l'égal de ce qu'il y a de plus cher au monde. L'on peut dire que cela m'a coûté quelque chose, mais c'est si peu que cela n'est pas considérable. Salviati, voyant une fois que j'allois acheter du satin de Gênes pour me faire un habit complet, me dit qu'il en vouloit aussi acheter pour lui faire un pourpoint qu'il vouloit mettre avec des chausses de drap d'Espagne. Il prit de la même pièce, et il me laissa payer le sien avec le mien. Il sollicitoit ainsi quelquefois ma libéralité, et son camarade ne s'oublioit pas à chercher de pareilles inventions; mais, quand ils n'eussent rien fait pour moi, je ne leur eusse pas refusé cela : à quoi nous servent les biens que pour les dépenser honorablement? Vous avez raison en ceci, dit Raymond; il faut avoir pitié de ces bons drôles qui nous font passer le temps. Les hommes sont faits pour se subvenir les uns aux autres, et, pour ce qui est de ces gens-là, ils ne peuvent trouver de quoi vivre qu'avec des personnes faites comme nous. Si Bergamin revient, je suis d'avis que vous ne méprisiez plus ses remontrances; il faut plutôt le gagner par la douceur (ce qui sera, je crois, fort facile), afin que l'on soit plus assuré de lui et qu'il n'aille point publier vos amours.

Ils en étoient là lorsque Dorini les vint voir, et, se tournant vers Francion, lui dit que tout étoit perdu, que Nays étoit tellement en colère contre lui, que l'on ne la pouvoit apaiser; que son amour s'alloit changer en haine; qu'elle vouloit rompre tout ce qui avoit été fait avec lui, et qu'elle juroit qu'il ne lui seroit jamais rien davantage que ce qu'il avoit été. Quoi donc! c'est à bon escient, dit Francion, et c'est par son commandement exprès que l'on m'a rebuté chez elle : voilà une chose bien indigne, et je ne mérite point que l'on me traite de la sorte. Il faut écouter les raisons de ma parente, repartit Dorini; il faut vous conter ce qui est arrivé. Hier au soir, bien tard, l'on lui vint dire que des dames désiroient de parler à elle : c'étoit une Vénitienne, appelée Lucinde, et sa fille Émilie, qui sont ici pour des procès. Elle croyoit qu'elles la voulussent prier de quelque sollicitation envers quelqu'un de nos parens, comme nous en avons quelques-uns qui sont en magistrature, tellement qu'elle dit que l'on les fit entrer, parce qu'elle est extrêmement charitable envers les personnes de son sexe; mais elle ouït tout autre chose que ce qu'elle attendoit.

Francion avoit tressailli à ce mot d'Émilie, et s'étoit déjà douté de quelque malheur; mais, bien que Dorini l'aperçût, il ne laissa pas de continuer ainsi : Lucinde, ayant tiré Nays à part, lui dit qu'elle étoit fort fâchée de n'avoir point sçu plus tôt ce qui s'étoit passé entre vous et elle, parce qu'elle fût venue promptement l'empêcher et déclarer que vous aviez déjà promis mariage à sa fille; que néanmoins elle s'imaginoit que l'affaire n'étoit pas tellement avancée, que l'on n'y pût remédier, et que Nays n'auroit point de sentiment si elle vouloit épouser un homme qui avoit de l'affection pour une autre et qui usoit envers elle d'une tromperie manifeste.

Nays avoit assez bonne opinion de ces dames, qui sont tenues pour fort honnêtes; et pourtant elle ne se pouvoit imaginer d'abord qu'elles fussent fort véritables; mais enfin Émilie montra les lettres que vous lui avez écrites, ce qui lui fit connoître qu'en effet vous aviez pour elle une extrême passion. Lucinde lui dit même que vous aviez vu sa fille à son desçu, et que vous aviez alors promis de l'épouser. C'est ce qui a merveilleusement étonné Nays, et l'a davantage irritée qu'elle ne fait paroître; car elle est femme de courage et qui souffre impatiemment un affront. Émilie ne parla pas beaucoup, parce qu'elle ne fit que pleurer autant sa faute comme la vôtre, étant au désespoir d'avoir obligé un ingrat; mais sa mère parla pour elle et raconta le bon accueil qu'elle vous a toujours fait; sur l'espérance de vous avoir pour gendre; oubliant même les coutumes de ce pays-ci où les hommes ne sont pas si bien reçus chez les dames comme au vôtre. Nays fut contente des témoignages qu'elle avoit vus : elle dit promptement à Lucinde qu'elle l'assuroit qu'elle n'empêcheoit point que vous ne retournassiez devers Émilie; et qu'ayant reconnu vos infidélités elle n'avoit garde de faire jamais état de vous et ne vous vouloit pas voir seulement. Lucinde et Émilie s'en allèrent avec cette assurance, et Nays, les reconduisant, les remercia encore du plaisir qu'elles lui avoient fait de l'être venues tirer de la peine où elle s'alloit mettre si elle eût épousé un perfide comme vous. Je crois qu'après elle passa fort mal la nuit; car le jour n'a pas été sitôt venu, que ses inquiétudes lui ont fait désirer de me voir pour m'apprendre ce qui étoit arrivé. Je n'ai pas pu aller sitôt chez elle, parce que j'étois arrêté à une affaire d'importance. Enfin, comme j'ai été la trouver, elle m'a conté ceci avec des transports et des colères merveilleuses, et m'a dit aussi que vous ne veniez que de sortir, ayant eu dessein de la voir; mais qu'elle se croiroit coupable d'un grand crime, si elle permettoit que vous eussiez aucune entrée chez elle. Quand elle parle de vous, ce n'est qu'avec ces mots de traître, de perfide, d'ingrat et de monstre, étant réduite à ce point qu'elle veut casser tout ce qui a été fait avec vous. Pour moi je ne sçais que dire là-dessus. Elle s'en prend à moi, disant que je suis cause de son malheur, et que j'ai fait en sorte qu'elle en est venue si avant, lui ayant dit de vous plus de bien qu'il n'y en a. Il faut que je confesse à ma honte qu'elle a raison de se plaindre. Émilie lui a laissé une de ses lettres, qu'elle m'a montrée et je ne pense pas être ce que je suis et n'avoir plus d'yeux ni de jugement si ce n'est vous qui l'avez écrite.

Francion, ayant ouï paisiblement ceci, dit qu'il ne nieroit jamais d'avoir écrit des lettres à Émilie, ni même de l'avoir été voir. Mais, brave Dorini, continua-t-il, ne me connoissez vous plus? Pensez-vous que j'aie cessé d'être ce que j'étois, ou bien si vous êtes changé de ce que vous étiez? Ne sçavez-vous pas que nous avons toujours vécu dedans cette liberté, laquelle vous n'avez point trouvé étrange que jusques à cette heure? Et je ne sçais pourquoi vous m'en parliez avec tant d'animosité. Lorsque je vous ai vu en France chez Raymond, repartit Dorini, je ne m'étonnois pas de vos affections inconstantes et déréglées, parce que vous meniez encore vie de garçon; mais il faut mener maintenant une vie plus retenue. Je vous avoue, dit Francion, que j'y suis obligé depuis hier, que je contractai avec Nays, et que, si désormais je faisois quelque chose qui y contrariât, je m'estimerois coupable; mais, lorsque j'ai été voir Émilie, je n'étois point encore lié. Vous ne deviez pas pourtant la rechercher avec tant de passion, repartit Dorini, puisque d'un autre côté vous témoigniez d'en avoir pour ma parente. D'ailleurs vous avez bien passé plus outre, et nous croyons qu'Émilie a de vous une promesse de mariage par écrit. L'a-t-elle montrée à Nays? dit Francion. Non, de vérité, répondit Dorini; mais elle craignoit peut-être que l'on ne lui déchirât et que l'on ne lui ôtât cette pièce, qui lui servira beaucoup contre vous. Je vous proteste qu'elle n'en a point, dit Francion. Mais sans tout cela, repartit Dorini, nous nous imaginons que vous avez joui d'elle à votre plaisir. J'ai toujours aimé les voluptés de l'amour, comme vous sçavez, dit Francion, c'est pourquoi vous pouvez croire que je ne serois pas fâché d'avoir eu sa jouissance, et je ne le cèlerois point même si cela étoit; car c'est quelquefois une partie des contentemens du vainqueur de chanter la gloire de son triomphe. D'ailleurs, si cela étoit, je me figure qu'elle n'en auroit pas davantage d'action contre moi, parce que les juges, voyant cette lasciveté de s'être sitôt laissée aller à un étranger, me recevroient à prouver comme elle auroit toujours été de mauvaise vie. Et Nays ne me devroit point rejeter pour cela, puisque l'on ne voit guère d'hommes si insensibles que de refuser leur bonne fortune; mais tout cela n'est point; de sorte que je ne pense point avoir failli en façon du monde ni être digne du traitement que j'ai reçu. Pour ne vous rien déguiser, je veux bien même vous raconter tout ce qui s'est passé entre Émilie et moi.

Là-dessus Francion raconta cette histoire, presque en la même sorte que Raymond l'avoit déjà ouïe, et Dorini avoua que, s'il n'y avoit rien autre chose, de vérité il n'étoit pas si criminel; mais que l'on auroit beaucoup de peine à le persuader à sa cousine, qui étoit femme entière en ses résolutions, et qu'elle vouloit absolument casser tout ce qui avoit été fait; que, s'il en falloit venir là, à tout le moins il falloit faire que cela se passât sans bruit d'une part et d'autre : toutefois qu'il promettoit à Francion de ne rien faire contre lui. Raymond, qui avoit beaucoup de pouvoir sur Dorini, le supplia de ne point manquer de promesse à son ami, ne lui demandant autre récompense de l'affection qu'il lui avoit toujours témoignée. Il assura qu'il lui seroit favorable, et les quitta après, les laissant néanmoins dedans l'incertitude.

Cela rendit Francion tout chagrin, car il sçavoit bien que c'étoit un bon parti pour lui que Nays. Il étoit fâché de le perdre et de le perdre encore avec honte; mais Raymond le voulut tirer de sa rêverie et de son affliction. Il lui dit qu'il se falloit résoudre généreusement à tout; et que, s'il n'épousoit point Nays, il trouveroit encore assez d'autres femmes; que cette marchandise étoit assez commune, et qu'aussi bien ne lui étoit-ce pas un si grand avantage de quitter toutes les prétentions qu'il avoit en France pour demeurer en Italie. Raymond lui disoit aussi cela pour son intérêt; car, en effet, il étoit fâché de ce qu'il faudroit un jour le perdre et s'en retourner en France sans lui; si bien que, quelque chose qu'il lui eût dite autrefois, il aimoit mieux que son mariage ne se fît point que de le voir achevé. Francion fit semblant d'approuver une partie de ce qu'il lui disoit, et ils furent d'avis de sortir pour passer leur mélancolie; car il n'étoit pas encore heure de dîner, et ils pouvoient bien entendre la messe.

Ils allèrent dans une église voisine, où il n'y avoit pas beaucoup de monde, et néanmoins, lorsqu'ils passoient entre des piliers, ou qu'ils vouloient entrer dans quelque chapelle, ils se trouvoient toujours tellement pressés qu'ils s'en étonnoient. Enfin, à l'entrée d'une chapelle obscure, Francion sentit que l'on lui fouilloit dans sa pochette; il avoit toujours été subtil et diligent : il y porta promptement la main et pensa retenir celle d'un petit homme qui avoit fait le coup; mais il se retira si bien, qu'il ne le put prendre, et même il s'écoula de la presse de telle sorte, que l'on ne le vit plus. Francion s'écria incontinent que c'étoit un coupeur de bourses et qu'il lui avoit pris son argent. Il commanda à ses laquais de le poursuivre; mais ils n'en purent apprendre aucune nouvelle; et puis Francion, ayant tâté dans sa pochette, trouva que son argent y étoit encore; si bien qu'il dit que ce compagnon n'avoit pas eu le loisir d'achever son ouvrage et qu'il se devoit consoler; au lieu que, si cela lui fût arrivé, il eût eu sujet de dire que toutes sortes de malheurs lui arrivoient ce jour-là. Après cela il entendit la messe avec Raymond, et, comme ils furent hors de l'église, ils eurent dessein de se promener un peu par la ville. Francion se voyoit importuné de tous les petits merciers qu'il rencontroit, lesquels lui demandoient s'il ne vouloit rien acheter de leur marchandise, ce qui commençoit à lui déplaire; et même il trouvoit toujours en son chemin quelques-uns de ceux qu'il avoit remarqués à la messe, qui étoient des gens assez mal faits, ce qui ne lui présageoit rien de bon. Enfin il s'arrêta chez un parfumeur, où il lui prit envie d'acheter de la poudre de Cypre, et, comme le marché fut fait, il tira tout l'argent qu'il avoit dans sa pochette, car il ne portoit guère de bourse; et il fut tout étonné qu'il y en avoit trois fois davantage qu'il n'y en avoit mis, et que même c'étoient des pièces de bien plus de valeur. Il fut fort étonné de ceci, et le montra à Raymond, lui disant qu'il croyoit que cet argent étoit crû dedans sa pochette, ou bien qu'il falloit avouer qu'il y avoit à Rome les plus agréables coupeurs de bourses du monde, et qu'au lieu d'ôter l'argent ils en donnoient davantage que l'on en avoit. Que si cela arrivoit toujours ainsi, il y auroit presse à se laisser tâter dans la pochette, et que les coupeurs de bourses de Paris n'étoient que des coquins, au prix de ceux de Rome, de n'user point d'une telle invention si profitable au peuple. Raymond lui repartit que cela ne seroit point mal à propos pour les coupeurs de bourses, de mettre ainsi d'abord de l'argent dans les pochettes; d'autant que par ce moyen l'on seroit charmé, et que l'on les laisseroit faire après, mais qu'ils emporteroient tout enfin. Vous avez raison, dit Francion; je pense que ce drôle de tantôt en vouloit faire de même, ou bien qu'il a versé dans ma pochette l'argent qu'il venoit de dérober ailleurs, afin que je le lui gardasse pour un temps; mais, quoi qu'il en soit, voici des quadrubles que je n'avois point encore maniés. Si cet argent-ci n'est promptement employé, il ne me fera point de profit; car peut-être n'est-il pas bien acquis; il faut trouver quelque manière de le dépenser. Comme il disoit cela, il y eut quatre hommes qui s'approchèrent de lui, et l'un d'entre eux lui dit qu'il falloit sçavoir où il avoit pris cet argent, et que non-seulement pour cela, mais pour d'autres choses encore, il avoit charge de le mener prisonnier. Francion dit qu'il n'avoit fait aucun crime pour lequel il méritât ce traitement, et Raymond vouloit faire aussi de la résistance avec ses laquais; mais il vint là encore une demi-douzaine de sbires, qui sont les sergens de Rome, si bien que c'étoit assez pour s'assurer de la personne de Francion. Il y avoit aussi beaucoup de bourgeois dans la rue, qui prêtoient main-forte à la justice, et d'ailleurs il faut être extrêmement sage dedans cette paisible cité; car, si l'on avoit outragé un sergent ou un huissier, ou quelque autre petit officier, l'on en seroit puni rigoureusement. Raymond, ayant donc fait tout ce qu'il pouvoit sans aucune violence notable, eût bien voulu que l'on l'eût mené aussi avec son ami, parce qu'il ne le pouvoit abandonner; mais l'on ne s'efforçoit point de le prendre; et en tout cas il croyoit que, puisqu'il demeuroit en liberté, il en seroit d'autant plus propre à secourir Francion dedans ses nécessités et à le tirer des malheurs où l'on le vouloit mettre. Il ne sçavoit si c'étoit Nays qui le faisoit arrêter ou bien Émilie, et il ne pouvoit croire qu'elles eussent raison de le traiter de cette sorte. Cependant Francion étoit avec les sbires, qui, pour leur premier ouvrage, se saisirent de tout son argent. Il les pria de le mener sans scandale et de ne le point tenir, ce qu'à peine ils voulurent faire; car ils craignoient qu'il n'échappât, encore qu'ils l'eussent environné de toutes parts. Ils étoient assez loin des prisons, de sorte que, de peur qu'il ne se sauvât et qu'il ne trouvât quelque secours dans un si long chemin, ou pour quelque autre occasion, ils le firent entrer en la maison d'un officier de justice, qui avoit de l'égard dessus eux. Ils mirent aussitôt l'argent de Francion sur la table, et, ayant considéré tous ses quadrubles, ils dirent qu'assurément ils étoient faux et que c'étoit de ceux que l'on disoit qu'il avoit forgés. Le juge, les ayant assez considérés, dit qu'ils avoient fort mauvaise mine; mais que ce n'étoit pas assez, qu'il falloit avoir un orfévre pour les voir et les toucher. L'on en alla querir un aussitôt, qui dit qu'il n'étoit point besoin d'épreuve, et que ces pièces ne valoient rien manifestement. Toutefois, afin d'observer les formes, l'on lui fit user des épreuves de son art, et même il coupa en deux l'un de ces quadrubles [1], qui ne se trouva que fort peu couvert d'or, n'ayant que du cuivre au dedans, et quelque autre métal sophistiqué. Francion fut bien aise de voir que l'on ne l'accusoit que d'une chose de laquelle il sçavoit fort bien qu'il étoit entièrement innocent; car il craignoit d'abord que ce ne fût Émilie qui le fît arrêter, comme prétendant qu'il lui avoit promis le mariage et qu'il avoit eu une libre fréquentation avec elle; car, encore que la chose n'eût pas été si avant qu'elle pouvoit aller, elle pouvoit l'avoir fait croire aux magistrats, et leur avoir donné assez de commisération pour le faire prendre prisonnier. Or l'on ne lui parloit point de cela, et, pour ce qui étoit des pièces fausses que l'on avoit trouvées entre ses mains, il dit qu'il n'étoit pas besoin de tant de discours et de tant d'épreuves, qu'à les voir lui-même il jugeoit bien qu'elles ne valoient rien, mais qu'elles n'étoient pas à lui, et qu'il ne sçavoit par quel moyen elles étoient venues dans sa pochette, si ce n'étoit qu'un maraud les y eût mises il n'y avoit pas une demi-heure, l'ayant poussé dedans l'église. Oh! quelle excuse, disoient les sbires, l'on a bien vu des hommes mettre ainsi de l'argent dans la pochette d'autrui! Qu'ainsi ne soit, dit Francion, vous voyez que tout mon argent n'est pas faux et qu'il y en a qui est de très-bon aloi. Il le faut bien ainsi, repartit un de la troupe, le bon sert à faire passer le mauvais; et puis ce que vous avez de bon, c'est de la monnoie que vous avez eue pour vos

---

[1] Monnaie d'or qui valait deux louis. Le louis ne valait alors qu'environ douze livres.

mauvaises pièces de quelque marchand que vous avez affronté.

Alors un homme, qui faisoit le dénonciateur, s'avança et dit au juge : Il faut que vous sçachiez que cet homme, ayant forgé quantité de fausses pièces, les donne à plusieurs personnes attitrées, qui les débitent, et sans cesse ils achètent quelque chose dans la ville, afin d'en avoir de la monnoie. L'on m'a dit même qu'il s'est associé avec quelques personnes qui prêtent de l'argent et qui se mêlent de la banque, afin de faire courir plus vitement cette trompeuse marchandise. Francion prit alors la parole, et dit à cet homme qu'il étoit un méchant et un imposteur, et qu'il ne pouvoit prouver aucune chose de ce qu'il disoit; mais il répliqua que, quand il en seroit temps, il montreroit la vérité de son accusation. Ce n'est pas d'aujourd'hui, ajouta-t-il, que cet homme se mêle de tromper tous les autres : il faut que je vous raconte une de ses fourbes, qui est la plus insigne du monde. Il étoit, il y a quelque temps, en la ville de Gênes, où il faisoit le gentilhomme et le marchand tout ensemble, se mêlant encore de plusieurs autres métiers. Étant là, il feignit d'avoir reçu quantité d'argent de ceux qui lui en devoient; et il envoya emprunter plus d'une vingtaine de trébuchets les uns après les autres de divers marchands, et à tous il rogna une certaine quantité du poids des pistoles[1]. alors il ajusta à ce poids beaucoup de bonnes pistoles qu'il avoit amassées, les rognant toutes autant comme il falloit pour venir à cela. Il n'avoit guère retenu chez lui les trébuchets, de sorte que l'on ne s'étoit douté de rien. Quelque temps après, il s'en alla acheter chez les mêmes marchands beaucoup de marchandise qu'il paya avec ses pistoles rognées, lesquelles étant pesées furent néanmoins trouvées égales au poids des trébuchets, de sorte que chacun étoit bien content. L'on le laissa partir sans lui rien dire, et il s'en alla revendre ses étoffes ailleurs, ayant de surcroît tout l'or qu'il avoit rogné de ses pistoles, dont il fit fort bien son profit, le mettant en lingot pour vendre, et en gardant une partie pour mêler

---

[1] La pistole était une monnaie d'or qui venait d'Espagne et de certaines parties de l'Italie; sa valeur était la même que celle du louis.

avec de mauvais aloi et forger de fausses pièces, comme celles qu'il nous distribue maintenant. Quelques marchands, ayant depuis de bonnes pistoles à peser, furent fort étonnés qu'elles pesoient davantage que le poids de leur trébuchet ordinaire, et, comme ils eurent essayé d'un autre, ils virent que c'étoient celles qui venoient de cet homme-ci, qui ne pesoient pas tant : ils se communiquèrent l'un à l'autre ce qui leur étoit arrivé, et, se souvenant tous que leur trébuchet avoit passé par les mains de cet homme, ils s'avisèrent de sa tromperie, de sorte qu'ils résolurent de le faire punir s'ils le pouvoient attraper. Ils n'ont pas eu nouvelles de lui depuis, car il n'a fait que courir et changer de nom et d'habit ; mais, maintenant que nous l'avons attrapé, et que je reconnois manifestement que c'est lui, me souvenant de l'avoir vu en plusieurs lieux, je ne doute point qu'ils ne se joignent pour lui faire faire son procès : considérez s'il y eut jamais un homme plus fourbe, et si les François ne sont pas plus malicieux que nous ne nous imaginions. Je sçais bien d'autres tours qu'il a joués, que je dirai en temps et lieu.

Francion s'étonnoit de l'effronterie de cet homme, qui lui imputoit des choses où il n'avoit jamais songé : il faisoit des exclamations contre lui, et protestoit que jamais il n'avoit été à Gênes, et qu'il montreroit que sa vie étoit tout autre qu'il ne disoit ; qu'il étoit gentilhomme de fort bonne part ; qu'il avoit toujours demeuré dans la cour de France, près des princes et des plus grands seigneurs ; qu'il n'y avoit point de François à Rome qui ne le connût, et qui ne pût témoigner la bonne estime où il avoit toujours été. Il se peut faire, ajouta cet accusateur, que les François qui sont aujourd'hui dans Rome soutiendront cet homme-ci, soit pour conserver l'honneur de leur nation, soit parce qu'ils en ont la plupart reçu beaucoup de profit. L'on sçait bien qu'il y a force jeunes gens de bon lieu qui ne tirent pas tant d'argent de leur pays comme ils désirent ; tellement qu'ils ont leur refuge à ce trompeur, qui leur prête sa fausse monnoie, espérant de s'en faire donner un jour de très-bonne en payement, avec un bon intérêt, lorsqu'ils seront en France ; car il ne manque point d'ajouter l'usure à ses autres crimes. Quelquefois il fait aussi par plaisir des libéralités à ceux qu'il voit être les plus nécessiteux. Il en pria un jour à souper des meilleurs drôles et qui avoient tout dépensé le leur auprès des courtisanes; il leur fit un festin magnifique à six services : au premier étoient les entrées de table, au second le gros du banquet, au troisième les saupiquets[1] et les ragoûts, au quatrième le dessert de fruits crus, au cinquième les confitures et les dragées, mais pour le sixième il étoit merveilleux et extraordinaire : il voulut faire lui-même le maître d'hôtel, et apporta un grand bassin d'argent sur la table. L'on croyoit que ce fût seulement pour laver les mains et qu'il alloit même faire donner les cure-dents; mais, le bassin étant sur la table, l'on vit qu'il y avoit quantité de pièces d'or, desquelles il supplia la compagnie d'en prendre chacun autant comme il voudroit. L'on dit qu'ils se firent un peu prier par une feinte modestie, mais enfin ils en prirent chacun une poignée, et il en demeura encore; tellement qu'il les supplia d'achever de vider le bassin; mais ils n'en firent rien pourtant, quoiqu'ils l'eussent bien voulu, car ils étoient honteux de se témoigner si insatiables et si avaricieux envers un homme si prodigue. Il est vrai que j'ai ouï assurer que c'étoit que ces gens-ci lui avoient demandé de l'argent à emprunter, et qu'il avoit voulu faire cette galanterie, encore qu'il leur eût dit d'abord qu'il n'étoit pas certain s'il leur en pourroit donner : tellement que, lorsque la nappe fut levée, ils étalèrent chacun sur la table ce qu'ils avoient pris dans le bassin, et, l'ayant compté, lui dirent qu'ils s'estimoient ses redevables et lui rendroient un jour une pareille somme avec tel intérêt qu'il voudroit. Il les pria de ne se point donner de souci de cela, et qu'il ne vouloit avoir aucun profit avec eux que le contentement de les avoir obligés à se dire ses amis. En effet, c'étoit qu'il lui suffisoit qu'ils lui rendissent un jour son argent sans autre récompense; car il sçavoit bien encore qu'il y avoit beaucoup à attendre, et que même il se mettoit en danger de tout perdre, puisqu'il n'étoit guère soigneux de tirer des promesses de ceux-ci, qui étoient des enfans de famille dont les pères ne vouloient point payer les débauches. Il vouloit en cela faire le seigneur magnifique, et je ne sçais si ce trompeur Bragadin, qui a tant paru à Venise, a jamais rien fait de plus splendide, encore qu'il se vantât d'avoir trouvé la pierre philosophale, et de

---

[1] Mets très-épicés.

faire tant d'or qu'il vouloit par sa poudre de perfection. Cet homme ci ne voudroit-il point aussi nous faire croire qu'il a trouvé le même secret, pour autoriser ses magnificences? Mais qu'il en fasse ce qu'il voudra, si est-ce qu'il ne dira rien de bon pour lui; car l'on a fait mourir Bragadin en Allemagne comme un sorcier et un imposteur. Tellement que de se dire semblable à lui, c'est demander un même supplice. Quoi qu'il en soit, nous voyons que les François qui sont dans cette ville ne doivent point être pris pour témoins de sa prudhommie, parce qu'il y en a la plupart qui y sont intéressés et qui reçoivent de lui des courtoisies signalées. Il y a aussi beaucoup de choses à considérer en ce que j'ai dit; car premièrement l'on voit que, pour prêter et donner de l'argent à tant de monde et faire une dépense telle que la sienne, qui suffiroit à un prince, il faut de nécessité qu'il se mêle d'un très-mauvais métier qui lui donne moyen d'y fournir. L'on remarque aussi les tromperies qu'il fait aux uns et aux autres, et le dommage notable qu'il apporte dans l'Italie, y donnant cours à quantité de pièces qui ne sont point de poids ou qui sont entièrement fausses. L'on pourroit bien aussi trouver quelque nouveau venu, qui seroit de sa nation et qui n'auroit point encore senti les effets de ses libéralités, qui diroit franchement s'il a ouï parler de lui en France, et si ce n'est pas un homme de fort basse étoffe, qui ne doit point vivre splendidement; et puis nous verrons qu'il est fort aisé d'être libéral, comme il l'est, d'une mauvaise marchandise. Il faudra aussi prendre quelqu'un de ses gens, et lui donner la question, pour tirer de lui le secret des affaires de son maître.

Le juge, qui écoutoit ceci, imposa alors silence à ce dénonciateur, et, le tirant à part, lui dit qu'il avoit tort de découvrir si manifestement les procédures de la justice. Il fit bien de lui commander de se taire, car il avoit un si grand flux de paroles, qu'il disoit tout ce qu'il sçavoit et ce qu'il ne sçavoit pas; et l'on ne put empêcher qu'il n'ajoutât encore beaucoup de calomnies contre Francion, qui étoient fort éloignées de la vérité, car il attribuoit à lui seul tout ce qu'il avoit jamais ouï conter de tous les charlatans et les imposteurs que l'on avoit vus en Italie. Francion, qui voyoit que tout cela n'avoit aucune apparence et que cet homme en parloit avec une passion affectée, qui lui faisoit faire des postures et des grimaces bien plaisantes, avoit presque envie d'en rire malgré son malheur. Le magistrat qui étoit présent n'étoit pas des plus gros de la ville, de sorte que l'on ne lui portoit pas tant de respect. Il fit taire pourtant ce causeur pour la seconde fois, et enfin, comme il étoit heure de dîner, il dit que l'on parleroit de cette affaire en un autre temps plus commode, et il congédia la compagnie, se faisant garde de la personne de Francion, auquel il voulut alors donner son logis pour prison, en attendant que son procès fût plus avancé. Il dit au dénonciateur qu'il falloit mettre son accusation en bonne forme et ne pas tergiverser comme il faisoit quelquefois, alléguant plusieurs choses qu'il auroit bien de la peine de prouver, et qu'il valoit mieux n'en soutenir qu'une, pourvu qu'elle fût d'importance. Il eut soin, après, de faire donner une chambre à Francion, et même l'on lui apporta aussitôt de quoi manger. Pour lui, il s'étonnoit merveilleusement d'être tombé en un tel malheur : il croyoit quelquefois que l'on le prenoit pour un autre qui avoit fait toutes les fourbes que l'on lui attribuoit, parce qu'il portoit, possible, le même nom, ou qu'il lui ressembloit de visage; mais les pièces fausses que l'on avoit mises dans sa pochette lui faisoient connoître aussi, quand il y songeoit, que ce n'étoit pas que l'on se fût mépris, mais plutôt que l'on avoit un dessein formé de le calomnier injustement pour le détruire. En tout cas, il se fioit en son innocence, que l'on pourroit connoître visiblement lorsque son affaire seroit mûrement examinée : il avoit aussi une ferme espérance au secours de tous les François qui étoient à Rome, dont il étoit aimé et chéri merveilleusement.

Il ne se trompoit point, en effet, de s'attendre à eux, car, sitôt que Raymond eût publié partout que l'on l'avoit arrêté prisonnier, ils se mirent fort en peine pour en sçavoir le sujet et le délivrer s'il leur étoit possible. Les laquais de Raymond avoient suivi les sbires qui l'emmenoient, et avoient remarqué la maison où l'on l'avoit fait entrer. Pour ce qui étoit des siens, ils ne s'étoient pas trouvés à sa suite lorsqu'il étoit entré en la boutique du parfumeur, s'étant amusés à friponner quelque part. L'on se contentoit de sçavoir où l'on l'avoit mis, mais l'on envoya encore des espions dans cette rue pour n'en bouger, afin de voir si l'on ne lui feroit point changer de lieu. L'on sçut bientôt que l'on l'avoit accusé de fausse monnoie, à cause de quelques pièces fausses que l'on avoit trouvées sur lui : l'on disoit bien que ce n'étoit pas là un sujet de l'arrêter, et tous ses amis se mirent à faire des sollicitations envers les grands qu'ils connoissoient pour remontrer qu'il étoit de très-bonne vie et qu'il n'eût pas voulu faire une lâche action; mais qu'au contraire il avoit tant de mérite, que toutes les personnes de vertu avoient intérêt à le défendre. Il y eut aussi beaucoup de seigneurs italiens qui promirent d'y employer tout leur crédit. Néanmoins l'on ne put pas obtenir qu'il sortît du lieu où il étoit pour avoir entièrement sa liberté, car l'on dit qu'il falloit qu'il se justifiât auparavant, et que l'on devoit souffrir qu'il demeurât dans cette maison, où il ne recevoit point d'infamie, puisque ce n'étoit pas une prison ordonnée pour les criminels. Voilà donc ce qu'ils purent faire; et ceux qui étoient de sa conversation ordinaire s'en allèrent reconduire Raymond chez lui, où ils voulurent s'arrêter pour prendre conseil de ce qu'ils avoient à faire le lendemain. Il y avoit Audebert, du Buisson et deux ou trois autres. Hortensius y étoit aussi venu, qui se désespéroit de l'infortune de son cher Francion. Il disoit que la police moderne n'étoit pas bien exercée; que l'on laissoit courir quantité de monnoie fausse ou rognée sans l'arrêter dès sa source et voir de qui elle venoit, et que, lorsque quelqu'un en avoit, au lieu de la porter aux changeurs établis par les princes, l'on tâchoit de la faire courir et de tromper son prochain; que c'étoit une conscience d'en user de la sorte; que cela étoit cause que les faux-monnoyeurs et les rogneurs de pistoles trouvoient toujours quelqu'un à qui ils donnoient leurs mauvaises pièces, et qui les distribuoit après à d'autres; que celles dont Francion avoit été trouvé saisi étoient venues ainsi de quelque mauvais lieu, et que l'on les lui avoit données par artifice, lui faisant quelque payement en un lieu obscur. Raymond lui dit qu'il ne se falloit point imaginer cela et que Francion se connoissoit trop bien en argent, mais que l'on lui avoit mis ces pièces fausses dans sa pochette comme ils étoient le matin dans une église, et qu'il le témoigneroit à tout le monde. Chacun s'étonnoit de cette méchanceté, et le pédant Hortensius commença à faire des invectives contre les impostures du siècle, où il disoit des choses si plaisantes, que l'on ne se pouvoit empêcher d'en rire, et l'on souhaitoit même que Francion les sçût, pour se divertir dans son malheur. Cela donna la licence à quelques-uns de dire quelques bons mots sur le sujet qui se présentoit, quoiqu'ils fussent fort affligés de la captivité de leur ami. Hortensius avoit dit, à propos de ceux qui rognent les pièces, que c'étoient des gens qui feignoient d'être fort dévotieux et qu'ils faisoient la procession à l'entour de la croix. C'étoit là une rencontre assez commune et digne de l'esprit de cet homme, qui se servoit à tout risque de ce qu'il avoit ouï dire aux autres. Mais Audebert, prenant la parole, lui dit : Ce n'est pas cela, mon brave docteur, mais c'est plutôt que l'on témoigne le mépris que l'on fait aujourd'hui des lettres, et dont vous vous plaignez incessamment, pour taxer l'ignorance du siècle; car l'on ne voit plus de pièces, à cette heure-ci, dont toutes les lettres ne soient rognées, et je m'en rapporte à nos quarts d'écus de France.

Chacun loua ce bon mot d'Audebert, où il faisoit paroître la gentillesse de son esprit; et alors Raymond, en voulant débiter un autre qu'il sçavoit sur les faiseurs de fausse monnoie, les mit incontinent en jeu, et se mit à dire que Francion n'étoit pas comme un certain homme de son pays qui étoit accusé de fausse monnoie et en étoit assez bien convaincu, de manière que personne ne le défendoit, excepté un certain gentilhomme de bon esprit, qui assuroit que l'on avoit tort de blâmer celui-là de faire de faux argent, parce, disoit-il, qu'il ne fait que ce qu'il doit. L'on lui en demanda la raison, et il répondit que cet homme devoit de l'argent à tout le monde et qu'il en pouvoit bien faire pour payer ses créanciers, parce qu'il ne faisoit en cela que ce qu'il devoit. L'on trouva encore cette rencontre bonne; mais Hortensius y voulut épiloguer pour faire l'entendu, disant que ce n'étoit pas du faux argent, mais du bon que devoit cet homme; de sorte qu'il ne faisoit pas ce qu'il devoit entièrement et qu'il ne payoit pas bien ses créanciers; mais qu'outre cela, quand il eût fait de bons quarts d'écus, et tels que ceux qui sortent de la monnoie de Paris, pour payer ses dettes de son propre ouvrage, il eût encore été digne de répréhension, d'autant qu'il n'est pas permis à personne de faire de la monnoie, si ce n'est pour le prince et même de son aveu; d'autant que le droit de la monnoie est un droit de souveraineté qui n'appartient point aux sujets. Il cita alors les lois et les coutumes, avec quelques fragmens d'anciens auteurs, pour fortifier son dire. Mais l'on lui dit qu'il ne falloit pas éplucher les bons mots de si près, puisqu'ils n'étoient allégués que pour passer le temps. L'on ne laissa pas néanmoins de trouver que ses remarques étoient fort bonnes et de lui en donner de la louange, pour ne le point mécontenter; alors il rentra sur l'abus qui se commettoit aux monnoies, et en dit ce qu'il en sçavoit de reste; tellement qu'Audebert, voyant la passion qui l'animoit, lui dit qu'il croyoit que, s'il étoit jamais roi de Pologne, comme il avoit espéré, il mettroit bien un autre ordre dans son royaume contre ces abus. Ne vous en moquez point, dit-il; il est vrai que je le ferois, si Dieu me faisoit la grâce de parvenir à cette dignité. J'ordonnerois que ceux qui seroient suffisamment convaincus d'avoir altéré ou falsifié les monnoies seroient plongés dans de l'huile bouillante, comme j'ai ouï dire que l'on faisoit autrefois; mais j'aurois encore une autre invention qui témoigneroit mon érudition et ma lecture : c'est que je ferois quelquefois verser de l'or fondu dedans la bouche des faux-monnoyeurs ainsi que les Parthes en versèrent dans celle de Marcus Crassus, comme j'ai lu dans l'Histoire ou l'Épitomé de Lucius Florus, et aussi dans mon Dictionnaire historique de l'impression de Lyon et en plusieurs autres lieux; et puis je dirois : Saoûle-toi de ce que tu as tant aimé! C'est ainsi que disoit Thomiris, reine des Scythes, à Cyrus, lui faisant avaler du sang humain. Voilà un très-docte supplice, dit Audebert; il est vrai que Crassus n'étoit point accusé de fausse monnoie; toutefois il suffit qu'il étoit avaricieux. Mais quelles peines ordonnerez-vous contre ceux qui accusent à faux les innocens, comme notre ami Francion? Il leur faut ordonner la même peine, dit Hortensius, car ils sont dignes de souffrir le mal qu'ils veulent procurer aux autres. Cela est très-bien pensé, dit Audebert; plût à Dieu que l'on traitât de la sorte ces faux accusateurs! Il en eût dit davantage avec cet agréable pédant, n'eût été que cela se tournoit toujours en raillerie et qu'il falloit considérer sérieusement l'affaire qui se présentoit. Dorini arriva quelque temps après pour apprendre des nouvelles certaines de ce qu'il avoit ouï dire par la ville de la prise d'un gentilhomme françois, ne pouvant s'imaginer que ce fût Francion, encore qu'il l'eût ouï nommer. Il avoit témoigné, le matin, qu'il étoit fâché contre lui à cause de l'inconstance de ses amours et de la tromperie qu'il croyoit qu'il eût faite à sa cousine Nays; mais pourtant il eut pitié de son infortune lorsque l'on lui en eut fait le récit, et il s'offrit de s'employer avec les autres pour le faire sortir de cette mauvaise affaire. Or, parce qu'il étoit heure de souper, il y en eut quelques-uns qui s'en retournèrent chez eux, et il n'y eut qu'Audebert et Hortensius qui demeurèrent avec Raymond. Pour Dorini, il s'en alla incontinent trouver Nays, et, lui ayant raconté ce qui étoit arrivé à Francion, elle n'en eut point de regret; au contraire, elle dit qu'elle en recevoit de la satisfaction, et que c'étoit une punition manifeste qu'il recevoit de la part du ciel; parce que, s'il n'avoit falsifié les monnoies, au moins il avoit falsifié ses affections et corrompu l'amour, qui est le plus doux lien de la société des hommes. Son cousin ne lui voulut rien dire davantage de ce jour-là, parce qu'il voyoit que sa colère continuoit. Il avoit déjà parlé à elle dès la première fois; il lui avoit dit tout ce qu'il avoit appris de la bouche même de Francion, mais tout cela lui avoit été inutile.

Cependant, comme Raymond soupoit avec Audebert et Hortensius, les sbires vinrent à leur logis, en ayant eu charge de celui qui leur commandoit, pour prendre les hardes et les coffres de Francion, et voir s'il n'y avoit point encore de fausse monnoie, ou des outils pour en faire, afin que cela servît de preuve. Ils avoient aussi dessein d'arrêter ses valets, afin de les interroger, pour sçavoir s'ils ne lui aidoient point à cela; et, comme leur troupe faisoit déjà du bruit dans la rue, parce qu'ils avoient encore d'autre monde avec eux, Raymond y prit garde et se douta de l'affaire. Ils étoient venus grand nombre pour une si grande entreprise, car ils avoient accoutumé d'en redouter quelquefois de moindre; mais cette multitude ne servoit de rien qu'à leur nuire et rendre leur dessein plus connu et moins facile à exécuter. Raymond jura qu'il les empêcheroit d'entrer autant comme il pourroit, et il s'en alla incontinent barricader une porte d'entre-deux, parce qu'ils avoient déjà gagné la première.

Ce qui fut cause qu'ils n'étoient pas encore entrés plus avant, ce fut leur sottise et leur coyonnerie, car il n'y en avoit pas un qui osât entrer le premier, et c'étoit un plaisir de voir qu'encore qu'en d'autres occasions ils ne se rendissent pas beaucoup d'honneur l'un à l'autre, si est-ce qu'ils vouloient faire alors des cérémonies sur leur âge, sur leurs qualités et sur l'ordre de réception en leur charge. Enfin, voyant que l'on avoit fermé cette porte, ceux qui connoissoient la maison s'avisèrent qu'il y en avoit une autre dans une petite ruelle. Ils s'y coulèrent vitement, et les derniers, poussant ceux qui étoient devant, les y firent entrer malgré qu'ils en eussent. Ils trouvèrent dans la cour les deux laquais de Francion, dont quelques-uns se saisirent aussitôt, et les menèrent au juge. Raymond, ne s'étant point douté de cette surprise, craignoit que l'on ne le voulût arrêter aussi et que l'on ne s'imaginât qu'il se mêlât de faire de la fausse monnoie avec Francion, puisqu'il demeuroit en même logis. Il se retira dans sa chambre avec Audebert et Hortensius, afin d'y être plus fort, et ce pédant ne cessoit de jurer : Vertu de Jupiter ! que n'ai-je la force d'Hercule, pour aller rembarrer cette canaille ! Je leur couperois à tous la tête, en eussent-ils autant que l'hydre ! Il faisoit encore plusieurs exclamations collégiales qui eussent fait rire ceux qui les entendoient, s'ils n'eussent songé à autre chose. Cependant les sbires, étant entrés en la chambre de Francion, que l'hôte avoit été contraint de leur montrer, ils y firent un terrible ravage, renversant tous les meubles et fouillant jusque dans la paillasse du lit. Mais, comme ils ne trouvèrent rien d'importance qui fût caché, il prirent seulement deux malles et une layette, qu'ils voulurent emporter. Raymond s'imagina alors que, puisqu'ils ne se donnoient point le soin de le chercher, ils n'en vouloient pas à lui. Il s'avança donc vers eux, et, comme il ne manquoit de hardiesse, il leur demanda ce qu'ils faisoient. Voyant aussi qu'ils vouloient emporter ses coffres, il y voulut résister, disant qu'ils lui appartenoient et que l'on n'avoit que faire de se soucier de ce qui étoit dedans. Quelques-uns lui dirent que, s'il étoit sage, il ne feroit point de résistance contre les ordonnances de la justice; mais, nonobstant cela, il ne laissoit pas d'avoir envie de se rebeller, et Audebert et Hortensius vinrent aussi avec des visages furieux. Ces hommes, qui étoient la plupart plus pacifiques que guerriers, se contentoient de faire ce que l'on leur avoit commandé, sans s'amuser à combattre avec ces hommes-ci, où ils eussent pu gagner quelque coup, sur l'incertitude d'en avoir raison, car c'étoient des étrangers qui s'en pouvoient fuir, et que l'on ne reverroit jamais. Quelques-uns s'arrêtèrent donc à les amadouer par de belles paroles, et cependant les autres emportèrent vitement les coffres. Raymond, ayant repoussé ceux qui parloient à lui, vouloit aller empêcher que les autres ne sortissent avec leur butin, mais ils l'arrêtèrent encore, et, voyant sa furie, ils furent d'avis de songer aussi à se retirer eux-mêmes, et, le quittant soudain, ils prirent le chemin de l'escalier avec une telle vitesse, qu'ils se culbutoient les uns les autres; et, quand ils furent à la porte, ils ne firent point de cérémonies pour sortir, comme ils avoient fait pour entrer. L'hôte dit à Raymond qu'il sçavoit bien que Francion n'avoit rien dedans ses coffres qui le pût faire soupçonner d'aucune chose, et qu'il les avoit vus souvent ouverts; tellement qu'il ne se falloit pas tant soucier si l'on les emportoit. Toutefois, Raymond poursuivit les sbires jusques à la rue, et, comme il les vit éloignés, il ferma toutes les deux portes, afin d'être en assurance. Il s'en retournoit alors à sa chambre, lorsqu'il vit passer un homme au travers de la cour, qui couroit d'un côté et d'autre, comme pour en chercher l'issue. Il faisoit déjà assez obscur, mais il connut bien pourtant qu'il n'étoit pas du logis et que c'étoit un des satellites qui s'étoit égaré. Il l'alla prendre au collet et le mena dedans sa chambre. Cet Italien, se voyant pris, ne faisoit autre chose que le prier qu'il le laissât sortir, d'autant qu'il n'étoit point venu là pour y faire du mal. Et vous autres, sergens, êtes-vous capables de faire du bien? dit Raymond; n'êtes-vous pas de cette troupe qui vient de sortir? Il ne lui put nier cela; tellement que Raymond lui dit qu'il payeroit pour les autres et que, tant que Francion seroit prisonnier, il le seroit aussi; qu'encore n'en seroit-il pas quitte à si bon marché, parce qu'il le feroit mourir cruellement, s'il ne lui déclaroit les auteurs des fourbes que l'on avoit jouées à son ami, et qui c'étoit qui les avoit employés dedans cette affaire. Raymond voyoit, à la physionomie de ce personnage, qu'il avoit en l'âme je ne sçais quoi de traître et de méchant; de sorte qu'il avoit un certain mouvement dans l'esprit qui lui persuadoit qu'il pouvoit bien sçavoir quelque chose des conspirations que l'on avoit faites contre la vie et l'honneur de Francion; et il arriva que cet homme eut aussi tant de crainte de le voir parler de cette sorte, qu'il se figuroit qu'il sçavoit quelque chose de ses méchancetés; tellement qu'il crut que, s'il ne les découvroit librement, il le tueroit sans miséricorde. Comme il lui eut donc fait encore quelques menaces, il lui assura qu'il lui diroit tout ce qu'il sçavoit, pourvu qu'il lui pardonnât ses fautes; et alors Raymond lui commanda de dire promptement ce qu'il avoit sur le cœur; mais l'appréhension l'avoit tellement saisi, que tous les membres lui trembloient et qu'il ne pouvoit presque parler. Il demandoit du terme; mais Raymond n'en vouloit point donner, et il commença de crier miséricorde. L'hôte avoit bien vu que Raymond l'avoit arrêté, dont il étoit extrêmement marri, car il eût bien voulu que l'on n'eût point fait de telles violences dans sa maison, parce qu'il craignoit que l'on ne l'accusât d'y avoir part, et que cela ne le mît en peine. Il vint donc dire à Raymond qu'il le supplioit de le laisser aller; mais Raymond, qui étoit merveilleusement en colère, jura qu'il le tueroit lui-même s'il ne lui laissoit faire ce qu'il désiroit; et Hortensius, qui étoit à cette heure-là le plus fol, le repoussa rudement et lui pensa faire sauter les montées plus vite qu'il ne désiroit; de sorte qu'il fut contraint de se retirer en son logement, sans oser se plaindre davantage. Hortensius revint après dans la chambre de Raymond, où étoit aussi Audebert et quelques valets qui tenoient le prisonnier. Raymond continua à lui dire qu'il le feroit mourir avant que la nuit fût passée, s'il ne confessoit toutes les circonstances de son crime; et qu'auparavant il s'en alloit lui faire donner la gêne. Premièrement il lui demanda qui il étoit, et aussitôt il dit qu'il s'appeloit Corsègue et qu'il étoit un ancien serviteur de la maison de Valère, gentilhomme romain. Raymond se souvenoit à peu près qui étoit ce Valère, dont Francion lui avoit parlé autrefois comme d'un homme qui lui étoit fort ennemi. Voyant que ce méchant homme cessoit de parler après avoir dit cela, il lui commanda d'en dire davantage; mais il le supplia encore qu'il attendît qu'il eût repris ses esprits. Audebert lui remontra qu'il employoit plus de paroles à faire ses supplications qu'il n'en eût fallu pour déclarer les choses que l'on lui demandoit, et qu'il faisoit passer le temps inutilement; de manière qu'il dit qu'il ne pouvoit dire autre chose, sinon qu'il étoit venu pour assister les sbires qui venoient faire leur recherche dans la maison d'un homme accusé de fausse monnoie, et qu'encore qu'il ne fût pas sbire il alloit ainsi souvent avec eux pour leur servir de support; et qu'en ce qui étoit de l'entreprise qu'ils avoient faite, c'étoit par ordonnance de justice. Raymond lui dit qu'il y avoit du malentendu là-dessus, et que, puisqu'il n'étoit pas officier de justice, ce n'étoit pas sans mauvais dessein qu'il se rangeoit avec eux, mais il ne le vouloit point avouer. Au contraire, il dit qu'il y en avoit plusieurs qui en faisoient de même que lui. Le courage lui étoit petit à petit revenu : il avoit dessein de garder le secret tant qu'il pourroit; mais Raymond, voyant son opiniâtreté, fit allumer du feu et y fit mettre rougir une pelle pour lui en chauffer la plante des pieds. Il tâchoit encore à se souvenir de quelque autre tourment pour le gêner, et il les proposoit tous à ce méchant Corsègue, afin de l'épouvanter davantage; mais à peine se pouvoit-il imaginer alors que des hommes fussent si impitoyables que de traiter ainsi leur semblable : il faisoit le prud'homme et le consciencieux, disant qu'il eût mieux aimé mourir que de faire tort à son prochain; qu'il tâchoit seulement de gagner honnêtement sa vie, en sollicitant quelquefois des affaires ou bien en faisant quelquefois le commandement des juges avec les ministres de la justice; mais on ne le tenoit pas néanmoins pour un innocent. Hortensius disoit tout haut que, s'il étoit coupable de l'injure qu'on avoit faite à Francion, il n'y avoit supplice au monde qui ne fût trop doux pour le punir; que ce n'étoit pas assez de l'attacher à un corps mort, comme Mézentius [1] y faisoit attacher ceux qui l'avoient offensé; ni de le jeter dans le taureau d'airain où Phalaris [2] fit brûler celui qui l'avoit forgé; ni de lui couper les sourcils

---

[1] Roi des Tyrrhéniens.

[2] Tyran d'Agrigente, Crétois d'origine. Il s'était emparé du pouvoir l'an 566 avant l'ère chrétienne. Le mécanicien Pérille lui ayant fait hommage d'un taureau de cuivre destiné à enfermer des condamnés qu'on voudrait brûler à petit-feu, Phalaris trouva piquant de l'expérimenter sur l'inventeur.

et les frotter de miel l'exposant au soleil, et l'enfermer dans un tonneau garni de pointes de clous, pour le jeter du haut en bas d'une montagne, comme les Carthaginois firent à Régulus; et que tout ce que les tyrans mêmes avoient inventé étoit peu de chose. Alors, se tournant vers Raymond, il lui dit : Voulez-vous que j'aille chercher quelques livres d'antiquités, afin d'y voir les plus horribles supplices dont les sauvages nations se soient servies, afin que nous tâchions de les pratiquer. Raymond ne se put tenir de rire d'une telle naïveté, et il lui dit qu'il n'étoit pas besoin de prendre tant de peine. Corsègue, voyant que l'on rioit autour de lui, en eut une meilleure espérance; de sorte que, nonobstant toutes les menaces que l'on lui fit après, il ne voulut rien dire autre chose que ce qu'il avoit déjà dit; mais la pelle commençoit de rougir, et l'on lui déchaussoit déjà ses souliers, lorsque Audebert dit : Donnons-lui un trait de corde avant que de lui brûler la plante des pieds. Il avoit trouvé une corde dont il l'entoura par-dessous les aisselles, et puis il l'attacha fermement à deux crampons qui tenoient dans la muraille au-dessous des fenêtres, et qui servoient à y mettre des barres; après il lui attacha un bout de corde à chaque pied, et ils se mirent tous à le tirer de toute leur force, ce qui lui fit assez de mal; mais pourtant il persistoit dedans son opiniâtreté. Raymond dit que c'étoit que l'on ne le traitoit pas assez rudement, et qu'ils n'avoient point les instrumens tout prêts pour le gêner; mais qu'il falloit lui chauffer les pieds. L'on lui ôta donc ses bas de chausses, et l'on tira du feu la pelle qui étoit toute rouge. Il vit bien alors que c'étoit tout à bon, tellement qu'il crut qu'il seroit un sot, s'il se laissoit ainsi martyriser faute de découvrir la vérité. Il dit donc que c'étoit à ce coup qu'il alloit déclarer tout ce qu'il avoit sur sa conscience. Tu ne t'en sçaurois plus dédire, repartit Raymond; car voilà que tu avoues que ce que tu nous as dit jusqu'à cette heure est faux ou de peu d'importance, et que tu as bien d'autres secrets à révéler. Il ne faut plus que tu penses nous faire accroire que nous devons déjà être satisfaits. Je vous dirai tout, ajouta-t-il, et plus que vous n'espérez. Commence, dit Audebert; nous permettons que tu te mettes à ton aise, pour raconter tout ce que tu voudras. Mais me promettez-vous de me pardonner, dit-il alors, et ne me fera-t-on rien après? Non, je te le jure, dit Raymond. Je vous ai déjà dit qui je suis, continua-t-il, et je vous assure qu'en cela il n'y a aucune menterie. Valère est un gentilhomme de bonne maison, chez le père duquel j'ai servi longtemps d'estafier, et depuis je me suis attaché au service du fils, chez lequel je n'ai pourtant pas fait grande fortune; car notre maître a plus d'apparence que d'effet, et sa richesse n'est pas si remarquable que l'antiquité de sa noblesse : toutefois je l'aime de telle sorte, qu'il n'y a rien au monde que je ne voulusse faire pour lui, excepté de lui donner ma vie, qui, à la vérité, m'est chère sur toutes choses, comme vous pouvez voir; car, si j'étois content de mourir pour lui, je permettrois maintenant que vous fissiez de moi ce que vous voudriez plutôt que de vous découvrir ses secrets, ainsi que je vais maintenant faire pour ma conservation. Vous sçaurez donc qu'il y a longtemps qu'il veut du mal à ce François que l'on arrêta hier, et qu'il a même tâché autrefois de le faire mourir, l'ayant fait mettre en une prison dont il croyoit qu'il ne sortiroit jamais. Néanmoins il a été tout étonné dès qu'il a sçu son arrivée à Rome, et que même il continuoit d'aller voir Nays dont il possédoit la bienveillance. Cela lui donnoit des pointes de jalousie et de rage, qui étoient plus violentes que je ne vous les sçaurois représenter. Il aimoit Nays pour ses perfections, et aussi pour ses richesses qui eussent servi beaucoup à réparer les ruines de sa maison : tellement que cela lui étoit fort fâcheux de perdre une si bonne fortune. Il a donc résolu de perdre Francion, et de lui faire ôter l'honneur et la vie, le faisant accuser de fausse monnoie. Il y a longtemps que nous l'avons fait épier dans les églises et les autres lieux publics, par les plus expérimentés coupeurs de bourses, pour lui faire mettre de fausses pièces dans sa pochette; mais cela ne s'est pu exécuter qu'à ce matin, et tout incontinent l'on a tâché de lui faire envie d'acheter quelque chose, et l'on disoit à tous les merciers, que l'on trouvoit en chemin, qu'il y avoit un gentilhomme françois un peu plus loin qui les demandoit; mais il s'est arrêté de lui-même chez un parfumeur, où ayant tiré son argent de sa poche, nous l'avons attrapé, et nous l'avons mené chez un juge qui est à la dévotion de mon maître et fera tout ce qu'il voudra. Il s'est trouvé là aussi un homme, qui a été gagné à prix d'argent, qui a accusé

Francion de beaucoup de crimes, lesquels il doit soutenir fermement. Pour rendre aussi l'affaire plus criminelle et hors de doute, je suis entré céans cette après-dînée, avec un petit coffre-fort sous mon manteau, où il y avoit quantité de pièces fausses, et j'avois dessein de le mettre dans la chambre de Francion. Vous étiez allé en ville, et l'on balayoit les chambres; je suis entré partout sans difficulté, faisant semblant de demander quelqu'un; mais j'ai pris une chambre pour l'autre, et au lieu de mettre le coffre dans celle de Francion, je l'ai mis dans celle-ci : je crois que vous le trouverez encore caché à la ruelle du lit. Or ce n'étoit pas assez au gré de mon maître d'avoir fait cela; il m'a mis en main des outils à faire de la fausse monnoie, enveloppés dans un sac de cuir, lesquels je portois tantôt étant entré avec les sbires, et je les ai quittés incontinent parmi la confusion, et mon dessein étoit de les cacher dans quelque cabinet proche de la chambre de Francion, afin d'y mener après mes compagnons et de leur faire prendre cela comme venant de lui; mais je n'ai pas pu mettre ce sac ailleurs que dans un petit grenier où je l'ai caché; et, comme je revenois pour avertir les sbires qu'il falloit faire une recherche générale, j'ai trouvé qu'ils s'étoient évadés, et que j'étois demeuré seul à mon dommage.

Tandis qu'il achevoit de dire cela, l'on alla chercher avec une chandelle en la ruelle du lit, et l'on y trouva le petit coffre qu'il disoit; mais l'on n'avoit pas la clef pour l'ouvrir, et néanmoins, en le hochant, l'on connut bien qu'il y avoit dedans beaucoup de monnoie. L'on le rompit à force de frapper dessus, et l'on trouva que c'étoient toutes pièces fausses. Mais, comme l'on s'amusoit à cela, Corsègue voulut encore que l'on lui prêtât de l'attention, et il continua de parler ainsi : Si mon maître sçait un jour ce que je vous ai dit, il me voudra beaucoup de mal; mais il n'a pas pourtant sujet de se plaindre de moi, car, ayant fait tout ce que j'ai fait, il me semble que c'est assez, puisque je m'étois mis en de grands dangers pour lui. Au reste, puisque je vous ai déclaré ces secrets, il ne faut point que j'épargne les autres, encore que vous ne m'en sollicitiez pas, car je serois fâché qu'il fût accusé tout seul de quelque entreprise où les autres auroient part. Vous sçaurez donc que Nays a encore été recherchée par un seigneur vénitien qui s'appelle Ergaste; celui-ci étoit autrefois merveilleusement jaloux de mon maître, et mon maître étoit aussi fort jaloux de lui; mais, parce qu'ils avoient vu qu'ils n'étoient acceptés d'elle ni l'un ni l'autre, et qu'elle se moquoit d'eux également pour n'estimer qu'un étranger, ils avoient cessé leur inimitié pour faire ensemble une conjuration contre celui-ci, et ils avoient tant fait, qu'il avoit été arrêté dans une forteresse de leur ami; et puis un certain écrivain, appelé Salviati, avoit après contrefait des lettres fort désobligeantes au nom de Francion, pour envoyer à Nays, afin de lui faire croire qu'il la méprisoit et qu'il l'abandonnoi pour jamais, sans avoir souci de venir à Rome. Mais Francion est arrivé depuis quelque temps, contre l'attente de Valère et d'Ergaste, qui recommençoient chacun leur recherche de leur côté et faisoient à qui mieux mieux, tellement qu'ils reprenoient leurs vieilles inimitiés. Alors, ayant sçu que celui-ci étoit rentré en faveur, ils se sont vus derechef pour conférer sur cette affaire, et tout au moins ils se sont accordés au désir qu'ils avoient de le ruiner. Ils ont juré qu'ils feroient chacun tout du pis qu'ils pourroient contre lui, et qu'ils y emploieroient leurs meilleures inventions. Or je vous ai dit de quelle sorte Valère a eu dessein de perdre Francion pour le faire condamner à mort, ou tout au moins le mettre en si mauvaise odeur près de sa maîtresse qu'elle ne veuille plus de lui. Mais Ergaste y a procédé d'une autre voie, ainsi que j'appris dernièrement de Salviati, qui est un homme corrompu qu'il emploie en toutes ses affaires. Il a sçu qu'une Vénitienne, appelée Lucinde, étoit venue ici avec sa fille Émilie, non pas tant pour solliciter quelque procès, comme elle fait accroire, que pour voir si sa fille y trouvera une meilleure fortune que dans leur ville. Or il a eu autrefois une grande fréquentation avec ces dames et il a été fort amoureux d'Émilie, de qui même l'on tient qu'il a joui; si bien que, s'il ne l'épouse, à cause qu'elle est trop pauvre, tout au moins voudroit-il qu'elle en eût attrapé quelque autre, nonseulement pour le bien qu'il lui désire, mais afin d'être déchargé d'elle. Et, parce qu'il sçait que Francion est d'une complexion si amoureuse, qu'il se pique fort aisément, il s'est imaginé qu'il auroit de l'affection pour Émilie aussitôt qu'il l'auroit vue; car, en effet, l'on tient que c'est une des plus belles dames que l'on puisse voir. Il n'a été question que de faire en sorte qu'il la rencontrât, afin qu'il eût le désir de la connoître; et, pour parvenir à ceci, il s'est servi d'un certain bouffon appelé Bergamin, qui faisoit semblant d'affectionner Francion, mais qui néanmoins étoit beaucoup plus aise d'obliger Ergaste, qu'il connoissoit de plus long temps. Celui-ci mena Francion en une certaine église, où il sçavoit qu'Émilie devoit être avec sa mère, et il feignit de ne les connoître point, pour mieux couvrir son jeu. Il sortit, comme pour les suivre, et vint apprendre une heure après à Francion qui elles étoient. Depuis, il lui fit connoître Salviati, qui se disoit être leur sollicitcur, et qui lui promit de le mener dans leur maison, pour voir cette belle fille qui lui donnoit tant de désirs. Il l'y mena donc; et, dès que Francion l'eut vue, il en devint éperdument amoureux, jusqu'à lui écrire quantité de lettres que Salviati lui a fait tenir; et on croit qu'il l'a été voir le soir à la dérobée, et que même il lui a donné une promesse de mariage. Il a fait en cela plus qu'Ergaste n'espéroit, car il s'attendoit seulement qu'il fréquenteroit souvent chez Lucinde et que Nays, en ayant ouï parler, en seroit tellement irritée, qu'elle le quitteroit pour une telle perfidie. Mais voilà le comble du malheur pour ce pauvre homme, qui s'est empêtré de toutes façons dans les filets que ses ennemis lui ont tendus. Salviati est un homme assez secret; il ne m'auroit jamais dit cela, si je ne lui eusse fait connoître que j'étois employé pour Valère en de semblables entreprises; encore je vous jure qu'il a fallu que cette liberté de parler lui soit venue entre les pots et les bouteilles.

Corsègue en demeura là-dessus, et ceux qui étoient présens s'étonnèrent de tant de fourbes qui sortoient de l'esprit vindicatif des Italiens. Ils souhaitèrent que la justice en eût connoissance, pour en faire la punition et pour remettre Francion en liberté; et ils se promirent bien qu'ils divulgueroient toutes ces choses, afin que l'on reconnût son innocence. Raymond dit à Corsègue qu'il n'avoit pas encore sujet d'être entièrement satisfait, s'il ne lui promettoit de redire devant les juges tout ce qu'il avoit dit devant lui. Mais, répondit-il, je serai par ce moyen hors d'espoir de rentrer en grâce auprès de mon maître : n'est-ce pas assez de vous avoir déclaré ses secrets? Non, ce dit Raymond; car, encore que nous les disions, l'on ne nous croira pas, si tu ne les assures avec nous. Au reste, si tu ne promets maintenant de le faire avec des sermens inviolables, tu n'es pas exempt de la mort ; que si tu le fais aussi, je te promets de ma part que tu n'auras plus que faire de ton maître, et que nous te récompenserons splendidement et t'emmènerons en France, si tu le désires, te rendant si content, que tu n'auras pas de raison de te plaindre d'un peu de mal que nous t'avons fait.

Raymond disoit ceci avec tant de franchise, que Corsègue s'assuroit un peu sur ses paroles ; tellement qu'il lui promit tout ce qu'il voulut et lui en jura avec tous les sermens qu'il lui commanda de faire. Mais Audebert, tirant à part Raymond, lui remontra que cet homme étoit un méchant auquel l'on ne se devoit point fier, et que peut-être le lendemain, lorsqu'il seroit devant les juges, il désavoueroit tout ce qu'il avoit dit et se soucieroit fort peu de toutes les imprécations qu'il avoit faites ; qu'il valoit bien mieux tirer de lui quelque autre assurance et lui faire écrire et signer tout ce qu'il avoit dit, afin de le représenter à la justice et qu'il lui fût impossible de le nier. Raymond trouva cette proposition bonne, et, quoiqu'il dît que l'on ne devoit pas se défier de lui, l'on lui donna une plume, de l'encre et du papier, et l'on lui fit écrire qu'il confessoit d'avoir fait mettre de fausses pièces dans la pochette de Francion, à l'instigation de son maître, et d'avoir encore porté chez lui un coffre plein de semblables espèces, avec des outils de faux-monnoyeurs, afin de l'accuser malicieusement et de le faire trouver coupable. L'on lui fit après signer cela ; et, parce qu'il marchandoit beaucoup d'achever cette besogne, Raymond et Audebert redoublèrent leurs menaces, qui l'épouvantèrent tellement, qu'il fit tout ce que l'on vouloit. L'on alla après chercher dans le grenier, où l'on trouva le sac avec les outils, et l'on les garda pour les montrer en justice.

La nuit étoit alors fort avancée ; Raymond fit enfermer son prisonnier dans une chambre avec ses gens, qui le firent coucher. Pour lui, il se coucha aussi, et Audebert et Hortensius en firent de même ; mais ils ne dormirent guère, chacun ayant beaucoup de hâte d'aller travailler à la délivrance de leur ami. Comme ils furent levés tous trois, Raymond laissa Audebert avec les serviteurs à la maison pour garder Corsègue, et il s'en alla avec Hortensius au lieu où étoit Francion. Il demanda de parler à lui, car il eût bien voulu lui faire sçavoir ce qui étoit arrivé, afin qu'il ne prît point de mélancolie et qu'il espérât de sortir bientôt; mais l'on lui dit qu'il ne parleroit point à lui; ce qui le fâcha extrêmement. Il avoit dessein de parler aussi au juge, et cela lui fut permis. Il lui raconta qu'ils avoient chez eux un homme qui étoit venu avec les ministres de justice, qui leur avoit déclaré que les fausses pièces de Francion lui avoient été mises dans sa pochette, et que tout ce qui s'étoit ensuivi n'étoit qu'une fourbe que Valère, son ennemi, lui faisoit jouer; et, pour une plus grande assurance, il lui montra la certification que Corsègue avoit signée. Ce juge vit bien que l'on avoit retenu cet homme, quoique l'on ne l'en eût point averti : ses compagnons s'étoient imaginé qu'il étoit sorti d'avec eux par quelque endroit où ils n'avoient pas pris garde, tellement qu'ils n'avoient pas fait de plainte de sa rétention. Néanmoins le juge, se doutant que l'on l'avoit violenté et soutenant fort le parti de Valère, dont il sçavoit un peu la vie, rebuta grandement Raymond; il lui dit qu'il entreprenoit sur la justice d'avoir retenu un homme et de l'avoir obligé à écrire une déposition; que cela ne se devoit faire que devant les magistrats, et qu'il sembloit qu'il se voulût faire la justice lui-même. Raymond repartit que, dans la nécessité, l'on tiroit ce que l'on pouvoit de son ennemi, et que, s'il n'eût fait cela, il n'eût pas pu avoir une assurance parfaite de l'innocence de Francion. Nonobstant cela, le juge disoit toujours qu'il avoit mal fait; mais il dit : Je veux bien l'avouer et j'en veux bien aussi payer l'amende; il ne m'importe, pourvu qu'en cela j'aie fait quelque chose pour mon ami et que sa justification demeure constante et indubitable.

Cette preuve d'affection étoit digne d'être admirée; mais ce barbare n'en tint aucun compte, encore qu'Hortensius lui dit à tous coups : Voici un Oreste, voici un Pylade et un parangon d'amitié; faites quelque chose pour l'amour de la vertu. Cet homme rebarbatif dit qu'il vouloit que l'on lui rendît Corsègue, car Raymond confessoit qu'il étoit encore à sa maison. Il commanda à quelques sbires de l'amener, et Raymond dit qu'il ne s'en soucioit pas, d'autant qu'il croyoit qu'il ne démentiroit pas son écrit. Il envoya

donc Hortensius en sa maison, pour dire à Audebert qu'il
rendît cet homme sans résistance. Cela fut fait incontinent,
et Audebert s'en vint aussi avec lui chez le juge, pour voir
ce qui arriveroit. Ils dirent alors au juge : Si vous ne croyez
ce que cet homme a écrit, encore méritons-nous quelque
croyance; nous voilà trois maîtres et cinq ou six valets qui
avons tous ouï réciter fort au long les fourbes qu'il confesse
que l'on a voulu jouer à Francion : nous peut-il démentir
tous tant que nous sommes? Il vous faut ouïr chacun à part,
dit le juge. Cela importe de peu, dit Corsègue; j'avoue déjà
que je leur ai dit tout cela et que j'ai aussi écrit ce qu'ils
vous montrent; mais cela n'est pas vrai pourtant : je le disois
pour me garantir de la gêne et de la mort qu'ils m'avoient
préparée, et je n'ai aussi écrit cela que pour le même sujet.

Ainsi ce méchant pensoit désavouer ce qu'il avoit dit, à
cause qu'il étoit en lieu d'assurance; et les François s'étonnèrent grandement d'une telle perfidie, se ressouvenant des
sermens horribles qu'il avoit faits. Le juge n'avoit garde de
rien faire contre Corsègue, qui étoit son ami et lui avoit fait
quantité de présens. Il dit qu'il croyoit que l'on avoit merveilleusement tourmenté cet homme, et que ceux qui l'a-
voient fait en seroient punis. Alors Corsègue, voyant qu'il
adhéroit à ses intentions, montra à nu quantité de lieux de
son corps qui étoient meurtris par les coups qu'il disoit que
l'on lui avoit donnés, et il fit voir aussi la marque des cordes
dont l'on lui avoit lié les jambes au-dessus de la cheville du
pied. Tous les Italiens fulminoient contre Raymond et les
autres François pour leur cruauté, et l'on alla vitement fermer la porte de la maison, pour s'assurer de leur personne.
Corsègue avoit bien cru que Raymond et Francion étoient capables de le récompenser s'il confessoit devant les magistrats
ce qu'il sçavoit de son maître, mais il considéroit que peut-
être n'en pourroit-il pas venir là et que Valère ou quelqu'un
de ses parens le feroit tuer pour sa trahison. Il avoit songé
à cela toute la nuit, si bien qu'il demeuroit dans son opiniâtreté. Le juge, qui étoit présent, prenoit conseil d'un autre
côté pour envoyer quérir un renfort de satellites, afin d'envoyer les François en prison, car sa maison n'étoit pas capable de loger tant de prisonniers. Il avoit résolu de leur faire
le procès, aussi bien qu'à Francion, comme étant de ses com-

plices et ayant violenté celui qui assistoit les sbires; mais, lorsqu'il en étoit là-dessus, l'on heurta fermement à sa porte et l'on lui vint dire que l'on le demandoit de la part d'un juge qui lui étoit supérieur. Cela le faisoit frémir de crainte, car jamais l'on ne le demandoit de la sorte que pour de mauvaises affaires. L'on fit venir celui qui désiroit parler à lui; il lui dit que le grand juge lui enchargeoit de venir devers lui et de lui amener le gentilhomme françois qu'il avoit dans sa maison. Il fallut obéir aussitôt, et Francion sortit avec une fort belle assistance, car il ne falloit point prier ni contraindre tous ceux qui étoient là pour le suivre. Or c'étoit ici un effet du bon naturel de Dorini, qui, encore qu'il s'imaginât que Francion avoit eu tort de tromper sa cousine, n'avoit pas laissé de solliciter en sa faveur, en souvenance des bonnes heures qu'ils avoient autrefois passées ensemble dedans leurs débauches agréables. Il avoit été voir Lucio, qui étoit le juge supérieur, et lui avoit représenté que ce brave François étoit tombé entre les mains de Caraffe, qui étoit un juge qui dépendoit de lui et qui faisoit quantité de mauvais tours; que c'étoit une pitié de voir les impertinences dont l'on accusoit Francion, qui n'avoient aucune apparence de vérité, et qu'il falloit nécessairement qu'il y eût de la malice là-dessous. S'il eût sçu la confession de Corsègue, il eût bien mieux fait valoir sa cause; mais l'on n'avoit pu encore l'en avertir, et ceux qui avoient été en son logis pour lui en parler ne l'avoient pas trouvé. Toutefois, ce qu'il dit suffisoit pour amener Lucio contre Caraffe, à cause qu'il lui déplaisoit déjà pour beaucoup de raisons.

Lorsque toute cette troupe fut devant lui, il dit à Caraffe qu'il lui défendoit de se mêler de l'affaire de Francion, et que c'étoit à lui que la connoissance en étoit réservée. Caraffe repartit qu'il lui céderoit en cela et en toute autre chose, mais qu'il verroit néanmoins qu'il n'avoit rien fait de mal; que l'on avoit surpris ce Francion lorsqu'il vouloit employer de faux quadruples chez un marchand, et que l'on en avoit trouvé sa pochette pleine; que, si l'on vouloit visiter ses coffres, qu'il avoit fait enlever, l'on y en trouveroit encore dedans, et que peut-être y trouveroit-on aussi les outils de son métier; qu'il avoit fait aussi amener ses valets, qui découvriroient l'affaire et qui diroient si leur maître ne les avoit point employés en cet exercice. En effet, il avoit fait amener les laquais de Francion, que l'on avoit pris le jour précédent; l'un étoit Romain et l'autre Piémontais, et tous deux jeunes et sans aucune connoissance des affaires de leur maître, qui ne les avoit que depuis peu à son service. Lucio le connut bien dès qu'il leur eut ouï dire deux ou trois mots, tellement qu'il ne s'y arrêta pas. Il fit après ouvrir les deux malles, où l'on ne trouva que du linge et des habits; et, pour ce qui étoit de la layette, l'on n'y trouva que des livres et des papiers, au lieu que ceux qui l'avoient prise avoient cru tenir un grand trésor, car Corsègue les avoit avertis de se saisir promptement d'un petit coffre qu'ils trouveroient dans la chambre de Francion, d'autant qu'il sçavoit bien que c'étoit là qu'il mettoit ses fausses pièces. Il disoit cela afin qu'ils prissent le coffre-fort qu'il pensoit y avoir caché; mais il l'avoit mis par mégarde dedans la chambre de Raymond, ainsi que nous avons remarqué tantôt. Il étoit arrivé même que tout ce que Francion avoit de bon argent il l'avoit donné à garder à son hôte depuis peu de temps; si bien qu'il n'y en avoit point là du tout, et ceux qui pensoient y en trouver furent fort abusés.

L'accusateur du jour précédent voulut s'avancer alors, et dit à Lucio une partie de ce qu'il avoit déjà dit devant l'autre juge, excepté que la crainte le rendit un peu plus modéré. Néanmoins ce magistrat, qui étoit fort habile homme, découvroit manifestement qu'il n'étoit guère bien fondé en son accusation; il ne se donna pas la patience de l'écouter, sinon par divertissement, parce qu'il y avoit du plaisir à l'entendre jaser de cette sorte. Mais enfin il lui demanda comment il connoissoit Francion, combien il y avoit de temps, quelle vie il avoit toujours menée; à quoi il répondit non-seulement selon les instructions qu'il avoit reçues, mais aussi selon la bizarrerie de son cerveau. Après, Lucio interrogea aussi à part quelques-uns des assistans sur les mêmes points; mais il vit que tout cela ne s'accordoit en rien du monde et que ce dénonciateur connoissoit fort mal celui qu'il accusoit. Toute la preuve qu'il avoit contre lui, c'étoit que l'on avoit trouvé de la fausse monnoie dans sa pochette; mais Raymond, s'avançant enfin, dit qu'il vouloit faire connoître la plus insigne méchanceté qui fût jamais au monde, et que c'étoit Valère qui avoit voulu faire accuser Francion de fausse monnoie, par des finesses merveilleuses. Et là-dessus il raconta tout ce qui étoit arrivé, montrant même ce que Corsègue en avoit écrit, et puis il dit que ces méchans étoient en inquiétude pour n'avoir point trouvé de fausse monnoie ni d'outils chez Francion, mais qu'il les alloit ôter de peine et que l'on les avoit trouvés. Or il avoit mis ordre que l'on apportât le sac et le petit coffre-fort. Voici, ajouta-t-il, ce que l'on avoit caché chez nous pour rendre l'innocent coupable; mais la fourbe n'a pas réussi : Corsègue a pris un lieu pour un autre, et même il est tombé entre mes mains si heureusement, que je lui ai tout fait confesser. Corsègue protesta encore alors que tout ce qu'il en avoit dit et écrit n'étoit que par violence, et qu'il demandoit que Raymond fût condamné en de grosses amendes envers lui, pour l'avoir contraint à diffamer son maître et l'avoir gêné cruellement. Dorini, ayant entendu tout cela, fut merveilleusement surpris, et néanmoins il fut bien aise de ce que l'innocence de Francion alloit être bientôt vérifiée. Il vint aussitôt parler au magistrat, et lui remontra que tout ce qu'il disoit pour la défense de Francion devoit être véritable, et qu'il prouveroit bien que Valère lui avoit toujours voulu du mal, et qu'il avoit même donné charge à un capitaine de ses amis de le tuer, après l'avoir fait arrêter dans son château, mais qu'il s'étoit sauvé de ce danger. Le juge lui dit alors qu'il ne mît point son esprit en inquiétude, qu'il feroit justice partout, et qu'il voyoit déjà plus clair dans cette affaire que l'on ne pensoit. Et, en effet, il disoit la vérité; car il confrontoit toutes les choses qu'il venoit d'ouïr avec d'autres qui s'étoient passées quelque temps auparavant, et de là il tiroit des conséquences assurées. Il avoit lui-même vidé le sac où étoient les outils, et y avoit trouvé un petit cachet que l'on y avoit jeté par mégarde, auquel étoient les armes de Valère; tellement que c'étoit une preuve bien forte pour montrer que cela venoit de chez lui. Mais cela le rendoit encore plus criminel que l'on n'eût jamais pensé; car à quoi lui servoient tous ces outils? Les avoit-il fait faire tout exprès pour les faire porter dans la chambre de Francion? Les avoit-ils trouvés tout faits dès aussitôt qu'il en avoit eu le dessein, ou bien s'il les avoit fait faire en si peu de temps? Tout cela n'étoit point vraisemblable. Il falloit qu'il les eût gardés lui-même depuis plusieurs années et qu'il s'en fût toujours servi ; pour ce que les affaires de sa maison alloient souvent en décadence et qu'il ne pouvoit trouver de quoi fournir à ses somptuosités, il se servoit de ce mauvais métier, en quoi le misérable Corsègue et quelques autres encore l'assistoient, et même il en avoit été accusé, il n'y avoit pas six mois, devant Caraffe; mais ce petit juge, qui n'avoit pas la conscience fort nette, l'avoit sauvé de ce péril par des excuses plus fausses que sa monnoie, comme aussi Valère lui avoit fait emplir sa bourse de pièces plus loyales que celles qu'il débitoit d'ordinaire. Le juge supérieur, qui étoit Lucio, en ayant eu le vent, en fut très-mal satisfait; et néanmoins il ne voulut pas faire éclater cela encore. Mais c'étoit alors que l'occasion se présentoit assez belle pour conserver l'intégrité de la justice et punir Caraffe de ses corruptions. Le crime de Valère étoit une chose vérifiée, et, pour celui de Caraffe, l'on en avoit déjà fait aussi des informations : il ne restoit que d'y joindre celles qui se faisoient à cette heure-là; et, comme Lucio y eut un peu songé, il se tourna devers Corsègue, et, le tirant à part, lui dit qu'il étoit un méchant homme de nier une chose qu'il avoit confessée devant plusieurs personnes et qu'il avoit signée pareillement; que, s'il demeuroit dans son opiniâtreté, il le feroit appliquer à la question extraordinaire et l'enverroit après au gibet. Il pensoit user de ses artifices accoutumés; mais Lucio l'intimida tellement, qu'il lui confessa que tout ce que Raymond avoit dit étoit véritable, et qu'il n'avoit écrit toutes ces choses que comme il les sçavoit. Aussi étoit-ce une chose peu vraisemblable de dire que Raymond les lui avoit suggérées et l'avoit forcé de les écrire; car où eût-il pu s'aller imaginer ces inventions, qui se rapportoient si bien avec les intentions et les malices de Valère? Lucio l'avoit reconnu d'abord; il interrogea donc encore ce Corsègue sur le fait de son maître, lui demandant où il avoit pris ces outils qui servoient à faire de fausses pièces; il n'eut là-dessus que des réponses impertinentes. Mais Lucio avoit déjà mis ordre que l'on allât chez Valère pour le mener en prison, ce que l'on avoit fait assez heureusement; et, voyant l'opiniâtreté de Corsègue, il commanda que l'on l'y menât aussi avec celui qui avoit accusé Francion, lequel, ayant été tiré à part, avoit confessé dans peu de temps que tout ce qu'il avoit dit étoit faux, et ne put soutenir le contraire de ce que son compagnon avoit déjà avoué. L'innocence de Francion étant lors fort bien vérifiée, le juge crut que ce seroit une injustice de le retenir, puisqu'il n'y avoit personne qui eût rien à dire contre lui; de sorte qu'il lui dit tout haut qu'il étoit libre pour s'en retourner où il voudroit, et que la punition seroit faite de ceux qui l'avoient injustement calomnié. Mais Bergamin et Salviati, qui étoient présens, s'avancèrent alors pour parler au magistrat. Ils s'étoient mêlés parmi la foule, pour venir voir ce qui arriveroit de Francion : car ils avoient sçu l'accusation que l'on avoit formée contre lui : et, voyant alors qu'il étoit trouvé innocent, et que l'on lui rendoit sa liberté, ils s'allèrent figurer que peut-être après cela il ne demeureroit plus guère à Rome, et qu'il se déplairoit en un lieu, où l'on lui avoit voulu faire tant d'outrage. Ils pensoient qu'il le falloit faire arrêter à la requête de Lucinde et d'Émilie, afin de le contraindre à épouser celle qu'il avoit témoigné d'aimer, ou au moins de le faire condamner envers elle en beaucoup de dommages et intérêts. Ce fut Salviati qui porta la parole, comme le plus entendu en affaires. Il dit au juge qu'il s'opposoit à la délivrance de Francion, qui devoit être retenu pour un autre crime ; qu'il avoit promis mariage à la fille de Lucinde, laquelle il avoit même été voir les nuits, de sorte qu'il ne pouvoit réparer son honneur qu'en l'épousant. Raymond entendit fort bien ceci, et dit promptement à Lucio, qu'il falloit envoyer requérir Corsègue, pour sçavoir encore la vérité de cette affaire-ci. Lucio y envoya aussitôt, et il n'étoit pas à moitié chemin de la prison. Quand il fut venu, Raymond lui demanda s'il ne connoissoit pas bien Salviati, et si ce n'étoit pas celui qui faisoit les affaires d'Ergaste, et qui lui avoit dit tant de choses du dessein que ce seigneur avoit de tromper Francion, lui faisant aimer une dame dont il avoit déjà joui, afin que cependant il perdît les bonnes grâces d'une autre qu'ils aimoient tous deux. Corsègue n'avoit garde de faillir qu'il n'avouât cela : car il eût été marri s'il n'y eût eu que son maître et lui qui eussent été trouvés en faute. Il étoit de l'humeur de tous les méchans, qui sont bien aises d'avoir des compagnons. Lucio connut donc que cette Emilie devoit être une fille trop libre et trop peu honnête; tellement qu'un homme n'étoit point fort obligé à elle, quand elle lui eût accordé ce qu'elle avoit déjà donné à un autre. D'ailleurs la plainte de Salviati n'étoit guère considérable, si bien qu'il ne s'y arrêtoit pas. Pour ce qui étoit de Francion, il disoit toujours qu'il n'avoit rien promis à Émilie, et qu'aussi ne se vantoit-il point d'avoir eu d'elle les extrêmes faveurs ; et qu'au reste il n'y avoit guère d'honneur pour elle et pour les siens, s'ils vouloient faire croire qu'il eût joui d'elle, encore qu'il protestât que cela n'étoit jamais arrivé.

La plainte de Salviati alloit passer pour une indiscrétion, lorsque l'on fut contraint de songer à une autre, que fit un sbire, qui étoit présent. Voyant que l'on vouloit arrêter Francion pour une cause amoureuse, il voulut aussi faire arrêter Raymond pour un semblable sujet. Il l'avoit reconnu, dès le commencement, pour un homme qui lui avoit fait un affront signalé ; mais il n'avoit pas eu jusqu'alors la hardiesse d'en parler. Enfin il s'avança vers le juge, et, joignant les mains, le supplia de lui faire justice de ce gentilhomme, qu'il lui montra, parce qu'il avoit déshonoré sa maison. Le juge lui dit qu'il racontât comment cela s'étoit fait; et il parla de cette sorte, avec une voix assez basse et fort tremblante : Je vous veux apprendre une étrange chose, monseigneur ; il faut que vous sçachiez qu'étant sorti il y a quelque temps fort matin pour solliciter mes affaires je revins à la maison plus tôt que je n'avois délibéré, d'autant que j'avois oublié un papier qui m'étoit fort nécessaire. Je trouvai ce François dedans ma chambre, où il entretenoit ma femme, qui n'étoit pas encore tout habillée. Vous sçavez combien nous trouvons mauvais que l'on entre si privément dans nos maisons, et même jusqu'auprès de nos femmes, que l'on ne peut trop conserver. Je criai fort la mienne d'avoir permis que cet homme la vînt voir, et je parlai aussi fort rudement à lui : mais il s'excusa sur la coutume de son pays, qu'il ne pouvoit oublier, n'ayant pas songé que l'on vivoit autrement à Rome : qu'au reste il venoit pour affaire, et qu'il me supplioit de lui dire des nouvelles du procès d'un certain gentilhomme de ses amis, dont j'avois quelque connoissance. Or il avoit trouvé cette fourbe fort à propos ; car j'étois bien instruit de cette affaire, et j'avois quelques papiers dans mon cabinet qui la concernoient. J'y voulus entrer pour les prendre, afin de les lui montrer, car je ne pensois plus à aucun mal, et je le tenois pour un fort homme de bien. Je voulois aussi chercher le papier que j'avois oublié; tellement que cela m'arrêta quelque temps dans mon cabinet; mais, ainsi que j'avois le dos tourné vers mes tablettes, voilà ce méchant qui pousse la porte, et la ferme à double ressort. J'eus beau crier et bucquer, il ne me voulut point ouvrir. Je commandai à ma femme de me venir dégager, mais elle dit qu'elle ne pouvoit; et en effet ce traître la prit aussitôt pour faire d'elle à sa volonté. La porte de mon cabinet étoit faite de deux planches, qui s'étoient tellement retirées, qu'il y avoit un espace de deux doigts. Je ne sçais si je dirai que c'étoit par bonheur ou par malheur, car cela m'étoit utile pour voir par là tout ce qui se faisoit à mon dommage, afin d'en avoir après ma raison : mais je voyois aussi mon infortune évidemment par cette fente. Je criois contre ma femme; mais elle disoit que cet homme la forçoit. Je criois aussi contre lui, lui disant force injures, mais je n'en recevois aucune réponse. Je détestois[1] là dedans, et je dépendis du croc un grand coutelas, que j'avois dans mon cabinet, et l'ayant dégaîné je passai la lame plusieurs fois par la fente de la porte, menaçant ce traître François de le tuer s'il ne m'ouvroit; mais je ne pouvois atteindre jusques à lui; et, de rage que j'en eus, je donnai de grands coups d'estoc et de taille contre la chaise de mon cabinet, si bien que je la pensai mettre en pièces. Je m'adressai après à ma porte, à qui je donnai de terribles coups : si elle n'eût été fort bonne, je crois que je l'eusse rompue. Enfin ma femme me vint ouvrir, et je sortis tout furieux, pensant tuer ce perfide; mais il s'étoit déjà sauvé : je me tournai vers ma femme, et lui dis que, si j'eusse sçu qu'elle eût été consentante de ce qui s'étoit passé, je l'eusse massacrée tout à l'heure. Elle me jura alors que non-seulement elle avoit sa conscience nette, mais que ce François n'avoit aussi fait contre elle que de vains efforts, auxquels elle avoit tellement résisté, qu'il n'avoit sçu accomplir son intention; et il lui sembloit que cela étoit ainsi, à ce qu'elle disoit; mais c'étoit peut-être qu'elle étoit si fort troublée, qu'elle n'avoit rien senti de ce qu'on lui avoit fait. Néanmoins elle disoit encore,

[1] Pestais.

que ce méchant lui avoit dit en s'en allant que tout ce qu'il en avoit fait n'étoit que par plaisir, et qu'il ne m'avoit enfermé ni ne s'étoit joué avec elle que pour éprouver ce que j'en dirois et se moquer de ma jalousie. Elle étoit si simple que de croire cela, mais je n'ai garde d'avoir cette imagination, sçachant que la méchanceté du François a été très-manifeste. Depuis je n'ai sçu trouver aucune occasion plus propre, pour en faire ma plainte, que celle-ci ; et je demande réparation d'honneur contre ce traître, et qu'il soit puni corporellement.

Cet homme ne racontoit pas son histoire si bas qu'il n'y eût quelque autre que le juge qui l'entendît; si bien que la nouvelle en alloit de l'un à l'autre, et chacun sçut incontinent son infortune. Tout ce qu'il avoit dit de Raymond étoit vrai; mais pourtant il lui ouvrit le chemin de s'excuser, ca il persista dans la déclaration que la femme avoit faite. Il dit qu'il ne l'avoit point déshonorée et que tout ce qu'il avoit fait n'étoit qu'une galanterie pour passer le temps, sans avoir aucune mauvaise intention. Lucio, qui avoit ouï parler plusieurs fois de la femme de cet homme, qui le faisoit souvent cocu, encore qu'il ne le pensât point être, ne voulut point que cela passât plus avant, et lui dit qu'il devoit être satisfait de ce que Raymond lui disoit. Mais il protestoit du contraire avec grande opiniâtreté; tellement que le juge lui dit qu'il avoit tort de vouloir à toute force que sa femme eût été déshonorée, encore que l'on lui déclarât que cela n'avoit point été. Il fut donc contraint de se taire, mais pourtant chacun se doutoit de la vérité, et l'on se préparoit d'en faire de bons contes à son infamie. A n'en point mentir, quoique Raymond fût fort hardi, si est-ce qu'il devenoit un peu honteux de ce que ses amours avoient été publiées devant un juge sévère et devant tant d'autres personnes; mais, pour perdre le souvenir de cela, il s'en alla aborder Francion et lui parla de son affaire, lui disant qu'il avoit si bien fait qu'il avoit découvert les fourbes de ses rivaux, et qu'il croyoit que, lorsque Nays en seroit avertie, elle pourroit modérer son courroux. Et alors, s'adressant à Dorini, il lui dit qu'il pouvoit remontrer à sa cousine que, si Lucinde et Émilie avoient été la trouver pour lui faire croire qu'il lui manquoit de foi, c'étoit une entreprise où elles avoient été portées par les artifices d'Ergaste, qui tendoient à deux fins, ayant désir de se délivrer d'Émilie et d'empêcher que Francion n'épousât Nays. Dorini repartit qu'il avoit ouï ce que Corsègue en avoit dit et qu'il souhaitoit que sa cousine en pût avoir bientôt de certaines assurances.

Tandis qu'ils étoient ainsi en conférence, l'on vint dire à Lucio qu'il y avoit des dames qui le demandoient; et, parce qu'il avoit dépêché une partie de ses affaires, il s'en alla les recevoir dans une salle basse où l'on les avoit fait entrer. C'étoient Lucinde et Émilie, qui, ayant sçu que Francion étoit accusé de fausse monnoie, l'avoient déjà tenu pour mort et ne croyoient plus qu'il y eût de l'honneur à songer à lui. Bergamin et Salviati étoient demeurés là, sans avoir le soin de leur aller dire des nouvelles de sa justification. Or elles sçavoient qu'Ergaste étoit à Rome; elles disoient que, si l'on faisoit mourir Francion, ce seigneur vénitien se remettroit à la recherche de Nays : tellement qu'Émilie auroit bientôt perdu l'espérance de le posséder. Elle vouloit que, si l'un lui manquoit, elle se pût attacher à l'autre, qui en effet étoit bien plus obligé de l'épouser. La mère dit donc à Lucio qu'elle étoit venue le trouver pour lui remontrer que ce seigneur avoit eu une grande fréquentation avec sa fille, tandis qu'ils étoient à Venise, et qu'il avoit même eu un enfant d'elle dont elle avoit accouché avant terme; mais que néanmoins il refusoit de l'épouser à cause de sa pauvreté; tellement qu'elle lui demandoit justice contre ce suborneur. Le juge dit qu'il n'étoit point besoin de faire éclater cela, en se servant des poursuites ordinaires, et que, pour leur honneur, il en falloit traiter doucement et envoyer querir Ergaste pour sçavoir ses intentions. Elles approuvèrent fort ceci, car c'étoit les favoriser grandement. Il envoya donc un homme chez Ergaste, le prier de venir chez lui tout à l'heure. Il demeuroit proche de là, si bien qu'il fut bientôt venu. Lucio lui déclara ce que ces dames avoient dit, et lui demanda s'il le pouvoit nier. Il ne fut pas si effronté que de le vouloir faire; mais il s'avisa de dire qu'Émilie eût peut-être eu plus de raison de le faire ressouvenir de ses anciennes affections, n'eût été qu'elle en bâtissoit tous les jours de nouvelles; comme elle avoit fait même depuis peu avec un certain Francion, qui avoit eu une libre entrée dans son logis. Mais vous ne dites pas, lui dit Lucio, que c'est vous qui en êtes cause, et que vous avez procuré cela afin de tromper ce gentilhomme, et de le détourner par ce moyen d'une autre amour, où il vous étoit concurrent et plus favorisé que vous. Ergaste fut fort étonné d'entendre que le juge sçavoit tant de ses affaires. Il fut fâché d'en avoir parlé trop librement, et il vouloit faire croire qu'il n'avoit rien à démêler avec Francion; mais le magistrat lui repartit qu'il lui mettroit un homme en tête qui lui soutiendroit tout cela, et que d'ailleurs Émilie se promettoit de donner tant de preuves contre lui, que, s'il ne la vouloit épouser de son bon gré, il y seroit contraint par la justice. Il dit alors que son vrai juge étoit à Venise, et que c'étoit là qu'Émilie le devoit faire appeler; mais Lucio lui remontra que ceux qui étoient outragés demandoient justice au lieu où ils se trouvoient, et qu'étant alors résident à Rome, aussi bien que Lucinde et Émilie, il seroit légitimement condamné par les juges de la ville. Ergaste fut alors touché d'un remords de conscience : il se souvenoit des promesses qu'il avoit faites autrefois à Émilie et fut fâché de l'avoir quittée. Il dit à Lucio que cette affaire s'accommoderoit avec le temps; mais il lui repartit que l'on ne lui donneroit point de délai, et que, s'il en demandoit, l'on s'assureroit de sa personne. Là-dessus ce magistrat fit appeler Dorini, qui étoit fort de ses amis, et il lui dit comme il étoit après pour faire un mariage d'Ergaste avec Émilie, et lui raconta en bref ce qui venoit d'arriver. Dorini s'étonna de cette rencontre; et, sur ce qu'il voyoit qu'Ergaste marchandoit encore à promettre d'épouser son ancienne maîtresse, il lui dit qu'il sçavoit bien qu'il avoit toujours eu du dessein pour Nays, mais qu'il ne devoit point espérer en elle, parce que, quand elle eût méprisé Francion, elle ne l'eût pas accepté, n'ayant point d'inclination pour lui. Cela le fit donc résoudre à achever ce qu'il avoit commencé : il promit qu'il épouseroit Émilie, et qu'il la traiteroit désormais avec toute sorte de témoignages d'affection. Sa beauté étoit si rare qu'il s'en devoit contenter; et, bien que sa mère fût pauvre et embarrassée d'affaires, si est-ce qu'elle avoit de grandes espérances dans le gain de ses procès. Lucinde fut ravie de voir qu'elle auroit pour gendre celui qu'elle avoit toujours désiré; car, si elle avoit songé à Francion, c'étoit parce que l'on lui avoit fait croire malicieusement que ce seroit l'avantage de sa fille, et qu'elle ne devoit rien espérer d'Ergaste. Ce seigneur confessa alors ingénument qu'il avoit voulu du mal à Francion, et que c'étoit pour lui complaire que l'on avoit mis en l'esprit de Lucinde d'aller se découvrir à Nays, afin qu'elle eût en haine celui qu'elle étoit sur le point d'épouser; que, si Bergamin avoit été trouver Francion pour lui faire des plaintes, c'étoit encore sous son aveu et pour éprouver ce qu'il diroit et s'il se délibéreroit de quitter Nays pour Émilie. Dorini, étant assuré de cela, pria Lucio de venir voir sa cousine, qui lui étoit aussi un peu parente, afin de la résoudre dedans ses inquiétudes et lui ôter les mécontentemens qu'elle avoit contre Francion. Il voulut bien prendre cette peine; car que n'eût-on point fait pour une telle dame? Après que Lucinde, Émilie et Ergaste se furent retirés fort satisfaits, il considéra ce qu'il y avoit encore à faire chez lui. Pour la plainte du sbire contre Raymond, ce n'étoit qu'une frivole. Pour celle de Salviati contre Francion, elle étoit alors détruite par ce qui venoit d'arriver; et, lorsque ce solliciteur le sçut et Bergamin aussi, ils s'en retournèrent tout confus. Quant à Corsègue, l'on le renvoya en prison, et, tous les officiers de justice étant congédiés, il ne resta que nos gentilshommes françois, qui remercièrent Lucio de la bonne justice qu'il avoit rendue, et principalement Francion qui étoit celui qui étoit le plus intéressé. Dorini lui dit encore ce qui se venoit de faire avec Ergaste et Émilie, dont il fut merveilleusement aise, et sa joie eut encore sujet de s'augmenter lorsqu'il sçut que l'on alloit essayer d'apaiser Nays et terminer le procès qui étoit entre elle et lui. Lucio dit alors en riant que pour les personnes communes il les faisoit venir en sa maison, afin de les ouïr; mais que, quant à elle, elle méritoit qu'il l'allât trouver. Francion lui jura qu'il lui en devroit toute l'obligation; et là-dessus il le laissa partir avec Dorini. Il eut permission de faire rapporter ses coffres chez lui, et il s'y en retourna aussi avec Raymond, Audebert et Hortensius, qui avoient toujours été présens; mais en chemin ils virent une chose qui les étonna plus que l'on ne sçauroit dire.

Ils entendirent un si grand bruit derrière eux que cela leur fit tourner la tête, et aussitôt ils virent un jeune homme qui n'avoit que sa chemise sur le dos et n'avoit pas même de souliers à ses pieds, lequel étoit poursuivi de quantité de ca-

avez procuré cela afin de tromper ce gentilhomme, et de le
détourner par ce moyen d'une autre amour, où il vous étoit
concurrent et plus favorisé que vous. Ergaste fut fort étonné
d'entendre que le juge sçavoit tant de ses affaires. Il fut fâché d'en avoir parlé trop librement, et il vouloit faire croire
qu'il n'avoit rien à démêler avec Francion; mais le magistrat
lui repartit qu'il lui mettroit un homme en tête qui lui soutiendroit tout cela, et que d'ailleurs Émilie se promettoit de
donner tant de preuves contre lui, que, s'il ne la vouloit épouser de son bon gré, il y seroit contraint par la justice. Il dit
alors que son vrai juge étoit à Venise, et que c'étoit là qu'É-
milie le devoit faire appeler; mais Lucio lui remontra que
ceux qui étoient outragés demandoient justice au lieu où ils
se trouvoient, et qu'étant alors résident à Rome, aussi bien
que Lucinde et Émilie, il seroit légitimement condamné par
les juges de la ville. Ergaste fut alors touché d'un remords de
conscience : il se souvenoit des promesses qu'il avoit faites
autrefois à Émilie et fut fâché de l'avoir quittée. Il dit à Lucio que cette affaire s'accommoderoit avec le temps; mais
il lui repartit que l'on ne lui donneroit point de délai, et que,
s'il en demandoit, l'on s'assureroit de sa personne. Là-dessus
ce magistrat fit appeler Dorini, qui étoit fort de ses amis, et
il lui dit comme il étoit après pour faire un mariage d'Ergaste avec Émilie, et lui raconta en bref ce qui venoit d'arriver. Dorini s'étonna de cette rencontre; et, sur ce qu'il voyoit
qu'Ergaste marchandoit encore à promettre d'épouser son
ancienne maîtresse, il lui dit qu'il sçavoit bien qu'il avoit toujours eu du dessein pour Nays, mais qu'il ne devoit point espérer en elle, parce que, quand elle eût méprisé Francion,
elle ne l'eût pas accepté, n'ayant point d'inclination pour lui.
Cela le fit donc résoudre à achever ce qu'il avoit commencé :
il promit qu'il épouseroit Émilie, et qu'il la traiteroit désormais avec toute sorte de témoignages d'affection. Sa beauté
étoit si rare qu'il s'en devoit contenter; et, bien que sa mère
fût pauvre et embarrassée d'affaires, si est-ce qu'elle avoit
de grandes espérances dans le gain de ses procès. Lucinde
fut ravie de voir qu'elle auroit pour gendre celui qu'elle avoit
toujours désiré; car, si elle avoit songé à Francion, c'étoit
parce que l'on lui avoit fait croire malicieusement que ce
seroit l'avantage de sa fille, et qu'elle ne devoit rien espérer

d'Ergaste. Ce seigneur confessa alors ingénument qu'il avoit voulu du mal à Francion, et que c'étoit pour lui complaire que l'on avoit mis en l'esprit de Lucinde d'aller se découvrir à Nays, afin qu'elle eût en haine celui qu'elle étoit sur le point d'épouser; que, si Bergamin avoit été trouver Francion pour lui faire des plaintes, c'étoit encore sous son aveu et pour éprouver ce qu'il diroit et s'il se délibéreroit de quitter Nays pour Émilie. Dorini, étant assuré de cela, pria Lucio de venir voir sa cousine, qui lui étoit aussi un peu parente, afin de la résoudre dedans ses inquiétudes et lui ôter les mécontentemens qu'elle avoit contre Francion. Il voulut bien prendre cette peine; car que n'eût-on point fait pour une telle dame? Après que Lucinde, Émilie et Ergaste se furent retirés fort satisfaits, il considéra ce qu'il y avoit encore à faire chez lui. Pour la plainte du sbire contre Raymond, ce n'étoit qu'une frivole. Pour celle de Salviati contre Francion, elle étoit alors détruite par ce qui venoit d'arriver; et, lorsque ce solliciteur le sçut et Bergamin aussi, ils s'en retournèrent tout confus. Quant à Corsègue, l'on le renvoya en prison, et, tous les officiers de justice étant congédiés, il ne resta que nos gentilshommes françois, qui remercièrent Lucio de la bonne justice qu'il avoit rendue, et principalement Francion qui étoit celui qui étoit le plus intéressé. Dorini lui dit encore ce qui se venoit de faire avec Ergaste et Émilie, dont il fut merveilleusement aise, et sa joie eut encore sujet de s'augmenter lorsqu'il sçut que l'on alloit essayer d'apaiser Nays et terminer le procès qui étoit entre elle et lui. Lucio dit alors en riant que pour les personnes communes il les faisoit venir en sa maison, afin de les ouïr; mais que, quant à elle, elle méritoit qu'il l'allât trouver. Francion lui jura qu'il lui en devroit toute l'obligation; et là-dessus il le laissa partir avec Dorini. Il eut permission de faire rapporter ses coffres chez lui, et il s'y en retourna aussi avec Raymond, Audebert et Hortensius, qui avoient toujours été présens; mais en chemin ils virent une chose qui les étonna plus que l'on ne sçauroit dire.

Ils entendirent un si grand bruit derrière eux que cela leur fit tourner la tête, et aussitôt ils virent un jeune homme qui n'avoit que sa chemise sur le dos et n'avoit pas même de souliers à ses pieds, lequel étoit poursuivi de quantité de canailles qui faisoient un cri perpétuel. Il couroit toujours fort vite, et pourtant ils reconnurent que c'étoit du Buisson, ce qui les affligea fort de le voir en cet équipage; car ils s'imaginoient que l'on lui avoit fait quelque affront, ou bien qu'il avoit perdu l'esprit; et cette dernière pensée étoit la plus vraisemblable, parce qu'il faisoit quelquefois le moulinet autour de soi avec une houssine qu'il avoit arrachée à un laquais, et il s'en escrimoit comme d'un bâton à deux bouts, et il ne cessoit de chanter mille chansons bouffonnes. Quand il passa aussi devant eux, il ne fit pas beaucoup semblant de les voir; mais, ayant seulement regardé Hortensius, il lui donna un bon soufflet. Alors les cris se redoublèrent, et il courut plus vite qu'auparavant. Les uns disoient qu'il étoit ivre, les autres qu'il étoit fol, les autres qu'il avoit la fièvre chaude et que l'air de Rome étoit nuisible à la plupart des François; et quelques-uns disoient qu'il n'y avoit que de la méchanceté en lui, et qu'il le falloit arrêter et le lier. Mais nos gentilshommes françois empêchèrent ceux qui lui vouloient faire de la violence, et le suivirent jusque dans la maison de Raymond, où il se jeta tout d'un coup. Ils y furent presque aussitôt que lui, et, quand il les vit, il leur dit qu'ils le sauvassent de cette canaille, et que l'on le laissât reposer. Ils connurent bien alors qu'il avoit le jugement bon; et, l'ayant fait entrer dans une chambre, l'on lui conseilla de se coucher, et l'on ne fit que découvrir un lit, et il se jeta entre deux draps. Ayant un peu repris haleine, il parla de cette sorte à ses amis : Il faut que je vous déclare ici mes folies : j'ai été plusieurs fois voir des courtisanes de cette ville, que j'ai escroquées par plaisir, ainsi que j'avois accoutumé de faire à celles de France. Or il y en a eu une qui en a voulu avoir raison, laquelle on appelle Fiammette. Je lui avois promis de l'aller voir cette nuit, et je l'allai trouver hier au soir au partir d'ici; car, encore que j'eusse fort en la tête l'affaire de Francion, si est-ce que je ne voulois point manquer à me donner ce plaisir. Je me coulai donc dedans sa maison, et je parlai à sa servante, qui me fit entrer dans une garde-robe, où elle me dit qu'il falloit que j'attendisse qu'un parent de sa maîtresse l'eût quittée, d'autant qu'elle ne vouloit pas que cet homme fût témoin de ses amours. Enfin elle me dit qu'il s'en étoit allé, et que je n'avois qu'à me déshabiller et m'en aller coucher avec Fiammette

Je n'en voulus rien faire, disant que je désirois la saluer auparavant; mais elle commença de me dépouiller en bouffonnant, et me fit accroire qu'il y auroit bien du plaisir, si j'allois surprendre sa maîtresse. Quand je fus tout déshabillé, elle ouvrit une porte, et m'y fit passer sans chandelle, ce que je fis allégrement, croyant que ce fût par là que l'on entroit dans la chambre; mais, ayant fermé vitement la porte sur moi, je me doutai bien qu'elle m'avoit trompé. Je me pensai rompre le col en voulant marcher plus avant; car je croyois que le chemin fût uni, et c'étoit une montée. Je m'écorchai toutes les cuisses en tombant, et mon recours fut de crier et de heurter à la porte avec les deux poings; mais la servante me vint dire que, si je ne me taisois, elle enverroit là quelqu'un qui me traiteroit d'une étrange sorte. Je la pensai gagner par les prières et les promesses, mais cela fut inutile. Elle continua de me menacer, de sorte que je fus contraint de demeurer en silence. Bien qu'il fasse maintenant assez chaud, si est-ce que la nuit a été froide et fort incommode pour moi; et je vous assure bien que de ma vie je n'en ai passé une plus mauvaise. Je me suis tenu assis sur un degré, me serrant le plus qu'il m'étoit possible, pour n'avoir pas si froid. Quand le jour a été venu, j'ai été longtemps à faire mes plaintes, sans que l'on y ait rendu aucune réponse; et je crois que la servante s'étoit éloignée à dessein pour n'être point obligée de parler à moi. Enfin il est descendu un gros maraud du haut de l'escalier, tenant une épée d'une main et un nerf de bœuf de l'autre, qui, me donnant un coup de nerf sur l'épaule, m'a commandé de déloger de là. J'ai été forcé de descendre sans lui pouvoir faire entendre mes raisons et sans espérer de me pouvoir faire rendre mes hardes. J'ai trouvé qu'au bas de l'escalier il y avoit une petite issue qui rendoit dans une ruelle, où il m'a poussé, et puis il a fermé la porte dessus moi. Je suis demeuré là pourtant assis sur une pierre, rêvant à ce que je devois faire. Fort peu de personnes passent par là, car cette ruelle n'a qu'un bout, et encore ceux qui y passoient n'étoient que des gens de petite condition. Je me plaignois à eux que l'on m'avoit pris mes habits. Quelques-uns s'en moquoient, disant que c'étoit bien fait, puisque je voulois aller voir les dames. Les autres me plaignoient et me disoient qu'ils avoient trop peu de pouvoir pour m'as-

sister. Quelquefois je ne disois mot, et je crois que l'on me
prenoit pour quelque gueux; car ma chemise étoit toute
sale, d'avoir couché sur une montée qui n'étoit guère nette.
Enfin j'ai songé que je pourrois demeurer là longtemps, si je
ne m'en allois; mais aussi de s'en aller de cette sorte en
plein jour, cela étoit bien étrange. Je m'avisai qu'il falloit
dire à quelque homme qu'il vînt céans avertir mes amis de
mon désastre, afin que l'on m'apportât des habits. Je l'ai dit
à un, mais je crois qu'il n'a sçu trouver le logis, et il m'a fait
attendre longtemps et n'est point revenu. J'ai donc eu enfin
en l'esprit une pensée bien bouffonne, qui a été de contrefaire le fol, plutôt que de demeurer toujours là. Je suis sorti
généreusement et m'en suis allé dans les rues en chantant
mille folies. Les enfans se sont amusés autour de moi, comme
vous avez vu, et je crois qu'ils m'eussent fait beaucoup de
mal sans votre secours. Si j'ai donné un soufflet à M. Hortensius, ç'a été pour autoriser ma folie; mais je lui en demande pardon de tout mon cœur. Hortensius dit alors qu'il
lui pardonnoit, mais qu'il prît garde une autre fois de ne se plus
fourrer en de si mauvais lieux. Raymond lui dit qu'il en avoit
reçu une assez grande punition pour en être détourné. Mais
vous, Raymond, dit Francion, n'en avez-vous pas aussi eu votre
part? Vous avez eu tantôt assez de honte de ce que l'on a publié vos amourettes devant Lucio. Si vous aviez vu la femme
du sbire, dit Raymond, vous diriez qu'elle en vaut bien la peine,
et que, pour être de basse condition, elle n'en est pas moins
aimable. Quoi qu'il en soit, dit Francion, j'ai été fort aise
d'apprendre cette aventure; car j'ai vu par là que vous n'aviez
plus rien à me reprocher, pour avoir été trop secret lorsque
j'aimois Émilie. Je disois bien qu'il y avoit des choses dont
on se réservoit le secret. Mais parlons encore de l'accident de
du Buisson. Ira-t-on requérir ses habits? Y avoit-il beaucoup
d'argent dans ses pochettes? Pas beaucoup, dit du Buisson;
je le laisse tout à Fiammette, pourvu qu'elle me renvoie mes
habits. Il y auroit du déshonneur pour moi si elle ne les rendoit : Francion en fut d'accord; si bien que l'on y envoya leur
hôte et quelques laquais, qui firent quantité de menaces; de
sorte qu'elle les rendit. Cependant il y avoit toujours de la
canaille devant la maison, attendant que du Buisson en sortît;
mais l'on fit retirer tous ceux qui y étoient, leur disant que

c'étoit un pauvre jeune homme qui avoit la fièvre, et que l'on l'avoit fait mettre au lit.

Quand l'heure du dîner fut venue, nos gentilshommes françois se mirent tous à table, et du Buisson pareillement, s'étant assez reposé. Ils ne cessoient de se railler l'un l'autre sur leurs aventures. Il n'y avoit qu'Audebert à qui l'on ne pouvoit point faire d'attaque; car, encore qu'il fût homme fort récréatif, si est-ce qu'il étoit d'une humeur fort tempérée et fort sage; et il s'amusoit plutôt à conférer avec les doctes du pays qu'à chercher l'accointance des plus belles courtisanes. Francion, ayant considéré la fortune de tous les autres, avouoit naïvement qu'il n'y en avoit eu pas un qui eût eu tant de malheur que lui, et que, Valère et Ergaste s'étant accordés à lui faire du mal, l'on devoit mettre en doute qui c'étoit qui lui avoit nui davantage. Il y en avoit qui disoient que c'étoit Valère qui l'avoit fait accuser de fausse monnoie, ce qui étoit un crime honteux, qui recevoit la mort pour sa punition; mais il soutenoit, pour lui, que c'étoit Ergaste qui lui avoit apporté le plus de dommage, lui faisant perdre les bonnes grâces de Nays; et le mal qu'il lui avoit fait n'étoit pas principalement lorsqu'il avoit fait en sorte que l'on lui avoit donné la connoissance d'Émilie, car il n'avoit eu que du plaisir dans sa conversation; mais c'étoit lorsqu'il avoit fait provoquer cette Émilie à s'aller plaindre de lui à Nays. Un peu après leur repas, Dorini le vint trouver pour lui dire que Lucio avoit eu tant de soin de son affaire, qu'il l'avoit rendu moins odieux à sa cousine; tellement qu'elle permettoit qu'il la vînt visiter cette après-dînée. Il se prépara aussitôt pour cette visite, et se mit mieux en point qu'il n'étoit auparavant, n'ayant pas eu le soin de s'accommoder dedans un lieu qui lui servoit de prison. Il fut assisté de toute cette noblesse françoise, et, comme Nays le vit, elle se mit sur une contenance extrêmement sérieuse et magistrale; mais il ne craignoit rien pourtant, et lui parla de cette sorte : Voici un innocent qui avoit été faussement accusé, lequel vous vient donner des témoignages de sa probité. Ne soyez pas si vain, lui dit-elle, que de dire que vous avez été tout à fait exempt de faute; car vous m'ôteriez par ce moyen la gloire de vous pardonner. Puisque le pardon m'est assuré de votre part, répliqua Francion, je veux bien m'estimer coupable. Mais vous l'êtes aussi en quelque sorte, dit Nays; car il est vrai que vous avez aimé Emilie. Je l'ai aimée, dit Francion, comme j'aimerois un beau fruit que je verrois sur l'arbre, et auquel je ne voudrois point pourtant toucher; mais plutôt je l'ai aimée de l'amour que l'on porte aux fleurs, et non davantage : je pense que vous ne voulez pas que je sois aveugle et que je cesse de considérer les divers ouvrages de la nature; je les trouve tous beaux; mais cette affection que je leur porte retourne à vous; car rien n'a de beauté au monde que ce qui vous ressemble en quelque sorte : néanmoins, si c'est être criminel de vivre ainsi, je veux bien changer d'humeur pour demeurer dans les termes de l'obéissance. Vous en direz tout ce qu'il vous plaira, dit Nays, mais vous ne vous excuserez pas si facilement de cela que de la fausse monnoie. Alors Dorini, l'ayant entretenue à part, lui dit qu'il falloit cesser sa rigueur, et qu'elle devoit considérer que Francion n'étoit point si coupable qu'elle avoit cru, et que, s'il avoit visité Émilie, c'étoit lorsqu'elle ne lui faisoit pas si bon visage, et qu'il tâchoit à se désennuyer ailleurs. Au reste, elle avoit déjà appris qu'il n'y avoit rien qui le liât avec cette dame, et qu'au contraire elle avoit épousé Ergaste. D'un autre côté, elle songeoit que, si elle rompoit avec lui après avoir été si avant, elle se feroit la risée du monde, et que même, Francion ayant beaucoup d'amis et de puissance, le désespoir et la colère lui pourroient faire entreprendre de fâcheuses choses. Elle permit donc qu'il l'entretînt en particulier, et qu'il lui renouvelât les assurances de sa servitude : de sorte qu'il se fit là comme un nouvel accord. Dorini dit qu'il ne falloit plus tant faire traîner leur mariage, afin que des jaloux ennemis de leur bien n'y missent plus d'empêchement. L'on envoya donc querir un prêtre; et ils furent fiancés tout à l'heure, et il fut arrêté qu'ils seroient mariés le lendemain. Quand Francion fut de retour en sa maison avec ses amis, il leur dit que désormais il tâcheroit d'être plus sage que par le passé, et qu'il croyoit qu'ayant épousé Nays il seroit arrivé à bon port, et qu'il ne lui faudroit plus voguer sur cette mer d'affections diverses, où il avoit autrefois troublé son repos, étant à toute heure menacé du naufrage. L'ennui qu'il avoit eu pour Émilie se représentoit alors devant ses yeux, de sorte qu'il se délibéroit de n'aimer jamais que Nays. Il tâchoit de persuader aux autres de se retirer ainsi de leur vie débauchée le plus tôt qu'ils pourroient, afin de ne plus servir de mauvais exemple. Tout le soir se passa dans ces considérations, et le lendemain chacun se fit brave[1], pour assister au mariage qui se fit de lui et de Nays. L'on fut bien aise d'apprendre que ce jour-là Ergaste épousoit aussi Émilie. Toutefois, quant à lui, quoiqu'il l'estimât fort belle et fort pleine de mérite, il avoit une certaine répugnance à l'épouser, lorsqu'il se souvenoit que Francion l'avoit fréquentée. Il se persuadoit qu'il avoit peut-être joui d'elle, et son regret étoit de ce qu'il avoit servi à cela. Ce remords étoit suffisant pour le punir; mais encore l'étoit-il plus doucement que Valère, qui le jour même fut envoyé en exil, pour avoir été convaincu d'avoir fait de la fausse monnoie. Corsègue et le dénonciateur, qui l'avoient servi en ses mauvaises pratiques, furent condamnés aux galères. Pour Bergamin et Salviati, qui avoient voulu tromper Francion d'une autre sorte, ils n'avoient pas fait si grand mal : l'on les laissa sans autre punition que de leur propre misère. Ces autres, qui étoient jugés rigoureusement, avoient encore fait d'autres crimes que leur dernière tromperie. L'on pendit aussi ce jour-là un coupeur de bourses, qui, ayant dit pour sa défense qu'il n'étoit pas de ceux qui dérobent l'argent des autres, et qu'au contraire il en avoit mis beaucoup deux jours auparavant dedans la pochette d'un François, fut interrogé là-dessus plus amplement, et l'on connut que c'étoit celui que Corsègue avoit aposté pour faire trouver de fausses pièces entre les mains de Francion; de sorte que son innocence fut ainsi pleinement justifiée, au contentement de tous ceux qui le connoissoient, et particulièrement de ceux qui étoient à sa noce, parmi lesquels toutes ces nouvelles coururent. Il n'y avoit pas pourtant grande compagnie : il n'y avoit que ses amis plus intimes et les plus proches parens de Nays, parce que ce n'est pas la coutume que l'on assemble beaucoup de monde au mariage d'une veuve, ni que l'on y fasse beaucoup de magnificences. La principale joie étoit pour les nouveaux mariés; il suffisoit qu'ils fussent contens et qu'ils jouissent des plaisirs qui leur étoient légitimement accordés. Afin donc que personne ne semble participer à leur contentement, nous

[1] Se faire brave correspond à l'expression populaire se faire beau.

ne nous efforcerons point de l'exprimer. C'est assez de dire qu'il étoit extrême, et qu'il n'a point diminué depuis. Francion, se voyant obligé de ne plus vivre en garçon, prit dès lors une humeur si grave et si sérieuse que l'on n'eût pas dit que c'eût été lui-même. Toutefois l'on tient qu'encore qu'il sçût qu'il n'est pas permis de faire du mal, afin qu'il en avienne du bien, il avoit de la peine à se repentir de beaucoup de petites méchancetés qu'il avoit faites en sa jeunesse, pour châtier les vices des hommes. Quant à Raymond et du Buisson, quelque remontrance qu'il leur pût faire, ils employèrent encore le reste du temps qu'ils vouloient passer dans Rome à se soûler des plaisirs du monde. Il n'y eut qu'Audebert qui revint le premier en France, se mettant à la suite d'un ambassadeur ordinaire qui s'en retournoit; car il étoit satisfait d'avoir vu les singularités d'Italie, sans y vouloir séjourner davantage. Il ne ramena pas Hortensius, parce que Naÿs l'avoit fait mettre chez un cardinal de ses parens, où il étoit fort à son aise, et ne perdoit point encore les espérances de la royauté, à cause que le bonheur où il se voyoit lui enfloit merveilleusement le courage; de sorte qu'il attendoit de jour en jour que les Polonois lui envoyassent d'autres ambassadeurs, et par ce moyen sa conversation étoit toujours fort agréable. Lorsque Francion vit que Raymond et du Buisson étoient prêts à le quitter, il ne trouva point d'autre remède à cela, sinon de les accompagner et de faire un tour à son pays, pour voir ses parens avec sa nouvelle épouse. Dorini fut aussi de la partie, et leur voyage fut très-heureux et très-agréable. Francion fut extrêmement aise de se voir pour quelque temps avec toutes ses anciennes connoissances; et ce fut alors qu'il raconta à plusieurs ses nonpareilles aventures.

FIN

www.ingramcontent.com/pod-product-compliance
Lightning Source LLC
Chambersburg PA
CBHW071412230426
43669CB00010B/1527